Made in the USA
Coppell, TX
24 May 2021

56203754R00218

كتاب ألف ليلة وليلة

Kitab Alf Layla wa Layla

The 1001 Nights

Traditional

كتاب ألف ليلة وليلة
Kitab Alf Layla wa Layla

Copyright © JiaHu Books 2013

First Published in Great Britain in 2013 by Jiahu Books – part of Richardson-Prachai Solutions Ltd, 34 Egerton Gate, Milton Keynes, MK5 7HH
ISBN: 978-1-909669-33-8

Conditions of sale

A CIP catalogue record for this book is available from the British Library
Visit us at: **jiahubooks.co.uk**

حكايات الملك شهريار وأخيه الملك شاه زمان

. حكي والله أعلم أنه كان فيما مضى من قديم الزمان وسالف العصر والأوان ملك من ملوك ساسان بجزائر الهند والصين صاحب جند وأعوان وخدم وحشم له ولدان أحدهما كبير والآخر صغير وكانا بطلين وكان الكبير أفرس من الصغير وقد ملك البلاد وحكم بالعدل بين العباد وأحبه أهل بلاده ومملكته وكان اسمه الملك شهريار وكان أخوه الصغير اسمه الملك شاه زمان وكان ملك سمرقند العجم ولم يزل الأمر مستقيمًا في بلادهما وكل واحد منهما في مملكته حاكم عادل في رعيته مدة عشرين سنة وهم في غاية البسط والانشراح. لم يزالا على هذه الحالة إلى أن اشتاق الكبير إلى أخيه الصغير فأمر وزيره أن يسافر إليه ويحضر به فأجابه بالسمع والطاعة وسافر حتى وصل بالسلامة ودخل على أخيه وبلغه السلام وأعلمه أن أخاه مشتاق إليه وقصده أن يزوره فأجابه بالسمع والطاعة وتجهز وأخرج خيامه وبغاله وخدمه وأعوانه وأقام وزيره حاكمًا في بلاده وخرج طالبًا بلاد أخيه. فلما كان في نصف الليل تذكر حاجة نسيها في قصره فرجع ودخل قصره فوجد زوجته راقدة في فراشه معانقة عبدًا أسود من العبيد فلما رأى هذا اسودت الدنيا في وجهه وقال في نفسه: إذا كان هذا الأمر قد وقع وأنا ما فارقت المدينة فكيف حال هذه العاهرة إذا غبت عند أخي مدة ثم أنه سل سيفه وضرب الاثنين فقتلهما في الفراش ورجع من وقته وساعته وسار إلى أن وصل إلى مدينة أخيه ففرح أخوه بقدومه ثم خرج إليه ولاقاه وسلم عليه ففرح به غاية الفرح وزين له المدينة وجلس معه يتحدث بانشراح فتذكر الملك شاه زمان ما كان من أمر زوجته فحصل عنده غم زائد واصفر لونه وضعف جسمه فلما رآه أخوه على هذه الحالة ظن في نفسه أن ذلك بسبب مفارقته بلاده وملكه فترك سبيله ولم يسأل عن ذلك. ثم أنه قال له في بعض الأيام: يا أخي أنا في باطني جرح ولم يخبره بما رأى من زوجته فقال: إني أريد أن تسافر معي إلى الصيد والقنص لعله ينشرح صدرك فأبي ذلك فسافر أخوه وحده إلى الصيد. وكان في قصر الملك شبابيك تطل على بستان أخيه فنظروا وإذا بباب القصر قد فتح وخرج منه عشرون جارية وعشرون عبدًا وامرأة أخيه تمشي بينهم وهي غاية في الحسن والجمال حتى وصلوا إلى فسقية وخلعوا ثيابهم وجلسوا مع بعضهم وإذا بامرأة الملك قالت: يا مسعود فجاءها عبد أسود فعانقها وعانقته وواقعها وكذلك باقي العبيد فعلوا بالجواري ولم يزالوا في بوس وعناق ونحو ذلك حتى ولى النهار. فلما رأى أخو الملك فقال: والله إن بليتي أخف من هذه البلية وقد هان ما عنده من القهر والغم وقال: هذا أعظم مما جرى لي ولم يزل في أكل وشرب. وبعد هذا جاء أخوه من

السفر فسلما على بعضهما ونظر الملك شهريار إلى أخيه الملك شاه زمان وقد رد لونه واحمر وجهه وصار يأكل بشهية بعدما كان قليل الأكل فتعجب من ذلك وقال: يا أخي كنت أراك مصفر الوجه والآن قد رد إليك لونك فأخبرني بحالك فقال له: أما تغير لوني فأذكره لك واعف عني إخبارك برد لوني فقال له: أخبرني أولًا بتغير لونك وضعفك حتى أسمعه. فقال له: يا أخي إنك لما أرسلت وزيرك إلي يطلبني للحضور بين يديك جهزت حالي وقد بررت من مدينتي ثم أني تذكرت الخرزة التي أعطيتها لك في قصري فرجعت فوجدت زوجتي معها عبد أسود وهو نائم في فراشي فقتلتهما وجئت عليك وأنا متفكر في هذا الأمر فهذا سبب تغير لوني وضعفي وأما رد لوني فاعف عني من أن أذكره لك. فلما سمع أخوه كلامه قال له: أقسمت عليك بالله أن تخبرني بسبب رد لونك فأعاد عليه جميع ما رآه فقال شهريار لأخيه شاه زمان: اجعل أنك مسافر للصيد والقنص واختف عندي وأنت تشاهد ذلك وتحققه عيناك فنادى الملك من ساعته بالسفر فخرجت العساكر والخيام إلى ظاهر المدينة وخرج الملك ثم أنه جلس في الخيام وقال لغلمانه لا يدخل علي أحد ثم أنه تنكر وخرج مختفيًا إلى القصر الذي فيه أخوه وجلس في الشباك المطل على البستان ساعة من الزمان وإذا بالجواري وسيدتهم دخلوا مع العبيد وفعلوا كما قال أخوه واستمروا كذلك إلى العصر. فلما رأى الملك شهريار ذلك الأمر طار عقله من رأسه وقال لأخيه شاه زمان: قم بنا نسافر إلى حال سبيلنا وليس لنا حاجة بالملك حتى ننظر هل جرى لأحد مثلنا أو لا فيكون موتنا خير من حياتنا فأجابه لذلك. ثم أنهما خرجا من باب سري في القصر ولم يزالا مسافرين أيامًا وليالي إلى أن وصلا إلى شجرة في وسط مرج عندها عين بجانب البحر المالح فشربا من تلك العين وجلسا يستريحان. فلما كان بعد ساعة مضت من النهار وإذا هم بالبحر قد هاج وطلع منه عمود أسود صاعد إلى السماء وهو قاصد تلك المرجة. فلما رأيا ذلك خافا وطلعا إلى أعلى الشجرة وكانت عالية وصارا ينظران ماذا يكون الخبر وإذا بجني طويل القامة عريض الهامة واسع الصدر على رأسه صندوق فطلع إلى البر وأتى الشجرة التي هما فوقها وجلس تحتها وفتح الصندوق وأخرج منه علبة ثم فتحها فخرجت منها صبية بهية كأنها الشمس المضيئة كما قال الشاعر:-

أشرقت في الدجى فلاح النهار   واستنارت بنورها الأسحار

تسجد الكائنات بين يديها   حين تبدو وتهتك الأستار

وإذا أومضت بروق حماها   هطلت بالمدامع الأمطار

قال: فلما نظر إليها الجني قال: يا سيدة الحرائر التي قد اختطفتك ليلة عرسك أريد أن أنام قليلًا ثم أن الجني وضع رأسه على ركبتيها ونام فرفعت رأسها إلى أعلى الشجرة فرأت الملكين وهما فوق تلك الشجرة فرفعت رأس الجني من فوق ركبتيها ووضعته على الأرض ووقفت تحت الشجرة وقالت لهما بالإشارة انزلا ولا تخافا من هذا العفريت فقالا لها: بالله عليك أن تسامحينا من هذا الأمر فقالت لهما بالله عليكما أن تنزلا وإلا نبهت عليكما العفريت فيقتلكما شر قتلة فخافا ونزلا إليها فقامت لهما وقالت ارصعا رصعًا عنيفًا وإلا أنبه عليكما العفريت فمن خوفهما قال الملك شهريار لأخيه الملك شاه زمان: يا أخي افعل ما أمرتك به فقال: لا أفعل حتى تفعل أنت قبلي وأخذا يتغامزان على نكاحها فقالت لهما ما أراكما تتغامزان فإن لم تتقدما وتفعلا وإلا نبهت عليكما العفريت فمن خوفهما من الجني فعلا ما أمرتهما به فلما فرغا قالت لهما أقفا وأخرجت لهما من جيبها كيسًا وأخرجت لهما منه عقدًا فيه خمسمائة وسبعون خاتمًا فقالت لهما: أتدرون ما هذه فقالا لها: لا ندري فقالت لهما أصحاب هذه الخواتم كلهم كانوا يفعلون بي على غفلة قرن هذا العفريت فأعطياني خاتميكما أنتما الاثنان الأخران فأعطاها من يديهما خاتمين فقالت لهما أن هذا العفريت قد اختطفني ليلة عرسي ثم أنه وضعني في علبة وجعل العلبة داخل الصندوق ورمى على الصندوق سبعة أقفال وجعلني في قاع البحر العجاج المتلاطم بالأمواج ويعلم أن المرأة منا إذا أرادت أمر لم يغلبها شيء كما قال بعضهم:

لا تأمنن إلى النساء ولا تثق بعهودهن

فرضاؤهن وسخطهن معلق بفروجهن

يبدين ودًا كاذباً والغدر حشو ثيابهن

بحديث يوسف فاعتبر متحذرًا من كيدهن

أو ما ترى إبليس أخرج آدمًا من أجلهن

فلما سمعا منها هذا الكلام تعجبا غاية العجب وقالا لبعضهما: إذا كان هذا عفريتًا وجرى له أعظم مما جرى لنا فهذا شيء يسلينا. ثم أنهما انصرفا من ساعتهما ورجعا إلى مدينة الملك شهريار ودخلا قصره. ثم أنه رمى عنق زوجته وكذلك أعناق الجواري والعبيد وصار الملك شهريار كلما يأخذ بنتًا بكرًا يزيل بكارتها ويقتلها من ليلتها ولم يزل على ذلك مدة ثلاث سنوات فضجت الناس وهربت ببناتها ولم يبق في تلك المدينة بنت تتحمل الوطء. ثم أن الملك أمر

الوزير أن يأتيه بنت على جري عادته فخرج الوزير وفتش فلم يجد بنتًا فتوجه إلى منزله وهو غضبان مقهور خائف على نفسه من الملك.

وكان الوزير له بنتان ذاتا حسن وجمال وبهاء وقد واعتدال الكبيرة اسمها شهرزاد والصغيرة اسمها دنيازاد وكانت الكبيرة قد قرأت الكتب والتواريخ وسير الملوك المتقدمين وأخبار الأمم الماضيين. قيل أنها جمعت ألف كتاب من كتب التواريخ المتعلقة بالأمم السالفة والملوك الخالية والشعراء فقالت لأبيها: مالي أراك متغيراً حامل الهم والأحزان وقد قال بعضهم في المعنى شعراً:

قل لمن يحمل هماً　　إن همًا لا يدوم

مثل ما يفنى السرور　　هكذا تفنى الهموم

فلما سمع الوزير من ابنته هذا الكلام حكى لها ما جرى له من الأول إلى الآخر مع الملك فقالت له: بالله يا أبت زوجني هذا الملك فإما أن أعيش وإما أن أكون فداء لبنات المسلمين وسببًا لخلاصهن من بين يديه فقال لها: بالله عليك لا تخاطري بنفسك أبدًا فقالت له: لا بد من ذلك فقال: أخشى عليك أن يحصل لكن ما حصل الحمار والثور مع صاحب الزرع فقالت له: وما الذي جرى لهما يا أبت؟

حكاية الحمار والثور مع صاحب الزرع

قال: اعلمي يا ابنتي انه كان لاحد التجاراموال ومواش وكان له زوجة وأولاد وكان الله تعالى أعطاه معرفة ألسن الحيوانات والطير وكان مسكن ذلك التاجر الأرياف وكان عنده في داره حمار وثور فأتى يومًا الثور إلى مكان الحمار فوجده مكنوسًا مرشوشًا وفي معلفه شعير مغربل وتبن مغربل وهو راقد مستريح وفي بعض الأوقات ركبه صاحبه لحاجة تعرض له ويرجع على حاله فلما كان في بعض الأيام سمع التاجر الثور وهو يقول للحمار: هنيئًا لك ذلك أنا تعبان وأنت مستريح تأكل الشعير مغربلًا ويخدمونك وفي بعض الأوقات يركبك صاحبك ويرجع وأنا دائمًا للحرث. فقال له الحمار: إذا خرجت إلى الغيط ووضعوا على رقبتك الناف فارقد ولا تقم ولو ضربوك فإن قمت فارقد ثانيًا فإذا رجعوا بك ووضعوا لك الفول فلا تأكله كأنك ضعيف وامتنع عن الأكل والشرب يومًا أو يومين أو ثلاثة فإنك تستريح من التعب والجهد وكان التاجر يسمع كلامهما فلما جاء السواق إلى الثور بعلفه أكل منه شيئًا يسيراً فأصبح السواق يأخذ الثور إلى الحرث فوجده ضعيفًا فقال له التاجر: خذ الحمار وحرثه مكانه اليوم كله فلما رجع آخر النهار شكره الثور على تفضلاته حين أراحه من التعب في ذلك اليوم فلم يرد عليه الحمار جوابًا

وندم أشد الندامة فلما رجع كان ثاني يوم جاء المزارع وأخذ الحمار وحرثه إلى آخر النهار فلم يرجع إلا مسلوخ الرقبة شديد الضعف فتأمله الثور وشكره ومجده فقال له الحمار: أعلم أني لك ناصح وقد سمعت صاحبنا يقول: إن لم يقم الثور من موضعه فأعطوه للجزار ليذبحه ويعمل جلده قطعًا وأنا خائف عليك ونصحتك والسلام. فلما سمع الثور كلام الحمار شكره وقال في غد أسرح معهم ثم أن الثور أكل علفه بتمامه حتى لحس المذود بلسانه كل ذلك وصاحبهما يسمع كلامهما فلما طلع النهار وخرج التاجر وزوجه إلى دار البقر وجلسا فجاء السواق وأخذ الثور وخرج فلما رأى الثور صاحبه حرك ذنبه وظرط وبرطع فضحك التاجر حتى استلقى على قفاه. فقالت له زوجته: من أي شيء تضحك فقال لها: شيء رأيته وسمعته ولا أقدر أن أبيح به فأموت فقالت له: لا بد أن تخبرني بذلك وما سبب ضحكك ولو كنت تموت فقال لها: ما أقدر أن أبوح به خوفًا من الموت فقالت له: أنت لم تضحك إلا علي. ثم أنها لم تزل تلح عليه وتلح في الكلام إلى أن غلبت عليه فتحير أحضر أولاده وأرسل أحضر القاضي والشهود وأراد أن يوصي ثم يبوح لها بالسر ويموت لأنه كان يحبها محبة عظيمة لأنها بنت عمه وأم أولاده وكان ثم أنه أرسل وأحضر جميع أهلها وأهل جارته وقال لهم حكايته وأنه متى قال لأحد على سره مات فقال لها جميع الناس ممن حضر: بالله عليك اتركي هذا الأمر لئلا يموت زوجك أبو أولادك فقالت لهم: لا أرجع عنه حتى يقول لي ولو يموت. فسكتوا عنها. ثم أن التاجر قام من عندهم وتوجه إلى دار الدواب ليتوضأ ثم يرجع يقول لهم ويموت. وكان عنده ديك تحته خمسون دجاجة وكان عنده كلب فسمع التاجر الكلب وهو ينادي الديك ويسبه ويقول له: أنت فرحان وصاحبنا رايح يموت فقال الديك للكلب: وكيف ذلك الأمر فأعاد الكلب عليه القصة فقال له الديك: والله إن صاحبنا قليل العقل. أنا لي خمسون زوجة أرضي هذه وأغضب هذه وهو ما له إلا زوجة واحدة ولا يعرف صلاح أمره معها فما له لا يأخذ لها بعضًا من عيدان التوت ثم يدخل إلى حجرتها ويضربها حتى تموت أو تتوب ولا تعود تسأله عن شيء. قال: فلما سمع التاجر كلام الديك وهو يخاطب الكلب رجع إلى عقله وعزم على ضربها ثم قال الوزير لابنته شهرزاد ربما فعل بك مثل ما فعل التاجر بزوجته فقالت له: ما فعل قال: دخل عليها الحجرة بعدما قطع لها عيدان التوت وخبأها داخل الحجرة وقال لها: تعالي داخل الحجرة حتى أقول لك ولا ينظرني أحد ثم أموت فدخلت معه ثم أنه قفل باب الحجرة عليهما ونزل عليها بالضرب إلى أن أغمي عليها فقالت له: تبت ثم أنها قبلت يديه ورجليه وتابت وخرجت وإياه وفرح الجماعة وأهلها وقعدوا في أسر الأحوال إلى

الممات. فلما سمعت ابنة الوزير مقالة أبيها قالت له: لا بد من ذلك فجهزها وطلع إلى الملك شهريار وكانت قد أوصت أختها الصغيرة وقالت لها: إذا توجهت إلى الملك أرسلت أطلبك فإذا جئت عندي ورأيت الملك قضى حاجته مني قولي يا أختي حدثينا حديثًا غريبًا نقطع به السهر وأنا أحدثك حديثًا يكون فيه الخلاص إن شاء الله. ثم أن أباها الوزير طلع بها إلى الملك فلما رآه فرح وقال: أتيت بحاجتي فقال: نعم فلما أراد أن يدخل عليها بكت فقال لها: ما بك فقالت: أيها الملك إن لي أختًا صغيرة أريد أن أودعها فأرسلها الملك إليها فجاءت إلى أختها وعانقتها وجلست تحت السرير فقام الملك وأخذ بكارتها ثم جلسوا يتحدثون فقالت لها أختها الصغيرة: بالله عليك يا أختي حدثينا حديثًا نقطع به سهر ليلتنا فقالت: حبًا وكرامة إن أذن الملك المهذب فلما سمع ذلك الكلام وكان به قلق ففرح بسماع الحديث

حكاية التاجر مع العفريت

ففي الليلة الأولى قالت: بلغني أيها الملك السعيد أنه كان تاجر من التجار كثير المال والمعاملات في البلاد قد ركب يومًا وخرج يطالب في بعض البلاد فاشتد عليه الحر فجلس تحت شجرة وحط يده في خرجه وأكل كسرة كانت معه وتمرة فلما فرغ من أكل التمرة رمى النواة وإذا هو بعفريت طويل القامة وبيده سيف فدنا من ذلك التاجر وقال له: قم حتى أقتلك مثل ما قتلت ولدي فقال له التاجر: كيف قتلت ولدك قال له: لما أكلت التمرة ورميت نواتها جاءت النواة في صدر ولدي فقضي عليه ومات من ساعته فقال التاجر للعفريت: أعلم أيها العفريت أني على دين ولي مال كثير وأولاد وزوجة وعندي رهون فدعني أذهب إلى بيتي وأعطي كل ذي حق حقه ثم أعود إليك ولك علي عهد وميثاق أني أعود إليك فتفعل بي ما تريد والله على ما أقول وكيل. فاستوثق منه الجني وأطلقه فرجع إلى بلده وقضى جميع تعلقاته وأوصل الحقوق إلى أهلها وأعلم زوجته وأولاده بما جرى له فبكوا وكذلك جميع أهله ونساءه وأولاده وأوصى وقعد عندهم إلى تمام السنة ثم توجه وأخذ كفنه تحت إبطه وودع أهله وجيرانه وجميع أهله وخرج رغمًا عن أنفه وأقيم عليه العياط والصراخ فمشى إلى أن وصل إلى ذلك البستان وكان ذلك اليوم أول السنة الجديدة فبينما هو جالس يبكي على ما يحصل له وإذا بشيخ كبير قد أقبل عليه ومعه غزالة مسلسلة فسلم على هذا التاجر وحياه وقال له: ما سبب جلوسك في هذا المكان وأنت منفرد وهو مأوى الجن فأخبره التاجر بما جرى له مع ذلك العفريت وبسبب قعوده في هذا المكان فتعجب الشيخ

صاحب الغزالة وقال: والله يا أخي ما دينك إلا دين عظيم وحكايتك حكاية عجيبة لو كتبت بالإبر على آفاق البصر لكانت عبرة لمن اعتبر ثم أنه جلس بجانبه وقال والله يا أخي لا أبرح من عندك حتى أنظر ما يجري لك مع ذلك العفريت ثم أنه جلس عنده يتحدث معه فغشي على ذلك التاجر وحصل له الخوف والفزع والغم الشديد والفكر المزيد وصاحب الغزالة بجانبه فإذا بشيخ ثان قد أقبل عليهما ومعه كلبتان سلاقيتان من الكلاب السود. فسألهما بعد السلام عليهما عن سبب جلوسهما في هذا المكان وهو مأوى الجان فأخبراه بالقصة من أولها إلى آخرها فلم يستقر به الجلوس حتى أقبل عليهم شيخ ثالث ومعه بغلة زرزورية فسلم عليهم وسألهم عن سبب جلوسهم في هذا المكان فأخبروه بالقصة من أولها إلى آخرها وبينما كذلك إذا بغبرة هاجت وزوبعة عظيمة قد أقبلت من وسط تلك البرية فانكشفت الغبرة وإذا بذلك الجني وبيده سيف مسلول وعيونه ترمي بالشرر فأتاهم وجذب ذلك التاجر من بينهم وقال له: قم أقتلك مثل ما قتلت ولدي وحشاشة كبدي فانتحب ذلك التاجر وبكى وأعلن الثلاثة شيوخ بالبكاء والعويل والنحيب فانتبه منهم الشيخ الأول وهو صاحب الغزالة وقبل يد ذلك العفريت وقال له: يا أيها الجني وتاج ملوك الجان إذا حكيت لك حكايتي مع هذه الغزالة ورأيتها عجيبة أتهب لي ثلث دم هذا التاجر قال: نعم. يا أيها الشيخ إذا أنت حكيت لي الحكاية ورأيتها عجيبة وهبت لك ثلث دمه فقال ذلك الشيخ الأول: اعلم يا أيها العفريت أن هذه الغزالة هي بنت عمي ومن لحمي ودمي وكنت تزوجت بها وهي صغيرة السن وأقمت معها نحو ثلاثين سنة فلم أرزق منها بولد فأخذت لي سرية فرزقت منها بولد ذكر كأنه البدر إذا بدا بعينين مليحتين وحاجبين مزججين وأعضاء كاملة فكبر شيئًا فشيئًا إلى أن صار ابن خمس عشرة سنة فطرأت لي سفرة إلى بعض المدائن فسافرت بمتجر عظيم وكانت بنت عمي هذه الغزالة تعلمت السحر والكهانة من صغرها فسحرت ذلك الولد عجلًا وسحرت الجارية أمه بقرة وسلمتها إلى الراعي ثم جئت أنا بعد مدة طويلة من السفر فسألت عن ولدي وعن أمه فقالت لي جاريتك ماتت وابنك هرب ولم أعلم أين راح فجلست مدة سنة وأنا حزين القلب باكي العين إلى أن جاء عيد الضحية فأرسلت إلى الراعي أن يخصني ببقرة سمينة وهي سريتي التي سحرتها تلك الغزالة فشمرت ثيابي وأخذت السكين بيدي وتهيأت لذبحها فصاحت وبكت بكاء شديدًا فقمت عنها وأمرت ذلك الراعي فذبحها وسلخها فلم يجد فيها شحمًا ولا لحمًا غير جلد وعظم فندمت على ذبحها حيث لا ينفعني الندم وأعطيتها للراعي وقلت له: ائتني بعجل سمين فأتاني بولدي المسحور عجلًا فلما رآني ذلك العجل

قطع حبله وجاءني وتمرغ علي وولول وبكى فأخذتني الرأفة عليه وقلت للراعي ائتني ببقرة ودع هذا. وأدرك شهرزاد الصباح فسكتت عن الكلام المباح. فقالت لها أختها: ما أطيب حديثك وألطفه وألذه وأعذبه فقالت: وأين هذا مما أحدثكم به الليلة القابلة إن عشت وأبقاني الملك فقال الملك في نفسه: والله ما أقتلها حتى أسمع بقية حديثها ثم أنهم باتوا تلك الليلة إلى الصباح متعانقين فخرج الملك إلى محل حكمه وطلع الوزير بالكفن تحت إبطه ثم حكم الملك وولي وعزل إلى آخر النهار ولم يخبر الوزير بشيء من ذلك فتعجب الوزير غاية العجب ثم انفض الديوان ودخل الملك شهريار قصره.

و في الليلة الثانية قالت دنيازاد لأختها شهرزاد: يا أختي أتممي لنا حديثك الذي هو حديث التاجر والجني. قالت حبًا وكرامة إن أذن لي الملك في ذلك فقال لها الملك: احكي فقالت: بلغني أيها الملك السعيد ذو الرأي الرشيد أنه لما رأى بكاء العجل حن قلبه إليه وقال للراعي: ابق هذا العجل بين البهائم. كل ذلك والجني يتعجب من حكاية ذلك الكلام العجيب ثم قال صاحب الغزالة: يا سيد ملوك الجان كل ذلك جرى وابنة عمي هذه الغزالة تنظر وترى وتقول اذبح هذا العجل فإنه سمين فلم يهن علي أن أذبحه وأمرت الراعي أن يأخذه وتوجه به ففي ثاني يوم وأنا جالس وإذا بالراعي أقبل علي وقال: يا سيدي إني أقول شيئًا تسر به ولي البشارة. فقلت: نعم فقال: أيها التاجر إن لي بنتًا كانت تعلمت السحر في صغرها من امرأة عجوز كانت عندنا فلما كنا بالأمس وأعطيتني العجل دخلت به عليها فنظرت إليه ابنتي وغطت وجهها وبكت ثم إنها ضحكت وقالت: يا أبي قد خس قدري عندك حتى تدخل علي الرجال الأجانب. فقلت لها: وأين الرجال الأجانب ولماذا بكيت وضحكت فقالت لي أن هذا العجل الذي معك ابن سيدي التاجر ولكنه مسحور وسحرته زوجة أبيه هو وأمه فهذا سبب ضحكي وأما سبب بكائي فمن أجل أمه حيث ذبحها أبوه فتعجبت من ذلك غاية العجب وما صدقت بطلوع الصباح حتى جئت إليك لأعلمك فلما سمعت أيها الجني كلام هذا الراعي خرجت معه وأنا سكران من غير مدام من كثرة الفرح والسرور والذي حصل لي إلى أن أتيت إلى داره فرحبت بي ابنة الراعي وقبلت يدي ثم إن العجل جاء إلي وتمرغ علي فقلت لابنة الراعي: أحق ما تقولينه عن ذلك العجل فقالت: نعم يا سيدي إيه ابنك وحشاشة كبدك فقلت لها: أيها الصبية إن أنت خلصتيه فلك عندي ما تحت يد أبيك من المواشي والأموال فتبسمت وقالت: يا سيدي ليس لي رغبة في المال إلا بشرطين: الأول: أن تزوجني به والثاني: أن أسر من سحرته وأحبسها وإلا فلست آمن مكرها فلما سمعت أيها الجني كلام بنت الراعي قلت :

ولك فوق جميع ما تحت يد أبيك من الأموال زيادة وأما بنت عمي فدمها لك مباح. فلما سمعت كلامي أخذت طاسة وملأتها ماء ثم أنها عزمت عليها ورشت بها العجل وقالت: إن كان الله خلقك عجلًا فدم على هذه الصفة ولا تتغير وإن كنت مسحورًا فعد إلى خلقتك الأولى بإذن الله تعالى وإذا به انتفض ثم صار إنسانًا فوقعت عليه وقلت له: بالله عليك احك لي جميع ما صنعت بك وبأمك بنت عمي فحكى لي جميع ما جرى لهما فقلت: يا ولدي قد قيض الله لك من خلصك وخلص حقك ثم إني أيها الجني زوجته ابنة الراعي ثم أنها سحرت ابنة عمي هذه الغزالة وجئت إلى هنا فرأيت هؤلاء الجماعة فسألتهم عن حالهم فأخبروني بما جرى لهذا التاجر فجلست لأنظر ما يكون وهذا حديثي فقال الجني: هذا حديث عجيب وقد وهبت لك ثلث دمه فعند ذلك تقدم الشيخ صاحب الكلبتين السلاقيتين وقال له: اعلم يا سيد ملوك الجان أن هاتين الكلبتين أخوتي وأنا ثالثهم ومات والدي وخلف لنا ثلاثة آلاف دينار ففتحت دكانًا أبيع فيه وأشتري وسافر أخي بتجارته وغاب عنا مدة سنة مع القوافل ثم أتى وما معه شيء فقلت له: يا أخي أما أشرت عليك بعدم السفر فبكى وقال: يا أخي قدر الله عز وجل علي بهذا ولم يبق لهذا الكلام فائدة ولست أملك شيئًا فأخذته وطلعت به إلى الدكان ثم ذهبت به إلى الحمام وألبسته حلة من الملابس الفاخرة وأكلت أنا وإياه وقلت له: يا أخي إني أحسب ربح دكاني من السنة إلى السنة ثم أقسمه دون رأس المال بيني وبينك ثم إني عملت حساب الدكان من بربح مالي فوجدته ألفي دينار فحمدت الله عز وجل وفرحت غاية الفرح وقسمت الربح بيني وبينه شطرين وأقمنا مع بعضنا أيامًا ثم إن أخوتي طلبوا السفر أيضًا وأرادوا أن أسافر معهم فلم أرض وقلت لهم: أي شيء كسبتم من سفركم حتى أكسب أنا فألحوا علي ولم أطعهم بل أقمنا في دكاكيننا نبيع ونشتري سنة كاملة وهم يعرضون علي السفر وأنا لم أرض حتى مضت ست سنوات كوامل.

ثم وافقتهم على السفر وقلت لهم: يا أخوتي إننا نحسب ما عندنا من المال فحسبناه فإذا هو ستة آلاف دينار فقلت: ندفن نصفها تحت الأرض لينفعنا إذا أصابنا أمر ويأخذ كل واحد منا ألف دينار ونتسبب فيها قالوا: نعم الرأي فأخذت المال وقسمته نصفين ودفنت ثلاثة آلاف دينار. وأما الثلاثة آلاف الأخرى فأعطيت كل واحد منهم ألف دينار وجهزنا بضائع واكترينا مركبًا ونقلنا فيها حوائجنا وسافرنا مدة شهر كامل إلى أن دخلنا مدينة وبعنا بضائعنا فربحنا في الدينار عشرة دنانير ثم أردنا السفر فوجدنا على شاطئ البحر جارية عليها خلق مقطع فقبلت يدي وقالت: يا سيدي هل عندك إحسان ومعروف أجازيك عليهما قلت:

نعم إن عندي الإحسان والمعروف ولو لم تجازيني فقالت: يا سيدي تزوجني وخذني إلى بلادك فإني قد وهبتك نفسي فافعل معي معروفًا لأني ممن يصنع معه المعروف والإحسان ويجازي عليهما ولا يغرنك حالي. فلما سمعت كلامها حن قلبي إليها لأمر يريده الله عز وجل فأخذتها وكسوتها وفرشت لها في المركب فرشًا حسنًا وأقبلت عليها وأكرمتها ثم سافرنا وقد أحبها قلبي محبة عظيمة وصرت لا أفارقها ليلًا ولا نهارًا أو اشتغلت بها عن إخوتي فغاروا مني وحسدوني على مالي وكثرت بضاعتي وطمحت عيونهم في المال جميعه وتحدثوا بقتلي وأخذ مالي وقالوا: نقتل أخانا ويصير المال جميعه لنا وزين لهم الشيطان أعمالهم فجاؤوني وأنا نائم بجانب زوجتي ورموني في البحر فلما استيقظت زوجتي انتفضت فصارت عفريتة وحملتني وأطلعتني على جزيرة وغابت عني قليلًا وعادت إلي عند الصباح وقالت لي: أنا زوجتك التي حملتك ونجيتك من القتل بإذن الله تعالى واعلم أني جنية رأيتك فحبك قلبي وأنا مؤمنة بالله ورسوله فجئتك بالحال الذي رأيتني فيه فتزوجت بي وها أنا قد نجيتك من الغرق وقد غضبت على إخوتك ولا بد أن أقتلهم. فلما سمعت حكايتها تعجبت وشكرتها على فعلها وقلت لها أما هلاك إخوتي فلا ينبغي ثم حكيت لها ما جرى لي معهم من أول الزمان إلى آخره. فلما سمعت كلامي قالت: أنا في هذه الليلة أطير إليهم وأغرق مراكبهم وأهلكهم فقلت لها: بالله لا تفعلي فإن صاحب المثل يقول: يا محسنًا لمن أساء كفي المسيء فعله وهم إخوتي على كل حال قالت لا بد من قتلهم فاستعطفتها ثم أنها حملتني وطارت فوضعتني على سطح داري ففتحت الأبواب وأخرجت الذي خبأته تحت الأرض وفتحت دكاني بعد ما سلمت على الناس واشتريت بضائع فلما كان الليل دخلت داري فوجدت هاتين الكلبتين مربوطتين فيها فلما رأياني قاما إلي وبكيا وتعلقا بي فلم أشعر إلا وزوجتي قالت هؤلاء إخوتك فقلت من فعل بهم هذا الفعل قالت أنا أرسلت إلى أختي ففعلت بهم ذلك وما يتخلصون إلا بعد عشر سنوات فجئت وأنا سائر إليها تخلصهم بعد إقامتهم عشر سنوات في هذا الحال فرأيت هذا الفتى قال الجني: إنها حكاية عجيبة وقد وهبت لك ثلث دمه في جنايته فعند ذلك تقدم الشيخ الثالث صاحب البغلة وقال للجني أنا أحكي لك حكاية أعجب من حكاية الاثنين وتهب لي باقي دمه وجنايته فقال الجني نعم فقال الشيخ أيها السلطان ورئيس الجان إن هذه البغلة كانت زوجتي سافرت وغبت عنها سنة كاملة ثم قضيت سفري وجئت إليها في الليل فرأيت عبد أسود راقد معها في الفراش وهما في كلام وغنج وضحك وتقبيل وهراش فلما رأتني عجلت وقامت إلي بكوز فيه ماء فتكلمت عليه ورشتني وقالت اخرج من هذه

الصورة إلى صورة كلب فصرت في الحال كلبًا فطردتني من البيت فخرجت من الباب ولم أزل سائرًا حتى وصلت دكان جزار فتقدمت وصرت آكل من العظام. فلما رآني صاحب الدكان أخذني ودخل بي بيته فلما رأتني بنت الجزار غطت وجهها مني فقالت أتجيء لنا برجل وتدخل علينا به فقال أبوها أين الرجل قالت إن هذا الكلب سحرته امرأة وأنا أقدر على تخليصه فلما سمع أبوها كلامها قال: بالله عليك يا بنتي خلصيه فأخذت كوزًا فيه ماء وتكلمت عليه ورشت علي منه قليلًا وقالت: اخرج من هذه الصورة إلى صورتك الأولى فصرت إلى صورتي الأولى فقبلت يدها وقلت لها: أريد أن تسحري زوجتي كما سحرتني فأعطتني قليلًا من الماء وقالت إذا رأيتها نائمة فرش هذا الماء عليها فإنها تصير كما أنت طالب فوجدتها نائمة فرششت عليها الماء وقلت اخرجي من هذه الصورة إلى صورة بغلة فصارت في الحال بغلة وهي هذه التي تنظرها بعينك أيها السلطان ورئيس ملوك الجان ثم التفت إليها وقال: أصحيح هذا فهزت رأسها وقالت بالإشارة نعم هذا صحيح فلما فرغ من حديثه اهتز الجني من الطرب ووهب له باقي دمه وأدرك شهرزاد الصباح فسكتت عن الكلام المباح. فقالت لها أختها: يا أختي ما أحلى حديثك وأطيبه وألذه وأعذبه فقالت: أين هذا مما أحدثكم به الليلة القابلة إن عشت وأبقاني الملك فقال الملك: والله لا أقتلها حتى أسمع بقية حديثها لأنه عجيب ثم باتوا تلك الليلة متعانقين إلى الصباح فخرج الملك إلى محل حكمه ودخل عليه الوزير والعسكر واحتبك الديوان فحكم الملك وولى وعزل ونهى وأمر إلى آخر النهار ثم انفض الديوان ودخل الملك شهريار إلى قصره.

'وفي الليلة الثالثة قالت لها أختها دنيا زاد : يا أختي أتمي لنا حديثك فقالت حبًا وكرامة بلغني أيها الملك السعيد أن التاجر أقبل على الشيوخ وشكرهم هنوه بالسلامة ورجع كل واحد إلى بلده وما هذه بأعجب من حكاية الصياد فقال لها الملك: وما حكاية الصياد؟

حكاية الصياد مع العفريت

قالت: بلغني أيها الملك السعيد أنه كان رجل صياد وكان طاعنًا في السن وله زوجة وثلاثة أولاد وهو فقير الحال وكان من عادته أنه يرمي شبكته كل يوم أربع مرات لا غير ثم أنه خرج يومًا من الأيام في وقت الظهر إلى شاطئ البحر وحط معطفه وطرح شبكته وصبر إلى أن استقرت في الماء ثم جمع خيطانها فوجدها ثقيلة فجذبها فلم يقدر على ذلك فذهب بالطرف إلى البر ودق وتدًا وربطها فيه ثم عرى وغطس في الماء حول الشبكة وما زال يعالج حتى أطلعها ولبس ثيابه وأتى

إلى الشبكة فوجد فيها حمارًا ميتًا فلما رأى ذلك حزن وقال لا حول ولا قوة إلا بالله العلي العظيم ثم قال أن هذا الرزق عجيب وأنشد يقول:

يا خائضًا في ظلام الله والهلكة......أقصر عنك فليس الرزق بالحركة

ثم أن الصياد لما رأى الحمار ميت خلصه من الشبكة وعصرها، فلما فرغ من عصرها نشرها وبعد ذلك نزل البحر، وقال بسم الله وطرحها فيه وصبر عليها حتى استقرت ثم جذبها فثقلت ورسخت أكثر من الأول فظن أنه سمك فربط الشبكة وتعرى ونزل وغطس، ثم عالج إلى أن خلصها وأطلعها إلى البر فوجد فيها زيرًا كبيراً، وهو ملآن برمل وطين فلما رأى ذلك تأسف وأنشد قول الشاعر:

ياحرقة الدهر كفي إن لم تكفي فعفي فلا يحظى أعطي

ولا يصنعه كفي خرجت أطلب رزقي وجدت رزقي توفي

كم جاهل في ظهور وعالم متخفي

ثم إنه رمى الزير وعصر شبكته ونظفها واستغفر الله وعاد إلى البحر ثالث مرة ورمى الشبكة وصبر عليها حتى أستقرت وجذبها فوجد فيها شفافة وقوارير فأنشد قول الشاعر: هو الرزق لا حل لديك ولا ربط ولا قلم يجدي عليك ولا خط.

ثم أنه رفع رأسه إلى السماء وقال اللهم أنك تعلم أني لم أرم شبكتي غير أربع مرات وقد رميت ثلاثا، ثم أنه سمى الله ورمى الشبكة في البحر وصبر إلى أن أستقرت وجذبها فلم يطق جذبها وإذا بها أشتبكت في الأرض فقال: لا حول ولا قوة إلا بالله فتعرى وغطس عليها وصار يعالج فيها إلى أن طلعت على البحر وفتحها فوجد فيها قمقما من نحاس أصفر ملآن وفمه مختوم برصاص عليه طبع خاتم سيدنا سليمان.

فلما رآه الصياد فرح وقال هذا أبيعه في سوق النحاس فإنه يساوي عشرة دنانير ذهبا ثم أنه حركه فوجده ثقيلًا فقال: لا بد أني أفتحه وأنظر ما فيه وأدخره في الخرج ثم أبيعه في سوق النخاس ثم أنه أخرج سكينا، وعالج في الرصاص إلى أن فكه من القمقم وحطه على الارض وهزه لينكت ما فيه فلم ينزل منه شيء ولكن خرج من ذلك القمقم دخان صعد إلى السماء ومشى على وجه الأرض فتعجب غاية العجب وبعد ذلك تكامل الدخان، واجتمع ثم انتفض فصار عفريتًا رأسه في

السحاب ورجلاه في التراب برأس كالقبة وأيدي كالمداري ورجلين كالصواري، وفم كالمغارة، وأسنان كالحجارة، ومناخير كالإبريق، وعينين كالسراجين، أشعث أغبر.

فلما رأى الصياد ذلك العفريت ارتعدت فرائصه وتشبكت أسنانه، ونشف ريقه وعمي عن طريقه فلما رآه العفريت قال لا إله إلا الله سليمان نبي الله، ثم قال العفريت: يا نبي الله لا تقتلني فإني لا عدت أخالف لك قولًا وأعصي لك أمراً، فقال له الصياد: أيها المارد أتقول سليمان نبي الله، وسليمان مات من مدة ألف وثمانمائة سنة، ونحن في آخر الزمان فما قصتك، وما حديثك وما سبب دخولك إلى هذا القمقم.

فلما سمع المارد كلام الصياد قال: لا إله إلا الله أبشر يا صياد، فقال الصياد: بماذا تبشرني فقال بقتلك في هذه الساعة أشر القتلات قال الصياد: تستحق على هذه البشارة يا قيم العفاريت زوال الستر عنك، يا بعيد لأي شيء تقتلني وأي شيء يوجب قتلي وقد خلصتك من القمقم ونجيتك من قرار البحر، وأطلعتك إلى البر فقال العفريت: تمن علي أي موتة تموتها، وأي قتلة تقتلها فقال الصياد ما ذنبي حتى يكون هذا جزائي منك.

فقال العفريت اسمع حكايتي يا صياد، قال الصياد: قل وأوجز في الكلام فإن روحي وصلت إلى قدمي. قال اعلم أني من الجن المارقين، وقد عصيت سليمان بن داود وأنا صخر الجني فأرسل لي وزيره آصف ابن برخيا فأتى بي مكرهًا وقادني إليه وأنا ذليل على رغم أنفي وأوقفني بين يديه فلما رآني سليمان استعاذ مني وعرض علي الإيمان والدخول تحت طاعته فأبيت فطلب هذا القمقم وحبسني فيه وختم علي بالرصاص وطبعه بالاسم الأعظم، وأمر الجن فاحتملوني وألقوني في وسط البحر فأقمت مائة عام وقلت في قلبي كل من خلصني أغنيته إلى الأبد فمرت المائة عام ولم يخلصني أحد، ودخلت مائة أخرى فقلت كل من خلصني فتحت له كنوز الأرض، فلم يخلصني أحد فمرت علي أربعمائة عام أخرى فقلت كل من خلصني أقضي له ثلاث حاجات فلم يخلصني أحد فغضبت غضبًا شديدًا وقلت في نفسي كل من خلصني في هذه الساعة قتلته ومنيته كيف يموت وها أنك قد خلصتني ومنيتك كيف تموت.

فلما سمع الصياد كلام العفريت قال: يا الله العجب أنا ما جئت أخلصك إلا في هذه الأيام، ثم قال الصياد للعفريت، اعف عن قتلي يعف الله عنك، ولا تهلكني، يسلط الله عليك، من يهلكك. فقال لا بد من قتلك، فتمن علي أي موتة تموتها فلما تحقق ذلك منه الصياد راجع العفريت وقال اعف عني إكرامًا لما أعتقتك،

فقال العفريت: وأنا ما أقتلك إلا لأجل ما خلصتني، فقال الصياد: يا شيخ العفاريت هل أصنع معك مليح، فتقابلني بالقبيح ولكن لم يكذب المثل حيث قال: فعلنا جميلًا قابلونا بضده وهذا لعمري من فعال الفواجر

ومن يفعل المعروف مع غير أهله يجازى كما جوزي مجير أم عامر

فلما سمع العفريت كلامه قال لا تطمع فلا بد من موتك، فقال الصياد هذا جني، وأنا إنسي وقد أعطاني الله عقلًا كاملًا وها أنا أدبر أمرًا في هلاكه، بحيلتي وعقلي وهو يدبر بمكره وخبثه، ثم قال للعفريت: هل صممت على قتلي قال نعم، فقال له بالاسم الأعظم المنقوش على خاتم سليمان أسألك عن شيء وتصدقني فيه، قال نعم، ثم إن العفريت لما سمع ذكر الاسم الأعظم اضطرب واهتز وقال: اسأل وأوجز، فقال له: كيف كنت في هذا القمقم، والقمقم لا يسع يدك ولا رجلك فكيف يسعك كلك، فقال له العفريت: وهل أنت لا تصدق أنني كنت فيه فقال الصياد لا أصدق أبدًا حتى أنظرك فيه بعيني، وأدرك شهرزاد الصباح فسكتت عن الكلام المباح.

وفي الليلة الرابعة قالت: بلغني أيها الملك السعيد أن الصياد لما قال للعفريت لا أصدقك أبدًا حتى أنظرك بعيني في القمقم فانتفض العفريت وصار دخانًا صاعدًا إلى الجو، ثم اجتمع ودخل في القمقم قليلاً، حتى استكمل الدخان داخل القمقم وإذا بالصياد أسرع وأخذ سدادة الرصاص المختومة وسد بها فم القمقم ونادى العفريت، وقال له: تمن علي أي موتة تموتها لأرميك في هذا البحر وأبني لي هنا بيتًا وكل من أتى هنا أمنعه أن يصطاد وأقول له هنا عفريت وكل من أطلعه يبين له أنواع الموت يخبره بينها.

فلما سمع العفريت كلام الصياد أراد الخروج فلم يقدر ورأى نفسه محبوسًا ورأى عليه طابع خاتم سليمان وعلم أن الصياد سجنه وسجن أحقر العفاريت وأقذرها وأصغرها، ثم أن الصياد ذهب بالقمقم إلى جهة البحر، فقال له العفريت لا، لا فقال الصياد: لا بد لا بد فلطف المارد كلامه وخضع وقال ما تريد أن تصنع بي يا صياد، قال: ألقيك في البحر إن كنت أقمت فيه ألفًا وثمانمائة عام فأنا أجعلك تمكث إلى أن تقوم الساعة، أما قلت لك أبقيني يبقيك الله ولا تقتلني يقتلك الله فأبيت قولي وما أردت إلا غدري فألقاك الله في يدي فغدرت بك، فقال العفريت افتح لي حتى أحسن إليك فقال له الصياد تكذب يا ملعون، أنا مثلي ومثلك مثل وزير الملك يونان والحكيم رويان، فقال العفريت: وما شأن وزير الملك يونان والحكيم رويان وما قصتهما.

حكاية الملك يونان والحكيم رويان

قال الصياد: اعلم أيها العفريت، أنه كان في قديم الزمان وسالف العصر والأوان في مدينة الفرس وأرض رومان ملك يقال له الملك يونان وكان ذا مال وجنود وبأس وأعوان من سائر الأجناس، وكان في جسده برص قد عجزت فيه الأطباء والحكماء ولم ينفعه منه شرب أدوية ولا سفوف ولا دهان ولم يقدر أحد من الأطباء أن يداويه.

وكان قد دخل مدينة الملك يونان حكيم كبير طاعن في السن يقال له الحكيم رويان وكان عارفًا بالكتب اليونانية والفارسية والرومية والعربية والسريانية وعلم الطب والنجوم وعالمًا بأصول حكمتها وقواعد أمورها من منفعتها ومضرتها. عالمًا بخواص النباتات والحشائش والأعشاب المضرة والنافعة فقد عرف علم الفلاسفة وجاز جميع العلوم الطبية وغيرها، ثم إن الحكيم لما دخل المدينة وأقام بها أيام قلائل سمع خبر الملك وما جرى له في بدنه من البرص الذي ابتلاه الله به وقد عجزت عن مداواته الأطباء وأهل العلوم.

فلما بلغ ذلك الحكيم بات مشغولاً، فلما أصبح الصباح لبس أفخر ثيابه ودخل على الملك يونان وقبل الأرض ودعا له بدوام العز والنعم وأحسن ما به تكلم وأعلمه بنفسه فقال: أيها الملك: بلغني ما اعتراك من هذا الذي في جسدك وأن كثيرًا من الأطباء لم يعرفوا الحيلة في زواله وها أنا أداويك أيها الملك ولا أسقيك دواء ولا أدهنك بدهن.

فلما سمع الملك يونان كلامه تعجب وقال له: كيف تفعل، فو الله لو برأتني أغنيك لولد الولد وأنعم عليك، ما تتمناه فهو لك وتكون نديمي وحبيبي. ثم أنه خلع عليه وأحسن إليه وقال له أبرئني من هذا المرض بلا دواء ولا دهان؟ قال نعم أبرئك بلا مشقة في جسدك. فتعجب الملك غاية العجب ثم قال له: أيها الحكيم الذي ذكرته لي يكون في أي الأوقات وفي أي الأيام، فأسرع يا ولدي؛ قال له سمعًا وطاعة، ثم نزل من عند الملك واكترى له بيتًا حط فيه كتبه وأدويته وعقاقيره ثم استخرج الأدوية والعقاقير وجعل منها صولجانًا وجوفه وعمل له قصبة وصنع له كرة بمعرفته.

فلما صنع الجميع وفرغ منها طلع إلى الملك في اليوم الثاني ودخل عليه وقبل الأرض بين يديه وأمره أن يركب إلى الميدان وأن يلعب بالكرة والصولجان وكان معه الأمراء والحجاب والوزراء وأرباب الدولة، فما استقر بين الجلوس في الميدان

حتى دخل عليه الحكيم رويان وناوله الصولجان وقال له: خذ هذا الصولجان واقبض عليه مثل هذه القبضة وامش في الميدان واضرب به الكرة بقوتك حتى يعرق كفك وجسدك فينفذ الدواء من كفك فيسري في سائر جسدك فإذا عرقت وأثر الدواء فيك فارجع إلى قصرك وادخل الحمام واغتسل ونم فقد برئت والسلام.

فعند ذلك أخذ الملك يونان ذلك الصولجان من الحكيم ومسكه بيده وركب الجواد وركب الكرة بين يديه وساق خلفها حتى لحقها وضربها بقوة وهو قابض بكفه على قصبة الصولجان، وما زال يضرب به الكرة حتى عرق كفه وسائر بدنه وسرى له الدواء من القبضة.

وعرف الحكيم رويان أن الدواء سرى في جسده فأمره بالرجوع إلى قصره وأن يدخل الحمام من ساعته، فرجع الملك يونان من وقته وأمر أن يخلو له الحمام فأخلوه له، وتسارعت الفراشون وتسابقت المماليك وأعدوا للملك قماشه ودخل الحمام واغتسل غسيلًا جيدًا ولبس ثيابه داخل الحمام ثم خرج منه وركب إلى قصره ونام فيه.

هذا ما كان من أمر الملك يونان، وأما ما كان من أمر الحكيم رويان فإنه رجع إلى داره وبات، فلما أصبح الصباح طلع إلى الملك واستأذن عليه فأذن له في الدخول فدخل وقبل الأرض بين يديه وأشار إلى الملك بهذه الأبيات:

زهت الفصاحة إذا ادعيت لها أبًا وإذا دعت يومًا سواك لها أبي

يا صاحب الوجه الذي أنواره تمحوا من الخطب الكريه غياهبا

ما زال وجهك مشرقًا متهللًا فلا ترى وجه الزمان مقطبا

أوليتني من فضلك المنن التي فعلت بنا فعل السحاب مع الربا

وصرفت جل الملا في طلب العلا حتى بلغت من الزمان مآربا

فلما فرغ من شعره نهض الملك قائمًا على قدميه وعانقه وأجلسه بجانبه وخلع لعيه الخلع السنية.

ولما خرج الملك من الحمام نظر إلى جسده فلم يجد فيه شيئًا من البرص وصار جسده نقيًا مثل الفضة البيضاء ففرح بذلك غاية الفرح واتسع صدره وانشرح، فلما أصبح الصباح دخل الديوان وجلس على سرير ملكه ودخلت عليه الحجاب

وأكابر الدولة ودخل عليه الحكيم رويان، فلما رآه قام إليه مسرعًا وأجلسه بجانبه وإذا بموائد الطعام قد مدت فأكل صحبته وما زال عنده ينادمه طول نهاره.

فلما أقبل الليل أعطى الحكيم ألفي دينار غير الخلع والهدايا وأركبه جواده وانصرف إلى داره والملك يونان يتعجب من صنعه ويقول: هذا داواني من ظاهر جسدي ولم يدهنني بدهان، فو الله ما هذه إلا حكمة بالغة، فيجب علي لهذا الرجل الإنعام والإكرام وأن أتخذه جليسًا وأنيسًا مدى الزمان. وبات الملك يونان مسرورًا فرحًا بصحة جسمه وخلاصه من مرضه.

فلما أصبح الملك وجلس على كرسيه ووقفت أرباب دولته وجلست الأمراء والوزراء على يمينه ويساره ثم طلب الحكيم رويان فدخل عليه وقبل الأرض بين يديه فقام الملك وأجلسه بجانبه وأكل معه وحياه وخلع عليه وأعطاه، ولم يزل يتحدث معه إلى أن أقبل الليل فرسم له بخمس خلع وألف دينار، ثم انصرف الحكيم إلى داره وهو شاكر للملك.

فلما أصبح الصباح خرج الملك إلى الديوان وقد أحدقت به الأمراء والوزراء والحجاب، وكان له وزير من وزرائه بشع المنظر نحس الطالع لئيم بخيل حسود مجبول على الحسد والمقت. فلما رأى ذلك الوزير أن الملك قرب الحكيم رويان وأعطاه هذه الأنعام حسده عليه وأضمر له الشر كما قيل في المعنى: ما خلا جسد من حسد. وقيل في المعنى: الظلم كمين في النفس القوة تظهره والعجز يخفيه. ثم أن الوزير تقدم إلى الملك يونان وقبل الأرض بين يديه وقال له: يا ملك العصر والأوان: أنت الذي شمل الناس إحسانك ولك عندي نصيحة عظيمة فإن أخفيتها عنك أكون ولد زنا، فإن أمرتني أن أبديها أبديتها لك.

فقال الملك وقد أزعجه كلام الوزير: وما نصيحتك؟ فقال: أيها الملك الجليل: قد قالت القدماء من لم ينظر في العواقب فما الدهر له بصاحب، وقد رأيت الملك على غير صواب حيث أنعم على عدوه وعلى من يطلب زوال ملكه وقد أحسن إليه وأكرمه غاية الإكرام وقربه غاية القرب، وأنا أخشى على الملك من ذلك.

فانزعج الملك وتغير لونه وقال له: من الذي تزعم أنه عدوي وأحسنت إليه؟ فقال له: أيها الملك إن كنت نائمًا فاستيقظ فأنا أشير إلى الحكيم رويان. فقال له الملك: إن هذا صديقي وهو أعز الناس عندي لأنه داواني بشيء قبضته بيدي وأبراني من مرضي الذي عجز فيه الأطباء وهو لا يوجد مثله في هذا الزمان في الدنيا غربًا وشرقاً، فكيف أنت تقول عليه هذا المقال وأنا من هذا اليوم أرتب له الجوامك

والجرايات وأعمل له في كل شهر ألف دينار ولو قاسمته في ملكي وإن كان قليلًا عليه. وما أظن أنك تقول ذلك إلا حسدًا كما بلغني عن الملك يونان ذكر والله أعلم.

وأدرك شهرزاد الصباح فسكتت عن الكلام المباح، فقالت لها أختها: يا أختي ما أحلى حديثك وأطيبه وألذه وأعذبه فقالت لها: وأين هذا مما أحدثكم به الليلة المقبلة إن عشت وأبقاني الملك. فقال الملك في نفسه: والله لا أقتلها حتى أسمع بقية حديثها لأنه حديث عجيب. ثم أنهم باتوا تلك الليلة متعانقين إلى الصباح. ثم خرج الملك إلى محل حكمه واحتبك الديوان فحجم وولى وأمر ونهى إلى آخر النهار، ثم انفض الديوان فدخل الملك عصره وأقبل الليل وقضى حاجته من بنت الوزير شهرزاد.

وفي **الليلة الخامسة** قالت: بلغني أيها الملك السعيد أن الملك يونان قال لوزيره أنت داخلك الحسد من أجل هذا الحكيم فتريد أن أقتله وبعد ذلك أندم كما ندم السندباد على قتل البازي. فقال الوزير: وكيف كان ذلك؟ فقال الملك: ذكر أنه كان ملك ملوك الفرس يحب الفرجة والتنزه والصيد والقنص وكان له بازي رباه ولا يفارقه ليلًا ولا نهارًا ويبيت طوال الليل حامله على يده وإذا طلع إلى الصيد يأخذه معه وهو عامل له طاسة من الذهب معلقة في رقبته يسقيه منها.

فبينما الملك جالس وإذا بالوكيل على طير الصيد يقول: يا ملك الزمان هذا أوان الخروج إلى الصيد، فاستعد الملك للخروج وأخذ البازي على يده وساروا إلى أن وصلوا إلى واد ونصبوا شبكة الصيد إذا بغزالة وقعت في تلك الشبكة فقال الملك: كل من فاتت الغزالة من جهته قتلته، فضيقوا عليها حلقة الصيد وإذا بالغزالة أقبلت على الملك وشبت على رجليها وحطت يديها على صدرها كأنها تقبل الأرض للملك فطأطأ الملك للغزالة ففرت من فوق دماغه وراحت إلى البر.

فالتفت الملك إلى المعسكر فرآهم يتغامزون عليه، فقال: يا وزيري ماذا يقول العساكر فقال: يقولون إنك قلت كل من فاتت الغزالة من جهته يقتل فقال الملك: وحياة رأسي لأتبعنها حتى أجيء بها، ثم طلع الملك في أثر الغزالة ولم يزل وراءها وصار البازي يلطشها على عينها إلى أن أعماها ودوخها فسحب الملك دبوسًا وضربها فقلبها ونزل فذبحها وسلخها وعلقها في قربوس السرج. وكانت ساعة حر وكان المكان قفرًا لم يوجد فيه ماء فعطش الملك وعطش الحصان.

فالتفت الملك فرأى شجرة ينزل منها ماء مثل السمن، وكان الملك لابسًا في كفه جلدًا فأخذ الطاسة في قبة البازي وملأها من ذلك الماء ووضع الماء قدامه وإذا بالبازي لطش الطاسة فقلبها، فأخذ الملك الطاسة ثانياً، وملأها وظن أن البازي عطشان فوضعها قدامه فلطشها ثانيًا وقلبها فغضب الملك من البازي وأخذ الطاسة ثالثًا وقدمها للحصان فقلبها البازي بجناحه فقال الملك الله يخيبك يا أشأم الطيور وأحرمتني من الشرب وأحرمت نفسك وأحرمت الحصان ثم ضرب البازي بالسيف فرمى أجنحته.

فصار البازي يقيم رأسه ويقول بالإشارة انظر الذي فوق الشجرة فرفع الملك عينه فرأى فوق الشجرة حية والذي يسيل سمها فندم الملك على قص أجنحة البازي ثم قام وركب حصانه وسار ومعه الغزالة حتى وصل الملك على الكرسي والبازي على يده فشهق البازي ومات فصاح الملك حزنًا وأسفًا على قتل البازي، حيث خلصه من الهلاك، هذا ما كان من حديث الملك السندباد.

فلما سمع الوزير كلام الملك يونان قال له: أيها الملك العظيم الشأن وما الذي فعلته من الضرورة ورأيت منه سوء إنما فعل معك هذا شفقة عليك وستعلم صحة ذلك فإن قبلت مني نجوت وإلا هلكت كما هلك وزير كان احتال على ابن ملك من الملوك، وكان لذلك الملك ولد مولع بالصيد والقنص وكان له وزيراً، فأمر الملك ذلك الوزير أن يكون مع ابنه أينما توجه فخرج يومًا من الأيام، إلى الصيد والقنص وخرج معه وزير أبيه فسارا جميعًا فنظر إلى وحش كبير فقال الوزير لابن الملك دونك هذا الوحش فاطلبه فقصده ابن الملك، حتى غاب عن العين وغاب عنه الوحش في البرية، وتحير ابن الملك فلم يعرف أين يذهب وإذا بجارية على رأس الطريق وهي تبكي فقال لها ابن الملك من أنت: قال بنت ملك من ملوك الهند وكنت في البرية فأدركني النعاس، فوقعت من فوق الدابة ولم أعلم بنفسي فصرت حائرة.

فلما سمع ابن الملك كلامها رق لحالها وحملها على ظهر جابته وأردفها وسار حتى مر بجزيرة فقالت له الجارية: يا سيد أريد أن أزيل ضرورة فأنزلها إلى الجزيرة ثم تعوقت فاستبطأها فدخل خلفها وهي لا تعلم به، فإذا هي غولة وهي تقول لأولادها يا أولادي قد أتيتكم اليوم بغلام سمين فقالوا لها أتينا به يا أمنا نأكله في بطوننا.

فلما سمع ابن الملك كلامهم أيقن بالهلاك وارتعد فرائصه وخشي على نفسه ورجع فخرجت الغولة فرأته كالخائف الوجل وهو يرتعد فقالت له: ما بالك خائفاً،

فقال لها أن لي عدواً، وأنا خائف منه فقالت الغولة إنك تقول أنا ابن الملك قال لها نعم، قالت له مالك لا تعطي عدوك شيئًا من المال، فترضيه به، فقال لها أنه لا يرضى بمال ولا يرضى إلا بالروح وأنا خائف منه، وأنا رجل مظلوم فقالت له: إن كنت مظلومًا كما تزعم فاستعن بالله عليه بأنه يكفيك شره وشر جميع ما تخافه.

فرفع ابن الملك رأسه إلى السماء وقال: يا من يجيب دعوة المضطر، إذا دعاه ويكشف السوء انصرني على عدوي واصرفه عني، إنك على ما تشاء قدير فلما سمعت الغولة دعاءه، انصرفت عنه وانصرف ابن الملك إلى أبيه، وحدثه بحديث الوزير وأنت أيها الملك متى آمنت لهذا الحكيم قتلك أقبح القتلات، وإن كنت أحسنت إليه وقربته منك فإنه يدبر في هلاكك، أما ترى أنه أبراك من المرض من ظاهر الجسد بشيء أمسكته بيدك، فلا تأمن أن يهلكك بشيء تمسكه أيضاً.

فقال الملك يونان: صدقت فقد يكون كما ذكرت أيها الوزير الناصح، فلعل هذا الحكيم أتى جاسوسًا في طلب هلاكي، وإذا كان أبرأني بشيء أمسكته بيدي فإنه يقدر أن يهلكني بشيء أشمه، ثم إن الملك يونان قال لوزيره: أيها الوزير كيف العمل فيه، فقال له الوزير: أرسل إليه في هذا الوقت واطلبه، فإن حضر فاضرب عنقه فتكفي شره وتستريح منه واغدر به قبل أن يغدر بك، فقال الملك يونان صدقت أيها الوزير ثم إن الملك أرسل إلى الحكيم، فحضر وهو فرحان ولا يعلم ما قدره الرحمن كما قال بعضهم في المعنى:

يا خائفًا من دهره كن آمناً وكل الأمور إلى الذي بسط الثرى إن المقدر كان لا يمحى ولك الأمان من الذي ما قدرا

وأنشد الحكيم مخاطبًا قول الشاعر:

إذا لم أقم يومًا لحقك بالشكر فقل لي إن أعددت نظمي معا لنثر

لقد جددت لي قبل السؤال بأنعم أتتني بلا مطل لديك ولا عذر

فمالي لا أعطي ثناءك حقه وأثني على علياك السر والجهر

سأشكر ما أوليتني من صنائع يخف لها فمي وإن أثقلت ظهري

فلما حضر الحكيم رويان قال له الملك: أتعلم لماذا أحضرتك، فقال الحكيم: لا يعلم الغيب إلا الله تعالى، فقال له الملك: أحضرتك لأقتلك وأعدمك روحك، فتعجب الحكيم رويان من تلك المقالة غاية العجب، وقال أيها الملك لماذا تقتلني؟ وأي ذنب بدا مني فقال له الملك: قد قيل لي إنك جاسوس وقد أتيت لتقتلني وها

أنا أقتلك قبل أن تقتلني ثم إن الملك صاح على السياف، وقال له اضرب رقبة هذا الغدار، وأرحنا من شره، فقال الحكيم أبقني يبقيك الله ولا تقتلني يقتلك الله، ثم أنه كرر عليه القول مثلما قلت لك أيها العفريت وأنت لا تدعي بل تريد قتلي فقال الملك يونان للحكيم رويان، إني لا آمن إلا أن أقتلك فإنك برأتني بشيء أمسكته بيدي فلا آمن أن تقتلني بشيء أشمه أو غير ذلك فقال الحكيم أيها الملك أهذا جزائي منك، تقابل المليح بالقبيح فقال الملك: لا بد من قتلك من غير مهلة فلما تحقق الحكيم أن الملك قاتله لا محالة بكى وتأسف على ما صنع من الجميل مع غير أهله، كما قيل في المعنى:

ميمونة من سمات العقل عارية   لكن أبوها من الألباب قد خلقا لم يمش من
يابس يومًا ولا وحل   إلا بنور هداه تقى الزلقا

بعد ذلك تقدم السياف وغمي عينيه وشهر سيفه وقال ائذن والحكيم يبكي ويقول للملك: أبقني يبقيك الله ولا تقتلني يقتلك الله، وأنشد قول الشاعر:

نصحت فلم أفلح وغشوا فأفلحوا   فأوقعني نصحي بدار هوان فإن عشت فلم
أنصح وإن مت فانع لي   ذوي النصح من بعدي بك لسان

ثم إن الحكيم قال للملك أيكون هذا جزائي منك، فتجازيني مجازاة التمساح قال الملك: وما حكاية التمساح، فقال الحكيم لا يمكنني أن أقولها، وأنا في هذا الحال فبالله عليك أبقني يبقيك الله، ثم إن الحكيم بكى بكاء شديدًا فقام بعض خواص الملك وقال أيها الملك هب لنا دم هذا الحكيم، لأننا ما رأيناه فعل معك ذنبًا إلا أبراك من مرضك الذي أعيا الأطباء والحكماء.

فقال لهم الملك لم تعرفوا سبب قتلي لهذا الحكيم وذلك لأني إن أبقيته فأنا هالك لا محالة ومن أبرأني من المرض الذي كان بي بشيء أمسكته بيدي فيمكنه أن يقتلني بشيء أشمه، فأنا أخاف أن يقتلني ويأخذ علي جعالة لأنه ربما كان جاسوسًا وما جاء إلا ليقتلني فلا بد من قتله وبعد ذلك آمن على نفسي فقال الحكيم أبقني يبقيك الله ولا تقتلني يقتلك الله.

فلما تحقق الحكيم أيها العفريت أن الملك قاتله لا محالة قال له أيها الملك إن كان ولا بد من قتلي فأمهلني حتى أنزل إلى داري فأخلص نفسي وأوصي أهلي وجيراني أن يدفنوني وأهب كتب الطب وعندي كتاب خاص الخاص أهبه لك هدية تدخره في خزانتك، فقال الملك للحكيم وما هذا الكتاب قال: فيه شيء لا يحصى وأقل ما فيه من الأسرار إذا قطعت رأسي وفتحته وعددت ثلاث ورقات ثم

تقرأ ثلاث أسطر من الصحيفة التي على يسارك فإن الرأس تكلمك وتجاوبك عن جميع ما سألتها عنه.

فتعجب الملك غاية العجب واهتز من الطرب وقال له أيها الحكيم: وهل إذا قطعت رأسك تكلمت فقال نعم أيها الملك وهذا أمر عجيب، ثم أن الملك أرسله مع المحافظة عليه، فنزل الحكيم إلى داره وقضى أشغاله في ذلك اليوم وفي اليوم الثاني طلع الحكيم إلى الديوان وطلعت الأمراء والوزراء والحجاب والنواب وأرباب الدولة جميعًا وصار الديوان كزهر البستان وإذا بالحكيم دخل الديوان، ووقف قدام الملك ومعه كتاب عتيق ومكحلة فيها ذرور، وجلس وقال ائتوني بطبق، فأتوه بطبق وكتب فيه الذرور وفرشه وقال: أيها الملك خذ هذا الكتاب ولا تعمل به، حتى تقطع رأسي فإذا قطعتها فاجعلها في ذلك الطبق وأمر بكبسها على ذلك الذرور فإذا فعلت ذلك فإن دمها ينقطع، ثم افتح الكتاب ففتحه الملك فوجده ملصوقًا فحط إصبعه في فمه وبله بريقه وفتح أول ورقة والثانية والثالثة والورق ما ينفتح إلا بجهد، ففتح الملك ست ورقات ونظر فيها فلم يجد كتابة فقال الملك: أيها الحكيم ما فيه شيء مكتوب فقال الحكيم قلب زيادة على ذلك فقلب فيه زيادة فلم يكن إلا قليلًا من الزمان حتى سرى فيه السم لوقته وساعته فإن الكتاب كان مسمومًا فعند ذلك تزحزح الملك وصاح وقد قال: سرى في السم، فأنشد الحكيم رويان يقول:

تحكموا فاستطالوا في حكومتهم	وعن قليل كان الحكم لم يكن
لو أنصفوا أنصفوا لكن بغوا فبغى	عليهم الدهر بالآفات والمحن
وأصبحوا ولسان الحال يشدهم	هذا بذاك ولا عتب على الزمن

فلما فرغ رويان الحكيم من كلامه سقط الملك ميتًا لوقته، فاعلم أيها العفريت أن الملك يونان لو أبقى الحكيم رويان لأبقاه الله، ولكن أبى وطلب قتله فقتله الله وأنت أيها العفريت لو أبقيتني لأبقاك الله. وأدرك شهرزاد الصباح فسكتت عن الكلام المباح، فقالت لها أختها دنيازاد: ما أحلى حديثك فقالت: وأين هذا مما أحدثكم به الليلة القابلة إن عشت وأبقاني الملك، وباتوا الليلة في نعيم وسرور إلى الصباح، ثم أطلع الملك إلى الديوان ولما انفض الديوان دخل قصره واجتمع بأهله.

ففي الليلة السادسة قالت: بلغني أيها الملك السعيد أن الصياد لما قال للعفريت لو أبقيتني كنت أبقيتك، لكن ما أردت إلا قتلي فأنا أقتلك محبوسًا في هذا القمقم، وألقيك في هذا البحر ثم صرخ المارد وقال بالله عليك أيها الصياد لا تفعل

وأبقني كرمًا ولا تؤاخذني بعملي، فإذا كنت أنا مسيئًا كن أنت محسناً، وفي الأمثال السائرة يا محسنًا لمن أساء كفي المسيء فعله ولا تعمل عمل أمامة مع عاتكة.

قال الصياد وما شأنهما، فقال العفريت ما هذا وقت حديث وأنا في السجن حتى تطلعني منه وأنا أحدثك بشأنهما فقال الصياد لا بد من إلقائك في البحر ولا سبيل إلى إخراجك منه فإني كنت أستعطفك وأتضرع إليك وأنت لا تريد إلا قتلي من غير ذنب استوجبته منك، ولا فعلت معك سوءًا قط ولم أفعل معك إلا خيراً، لكوني أخرجتك من السجن، فلما فعلت معي ذلك، علمت أنك رديء الأصل، واعلم أنني ما رميتك في هذا البحر، إلا لأجل أن كل من أطلعك أخبره بخبرك، وأحذره منك فيرميك فيه، ثانيًا فنقيم في هذا البحر إلى آخر الزمان حتى ترى أنواع العذاب.

فقال العفريت: أطلقني فهذا وقت المروءات وأنا أعاهدك أني لم أسؤك أبدًا بل أنفعك بشيء يغنيك دائماً، فأخذ الصياد عليه العهد أنه إذا أطلقه لا يؤذيه أبدًا بل يعمل معه الجميل فلما استوثق منه بالإيمان والعهود وحلفه باسم الله الأعظم فتح له الصياد فتصاعد الدخان حتى خرج وتكامل فصار عفريتًا مشوه الخلقة ورفس القمقم في البحر.

فلما رأى الصياد أنه رمى القمقم في البحر أيقن بالهلاك وبال في ثيابه، وقال هذه ليست علامة خير، ثم أنه قوى قلبه وقال: أيها العفريت قال الله تعالى: وأوفوا العهد، إن العهد كان مسؤولًا وأنت قد عاهدتني وحلفت أنك لا تغدر بي فإن غدرت بي يجرك الله فإنه غيور يمهل ولا يهمل، وأنا قلت لك مثل ما قاله الحكيم رويان للملك يونان أبقني يبقيك الله.

فضحك العفريت ومشى قدامه، وقال أيها الصياد اتبعني فمشى الصياد وراءه وهو لم يصدق بالنجاة إلى أن خرجا من ظاهر المدينة وطلعا على جبل ونزلا إلى برية متسعة وإذا في وسطها بركة ماء، فوقف العفريت عليها وأمر الصياد أن يطرح الشبكة ويصطاد، فنظر الصياد إلى البركة، وإذا بهذا السمك ألواناً، الأبيض والأحمر والأزرق والأصفر، فتعجب الصياد من ذلك ثم أنه طرح شبكته وجذبها فوجد فيها أربع سمكات، كل سمكة بلون، فلما رآها الصياد فرح.

فقال له العفريت ادخل بها إلى السلطان وقدمها إليه، فإنه يعطيك ما يغنيك وبالله أقبل عذري فإنني في هذا الوقت لم أعرف طريقًا وأنا في هذا البحر مدة ألف وثمانمائة عام، ما رأيت ظاهر الدنيا إلا في هذه الساعة ولا تصطد منها كل يوم إلا مرة واحدة واستودعتك الله، ثم دق الأرض بقدميه فانشقت وابتلعته

ومضى الصياد إلى المدينة متعجب مما جرى له مع هذا العفريت ثم أخذ السمك ودخل به منزله وأتى بمأجور ثم ملأه ماء وحط فيه السمك فاختبط السمك من داخل المأجور في الماء ثم حمل المأجور فوق رأسه وقصد به قصر الملك كما أمره العفريت.

فلما طلع الصياد إلى الملك وقدم له السمك تعجب الملك غاية العجب من ذلك السمك الذي قدمه إليه الصياد لأنه لم ير في عمره مثله صفة ولا شكلاً، فقال: ألقوا هذا السمك للجارية الطباخة، وكانت هذه الجارية قد أهداها له ملك الروم منذ ثلاثة أيام وهو لم يجربها في طبيخ فأمرها الوزير أن تقليه، وقال لها يا جارية إن الملك يقول لك ما ادخرت دمعتي إلا لشدتي ففرجينا اليوم على طهيك وحسن طبيخك فإن السلطان جاء إليه واحد بهدية ثم رجع الوزير بعدما أوصاها فأمره الملك أن يعطي الصياد أربعمائة دينار فأعطاه الوزير إياها فأخذها في حجره وتوجه إلى منزله لزوجته، وهو فرحان مسرور ثم اشترى لعياله ما يحتاجون إليه هذا ما كان من أمر الصياد.

وأما ما كان من أمر الجارية فإنها أخذت السمك ونظفته ورصته، في الطاجن ثم إنها تركت السمك حتى استوى وجهه وقلبته على الوجه الثاني، وإذا بحائط المطبخ قد انشقت وخرجت منها صبية رشيقة القد أسيلة الخد كاملة الوصف كحيلة الطرف بوجه مليح وقد رجيح لابسة كوفية من خز أزرق وفي أذنيها حلق وفي معاصمها أساور وفي أصابعها خواتيم بالفصوص المثمنة وفي يدها قضيب من الخيزران فغرزت القضيب في الطاجن وقالت: يا سمك يا سمك هل أنت على العهد القديم مقيم، فلما رأت الجارية هذا غشي عليها وقد أعادت الصبية القول ثانيًا وثالثًا فرفع السمك رأسه في الطاجن وقال: نعم، نعم ثم قال جميعه هذا البيت:

إن عدت عدنا وإن وافيت وافينا   وإن هجرت فإنا قد تكافينا

فعند ذلك قلبت الصبية الطاجن وخرجت من الموضع الذي دخلت منه والتحمت حائط المطبخ ثم أقامت الجارية فرأت الأربع سمكات محروقة مثل الفحم الأسود، فقالت تلك الجارية من أول غزوته حصل كسر عصبته فبينما هي تعاتب نفسها، وإذا بالوزير واقف على رأسها، وقال لها هاتي السمك للسلطان فبكت الجارية وأعلمت الوزير بالحال أنه أرسل إلى الصياد فأتوا به إليه، فقال له أيها الصياد لا بد أن تجيب لنا بأربع سمكات مثل التي جئت بها أولاً.

فخرج الصياد إلى البركة وطرح شبكته ثم جذبها وإذا بأربع سمكات، فأخذها وجاء بها إلى الوزير، فدخل بها الوزير إلى الجارية وقال لها قومي اقليها قدامي، حتى أرى هذه القضية فقامت الجارية أصلحت السمك، ووضعته في الطاجن على النار فما استقر إلا قليلًا وإذا بالحائط قد انشقت، والصبية قد ظهرت وهي لابسة ملبسها وفي يدها القضيب فغرزته في الطاجن وقالت: يا سمك هل أنت على العهد القديم مقيم، فرفعت السمكات رؤوسها وأنشدت هذا البيت:

إن عدت عدنا وإن وافيت وافينا   وإن هجرت فإنا قد تكافينا

وفي الليلة السابعة قالت: بلغني أيها الملك السعيد أنه لما تكلم السمك قلبت الصبية الطاجن بالقضيب وخرجت من الموضع الذي جاءت منه والتحم الحائط، فعند ذلك قام الوزير وقال: هذا أمر لا يمكن إخفاؤه عن الملك، ثم أنه تقدم إلى الملك وأخبره بما جرى قدامه فقال: لا بد أن أنظر بعين، فأرسل إلى الصياد وأمره أن يأتي بأربع سمكات مثل الأول وأمهله ثلاثة أيام. فذهب الصياد إلى البركة وأتاه بالسمك في الحال. فأمر الملك أن يعطوه أربعمائة دينار. ثم التفت الملك إلى الوزير وقال له: سو أنت السمك ههنا قدامي فقال الوزير سمعًا وطاعة، فأحضر الطاجن ورمى فيه السمك بعد أن نظفه ثم قلبه وإذا بالحائط قد انشق وخرج منه عبد أسود كأنه ثور من الثيران أو من قوم عاد وفي يده فرع من شجرة خضراء وقال بكلام فصيح مزعج: يا سمك يا سمك هل أنت على العهد القديم مقيم؟ فرفع السمك رأسه من الطاجن وقال: نعم وأنشد هذا البيت:

إن عدت عدنا وإن وافيت وافينا   وإن هجرت فإنا قد تكافينا

ثم أقبل العبد على الطاجن وقلبه بالفرع إلى أن صار فحمًا أسود، ثم ذهب العبد من حيث أتى، فلما غاب العبد عن أعينهم قال الملك: هذا أمر لا يمكن السكوت عنه، ولا بد أن هذا السمك له شأن غريب، فأمر بإحضار الصياد، فلما حضر قال له: من أين هذا السمك فقال له من بركة بين أربع جبال وراء هذا الجبل الذي بظاهر مدينتك، فالتفت الملك إلى الصياد وقال له: مسيرة كم يوم، قال له يا مولاننا السلطان مسيرة نصف ساعة.

فتعجب السلطان وأمر بخروج العسكر من وقته مع الصياد فصار الصياد يلعن العفريت وساروا إلى أن طلعوا الجبل ونزلوا منه إلى برية متسعة لم يروها مدة أعمارهم والسلطان وجميع العسكر يتعجبون من تلك البرية التي نظروها بين أربع جبال والسمك فيها على أربعة ألوان أبيض وأحمر وأصفر وأزرق.

فوقف الملك متعجبًا وقال للعسكر ولمن حضر: هل أحد منكم رأى هذه البركة في هذا المكان، فقالوا كلهم لا، فقال الملك: والله لا أدخل مدينتي ولا أجلس على تخت ملكي حتى أعرف حقيقة هذه البركة وسمكها.

ثم أمر الناس بالنزول حول هذه الجبال فنزلوا، ثم دعا بالوزير وكان وزيرًا عاقلًا عالمًا بالأمور، فلما حضر بين يديه قال له: إني أردت أن أعمل شيئًا فأخبرك به وذلك أنه خطر ببالي أن أنفرد بنفسي في هذه الليلة وأبحث عن خبر هذه البركة وسمكها، فاجلس على باب خيمتي وقل للأمراء والوزراء والحجاب أن السلطان متشوش وأمرني أن لا أؤذن لأحد في الدخول عليه ولا تعلم أحد بقصدي، فلم يقدر الوزير على مخالفته.

ثم أن الملك غير حالته وتقلد سيفه وانسل من بينهم ومشى بقية ليله إلى الصباح، فلم يزل سائرًا حتى اشتد عليه الحر فاستراح ثم مشى بقية يومه وليلته الثانية إلى الصباح فلاح له سواد من بعد ففرح وقال: لعلي أجد من يخبرني بقضية البركة وسمكها، فلما قرب من السواد وجده قصرًا مبنيًا بالحجارة السود مصفحًا بالحديد وأحد شقي بابه مفتوح والآخر مغلق.

ففرح الملك ووقف على الباب ودق دقًا لطيفًا فلم يسمع جواباً، فدق ثانيًا وثالثًا فلم يسمع جواباً، فدق رابعًا دقًا مزعجًا فلم يجبه أحد، فقال لا بد أنه خال، فشجع نفسه ودخل من باب القصر إلى دهليز ثم صرخ وقال: يا أهل القصر إني رجل غريب وعابر سبيل، هل عندكم شيء من الزاد؟ وأعاد القول ثانيًا وثالثًا فلم يسمع جواباً، فقوي قلبه وثبت نفسه ودخل من الدهليز إلى وسط القصر فلم يجد فيه أحد، غير أنه مفروش وفي وسطه فسقية عليها أربع سباع من الذهب تلقي الماء من أفواهها كالدر والجواهر وفي دائره طيور وعلى ذلك القصر شبكة تمنعها من الطلوع، فتعجب من ذاك وتأسف حيث لم ير فيه أحد يستخبر منه عن تلك البركة والسمك والجبال والقصر، ثم جلس بين الأبواب يتفكر وإذا هو بألين من كبد حزين فسمعه يترنم بهذا الشعر:

لما خفيت ضنى ووجدي قد ظهر والنوم من عيني تبدل بالسهر ناديت وجدًا
قد تزايد بي الفكر يا وجد لا تبقى علي ولا تذر

ها مهجتي بين المشقة والخطر

فلما سمع السلطان ذلك الأنين نهض قائمًا وقصد جهته فوجد سترًا مسبولًا على باب مجلس فرفعه فرأى خلف الستر شابًا جالسًا على سرير مرتفع عن الأرض

مقدار ذراع، وهو شاب مليح بقد رجيح ولسان فصيح وجبين أزهر وخدًا أحمر وشامة على كرسي خده كترس من عنبر كما قال الشاعر:

ومهفهف من شعره وجبينه مشت الورى في ظلمة وضياء

ما أبصرت عيناك أحسن منظر فيما يرى من سائر الأشياء

كالشامة الخضراء فوق الوجنة الحمراء تحت المقلة السوداء

ففرح به الملك وسلم عليه والصبي جالس وعليه قباء حرير بطراز من ذهب لكن عليه أثر الحزن، فرد السلام على الملك وقال له: يا سيدي اعذرني عن عدم القيام، فقال الملك: أيها الشاب أخبرني عن هذه البركة وعن سمكها الملون وعن هذا القصر وسبب وحدتك فيه وما سبب بكائك؟ فلما سمع الشاب هذا الكلام نزلت دموعه على خده وبكى بكاء شديداً، فتعجب الملك وقال: ما يبكيك أيها الشاب؟ فقال كيف لا أبكي وهذه حالتي، ومد يده إلى أذياله فإذا نصفه التحتاني إلى قدميه حجر ومن صرته إلى شعر رأسه بشر.

ثم قال الشاب: اعلم أيها الملك أن لهذا أمرًا عجيبًا لو كتب بالإبر على آفاق البصر لكان عبرة لمن اعتبر، وذلك يا سيدي أنه كان والدي ملك هذه المدينة وكان اسمع محمود الجزائر السود وصاحب هذه الجبال الأربعة أقام في الملك سبعين عامًا ثم توفي والدي وتسلطنت بعده وتزوجت بابنة عمي وكانت تحبني محبة عظيمة بحيث إذا غبت عنها لا تأكل ولا تشرب حتى تراني، فمكثت في عصمتي خمس سنين إلى أن ذهبت يومًا إلى الحمام فأمرت الطباخ أن يجهز لنا طعامًا لأجل العشاء، ثم دخلت هذا القصر ونمت في الموضع الذي أنا فيه وأمرت جاريتين أن يروحا على وجهي فجلست واحدة عند رأسي والأخرى عند رجلي وقد قلقت لغيابها ولم يأخذني نوم غير أن عيني مغمضة ونفسي يقظانة.

فسمعت التي عند رأسي تقول للتي عند رجلي يا مسعودة إن سيدنا مسكين شبابه ويا خسارته مع سيدتنا الخبيثة الخاطئة. فقالت الأخرى: لعن الله النساء الزانيات ولكن مثل سيدنا وأخلاقه لا يصلح لهذه الزانية التي كل ليلة تبيت في غير فراشه.

فقالت التي عند رأسي: إن سيدنا مغفل حيث لم يسأل عنها. فقالت الأخرى ويلك وهل عند سيدنا علم بحالها أو هي تخليه باختياره بل تعمل له عملًا في قدح الشراب الذي يشربه كل ليلة قبل المنام فتضع فيه البنج فينام ولم يشعر بما يجري

ولم يعلم أين تذهب ولا بما تصنع لأنها بعدما تسقيه الشراب تلبس ثيابها وتخرج من عنده فتغيب إلى الفجر وتأتي إليه وتبخره عند أنفه بشيء فيستيقظ من منامه.

فلما سمعت كلام الجواري صار الضيا في وجهي ظلامًا وما صدقت أن الليل اقبل وجاءت بنت عمي من الحمام فمدا السماط وأكلنا وجلسنا ساعة زمنية نتنادم كالعادة ثم دعوت بالشراب الذي أشربه عند المنام فناولتني الكأس فراوغت عنه وجعلت أشربه مثل عادتي ودلقته في عبي ورقدت في الوقت والساعة وإذا بها قالت: نم ليتك لم تقم، والله كرهتك وكرهت صورتك وملت نفسي من عشرتك. ثم قامت ولبست أخفر ثيابها وتبخرت وتقلدت سيفًا وفتحت باب القصر وخرجت.

فقمت وتبعتها حتى خرجت وشقت في أسواق المدينة إلى أن انتهت إلى أبواب المدينة فتكلمت بكلام لا أفهمه فتساقطت الأقفال وانفتحت الأبواب وخرجت وأنا خلفها وهي لا تشعر حتى انتهت إلى ما بين الكيمان وأتت حصنًا فيه قبة مبنية بطين لها باب فدخلته هي وصعدت أنا على سطح القبة وأشرفت عليها اذا بها قد دخلت على عبد أسود إحدى شفتيه غطاء وشفته الثانية وطاء وشفاهه تلقط الرمل من الحصى وهي مبتلي وراقد على قليل من قش القصب فقبلت الأرض بين يديه.

فرفع ذلك العبد رأسه إليها وقال لها: ويلك ما سبب قعودك إلى هذه الساعة كان عندنا السودان وشربوا الشراب وصار كل واحد بعشيقته وأنا ما رضيت أن أشرب من شأنك، فقالت: يا سيدي وحبيب قلبي أما تعلم أني متزوجة بابن عمي وأنا أكره النظر في صورته وأبغض نفسي في صحبته، ولولا أني أخشى على خاطرك لكنت جعلت المدينة خرابًا يصبح فيها البوم والغراب وأنقل حجارتها إلى جبل قاف.

فقال العبد: تكذبين يا عاهرة وأنا أحلف وحق فتوة السودان وإلا تكون مروءتنا مروءة البيضان. إن بقيت تقعدي إلى هذا الوقت من هذا اليوم لا أصاحبك ولا أضع جسدي على جسدك، يا خائنة تغيبين علي من أجل شهوتك يا منتنة يا أخت البيضان.

قال الملك: فلما سمعت كلامها وأنا أنظر بعيني ما جرى بينهما صارت الدنيا في وجهي ظلامًا ولم أعرف روحي في أي موضع وصارت بنت عمي واقفة تبكي إليه وتتدلل بين يديه وتقول له: يا حبيبي وثمرة فؤادي ما أحد غيرك بقي لي فإن

طردتني يا ويلي يا حبيبي يا نور عيني. وما زالت تبكي وتضرع له حتى رضي عليها ففرحت قامت وقلعت ثياب ولباسها وقالت له: يا سيدي هل عندك ما تأكله جاريتك، فقال لها اكشفي اللقان فإن تحتها عظام فيران مطبوخة فكليها ومرمشيها وقومي لهذه القوارة تجدين فيها بوظة فاشربيها.

فقامت وأكلت وشربت وغسلت يديها، وجاءت فرقدت مع العبد على قش القصب وتعرت ودخلت معه تحت الهدمة والشرايط فلما نظرت هذه الفعال التي فعلتها بنت عمي وهممت أن أقتل الإثنين فضربت العبد أولًا على رقبته فظننت أنه قضي عليه.

وأدرك شهرزاد الصباح فسكتت عن الكلام المباح، فلما أصبح الصباح دخل الملك إلى محل الحكم واحتبك الديوان إلى آخر النهار، ثم طلع الملك قصره فقالت لها أختها دنيازاد: تممي لنا حديثك، قالت: حبًا وكرامة.

وفي الليلة الثامنة قالت: بلغني أيها الملك السعيد، أن الشاب المسحور قال للملك: لما ضربت العبد لأقطع رأسه قطعت الحلقوم والجلد واللحم فظننت أني قتلته فشخر شخيراً عاليًا فتحركت بنت عمي وقامت بعد ذهابي فأخذت السيف وردته إلى موضعه وأتت المدينة ودخلت القصر ورقدت في فراشي إلى الصباح، ورأيت بنت عمي في ذلك اليوم قد قطعت شعرها ولبست ثياب الحزن وقالت: يا ابن عمي لا تلمني فيما أفعله، فإنه بلغني أن والدتي توفيت وأن والدي قتل في الجهاد، وأن أخوي أحدهما مات ملسوعًا والآخر رديمًا فيحق لي أن أبكي وأحزن، فلما سمعت كلامها سكت عنها وقلت لها: افعلي ما بدا لك فإني لا أخالفك، فمكثت في حزن وبكاء وعددي سنة كاملة من الحول إلى الحول، وبعد السنة قالت لي أريد أن أبني في قصرك مدفنًا مثل القبة وأنفرد فيه بالأحزان أسميه بيت الأحزان.

فقلت لهاك افعلي ما بدا لك فبنت لها بيتًا للحزن في وسطه قبة ومدفنًا مثل الضريح ثم نقلت العبد وأنزلته فيه وهو ضعيف جدًا لا ينفعها بنافعة لكنه يشرب الشراب، ومن اليوم الذي جرحته فيه ما تكلم إلا أنه حي لأن أجله لم يفرغ فصارت كل يوم تدخل عليه القبة بكرة وعشيًا وتبكي عنده، وتعدد عليه وتسقيه الشراب والمساليق ولم تزل على هذه الحالة صباحًا ومساء إلى ثاني سنة وأنا أطول بالي عليها إلى أن دخلت عليها يومًا من الأيام، على غفلة فوجدتها تبكي وتلطم وجهها وتقول هذه الأبيات:

عدمت وجودي في الورى بعد بعدكم   فإن فؤادي لا يحب سواكم

خذوا كرمًا جسمي إلى أين ترتموا   وأين حللتم فادفنوني حداكم

وإن تذكروا اسمي عند قبري يجيبكم   أنين عظامي عند صوت نداكم

فلما فرغت من شعرها قلت لها وسيفي مسلول في يدي: هذا كلام الخائنات اللاتي يسكرن المعشره، ولا يحفظن الصحة وأردت أن أضربها فرفعت يدي في الهواء فقامت وقد علمت أني أنا الذي جرح العبد ثم وقعت على قدميها وتكلمت بكلام لا أفهمه، وقالت جعل الله بسحري نصفك حجرًا ونصفك الآخر بشراً، فصرت كما ترى وبقيت لا أقوم ولا أقعد ولا أنا ميت ولا أنا حي.

فلما صرت هكذا سحرت المدينة وما فيها من الأسواق والغبطان وكانت مدينتنا أربعة أصناف مسلمين ونصارى ويهود ومجوس فسحرتهم سمكاً، فالأبيض مسلمون والأحمر مجوس والأزرق نصارى والأصفر يهود وسحرت الجزائر الأربعة جبال وأحاطتها بالبركة، ثم إنها كل يوم تعذبني، وتضربني بسوط من الجلد مائة ضربة حتى يسيل الدم ثم تلبسني من تحت هذه الثياب ثوبًا من الشعر على نصفي الفوقاني ثم أن الشاب بكى وأنشد:

صبرًا لحكمك يا إله القضا   أنا صابر إن كان فيه لك الرضا قد ضقت بالأسر الذي قد نابني   فوسيلني آل النبي المرتضى

فعند ذلك التفت الملك إلى الشاب وقال له: أيها الشاب زدتني همًا على همي، ثم قال له: وأين تلك المرأة قال في المدفن الذي فيه العبد راقد في القبة وهي تجيء له كل يوم مرة وعند مجيئها تجيء إلى وتجردني من ثيابي وتضربني بالسوط مئة ضربة وأنا أبكي وأصيح ولم يكن في حركة حتى أدفعها عن نفسي ثم بعد أن تعاقبني تذهب إلى العبد بالشراب والمسلوقة بكرة النهار. قال الملك: والله يا فتى لأفعلن معك معروفًا أذكر به وجميلًا يؤرخونه سيرًا من بعدي، ثم جلس الملك يتحدث معه إلى أن أقبل الليل ثم قام الملك وصبر إلى أن جاء وقت السحر فتجرد من ثيابه وتقلد سيفه ونهض إلى المحل الذي فيه العبد فنظر إلى الشمع والقناديل ورأى البخور والأدهان ثم قصد العبد وضربه فقتله ثم حمله على ظهره ورماه في بئر كانت في القصر، ثم نزل ولبس ثياب العبد وهو داخل القبة والسيف معه مسلول في طوله، فبعد ساعة أتت العاهرة الساحرة وعند دخولها جردت ابن عمها من ثيابه وأخذت سوطاً، وضربته فقال آه يكفيني ما أنا فيه فارحميني فقالت: هل كنت أنت رحمتني وأبقيت لي معشوق، ثم ألبسته اللباس الشعر

والقماش من فوقه ثم نزلت إلى العبد ومعها قدح الشراب وطاسة المسلوقة ودخلت عليه القبة وبكت وولولت وقالت: يا سيدي كلمني يا سيدي حدثني وأنشدت تقول:

فإلى متى هذا التجنب والجفا   إن الذي فعل الغرام لقد كفى كم قد تطيل
الهجر لي معتمدًا   إن كان قصدك حاسدي فقد اشتفى

ثم إنها بكت وقالت: يا سيدي كلمني وحدثني فخفض صوته، وعوج لسانه وتكلم بكلام السودان وقال: آه لا حول ولا قوة إلا بالله فلما سمعت كلامه صرخت من الفرح وغشي عليها ثم إنها استفاقت وقالت لعل سيدي صحيح، فخفض صوته بضعف وقال: يا عاهرة أنت لا تستحقي أن أكلمك، قالت ما سبب ذلك، قال سببه أنك طول النهار تعاقبين زوجك وهو يصرخ ويستغيث حتى أحرمتيني النوم من العشاء إلى الصباح، ولم يزل زوجك يتضرع ويدعو عليك حتى أقلقني صوته ولولا هذا لكنت تعافيت فهذا الذي منعني عن جوابك، فقالت عن إذنك أخلصه مما هو فيه، فقال لها: خلصيه وأريحينا فقالت: سمعًا وطاعة.

ثم قامت وخرجت من القبة إلى القصر وأخذت طاسة ملأتها ماء ثم تكلمت عليها فصار الماء يغلي بالقدر ثم رشته منها وقالت: بحق ما تلوته أن تخرج من هذه الصورة إلى صورتك الأولى: فانتفض الشاب وقام على قدميه، وفرح بخلاصه وقال: أشهد أن لا إله إلا الله وأن محمدًا رسول الله صلى الله عليه وسلم، ثم قالت له: اخرج ولا ترجع إلى هنا وإلا قتلتك وصرخت في وجهه.

فخرج من بين يديها وعادت إلى القبة ونزلت وقالت: يا سيدي اخرج إلي حتى أنظرك، فقال لها بكلام ضعيف أي شيء فعلتيه، أرحتيني من الفرع ولم تريحيني من الأصل، فقالت يا حبيبي وما هو الأصل قال: أهل هذه المدينة والأربع جزائر كل ليلة، إذا انتصف الليل يرفع السمك رأسه ويدعو علي وعليك فهو سبب منع العافية عن جسمي، فخلصيهم وتعالي خذي بيدي، وأقيميني، فقد توجهت إلى العافية فلما سمعت كلام الملك وهي تظنه العبد، قالت له وهي فرحة يا سيدي على رأسي وعيني بسم الله، ثم نهضت وقامت وهي مسرورة تجري وخرجت إلى البركة وأخذت من مائها قليلاً، وأدرك شهريار الصباح فسكتت عن الكلام المباح.

ففي الليلة التاسعة قالت: بلغني أيها الملك السعيد أن الصبية الساحرة، لما أخذت شيئًا من هذه البركة وتكلمت عليه بكلام لا يفهم تحرك السمك، ورفع رأسه وصار آدميين في الحال، وانفك السحر عن أهل المدينة وأصبحت عامرة والأسواق

منصوبة، وصار كل واحد في صناعته وانقلبت الجبال جزائر، كما كانت ثم أن الصبية الساحرة رجعت إلى الملك في الحال وهي تظن أنه العبد، وقالت يا حبيبي ناولني يدك الكريمة أقبلها.

فقال الملك بكلام خفي: تقربي مني، فدنت منه وقد أخذ صارمه وطعنها به في صدرها حتى خرج من ظهرها ثم ضربها فشقها نصفين وخرج فوجد الشاب المسحور واقفًا في انتظاره فهنأه بالسلامة وقبل الشاب يده وشكره فقال له الملك: تقعد مدينتك أن تجيء معي إلى مدينتي؟ فقال الشاب: يا ملك الزمان أتدري ما بينك وبين مدينتك؟ فقال يومان ونصف فعند ذلك قال له الشاب: إن كنت نائمًا فاستيقظ إن بينك وبين مدينتك سنة للمجد وما أتيت في يومين ونصف إلا لأن المدينة كانت مسحورة وأنا أيها الملك لا أفارقك لحظة عين.

ففرح الملك بقوله ثم قال الحمد لله الذي من علي بك فأنت ولدي لأني طول عمري لم أرزق ولداً. ثم تعانقا وفرحا فرحًا شديداً، ثم مشيا حتى وصلا إلى القصر وأخبر الملك الذي كان مسحورًا أرباب دولته أنه مسافر إلى الحج الشريف فهيئوا له جميع ما يحتاج إليه ثم توجه هو والسلطان وقلب السلطان ملتهب على مدينته حيث غاب عنها سنة. ثم سافر ومعه خمسون مملوكًا ومعه الهدايا، ولم يزالا مسافرين ليلًا ونهارًا سنة كاملة حتى أقبلا على مدينة السلطان.

فخرج الوزير والعساكر بعدما قطعوا الرجاء منه وأقبلت العساكر وقبلت الأرض بين يديه وهنوْه بالسلامة فدخل وجلس على الكرسي ثم أقبل على الوزير وأعلمه بكل ما جرى على الشاب، فلما سمع الوزير ما جرى على الشاب هنأه بالسلامة.

ولما استقر الحال أنعم السلطان على أناس كثيرون، ثم قال للوزير علي بالصياد الذي أتى بالسمك فأرسل إلى ذلك الصياد الذي كان سببًا لخلاص أهل المدينة فأحضره وخلع عليه وسأله عن حاله وهل له أولاد فأخبره أن له ابنًا وبنتين فتزوج الملك بإحدى بنتيه وتزوج الشاب بالأخرى.. وأخذ الملك الإبن عنده وجعله خازندارا، ثم أرسل الوزير إلى مدينة الشاب التي هي الجزائر السود وقلده سلطنتها وأرسل معه الخمسين مملوكا الذين جاؤوا معه وكثيرا من الخلع لسائر الأمراء. فقبل الوزير يديه وخرج مسافرا واستقر السلطان والشاب. وأما الصياد فإنه قد صار أغنى أهل زمانه وبناته زوجات الملوك إلى أن أتاهم الممات، وما هذا بأعجب مما جرى للحمال.

حكاية الحمال مع البنات

فإنه كان إنسان من مدينة بغداد وكان حمالاً. فبينما هو في السوق يومًا من الأيام متكئًا على قفصه إذ وقفت عليه امرأة ملتفة بإزار موصلي من حرير مزركش بالذهب وحاشيتاه من قصب فرفعت قناعها فبان من تحته عيون سوداء بأهداب وأجفان وهي ناعمة الأطراف كاملة الأوصاف، وبعد ذلك قالت بحلاوة لفظها: هات قفصك واتبعني. فحمل الحمال القفص وتبعها إلى أن وقفت على باب دار فطرقت الباب فنزل له رجل نصراني، فأعطته دينارًا وأخذت منه مقدارًا من الزيتون ووضعته في القفص وقالت له: احمله واتبعني، فقال الحمال: هذا والله نهار مبارك. ثم حمل القفص وتبعها فوقفت عند دكان فاكهاني واشترت منه تفاحًا شاميًا وسفرجلًا عثمانيًا وخوخًا عمانيًا وياسمينًا حلبيًا وبنو فراده شقيًا وخيارًا نيليًا وليمونًا مصريًا وتمر حنا وشقائق النعمان وبنفسجًا ووضعت الجميع في قفص الحمال وقالت له: احمل، فحمل وتبعها حتى وقفت على جزار وقالت له: اقطع عشرة أرطال لحمة فقطع لها، ولفت اللحم في ورق موز ووضعته في القفص وقالت له: احمل يا حمال فحمل وتبعها، ثم وقفت على النقلي وأخذت من سائر النقل وقالت للحمال: احمل واتبعني فحمل القفص وتبعها إلى أن وقفت على دكان الحلواني واشترت طبقًا وملأته جميع ما عنده من مشبك وقطايف وميمونة وأمشاط وأصابع ولقيمات القاضي ووضعت جميع أنواع الحلاوة في الطبق ووضعته في القفص. فقال الحمال: لو أعلمتني لجئت معي ببغل تحمل عليه هذه الأشياء، فتبسمت. ثم وقفت على العطار واشترت منه عشرة مياه ماء ورد وماء زهر وخلافه وأخذت قدرًا من السكر وأخذت ماء ورد ممسك وحصى لبان ذكر وعودا عنبر ومسكًا وأخذت شمعًا اسكندرانيًا ووضعت الجميع في القفص وقالت للحمال: احمل قفصك واتبعني، فحمل القفص وتبعها إلى أن أتت دارًا مليحة وقدامها رحبة فسيحة وهي عالية البنيان مشيدة الأركان بابها صنع من الأبنوس مصفح بصفائح الذهب الأحمر، فوقفت الصبية على الباب ودقت دقًا لطيفًا وإذا بالباب انفتح بشقتيه.

فنظر الحمال إلى من فتح لها الباب فوجدها صبية رشيقة القد قاعدة النهد ذات حسن وجمال وقد واعتدال وجبين كثغرة الهلال وعيون كعيون الغزلان وحواجب كهلال رمضان وخدود مثل شقائق النعمان وفم كخاتم سليمان ووجه كالبدر في الإشراق ونهدين كرمانتين وبطن مطوي تحت الثياب كطي السجل للكتاب. فلما نظر الحمال إليها سلبت عقله وكاد القفص أن يقع من فوق رأسه، ثم قال: ما

رأيت عمري أبرك من هذا النهار، فقالت الصبية البوابة للدلالة والحمال مرحبا وهي من داخل الباب ومشوا حتى انتهوا إلى قاعة فسيحة مزركشة مليحة ذات تراكيب وشاذر وأثاث ومصاطب وسدلات وخزائن عليها الستور مرخيات، وفي وسط القاعة سرير من المرمر مرصع بالدر والجوهر منصوب عليه ناموسية من الأطلس الأحمر ومن داخله صبية بعيون بابلية وقامة ألفية ووجه يخجل الشمس المضيئة، فكأنها بعض الكواكب الدرية أو عقيلة عربية كما قال فيها الشاعر:

من قاس قدك بالغصن الرطيب فقد   أضحى القياس به زورًا وبهتانا الغصن
أحسن ما تلقاه مكتسبًا   وأنت أحسن ما تلقاه عريانا

فنهضت الصبية الثالثة من فوق السرير وخطرت قليلًا إلى أن صارت في وسط القاعة عند أختيها وقالت: ما وقوفهم، حطوا عن رأس هذا الحمال المسكين، فجاءت الدلالة من قدامه والبوابة من خلفه، وساعدتهما الثالثة وحططن عن الحمال وأفرغن ما في القفص وصفوا كل شيء في محله وأعطين الحمال دينارين وقلن له: توجه يا حمال، فنظر إلى البنات وما هن فيه من الحسن والطبائع الحسان فلم ير أحسن منهن ولكن ليس عندهن رجال. ونظر ما عندهن من الشراب والفواكه والمشمومات وغير ذلك فتعجب غاية العجب ووقف عن الخروج، فقالت له الصبية: ما بالك لا تروح؟ هل أنت استقللت الأجرة، والتفتت إلى أختها وقالت لها: أعطيه دينارًا آخر فقال الحمال: والله يا سيداتي إن أجرتي نصفان، وما استقللت الأجرة وإنما اشتغل قلبي وسري بكن وكيف حالكن وأنتن وحدكن وما عندكن رجال ولا أحد يؤانسكن وأنتن تعرفن أن المنارة لا تثبت إلا على أربعة وليس لكن رابع، وما يكمل حظ النساء إلا بالرجال كما قال الشاعر:

انظر إلى أربع عندي قد اجتمعت   جنك وعود وقانون ومزمار

أنتن ثلاثة فتفتقرن إلى رابع يكون رجلًا عاقلًا لبيبًا حاذقًا وللأسرار كاتمًا فقلن له: نحن بنات ونخاف أن نودع السر عند من لا يحفظه، وقد قرأنا في الأخبار شعراً:

صن عن سواك السر لا تودعنه   من أودع السر فقد ضيعه

فلما سمع الحمال كلامهن قال: وحياتكن أني رجل عاقل أمين قرأت الكتب وطالعت التواريخ، أظهر الجميل وأخفي القبيح وأعمل بقول الشاعر:

لا يكتم السر إلا كل ذي ثقة   والسر عند خيار الناس مكتوم السر عندي في بيت
له غلق   ضاعت الفاتحة والباب مختوم

فلما سمعت البنات الشعر والنظام وما أبداه من الكلام قلن له: أنت تعلم أننا غرمنا على هذا المقام جملة من المال فهل معك شيء تجازينا به، فنحن لا ندعك تجلس عندنا حتى تغرم مبلغنا من المال لأن خاطرك أن تجلس عندنا وتصير نديمنا وتطلع على وجوهنا الصباح الملاح. فقالت صاحبة الدار: وإذا كانت بغير المال محبة فلا تساوي وزن حبة، وقالت البوابة إن يكن معك شيء رح بلا شيء فقالت الدلالة يا أختي نكف عنه فوالله ما قصر اليوم معنا ولو كان غيره ما طول روحه علينا ومهما جاء عليه أغرمه عنه. ففرح الحمال وقال والله ما استفتحت بالدراهم إلا منكن، فقلن له اجلس على الرأس والعين وقامت الدلالة وشدت وسطها وصبت القناني وروقت المدام وعملت الخضرة على جانب البحر وأحضرت ما يحتاجون إليه ثم قدمت وجلست هي وأختها وجلس الحمال بينهن وهو يظن أنه في المنام. ولم يزل الحمال معهن في عناق وتقبيل وهذه تكلمه وهذه تجذبه وهذه بالمشموم تضربه وهو معهن حتى لعبت الخمرة بعقولهم. فلما تحكم الشراب معهم قامت البوابة وتجردت من ثيابها وصارت عريانة ثم رمت نفسها في تلك البحيرة ولعبت في الماء وأخذت الماء في فمها وبخت الحمال ثم غسلت أعضاءها وما بين فخذيها ثم طلعت من الماء ورمت نفسها في حجر الحمال وقالت له يا حبيبي ما اسم هذا وأشارت إلى فرجها.

فقال الحمال رحمك، فقالت يوه أما تستحي ومسكته من رقبته وصارت تصكه فقال فرجك، فقالت غيره فقال: كسك، فقالت غيره فقال زنبورك، فلم تزل تصكه حتى ذاب قفاه ورقبته من الصك، ثم قال لها وما اسمه فقالت له: حبق الجسور، فقال الحمد لله على السلامة يا حبق الجسور. ثم أنهم أداروا الكأس والطاس. فقامت الثانية وخلعت ثيابها ورمت نفسها في تلك البحيرة وعملت مثل الأولى وطلعت ورمت نفسها في حجر الحمال، وأشارت إلى فرجها وقالت له نور عيني ما اسم هذا قال فرجك، فقالت له: ما يقبح عليك هذا الكلام وصكته كفا طن له سائر ما في القاعة فقال حبق الجسور، فقالت له: لا، والضرب والصك من قفاه فقال لها وما اسمه فقالت له السمسم المقشور. ثم قامت الثالثة وخلعت ثيابها ونزلت تلك البحيرة وفعلت مثل من قبلها ثم لبست ثيابها وألقت نفسها في حجر الحمال وقالت له أيضًا ما اسم هذا وأشارت إلى فرجها، فصار يقول لها كذا وكذا إلى أن قال لها وهي تضربه وما اسمه فقالت خان أبي منصور. ثم بعد ساعة قام الحمال ونزع ثيابه ونزل البحيرة وذكره يسبح في الماء وغسل مثل ما غسلن. ثم طلع ورمى نفسه في حجر سيدتهن ورمى ذراعيه في حجر البوابة ورمى رجليه في حجر الدلالة ثم أشار إلى أيره، وقال: يا سيدتي ما اسم هذا فضحك الكل على

كلامه حتى انقلبن على ظهورهن وقلن زبك قال لا وأخذ من كل واحدة عضة قلن أيرك قال لا، وأخذ من كل واحدة حضناً. وأدرك شهرزاد الصباح فسكتت عن الكلام المباح.

و **في الليلة العاشرة** قالت لها أختها دنيازاد: يا أختي أتمي لنا حديثك قالت حبًا وكرامة: قد بلغني أيها الملك السعيد أنهن لم يزلن يقلن زبك، أيرك وهو يقبل ويعانق وهن يتضاحكن إلى أن قلن له وما اسمه قال: اسمه البغل الجسور الذي رعى حبق الجسور ويلعق السمسم المقشور ويبيت في خان أبي منصور فضحكن حتى استلقين على ظهورهن ثم عادوا إلى منادمتهم ولم يزالوا كذلك إلى أن أقبل الليل عليهم فقلن للحمال توجه وأرنا عرض أكتافك.

فقال الحمال والله خروج الروح أهون من الخروج من عندكن، دعونا نصل الليل بالنهار وكل منا يروح في حال سبيله فقالت الدلالة بحياتي عندكن تدعنه ينام عندنا نضحك عليه فإنه خليع ظريف فقلن له: تبيت عندنا بشرط أن تدخل تحت الحكم ومهما رأيته لا تسأل عنه ولا عن سببه، فقالت نعم، فقلن قم واقرأ ما على الباب مكتوباً، فقام إلى الباب فوجد مكتوبًا عليه بماء الذهب: لا تتكلم فيما لا يعنيك تسمع ما لا يرضيك.

فقال الحمال اشهدوا أني لا أتكلم فيما لا يعنيني، ثم قامت الدلالة وجهزت لهم مأكولًا ثم أوقدوا الشمع والعود وقعدوا في أكل وشرب وإذا هم سمعوا دق الباب فلم يختل نظامهم فقامت واحدة منهن إلى الباب ثم عادت وقالت كمل صفاؤنا في هذه الليلة لأني وجدت بالباب ثلاثة أعجام ذقونهم محلوقة وهم عور بالعين الشمال وهذا من أعجب الاتفاق، وهم ناس غرباء قد حضروا من أرض الروم ولكل واحد منهم شكل وصورة مضحكة، فإن دخلوا نضحك عليهم. ولم تزل تتلطف بصاحبتيها حتى قالتا لها دعيهم يدخلون واشترطي عليهم أن لا يتكلموا في ما لا يعنيهم فيسمعوا ما لا يرضيهم. ففرحت وزاحت ثم عادت ومعها الثلاثة العور ذقونهم محلوقة وشواربهم مبرومة ممشوقة وهم صعاليك فسلموا فقام لهم البنات وأقعدوهم فنظر الرجال الثلاثة إلى الحمال فوجدوه سكران فلما عاينوه ظنوا أنه منهم وقالوا: هو صعلوك مثلنا يؤانسنا.

فلما سمع الحمال هذا الكلام قام وقلب عينيه وقال لهم: اقعدوا بلا فضول أما قرأتم ما على الباب فضحك البنات وقلن لبعضهن إننا نضحك على الصعاليك والحمال، ثم وضعن الأكل للصعاليك فأكلوا ثم جلسوا يتنادمون والبوابة تسقيهم.

ولما دار الكأس بينهم قال الحمال للصعاليك يا إخواننا هل معكم حكاية أو نادرة تسلوننا بها فديت فيهم الحرارة وطلبوا آلات اللهو فأحضرت لهم البوابة فلموصليا وعودًا عراقيًا وجنكًا عجميًا فقام الصعاليك واقفين وأخذ واحد منهم الدف، وأخذ واحد العود، وأخذ واحد الجنك وضربوا بها وغنت البنات وصار لهم صوت عال. فبينما هم كذلك وإذا بطارق يطرق الباب، فقامت البوابة لتنظر من بالباب وكان السبب في دق الباب أن في تلك الليلة نزل هارون الرشيد لينظر ويسمع ما يتجدد من الأخبار هو وجعفر وزيره وسياف نقمته، وكان من عادته أن يتنكر في صفة التجار، فلما نزل تلك الليلة ومشى في المدينة جاءت طريقهم على تلك الدار فسمعوا آلات الملاهي فقال الخليفة جعفر هؤلاء قوم قد دخل السكر فيهم ونخشى أن يصيبنا منهم شر، فقال لا بد من دخولنا وأريد أن نتحيل حتى ندخل عليهم فقال جعفر: سمعًا وطاعة.

ثم تقدم جعفر وطرق الباب فخرجت البوابة وفتحت الباب، فقال لها: يا سيدتي نحن تجار من طبرية ولنا في بغداد عشرة أيام ومعنا تجارة ونحن نازلون في خان التجار وعزم علينا تاجر في هذه الليلة فدخلنا عنده وقدم لنا طعامًا فأكلنا ثم تنادمنا عنده ساعة، ثم أذن لنا بالانصراف فخرجنا بالليل ونحن غرباء فتهنا عن الخان الذي نحن فيه فنرجو من مكارمكم أن تدخلونا هذه الليلة نبيت عندكم ولكم الثواب فنظرت البوابة إليهم فوجدتهم بهيئة التجار وعليهم الوقار فدخلت لصاحبتيها وشاورتهما فقالتا لها أدخليهم.

فرجعت وفتحت لهم الباب فقالوا ندخل بإذنك، قالت ادخلوا فدخل الخليفة وجعفر ومسرور فلما أتتهم البنات قمن لهم وخدمنهم وقلن مرحبًا وأهلًا وسهلًا بضيوفنا، ولنا عليكم شرط أن لا تتكلموا فيما لا يعنيكم فتسمعوا ما لا يرضيكم قالوا نعم. وبعد ذلك جلسوا للشراب والمنادمة فنظر الخليفة إلى الصعاليك الثلاثة فوجدهم عور العين الشمال فتعجب منهم ونظر إلى البنات وما هم فيه من الحسن والجمال فتحير وتعجب، واستمر في المنادمة والحديث وأتين الخليفة بشراب فقال أنا حاج وانعزل عنهم.

فقامت البوابة وقدمت له سفرة مزركشة ووضعت عليها بمطية من الصيني وسكبت فيها ماء الخلاف وأرخت فيه قطعة من الثلج ومزجته بسكر فشكرها الخليفة وقال في نفسه لا بد أن أجازيها في غد على فعلها من صنيع الخير، ثم اشتغلوا بمنادمتهم، فلما تحكم الشراب قامت صاحبة البيت وخدمتهم، ثم أخذت بيد الدلالة وقالت: يا أختي قومي بمقتضى ديننا فقالت لها نعم، فعند ذلك قامت

البوابة وأطلعت الصعاليك خلف الأبواب قدامهن وذلك بعد أن أخلت وسط القاعة ونادين الحمال وقلن له: ما أقل مودتك ما أنت غريب بل أنت من أهل الدار.

فقام الحمال وشد أوسطه وقال: ما تردن فلن تقف مكانك، ثم قامت الدلالة وقالت للحمال ساعدني، فرأى كلبتين من الكلاب السود في رقبتيهما جنازير فأخذهما الحمال ودخل بهما إلى وسط القاعة فقامت صاحبة المنزل وشمرت عن معصميها وأخذت سوطًا وقالت للحمال قوم كلبة منهما فجرها في الجنزير وقدمها والكلبة تبكي وتحرك رأسها إلى الصبية فنزلت عليها الصبية بالضرب على رأسها والكلبة تصرخ وما زالت تضربها حتى كلت سواعدها فرمت السوط من يدها ثم ضمت الكلبة إلى صدرها ومسحت دموعها وقبلت رأسها ثم قالت للحمال ردها وهات التالية، فجاء بها وفعلت بها مثل ما فعلت بالأولى.

فعند ذلك اشتعل قلب الخليفة وضاق صدره وغمز جعفر أن يسألها، فقال له بالإشارة اسكت، ثم التفتت صاحبة البيت للبوابة وقالت لها: قومي لقضاء ما عليك قالت نعم. ثم إن صاحبة البيت صعدت على سرير من المرمر مصفح بالذهب والفضة وقالت البوابة والدلالة ائتيا بما عندكما، فأما البوابة فإنها صعدت على سرير بجانبها وأما الدلالة فإنها دخلت مخدعًا وأخرجت منه كيسًا من الأطلس بأهداب خضر ووقفت قدام الصبية صاحبة المنزل ونفضت الكيس وأخرجت منه عودًا وأصلحت أوتاره وأنشدت هذه الأبيات:

ردوا على جفني النوم الذي سلبا　　وخبروني بعقلي آية ذهبا

علمت لما رضيت الحب منزلة　　إن المنام على جفني قد غصبا

قالوا عهدناك من أهل الرشاد فما　　أغواك قلت اطلبوا من لحظة السببا

إني له عن دمي المسفوك معتذر　　أقول حملته في سفكه تعبا

ألقى بمرآة فكري شمس صورته　　فعكسها شب في أحشائي اللهبا

من صاغه الله من ماء الحياة وقد　　أجرى بقيته في ثغره شنبا

ماذا ترى في محب ما ذكرت له　　إلا شكى أو بكى أو حن أو أطربا

يرى خيالك في الماء الذلال إذا　　رام الشراب فيروى وهو ما شربا

وأنشدت أيضاً:

سكرت من لحظه لا من مدامته ومال بالنوم عن عيني تمايله

فما السلاف سلتني بل سوالفه وما الشمل شلتني بل شمائله

لوي بعزمي أصداع لوين له و غال عقلي بما نحوى غلائله

فلما سمعت الصبية ذلك، قالت طيبك الله، ثم شقت ثيابها ووقعت على الأرض مغشيًا عليها، فلما نكشف جسدها رأى الخليفة أثر ضرب المقارع والسياط فتعجب من ذلك غاية العجب فقامت البوابة ورشت الماء على وجهها وأتت إليها بحلة وألبستها إياها، فقال الخليفة لجعفر أما تنظر إلى هذه المرأة وما عليها من أثر الضرب، فأنا لا أقدر أن أسكت على هذا وما أستريح إلا إن وقفت على حقيقة خبر هذه الصبية وحقيقة خبر هاتين الكلبتين، فقال جعفر: يا مولانا قد شرطوا علينا شرطًا وهو أن لا نتكلم فيما لا يعنينا فنسمع ما لا يرضينا، ثم قامت الدلالة فأخذت العود وأسندته إلى نهدها، وغمزته بأناملها وأنشدت تقول:

إن شكونا الهوى فماذا تقول أو تلفنا شوقًا فماذا السبيل

أو بعثنا رسلًا نترجم عنا ما يؤدي شكوى المحب رسول

أو صبرنا فما لنا من بقاء بعد فقد الأحباب إلا قليل

ليس إلا تأسفًا ثم حزنًا ودموعًا على الخدود تسيل

أيها الغائبون عن لمح عيني وعم في الفؤاد مني حلول

هل حفظتم لدى الهوى عهد صب ليس عنه مدى الزمان يحول

أم نسيتم على التباعد صبا شفه فبكم الضنى والنحول

وإذا الحشر ضمنا أتمنى من لدن وبنا حسابًا يطول

فلما سمعت المرأة الثانية شعر الدلالة شقت ثيابها كما فعلت الأولى وصرخت ثم ألقت نفسها على الأرض مغشيًا عليها، فقامت الدلالة وألبستها حلة ثانية بعد أن رشت الماء على وجهها ثم قامت المرأة الثالثة وجلست على سرير وقالت للدلالة غني لي لا في ديني فما بقي غير هذا الصوت فأصلحت الدلالة العود وأنشدت هذه الأبيات:

فإلى متى هذا الصدود وذا الجفا فلقد جوى من أدمعي ما قد كفى

كم قد أطلت الهجر لي معتمدًا إن كان قصدك حاسدي فقد اشتفى

لو أنصف الدهر الخؤون لعاشق ما كان يوم العواذل منصفا
فلمن أبوح بصبوتي يا قاتلي يا خيبة الشاكي إذا فقد الوفا
ويزيد وجدي في هواك تلهفًا فمتى وعدت ولا رأيتك مخلفا
يا مسلمون خذوا بنار متيم ألف الشهادة لديه طرف ما غفا
أيحل في شرع الغرام تذللي ويكون غيري بالوصال مشرفا
ولقد كلفت بحبكم متلذذًا وغدا عذولي في الهوى متكلفا

فلما سمعت المرأة الثالثة قصيدتها صرخت وشقت ثيابها وألقت نفسها على الأرض مغشيًا عليها فلما انكشف جسدها ظهر فيه ضرب المقارع، مثل من قبلها فقال الصعاليك ليتنا ما دخلنا هذه الدار وكنا بتنا على الكيمان، فقد تكدر مبيتنا هنا بشيء يقطع الصلب فالتفت الخليفة إليهم وقال لهم لم ذلك قالوا قد اشتغل سرنا بهذا الأمر فقال الخليفة أما أنتم من هذا البيت، قالوا لا ولا ظننا هذا الموضع إلا للرجل الذي عندكم. فقال الحمال والله ما رأيت هذا الموضع إلا هذه الليلة وليتني بت على الكيمان ولم أبت فيه.

فقال الجميع نحن سبعة رجال وهن ثلاث نسوة وليس لهن رابعة فنسألهن عن حالهن فإن لم يجبننا طوعًا أجبننا كرهًا واتفق الجميع على ذلك، فقال جعفر ما هذا رأي سديد دعوهن فنحن ضيوف عندهن وقد شرطن علينا، شرطًا فنوفي به ولم يبق من الليل إلا القليل وكل منا يمضي إلى حال سبيله، ثم إنه غمز الخليفة وقال ما بقي غير ساعة، وفي غد تحضرهن بين يديك، فتسألهن عن قصتهن فأبى الخليفة وقال لم يبق لي صبر عن خبرهن وقد كثر بينهن القيل والقال، ثم قالوا ومن يسألهن فقال بعضهم الحمال ثم قال لهم النساء يا جماعة في أي شيء تتكلمون.

فقال الحمال لصاحبة البيت وقال لها يا سيدتي سألتك بالله وأقسم عليك به أن تخبرينا عن حال الكلبتين، وأي سبب تعاقبيهما ثم تعودين تبكين، وتقبليهما وأن تخبرينا عن سبب ضرب أختك بالمقارع وهذا سؤالنا والسلام فقالت صاحبة المكان للجماعة ما يقوله عنكم فقال الجميع نعم، إلا جعفر فإنه سكت.

فلما سمعت الصبية كلامهم قالت والله لقد آذيتمونا يا ضيوفنا، الأذية البالغة، وتقدم لنا أننا شرطنا عليكم أن من تكلم فيما لا يعنيه، سمع ما لا يرضيه أما كفا

أننا أدخلناكم منزلنا وأطعمناكم زادنا ولكن لا ذنب لكم وإنما الذنب لمن أوصلكم إلينا ثم شمرت عن معصمها وضربت الأرض ثلاث ضربات وقالت عجلوا.

وإذا بباب خزانة قد فتح وخرج منها سبعة عبيد بأيديهم سيوف مسلولة وقالت كتفوا هؤلاء الذين كثر كلامهم واربطوا بعضهم ببعض ففعلوا وقالوا أيتها المخدرة ائذني لنا في ضرب رقابهم، فقالت أمهلوهم ساعة حتى أسألهم عن حالهم قبل ضرب رقابهم، فقال الحمال بالله يا سيدتي لا تقتليني بذنب الغير فإن الجميع أخطأوا، ودخلوا في الذنب، إلا أنا والله لقد كانت ليلتنا طيبة لو سلمنا من هؤلاء الصعاليك الذين لو دخلوا مدينة عامرة لأخربوها، ثم أنشد يقول:

ما أحسن الغفران من قادر   لا سيما عن غير ذي ناصر بحرمة الود الذي
بيننا   لا تقتلي الأول بالآخر

فلما فرغ الحمال من كلامه ضحكت الصبية، وأدرك شهرزاد الصباح فسكتت عن الكلام المباح.

والليلة الحادية عشرة قالت: بلغني أيها الملك السعيد أن الصبية لما ضحكت بعد غيظها، أقبلت على الجماعة وقالت أخبروني بخبركم فما بقي من عمركم إلا ساعة ولولا أنتم أعزاء فقال الخليفة ويلك يا جعفر عرفها بنا وإلا تقتلنا فقال جعفر من بعض ما نستحق، فقال له الخليفة لا ينبغي الهزل في وقت الجد كل منهم له وقت ثم أن الصبية أقبلت على الصعاليك، وقالت لهم هل أنتم أخوة فقالوا لا والله ما نحن إلا فقراء الحجام.

فقالت لواحد منهم هل أنت ولدت أعور فقال لا والله وإنما جرى لي أمر غريب حيت تلفت عيني ولهذا الأمر حكاية لو كتبت بالإبر على أماق البصر لكانت عبرة لمن اعتبر، فسألت الثاني والثالث فقالا لها مثل الأول ثم قالوا أن كل منا من بلد وأن حديثنا عجيب وأمرنا غريب، فالتفتت الصبية لهم، وقالت كل واحد منكم يحكي حكايته وما سبب مجيئه إلى مكاننا ثم يملس على رأسه ويروح إلى حال سبيله فأول من تقدم الحمال، فقال يا سيدتي أنا رجل حمال حملتني هذه الدلالة وأتت بي إلى هنا وجرى لي معكم ما جرى وهذا حديثي والسلام، فقالت له ملس على رأسك وروح فقال والله ما أروح حتى أسمع حديث رفقائي.

فتقدم الصعلوك الأول وقال لها يا سيدتي، إن سبب حلق ذقني وتلف عيني أن والدي كان ملكًا وله أخ وكان أخوه ملكًا على مدينة أخرى واتفق أن أمي ولدتني في اليوم الذي ولد فيه ابن عمي، ثم مضت سنون وأعوام، وأيام حتى كبرنا وكنت

أزور عمي في بعض السنين وأقعد عنده أشهر عديدة فزرته مرة فأكرمني غاية الإكرام وذبح لي الأغنام وروق لي المدام وجلسنا للشراب فلما تحكم الشراب فينا قال ابن عمي: يا ابن عمي إن لي عندك حاجة مهمة فاستوثق مني بالإيمان العظام ونهض من وقته وساعته وغاب قليلاً، ثم عاد وخلفه امرأة مزينة مطيبة وعليها من الحلل ما يساوي مبلغًا عظيماً.

فالتفت إلي والمرأة خلفه، وقال خذ هذه المرأة واسبقني على الجبانة الفلانية ووصفها لي فعرفتها وقال ادخل بها التربة وانتظرني هناك فلم يمكني المخالفة ولم أقدر على رد سؤاله لأجل الذي خلفته فأخذت المرأة وسرت إلى أن دخلت التربة أنا وإياها فلما استقر بنا الجلوس جاء ابن عمي ومعه طاسة فيها ماء وكيس فيه جبس وقدوم ثم إنه أخذ القدوم وجاء إلى قبر في وسط التربة ففكه ونقض أحجاره إلى ناحية التربة، ثم حفر بالقدوم في الأرض، حتى كشف عن طابق قدر الباب الصغير فبان من تحت الطابق سلم معقود.

لم ألتفت إلى المرأة بالإشارة وقال لها دونك وما تختارين به فنزلت المرأة على ذلك السلم، ثم التفت إلي وقال يا ابن عمي تمم المعروف إذا نزلت أنا في ذلك الموضع فرد الطابق ورد عليه التراب كما كان وهذا تمام المعروف وهذا الجبس الذي في الكيس وهذا الماء الذي في الطاسة أعجن منه الجبس وجبس القبر في دائر الأحجار كما كان أول حتى لا يعرفه أحد ولا يقول هذا فتح جديد وتطيينه عتق لأن لي سنة كاملة، وأنا أعمل فيه، وما يعلم به إلا الله وهذه حاجتي عندك، ثم قال لي لا أوحش الله منك، يا ابن عمي، ثم نزل على السلم.

فلما غاب عني قمت ورددت الطابق وفعلت ما أمرني به حتى صار القبر كما كان ثم رجعت إلى قصر عمي، وكان عمي في الصيد والقنص فنمت تلك الليلة فلما أصبح الصباح تذكرت الليلة الماضية وما جرى فيها بيني وبين ابن عمي وندمت على ما فعلت معه حيث لا ينفع الندم، وأدرك شهرزاد الصباح فسكتت عن الكلام المباح.

و في الليلة الثانية عشرة قالت: بلغني أيها الملك السعيد أن الصعلوك قال للصبية ثم خرجت إلى المقابر وفتشت على التربة فلم أعرفها ولم أزل أفتش حتى أقبل الليل ولم أهتد إليها فرجعت إلى القصر لم آكل ولم أشرب وقد اشتغل خاطري بابن عمي من حيث لا أعلم له حالًا فاغتممت غمًا شديدًا وبت ليلتي مغموماً، إلى الصباح فجئت ثانيًا إلى الجبانة وأنا أتفكر فيما فعله ابن عمي، وندمت على

سماعي منه وقد فتشت في الترب جميعًا فلم أعرف تلك التربة، ولا رمت التفتيش سبعة أيام فلم أعرف له طريقاً.

فزاد بي الوسواس حتى كدت أن أجن فلم أجد فرجًا دون أن سافرت، ورجعت غليه، فساعة وصولي إلى مدينة أبي نهض إلى جماعة من باب المدينة وكتفوني فتعجبت كل العجب إني ابن سلطان المدينة وهم خدم أبي وغلماني، ولحقني منهم خوف زائد، فقلت في نفسي يا ترى أجرى على والدي وصرت أسأل الذين كنفوني عن سبب ذلك فلم يردوا علي جواباً.

ثم بعد حين قال لي بعضهم وكان خادمًا عندي، إن أباك قد غدر به الزمان وخانته العساكر وقتله الوزير ونحن نترقب وقوعك، فأخذوني وأنا غائب عن الدنيا بسبب هذه الأخبار التي سمعتها عن أبي فلما تمثلت بين يدي الوزير الذي قتل أبي وكان بيني وبينه عداوة قديمة وسبب تلك العداوة أني كنت مولعًا بضر البندقية فاتفق أني كنت واقفًا يومًا من الأيام على سطح قصر وإذا بطائر نزل على سطح قصر الوزير وكان واقفًا هناك، فأردت أن أضرب الطير وغذا بالبندقية أخطأت عين الوزير، فأتلفتها بالقضاء والقدر كما قال الشاعر:

دع الأقدار تفعل ما تشاء وطب نفسًا بما فعل القضاء ولا تفرح ولا تحزن
بشيء فإن الشيء ليس له بقاء

وكما قال الآخر:

مشينا خطا كتبت علينا ومن كتب عليه خطًا مشاها ومن كانت منيته
بأرض فليس يموت في أرض سواها

ثم قال ذلك الصعلوك: فلما أتلفت عين الوزير لم يقدر أن يتكلم لأن والدي كان ملك المدينة فهذا سبب العداوة التي بيني وبينه فلما وقفت قدامه، وأنا مكتف أمر فضرب عنقي فقلت أتقتلني بغير ذنب فقال أي ذنب أعظم من هذا، وأشار إلى عينه المتلفة فقلت له: فعلت ذلك خطأ، فقال إن كنت فعلته خطأ فأنا أفعله بك عمدًا ثم قال قدموه بين يدي فقدموني بين يديه، فمد إصبعه في عيني الشمال فأتلفها فصرت من ذلك الوقت أعور كما تروني، ثم كتفني ووضعني في صندوق وقال للسياف: تسلم هذا وأشهر حسامك، وخذه واذهب به إلى خارج المدينة واقتله ودعه للوحوش، تأكله فذهب بي السياف وصار حتى خرج من المدينة، وأخرجني من الصندوق وأنا مكتوف اليدين مقيد الرجلين وأراد أن يغمي عيني ويقتلني فبكيت وأنشدت هذه الأبيات:

جعلتكمو درعًا حصينًا لتمنعوا　　سهام العدا عني فكنتم نصالها
وكنت أرجي عند كل ملمة　　تخص يميني أن تكون شمالها
دعوا قصة العذال عني بمعزل　　وخلوا العدا ترمي إلي نبالها
إذا لم تقوا نفسي مكايدة العدا　　فكونوا سكوتًا لا عليها ولا لها

وأنشدت أيضًا هذه الأبيات:

وإخوان اتخذتهم دروعًا　　فكانوها ولكن للأعادي
رحلتهم سهامًا صائبات　　فكانوا ولكن في فؤادي
و قالوا قد صفت منا قلوب　　لقد صدقوا و لكن عن ردادي
وقالوا قد سعينا كل سعي　　لقد صدقوا ولكن في فسادي

فلما سمع السياف شعري وكان سياف أبي ولي عليه إحسان، قال يا سيدي كيف أفعل وأنا عبد مأمور ثم قال لي فر بعمرك ولا تعد إلى هذه المدينة فتهلك وتهلكني معك كما قال الشاعر:

ونفسك فر بها إن خفت ضيمًا　　وخل الدار تنعي من بناها
فإنك واحد أرضًا بأرض　　ونفسك لم تجد نفسًا سواها
عجبت لمن يعيش بدار ذل　　وأرض الله واسعة فلاها
و من كانت منيته بأرض　　فليس يموت في أرض سواها
وما غلظت رقاب الأسد حتى　　بأنفسها تولت ما عناها

فلما قال ذلك قبلت يديه وما صدقت حتى فررت وهان علي تلف عيني بنجاتي من القتل، وسافرت حتى وصلت إلى مدينة عمي فدخلت عليه وأعلمته بما جرى لوالدي، وبما جرى لي من تلف عيني فبكى بكاء شديدًا وقال لقد زدتني همًا على همي وغمًا على غمي، فإن ابن عمكقد فقد منذ أيام ولم أعلم بما جرى له ولم يخبرني أحد بخبره وبكى حتى أغمي عليه فلما استفاق قال يا ولدي قد حزنت على ابن عمك حزنًا شديدًا وأنت زدتني بما حصل لك ولأبيك، غمًا على غمي، ولكن يا ولدي بعينك ولا بروحك ثم إنه لم يمكني السكوت عن ابن عمي الذي هو ولده فأعلمته بالذي جرى له كله ففرح عمي بما قلته له فرحًا شديدًا عند

سماع خبر ابنه، وقال أرني التربة فقلت والله يا عمي لم أعرف مكانها لأني رجعت بعد ذلك مرات لأفتش عليها فلم أعرف مكانها، ثم ذهبت أنا وعمي إلى الجبانة، ونظرت يمينًا وشمالًا فعرفتها ففرحت أنا وعمي فرحًا شديدًا ودخلت أنا وإياه التربة وأزحنا التراب ورفعنا الطابق ونزلت أنا وعمي مقدار خمسين درجة، فلما وصلنا إلى آخر السلم وإذا بدخان طلع علينا فغشي أبصارنا، فقال عمي الكلمة التي لا يخاف قائلها وهي لا حول ولا قوة إلا بالله العلي العظيم ثم مشينا وإذا نحن بقاعة ممتلئة دقيقًا وحبوبًا ومأكولات وغير ذلك ورأينا في وسط القاعة ستارة مسبولة على سرير فنظر عمي إلى السرير فوجد ابنه هو والمرأة التي قد نزلت معه صار فحمًا أسود وهما متعانقان كأنهما ألقيا في جب نار، فلما نظر عمي بصق في وجهه وقال تستحق يا خبيث فهذا عذاب الدنيا وبقي عذاب الآخرة وهو أشد وأبقى وأدرك شهرزاد الصباح فسكتت عن الكلام المباح.

و في الليلة الثالثة عشرة قالت: بلغني أيها الملك السعيد أن الصعلوك قال للصبية والجماعة والخليفة وجعفر يستمعون الكلام، ثم أن عمي ضرب ولده بالنعال وهو راقد كالفحم الأسود فتعجبت من ضربه وحزنت على ابن عمي حيث صار هو والصبية فحمًا أسود ثم قلت بالله يا عمي خفف الهم عن قلبك، فقد اشتغل سري وخاطري بما قد جرى لولدك وكيف صار هو والصبية فحمًا أسود ما يكفيك ما هو فيه حتى تضربه بالنعال.

فقال يا ابن أخي إن ولدي هذا كان من صغره مولعًا بحب أخته وكنت أنهاه عنها وأقول في نفسي إنهما صغيران فلما كبر أوقع بينهما القبيح وسمعت بذلك ولم أصدق ولكن زجرته زجرًا بليغًا وقلت له أحذر من هذه الفعال القبيحة التي لم يفعلها أحد قبلك ولا يفعلها أحد بعدك وإلا نبقى بين الملوك بالعار والنقصان إلى الممات وتشيع أخبارنا مع الركبان وإياك أن تصدر منك هذه الفعال فإني أسخط عليك وأقتلك ثم حجبته عنها وحجبتها عنه وكانت الخبيثة تحبه محبة عظيمة وقد تمكن الشيطان منها.

فلما رآني حجبته فعل هذا المكان الذي تحت الأرض الخفية. ونقل فيه المأكول كما تراه واستغفلني لما خرجت إلى الصيد وأتى إلى هذا المكان فغار عليه وعليها الحق سبحانه وتعالى وأحرقهما ولعذاب الآخرة أشد وأبقى، ثم بكى وبكيت معه وقال لي أنت ولدي عوضًا عنه ثم أني تفكرت ساعة في الدنيا وحوادثها من قتل الوزير لوالدي وأخذ مكانه وتلف عيني، وما جرى لابن عمي من الحوادث الغريبة.

فبكيت ثم أننا صعدنا وردنا الطابق والتراب، وعملنا القبر كما كان، ثم رجعنا إلى منزلنا فلم يستقر بيننا جلوس حتى سمعنا دق طبول وبوقات ورمحت الأبطال وامتلأت الدنيا بالعجاج والغبار من حوافر الخيل فحارت عقولنا ولم نعرف الخبر فسأل الملك عن الخبر فقيل إن وزير أخيك قتله وجمع العسكر والجنود وجاء بعسكره ليهجموا على المدينة وأهل المدينة لم يكن لهم طاقة بهم فسلموا إليه فقلت في نفسي متى وقعت أنا في يده قتلني.

وتراكمت الأحزان وتذكرت الحوادث التي حدثت لأبي وأمي ولم أعرف كيف العمل فإن ظهرت عرفني أهل المدينة، وعسكر أبي فيسعون في قتلي وهلاكي فلم أجد شيئًا أنجو به إلا حلق ذقني فحلقتها وغيرت ثيابي وخرجت من المدينة وقصدت هذه المدينة والسلام لعل أحدًا يوصلني إلى أمير المؤمنين حتى أحكي له قصتي، وما جرى لي فوصلت إلى هذه المدينة في هذه الليلة، فوقفت حائرًا ولم أدر أين أمضي وإذا بهذا الصعلوك واقف.

فسلمت عليه وقلت له أنا غريب أيضاً، فبينما نحن كذلك وإذا برفيقنا هذا الثالث جاءنا وسلم علينا، وقال أنا غريب، فقلنا له ونحن غريبان فمشينا وقد هجم علينا الظلام فساقنا القدر إليكم، وهذا سبب حلق ذقني وتلف عيني فقالت الصبية ملس على رأسك وروح، فقال لها لا أروح حتى أسمع خبر غيري فتعجبوا من حديثه.

فقال الخليفة لجعفر والله أنا ما رأيت مثل الذي جرى لهذا الصعلوك، ثم تقدم الصعلوك الثاني وقبل الأرض وقال يا سيدتي أنا ما ولدت أعور، وإنما لي حكاية عجيبة لو كتبت بالإبر على آماق البصر لكانت عبرة لمن اعتبر فأنا ملك ابن ملك وقرأت القرآن على سبع روايات وقرأت الكتب على أربابها من مشايخ العلم وقرأت علم النجوم وكلام الشعراء واجتهدت في سائر العلوم حتى فقت أهل زماني فعظم حظي عند سائر الكتبة وشاع ذكري في سائر الأقاليم والبلدان وشاع خبري عند سائر الملوك.

فسمع بي ملك الهند فأرسل يطلبني من أبي وأرسل إليه هدايا وتحفًا تصلح للملوك فجهزني أبي في ست مراكب وسرنا في البحر مدة شهر كامل حتى وصلنا إلى البر وأخرجنا خيلًا كانت معنا في المركب وحملنا عشرة جمال هدايا ومشينا قليلًا وإذا بغبار قد علا وثار حتى سد الأقطار واستمر ساعة من النهار ثم انكشف فبان من تحته ستون فارسًا وهم ليوث وعوانس فتأملناهم وإذا هم عرب قطاع طريق

فلما رأونا ونحن نفر قليل ومعنا عشرة أجمال هدايا لملك الهند رمحوا علينا وشرعوا الرماح بين أيديهم نحونا.

فأشرنا إليهم بالأصابع وقلنا لهم: نحن رسل إلى ملك الهند المعظم فلا تؤذونا فقالوا نحن لسنا في أرضه ولا تحت حكمه ثم إنهم قتلوا بعض الغلمان وهرب الباقون وهربت أنا بعد أن جرحت جرحًا بليغًا واشتغلت عنا العرب بالمال والهدايا التي كانت معنا فصرت لا أدري أين أذهب، وكنت عزيزًا فصرت ذليلًا وسرت إلى أن أتيت رأس الجبل فدخلت مغارة حتى طلع النهار ثم سرت منها حتى وصلت إلى مدينة عامرة بالخير وقد ولى عنها الشتاء ببرده وأقبل عليها الربيع بورده.

ففرحت بوصولي إليها وقد تعبت من المشي وعلاني الهم والاصفرار فتغيرت حالتي ولا أدري أين أسلك فملت إلى خياط في دكان وسلمت عليه فرد علي السلام ورحب بي وباسطني عن سبب غربتي فأخبرته بما جرى لي من أوله إلى آخره، فاغتم لأجلي وقال يا فتى لا تظهر ما عندك فإني أخاف عليك من ملك المدينة لأنه أكبر أعداء أبيك وله عنده ثأر.

ثم أحضر لي مأكولًا ومشروبًا فأكلت وأكل معي وتحادثت معه في الليل وأخلى لي محلًا في جانب حانوته وأتاني بما أحتاج إليه من فراش وغطاء، فأقمت عنده ثلاثة أيام، ثم قال لي أما تعرف صنعة تكسب بها فقلت له: إني فقيه طالب علم كاتب حاسب، فقال: إن صنعتك في بلادنا كاسدة وليس في مدينتنا من يعرف علمًا ولا كتابة غير المال.

فقلت والله لا أدري شيئًا غير الذي ذكرته لك، فقال شد وسطك وخذ فأسًا وحبلًا واحتطب في البرية حطبًا تتقوت به إلى أن يفرج الله عنك ولا تعرف أحدًا بنفسك فيقتلوك، ثم اشترى لي فأسًا وحبلًا وأرسلني مع بعض الحطابين وأوصاهم علي، فخرجت معهم واحتطبت فأتيت بحمل على رأسي فبعته بنصف دينار فأكلت ببعضه وأبقيت بعضه، ودمت على هذا الحال مدة سنة.

ثم بعد السنة ذهبت يومًا على عادتي إلى البرية لأحتطب منها ودخلتها، فوجدت فيها خميلة أشجار فيها حطب كثير فدخلت الخميلة، وأتيت شجرة وحفرت حولها وأزلت التراب عن جدارها فاصطكت الفأس في حلقة نحاس فنظفت التراب وإذا هي في طابق من خشب فكشفته فبان تحت سلم فنزلت إلى أسفل السلم

فرأيت بابًا فدخلته فرأيت قصرًا محكم البنيان فوجدت فيه صبية كالدرة السنية تنفي إلى القلب كل هم وغم وبلية.

فلما نظرت إليها سجدت لخالقها لما أبدع فيها من الحسن والجمال فنظرت غلي وقالت لي أنت أنسي أم جني، فقلت لها: إنسي، فقالت: ومن أوصلك إلى هذا المكان الذي لي فيه خمسة وعشرون سنة، ما رأيت فيه إنسيًا أبدًا فلما سمعت كلامها وجدت له عذوبة وقلت لها يا سيدتي أوصلني الله إلى منزلك ولعله يزيل همي وغمي وحكيت لها ما جرى لي من الأول إلى الآخر.

فصعب عليها حالي وبكت وقالت أنا الأخرى أعلمك بقصتي فاعلم أني بنت ملك أقصى الهند صاحب جزيرة الآبنوس وكان قد زوجني بابن عمي فاختطفني ليلة زفافي عفريت اسمه جرجريس بن رجوس بن إبليس فطار بي إلى هذا المكان ونقل فيه كل ما أحتاج إليه من الحلى والحلل والقماش والمتاع والطعام والشراب. في كل عشرة أيام يجيئني مرة فيبيت هنا ليلة وعاهدني إذا عرضت لي حاجة ليلًا أو نهارًا أن ألمس بيدي هذين السطرين المكتوبين على القبة فما ارفع يدي حتى أراه عندي ومنذ كان عندي له اليوم أربعة أيام وبقي له ستة أيام حتى يأتي فهل لك أن تقيم عندي خمسة أيام، ثم تنصرف قبل مجيئه بيوم فقلت نعم.

ففرحت ثم نهضت على أقدامها وأخذت بيدي وأدخلتني من باب مقنطر وانتهت بي إلى حمام لطيف ظريف فلما رأيته خلعت ثيابي وخلعت ثيابها، ودخلت فجلست على مرتبة وأجلستني معها وأتت بسكر ممسك وسقتني، ثم قدمت لي مأكولًا وتحادثنا ثم قالت لي ثم واسترح فإنك تعبان، فنمت يا سيدتي وقد نسيت ما جرى لي، وشكرتها فلما استيقظت وجدتها تكبس رجلي فدعوت لها وجلسنا نتحادث ساعة، ثم قالت والله إني كنت ضيقة الصدر وأنا تحت الأرض وحدي ولم أجد من يحدثني خمسة وعشرين سنة فالحمد لله الذي أرسلك إلي ثم أنشدت:

لو علمنا مجيئكم لفرشنا مهجة القلب أو سواد العيون وفرشنا خدودنا
والتقينا لكون المسير فوق الجفون

فلما سمعت شعرها شكرتها وقد تمكنت محبتها في قلبي، وذهب عني همي وغمي، ثم جلسنا في منادمة إلى الليل، فبت معها ليلة ما رأيت مثلها في عمري وأصبحنا مسرورين فقلت لها هل أطلعك من تحت الأرض وأريحك من هذا الجني فضحكت وقالت اقنع واسكت ففي كل عشرة أيام يوم للعفريت وتسعة لك فقلت وقد غلب علي الغرام فأنا في هذه أكسر هذه القبة التي عليها النقش

المكتوب لعل العفريت يجيء حتى أقتله فإني موعود بقتل العفاريت فلما سمعت كلامي أنشدت:

يا طالبًا للفراق مهلًا بحيلة قد كفى اشتياق اصبر فطبع الزمان غدر وآخر الصحبة الفراق

فلما سمعت شعرها لم ألتفت لكلامها بل رفست القبة رفسًا قويًا وأدرك شهرزاد الصباح فسكتت عن الكلام المباح.

ففي الليلة الرابعة عشرة قالت: بلغني أيها الملك السعيد أن الصعلوك الثاني قال للصبية يا سيدتي لما رفست القبة رفسًا قوياً، قالت لي المرأة أن العفريت قد وصل إلينا أما حذرتك من هذا ولله لقد آذيتني ولكن انج بنفسك واطلع من المكان الذي جئت منه فمن شدة خوفي نسيت نعلي وفأسي، فلما طلعت درجتين التفت لأنظرهما فرأيت الأرض قد انشقت وطلع منها عفريت ومنظر شنيع، وقال ما هذه الزعجة التي أرعشتني بها فما مصيبتك.

فقالت ما أصابني شيء غير أن صدري ضاق، فأردت أن أشرب شرابًا يشرح صدري فنهضت لأقضي أشغالي فوقعت على القبة، فقال لها العفريت يا فاجرة ونظر في القصر يمينًا وشمالًا فرأى النعل والفأس فقال لها ما هذه إلا متاع الإنس من جاء إليك فقالت: ما نظرتهما إلا في هذه الساعة ولعلهما تعلقا معك.

فقال العفريت هذا كلام محال لا ينطلي علي يا عاهرة، ثم أنه أعراها، وصلبها بين أربعة أوتاد وجعل يعاقبها ويقررها بما كان فلم يهن علي أن أسمع بكاءها فطلعت من السلم مذعورًا من الخوف فلما وصلت إلى أعلى الموضع رددت الطابق كما كان وسترته بالتراب وندمت على ما فعلت غاية الندم وتذكرت الصبية وحسنها وكيف يعاقبها هذا الملعون وهي لها معه خمسة وعشرون سنة وما عاقبها إلا بسببي وتذكرت أبي ومملكته وكيف صرت حطاباً، فقلت هذا البيت:

إذا ما أتاك الدهر يومًا بنكبة فيوم ترى يسرًا ويوم ترى عسرا

ثم مشيت إلى أن أتيت رفيقي الخياط فلقيته من أجلي على مقالي النار وهو لي في الانتظار فقال لي: بت البارحة وقلبي عندك وخفت عليك من وحش أو غيره فالحمد لله على سلامتك فشكرته على شفقته علي ودخلت خلوتي، وجعلت أتفكر فيما جرى لي وألوم نفسي على رفسي هذه القبة وإذا بصديقي الخياط دخل علي وقال لي في الدكان شخص أعجمي يطلبك ومعه فأسك ونعلك قد جاء بهما إلى

الخياطين وقال لهم أني خرجت وقت آذان المؤذن، لأجل صلاة الفجر فعثرت بهما ولم أعلم لمن هما فدلوني على صاحبها، فدله الخياطون عليك وها هو قاعد في دكاني فاخرج إليه واشكره وخذ فأسك ونعلك.

فلما سمعت هكذا الكلام اصفر لوني وتغير حالي فبينما أنا كذلك وإذا بأرض محلي قد انشقت وطلع منها الأعجمي وإذا هو العفريت وقد كان عاقب الصبية غاية العقاب فلم تقر له بشيء فأخذ الفأس والنعل وقال لها إن كنت جرجريس من ذرية إبليس فأنا أجيء بصاحب هذا الفأس والنعل ثم جاء بهذه الحيلة إلى الخياطين ودخل علي ولم يمهلني بل اختطفني وطار وعلا بي ونزل بي وغاص في الأرض وأنا لا أعلم بنفسي، ثم طلع بي القصر الذي كنت فيه فرأيت الصبية عريانة والدم يسيل من جوانبها فقطرت عيناي بالدموع.

فأخذها العفريت وقال لها يا عاهرة هذا عشيقك فنظرت إلي وقالت له لا أعرفه ولا رأيته إلا في هذه الساعة، فقال لها العفريت أهذه العقوبة ولم تقري، فقالت ما رأيته عمري وما يحل من الله أن أكذب عليه، فقال لها العفريت إن كنت لا تعرفينه، فخذي هذا السيف واضربي عنقه فأخذت السيف وجاءتني ووقفت على رأسي فأشرت لها بحاجبي فنهضت وغمزتني وقالت أنت الذي فعلت هذا كله فأشرت لها أن هذا وقت العفو ولسان حالي يقول:

يترجم طرفي عن لساني لتعلموا ويبدو لكم ما كان في صدري يكتم

ولما التقينا والدموع سواجم خرست وطرفي بالهوى يتكلم

تشير لنا عما تقول بطرفها وأرمي إليها بالبنان فتفهم

حواجبنا تقضي الحوائج بيننا فنحن سكوت والهوى يتكلم

فلما فهمت الصبية إشارتي رمت السيف من يدها، فناولني العفريت السيف وقال لي اضرب عنقها وأنا أطلقك ولا أنكد عليك، فقلت نعم، وأخذت السيف وتقدمت نشاط ورفعت يدي، فقالت لي بحاجبها أنا ما قصرت في حقك فهملت عيناي بالدموع ورميت السيف من يدي، وقلت أيها العفريت الشديد والبطل الصنديد، إذا كانت امرأة ناقصة عقل ودين لم تستحل ضرب عنقي فكيف يحل لي أن أضرب عنقها ولم أرها عمري، فلا أفعل ذلك أبدًا ولو سقيت من الموت كأس الردى.

فقال العفريت أنتما بينكما مودة أخذ السيف وضرب يد الصبية فقطعها، ثم ضرب الثانية فقطعها ثم قطع رجلها اليمنى ثم قطع رجلها اليسرى حتى قطع أرباعها بأربع ضربات وأنا أنظر بعيني فأيقنت بالموت ثم أشارت إلي بعينيها فرآها العفريت فقال لها وقد زنيت بعينك ثم ضربها فقطع رأسها، والتفت إلي وقال يا آنسي نحن في شرعنا إذا زنت الزوجة يحل لنا قتلها، وهذه الصبية اختطفتها ليلة عرسها، وهي بنت اثنتي عشرة سنة ولم تعرف أحدًا غيري وكنت أجيئها في كل عشرة أيام ليلة واحدة في زي رجل أعجمي. فلما تحققت أنها خانتني فقتلتها وأما أنت فلم أتحقق أنك خنتني فيها، ولكن لا بد أني إما اخليك في عافية فتمن علي أي ضرر فرحت يا سيدتي غاية الفرح وطمعت في العفريت وقلت له: وما أتمناه عليك، قال تمن علي أي صورة اسحرك فيها إما صورة كلب وإما صورة حمار وإما صورة قرد فقلت له وقد طمعت أنه يعفو عني والله إن عفوت عني يعفو الله عنك، بعفوك عن رجل مسلم لم يؤذيك وتضرعت إليه غاية التضرع، وبقيت بين يديه، وقلت له أنا رجل مظلوم.

فقال لي لا تطل علي الكلام أما القتل فلا تخف منه وأما العفو عنك فلا تطمع فيه وأما سحرك فلا بد منه، ثم شق الأرض وطار بي إلى الجو حتى نظرت إلى الدنيا حتى كأنها قصعة ماء، ثم حطني على جبل وأخذ قليلًا من التراب وهمهم عليه وتكلم وقال اخرج من هذه الصورة إلى صورة قرد.

فمنذ ذلك الوقت صرت قردًا ابن مائة سنة فلما رأيت نفسي في هذه الصورة القبيحة بكيت على روحي وصبرت على جور الزمان وعلمت أن الزمان ليس لأحد وانحدرت من أعلى الجبل إلى أسفله وسافرت مدة شهر، ثم ذهبت إلى شاطئ البحر المالح، فوقفت ساعة وإذا أنا بمركب في وسط البحر قد طاب ريحها وهي قاصدة البر، فاختفيت خلف صخرة على جانب البحر وسرت إلى أن أتيت وسط المركب.

فقال واحد منهم أخرجوا هذا المشؤوم من المركب، وقال واحد منهم نقتله، وقال آخر اقتله بهذا السيف فأمسكت طرف السيف وبكيت، وسالت دموعي فحن علي الريس وقال لهم يا تجار إن هذا القرد استجار بي وقد أجرته وهو في جواري فلا أحد يعرض له ولا يشوش عليه، ثم أن الريس صار يحسن إلي ومهما تكلم به أفهمه وأقضي حوائجه وأخدمه في المركب.

وقد طاب لها الريح مدة خمسين يومًا فرسينا على مدينة عظيمة، وفيها عالم كثير لايحصى عددهم إلا الله تعالى فساعة وصولنا أوقفنا مركبنا فجاءتنا مماليك من

طرف ملك المدينة فنزلوا المركب وهنوا التجار بالسلامة، وقالوا إن ملكنا يهنئكم بالسلامة وقد أرسل إليكم هذا الدرج الورق وقال كل واحد يكتب فيه سطرا فقمت وأنا في صورة القرد وخطفت الدرج من أيديهم، فخافوا أني أقطعه وأرميه في الماء فنهروني وأرادوا قتلي فأشرت لهم أني أكتب فقال لهم الريس دعوه يكتب فإن لخبط الكتابة طردناه عنا وإن أحسنها اتخذته ولدًا فإني ما رأيت قردًا أفهم منه ثم أخذ القلم واستمديت الحبر وكتبت سطرًا بقلم الرقاع ورقمت هذا الشعر:

لقد كتب الدهر فضل الكرام وفضلك للآن لايحسب فلا أيتم الله منك الورى لأنك للفضل نعم الأب

وكتبت بقلم الثلث هذين البيتين:

وما من كاتب إلاسيفنى ويبقي الدهر ما كتبت يداه فلا تكتب بخطك غير شيء يسرك في القيامة أن تراه

وكتبت تحته بقلم المشق هذين البيتين:

إذا فتحت دواة العز والنعم فاجعل مدادك من جود ومن كرم واكتب بخير إذا ما كنت مقتدرًا بذاك شرفت فضلًا نسبه القلم

ثم ناولتهم ذلك الدرج الورق فطلعوا به إلى الملك، فلما تأمل الملك ما في ذلك الدرج لم يعجبه خط أحد إلا خطي، فقال لأصحابه توجهوا إلى صاحب هذا الخط وألبسوه هذه الحلة وأركبوه بغلة وهاتوه بالنوبة وأحضروه بين يدي فلما سمعوا كلام الملك تبسموا فغضب منهم ثم قال كيف آمركم بأمر فتضحكون علي، فقالوا أيها الملك ما نضحك على كلامك، بل الذي كتب هذا الخط قرد وليس هو آدميا وهو مع ريس المركب. فتعجب الملك من كلامهم واهتز من الطرب، وقال أريد أن أشتري هذا القرد، ثم بعث رسلا إلى المركب ومعهم البغلة والحلة وقال لابد أن تلبسوه هذه الحلة وتركبوه البغلة وتأتوا به، فساروا إلى المركب وأخذوني من الريس وألبسوني الحلة فاندهش الخلائق وصاروا يتفرجون علي، فلما طلعوا بي للملك ورأيته قبلت الأرض ثلاث مرات فأمرني بالجلوس، فجلست على ركبتي. فتعجب الحاضرون من أدبي وكان الملك أكثرهم تعجبا ثم أن الملك أمر الخلق بالإنصراف فانصرفوا، ولم يبق إلا الملك والطواشي ومملوك صغير وأنا، ثم أمر الملك بطعام فقدموا سفرة طعام فيها ما تشتهي الأنفس وتلذ الأعين فأشار إلي الملك أن كل فقمت وقبلت الأرض بين يديه سبع مرات وجلست آكل معه وقد ارتفعت

السفرة وذهبت فغسلت يدي وأخذت الدواة والقلم والقرطاس وكتبت هذين البيتين:

أتاجر الضأن ترياق من العلل   وأصحن الحلو فيها منتهى أملي يا لهف قلبي
على مد السماط إذا   ماجت كنافته بالسمن والعسل

ثم قمت وجلست بعيدا أنتظر الملك إلى ما كتبته وقرأه فتعجب وقال هذا يكون عند قرد هذه الفصاحة وهذا الخط والله إن هذا من أعجب العجب ثم قدم للملك شطرنج، فقال لي الملك أتلعب قلت برأسي نعم، فتقدمت وصففت الشطرنج ولعبت معه مرتين فغلبته فحار عقل الملك وقال لو كان هذا آدميا لفاق أهل زمانه، ثم قال لخادمه إذهب إلى سيدتك وقل لها: كلمي الملك حتى تجيء فتتفرج على هذا القرد العجيب. فذهب الطواشي وعاد معه سيدته بنت الملك، فلما نظرت إلي غطت وجهها، وقالت يا أبي كيف طاب على خاطرك أن ترسل إلي فيراني الرجال الأجانب فقال يابنتي ما عندك سوى المملوك الصغير والطواشي الذي رباك وهذا القرد وأنا أبوك فممن تغطين وجهك. فقالت إن هذا القرد ابن ملك وإسم أبيه إيمار، صاحب جزائر الأبنوس الداخلة وهو مسحور وسحره العفريت جرجريس الذي هو من ذرية إبليس، وقد قتل زوجته بنت ملك أقناموس وهذا الذي تزعم أنه قردا إنما هو رجل عالم عاقل. فتعجب الملك من إبنته ونظر إلي وقال: أحق ما تقول عنك فقلت برأسي نعم وبكيت فقال الملك لبنته من أين عرفت أنه مسحور فقالت: يا أبت كان عندي وأنا صغيرة عجوز ماكرة ساحرة علمتني السحر، وقد حفظته وأتقنته وعرفت مائة وسبعين بابا من أبوابه، أقل باب منها أنقل به حجارة مدينتك خلف جبل قاف وأجعلها لجة بحر وأجعل أهلها سمكا في وسطه. فقال أبوها: بحق اسم الله عليك أن تخلصي لنا هذا الشاب، حتى أجعله وزيري وهل فيك هذه الفضيلة ولم أعلم فخلصيه حتى أجعله وزيري لأنه شاب ظريف لبيب، فقالت له حبا وكرامة، ثم أخذت بيدها سكينا، وعملت دائرة، وأدرك شهرزاد الصباح فسكتت عن الكلام المباح.

وفي الليلة الخامسة عشرة قالت بلغني أيها الملك السعيد أن الصعلوك قال للصبية يا سيدتي، ثم أن بنت الملك أخذت بيدها سكينا مكتوبا عليها أسماء عبرانية، وخطت بها دائرة في وسط وكتبت فيها أسماء وطلاسم وعزمت بكلام وقرأت كلاما، لا يفهم، فبعد ساعة أظلمت علينا جهات القصر، حتى ظننا أن الدنيا قد إنطبقت علينا وإذا بالعفريت قد تدلى علينا في أقبح صفة بأيد كالمداري ورجلين كالصواري وعينين كمشعلين يوقدان نارا، ففزعنا منه. فقالت بنت الملك لا أهلا

بك ولا سهلا، فقال العفريت وهو في صورة أسد يا خائنة كيف خنت اليمين أما تحالفنا على أن لا يعترض أحدنا للآخر فقالت له يا لعين ومن أين لك يمين فقال العفريت خذي ما جاءك ثم انقلب أسدا وفتح فاه وهجم على الصبية. فأسرعت وأخذت شعرة من شعرها بيدها، وهمهمت بشفتيها فصارت الشعرة سيفا ماضيا وضربت ذلك الأسد فقطعته نصفين، فصارت رأسه عقربا، وانقلبت الصبية حية عظيمة وهمهمت على هذا اللعين وهو في صفة عقرب، فتقاتلا قتالا شديدا، ثم انقلب العقرب عقابا فانقلبت الحية نسرا وصارت وراء العقاب واستمرا ساعة زمانية ثم انقلب العقاب قطا أسود، فانقلبت الصبية ذئبا فتشاحنا في القصر ساعة زمانية وتقاتلا قتالا شديدا فرأى القط نفسه مغلوبا فانقلب وصار رمانة حمراء كبيرة ووقعت تلك الرمانة في بركة وانتثر الحب كل حبة وحدها وامتلأت أرض القصر حبا فانقلب ذلك الذئب ديكا لأجل أن يلتقط ذلك الحب حتى لا يترك منه حبة فبالأمر المقدر، دارت حبة في جانب الفسقية فصار الديك يصيح ويرفرف بأجنحته ويشير إلينا بمنقاره ونحن لا نفهم ما يقول، ثم صرخ علينا صرخة تخيل لنا منها أن القصر قد انقلب علينا ودار في أرض القصر كلها حتى رأى الحبة التي تدارت في جانب الفسقية فانقض عليها ليلتقطها وإذا بالحبة سقطت في الماء فانقلب الديك حمارا كبيرا ونزل خلفها وغاب ساعة وإذا بنا قد سمعنا صراخا عاليا فارتجفنا. وبعد ذلك طلع العفريت وهو شعلة نار فألقى من فمه نارا ومن عينيه ومنخريه نارا ودخانا وانقلبت الصبية لجة نار فاردنا أن نغطس في ذلك الماء خوفا على أنفسنا من الحريق فما شعرنا إلا العفريت قد صرخ من تحت النيران وصار عندنا في الليوان ونفخ في وجوهنا بالنار فلحقته الصبية ونفخت في وجهه بالنار أيضا فأصابنا الشر منها ومنه، فأما شررها فلم يؤذينا وأما شرره فلحقني منه شرارة في عيني فأتلفتها وأنا في صورة القرد ولحق الملك شرارة منه في وجهه فأحرقت نصفه التحتاني بذقنه وحنكه ووقفت أسنانه التحتانية ووقعت شرارة في صدر الطواشي فاحترق ومات من وقته وساعته فأيقنا بالهلاك وقطعنا رجائنا من الحياة. فبينما نحن كذلك وإذا بقائل يقول: الله أكبر الله أكبر قد فتح ربي ونصر وخذل من كفر بدين محمد سيد البشر وإذا بالقائل بنت الملك قد أحضرت العفريت فنظرنا إليه فرأيناه قد صار كوم رماد، ثم جاءت الصبية وقالت إلحقوني بطاسة ماء فجاؤوا بها فتكلمت عليها بكلام لا نفهمه ثم رشتني بالماء وقالت أخلص بحق الحق وبحق اسم الله الأعظم إلى صورتك الأولى فصرت بشرا كما كنت أولا ولكن تلفت عيني. فقالت الصبية النار يا والدي ثم أنها لم تزل تستغيث من النار وإذا بشرر أسود قد طلع إلى صدرها وطلع إلى وجهها فلما

وصل إلى وجهها بكت وقالت أشهد أن لا إله إلا الله وأشهد أن محمدا رسول الله. ثم نظرنا إليها فرأيناها كوم رماد بجانب كوم العفريت فحزنا عليها وتمنيت لو كنت مكانها ولا أرى ذلك الوجه المليح الذي عمل في هذا المعروف يصير رمادا ولكن حكم الله لا يرد. فلما رأى الملك أبنته صارت كوم رماد نتف لحيته ولطم على وجهه وشق ثيابه وفعلت كما فعل وبكينا عليها ثم جاء الحجاب وأرباب الدولة فوجدوا السلطان في حالة العدم وعنده كوم رماد فتعجبوا وداروا حول الملك ساعة فلما أفاق أخبرهم بما جرى لإبنته مع العفريت فعظمت مصيبتهم وصرخ النساء والجواري وعملوا العزاء سبعة أيام. ثم إن الملك أمر أن يبني على رماد ابنته قبة عظيمة وأوقد فيها الشموع والقناديل وأما رماد العفريت فإنهم أذروه في الهواء إلى لعنة الله ثم مرض السلطان مرضا أشرف منه على الموت واستمر مرضه شهرا وعادت إليه العافية فطلبني وقال لي يا فتى قد قضينا زماننا في أهنأ عيش آمنين من نوائب الزمان حتى جئنا فأقبلت علينا الأكدار فليتنا ما رأيناك ولا رأينا طلعتك القبيحة التي لسببها صرنا في حالة العدم. فأولا عدمت ابنتي التي كانت تساوي مائة رجل وثانيا جرى لي من الحريق ما جرى وعدم أضراسي ومات خادمي ولكن ما بيدك حيلة بل جرى قضاء الله علينا وعليك والحمد لله حيث خلصتك إبنتي وأهلكت نفسها، فاخرج يا ولدي من بلدي وكفى ما جرى بسببك وكل ذلك مقدر علينا وعليك، فاخرج بسلام. فخرجت يا سيدتي من عنده وما صدقت بالنجاة ولا أدري أين أتوجه، وخطر على قلبي ما جرى لي وكيف خلوني في الطريق سالما منهم ومشيت شهرا وتذكرت دخولي في المدينة واجتماعي بالخياط واجتماعي بالصبية تحت الأرض وخلاصي من العفريت بعد أن كان عازما على قتلي وتذكرت ما حصل لي من المبدأ إلى المنتهى فحمدت الله وقلت بعيني ولا بروحي ودخلت الحمام قبل أن أخرج من المدينة وحلقت ذقني وجئت يا سيدتي وفي كل يوم أبكي وأتفكر المصائب التي عاقبتها تلف عيني، وكلما أتذكر ما جرى لي أبكي وأنشد هذه الأبيات:

تحيرت والرحمن لاشك في أمري   وحلت بي الأحزان من حيث لا أدري

سأصبر حتى يعلم الناس أنني   صبرت على شيء أمر من الصبر

وما أحسن الصبر الجميل مع التقى   وما قدر المولى على خلقه يجري

سرائر سري ترجمان سريرتي   إذا مان سر السر سرك في سري

ولو أن ما بي بالجبال لهدمت   وبالنار أطفأها والريح لم يسر

ومن قال أن الدهر فيه حلاوة   فلا بد من يوم أمر من المر

ثم سافرت الأقطار ووردت الأمصار وقصدت دار السلام بغداد لعلي أتوصل إلى
أمير المؤمنين وأخبره بما جرى، فوصلت إلى بغداد هذه الليلة فوجدت أخي هذا
الأول واقفا متحيرا فقلت السلام عليك وتحدثت معه وإذا بأخينا الثالث قد أقبل
علينا وقال السلام عليكم أنا رجل غريب فقلنا ونحن غريبان وقد وصلنا هذه
الليلة المباركة. فمشينا نحن الثلاثة وما فينا أحد يعرف حكاية أحد فساقتنا
المقادير إلى هذا الباب ودخلنا عليكم وهذا سبب حلق ذقني وتلف عيني فقالت
له إن كانت حكايتك غريبة فامسح على رأسك واخرج في حال سبيلك، فقال لا
أخرج حتى أسمع حديث رفيقي. فتقدم الصعلوك الثالث وقال أيتها السيدة
الجليلة ما قصتي مثل قصتهما بل قصتي أعجب وذلك أن هذين جاءهما القضاء
والقدر وأما أنا فسبب حلق ذقني وتلف عيني أنني جلبت القضاء لنفسي والهم
لقلبي وذلك أني كنت ملكا ابن ملك، ومات والدي وأخذت الملك من بعده
وحكمت وعدلت وأحسنت للرعية وكان لي محبة في السفر في البحر وكانت
مدينتي على البحر والبحر متسع وحولنا جزائر معدة للقتال. فأردت أن أتفرج
على الجزائر فنزلت في عشرة مراكب وأخذت معي مؤونة شهر وسافرت عشرين
يوما. ففي ليلة من الليالي هبت علينا رياح مختلفة إلى أن لاح الفجر فهدأ الريح
وسكن البحر حتى أشرقت الشمس، ثم أننا أشرفنا على جزيرة وطلعنا إلى البر
وطبخنا شيئا نأكله فأكلنا ثم أقمنا يومين وسافرنا عشرين يوما فاختلفت علينا
المياه وعلى الريس استغرب الريس البحر فقلنا للناطور: انظر البحر بتأمل، فطلع
على الصاري ثم نزل الناطور وقال للريس: رأيت عن يميني سمكا على وجه الماء
ونظرت إلى وسط البحر فرأيت سوادا من بعيد يلوح تارة أسود وتارة أبيض. فلما
سمع الريس كلام الناطور ضرب الأرض بعمامته ونتف لحيته وقال للناس ابشروا
بهلاكنا جميعا ولا يسلم منا أحد، وشرع يبكي وكذلك نحن الجميع نبكي على
أنفسنا فقلت أيها الريس أخبرنا بما رأى الناطور فقال يا سيدي أعلم أننا تهنا يوم
جاءت علينا الرياح المختلفة ولم يهدأ الريح إلا بكرة النهار ثم أقمنا يومين فتهنا في
البحر ولم نزل تائهين أحد عشر يوما من تلك الليلة وليس لنا ريح يرجعنا إلى ما
نحن قاصدون آخر النهار وفي غد نصل إلى جبل من حجر أسود يسمى حجر
المغناطيس ويجرنا المياه غصبا إلى جهته. فيتمزق المركب ويروح كل مسمار في
المركب إلى الجبل ويلتصق به إن الله وضع حجر المغناطيس سرا وهو أن جميع
الحديد يذهب إليه وفي ذلك الجبل حديد كثير لا يعلمه إلا الله تعالى حتى أنه
تكسر من قديم الزمان مراكب كثيرة بسبب ذلك الجبل ويلي ذلك البحر قبة من

النحاس الأصفر معمودة على عشرة أعمدة وفوق القبة فارس على فرس من نحاس وفي يد ذلك الفارس رمح من النحاس ومعلق في صدر الفارس لوح من رصاص منقوش عليه أسماء وطلاسم فيها أيها الملك ما دام هذا الفارس راكبا على هذه الفرس تنكسر المراكب التي تفوت من تحته ويهلك ركابها جميعا ويلتصق جميع الحديد الذي في المركب بالجبل وما الخلاص إلا إذا وقع هذا الفارس من فوق تلك الفرس، ثم إن الريس يا سيدتي بكى بكاء شديد فتحققنا أننا هالكون لا محالة وكل منا ودع صاحبه. فلما جاء الصباح قربنا من تلك الجبل وساقتنا المياه إليه غصبا، فلما صارت المياه تحته انفتحت وفرت المسامير منها وكل حديد فيها نحو حجر المغناطيس ونحن دائرون حوله في آخر النهار وتمزقت المراكب فمنا من غرق ومنا من سلم ولكن أكثرنا غرق والذين سلموا لم يعلموا ببعضهم لأن تلك الأمواج واختلاف الأرياح أدهشتهم. وأما أنا يا سيدتي فنجاني الله تعالى لما أراده من مشقتي وعذابي وبلوتي، فطلعت على لوح من الألواح فألقاه الريح والموج إلى جبل فأصبت طريقا متطرفا إلى أعلاه على هيئة السلالم منقورة في الجبل فسميت الله تعالى وأدرك شهرزاد الصباح فسكتت عن الكلام المباح.

وفي الليلة السادسة عشرة قالت: بلغني أيها الملك السعيد أن الصعلوك الثالث قال للصبية والجماعة مكتفون والعبيد واقفين بالسيوف على رؤوسهم، ثم أني سميت الله ودعوته وابتهلت إليه وحاولت الطلوع على الجبل وصرت أتمسك بالنقر التي فيه حتى أسكن الله الريح في تلك الساعة وأعانني على الطلوع فطلعت سالما على الجبل وفرحت بسلامتي غاية الفرح ولم يكن لي دأب إلا القبة فدخلتها وصليت فيها ركعتين شكرا لله على سلامتي ثم إني نمت تحت القبة. فسمعت قائلا يقول يا ابن خصيب إذا انتهيت من منامك، فاحفر تحت رجليك قوسا من نحاس وثلاث نشابات من رصاص منقوشا عليها طلاسم فخذ القوس والنشابات وارم للفارس الذي على القبة وارح الناس من هذا البلاء العظيم فإذا رميت الفارس يقع في البحر ويقع القوس من يدك فخذ القوس، وادفنه في موضعه. فإذا فعلت ذلك يطفو البحر ويعلو حتى يساوي الجبل، ويطلع عليه زورق فيه شخص غير الذي رميته فيجيء غليه وفي يده مجذاف، فاركب معه ولا تسم الله تعالى فإنه يحملك ويسافر بك مدة عشرة أيام إلى أن يوصلك إلى بلدك وهذا غنما يتم لك إن لم تسم الله. ثم استيقظت من نومي، وقمت بنشاط وقصدت الماء، كما قال الهاتف وضربت الفارس فرميته فوقع في البحر ووقع القوس من يدي فأخذت القوس ودفنته فهاج البحر وعلا حتى ساوى الجبل الذي أنا عليه فلم ألبث غير ساعة حتى رأيت زورقا في وسط البحر يقصدني فحمدت

الله تعالى فلما وصل إلي الزورق وجدت فيه شخصا من النحاس صدره لوح من الرصاص، منقوش بأسماء وطلاسم. فنزلت في الزورق وأنا ساكت لا أتكلم فحملني الشخص أول يوم والثاني والثالث إلى تمام عشرة أيام حتى جزائر السلامة ففرحت فرحا عظيما ومن شدة فرحي ذكرت الله وسميت وهللت وكبرت فلما فعلت ذلك قذفني من الزورق في البحر ثم رجع في البحر وكنت أعرف العوم فعمت ذلك اليوم إلى الليل حتى كلت سواعدي وتعبت أكتافي وصرت في الهلكات ثم تشهدت وأيقنت بالموت وهاج البحر من كثرة الرياح فجاءت موجة كالقلعة العظيمة، فحملتني وقذفتني قذفة صرت بها فوق البر، لمل يريد الله فطلعت البر وعصرت ثيابي ونشفتها على الأرض وبت. فلما أصبحت لبست ثيابي وقمت أنظر أين أمشي فوجدت غوطة فجئتها ودرت حولها فوجدت الموضع الذي فيه جزيرة صغيرة، والبحر محيط بها، فقلت في نفسي كلما أخلص من بلية أقع في أعظم منها فبينما أنا متفكر في أمري أتمنى الموت إذ نظرت مركبا فيها ناس. فقمت وطلعت على شجرة وإذا بالمركب التصقت بالبر وطلع منها عشرة عبيد معهم مساحي فمشوا حتى وصلوا إلى وسط الجزيرة وحفروا في الأرض وكشفوا عن طابق فرفعوا الطابق وفتحوا بابه، ثم عادوا إلى المركب ونقلوا منها خبزا ودقيقا وسمنًا وعسلًا وأغنامًا وجميع ما يحتاج إليه الساكن وصار العبيد مترددين بين المركب وباب الطابق وهم يحولون من المركب وينزلون في الطابق إلى أن نقلوا جميع ما في المركب. ثم بعد ذلك طلع العبيد ومعهم ثياب أحسن ما يكون وفي وسطهم، شيخ كبير هرم قد عمر زمنا طويلا وأضعفه الدهر، حتى صار فانيا ويد ذلك الشيخ في يد صبي قد أفرغ في قالب الجمال وألبس حلة الكمال حتى أنه يضرب بحسنه الأمثال وهو كالقضيب الرطب يسحر كل قلب بجماله ويسلب كل لب بكماله فلم يزالوا يا سيدتي سائرين حتى أتوا إلى الطابق ونزلوا فيه، وغابوا عن عيني. فلما توجهوا قمت ونزلت من فوق الشجرة ومشيت إلى موضع الردم، ونبشت التراب ونقلته وصبرت نفسي حتى أزلت جميع التراب فانكشف الطابق فإذا هو خشب مقدار حجر الطاحون فرفعته فبان من تحته سلم معقود من حجر فتعجبت من ذلك ونزلت السلم حتى إنتهيت إلى آخره فوجدت شيئا نظيفا ووجدت بستانا وثانيا إلى تمام تسعة وثلاثين وكل بستان أرى فيه ما يكل عنه الواصفون من أشجار وأنهار وأثمار وذخائر. ورأيت بابا فقلت في نفسي ما الذي في هذا المكان، فلابد أن أفتحه وأنظر ما فيه ثم فتحته فوجدت فيه فرسا مسرجا ملجما مربوطا ففككته وركبته فطار بي إلى حطني على سطح وأنزلني وضربني بذيله فأتلف عيني وفر مني فنزلت من فوق السطح فوجدت عشرة شبان عور فلما رأوني قالوا لا مرحبا

بك، فقلت لهم: أتقبلوني أجلس عندكم. فقالوا والله لا تجلس عندنا فخرجت من عندهم حزين القلب باكي العين، وكتب الله لي السلامة حتى وصلت إلى بغداد فحاقت ذقني وصرت صعلوكا فوجدت هذين الإثنين العورين فسلمت عليهما وقلت لهماأنا غريب، فقالا ونحن غريبان فهذا سبب تلف عيني، وحلق ذقني، فقالت له أمسح على رأسك وروح، فقال: لا أروح حتى أسمع قصة هؤلاء. ثم أن الصبية التفتت إلى الخليفة وجعفر ومسرور وقالت لهم أخبروني بخبركم، فتقدم جعفر وحكى لها الحكاية التي قالها للبوابة عند دخولهم فلما سمعت كلامه قالت وهبت بعضكم لبعض فخرجوا إلى أن صاروا في الزقاق فقال الخليفة للصعاليك يا جماعة إلى أين تذهبون فقالوا ما ندري أين نذهب فقال لهم الخليفة سيروا وبيتوا عندنا وقال لجعفر خذهم واحضرهم لي غدا، حتى ننظر ما يكون، فامتثل جعفر ما أمره به الخليفة. ثم أن الخليفة طلع إلى قصره ولم يجئه نوم في تلك الليلة فلما اصبح جلس على كرسي المملكة ودخلت عليه أرباب الدولة، فالتفت إلى جعفر بعد أن طلعت أرباب الدولة وقال ائتني بالثلاث صبايا والكلبتين والصعاليك، فنهض جعفر وأحضرهم بين يديه فأدخل الصبايا تحت الأستار.

والتفت لهن جعفر وقال لهن قد عفونا عنكن لما أسلفتن من الإحسان إلينا ولم تعرفنا فها أنا أعرفكن وأنتن بين يدي الخامس من بني العباس هارون الرشيد، فلا تخبرنه إلا حقا فلما سمع الصبايا كلام جعفر، عن لسان أمير المؤمنين تقدمت الكبيرة وقالت يا أمير المؤمنين أن لي حديثا لو كتب بالإبر على آماق البصر لكان عبرة لمن اعتبر وأدرك شهرزاد الصباح فسكتت عن الكلام المباح.

وفي الليلة السابعة عشرة قالت: بلغني أيها الملك السعيد أن كبيرة الصبايا، لما تقدمت بين يدي أمير المؤمنين وقالت إن لي حديثا عجيبا وهو أن هاتين الصبيتين أختاي من أبي من غير أمي فمات والدنا وخلف خمسة آلاف دينار وكنت أنا اصغرهن سنا فتجهزت أختاي وتزوجت كل واحدة برجل ومكثنا مدة ثم إن كل واحد من أزواجهما هيأ متجرا واخذ من زوجته ألف دينار وسافروا مع بعضهم، وتركوني فغابوا أربع سنين وضيع زوجاهما المال، وخسرا وتركاهما في بلاد الناس فجاءاني في هيئة الشحاتين. فلما رأيتهما ذهلت عنهما ولم أعرفهما ثم إني لما عرفتهما، قلت لهما: ما هذا الحال، فقالتا يا أختاه إن الكلام لا يفيد الآن، وقد جرى القلم بما حكم الله فأرسلتهما إلى الحمام وألبست كل واحدة حلة وقلت لهما يا أختي أنتما الكبيرة وأنا الصغيرة وأنتم عوض عن أبي وأمي والإرث الذي ناسي معكما قد جعل الله فيه البركة فكلا من زكاته وأحوالي جليلة وأنا وأنتما سواء وأحسنت إليهما غاية الإحسان فمكثا عندي مدة سنة كاملة وصار لهما مال

من مالي فقالتا لي أن الزواج خير لنا وليس لنا صبر عنه. فقلت لهما يا أختي لم تريا في الزواج خيرا فإن الرجل الجيد قليل في هذا الزمان وقد اخترتما الزواج فلم يقبلا كلامي، وتزوجا بغير رضاي فزوجتهما من مالي وسترتهما ومضتا مع زوجيهما فأقاما مدة يسيرة ولعب عليهما زوجهما وأخذ ما كان معهما وسافرا وتركاهما فجاءتا عندي وهما عريانتين واعتذرتا وقالتا لا تؤاخذينا، فأنت أصغر منا سنا وأكمل عقلا، وما بقينا نذكر الزواج أبدا. فقلت مرحبا بكما يا أختي ما عندي أعز منكما وقبلتهما وزدتهما إكراما ولم تزل على هذه الحالة سنة كاملة فأردت أن أجهز لي لي مركبا إلى البصرة، فجهزت مركبا كبيرة وحملت فيها البضائع والمتاجر وما أحتاج إليه في المركب وقلت يا أختي هل لكما أن تقعدوا في المنزل حتى أسافر وأرجع أو تسافرا معي، فقالتا تسافر معك فإنا لا نطيق فراقك فأخذتهما وسافرنا، وكنت قسمت مالي نصفين فأخذت النصف وخبأت النصف الثاني وقلت ربما يصيب المركب شيء ويكون في العمر مدة فإذا رجعنا نجد شيئا ينفعنا. ولم نزل مسافرين أياما وليالي، فتاهت بنا المركب وغفل الريس عن الطريق ودخلت المركب بحرا غير البحر الذي نريده ولم نعلم بذلك مدة، وطاب لنا الريح عشرة أيام فلاحت لنا مدينة على بعد فقلنا للريس ما اسم هذه المدينة التي أشرفنا عليها فقال والله لا أعلم ولا رأيتها قط، ولا سلكت عمري هذا البحر، ولكن جاء الأمر بسلامة فما بقي إلا أن تدخلوا هذه المدينة وتخرجوا بضائعكم فإن حصل لكم بيع فبيعوا وغاب ساعة. ثم جاءنا وقال قوموا إلى المدينة وتعجبوا من صنع الله في خلقه واستعيذوا من سخطه فطلعنا المدينة فوجدنا كل من فيها مسخوطا حجارة سوداء، فاندهشنا من ذلك ومشينا في الأسواق فوجدنا البضائع باقية والذهب والفضة باقيين على حالهما ففرحنا وقلنا لعل هذا يكون له أمر عجيب، وتفرقنا في شوارع المدينة وكل واحد اشتغل عن رفيقه بما فيها من المال والقماش. وأما أنا فطلعت إلى القلعة فوجدتها محكمة فدخلت قصر الملك فوجدت فيه جميع الأواني من الذهب والفضة ثم رأيت الملك جالسا وعنده حجابه ونوابه ووزرائه وعليه من الملابس شيء يتحير فيه الفكر فلما قربت من الملك وجدته جالسا على كرسي مرصع بالدر والجواهر فيه كل درة تضيء كالنجمة وعليه حلة مزركشة بالذهب وواقفا حوله خمسون مملوكا بين أنواع الحرير، وفي أيديهم السيوف مجردة. فلما نظرت لذلك دهش عقلي ثم مشيت ودخلت قاعة الحريم، فوجدت في حيطانها ستائر من الحرير ووجدت الملكة عليها حلة مزركشة بالؤلؤ الرطب وعلى رأسها تاج مكلل بأنواع الجواهر وفي عنقها قلائد وعقودا وجميع ما عليها من الملبوس والمصاغ باق على حاله وهي ممسوخة حجر أسود ووجدت بابا

مفتوحا فدخلته ووجدت فيه سلما بسبع درج فصعدته، فرأيت مكانا مرخما مفروشا بالبسط المذهبة ووجدت فيه سرير من المرمر مرصعا بالدر والجواهر ونظرت نورا لامعا في جهة فقصدتها فوجدت فيها جوهرة مضيئة قدر بيض النعامة على كرسي صغير، وهي تضيء كالشمعة، ونورها ساطع ومفروش على ذلك السرير من أنواع الحرير ما يحير الناظر. فلما نظرت إلى ذلك تعجبت ورأيت في ذلك المكان شموعا موقدة فقلت في نفسي لابد أن أحدا أوقد هذه الشموع، ثم إني مشيت حتى دخلت موضعا غيره وصرت أفتش في تلك

الأماكن ونسيت نفسي مما أدهشني من التعجب من تلك الأحوال، واستغرق فكري إلى أن دخل الليل فأردت الخروج فلم أعرف الباب وتهت عنه فعدت إلى الجهة التي فيها الشموع الموقدة وجلست على السرير وتغطيت بلحاف بعد أن قرأت شيئا من القرآن وأوردت النوم فلم أستطع ولحقني القلق. فلما انتصف الليل سمعت تلاوة القرآن بصوت حسن رقيق فالتفت إلى مخدع فرأيت بابه مفتوحا فدخلت الباب ونظرت المكان فإذا هو معبد وفيه قناديل معلقة موقدة وفيه سجادة مفروشة جالس عليها شاب حسن المنظر فتعجبت كيف هو سالم دون أهل المدينة فدخلت وسلمت عليه فرفع بصره ورد علي السلام فقلت له أسألك بحق ما تتلوه من كتاب الله أن تجيبني عن سؤالي. فتبسم وقال أخبرني عن سبب دخولك هذا المكان وأنا أخبرك بجواب ما تسألينه عنه فأخبرته بخبري فتعجب من ذلك، ثم إنني سألته عن خبر هذه المدينة فقال أمهليني ثم طبق المصحف وادخله كيس من الأطلس وأجلسني بجنبه فنظرت إليه فإذا هو كالبدر حسن الأوصاف لين الأعطاف بهي المنظر رشيق القد أسيل الخد زهي الجنات كأنه المقصود من هذه الأبيات:

رصد النجم ليله فبدا له   قد المليح يميس في برديه

وأمد زحل سواد ذوائب   والمسك هادي الخال في خديه

وغدت من المريخ حمرة خده   والقوس يرمي النبل من جفنيه

وعطارد أعطاه فرط ذكائه   وأبى السها نظر الوشاة إليه

فغدا المنجم حائرا مما رأى   والبدر باس الأرض بين يديه

فنظرت له نظرة أعقبتني ألف حسرة وأوقدت بقلبي كل جمرة فقلت له يا مولاي أخبرني عما سألتك فقال سمعا وطاعة. أعلمي أن هذه المدينة مدينة والدي

وجميع أهله وقومه وهو الملك الذي رأيته على الكرسي ممسوخا حجرا وأما الملكة التي رأيتها فهي أمي وقد كانوا مجوسا يعبدون النار دون الملك الجبار وكانوا يقسمون بالنار والنور والظل والخرور والفلك الذي يدور وكان أبي ليس له ولد فرزق بي في آخر عمره فرباني حتى نشأت وقد سبقت لي السعادة، وكان عندنا عجوز طاعنة في السن مسلمة تؤمن بالله ورسوله في الباطن وتوافق أهلي في الظاهر وكان أبي يعتقد فيها لما يرى عليها من الأمانة والعفة وكان يكرمها ويزيد في إكرامها وكان يعتقد أنها على دينه. فلما كبرت سلمني أبي إليها وقال: خذيه وربيه وعلميه أحوال ديننا وأحسني تربيته وقومي بخدمته فأخذتني العجوز وعلمتني دين الإسلام من الطهارة والوضوء والصلاة وحفظتني القرآن فلما أتمت ذلك قالت لي يا ولدي أكتم هذا الأمر عن أبيك ولا تعلمه به لئلا يقتلك فكتمته عنه ولم أزل على هذا الحال مدة أيام قلائل وقد ماتت العجوز وزاد أهل المدينة في كفرهم وعتوهم وضلالهم. فبينما هم على ما هم فيه إذ سمعوا مناديا ينادي بأعلى صوته مثل الرعد القاصف سمعه القريب والبعيد يقول يا أهل المدينة أرجعوا عن عبادة النار واعبدوا الملك الجبار فحصل عند أهل المدينة فزع واجتمعوا عند أبي وهو ملك المدينة وقالوا له: ما هذا الصوت المزعج الذي سمعناه فاندهشنا من شدة هوله فقال لهم لايهولنكم الصوت ولا يردعنكم عن دينكم. فمالت قلوبهم إلى قول أبي ولم يزالوا مكبين على عبادة النار واستمروا على طغيانهم مدة سنة حتى جاء ميعاد ما سمعوا الصوت الأول فظهر لهم ثانيا فسمعوا ثلاث مرات على ثلاث سنين في كل سنة مرة فلم يزالوا عاكفين على ما هم عليه حتى نزل عليهم المقت والسخط من السماء بعد طلوع الفجر، فمسخوا حجارة سودا وكذلك دوابهم وأنعامهم ولم يسلم من أهل هذه المدينة غيري، ومن يوم ما جرت هذه الحادثة وأنا على هذه الحالة في صلاة وصيام وتلاوة قرآن وقد يئست من الوحدة وما عندي من يؤنسني. فعند ذلك قلت له أيها الشاب هل لك أن تروح معي إلى مدينة بغداد وتنظر إلى العلماء وإلى الفقهاء فتزداد علما وفقها وأكون أنا جاريتك مع إني سيدة قومي وحاكمة على رجال وخدم وغلمان، وعندي مركب مشحون بالمتجر وقد رمتنا المقادير على هذه المدينة حتى كان ذلك سببا في إطلاعنا على هذه الأمور وكان النصيب في إجتماعنا ولم أزل أرغبه في التوجه حتى أجابني إليه. وأدرك شهرزاد الصباح فسكتت عن الكلام المباح.

و **في الليلة الثامنة عشرة** قالت: بلغني أيها الملك السعيد أن الصبية ما زالت تحسن للشاب التوجه معها حتى غلب عليها النوم فنامت تلك الليلة تحت رجليه وهي لا تصدق بما هي فيه من الفرح، ثم قالت فلما أصبح الصباح قمنا ودخلنا

إلى الخزائن وأخذنا ما خف حمله وغلا ثمنه ونزلنا من القلعة إلى المدينة فقابلنا العبيد والريس وهم يفتشون علي فلما رأوني فرحوا بي وسألوني عن سبب غيابي فأخبرتهم بما رأيت وحكيت لهم قصة الشاب وسبب مسخ أهل هذه المدينة وما جرى لهم فتعجبوا من ذلك.

فلما رأتني أختاي ومعي ذلك الشاب حسدتاني عليه وصارتا في غيظ وأضمرتا المكر لي. ثم نزلنا المركب وأنا بغاية الفرح وأكثر فرحي بصحبة هذا الشاب وأقمنا ننتظر الريح حتى طابت لنا الريح فنشرنا القلوع وسافرنا فقعدت أختاي عندنا وصارت تتحدثان فقالتا لي يا أختاه ما تصنعين بهذا الشاب الحسن فقلت لهما قصدي أن اتخذه بعلا، ثم التفت إليه وأقبلت عليه وقلت يا سيدي أنا أقصد أن أقول لك شيئا فلا تخالفني فيه. فقال سمعا وطاعة. ثم التفت إلى أختاي وقلت لهما يكفيني هذا الشاب وجميع هذه الأموال لكما فقالتا نعم ما فعلت ولكنهما أضمرتا لي الشر ولم نزل سائرين مع اعتدال الريح حتى خرجنا من بحر الخوف ودخلنا بحر الأمان وسافرنا أياما قلائل إلى أن قربنا من مدينة البصرة ولاحت لنا أبنيتها، فأدركنا المساء فلما أخذنا النوم قامت أختاي وحملتاني أنا والغلام ورمتانا في البحر، فأما الشاب فإنه كان لا يحسن العوم فغرق وكتبه الله من الشهداء. وأما أنا فكنت من السالمين، فلما سقطت في البحر رزقني الله بقطعة من خشب فركبتها وضربتني الأمواج إلى أن رمتني على ساحل جزيرة فلم أزل أمشي في الجزيرة باقي ليلتي فلما أصبح الصباح رأيت طريقا فيه أثر مشي على قدر ابن آدم وتلك الطريق متصلة من الجزيرة إلى البر وقد طلعت الشمس فنشفت ثيابي فيها وسرت في الطريق ولم أزل سائرة إلى أن قربت من البر الذي فيه المدينة وإذا بحية تقصدني وخلفها ثعبان يريد هلاكها وقد تدلى لسانها من شدة التعب.

فأخذتني الشفقة عليها فقعدت إلى حجر وألقيته على رأس الثعبان فمات من وقته فنشرت الحية جناحين وصارت في الجو فتعجبت من ذلك وقد تعبت فنمت في موضعي ساعة، فلما أفقت وجدت تحت رجلي جارية وهي تكبس رجلي فجلست واستحيت منها وقلت لها من أنت وما شانك فقالت ما أسرع ما نسيتني أنت التي فعلت معي الجميل وقتلت عدوي، فإني الحية التي خلصتيني من الثعبان جني وهو عدوي وما نجاني منه إلا أنت. فلما نجيتني منه طرت في الريح وذهبت إلى المركب التي رماك منها أختاك ونقلت جميع ما فيها إلى بيتك وأحرقتها وأما أختاك فإني سحرتهما كلبتين من الكلاب السود، فإني عرفت جميع ما جرى لك معهما، وأما الشاب فإنه غرق ثم حملني أنا والكلبتين والقتنا فوق سطح داري فرأيت جميع ما كان في المركب من الأموال في وسط بيتي ولم يضع منه

شيء، ثم أن الحية قالت لي وحق النقش الذي على خاتم سليمان إذا لم تضربي كل واحدة منها في كل يوم ثلاثمائة سوط لآتين أجعلك مثلهما فقلت سمعا وطاعة. فلم أزل يا أمير المؤمنين أضربها ذلك الضرب وأشفق عليهما، فتعجب الخليفة من ذلك ثم قال للصبية الثانية: وأنت ما سبب الضرب الذي على جسدك فقالت: يا أمير المؤمنين إني كان لي والد مات وخلف مالا كثيرا، فأقمت بعده مدة يسيرة وتزوجت برجل اسعد أهل زمانه فأقمت معه سنة كاملة ومات فورثت منه ثمانين ألف دينار، فبينما أنا جالسة في يوم من الأيام إذ دخلت علي عجوز بوجه مسقوط وحاجب ممغوط وعيونها مفجرة وأسنانها مكسرة ومخاطها سائل وعنقها مائل كما قال فيها الشاعر:

عجوز النحس إبليس يراها تعلمه الخديعة من سكوت تقود من السياسة ألف بغل إذا انفردوا بخيط العنكبوت

فلما دخلت العجوز علمت علي وقالت أن عندي بنتا يتيمة والليلة عملت عرسها وأنا قصدي لك الأجر والثواب فاحضري عرسها فأنها مكسورة الخاطر ليس لها إلا الله تعالى ثم بكت وقبلت رجلي فأخذتني الرحمة والرأفة فقلت سمعا وطاعة فقالت جهزي نفسك فإني وقت العشاء أجي وآخذك ثم قبلت يدي وذهبت فقمت وهيأت نفسي وجهزت حالي وإذا بالعجوز قد أقبلت وقالت يا سيدتي أن سيدات البلد قد حضرن وأخبرتهن بحضورك ففرحن وهن في انتظارك، فقمت وتهيأت وأخذت جواري معي وسرت حتى أتينا إلى زقاق هب فيه النسيم وراق فرأينا بوابة مقنطرة قبة من الرخام مشيدة البنيان وفي داخلها قصر قد قام من التراب وتعلق بالسحاب فلما وصلنا إلى الباب طرقته العجوز ففتح لنا ودخلنا فوجدنا دهليزا مفروشا بالبسط معلقا فيه قناديل موقدة وشموع مضيئة وفيه الجواهر والمعادن معلقة فمشينا في الدهليز إلى أن دخلنا القاعة فلم يوجد لها نظير مفروشة بالفراش الحرير معلقا فيها القناديل الموقدة والشموع المضيئة وفي صدر القاعة سرير من المرمر مرصع بالدر والجوهر وعليه ناموسية من الأطلس وإذا بصبية خرجت من الناموسية مثل القمر فقالت لي مرحبا وأهلا وسهلا يا أختي آنستيني وجبرت خاطري وأنشدت تقول:

لو تعلم الدار من زارها فرحت واستبشرت ثم باست موضع القدم وأعلنت بلسان الحال قائلة أهلا وسهلا بأهل الجود والكرم

ثم جلست وقالت يا أختي أن لي أخا وقد رآك في الأفراح وهو شاب احسن مني وقد أحبك قلبه حبا شديدا وأعطى هذه العجوز دراهم حتى أتتك وعملت

الحيلة لأجل اجتماعه بك ويريد أخي أن يتزوجك بسنة الله ورسوله وما في الحلال من عيب فلما سمعت كلامها ورأيت نفسي قد انحجزت في الدار فقلت للصبية سمعا وطاعة ففرحت وصفقت بيدها وفتحت بابا، فخرج منه شاب مثل القمر كما قال الشاعر:

قد زاد حسنا تبارك الله　　جل الذي صاغه وسواه

قد حاز كل الجمال منفردا　　كل الورى في جماله تهواه

قد كتب الحسن فوق وجنته　　أشهد أن لا مليح إلا هو

فلما نظرت إليه مال قلبي له ثم جاء وجلس وإذا بالقاضي قد دخل ومعه أربعة شهود فسلموا وجلسوا، ثم أنهم كتبوا كتابي على ذلك الشاب وانصرفوا فالتفت الشاب إلي وقال ليلتنا مباركة، ثم قال يا سيدتي أني شارط عليك شرطا فقلت يا سيدي وما الشرط فقام وأحضر لي مصحفا وقال احلفي لي أنك لا تختاري أحدا غيري ولا تميلي إليه فحلفت له على ذلك ففرح فرحا شديدا وعانقني فأخذت محبته بمجامح قلبي وقدموا لنا السماط فأكلنا وشربنا حتى اكتفينا فدخل علينا الليل. فأخذني ونام معي على الفراش وبتنا في عناق إلى الصباح، ولم نزل على هذه الحالة مدة شهر، ونحن في هناء وسرور وبعد الشهر استأذنته في أن أسير إلى السوق وأشتري بعض قماش فأذن لي في الرواح، فلبست ثيابي وأخذت العجوز معي ونزلت في السوق فجلست على دكان تاجر تعرفه العجوز وقالت لي هذا ولد صغير مات أبوه وخلف مالا كثيرا ثم قالت له هات أعز ما عندك من القماش لهذه الصبية. فقال لها سمعا وطاعة فصارت العجوز تثني عليه فقلت ما لنا حاجة بثنائك عليه لأن مرادنا أن نأخذ حاجتنا منه ونعود إلى منزلنا فأخرج لنا ما طلبناه وأعطيناه الدراهم فأبى أن يأخذ شيئا وقال هذه ضيافتكما اليوم عندي فقلت للعجوز إن لم يأخذ الدراهم أعطه قماشه. فقال: والله لا آخذ شيئا والجميع هدية من عندي في قبلة واحدة فإنها عندي أحسن من ما في دكاني. فقالت العجوز ما الذي يفيدك من القبلة ثم قالت يا بنتي قد سمعت ما قال هذا الشاب وما يصيبك شيء اخذ منك قبلة وتأخذين ما تطلبينه فقلت لها أما تعرفين أني حالفة فقالت دعيه يقبلك وأنت ساكتة ولا عليك شيء وتأخذين هذه الدراهم ولازالت تحسن لي الأمر حتى أدخلت رأسي في الجراب ورضيت بذلك ثم إني غطيت عيني وداريت بطرف إزاري من الناس وحط فمه تحت إزاري على خدي فما أن قبلني حتى عضني عضة قوية، حتى قطع اللحم من خدي فغشي علي ثم آخذتني العجوز في حضنها. فلما أفقت وجدت الدكان مقفولة والعجوز

تظهر لي الحزن، وتقول ما دفع الله كان أعظم ثم قالت لي قومي بنا إلى البيت وأعملي نفسك ضعيفة وأنا أجيء إليك بدواء تداوين به هذه العضة فتبرئين سريعا فبعد ساعة قمت من مكاني وأنا في غاية الفكر واشتداد الخوف، فمشيت حتى وصلت إلى البيت وأظهرت حالة المرض وإذا بزوجي داخل وقال ما الذي أصابك يا سيدتي في هذا الخروج فقلت له ما انا طيبة فنظر إلي وقال لي ما هذا الجرح الذي بخدك وهو في المكان الناعم. فقلت لما استأذنتك وخرجت في هذا النهار لأشتري القماش زاحمني جمل حامل حطبا فشرط نقابي وجرح خدي كما ترى فإن الطريق ضيق في هذه المدينة فقال غدا أروح للحاكم وأشكوا له فيشنق كل حطاب في المدينة فقلت بالله عليك لا تتحمل خطيئة أحد فإني ركبت حمارا نفر بي فوقعت على الأرض فصادفني عود فخدش خدي وجرحني، فقال غدا أطلع لجعفر البرمكي وأحكي له الحكاية فيقتل كل حمار في هذه المدينة فقلت هل أنت تقتل الناس كلهم بسببي وهذا الذي جرى لي بقضاء الله وقدره. فقال لابد من ذلك وشدد علي ونهض قائما وصاح صيحة عظيمة فانفتح الباب وطلع منه سبعة عبيد سود فسحبوني من فراشي ورموني في وسط الدار ثم أمر عبدا منهم أن يمسكني من أكتافي، ويجلس على رأسي وأمر الثاني أن يجلس على ركبتي ويمسك رجلي وجاء الثالث وفي يده سيف فقال يا سيدي أضربها بالسيف فأقسمها نصفين وكل واحد يأخذ قطعة يرميها في بحر الدجلة فيأكلها السمك وهذا جزاء من يخون الإيمان المودة وأنشد هذا الشعر:

إذا كان لي فيمن أحب مشارك   منعت الهوى روحي ليتلفني وجدي وقلت لها
يا نفس موتي كريهة   فلا خير في حب يكون مع الضد

ثم قال للعبد اضربها يا سعد فجرد السيف وقال اذكري الشهادة وتذكري ما كان لك من الحوائج واوصي ثم رفعت رأسي ونظرت إلى حالي وكيف صرت في الذل بعد العجز فجرت عبرتي وبكيت أنشدت هذه الأبيات:

أقمتم فؤادي في الهوى وقعدتم   وأسهرتم جفني القريح ونمتم

ومنزلكم بين الفؤاد وناظري   فلا القلب يسلوكم ولا الدمع يكتم

وعاهدتموني أن تقيموا على الوفا   فلما تملكتم فؤادي غدرتم

ولم ترحموا وجدي بكم وتلهفي   أأنتم صروف الحادثات أمنتم

سألتكم بالله أن مت فاكتبوا   على لوح قبري أن هذا متيم

لعل شجيا عارفا لوعة الهوى يمر على قبر المحب فيرحم

فلما فرغت من شعري بكيت فلما سمع الشعر ونظر إلى بكائي أزداد غيظا على غيظه وأنشد هذين البيتين:

تركت حبيب القلب لاعن ملالة ولكن جنى ذنبا يؤدي إلى الترك إذا ارى شريكا
في المحبة بيننا وإيمان قلبي لا يميل إلى الشرك

فلما فرغ من شعره بكيت واستعطفته، وإذا بالعجوز قد دخلت ورمت نفسها على أقدام الشاب وقبلتها وقالت يا ولدي بحق تربيتي لك تعفوا عن هذه الصبية فإنها ما فعلت ذنبا يوجب ذلك وأنت شاب صغير فأخاف عليك من دعائها ثم بكت العجوز، ولم تزل تلح عليه حتى قال عفوت عنها، ولكن لابد لي أن أعمل فيها أثرا يظهر عليها بقية عمرها، ثم أمر العبيد فجذبوني من ثيابي وأحضر قضيبا من سفرجل ونزل به على جسدي بالضرب، ولم يزل يضربني ذلك الشاب على ظهري وجنبي حتى غبت عن الدنيا من شدة الضرب وقد يئست من حياتي ثم أمر العبيد أنه إذا دخل الليل يحملونني ويأخذون العجوز معهم ويرمونني في بيتي الذي كنت فيه سابقا. ففعلوا ما أمرهم به سيدهم ورموني في بيتي، فتعاهدت نفسي وتداويت فلما شفيت بقيت أضلاعي كأنها مضروبة بالمقارع، كما ترى فاستمريت في مداواة نفسي أربعة أشهر حتى شفيت، ثم جئت إلى الدار التي جرت لي فيها ذلك الأمر فوجدتها خربة ووجدت الزقاق مهد وما من أوله إلى آخره ووجدت في موقع الدار كيما ولم أعلم سبب ذلك فجئت إلى أختي هذه التي من أبي فوجدت عندها هاتين الكلبتين فسلمت عليها وأخبرتها بخبري وبجميع ما جرى لي. فقالت من ذا الذي من نكبات الزمان، سلم الحمد لله الذي جعل الأمر بسلامة ثم أخبرتني بخبرها وبجميع ما جرى لها من أختيها وقعدت أنا وهي لا نذكر خبر الزواج على ألسنتنا ثم صاحبتنا هذه الصبية الدلالة في كل يوم تخرج فتشتري لنا ما نحتاج إليه من المصالح على جري علاتها، فوقع لنا ما وقع من مجيء الجمال والصعاليك ومن مجيئكم في صفة تجار فلما صرنا في هذا اليوم ولم نشعر إلا نحن بين يديك وهذه حكايتنا، فتعجب الخليفة من هذه الحكاية وجعلها تاريخها مثبتا في خزانته وأدرك شهرزاد الصباح فسكتت عن الكلام المباح.

وفي الليلة التاسعة عشرة قالت: بلغني أيها الملك السعيد أن الخليفة أمر أن تكتب هذه القصة في الدواوين ويجعلوها في خزانة الملك ثم أنه قال للصبية الأولى هل عندك خبر بالعفريتة التي سحرت أختيك، قالت يا أمير المؤمنين إنها أعطتني سيئا من شعرها، وقالت إن أردت حضوري فاحرقي من هذا الشعر شيئا

فأحضر إليك عاجلا ولو كنت خلف جبل قاف. فقال الخليفة أحضري لي الشعر فأحضرته الصبية فأخذه الخليفة، وأحرق منه شيئا فلما فاحت منه رائحة إهتز القصر وسمعوا دويا وصلصلة وإذا بالجنية حضرت وكانت مسلمة فقالت السلام عليكم يا خليفة فقال: وعليكم السلام ورحمة الله وبركاته، فقالت أعلم أن هذه الصبية صنعت معي جميلا ولا أقدر أن أكافئها عليه فهي أنقذتني من الموت وقتلت عدوي ورأيت ما فعله معها أختاها فما رأيت إلا أني أنتقم منهما فسحرتهما كلبتين بعد أن أردت قتلهما فخشيت أن يصعب عليها، وإن أردت خلاصهما، يا أمير المؤمنين أخلصهما كرامة لك ولها فإني من المسلمين. فقال لها خلصيهما وبعد ذلك نشرع في أمر الصبية المضروبة، وتفحص عن حالها فإذا ظهر لي صدقها أخذت ثأرها ممن ظلمها فقالت العفريتة يا أمير المؤمنين أنا أدلك على ما فعل بهذه الصبية هذا الفعل وظلمها وأخذ مالها وهو أقرب الناس إليك، ثم إن العفريتة أخذت طاسة من الماء وعزمت عليها، ورشت وجه الكلبتين، وقالت لهما عودا إلى صورتكما الأولى البشرية فعادتا صبيتين سبحان خالقهما، ثم قالت يا أمير المؤمنين أن الذي ضرب الصبية، ولدك الأمين فإنه كان يسمع بحسنها وجمالها، وحكت له العفريتة جميع ما جرى للصبية فتعجب وقال الحمد لله خلاص هاتين الكلبتين على يدي.

ثم أن الخليفة أحضر ولده الأمين بين يديه وسأله عن قصة الصبية الأولى فأخبره على وجه الحق فأحضره الخليفة القضاة والشهود والصعاليك الثلاثة، وأحضر الصبية الأولى وأختيها اللتين كانتا مسحورتين في صورة كلبتين، وزوج الثلاثة للثلاثة الصعاليك الذين أخبروه أنهم كانوا ملوكا وعملهم حجابا عنده وأعطاهم ما يحتاجون إليه وأنزلهم في قصر بغداد ورد الصبية المضروبة لولده الأمين وأعطاها مالا كثيرا وأمر أن تبنى الدار أحسن ما كانت ثم أن الخليفة تزوج بالدلالة ورقد في تلك الليلة معها. فلما أصبح أفرد لها بيتا وجواري يخدمنها ورتب لها راتبا، وشيد لها قصرا ثم قال لجعفر ليلة من الليالي أني أريد أن ننزل في هذه الليلة إلى المدينة ونسأل عن أحوال الحكام والمتولين وكل من شكا منه أحد عزلناه فقال جعفر ومسرور نعم، وساروا في المدينة ومشوا في الأسواق مروا بزقاق، فرأوا شيخا كبيرا على رأسه شبكة وقفة وفي يده عصا وهو ماش على مهله.

ثم إن الخليفة تقدم إليه وقال له يا شيخ ما حرفتك قال يا سيدي صياد وعندي عائلة وخرجت من بيتي من نصف النهار إلى هذا الوقت ولم يقسم الله لي شيئا أقوت به عيالي وقد كرهت نفسي وتمنيت الموت. فقال له الخليفة هل لك أن

ترجع معنا إلى البحر وتقف على شاطئ الدجلة وترمي شبكتك على بختي وكل ما طلع اشتريته منك بمائة دينار. ففرح الرجل لما سمع هذا الكلام وقال على رأسي أرجع معكم. ثم أن الصياد ورجع إلى البحر ورمى شبكته وصبر عليها، ثم أنه جذب الخيط وجر الشبكة إليه فطلع في الشبكة صندوق مقفول ثقيل الوزن فلما نظر الخليفة وجده ثقيلا فأعطى الصياد مائة دينار وانصرف وحمل الصندوق مسرور هو وجعفر وطلعا به مع الخليفة إلى القصر وأوقد الشموع والصندوق بين يدي الخليفة فتقدم جعفر ومسرور وكسروا الصندوق فوجدوا فيه قفة خوص محيطة بصوت أحمر فقطعوا الخياطة فرأوا فيها قطعة بساط فرفعوها فوجدوا تحتها أزار فرفعوا الأزار فوجدوا تحتها صبية كأنها سبيكة مقتولة ومقطوعة. فلما نظرها الخليفة جرت دموعه على خده والتفت إلى جعفر وقال: يا كلب الوزراء أتقتل القتلى في زمني ويرمون في البحر ويصيرون متعلقين بذمتي والله لابد أن أقتص لهذه الصبية ممن قتلها وأقتله وقال لجعفر وحق اتصال نسبي بالخلفاء من بني العباس إن لم تأتيني بالذي قتل هذه لأنصفها منه لأصلبنك على باب قصري أنت وأربعين من بني عمك، واغتاظ الخليفة. فقال جعفر أمهلني ثلاثة أيام قال أمهلتك. ثم خرج جعفر من بين يديه ومشى في المدينة وهو حزين وقال في نفسه من أعرف من قتل هذه الصبية حتى أحضره للخليفة وإن أحضرت له غيره يصير معلقا بذمتي ولا أدري ما أصنع. ثم إن جعفر جلس في بيته ثلاثة أيام وفي اليوم الرابع أرسل له الخليفة يطلبه فلما تمثل بين يديه قال له أين قاتل الصبية قال جعفر يا أمير المؤمنين أنا أعلم الغيب حتى أعرف قاتلها، فاغتاظ الخليفة وأمر بصلبه على باب قصره وأمر مناديا ينادي في شوارع بغداد من أراد الفرجة على صلب جعفر البرمكي وزير الخليفة وصلب أولاد عمه على باب قصر الخليفة ليخرج ليتفرج. فخرج الناس من جميع الحارات ليتفرجوا على صلب جعفر وصلب أولاد عمه ولم يعلموا سبب ذلك ثم أمر بنصب الخشب فنصبوه وأوقفهم تحته لأجل الصلب وصاروا ينتظرون الإذن من الخليفة وصار الخلق يتباكون على جعفر وعلى أولاد عمه. فبينما هم كذلك وإذا بشاب حسن نقي الأثواب يمشي بين الناس مسرعا إلى أن وقف بين يدي الوزير وقال له: سلامتك من هذه الوقفة يا سيد الأمراء وكهف الفقراء، أنا الذي قتلت القتيلة التي وجدتموها في الصندوق، فاقتلني فيها واقتص مني. فلما سمع جعفر كلام الشاب وما أبداه من الخطاب فرح بخلاص نفسه وحزن على الشاب. فبينما هم في الكلام وإذا بشيخ كبير يفسح الناس ويمشي بينهم بسرعة إلى أن وصل إلى جعفر والشاب فسلم عليهما ثم قال أيها الوزير لا تصدق كلام هذا الشاب فإنه ما قتل هذه

الصبية إلا أنا فاقتص لها مني. فقال الشاب أيها الوزير، إن هذا الشيخ كبير خرفان لا يدري ما يقول وأنا الذي قتلتها فاقتص مني. فقال الشيخ، يا ولدي أنت صغير تشتهي الدنيا وأنا كبير شبعت من الدنيا وأنا أفديك وأفدي الوزير وبني عمه وما قتل الصبية إلا أنا، فبالله عليك أن تعجل بالإقتصاص مني، فلما نظر إلى ذلك الأمر تعجب منه وأخذ الشاب والشيخ وطلع بهما عند الخليفة وقال يا أمير المؤمنين قد حضر قاتل الصبية فقال الخليفة أين هو، فقال إن هذا الشاب يقول أنا القاتل وهذا الشيخ يكذبه ويقول لا بل أنا القاتل. فنظر الخليفة إلى الشيخ والشاب وقال من منكما قتل هذه الصبية فقال الشاب ما قتلتها إلا أنا وقال الشيخ ما قتلها إلا أنا. فقال الخليفة لجعفر خذ الإثنين واصلبهما فقال جعفر إذا كان القاتل واحد فقتل الثاني ظلم، فقال الشاب: وحق من رفع السماء وبسط الأرض أني أنا الذي قتلت الصبية وهذه أمارة قتلها، ووصف ما وجده الخليفة فتحقق عند الخليفة أن الشاب هو الذي قتل الصبية فتعجب الخليفة وقال: وما سبب إقرارك بالقتل من غير ضرب وقولك اقتصوا لها مني. فقال الشاب: أعلم يا أمير المؤمنين أن هذه الصبية زوجتي وبنت عمي وهذا الشيخ أبوها وهو عمي وتزوجت بها وهي بكر فرزقني الله منها ثلاثة أولاد ذكور وكانت تحبني وتخدمني ولم أر عليها شيئا، فلما كان أول هذا الشهر مرضت مرضا شديدا فأحضرت لها الأطباء حتى حصلت لها العافية فأردت أن أدخلها الحمام فقالت إني أريد شيئا قبل دخول الحمام لأني أشتهيه فقلت لها وما هو فقالت: إني أشتهي تفاحة أشمها وأعض منها عضة. فطلعت من ساعتي إلى المدينة وفتشت على التفاح ولو كانت الواحدة بدينار فلم أجده فبت تلك الليلة وأنا متفكر فلما أصبح الصباح خرجت من بيتي ودرت على البساتين واحد واحد فلم أجده فيها فصادفني خولي كبير فسألته عن التفاح فقال: يا ولدي هذا شيء قل أن يوجد لأنه معدوم ولا يوجد إلا في بستان أمير المؤمنين الذي في البصرة وهو عند خولي يدخره للخليفة فجئت إلى زوجتي وقد حملتني محبتي إياها على أن هيأت نفسي وسافرت يوما ليلا ونهارا في الذهاب والإياب وجئت لها بثلاث تفاحات إشتريتها من خولي البصرة بثلاثة دنانير، ثم إني دخلت وناولتها إياها فلم تفرح بها بل تركتها في جانبها وكان مرض الحمى قد اشتد بها، ولم تزل في ضعفها إلى أن مضى لها عشرة أيام وبعد ذلك عوفيت فخرجت من البيت وذهبت إلى دكاني وجلست في بيعي وشرائي. فبينما أنا جالس في وسط النهار وإذا بعبد أسود مر علي وفي يده تفاحة يلعب بها فقلت له: من أين هذه التفاحة حتى آخذ مثلها فضحك وقال أخذتها من حبيبتي وأنا كنت غائبا وجئت فوجدتها ضعيفة وعندها ثلاث تفاحات فقالت إن زوجي

74

الديوث سافر من شأنها إلى البصرة فاشتراها بثلاثة دنانير فأخذت منها هذه التفاحة، فلما سمعت كلام العبد يا أمير المؤمنين اسودت الدنيا في وجهي وقفلت دكاني وجئت إلى البيت وأنا فاقد العقل من شدة الغيظ فلم أجد التفاحة الثالثة فقلت لها: أين التفاحة الثالثة فقالت لا أدري ولا أعرف أين ذهبت. فتحققت قول العبد وقمت وأخذت سكينا وركبت على صدرها ونحرتها بالسكين وقطعت رأسها وأعضائها ووضعتها في القفة بسرعة وغطيتها بالإزار ووضعت عليها شقة بساط وأنزلتها في الصندوق وقفلته وحملتها على بغلتي ورميتها في الدجلة بيدي. فبالله عليك يا أمير المؤمنين أن تعجل بقتلي قصاصا لها فإني خائف من مطالبتها يوم القيامة فإني لما رميتها في بحر الدجلة ولم يعلم بها أحد رجعت إلى البيت فوجدت ولدي الكبير يبكي ولم يكن له علم بما فعلت في أمه. فقلت له ما يبكيك فقال إني أخذت تفاحة من التفاح الذي عند أمي ونزلت بها إلى الزقاق ألعب مع إخوتي وإذا بعبد طويل خطفها مني وقال لي من أين جاءتك هذه فقلت له هذه سافر أبي وجاء بها من البصرة من أجل أمي وهي ضعيفة واشترى ثلاث تفاحات بثلاثة دنانير فأخذها مني وضربني وراح بها فخفت من أمي أن تضربني من شأن التفاحة. فلما سمعت كلام الولد علمت أن العبد هو الذي افترى الكلام الكذب على بنت عمي وتحققت أنها قتلت ظلما ثم إني بكيت بكاء شديدا وإذا بهذا الشيخ وهو عمي والدها قد أقبل فأخبرته بما كان فجلس بجانبي وبكى ولم نزل نبكي إلى نصف الليل وأقمنا العزاء خمسة أيام ولم نزل إلى هذا اليوم ونحن نتأسف على قتلها، فبحرمة أجدادك أن تعجل بقتلي وتقتص مني. فلما سمع الخليفة كلام الشاب تعجب وقال والله لا أقتل إلا العبد الخبيث أدرك شهرزاد الصباح فسكتت عن الكلام المباح.

في الليلة العشرون قالت: بلغني أيها الملك السعيد أن الخليفة اقسم أنه لا يقتل إلا العبد لأن الشاب معذور، ثم أن الخليفة التفت إلى جعفر وقال له أحضر لي هذا العبد الخبيث الذي كان سببا في هذه القضية وإن لم تحضره فأنت تقتل عوضا عنه، فنزل يبكي ويقول: من أين أحضره ولا كل مرة تسلم الجرة وليس لي في هذا الأمر حيلة والذي سلمني في الأول يسلمني في الثاني، والله ما بقيت أخرج من بيتي ثلاثة أيام والحق سبحانه يفعل ما يشاء. ثم أقام في بيته ثلاثة أيام وفي اليوم الرابع أحضر القاضي وأوصى وودع أولاده وبكى وإذا برسول الخليفة أتى إليه وقال له أن أمير المؤمنين في أشد ما يكون من الغضب وأرسلني إليك وحلف أنه لا يمر هذا النهار إلا وأنت مقتول إن لم تحضر العبد. فلما سمع جعفر هذا الكلام بكى هو وأولاده فلما فرغ من التوديع تقدم إلى بنته الصغيرة ليودعها وكان يحبها

أكثر من أولاده جميعا فضمها إلى صدره وبكى على فراقها فوجد في جيبها شيء مكببا فقال لها ما الذي في جيبك فقالت له يا أبت تفاحة جاء بها عبدنا ريحان ولها معي أربعة أيام وما أعطاها لي حتى أخذ مني دينارين. فلما سمع جعفر بذكر العبد والتفاحة فرح وقال يا قريب الفرج، ثم إنه أمر بإحضار العبد فحضر فقال له من أين هذه التفاحة فقال يا سيدي من مدة خمسة أيام كنت ماشيا فدخلت في بعض أزقة المدينة فنظرت صغار يلعبون ومع واحد منهم هذه التفاحة فخطفتها منه وضربته فبكى وقال هذه لأمي وهي مريضة واشتهت على أبي تفاحا فسافر إلى البصرة وجاء لها بثلاث تفاحات بثلاث دنانير فأخذت هذه ألعب بها ثم بكى فلم ألتفت إليه وأخذتها وجئت بها إلى هنا فأخذتها سيدتي الصغيرة بدينارين، فلما سمع جعفر هذه القصة تعجب لكون الفتنة وقتل الصبية من عبده وأمر بسجن العبد وفرح بخلاص نفسه ثم أنشد هذين البيتين:

ومن كانت دريته بعبـد فـما للنفس تجعله فداهـا فإنك واجد خدما
كـثيرا ونفسك لم تجد نفسا سواها

ثم أنه قبض على العبد وطلع به إلى الخليفة فأمر أن تؤرخ هذه الحكاية وتجعل سيرا بين الناس فقال له جعفر لاتعجب يا أمير المؤمنين من هذه القصة فما هي بأعجب من حديث نور الدين مع شمس الدين أخيه فقال الخليفة وأي حكاية أعجب من هذه الحكاية فقال جعفر: يا أمير المؤمنين لا أحدثك إلا بشرط أن تعتق عبدي من القتل. فقال قد وهبت لك دمه.

حكاية الوزير نور الدين مع شمس الدين أخيه

فقال جعفر: أعلم يا أمير المؤمنين أنه كان في مصر سلطان صاحب عدل وإحسان له وزير عاقل خبير له علم بالأمور والتدبير وكان شيخا كبيرا وله ولدان كأنهما قمران وكان الكبير شمس الدين وأدهم الصغير نور الدين وكان الصغير أمير من الكبير في الحسن والجمال وليس في زمانه أحسن منه حتى أنه شاع ذكره في البلاد فكان بعض أهلها يسافر من بلاده إلى بلده لأجل رؤية جماله، فأتفق أن والدهما مات فحزن عليه السلطان وأقبل على الوالدين وفرح بهما وخلع عليهما وقال لهما أنا في مرتبة أبيكما ففرحا وقبلا الأرض بين يديه وعملا العزاء لأبيهما شهرا كاملا ودخلا في الوزارة وكل منهما يتولاها جمعة وإذا أراد السلطان السفر يسافر مع واحد منهما، فاتفق في ليلة من الليالي أن السلطان كان عازما على السفر في الصباح وكانت النوبة للكبير. فبينما الأخوان يتحدثان في تلك الليلة: إذ قال الكبير يا أخي قصدي أن أتزوج أنا وأنت في ليلة واحدة فقال الصغير إفعل يا أخي ما

تريد فإني موافقك على ما تقول واتفقا على ذلك. ثم أن الكبير قال لأخيه إن قدر الله وخطبنا بنتين ودخلنا في ليلة واحدة ووضعنا في يوم واحد وأراد الله وجاءت زوجتك بغلام وجاءت زوجتي ببنت نزوجهما لبعضهما لأنهما أولاد عم فقال نور الدين يا أخي ما تأخذ من ولدي في مهر بنتك قال آخذ من ولدك في مهر بنتي ثلاثة آلاف دينار وثلاثة بساتين وثلاث ضياع فإن عقد الشاب عقده بغير هذا لا يصح. فلما سمع نور الدين هذا الكلام قال ما هذا المهر الذي اشترطه على ولدي أما تعلم أننا إخوان ونحن الإثنان وزيران في مقام واحد وكان الواجب عليك أن تقدم ابنتك لولدي هدية من غير مهر، فانك تعلم أن الذكر أفضل من الأنثى وولدي ذكر ويذكر به وخلاف ابنتك فقال ومالها قال لا ذكر بها بين الأمراء ولكن أنت تريد أن تفعل معي على رأي الذي قال أن أردت أن تطرده فأجمل الثمن غاليا، وقيل أن بعض الناس قدم على بعض أصحابه فقصده في حاجة فغلى عليه الثمن. فقال له شمس الدين أراك قد قصرت لأنك تعمل إبنك أفضل من بنتي ولا شك أنك ناقص عقل وليس لك أخلاق حيث تذكر شركة الوزارة وأنا ما أدخلتك معي في الوزارة إلا شفقة عليك ولأجل أن تساعدني وتكون لي معينا ولكن قل ما شئت وحيث صدر منك هذا القول والله لا أزوج بنتي لولدك ولو وزنت ثقلها ذهبا، فلما سمع نور الدين كلام أخيه اغتاظ وقال وأنا لا أزوج إبني إبنتك فقال شمس الدين أنا لا أرضاه لها بعلا ولو أنني أريد السفر لكنت عملت معك العبر ولكن لما أرجع من السفر يعمل الله ما يريد. فلما سمع نور الدين من أخيه ذلك الكلام امتلأ غيظا وغاب عن الدنيا وكتم ما به وبات كل واحد في ناحية. فلما أصبح الصباح برر السلطان للسفر وعدي إلى الجزيرة وقصد الأهرام وصحبه الوزير شمس الدين، وأما أخوه نور الدين فبات في تلك الليلة في أشد ما يكون من الغيظ فلما أصبح الصباح قام وصلى الصبح وعمد إلى خزانته وأخذ منها خرجا صغيرا وملأه ذهبا وتذكر قول أخيه واحتقاره إياه وافتخاره فأنشد هذه الأبيات:

سافر تجد عوضا عمن تـفـارقـه　　　وانصب فإن لذيذ العيش في النصب

ما في المقام لـذي لـب وذي أدب　　　معزة فاترك الأمطان واغـتـرب

إني رأيت وقوف المـاء يفـسـده　　　فإن جرى طاب أو لم يجر لم يطب

والبدر أفول منـه مـا نـظـرت　　　إليه في كل حين عين مـرتـقـب

والأسد لولا فراق الغاب ما قنصت　　　والسهم لولا فراق القوس لم يصب

والتبر كالتراب ملقى في أماكـنـه　　　والعود في أرضه نوع من الحطب

فإن تغرب هذا عـز مـطـلـبـه وإن أقام فلا يعلـوا إلـى رتـب

فلما فرغ من شعره أمر بعض غلمانه أن يشد له بغلة زرزورية غالية سريعة المشي فشدها ووضع عليها سرجا مذهبا بركابات هندية وعباآت من القطيفة الأصفهانية فسارت كأنها عروس مجلية وأمر أن يجعل عليها بساط حرير وسجادة وأن يوضع الخرج من تحت السجادة ثم قال للغلام والعبيد: قصدي أن أتفرج خارج المدينة وأروح نواحي القلبونية وأبيت ثلاث ليال فلا يتبعني منكم أحد فإن عندي ضيق صدر. ثم أسرع وركب البغلة وأخذ معه شيئا قليلا من الزاد وخرج من مصر واستقبل البر فما جاء عليه الظهر حتى دخل مدينة فليبس فنزل عن بغلته واستراح وأراح البغلة وأكل شيئا وأخذ من فليبس ما يحتاج إليه وما يعلق به على بغلته ثم استقبل البر فما جاء عليه الظهر بعد يومين حتى دخل مدينة القدس فنزل عن بغلته واستراح وأراح بغلته وأخرج شيئا أكله ثم وضع الخرج تحت رأسه وفرش البساط ونام في مكان والغيظ غالب عليه، ثم أنه بات في ذلك المكان. فلما أصبح الصباح ركب وصار يسوق البغلة إلى أن وصل إلى مدينة حلب فنزل في بعض الخانات وأقام ثلاثة أيام حتى استراح وأراح البغلة وشم الهواء ثم عزم على السفر وركب بغلته وخرج مسافرا ولا يدري أين يذهب ولم يزل سائرا إلى أن وصل إلى مدينة البصرة ليلا ولم يشعر بذلك حتى نزل في الخان وأنزل الخرج عن البغلة وفرش السجادة وأودع البغلة بعدتها عند البواب وأمره أن يسيرها فأخذها وسيرها فاتفق أن وزير البصرة كان جالس في شباك قصره فنظر إلى البغلة ونظر ما عليها من العدة المثمنة فظنها بغلة وزير من الوزراء أو ملك من الملوك، فتأمل في ذلك وحار عقله وقال لبعض غلمانه ائتني بهذا البواب.

فذهب الغلام إلى الوزير فتقدم البواب وقبل الأرض بين يديه وكان الوزير شيخا كبيرا، فقال للبواب من صاحب هذه البغلة وما صفاته، فقال البواب يا سيدي إن صاحب هذه البغلة شاب صغير ظريف الشمائل من أولاد التجار عليه هيبة ووقار. فلما سمع الوزير كلام البواب قام على قدميه وركب وسار إلى الخان، ودخل على الشاب فلما رأى نور الدين الوزير قادما عليه قام ولاقاه واحتضنه ونزل الوزير من فوق جواده وسلم عليه فرحب به وأجلسه عنده، وقال له يا ولدي من أين أقبلت وماذا تريد. فقال نور الدين يا مولاي إني قدمت من مدينة مصر، وكان أبي وزيرا فيها وقد انتقل إلى رحمة الله وأخبره بما جرى من المبتدأ إلى المنتهى ثم قال وعزمت على نفسي أن لا أعود أبدا حتى أنظر جميع المدن والبلدان، فلما سمع الوزير كلامه قال له يا ولدي لا تطاوع النفس فترميك في الهلاك، فإن البلدان خراب وأنا أخاف عليك من عواقب الزمان. ثم إنه أمر بوضع

الخرج عن البغلة والبساط والسجادة، وأخذ نور الدين معه إلى بيته وأنزله في مكان ظريف وأكرمه وأحسن إليه وأحبه حبا شديدا وقال له يا ولدي أنا بقيت رجلا كبيرا ولم يكن لي ولد ذكر وقد رزقني الله بنتا تقاربك في الحسن ومنعت عنها خطابا كثيرة وقد وقع حبك في قلبي، فهل لك أن تأخذ إبنتي جارية لخدمتك وتكون لها بعلا. فإن كنت تقبل ذلك أطلع إلى سلطان البصرة وأقول له أنه ولد أخي وأوصلك إليه، حتى أجعلك وزيرا مكاني وألزم أنا بيتي فإني صرت رجلا كبيرا. فلما سمع نور الدين كلام وزير البصرة أطرق برأسه ثم قال سمعا وطاعة، ففرح الوزير بذلك وأمر غلمانه أن يصنعوا له طعاما وأن يزينوا قاعة الجلوس الكبرة المعدة لحضور أكابر الأمراء، ثم جمع أصحابه ودعا أكابر الدولة وتجار البصرة فحضروا بين يديه وقال لهم أنه كان لي أخ وزير بالديار المصرية ورزقه الله ولدين وأنا كما تعلمون رزقني الله بنتا، وكان أخي أوصاني أن أزوج بنتي لأحد أولاده فأجبته إلى ذلك فلما استحقت الزواج أرسل إلي أحد أولاده وهو هذا الشاب الحاضر، فلما جائني أحببت أن أكتب كتابه على بنتي ويدخل بها عندي. فقالوا: نعم ما قلت، ثم شربوا السكر ورشوا ماء الورود وانصرفوا وأما الوزير فإنه أمر غلمانه أن يأخذوا نور الدين ويدخلوا به الحمام وأعماه الوزير بدلة من خاص ملبوسه وأرسل إليه الفوط والطاسات ومجامر البخور وما يحتاج إليه فلما خرج من الحمام لبس البدلة فصار كالبدر ليلة تمامه، ثم ركب بغلته ودخل على الوزير فقبل يده، ورحب الوزير وأدرك شهرزاد الصباح فسكتت عن الكلام المباح.

وفي الليلة الحادية والعشرون قالت: بلغني أيها الملك السعيد أن الوزير قام له ورحب به وقال له: قم وأدخل هذه الليلة على زوجتك وفي غد أطلع بك إلى السلطان، وأرجوا لك من الله كل خير فقام نور الدين ودخل على زوجته بنت الوزير هذا ما كان من أمر نور الدين وأما ما كان من أمر أخيه فإنه غاب مع السلطان مدة في السفر، ثم رجع فلم يجد أخاه فسأل عنه الخدم، فقالوا له من يوم سافرت مع السلطان ركب بغلته بعدة الموكب، وقال أنا متوجه إلى جهة القيلوبية فأغيب يوما أو يومين فإن صدري ضاق ولا يتبعني، منكم أحد. ومن يوم خروجه إلى هذا اليوم لم نسمع له خبرا فتشوش خاطر شمس الدين على فراق أخيه واغتم غما شديدا لفقده وقال في نفسه ما سبب ذلك إلا أني أغلظت عليه في الحديث ليلة سفري مع السلطان فلعله تغير خاطره وخرج مسافرا فلا بد أن أرسل خلفه ثم طلع وأعلم السلطان بذلك فكتب بطاقات وأرسل بها إلى نوابه في جميع البلاد ونور الدين قطع بلادا بعيدة في مدة غياب أخيه مع السلطان فذهبت الرسل بالمكاتيب ثم عادوا ولم يقفوا له على خبر ويئس شمس الدين من

أخيه، وقال لقد أغظت بكلامي من جهة زواج الأولاد فليت ذلك لم يكن وما حصل ذلك إلا من قلة عقلي وعدم تدبيري. ثم بعد مدة يسيرة خطب بنت رجل من تجار مصر وكتب كتابه عليها ودخل بها وقد اتفق أن ليلة دخول شمس الدين، على زوجته كانت ليلة دخول نور الدين على زوجته بنت وزير البصرة وذلك بإرادة الله تعالى حتى ينفذ حكمه في خلقه وكان الأمر كما قالاه فاتفق أن الزوجتين حملتا منهما وقد وضعت زوجة شمس الدين وزير مصر بنتا لا يرى في مصر أحسن منها، ووضعت زوجة نور الدين، ولدا ذكرا لا يرى في زمانه أحسن منه كما قال الشاعر:

ومهفهف يغني النديم بـريقـه عن كأسه الملأى وعن أبريقه فعل المدام ولونها
ومذاقهـا من مقلتيه ووجنتيه وريقه

فسموه حسنا وفي سابع ولادته صنعوا الولائم وعملوا أسمطة لا تصلح إلا لأولاد الملوك ثم أن وزير البصرة أخذ معه نور الدين وطلع به إلى السلطان فلما صار قدامه قبل الأرض بين يديه وكان نور الدين فصيح اللسان ثابت الجنان صاحب حسن وإحسان فأنشد قول الشاعر: هذا الذي عم الأنام بعدلـه وسطا فمهد سائر الآفاق أشكر صنائعه فلسن صنائعا لكنهن قلائد الأعنـاق وأنتم أنامله فلسن أناملا لكنهن مفاتح الأزرق

فألزمها السلطان وشكر نور الدين على ما قال وقال لوزيره من هذا الشاب فحكى له الوزير قصته من أولها إلى آخرها وقال له هذا ابن أخي فقال وكيف يكون ابن أخيك ولم نسمع به، فقال يا مولانا السلطان إنه كان لي أخ وزير بالديار المصرية وقد مات وخلف ولدين، فالكبير جلس في مرتبة والده وزيرا وهذا الصغير جاء عندي وحلف أني لا أزوج إبنتي إلا له، فلما جاء زوجته بها وهو شاب وأنا صرت شيخا كبيرا وقل سمعي وعجز تدبيري والقصد من مولانا السلطان أن يجعله في مرتبتي، فإنه ابن أخي وزوج إبنتي وهو أهل للوزارة لأنه صاحب رأي وتدبير.

فنظر السلطان إليه فأعجبه، واستحسن رأي الوزير بما أشار عليه من تقديمه في رتبة الوزراء فأنعم عليه بها، وأمر له بخلعة عظيمة، وزاد له الجوامك والجرايات إلى أن إتسع عليه الحال وسار له مراكب تسافر من تحت يده بالمتاجر وغيرها وعمر أملاكا كثيرة ودواليب وبساتين إلى أن بلغ عمر ولده حسن أربع سنين، فتوفي الوزير الكبير والد زوجة نور الدين، فأخرجه خرجة عظيمة وأوراه في التراب ثم اشتغل بعد ذلك بتربية ولده فلما بلغ أشده أحضر له فقيها يقرئه في بيته

وأوصاه بتعليمه وحسن تربيته فأقرأه وعلمه فوائد في العلم بعد أن حفظ القرآن في مدة سنوات وما زال حسن يزداد جمالا وحسنا واعتدالا كما قال الشاعر:

قمر تكامل في المحاسن وانتهى فالشمس تشرق من شقائق خده ملك الجمال بأسره فكأنما حسن البرية كلها من عنده.

وقد رباه الفقيه في قصر أبيه ومن حين نشأته لم يخرج من قصر الوزارة إلى أن أخذه والده الوزير نور الدين يوما من الأيام وألبسه بدلة من أفخر ملبوسه وأركبه بغلة من خيار بغاله وطلع به إلى السلطان ودخل به عليه فنظر الملك حسن بدر الدين بن الوزير نور الدين فانبهر من حسنه، وقال لأبيه يا وزير لابد أنك تحضره معك في كل يوم فقال سمعا وطاعة ثم عاد الوزير بولده إلى منزله وما زال يطلع به إلى حضرة السلطان في كل يوم إلى أن بلغ الولد من العمر خمسة عشر عاما ثم ضعف والده الوزير نور الدين، فاحضره وقال له يا ولدي أعلم أن الدنيا دار فناء والآخرة دار بقاء وأريد أن أوصيك وصايا فافهم ما أقول لك وأصغ قلبك إليه وصار يوصيه بحسن عشرة الناس وحسن التدبير. ثم إن نور الدين تذكر أخاه وأوطانه وبلاده وبكى على فرقة الأحباب، وسجت دموعه وقال يا ولدي إسمع قولي فإن لي أخا يسمى شمس الدين، وهو عمك ولكنه وزير بمصر قد فارقته وخرجت على غير رضاه، والقصد أنك تأخذ دوجا من الورق وتكتب ما أمليه عليك فأحضر قرطاسا وصار يكتب فيه كل ما قاله أبوه فأملى عليه جميع ما جرى له من أوله إلى آخره وكتب له تاريخ زواجه ودخوله على بنت الوزير وتاريخ وصوله إلى البصرة واجتماعه بوزيرها. وكتب وصية موثقة ثم قال لولده: إحفظ هذه الوصية فإن ورقتها فيها، أصلك وحسبك ونسبك فإن أصابك شئ من الأمور فاقصد مصر، واستدل على عمك وسلم عليه وأعلمه أني مت غريبا مشتاقا إليه فأخذ حسن بدر الدين، الرقعة وطواها ولف عليها خرقة مشمعة وخاطها بين البطانة والظهارة وصار يبكي على أبيه من أجل فراقه وهو صغير وما زال نور الدين يوصي ولده حسن بدر الدين حتى طلعت روحه فأقام الحزن في بيته وحزن عليه السلطان وجميع الأمراء ودفنوه ولم يزالوا في حزن مدة شهرين، وولده لم يركب ولم يطلع الديوان ولم يقابل السلطان وأقام مكانه بعض الحجاب، وولى السلطان وزيرا مكانه وأمره أن يختم على أماكن نور الدين وعلى عماراته وعلى أملاكه. فنزل الوزير الجديد وأخذ الحجاب وتوجهوا إلى بيت الوزير نور الدين يختمون عليه ويقبضون على ولده حسن الدين ويطلعون به إلى السلطان ليعمل فيه ما يقتضي رأيه وكان بين العسكر مملوك من مماليك الوزير نور الدين، المتوفي

فلم يهن عليه ولد سيده فذهب ذلك المملوك إلى حسن بدر الدين فوجده منكس الرأس حزين القلب على فراق والده فأعلمه بما جرى، فقال له هل في الأمر مهلة حتى أدخل فآخذ معي شيئا من الدنيا لأستعين به على الغربة فقال له المملوك أنج بنفسك فلما سمع كلام المملوك غطى رأسه بذيله وخرج ماشيا إلى أن صار خارج المدينة فسمع الناس يقولون أن السلطان أرسل الوزير الجديد إلى بيت الوزير المتوفي ليختم على ماله وأماكنه ويقبض على ولده حسن بدر الدين ويطلع به إليه فيقتله وصارت الناس تتأسف على حسنه وجماله فلما سمع كلام الناس خرج إلى غير مقصد ولم يعلم أين يذهب. فلم يزل سائرا إلى أن ساقته المقادير إلى تربة والده فدخل المقبرة ومشى بين القبور إلى أن جلس عند قبر أبيه وأزل ذيله من فوق رأسه، فبينما هو جالس عند تربة أبيه إذ قدم عليه يهودي من البصرة وقال يا سيدي مالي أراك متغيرا فقال له إني كنت نائما في هذه الساعة، فرأيت أبي يعاتبني على عدم زيارتي قبره فقمت وأنا مرعوب وخفت أن يفوت النهار ولم أزره، فيصعب علي الأمر، فقال له اليهودي يا سيدي إن أباك كان أرسل مراكب تجارة وقدم منها البعض ومرادي أن أشتري منك وثق كل مركب قدمت بألف دينار ثم أخرج اليهودي كيسا ممتلئا من الذهب، وعد منه ألف دينار ودفعه إلى حسن ابن الوزير ثم قال اليهودي إكتب لي ورقة واختمها فأخذ حسن ابن الوزير ورقة وكتب فيها كاتب هذه الورقة حسن بدر الدين ابن الوزير نور الدين قد باع اليهودي فلان جميع وثق كل مركب، وردت من مراكب أبيه المسافرين بألف دينار وقبض الثمن على سبيل التعجيل. فأخذ اليهودي الورقة وصار حسن يبكي ويتذكر ما كان فيه من العز والإقبال ثم دخل عليه الليل وأدركه النوم فنام عند قبر أبيه ولم يزل نائما حتى طلع القمر فتدحرجت رأسه عن القبر ونام على ظهره وصار يلمع وجهه في القمر وكانت المقابر عامرة بالجن المؤمنين، فخرجت جنية فنظرت وجه حسن وهو نائم فلما رأته تعجبت من حسنه وجماله وقالت سبحان الله ما هذا الشاب إلا كأنه من الحور العين، ثم طارت إلى الجو تطوف على عادتها فرأت عفريتا طائرا فسلمت عليه وسلم عليها فقالت له من أين أقبلت قال: من مصر فقالت له هل لك أن تروح معي، حتى تنظر إلى حسن هذا الشاب النائم في المقبرة فقال لها نعم فسارا حتى نزلا في المقبرة فقالت له هل رأيت في عمرك مثل هذا فنظر العفريت إليه وقال سبحان من لا شبيه له ولكن يا أختي إن أردت حدثتك بما رأيت فقالت له حدثني، فقال لها إني رأيت مثل هذا الشاب في إقليم مصر وهي بنت الوزير وقد علم بها الملك فخطبها من أبيها شمس الدين. فقال له يا مولانا السلطان أقبل عذري وارحم عبرتي فإنك تعرف أن أخي

نور الدين خرج من عندنا ولا نعلم أين هو، وكان شريكي في الوزارة وسبب خروجه أني جلست أتحدث معه في شأن الزواج فغضب مني وخرج مغضبا وحكى للملك جميع ما جرى بينهما، ثم قال للملك فكان ذلك سببا لغيظه وأنا حالف أن لا أزوج بنتي إلا لإبن أخي من يوم ولدتها أمها وذلك نحو ثمان عشرة سنة ومن مدة قريبة سمعت أن أخي تزوج بنت وزير البصرة وجاء منها بولد وأنا لا أزوج بنتي إلا له كرامة، لأخي ثم إني أرخت وقت زواجي وحمل زوجتي وولدة هذه البنت وهي باسم ابن عمها والبنات كثير. فلما سمع السلطان كلام الوزير غضب غضبا شديدا، وقال له كيف يخطب مثلي من مثلك بنتا فتمنعها منه وتحتج بحجة باردة وحياة رأسي لا أزوجها إلا لأقل مني برغم أنفك وأدرك شهرزاد الصباح فسكتت عن الكلام المباح.

وفي الليلة الثانية والعشرون قالت بلغني ايها الملك السعيد ان الجني لما حكي للجنية حكاية بنت وزير مصر و ان الملك قة اقسم ان يزوجها رغم انف ابيها، باقل منه و كان عند الملك سائس احدب بحدبة من قدام و حدبة من وراء فأمر السلطان بإحضاره وكتب كتابه على بنت الوزير بالنهار وأمر أن يدخل عليها في هذه الليلة، ويعمل له زفافا وقد تركه وهو بين مماليك السلطان، وهم حوله في أيديهم الشموع موقدة يضحكون ويسخرون منه على باب الحمام، وأما بنت الوزير فإنها جالسة تبكي بين المنقشات والمواشط وهي أشبه الناس بهذا الشاب، وقد حجروا على أبيها ومنعوه أن يحضرها وما رأيت يا أختي أقبح من هذا الأحدب فهي أحسن من هذا الشاب. قالت له الجنية تكذب فإن هذا الشاب أحسن أهل زمانه، فرد عليها العفريت وقال والله يا أختي إن الصبية أحسن من هذا، ولكن لا يصلح لها إلا هو فإنهما مثل بعضهما ولعلهما إخوان أو أولاد عم فيا خسارتها مع هذا الأحدب، فقالت له يا أخي دعنا ندخل تحته ونروح به إلى الصبية التي تقول عليها وننظر أيهما أحسن، فقال العفريت سمعا وطاعة هذا كلام صواب وليس هناك أحسن من هذا الرأي الذي إخترتيه فأنا أحمله ثم إنه حمله وطار به إلى الجو وصارت العفريتة في كل ركابه تحاذيه، إلى أن نزل به في مدينة مصر وحطه على مصطبة ونبهه. فاستيقظ من النوم فلم يجد نفسه على قبر أبيه في أرض البصرة، والتفت يمينا وشمالا فلم يجد نفسه إلا في مدينة غير مدينة البصرة فأراد أن يصيح فغمزه العفريت وأوقد له شمعة وقال له أعلم أني جئت بك، وأنا أريد أن أعمل معك شيئا لله فخذ هذه الشمعة وامش بها إلى ذلك الحمام واختلط بالناس ولا تزال ما شيا معهم حتى تصل إلى قاعة العروسة، فاسبق وادخل القاعة ولا تخشى أحدا وإذا دخلت فقف على يمين العريس

الأحدب وكل ما جاءك المواشط والمغنيات والمنقشات فحط يدك في جيبك تجده ممتلئا ذهبا فاكبش وارم لهم ولا تتوهم أنك تدخل يدك ولم تجده ممتلئا بالذهب، فاعط كل من جاءك بالحفنة ولا تخشى من شيء وتوكل على الذي خلقك، فما هذا بحولك وقوتك بل بحول الله وقوته. فلما سمع حسن بدر الدين من العفريت هذا الكلام، قال يا هل ترى أي شيء هذه القضية وما وجه الإحسان، ثم مشى وأوقد الشمعة، وتوجه إلى الحمام فوجد الأحدب راكب الفرس فدخل حسن بدر الدين بين الناس وهو على تلك الحالة مع الصورة الحسنة، وكان عليه الطربوش والعمامة والفرجية المنسوجة بالذهب وما زال ماشيا في الزينة، وكلما وقفت المغنيات الناس ينقطوهن، يضع يده في جيبه فيلقاها ممتلئا بالذهب فيكبش ويرمي في الطار للمغنيات والمواشط فيملأ الطار دنانير فاندهشت عقول المغنيات وتعجب الناس من حسنه وجماله ولم يزل على هذا الحال حتى وصلوا إلى بيت الوزير، فردت الحجاب الناس ومنعوهم. فقالت المغنيات والمواشط والله لا ندخل إلا إن دخل هذا الشاب معنا لأنه غمرنا بإحسانه ولا نجلي العروسة إلا وهو حاضر، فعند ذلك دخلوا به إلى قاعة الفرح وأجلسوه برغم أنف العريس الأحدب واصطفت جميع نساء الأمراء والوزراء والحجاب صفين وكل مرأة معها شمعة كبيرة موقدة مضيئة وكلهن ملثمات وصرن صفوفا يمينا وشمالا، من تحت المنصة إلى صدر الليوان الذي عند المجلس الذي تخرج منه العروسة، فلما نظر النساء حسن بدر الدين وما هو فيه من الحسن والجمال، ووجهه يضيء كأنه هلال، مالت جميع النساء إليه. فقالت المغنيات للنساء الحاضرات، اعلموا أن هذا المليح ما نقطنا إلا بذهب الأحمر فلا تقصرن في خدمته وأطعنه فيما يقول فازدحمن النساء عليه بالشمع ونظرن إلى جماله فانبهرت عقولهن من حسنه، وصارت كل واحدة منهن تود أن تكون في حضنه سنة أو شهرا، أو ساعة، ورفعن ما كان على وجوههن من النقاب وتحيرت منهن الألباب وقلن هنيئا لمن كان هذا الشاب له أو عليه ثم دعون لحسن بدر الدين دعون على ذلك الأحدب. ثم إن المغنيات ضربنا بالدفوف وأقبلت المواشط وبنت الوزير بينهن، وقد طيبنها وعطرنها وألبسنها وحسن شعرها ونحرها بالحلى والحلل من لباس الملوك الأكاسرة ومن جملة ما عليها ثوب منقوش بالذهب الأحمر وفيه صور الوحوش والطيور وهو مسبول عليها من فوق حوائجها، وفي عنقها عقد يساوي الألوف قد حوى كل فص من الجواهر ما حاز مثله تبع ولا قيصر وصارت العروسة كأنها البدر إذا أقمر في ليلة أربعة عشر، ولما أقبلت كانت كأنها حورية فسبحان من خلقها بهية وأحدق بها النساء فصرن كالنجوم وهي

بينهن كالقمر إذا انجلى عنه الغيم وكان حسن بدر الدين البصري جالسا والناس ينظرون إليه. فحضرت العروسة وأقبلت وتمايلت فقام إليها السائس الأحدب، ليقبلها فأعرضت عنه وانقلبت حتى صارت قدام حسن ابن عمها فضحك الناس لما رأوها مالت إلى نحو بدر الدين وحط يده في جيبه وكبش الذهب، ورمى في طار المغنيات ففرحوا وقالوا كنا نشتهي أن تكون هذه العروسة لك فتبسم. هذا كله والسائس الأحدب وحده كأنه قرد، وكلما أوقدوا له الشمعة طفئت فبهت وصار قاعدا في الظلام يمقت في نفسه وهؤلاء الناس محدقون به وتلك الشموع الموقدة بهجتها، من اعجب العجائب، يتحير من شعاعها أولوا الألباب وأما العروسة فإنها رفعت كفيها إلى السماء،وقالت اللهم إجعل هذا بعلي وأرحني من هذا السائس الأحدب، وصارت المواشط تجلي العروسة إلى آخر السبع وخلع على حسن بدر الدين البصري والسائس الأحدب وحده. فلما افرغوا من ذلك أذنوا بالإنصراف فخرج جميع من كان في الفرح من النساء والأولاد ولم يبقى إلا حسن بدر الدين والسائس الأحدب، ثم إن المواشط أدخلن العروسة ليكشفن ما عليها من الحلي ويهيئنها للعريس فعند ذلك تقدم السائس الأحدب إلى حسن بدر الدين، وقال له يا سيدي آنستنا في هذه الليلة وغمرتنا بإحسانك فلم لا تقوم تروح بيتك بلا مطرود، فقال بسم الله ثم قام وخرج من الباب فلقيه العفريت. فقال له قف يا بدر الدين فإذا خرج الأحدب إلى بيت للراحة، فادخل أنت واجلس في المخدع فإذا أقبلت العروسة فقل لها أنا زوجك والملك ما عمل تلك الحيلة إلا لأنه يخاف عليك من العين، وهذا الذي رأيته سائس من سياسنا، ثم أقبل عليها واكشف وجهها ولا تخشى بأسا من أحد، فبينما بدر الدين يتحدث مع العفريت وإذا بالسائس دخل بيت الراحة وقعد على الكرسي فطلع له العفريت من الحوض الذي فيه الماء في صورة فأر، وقال زيق فقال الأحدب ما جاء بك هنا فكبر الفأر، وصار كالقط ثم كبر حتى صار كلبا وقال عوه عوه. فلما نظر السائس ذلك فزع وقا لإخسأ يا مشؤوم فكبر الكلب، وانتفخ حتى صار جحشا ونهق هاق هاق فانزعج السائس وقال إلحقوني يا أهل البيت، وإذا بالجحش قد كبر وصار قدر الجاموسة وسد عليه المكان وتكلم بكلام ابن آدم وقال: ويلك يا أحدب يا أنتن السياس فلحق السائس البطن وقعد على الملاقي بأثوابه واشتبكت أسنانه ببعضها فقال له العفريت: هل ضاقت عليك الأرض فلا تتزوج إلا بمعشوقتي فسكت السائس، فقال له: رد الجواب وإلا اسكنتك التراب فقال له: والله مالي ذنب إلا إنهم غصبوني وما عرفت أن لها عشاقا من الجواميس ولكن أنا تائب إلى الله ثم إليك. فقال له العفريت: اقسم بالله إن خرجت في هذا الوقت، من هذا

الموضع أو تكلمت قبل أن تطلع الشمس لأقتلنك، فإذا طلعت الشمس فاخرج إلى حال سبيلك ولا تعد إلى هذا البيت أبدا، ثم إن العفريت قبض على السائس الأحدب وقلب رأسه في الملاقي وجعلها إلى أسفل وجعل رجليه إلى فوق، وقال له إستمر هنا وأنا أحرسك إلى طلوع الشمس، هذا ما كان من قصة الأحدب وأما ما كان من قصة بدر الدين البصري فإنه خلى الأحدب والعفريت يتخاصمان ودخل البيت وجلس داخل المخدع، وإذا بالعروس أقبلت معها العجوز. فوقفت العجوز في باب المخدع وقالت يا أبا شهاب قم وخذ عروستك، وقد استودعتك الله ثم ولت العجوز ودخلت العروسة وصدر المخدع، وكان إسمها ست الحسن وقلبها مكسور وقالت في قلبها والله لا أمكنه من نفسي لو طلعت روحي، فلما دخلت إلى صدر المخدع نظرت بدر الدين، فقالت: يا حبيبي وإلى هذا الوقت أنت قاعد لقد قلت في نفسي لعلك أنت والسائس الأحدب مشتركان في، فقال حسن بدر الدين: وأي شيء أوصل السائس إليك ومن أين له أن يكون شريكي فيك، فقالت: ومن زوجي أأنت أم هو؟ قال حسن بدر الدين: يا سيدتي نحن ما عملنا هذا إلا سخرية به لنضحك عليه. فلما نظرت المواشط والمغنيات وأهلك حسنك البديع خافوا علينا من العين فأكتراه أبوك بعشرة دنانير حتى يصرف عنا العين وقد راح، فلما سمعت ست الحسن من بدر الدين ذلك الكلام فرحت وتبسمت وضحكت ضحكا لطيفا وقالت والله أطفأت ناري فبالله خذني عندك وضمني إلى حضنك وكانت بلا لباس فكشف ثوبها إلى نحرها فبان ما قدامها وورائها. فلما نظر بدر الدين صفاء جسمها تحركت فيه الشهوة فقام وحل لباسه ثم حل كيس الذهب الذي كان أخذه من اليهودي ووضع فيه ألف دينار ولفه في سرواله وحطه تحت ذيلة الطراحة وقلع عمامته ووضعها على الكرسي وبقي بالقميص الرفيع وكان القميص مطرز بالذهب، فعند ذلك قامت إليه ست الحسن وجذبته إليها وجذبها بدر الدين وعانقها وأخذ رجليها في وسطه ثم ركب المدفع وحرره على القلعة وأطلقه فهدم البرج فوجدها درة ما ثقبت ومطية لغيره ما ركبت، فأزال بكارتها، وتملى بشبابها ولم يزل يركب المدفع ويرد إلى غاية خمس عشرة مرة، فعلقت منه، فلما فرغ حسن بدر الدين وضع يده تحت رأسها وكذلك الأخرى وضعت يدها تحت رأسه ثم أنهما تعانقا وشرحا بعناقهما مضمون هذه الأبيات:

زر من تحب كلام الحاسد ليس الحسود على الهوى بمساعد لم يخلق الرحمن
أحسن منظرا من عاشقين في فراش واحد متعانقين علنهما حلل الرضا
متوسدين بمعصم وبساعد وإذا تألفت القلوب على الهوى فالناس تضرب في
حديد بارد وإذا صفى لك من زمانك واحد فهو المراد وعش بذاك الواحد

هذا ما كان من أمر حسن بدر الدين وست الحسن بنت عمه، وأما ما كان من أمر العفريت فإنه قال للعفريتة قومي وادخلي تحت الشاب ودعينا نوديه مكانه لئلا يدركنا الصبح فإن الوقت قريب فعند ذلك تقدمت العفريتة ودخلت تحت ذيله وهو نائم وأخذته وطارت به وهو على حاله بالقميص وهو بلا لباس وما زالت العفريتة طائرة به والعفريت يحاذيها فأذن الله الملائكة أن ترمي العفريت بشهاب من نار فأحترق وسلمت العفريتة فانزلت بدر الدين في موضع ما أحرق الشهاب العفريت ولم تتجاوزه به خوفا عليه وكان بالأمر المقدر ذلك الموضع في دمشق الشام فوضعته العفريتة على باب من أبوابها وطارت. فلما طلع النهار وفتحت أبواب المدينة خرج الناس فظروا شابا مليحا بالقميص والطاقية بلا عمامة ولا لباس وهو مما قاسى من السهر غرقان في النوم فلما رآه الناس قالوا يا بخت من كان هذا عقده في هذه الليلة ويا ليته صبر حتى لبس حوائجه وقال الآخر مساكين أولاد الناس لعل هذا يكون في هذه الساعة خرج من المسكرة لبعض شغله فقوي عليه السكر فتاه عن المكان الذي كان قصده حتى وصل إلى باب المدينة فوجده مغلقا فنام ههنا وقد خاض الناس فيه بالكلام وإذا بالهوى هب على بدر الدين فرفع ذيله من فوق بطنه فبان من تحته بطن وسره محققة وسيقان وأفخاد مثل البلور فصار الناس يتعجبون فانتبه حسن بدر الدين فوجد روحه على باب مدينة وعليها ناس فتعجب وقال أين أنا يا جماعة الخير وما سبب اجتماعكم علي وما حكايتي معكم. فقالوا نحن رأيناك عند أذان الصبح ملقى على هذا الباب نائما ولا نعلم من أمرك غير هذا فأين كنت نائما هذه الليلة فقال حسن بدر الدين والله يا جماعة إني كنت نائما هذه الليلة في مصر فقال واحد هل أنت تأكل حشيشا وقال بعضهم أأنت مجنون كيف تكون بايتا في مصر وتصبح نائما في مدينة دمشق فقال لهم والله يا جماعة الخير لم أكذب عليكم أبدا وأنا كنت البارحة بالليل في ديار مصر وقبل البارحة كنت بالبصرة فقال واحد هذا شيء عجيب وقال الآخر هذا شاب مجنون وصفقوا عليه بالكفوف وتحدث الناس مع بعضهم وقالوا يا خسارة شبابه والله ما في جنونه خلاف ثم إنهم قالوا له إرجع لعقلك. فقال حسن بدر الدين كنت البارحة عريسا في ديار مصر فقالوا لعلك حلمت ورأيت هذا الذي تقول في المنام فتحير حسن في نفسه وقال لهم والله ما هذا منام وأين السايس الأحدب الذي كان قاعدا عندنا والكيس الذهب الذي كان معي وأين ثيابي ولباسي، ثم قام ودخل المدينة ومشى في شوارعها وأسواقها فازدحمت عليه الناس وألفوه فدخل دكان طباخ وكان ذلك الطباخ رجلا مسرفا فتاب الله عليه من الحرام وفتح له دكان طباخ وكانوا أهل دمشق كلهم

يخافون منه بسبب شدة بأسه، فلما نظر الطباخ إلى حسن بدر الدين وشاهد حسنه وجماله وقعت في قلبه محبته فقال: من أين أنت يا فتى فاحكي لي حكايتك فإنك صرت عندي أعز من روحي، فحكى له ما جرى من المبتدأ إلى المنتهى. فقال له الطباخ يا سيدي بدر الدين أعلم أن هذا أمر عجيب وحديث غريب ولكن يا ولدي اكتم ما معك حتى يفرج الله ما بك واقعد عندي في هذا المكان وأنا ما لي ولد فأتخذك ولدي فقال له بدر الدين الأمر كما بريد يا عم. فعند ذلك نزل الطباخ إلى السوق واشترى لبدر الدين أقمشة مفتخرة وألبسه إياها وتوجه به إلى القاضي وأشهد على نفسه أنه ولده، وقد اشتهر حسن بدر الدين في مدينة دمشق أنه ولد الطباخ، وقعد عنده في الدكان يقبض الدراهم، وقد استقر أمره عند الطباخ على هذه الحالة. هذا ما كان من أمر حسن بدر الدين، وأما ما كان من أمر ست الحسن بنت عمه فإنها لما طلع الفجر وانتهت من النوم لم تجد حسن بدر الدين قاعدا عندها فاعتقدت أنه دخل المرحاض فجلست تنتظره ساعة وإذا بأبيها قد دخل عليها وهو مهموم مما جرى له من السلطان وكيف غصبه وزوج ابنته غصبا لأحد غلمانه الذي هو السايس الأحدب وقال في نفسه سأقتل هذه البنت إن مكنت هذا الخبيث من نفسها، فمشى إلى أن وصل إلى المخدع ووقف على بابه وقال: يا ست الحسن فقالت له نعم يا سيدي، ثم إنها خرجت وهي تتمايل من الفرح وقبلت الأرض بين يديه وازداد وجهها نوراً وجمالاً لعناقها لذلك الغزال، فلما نظرها أبوها وهي بتلك الحالة قال لها: يا خبيثة هل أنت فرحانة بهذا السايس.

فلما سمعت ست الحسن كلام والدها تبسمت وقالت: يا الله، يكفي ما جرى منك والناس يضحكون علي ويعايروني بهذا السياس الذي ما يجيء في إصبعي قلامة ظفر. إن زوجي والله ما بت طول عمري ليلة أحسن من ليلة البارحة التي بتها معه، فلا تهزأ بي وتذكر لي ذلك الأحدب فلما سمع والدها كلامها امتزج بالغضب وازرقت عيناه وقال لها: ويلك أي هذا الكلام الذي تقولينه، إن السايس الأحدب قد يأت عندك فقالت: بالله عليك لا تذكره لي قبحه الله وقبح أباه فلا تكثر المزاح بذكره فما كان السايس إلا مكتري بعشرة دنانير وأخذ أجرته وراح وجئت أنا ودخلت المخدع فنظرت زوجي قاعداً بعدما جلتني عليه المغنيات ونقط بالذهب الأحمر حتى أغنى الفقراء الحاضرين وقد بت في حضن زوجي الخفيف الروح صاحب العيون السود والحواجب المقرونة. فلما سمع والدها هذا الكلام صار الضياء في وجهه ظلاماً وقال لها: يا فاجرة ما هذا الذي تقولينه؟ أين عقلك، فقالت له: يا أبت لقد فتت كبدي لأي شيء تتغافل فهذا زوجي الذي أخذ

وجهي قد دخل بيت الراحة وإني قد علقت منه، فقام والدها وهو متعجب ودخل بيت الخلاء فوجد السايس الأحدب ورأسه مغروز في الملاقي ورجلاه مرتفعة إلى فوق فبهت فيه الوزير وقال: أما هذا هو الأحدب فخاطبه فلم يرد عليه وظن الأحدب أنه العفريت. وأدرك شهرزاد الصباح فسكتت عن الكلام المباح.

وفي الليلة الثالثة والعشرون قالت: بلغني أيها الملك السعيد، أن السائس الأحدب لما كلمه الوزير لم يرد عليه فصرخ عليه الوزير وقال له تكلم وإلا أقطع رأسك بهذا السيف، لعند ذلك قال الأحدب والله يا شيخ العفاريت من حين جعلتني في هذا الموضع ما رفعت رأسي فبالله عليك أن ترفق بي، فلما سمع الوزير كلام الأحدب قال له ما تقول فإني أبو العروسة وما أنا عفريت، فقال ليس عمري في يدك ولا تقدر أن تأخذ روحي فرح حال سبيلك قبل أن يأتيك الذي فعل بي هذه الفعال فأنتم لا تزوجوني إلا بمعشوقة الجواميس ومعشوقة العفاريت فلعن الله من زوجني بها ولعن من كان السبب في ذلك، فقال له الوزير قم واخرج من هذا المكان فقال له هل أنا مجنون حتى أروح معك بغير إذن العفريت فإنه قال لي إذا طلعت الشمس فاخرج وروح إلى حال سبيلك فهل طلعت الشمس أو لا فإني لا اقدر أن أطلع من موضعي إلا إن طلعت الشمس. فعند ذلك قال له الوزير من أتى بك إلى هذا المكان فقال إني جئت البارحة إلى هنا لأقضي حاجتي وأزيل ضرورتي فإذا بفأر طلع من وسط الماء وصاح وصار يكبر حتى بقي قدر الجاموسة وقال لي كلاماً دخل في أذني فخلني ورح لعند العروسة ومن زوجني بها فتقدم إليه الوزير وأخرجه من المرحاض فخرج وهو يجري وما صدق أن الشمس طلعت وطلع إلى السلطان وأخبره بما اتفق له مع العفريت وأما الوزير أبو العروسة فإنه دخل البيت وهو حائر العقل في أمر بنته، فقال يا ابنتي اكشفي لي عن خبرك فقالت أن الظريف الذي كنت أتجلى عليه بات عندي البارحة وأزال بكارتي وعلقت منه وإن كنت لم تصدقني فهذه عمامته بلفتها على الكرسي ولباسه تحت الفراش وفيه شيء ملفوف لم أعرف ما هو. فلما سمع والدها هذا الكلام دخل المخدع فوجد عمامة حسن بدر الدين ابن أخيه، ففي الحال أخذها في يده وقلبها وقال هذه عمامة وزراء إلا أنها موصلية، ثم نظر إلى الحرز مخيط في طربوشه فأخذه وفتقه وأخذ اللباس فوجد الكيس الذي فيه ألف دينار ففتحه فوجد فيه ورقة فقرأها فوجه مبايعة اليهودي واسم حسن بدر الدين بن نور الدين البصري ووجد الألف دينار فلما قرأ شمس الدين الورقة صرخ صرخة وخر مغشياً عليه فلما أفاق وعلم مضمون القصة تعجب وقال لا إله إلا الله القادر على كل شيء

وقال: يا بنت هل تعرفين من الذي أخذ وجهك قالت لا قال إنه ابن أخي وهو ابن عمك وهذه الألف دينار مهرك فسبحان الله فليت شعري كيف اتفقت هذه القضية، ثم فتح الحرز المخيط فوجد فيه ورقة مكتوباً عليه بخط أخيه نور الدين المصري أبي حسن بدر الدين فلما نظر خط أخيه أنشد هذين البيتين: أرى آثارهم فأذوب شـوقـا وأسكب في مواطنهم دموعي وأسأل من بفرقتهم رمـانـي يمن علي يوماً بالـرجـوع

فلما فرغ من الشعر قرأ الحرز فوجد فيه تاريخ زواجه بنت وزير البصرة وتاريخ دخوله بها وتاريخ عمره إلى حين وفاته وتاريخ ولادة ولده حسن بدر الدين فتعجب واهتز من الطرب وقابل ما جرى لأخيه على ما جرى له فوجده سواء بسواء وزواجه وزواج الآخر موافقين تاريخياً ودخولهما بزوجتيهما متوافقاً وولادة حسن بدر الدين ابن أخيه وولادة ابنته ست الحسن متوافقين فأخذ الورقتين وطلع بهما إلى السلطان وأعلمه بما جرى من أول الأمر إلى آخره فتعجب الملك وأمر أن يؤرخ هذا الأمر في الحال ثم أقام الوزير ينظر ابن أخيه فما وقع له على خبر فقال والله لأعملن عملاً ما سبقني إليه أحد. وأدرك شهرزاد الصباح فسكتت عن الكلام المباح.

في الليلة الرابعة والعشرون قالت بلغني أيها الملك السعيد أن الوزير أخذ دواة وقلماً وكتب أمتعة وأن الخشخانة في موضع كذا والستارة الفلانية في موضع كذا وكتب جميع ما في البيت، ثم طوى الكتاب وأمر بخزن جميع الأمتعة وأخذ العمامة والطربوش وأخذ معه الفرجية والكيس وحفظهما عنده وأما بنت الوزير فإنها لما كملت أشهرها ولدت ولدا مثل القمر يشبه والده من الحسن والكمال والبهاء والجمال فقطعوا سرته وكحلوا مقلته وسلموه إلى المرضعات وسموه عجيباً فصار يومه بشهر وشهره بسنة، فلما مر عليه سبع سنين أعطاه جده لفقيه ووصاه أن يربيه ويحسن تربيته فأقام في المكتب أربع سنوات فصار يقاتل أهل المكتب ويسبهم ويقول لهم من منكم مثلي أنا ابن وزير مصر فقام الأولاد واجتمعوا يشكون إلى العريف ما قاسوه من عجيب. فقال لهم العريف أنا أعلمكم شيئاً تقولونه له لما يجيء فيتوب عن المجيء للمكتب وذلك أنه إذا جاء غداً فاقعدوا حوله وقولوا لبعضكم: والله ما يلعب معنا هذه اللعبة إلا من يقول لنا على اسم أمه واسم أبيه ومن لم يعرف اسم أمه واسم أبيه فهو ابن حرام فلا يلعب معنا. فلما أصبح الصباح أتوا إلى المكتب وحضر عجيب فاختلط بالأولاد وقالوا نحن نلعب لعبة ولكن ما يلعب إلا من يقول لنا عن اسم أمه واسم أبيه واتفقوا على

ذلك، فقال واحد منهم اسمي ماجدي وأمي علوي وأبي عز الدين، وقال الآخر مثل قوله والآخر كذلك إلى أن جاء الدور إلى عجيب فقال:

أنا اسمي عجيب وأمي ست الحسن وأبي شمس الدين والوزير بمصر فقالوا له والله إن الوزير ما هو أبوك فقال عجيب الوزير أبي حقيقة. فعند ذلك ضحكت عليه الأولاد وصفقوا عليه وقالوا أنت ما تعرف لك أباً فقم من عندنا فلا يلعب معنا إلا من يعرف اسم أبيه. وفي الحال تفرق الأولاد من حوله وتضاحكوا عليه فضاق صدره وأنخنق بالبكاء. فقال له العريف هل تعتقد أن أباك جدك الوزير أبو أمك ست الحسن، إن أباك ما تعرفه أنت ولا نحن لأن السلطان زوجها للسائس الأحدب وجاءت الجن فناموا عندها فإن لم تعرف لك أبا يجعلونك بينهم ولد زنا ألا ترى أن ابن البائع يعرف أباه، فوزير مصر إنما هو جدك وأما أبوك فلا نعرفه نحن ولا أنت فارجع لعقلك. فلما سمع ذلك الكلام قام من ساعته ودخل على والدته ست الحسن وصار يشكو هلا وهو يبكي ومنعه البكاء من الكلام، فلما سمعت أمه كلامه وبكاءه التهب قلبها عليه وقالت له: يا ولدي ما الذي أبكاك فاحكي لي قصتك فحكى لها ما سمعه من الأولاد ومن العريف وقال يا والدتي من هو أبي قلت له أبوك وزير مصر فقال لها ليس هو أبي فلا تكذبي علي فإن الوزير أبوك أنت لا أبي أنا. من هو أبي فإن لم تخبريني بالصحيح قتلت روحي بهذا الخنجر. فلما سمعت والدته ذكر أبيه بكت لذكر ولد عمها وتذكرت محاسن حسن بدر الدين البصري وما جرى لها معه وصرخت وكذلك ولدها وإذا بالوزير دخل.

فما نظر إلى بكائها احتر قلبه وقال ما يبكيكما فأخبرتها بما اتفق لولدها مع صغار المكتب فبكى الآخر ثم تذكر أخاه وما اتفق له معه وما اتفق لابنته ولم يعلم بما في باطن الأمر. ثم قام الوزير في الحال ومشى حتى طلع إلى الديوان ودخل على الملك وأخبره بالقصة وطلب منه الإذن بالسفر إلى الشرق ليقصد مدينة البصرة ويسأل عن ابن أخيه، وطلب من السلطان أن يكتب له مراسيم لسائر البلاد إذا وجد ابن أخيه في أي موضع يأخذه، ثم بكى بين يدي السلطان فرق له قلبه وكتب مراسيم لسائر الأقاليم والبلاد ففرح بذلك ودعا للسلطان وودعه ونزل في الحال وتجهز في الحال وأخذ ما يحتاج إليه وأخذ ابنته وولدها عجيباً وسافر أول يوم وثاني يوم وثالث يوم حتى وصل إلى مدينة دمشق فوجدها ذات أشجار وأنهار كما قال الشاعر: من بعد يوم في دمشق وليلتي حلف الزمان بمثلها لا يغلط بتنا وجنح الليل في غفلانه ومن الصباح عليه فرع أشمط والظل في تلك الغصون كأنه در

يصافحه النسيم فيسـقـط والطير يقرأ والغدير صحـيفة والريح تكتب والغمام ينـقـط فنزل الوزير من ميدان الحصباء ونصب خيامه وقال لغلمانه نأخذ الراحة هنا يومين فدخل الغلمان المدينة لقضاء حوائجهم. هذا يبيع وهاذ يشتري وهذا يدخل الحمام وهذا يدخل جامع بني أمية الذي ما في الدنيا مثله ودخل المدينة عجيب هو وخادمه يتفرجان والخادم ينشي خلف عجيب وفي يده سوط لو ضرب به جملاً لسقط ولم يثر. فلما نظر أهل دمشق إلى عجيب وقده واعتداله وبهائه وكماله بديع الجمال وخيم الدلال الطف من نسيم الشمال وأحلى للظمآن من الماء الزلال وألذ من العافية لصاحب الاعتلال فلما رآه أهل دمشق تبعوه وصارت الخلق تجري وراءه تتبعه وتقعد في الطريق حتى يجيء عليهم وينظرونه إلى أن وقف عجيب بالأمر المقدر على دكان أبيه حسن بدر الدين الذي أجلسه فيه الطباخ الذي اعترف عند القضاة والشهود أنه ولده. فلما وقف عليه العبد في ذلك اليوم وقف معه الخدام، فنظر حسن بدر الدين إلى ولده فأعجبه حين وجده في غاية الحسن فحن إليه فؤاده وتعلق به قلبه وكان قد طبخ حب رمان مخلي بلوز وسكر، فأكلوا سواء فقال لهم حسن بدر الدين أنستمونا كلوا هنيئاً مريئاً ثم أن عجيب قال لوالده أقعد كل معنا لعل الله يجمعنا بمن نريد فقال عجيب نعم يا عم حرق قلبي بفراق الأحباب والحبيب الذي فارقني هو والدي، وقد خرجت أنا وجدي نطوف عليه البلاد فواحسرتاه على جمع شملي به وبكى بكاء شديداً، وبكا والده لبكائه وتذكر فرقة الأحباب وبعده عن والده ووالدته فحن له الخادم، وأكلوا جميعاً إلى أن اكتفوا. ثم بعد ذلك قاما وخرجا من دكان حسن بدر الدين فأحس أن روحه فارقت جسده وراحت معهم فما قدر أن يصير عنهم لحظة واحدة، فقفل الدكان وتبعهم وهو لا يعلم أنه ولده وأسرع في مشيه حتى لحقهم قبل أن يخرجوا من الباب الكبير فالتفت الطواشي وقال له مالك يا طباخ فقال حسن بدر الدين لما نزلتم من عندي كان روحي خرجت من جسمي ولي حاجة في المدينة خارج الباب فأردت أن أرافقكم حتى أقضي حاجتي وأرجع فغضب الطواشي وقال لعجيب أن هذه أكلة مشؤومة وصارت علينا مكرمة وهاهو تابعنا من موضع إلى موضع فالتفت عجيب فرأى الطباخ فاغتاظ واحمر وجهه وقال للخادم دعه يمشي في طريق المسلمين فإذا خرجنا إلى خيامنا وخرج معنا وعرفنا أنه يتبعنا نطرده فأطرق رأسه ومشى والخادم وراءه فتبعهم حسن بدر الدين إلى ميدان الحصباء وقد قربوا من الخيام فالتفتوا ورأوه خلفهم. فغضب عجيب وخاف من الطواشي أن يخبر جده فامتزج بالغضب مخافة أن يقولوا أنه دخل دكان الطباخ وأن الطباخ منعه فالتفت حتى صار عيناه في عين أبيه وقد بقي

جسداً بلا روح ورأى عجيب عينه كأنها عين خائن، وربما كان ولد زنا فازداد غضباً فأخذ حجراً وضرب به والده فوقع الحجر على جبينه فبطحه فوقع حسن بدر الدين مغشياً عليه وسال الدم على وجهه وسار عجيب هو والخادم إلى الخيام وأما حسن بدر الدين فإنه لما أفاق مسح دمه وقطع قطعة من عمامته وعصب بها رأسه ولام نفسه وقال أنا ظلمت الصبي حيث غلقت دكاني وتبعته حتى ظن أني خائن ثم رجع إلى الدكان واشتغل ببيع طعامه وصار مشتاقاً إلى والدته التي في البصرة ويبكي عليها، وأنشد هذين البيتين:

لا تسأل الدهر إنصافاً لتظلمه فلست فيه ترى يا صاح إنصافا خذ ما تيسر وأزوالهم ناحية لا بد من كدر فيه وإن صافي ثم أن حسن بدر الدين استمر مشتغلاً يبيع طعامه وأما الوزير عمه فإنه أقام في دمشق ثلاثة أيام ثم رحل متوجهاً إلى حمص فدخلها ثم رحل عنها وصار يفتش في طريقه أينما حل وجهه في سيره إلى أن وصل إلى ماردين، والموصل وديار بكر ولم يزل سائراً إلى مدينة البصرة فدخلها فلما استقر به المنزل دخل إلى سلطانها واجتمع به فاحترمه وأكرم منزله وسأله عن سبب مجيئه فأخبره بقصته وأن أخاه الوزير علي نور الدين، فترحم عليه السلطان وقال ايها الصاحب إنه كان وزيري وكنت أحبه كثيراً وقد مات من مدة خمسة عشر عاماً وخلف ولداً وقد فقدناه ولم نطلع له على خبر غير أن أمه عندنا لأنها بنت وزيري الكبير. فلما سمع الوزير شمس الدين من الملك أن أم ابن أخيه طيبة فرح وقال يا ملك إني أريد أن أجتمع بها فإذن له في الحال، ثم أنه صار يمشي إلى أن وصل إلى قاعة زوجة أخيه أم حسن بدر الدين البصري وكانت في مدة غيبة ولدها قد لزمت البكاء والنحيب بالليل والنهار، فلما طالت عليها المدة عملت لولدها قبراً من الرخام في وسط القاعة وصارت تبكي عليه ليلاً ونهاراً، ولا تنام إلا عند ذلك القبر، فلما وصل إلى مسكنها سمع حسها فوقف خلف الباب فسمعها تنشد على القبر هذين البيتين: بالله يا قبر هل زالت محاسنه وهل تغير ذاك المنظر النضر يا قبر لا أنت بستان ولا فلك فكيف يجمع فيك الغصن والقمر فبينما هي كذلك وإذا بالوزير شمس الدين، قد دخل عليها وسلم عليها وأعلمها أنه أخو زوجها وقد أخبرها بما جرى، وكشف لها عن القصة وأن ابنها حسن بدر الدين، بات عند ابنته ليلة كاملة، ثم طلع عليه الصباح وقال لها إن ابنتي حملت من ولدك وولدت ولداً وهو معي وإنه ولدك وولد ولدك من أبي، فلما سمعت خبر ولدها وأنه حي ورأت أخا زوجها قامت إليه ووقعت على قدميه وقبلتهما وأنشدت هذين البيتين: لله در مبشري بقدومهم فلقد أتى بأطايب المسموع لو كان يقنع بالخليع وهبته قلباً تقطع ساعة التوديع

ثم إن الوزير أرسل إلى عجيب ليحضره، فلما حضر قامت له جدته واعتنقته وبكت فقال لها شمس الدين ما هذا وقت بكاء بل هذا وقت تجهزك للسفر معنا إلى ديار مصر عسى الله أن يجمع شملنا وشملك بولدك ابن أخي، فقالت سمعاً وطاعة، ثم قامت من وقتها وجمعت جميع أمتعتها وذخائرها وجواريها وتجهزت في الحال ثم طلع الوزير شمس الدين إلى سلطان البصرة وودعه فبعث معه هدايا وتحفاً إلى سلطان مصر وسافر من وقته هو وزوجة أخيه ولم يزل سائراً حتى وصل إلى مدينة دمشق فنزل على القانون وضرب الخيام، وقال لمن معه إننا نقيم بدمشق جمعة إلى أن نشتري للسلطان هدايا وتحفاً ثم قال عجيب للطواشي يا غلام إني اشتقت إلى الفرجة فقم بنا ننزل إلى سوق دمشق ونعتبر أحوالها وننظر ما جرى لذاك الطباخ الذي كنا أكلنا طعامه وشججنا رأسه مع أنه قد كان أحسن إلينا ونحن أسأناه. فقال الطواشي سمعاً وطاعة ثم إن عجيباً أخرج من الخيام هو والطواشي وحركته القرابة إلى التوجه لوالده ودخل مدينة دمشق وما زالا إلى أن وصلا إلى دكان الطباخ فوجداه واقفاً في الدكان وكان ذلك قبل العصر وقد وافق الأمر أنه طبخ حب رمان فلما قربا منه ونظره عجيب حن غليه قلبه ونظر إلى أثر الضربة بالحجر في جبينه، فقال: السلام عليك يا هذا اعلم أن خاطري عندك فلما نظر إليه حسن بدر الدين تعلقت أحشاؤه به وخفق فؤاده غليه وأطرق برأسه إلى الأرض وأراد أن يدير لسانه في فمه، فما قدر على ذلك، ثم رفع رأسه إلى ولده خاضعاً متدللاً وأنشد هذه الأبيات:

تمنيت من أهوى فلـمـا رأيتـه ذهلت فلم أملك لساناً ولا طرفـا وأطرقت إجلالاً
لـه ومـهـابة وحاولت إخفاء الذي بي فلم يخف وكنت معداً للعتاب صـحـائفـاً
فلما اجتمعنا ما وجدت ولا حرفا

ثم قال لهما اجبرا قلبي وكلا من طعامي فو الله ما نظرت إليك أيها الغلام إلا حن قلبي إليك وما كنت تبعتك إلا وأنا بغير عقل. فقال عجيب والله إنك محب لنا ونحن أكلنا عندك لقمة فلازمتنا عقبها، وأردت أن تهتكنا ونحن لا نأكل لك أكلاً إلا بشرط أن تحلف أنك لا تخرج وراءنا ولا تتبعنا وإلا لا نعود إليك من وقتنا هذا، فنحن مقيمون في هذه المدينة جمعة حتى يأخذ جدي هدايا للملك فقال بدر الدين لكم علي ذلك، فدخل عجيب هو والخادم في الدكان فقدم لهما زبدية ممتلئة حب رمان، فقال عجيب كل معنا لعل الله يفرج عنا ففرح حسن بدر الدين وأكل معهم حتى امتلأت بطونهما وشبعا على خلاف عادتهما، ثم انصرفا وأسرعا في مشيهما حتى وصلا إلى خيامهما ودخل عجيب على جدته أم والده

حسن بدر الدين، فقبلته وتذكرت حسن بدر الدين فتنهدت وبكت ثم أنها أنشدت هذين البيتين: لو لم أرى بأن الشمل يجتـمـع ما كان لي في حياتي بعدكم طمع أقسمت ما في فؤادي غير حبكـم والله ربي على الأسرار مطلـع ثم قالت لعجيب يا ولدي أين كنت، قال في مدينة دمشق فعند ذلك قامت وقدمت له زبدية لعام من حب الرمان وكان قليل الحلاوة وقالت للخادم اقعد مع سيدك فقال الخادم في نفسه والله ما لنا شهية في الأكل، ثم جلس الخادم وأما عجيب فإنه لما جلس كان بطنه ممتلئاً بما أكل وشرب، فأخذ لقمة وغمسها في حب الرمان وأكلها فوجده قليل الحلاوة لأنه شبعاناً فتضجر وقال أي شيء هذا الطعام الوحش فقالت جدته: يا ولدي أتعيب طبيخي وأنا طبخته ولا أحد يحسن الطبيخ مثلي إلا والدك حسن بدر الدين، فقال عجيب والله يا سيدتي إن طبيخك هذا غير متقن نحن في هذه الساعة رأينا في المدينة طباخاً طبخ رمان ولكن رائحته ينفتح لها القلب، وأما طعامه فإنه يشتهي نفس المتخوم أن يأكل وأما طعامك بالنسبة غليه فإنه لا يساوي كثيراً ولا قليلاً، فلما سمعت جدته كلامه اغتاظت غيظاً شديداً، ونظرت إلى الخادم وأدرك شهرزاد الصباح فسكتت عن الكلام المباح.

وفي الليلة الرابعة والعشرين قالت: بلغني أيها الملك السعيد أن جدة عجيب لما سمعت كلامه اغتاظت ونظرت إلى الخادم وقالت ويلك هل أنت أفسدت ولدي لأنك دخلت به إلى دكاكين الطباخين فخاف الطواشي وأنكر، وقال ما دخلنا الدكان ولكن جزنا جوازاً فقال عجيب والله لقد دخلنا وأكلنا، وهو أحسن من طعامك فقامت جدته وأخبرت أخا زوجها وأغرته على الخادم فحضر الخادم قدام الوزير، فقال له لم دخلت بولدي دكان الطباخ فخاف الخادم وقال ما دخلنا فقال عجيب بل دخلنا وأكلنا من حب الرمان حتى شبعنا، وسقانا الطباخ شراباً بثلج وسكر فازداد غضب الوزير على الخادم وسأله فأنكر، فقال له الوزير إن كان كلامك صحيحاً فاقعد وكل قدامنا فعند ذلك تقدم الخادم وأراد أن يأكل فلم يقدر ورمى اللقمة وقال يا سيدي إني شبعان من البارحة. فعرف الوزير أنه أكل عند الطباخ فأمر الجواري ن يطرحنه فطرحنه ونزل عليه بالضرب الوجيع فاستغاث وقال يا سيدي إني شبعان من البارحة ثم منع عنه الضرب وقال لم أنطلق بالحق، فقال اعلم أنناداخلنا دكان الطباخ وهو يطبخ حب الرمان فغرف لنا منه والله ما أكلت عمري مثله ولا رأيت أقبح من هذا الذي قدامنا فغضبت أم حسن بدر الدين، وقالت لا بد أن تذهب إلى هذا الطباخ وتجيء لنا بزبدية حب الرمان من الذي عنده وتريه لسيدك حتى يقول أيهما أحسن وأطيب، فقال الخادم: نعم ففي الحال أعطته زبدية ونصف دينار فمضى الخادم حتى وصل إلى الدكان وقال

للطباخ نحن تراهنا على طعامك في بيت سيدنا لأن هناك حب رمان طبخه أهل البيت فهات لنا بهذا النصف دينار وأدر بالك في طهيه وأتقنه فقد أكلنا الضرب الموجع على طبيخك. فضحك حسن بدر الدين وقال والله أن هذا الطعام لا يحسنه أحد إلا أنا ووالدتي وهي الآن في بلاد بعيدة ثم أنه عرف الزبدية وأخذها وختمها بالمسك وماء الورد فأخذها الخادم وأسرع بها حتى وصل إليهم فأخذتها والدة حسن وذاقتها ونظرت حسن طعمها فعرفت طباخها فصرخت ثم وقعت مغشياً عليها فبهت الوزير من ذلك، ثم رشوا عليها ماء الورود بعد ساعة أفاقت وقالت إن كان ولدي في الدنيا فما طبخ حب الرمان هذا إلا هو وهو ولدي حسن بدر الدين لا شك ولا محالة لأن هذا طعامه وما أحد يطبخه غيره إلا أنا لأني علمته طبيخه.

فلما سمع الوزير كلامها فرح فرحاً شديداً، وقال واشوقاه إلى رؤية ابن أخي أترى تجمع الأيام شملنا وما نطلب الاجتماع به إلا من الله تعالى، ثم إن الوزير قام من وقته وساعته وصاح على الرجال الذين معه وقال يمضي منكم عشرون رجلاً إلى دكان الطباخ ويهدمونها ويكتفونه بعمامته ويجرونه غصباً إلى مكاني من غير إيذاء يحصل له، فقالوا له نعم ثم إن الوزير ركب من وقته وساعته إلى دار السعادة واجتمع بنائب دمشق وأطلعه على الكتب التي معه من السلطان فوضعها على رأسه بعد تقبيلها وقال من هو غريمك، قال رجل طباخ ففي الحال أمر حجابه أن يذهبوا إلى دكانه فذهبوا فرأوها مهدومة وكل شيء فيها مكسور لأنه لما توجه إلى دار السعادة فعلت جماعته ما أمرهم به وصاروا منتظرين مجيء الوزير من دار السعادة وحسن بدر الدين يقول في نفسه يا ترى أي شيء رأوا في حب الرمان حتى صار لي هذا الأمر فلما حضر الوزير من عند نائب دمشق وقد أذن غريمه وسفره به فلما دخل الخيام طلب الطباخ فأحضروه مكتفاً بعمامته. فلما نظر حسن بدر الدين إلى عمه بكى بكاء شديداً وقال يا مولاي ما ذنبي عندكم فقال له أنت الذي طبخت حب الرمان قال نعم فهل وجدتم فيه شيئاً يوجب ضرب الرقبة فقال هذا أقل جزائك فقال له يا سيدي أما توقفني على ذنبي، فقال له الوزير: نعم في هذه الساعة ثم إن الوزير صرخ على الغلمان وقال هاتوا الجمال وأخذوا حسن بدر الدين معهم وأدخلوه في صندوق وقفلوا عليه وساروا ولم يزالوا سائرين إلى أن أقبل الليل فحطوا وأكلوا شيئاً من الطعام وأخرجوا حسن بدر الدين فأطعموه وأعادوه إلى الصندوق ولم يزالوا كذلك حتى وصلوا إلى مكان فأخرجوا حسن بدر الدين من الصندوق وقال له هل أنت طبخت حب الرمان، قال نعم يا سيدي. فقال الوزير قيدوه فقيدوه وأعادوه إلى

الصندوق وساروا إلى أن وصلوا إلى مصر وقد نزلوا في الزيدانية فأمر بإخراج حسن بدر الدين من الصندوق وأمر بإحضار نجار وقال اصنع لهذا لعبة خشب فقال حسن بدر الدين وما تصنع بها فقال أصلبك وأسمرك فيها ثم أدور بك المدينة كلها، فقال على أي شيء تفعل بي ذلك فقال الوزير على عدم إتقان طبيخك حب الرمان كيف طبخته وهو ناقص فلفلاً فقال له وهل لكونه ناقص فلفلاً تصنع معي هذا كله أما كفاك حبسي وكل يوم تطعمون بأكلة واحدة فقال له الوزير من أجل كونه ناقصاً فلفلاً ما جزاؤك إلى القتل، فتعجب حسن بدر الدين، وحزن على روحه وصار يتفكر في نفسه فقال له الوزير في أي شيء تتفكر، فقال له في العقول السخيفة التي مثل عقلك فإنه لو كان عندك عقل ما كنت فعلت معي هذه الفعال لأجل نقص الفلفل فقال له الوزير يجب علينا أن نؤدبك حتى لا تعود لمثله. فقال حسن بدر الدين إن الذي فعلته معي أقل شيء فيه أدبي فقال لا بد من صلبك وكل هذا والنجار يصلح الخشب وهو ينظر إليه ولم يزالوا كذلك إلى أن أقبل الليل فأخذه عمه ووضعه في الصندوق وقال في غد يكون صلبك ثم صبر عليه حتى عرف أنه نام فقام وركب وأخذ الصندوق قدامه ودخل المدينة وسار إلى أن دخل بيته ثم قال لابنته ست الحسن: الحمد لله الذي جمع شملك بابن عمك قومي وافرشي البيت مثل فرشة ليلة الجلاء فأمرت الجواري بذلك، فقمن وأوقدن الشمع وقد أخرج الوزير الورقة التي كتب فيها أمتعة البيت ثم قرأها وأمر أن يضعوا كل شيء في مكانه حتى أن الرائي إذا رأى ذلك لا يشك في أنها ليلة الجلاء بعينها، ثم أن الوزير أمر أن تحط عمامة حسن بدر الدين في مكانها الذي حطها فيه بيده وكذلك السروال والكيس الذي تحت الطراحة ثم أن الوزير أمر ابنته تتحف نفسها كما كانت ليلة الجلاء وتدخل المخدع وقال لها: إذ دخل عليك ابن عمك فقولي له قد أبطأت علي في دخولك بيت الخلاء ودعيه يبيت عندك وتحدثي معه إلى النهار وكتب هذا التاريخ.

ثم أن الوزير أخرج بدر الدين من الصندوق بعد أن فك القيد من رجليه وخلع ما عليه من الثياب وصار بقميص النوم وهو رفيع من غير سروال. كل هذا وهو نائم لا يعرف بذلك ثم انتبه بدر الدين من النوم فوجد نفسه في دهليز نير، فقال في نفسه هل أنا في أضغاث أحلام أو في اليقظة، ثم قام بدر الدين فمشى قليلاً إلى باب ثان ونظر وغذا هو في البيت الذي انجلت فيه العروسة، ورأى المخدع والسرير ورأى عمامته وحوائجه، فلما نظر ذلك بهت وصار يقدم رجلاً ويؤخر أخرى وقال في نفسه هل هذا في المنام أو في اليقظة وصار يمسح جبينه ويقول وهو متعجب والله إن هذا مكان العروسة التي انجلت فيه علي، فإني كنت في

صندوق، فبينما هو يخاطب نفسه وإذا بست الحسن رفعت طرف الناموسية وقالت له يا سيدي أما تدخل فإنك أبطأت علي في بيت الخلاء فلما سمع كلامَها ونظر إلى وجهها وضحك وقال إن هذه أضغاث أحلام، ثم دخل وتنهد وتفكر فيما جرى له وتحير في أمره وأشكلت عليه قضيته ولما رأى عمامته وسرواله والكيس الذي فيه الألف دينار، قال: الله أعلم أني في أضغاث أحلام، وصار من فرط التعجب متحيراً، وهناك أدرك شهرزاد الصباح..

وفي الليلة الخامسة والعشرين قالت: بلغني أن بدر الدين تعجب وتحير، فعند ذلك قالت له ست الحسن: مالي أراك متعجباً متحيراً ما كنت في أول الليل؟ فضحك وقال عام لي غائب عنك؟ فقالت له سلامتك سم الله حواليك أنت إنما خرجت إلى الكنيف لتقضي حاجة وترجع فأي شيء جرى في عقلك، فلما سمع بدر الدين ذلك ضحك وقال لها صدقت ولكنني لما خرجت من عندك غلبني النوم في بيت الراحة، فحلمت أني كنت طباخاً في دمشق وأقمت بها عشرة سنين وكأنه جاءني صغير من أولاد الأكابر ومعه خادم وحصل من أمره كذا وكذا ثم أن حسن بدر الدين مسح بيده على جبينه فرأى أثر الضرب عليه. فقال والله يا سيدتي كأنه حق لأنه ضربني على جبيني فشبحه فكأنه في اليقظة ثم قال لعل هذا المناح حصل حين تعانقت أنا وأنت ونمنا، فرأيت في المنام كأني سافرت إلى دمشق بلا طربوش ولا عمامة ولا سروال وعملت طباخاً، ثم سكت ساعة وقال والله كأني رأيت أني طبخت حب رمان وفلفله قليل، والله ما كأني إلا نمت في بيت الراحة فرأيت هذا كله في المنام فقالت له ست الحسن بالله وعليك أي شيء رأيته زيادة على ذلك. فحكى لها جميع ما رآه، ثم قال والله لولا أني انتبهت لكانوا صلبوني على لعبة خشب. فقالت له على أي شيء فقال على قلة الفلفل في حب الرمان ورأيت كأنهم خرجوا دكاني وكسروا مواعيني وحطوني في صندوق وجاؤوا بالنجار ليصنع لي لعبة من خشب لأنهم أرادوا صلبي عليها فالحمد لله الذي جعل ذلك كله في المنام ولم يجعله في اليقظة فضحكت ست الحسن وضمته إلى صدرها وضمها إلى صدره ثم تذكر وقال: والله ما كأنه إلا في اليقظة فأنا ما عرفت أي شيء الخبر ولا حقيقة الحال، ثم إنه نام وهو متحير في أمره فتارة يقول رأيته في المنام وتارة يقول رأيته في اليقظة، ولم يزل كذلك إلى الصباح، ثم دخل عليه عمه الوزير شمس الدين فسلم عليه فنظر له حسن بدر الدين، وقال بالله عليك أما أنت الذي أمرت بتكتيفي وتسمير دكاني، من شأن حب الرمان لكونه قليل الفلفل. فعند ذلك قال الوزير اعلم يا ولدي أنه ظهر الحق وبان ما كان مختفياً، أنت ابن أخي وما فعلت ذلك حتى تحققت أنك الذي دخلت على ابنتي تلك الليلة، وما

تحققت ذلك حتى رأيتك عرفت البيت وعرفت عمامتك وسروالك وذهبك والورقتين التي كتبتهما بخطك والتي كتبها والدك أخي فإني ما رأيتك قبل ذلك وما كنت أعرفك، وأما أمك فإني جئت بها معي من البصرة ثم رمى نفسه عليه وبكى فلما سمع حسن بدر الدين كلام عمه تعجب غاية العجب وعانق عمه وبكى من شدة الفرح، ثم قال له الوزير يا ولدي إن سبب ذلك كله ما جرى بيني وبين والدك وحكى له جميع ما جرى بينه وبين أخيه، وأخبره بسبب سفر والده إلى البصرة، ثم إن الوزير أرسل إلى عجيب فلما رآه والده قال لهذا الذي ضربني بالحجر فقال الوزير هذا ولدك فعند ذلك رمى نفسه عليه وأنشد هذه الأبيات:

ولقد بكيت على تفرق شملـنـا زماناً وفاض الدمع من أجفاني ونذرت أن أجمع المهيمن شملنا ما عدت أذكر فرقة بلسانـي هجم السرور علي حتـى أنـه من فرط ما قد سرني أبكانـي

فلما فرغ من شعره التفتت إليه والدته وألقت روحها عليه، وأنشدت هذين البيتين: الدهر أقسـم لا يزال مـكـدري حنثت يمينك يا زمان فـكـفـر لسعد وافى والحبيب مسـاعـدي فانهض إلى داعي السرور وشمر ثم إن والدته حكت له جميع ما وقع لها بعده، وحكى لها جميع ما قاساه فشكروا الله على جمع شملهم ببعضهم ثم أن الوزير طلع إلى السلطان وأخبره بما جرى له فتعجب وأمر أن يؤرخ ذلك في السجلات ليكون حكاية على ممر الأوقات ثم أن الوزير شمس الدين وأخيه نور الدين فقال الخليفة هارون الرشيد والله إن هذا الشيء عجاب ووهب للشاب سرية من عنده ورتب له ما يعيش به وصار ممن ينادمه، ثم إن لبنت قالت وما هذا بأعجب من حكاية الخياط والأحدب واليهودي والمباشر والنصراني فيما وقع لهم قال الملك وما حكايتهم.

حكاية الخياط والأحدب واليهودي والمباشر والنصراني فيما وقع بينهم

قالت: بلغني أيها الملك السعيد، أنه كان في قديم الزمان وسالف العصر والأوان في مدينة الصين رجل خياط مبسوط الرزق يحب اللهو والطرب وكان يخرج هو وزوجته في بعض الأحيان يتفرجان على مرائب المنتزهات فخرجا يوماً من أول النهار ورجعا آخره إلى منزلهما عند المساء، فوجدا في طريقهما رجل أحدب رؤيته تضحك الغضبان وتزيل الهم والأحزان فعند ذلك تقدم الخياط هو وزوجته يتقوزان عليه ثم أنهما عزما عليه أن يروح معهما إلى بيتهما لينادمهما تلك الليلة فأجابهما إلى ذلك ومشى معهما إلى البيت فخرج الخياط إلى السوق وكان الليل قد أقبل، فاشترى سمكاً مقلياً وخبزاً وليموناً وحلاوة يتحلون بها ثم رجع وحط

السمك قدام الأحدب وجلسوا يأكلون فأخذت امرأة الخياط جزلة سمك كبيرة ولقمتها للأحدب وسدت فمه بكفها وقالت والله ما تأكلهما إلا دفعة واحدة في نفس واحد ولم تمهله حتى يمضغها فابتلعها وكان فيها شوكة قوية فتصلبت في حلقه، لأجل انقضاء أجله فمات، وأدرك شهرزاد الصباح فسكتت عن الكلام المباح.

وفي الليلة السادسة والعشرون قالت بلغني أيها الملك السعيد أن امرأة الخياط لما لقمت للأحدب جزلة السمك مات لانقضاء أجله في وقته فقال الخياط: لا حول ولا قوة إلا بالله العلي العظيم هذا المسكين ما كان موته إلا هكذا على أيدينا، فقالت المرأة وما هذا التواني أما سمعت قول الشاعر: مالي أعلل نفسي يا حمال على أمر يكون به هـم وأحـزان ماذا القعود على نار وما خمدت إن القعود في النيران خسران فقال لها زوجها وما أفعله قالت قم واحمله في حضنك وانشر عليه فوطة حرير وأخرج أنا قدامك وأنت ورائي في هذه الليلة وقل هذا ولدي وهذه أمه ومرادنا أن نوديه إلى الطبيب ليداويه، فلما سمع الخياط هذا الكلام قام وحمل الأحدب في حضنه وزوجته تقول يا ولدي سلامتك أين محل وجعك وهذا الجدري كان لك في أي مكان فكل من رآها يقول معهما طفل مصاب بالجدري ولم يزالا سائرين وهما يسألان عن منزل الطبيب حتى دلوهما على بيت طبيب يهودي فقرعا الباب فنزلت لهما الجارية وفتحت الباب ونظرت وإذا بإنسان حامل صغير وأمه معه، فقالت الجارية ما خبركم فقالت امرأة الخياط معنا صغير مرادنا أن ينظره الطبيب، فخذي الربع دينار وأعطيه لسيدك ودعيه ينزل ليرى ولدي فقد لحقه ضعف، فطلعت الجارية ودخلت زوجة الخياط داخل العتبة وقالت لزوجها دع الأحدب هنا ونفوز بأنفسنا فأوقفه الخياط وخرج هو وزوجته، وأما الجارية فإنها دخلت على اليهودي وقالت له في أسفل البيت ضعيف مع امرأة ورجل وقد أعطياني ربع دينار لك وتصف لهما ما يوافقه.

فلما رأى اليهودي الربع دينار فرح وقام عاجلاً ونزل في الظلام فأول ما نزل عثرت رجله في الأحدب وهو ميت فقال يا للعزيز للمولى والعشر كلمات يا لهرون ويوشع بن نون كأني عثرت في هذا المريض فوقع إلى أسف فمات فكيف أخرج بقتيلي من بيتي فحمله وطلع به من حوش البيت إلى زوجته وأعلمها بذلك فقالت له وما قعودك ههنا فإن قعدت هنا إلى طلوع النهار، راحت أرواحنا فأنا وأنت نطلع به إلى المطبخ ونرميه في بيت جارنا المسلم فإنه رجل مباشر على مطبخ السلطان وكثيراً ما تأتي القطط في بيته وتأكل مما فيه من الأطعمة والفئران، وإن استمر فيه ليلة تنزل عليه الكلاب من السطوح وتأكله جميعه فطلع اليهودي

وزوجته وهما حاملان الأحدب وأنزلاه بيديه ورجليه إلى الأرض وجعلاه ملاصقاً للحائط ثم نزلا وانصرفا ولم يستقر نزول الأحدب إلا والمباشر قد جاء إلى البيت في وقته، وطلع البيت ومعه شمعة مضيئة فوجد ابن آدم واقفاً في الزاوية في جانب المطبخ. فقال ذلك المباشر ما هذا والله إن الذي يسرق حوائجنا ما هو إلا ابن آدم فيأخذ ما وجده من لحم أو دهن ولو خبأته من القطط والكلاب، وإن قتلت قطة الحارة وكلابها جميعاً لا يفيد لأنه ينزل من السطوح ثم أخذ مطرقة عظيمة ووكزه بها فصار عنده ثم ضربها على صدره فوقع فوجده ميتاً فحزن وقال لا حول ولا قوة إلا بالله وخاف على نفسه وقال لعن الله الدهن واللحم وهذه الليلة كيف فرغت منية ذلك الرجل على يدي، ثم نظر إليه فإذا هو أحدب فقال أما يكفي أنك أحدب، حتى تكون حرامياً وتسرق اللحم والدهن يا ستار استرني بسترك الجميل ثم حمله على أكتافه ونزل به من بيته في آخر الليل وما زال سائراً به إلى أول السوق، فأوقفه بجانب دكان في رأس عطفة وتركه وانصرف وإذا بنصراني وهو سمسار السلطان، وكان سكران فخرج يريد الحمام، فقال له سكره أن المسيح قريب فما زال يمشي ويتمايل حتى قرب من الأحدب وجعل يريق الماء قباله فلاحت منه التفاتة، فوجد واحداً واقفاً وكان النصراني قد خطفوا عمامته في أول الليل، فلما رأى الأحدب واقفاً اعتقد أنه يريد خطف عمامته فطبق كفه ولكم الأحدب على رقبته فوقع على الأرض وصاح النصراني على حارس السوق، ثم نزل على الأحدب من شدة سكره ضرباً وصار يخنقه خنقاً. فجاء الحارس فوجد النصراني باركاً على المسلم وهو يضربه فقال الحارس: قم عنه فقام فتقدم إليه الحارس فوجده ميتاً، فقال كيف يقتل النصراني مسلماً ثم قبض على النصراني وكتفه وجاء به إلى بيت الوالي والنصراني يقول في نفسه يا مسيح يا عذراء كيف قتلت هذا وما أسرع ما مات في لكمة قد راحت السكرة وجاءت الفكرة ثم أن الأحدب والنصراني باتا في بيت الوالي وأمر الوالي السياف أن ينادي عليه ونصب للنصراني خشبه وأوقفه تحتها وجاء السياف ورمى في رقبة النصراني الحبل وأراد أن يعلقه وإذا بالمباشر قد شق الناس فرأى النصراني وهو واقف تحت المشنقة، ففسح الناس وقال للسياف لا تفعل أنا الذي قتلته فقال الوالي لأي شيء قتلته قال إني دخلت الليلة بيتي فرأيته نزل من السطح وسرق مصالحي فضربته بمطرقة على صدره فمات فحملته وجئت به إلى السوق وأوقفته في موضع كذا في عطفة كذا ثم قال المباشر ما كفاني أني قتلت مسلماً حتى يقتل بسببي نصراني فلا تشنق غيري فلما سمع الوالي كلام المباشر أطلق صراح النصراني السمسار، وقال للسياف اشنق هذا باعترافه فأخذ الحبل من رقبة النصراني ووضعه في رقبة المباشر وأوقفه

تحت الخشبه وأراد أن يعلقه وإذا باليهودي الطبيب قد شق الناس وصاح على السياف وقال لا تفعل فما قتله إلا أنا وذلك انه جاءني في بيتي ليداوى فنزلت إليه فتعثرت فيه برجلي فمات فلا تقتل المباشر واقتلني. فأمر أن يقتل اليهودي الطبيب فأخذ السياف الحبل من رقبة المباشر ووضعه في رقبة اليهودي الطبيب وإذا بالخياط جاء وشق الناس وقال للسياف لا تفعل فما قتله إلا أنا وذلك أني كنت بالنهار أتفرج وجئت وقت العشاء فلقيت هذا الأحدب سكران ومعه دف وهو يغني بفرحة فوقفت أتفرج عليه وجئت به إلى بيتي واشتريت سمكاً وقعدنا نأكل فأخذت زوجتي قطعة سمك ولقمة ودستهما في فمه فزور فمات لوقته فأخذته أنا وزوجتي وجئنا به لبيت اليهودي فنزلت الجارية وفتحت لنا الباب فقلت لها قولي لسيدك أن بالباب امرأة ورجلاً ومعهما ضعيف تعال أنظره وصف له دواء وأعطيتها ربع دينار فطلعت لسيدها وأسندت الأحدب إلى جهة السلم ومضيت أنا وزوجتي فنزل اليهودي فعثر فيه فظن أنه قتله ثم قال الخياط لليهودي أصحيح هذا؟ قال: نعم. والتفت الخياط للوالي وقال: أطلق اليهودي واشنقني، فلما سمع الوالي كلامه تعجب من أمر الأحدب وقال إن هذا أمر يؤرخ في الكتب ثم قال للسياف أطلق اليهودي واشنق الخياط باعترافه فقدمه السياف وقال هل نقدم هذا ونؤخر هذا ولا نشنق واحداً ثم وضع الحبل في رقبة الخياط فهذا ما كان من أمر هؤلاء وأما ما كان من أمر الأحدب، فقيل أنه كان مسخرة للسلطان لا يقدر أن يفارقه فلما سكر الأحدب غاب عنه تلك الليلة وثاني يوم إلى نصف النهار فسأل عنه بعض الحاضرين فقالوا له يا مولانا طلع به الوالي وهو ميت وأمر بشنق قاتله فنزل الوالي ليشنق القاتل فحضر له ثان وثالث وكل واحد يقول ما قتله إلا أنا وكل واحد يذكر للوالي سبب قتله له. فلما سمع الملك هذا الكلام صرخ على الحاجب وقال له انزل إلى الوالي، وائتني بهم جميعاً فنزل الحاجب فوجد السياف، كاد أن يقتل الخياط فصرخ عليه الحاجب وقال لا تفعل واعلم الوالي أن القضية بلغت الملك، ثم أخذه وأخذ الأحدب معه محمولاً والخياط واليهودي والنصراني والمباشر، وطلع بالجميع إلى الملك فلما تمثل الوالي بين يديه قبل الأرض وحكى له جميع ما جرى مع الجميع فلما سمع الملك هذه الحكاية تعجب وأخذه الطرب وأمر أن يكتب ذلك بماء الذهب وقال للحاضرين هل سمعتم مثل قصة هذا الأحدب فعند ذلك تقدم النصراني وقال يا ملك الزمان إن أذنت لي حدثتك بشيء جرى لي وهو أعجب وأطرب من قصة الأحدب فقال الملك حدثنا بما عندك فقال النصراني اعلم يا ملك الزمان أني لما دخلت تلك الديار أتيت بمتجر وأوقعني المقدور عندكم وكان مولدي بمصر وأنا من قبطها وتزينت

بها وكان والدي سمساراً فلما بلغت مبلغ الرجال توفي والدي فعملت سمساراً مكانه. فبينما أنا قاعد يوماً من الأيام وإذا بشاب أحسن ما يكون وعليه أفخر ملبوس وهو راكب حماراً فلما رآني سلم علي فقمت إليه تعظيماً له فأخرج منديلاً وفيه قدر من السمسم وقال: كم يساوي الأردب من هذا؟ فقلت له: مائة درهم. فقال لي: خذ التراسين والكيالين واعمد إلى خان الجوالي في باب النصر تجدني فيه وتركني ومضى وأعطاني السمسم بمنديله الذي فيه العينة فدرت على المشترين فبلغ ثمن كل أردب مائة وعشرين درهماً، فأخذت معي أربعة تراسين ومضيت إليه فوجدته في انتظاري فلما رآني قام إلى المخزن وفتحه فكيلناه فجاء جميع ما فيه خمسين أردباً فقال الشاب: لك في كل أردب عشرة دراهم سمسرة واقبض الثمن واحفظه عندك وقدر الثمن خمسة آلاف لك منها خمسمائة ويبقى لي أربعة آلاف وخمسمائة فإذا فرغ بيع حواصلي جئت إليك وأخذتها فقلت له: الأمر كما تريد ثم قبلت يديه ومضيت من عنده. فحصل لي في ذلك اليوم ألف درهم وغاب عني شهراً، ثم جاء وقال لي: أين الدراهم؟ فقلت: هاهي حاضرة، فقال: احفظها حتى أجيء إليك فآخذها فقعدت أنتظره فغاب عني شهراً ثم جاءني وقال لي: أين الدراهم؟ فقمت وأحضرت له الدراهم وقعدت أنتظره فغاب عني شهراً ثم جاء وقال لي: بعد هذا اليوم آخذها منك، ثم ولى فقمت وأحضرت له الدراهم وقلت له: هل لك أن تأكل عندنا شيئاً؟ فأبى وقال لي: احفظ الدراهم، حتى أمضي وأجيء فآخذها منك، ثم ولى وقعدت أنتظره فغاب عني شهراً فقلت في نفسي: إن هذا الشاب كامل السماحة ثم بعد الشهر جاء وعليه ثياب فاخرة فلما رأيته قبلت يديه ودعوت له وقلت له: يا سيدي أما تقبض دراهمك؟ فقال: مهلاً علي حتى أفرغ من قضاء مصالحي وآخذها منك ثم ولى فقلت في نفسي: والله إذا جاء لأضيفنه لكوني انتفعت بدراهمه وحصل لي منها مال كثير، فلما كان آخر السنة جاء وعليه بدلة أفخر من الأولى فحلفت عليه أن ينزل عندي، ويضيفني فقال: بشرط أن ما تنفقه من مالي الذي عندك، قلت: نعم وأجلسته ونزلت فهيئأت ما ينبغي من الأطعمة والأشربة وغير ذلك وأحضرته بين يديه وقلت له: باسم الله، فتقدم إلى المائدة ومد يده الشمال وأكل معي فتعجبت منه فلما فرغنا غسل يده وناولته ما يمسحها به وجلسنا للحديث فقلت: يا سيدي فرج عني كربة لأي شيء أكلت بيدك الشمال لعل في يدك اليمين شيئاً يؤلمك، فلما سمع كلامي أنشد هذين البتين: خليلي لا تسأل على ما بمهجتي من اللوعة الحرى فتظهر أسقام وما عن رضا فارقت سلمى معوضاً بديلاً ولكن للضرورة أحكام ثم أخرج يده من كمه وإذا هي مقطوعة زنداً بلا كف فتعجبت من ذلك

فقال لي: لا تعجب ولا تقل في خاطرك. إني أكلت معك بيدي الشمال عجباً ولكن لقطع يدي اليمين سبب من العجب فقلت: وما سبب ذلك؟ فقال: اعلم أني من بغداد ووالدي من أكابرها، فلما بلغت مبلغ الرجال سمعت السياحين والمسافرين والتجار يتحدثون بالديار المصرية فبقي ذلك في خاطري حتى مات والدي فأخذت أموالاً كثيرة وهيأت متجراً من قماش بغدادي وموصلي ونحو ذلك من البضائع النفيسة وحزمت ذلك وسافرت من بغداد وكتب الله السلامة لي حتى دخلت مدينتكم هذه. ثم بكى وأنشد هذه الأبيات:

قد يسم الأكمه من حفرة يسقط فيها الناصر الناظر ويسلم الجاهل من لفظة
يهلك فيها العالم الماهر ويعسر المؤمن في رزقه ويرزق الكافر الفاجر ماحيلة
الإنسان ما فعله هو الذي قدره القادر

فلما فرغ من شعره، قال: فدخلت مصر وأنزلت القماش في خان سرور وفككت أحمالي وأدخلتها وأعطيت الخادم دراهم ليشتري لنا بها شيئاً نأكله ونمت قليلاً فلما قمت ذهبت بين القصرين ثم رجعت وبت ليلتي فلما اصبحت فتحت رزمة القماش وقلت في نفسي أقوم لأشق بعض الأسواق وأنظر الحال فأخذت بعض القماش وحملته لبعض غلماني وسرت حتى وصلت قيسرية جرجس فاستقبلني السماسرة وكانوا علموا بمجيئي فأخذوا مني القماش ونادوا عليه فلم يبلغ ثمنه رأس ماله فقال لي شيخ الدلالين: يا سيدي أنا أعرف لك شيئاً تستفيد منه وهو أن تعمل مثل ما عمل التجار فتبيع متجرك إلى مدة معلومة بكاتب وشاهد وصيرفي وتأخذ ما تحصل من ذلك في كل يوم خميس واثنين فتكسب الدراهم كل درهم اثنين وزيادة على ذلك تتفرج على مصر ونيلها فقلت: هذا رأي سديد، فأخذت معي الدلالين وذهبت إلى الخان فأخذوا القماش إلى القيسرية فبعته إلى التجار وكتبت عليهم وثيقة إلى الصيرفي وأخذت عليه وثيقة بذلك ورجعت إلى الخان وأقمت أياماً كل يوم أفطر على قدح من الشراب وأحضر اللحم الضاني والحلويات حتى دخل الشهر الذي استحقت فيه الجباية فبقيت كل خميس واثنين أقعد على دكاكين التجار ويمضي الصيرفي والكاتب فيجيآن بالدراهم من التجار ويأتياني بها، إلى أن دخلت الحمام يوماً من الأيام وخرجت إلى الخان ودخلت موضعي وأفطرت على قدح من الشراب ثم نمت وانتبهت فأكلت دجاجة وتعطرت وذهبت إلى دكان تاجر يقال له: بدر الدين البستاني فلما رآني رحب بي وتحدث معي ساعة في دكانه. فبينما نحن كذلك وإذا بامرأة جاءت وقعدت بجانبي وعليها عصابة مائلة وتفوح منها روائح الطيب فسابت عقلي بحسنها وجمالها، ورفعت

الأزرار فنظر إلي بأحداق سود ثم سلمت على بدر الدين فرد عليها السلام ووقف وتحدث معها فلما سمعت كلامها تمكن حبها من قلبي فقالت لبدر الدين: هل عندك تفصيلة من القماش المنسوج من خالص الذهب، فأخرج لها تفصيلة فقالت للتاجر: هل آخذها وأذهب ثم أرسل إليك ثمنها؟ فقال لها التاجر: لا يمكن يا سيدتي لأن هذا صاحب القماش وله علي قسط فقالت: ويلك إن عادتي أن آخذ منك كل قطعة قماش بجملة دراهم وأربحك فيها فوق ما تريد ثم أرسل إليك ثمنها فقال: نعم ولكني مضطر إلى الثمن في هذا اليوم فأخذت التفصيلة ورمته بها في صدره وقالت: إن طائفتكم لا تعرف لأحد قدراً ثم قامت مولية فظننت أن روحي راحت معها، فقمت ووقفت وقلت لها: يا سيدتي تصدقي علي بالالتفات وارجعي بخطواتك الكريمة فرجعت وتبسمت وقالت: لأجلك رجعت وقعدت قصادي على الدكان فقلت لبدر الدين: هذه التفصيلة كم ثمنها عليك؟ قال: ألف ومائة درهم فقلت له: ولك مائة درهم فائدة، فهات ورقة فاكتب لك فيها ثمنها. فأخذت التفصيلة منه وكتبت له ورقة بخطي وأعطيتها التفصيلة وقلت لها: خذي أنت وروحي وإن شئت هاتي ثمنها لي في السوق، وإن شئت هي ضيافتك مني فقال: جزاك الله خيراً ورزقك مالي وجعلك بعلي، فتقبل الله الدعوة وقلت لها: يا سيدتي اجعلي هذه التفصيلة لك ولك أيضاً مثلها ودعيني أنظر وجهك. فكشفت القناع عن وجهها فلما نظرت وجهها أعقبتني ألف حسرة وتعلق قلبي بمحبتها فصرت لا أملك عقلي ثم رخت القناع وأخذت التفصيلة وقالت: يا سيدي لا توحشني وقد ولت وقعدت في السوق إلى بعد العصر وأنا غائب العقل وقد تحكم الحب عندي، فمن شدة ما حصل لي من الحب سألت التاجر عنها حين أردت القيام فقال: إن هذه صاحبة مال وهي بنت أمير مات والدها وخلف لها مالاً كثيراً.

فودعته وانصرفت وجئت إلى الخان فقدم لي العشاء فتذكرتها فلم آكل شيئاً ونمت فلم يأتني نوم فسهرت إلى الصباح ثم قمت فلبست بدلة غير التي كانت علي وشربت قدحاً من الشراب وأفطرت على شيء قليل وجئت إلى دكان التاجر فسلمت عليه وجلست عنده فجاءت الصبية وعليها بدلة أفخر من الأولى ومعها جارية، فجلست وسلمت علي دون بدر الدين وقالت لي بلسان فصيح ما سمعت أعذب ولا أحلى منه: أرسل معي من يقبض ألف والمائة درهم ثمن التفصيلة فقلت لها: ولا شيئ؟ فقالت: لا أعدمناك وناولتني الثمن وقعدت أتحدث معها فأوميت إليها بالإشارة ففهمت أني أريد وصالها، فقامت على عجل منها واستوحشت مني وقلبي متعلق بها وخرجت أنا خارج السوق في أثرها وإذا

بجارية أتتني وقالت: يا سيدي كلم سيدتي فتعجبت لها وقلت: ما يعرفني هنا أحد فقالت الجارية: ما أسرع مانسيتها سيدتي التي كانت اليوم على دكان التاجر فلان. فمشيت معها إلى الصيارف فلما رأتني زوتني لجانبها وقالت: يا حبيبي وقعت بخاطري وتمكن حبك من قلبي ومن ساعة رأيتك لم يطلب لي نوم ولا أكل ولا شرب فقلت لها: عندي أضعاف ذلك والحال يغني عن الشكوى، فقالت: يا حبيبي أجيء لعندك؟ فقلت لها: أنا رجل غريب ومالي مكان يأويني إلا الخان فإن تصدقت علي بأن أكون عندك يكمل الحظ. قالت: نعم لكن الليلة ليلة جمعة ما فيها شيء إلا إن كان في غد بعد الصلاة فصل واركب حمارك واسأل عن الحبانية فإن وصلت فاسأل عن قاعة بركات النقيب المعروف بأبي شامة فإني ساكنة هناك ولا تبطئ فإني في انتظارك. ففرحت فرحاً زائداً ثم تفرقنا وجئت للخان الذي أنا فيه وبت طول الليل سهران فما صدقت أن الفجر لاح حتى قمت وغيرت ملبوسي وتعطرت وتطيبت وأخذت معي خمسين ديناراً في منديل ومشيت من خان مسرور إلى باب زويلة فركبت حماراً وقلت لصاحبه: امض بي إلى الحبانية فمضى في أقل من لحظة فما أسرع ما وقف على درب يقال له درب المنقري فقلت له: ادخل الدرب واسأل عن قاعة النقيب فغاب عليلاً وقال: أنزل فقلت: امش قدامي إلى القاعة فمشى حتى أوصلني إلى المنزل فقلت له: في غد تجيئني هنا وتوديني فقال الحمار: بسم الله فناولته ربع دينار ذهباً فأخذه وانصرف فطرقت الباب فخرج لي بنتان صغيرتان وبكران منهدتان كأنهما قمران فقالتا: ادخل إن سيدتنا في انتظارك لم تنم الليلة لولعها بك. فدخلت قاعة مغلقة بسبعة أبواب وفي دائرها شبابيك مطلة على بستان فيه من الفواكه جميع الألوان وبه أنهار دافقة وطيور ناطقة وهي مبيضة بياضاً سلطانياً يرى الإنسان وجهه فيها وسقفها مطلي بذهب وفي دائرها طرزات مكتبة بالازورد قد حوت أوصاف حسنة وأضاءت للناظرين وأرضها مفروشة بالرخام المجزع وفي أرضها فسقية وفي أركان تلك الفسقية الدر والجوهر مفروشة بالبسط الحرير الملونة والمراتب، فلما دخلت جلست، وأدرك شهرزاد الصباح فسكتت عن الكلام المباح.

وفي الليلة السابعة والعشرون قد بلغني أيها الملك السعيد أن الشاب التاجر قال للنصراني: فلما دخلت وجلست لم أشعر إلا والصبية قد أقبلت وعليها تاج مكلل بالدر والجوهر وهي منقشة مخططة فلما رأتني تبسمت في وجهي وقالت: أصحيح أتيت عندي أم هذا منام؟ فقلت لها: أنا عبدك فقالت أهلاً ومرحباً،والله من يوم رأيتك ما لذني نوم ولا طاب لي طعام فقلت: وأنا كذلك ثم جلسنا نتحدث وأنا مطرق برأسي إلى الأرض حياء ولم أمكث قليلاً حتى قدمت لي سفرة من أفخر

الألوان من محمر ومرق دجاج محشو فأكلت معها حتى اكتفينا ثم قدموا إلى الطشط والإبريق فغسلت يدي ثم تطيبنا بماء الورد والمسك، وجلسنا نتحدث فأنشدت هذين البيتين: لو علمنا بقدومكم لفـرشـنـا مهجة القلب مع سواد العيون ووضعنا حدودنا لـلـقـاكـم وجعلنا المسير فوق الجفون وهي تشكو إلي ما لاقت وأنا أشكو إليها ما لقيت وتمكن حبها عندي وهان علي جميع المال، ثم أخذنا نلعب ونتهارش مع العناق والتقبيل إلى أن أقبل الليل فقدمت لنا الجواري الطعام والمدام فإذا هي خضرة كاملة فشربنا إلى نصف الليل ثم اضطجعنا ونمنا فنمت معها إلى الصباح فما رأيت عمري مثل هذه الليلة.

فلما أصبح الصباح قمت ورميت لها تحت الفراش المنديل الذي فيه الدنانير وودعتها وخرجت فبكت وقالت: يا سيدي متى أرى هذا الوجه المليح؟ فقلت لهاك أكون عندك وقت العشاء فلما خرجت أصبت الحمار الذي جاء بي بالأمس على الباب ينتظرني فركبت معه حتى وصلت خان مسرور فنزلت وأعطيت الحمار نصف دينار وقلت له: تعالى فيوقت الغروب قال: على الرأس فدخلت الخان وأفطرت ثم خرجت أطالب بثمن القماش، ثم رجعت وقد عملت لها خروفاً مشوياً وأخذت حلاوة ثم دعوت الحمال ووصفت له المحل وأعطيته أجرته ورجعت في أشغالي إلى الغروب فجاءني الحمار فأخذت خمسين ديناراً وجعلتها في منديل ودخلت فوجدتهم مسحوا لرخام وحلوا النحاس وعمروا القناديل وأوقدوا الشموع وغرفوا الطعام وروقوا الشراب. فلما رأتني رمت يديها على رقبتي وقالت: أوحشتني، ثم قدمت الموائد فأكلنا حتى اكتفينا ورفعت الجواري المائدة وقدمت المدام، فلم نزل في شراب وتقبيل وحظ إلى نصف الليل فنمنا إلى الصباح ثم قمت وناولتها الخمسين ديناراً على العادة وخرجت من عندها فوجدت الحمار فركبت إلى الخان فنمت ساعة ثم قمت جهزت العشاء فعملت جوزاً ولوزاً وتحتهم أرز مفلفل وعملت قلقاساً مقلياً ونحو ذلك وأخذت فاكهة نقلاً ومسموماً وأرسلتها وسرت إلى البيت وأخذت خمسين ديناراً في منديل وخرجت فركبت مع الحمار على العادة إلى القاعة فدخلت ثم أكلنا وشربنا وبتنا إلى الصباح، ولما قمت رميت لها المنديل وركبت إلى الخان على العادة، ولم أزل على تلك الحالة مدة إلى أن بت لا أملك درهماً ولا دينار، فقلت في نفسي هذا من فعل الشيطان وأنشدت هذه الأبيات: فقر الـفـتـى يذهـب أنـواره مثل اصفرار الشمس عند المغيب إن غاب لا يذكـر بـين الـورى وإن أتى فما له مـن نـصـيب يمر في الأسواق مسـتـخـفـياً وفي الفلا يبكي بدمع صـبـيب والله ما الإنـسـان مـن أهـلـه إذا ابتلى بالـفـقـر إلا غـريب ثم تمشيت إلى أن وصلت بين القصرين ولا زلت أمشي حتى وصلت إلى

باب زويلة فوجدت الخلق في ازدحام والباب منسد من كثرة الخلق فرأيت بالأمر المقدر جندياً فزاحمته بغير اختياري، فجاءت يدي على جيبه فجسيته فوجدت فيه صرة من داخل الجيب الذي دي عليه فعمدت إلى تلك الصرة فأخذتها من جيبه فأحس الجندي بأن جيبه خف فحط يده في جيبه فلم يجد شيئاً والتفت نحوي ورفع يده بالدبوس وضربني على رأسي فسقطت إلى الأرض فأحاط الناس بنا وأمسكوا لجام فرس الجندي وقالوا: أمن أجل الرحمة تضرب هذا الشاب هذه الضربة؟ فصرخ عليهم الجندي وقال: هذا حرامي سارق فعند ذلك أفقت ورأيت الناس يقولون: هذا الشاب مليح لم يأخذ شيئاً، فبعضهم يصدق بعضهم يكذب وكثر القيل والقال وجذبني الناس وأرادوا خلاصي منه فبأمر المقدر جاء الوالي هو وبعض الحكام في هذا الوقت ودخلوا من الباب فوجدوا الخلق مجتمعين علي وعلى الجندي، فقال الوالي: ما الخبر؟ فقال الجندي: والله يا أمير المؤمنين إن هذا حرامي وكان في جيبي كيس أزرق فيه عشرون ديناراً فأخذه وأنا في الزحام، فقال الوالي للجندي: هل كان معك أحد؟ فقال الجندي: لا فصرخ الوالي على المقدم وقال: أمسكه وفتشه فأمسكني وقد زال الستر عني فقال له الوالي: أعره من جميع ما عليه، فلما أعراني وجدوا الكيس في ثيابي فلما وجدوا الكيس أخذه الوالي وفتحه وعده فرأى فيه عشرين ديناراً كما قال الجندي. فغضب الوالي وصاح على أتباعه وقال: قدموه فقدموني بين يديه فقال: يا صبي قل الحق هل أنت سرقت هذا الكيس؟ فأطرقت برأسي إلى الأرض وقلت في نفسي: إن قلت ما سرقته فقد أخرجه من ثيابي وإن قلت سرقته وقعت في العناء ثم رفعت رأسي وقلت: نعم أخذته فلما سمع مني الوالي هذا الكلام تعجب ودعا الشهود فحضروا وشهدوا على منطقي هذا كله في باب زويلة فأمر الوالي السياف بقطع يدي فقطع يدي اليمنى فرق قلب الجنيد وشفع في عدم قتلي وتركني الوالي ومضى وصارت الناس حولي وسقوني قدح شراب وأما الجندي فإنه أعطاني الكيس وقال: أنت شاب مليح ولا ينبغي أن تكون لصاً، فأخذته منه وأنشدت هذه الأبيات: والله ما كنت لصاً يا أخا ثقة ولم أكن سارقاً يا أحسن الناس ولكن رمتني صروف الدهر عن عجل فزاد همي ووسواس إفلاسي وما رميت ولكن الإله رمى سهماً فطير تاج الملك عن رأسي فتركني الجندي وانصرف بعد أن أعطاني الكيس وانصرفت أنا ولقيت يدي في خرقة وأدخلتها عني وقد تغيرت حالتي واصفر لوني مما جرى لي فتمشيت إلى القاعة وأنا على غير استواء ورميت روحي على الفراش فنظرتني الصبية متغير اللون فقالت لي: ما وجعك وما لي أرى حالتك تغيرت؟ فقلت لها: رأسي توجعني وما أنا طيب، فعند ذلك اغتاظت وتشوشت لأجلي وقالت: لا تحرق قلبي يا

108

سيدي، اقعد وارفع رأسك وحدثني بما حصل لك اليوم فقد بان لي في وجهك كلام، فقلت: دعيني من الكلام فبكت وصارت تحدثني وأنا لا أجيبها حتى أقبل الليل فقدمت لي الطعام فامتنعت وخشيت أن تراني آكل بيدي الشمال فقلت: لا أشتهي أن آكل في مثل هذه الساعة فقالت: حدثني بما جرى لك في هذا اليوم ولأي شيء أراك مهموماً مكسور الخاطر والقلب؟ فقلت في هذه الساعة أحدثك على مهلي فقدمت لي الشراب وقالت: دونك فإنه يزيل همك فلا بد أن تشرب وتحدثني بخبرك فقلت لها: إن كان ولا بد فاسقيني بيدك فملأت القدح وشربته وملأته وناولتني إياه فتناولته منها بيدي الشمال وفرت الدمعة من جفني فأنشدت هذه الأبيات: إذا أراد الله أمـراً لأمـرئ وكان ذا عقل وسمع وبصر أصم أذنيه وأعمى قـلـبـه وسل منه عقله سل الشعر حتى إذا أنفذ فيه حكـمـه رد إليه عقله لـيعـتـبـر فلما فرغت من شعري تناولت القدح بيدي الشمال وبكيت، فلما رأتني أبكي صرخت صرخة قوية وقالت: ما سبب بكائك، قد أحرقت قلبي وما لك تناولت القدح بيدك الشمال؟ فقلت لها إن بيدي حبة، فقالت أخرجاه حتى أفقها لك فقلت: ما هو وقت فقعها لا تطيلي علي فما أخرجها في تلك الساعة ثم شربت القدح ولم تزل تسقيني حتى غلب السكر علي فنمت مكاني فأبصرت يدي بلا كف ففتشتني فرأت معي الكيس الذي فيه الذهب، فدخل عليها الحزن ما لا يدخل على أحد ولا زالت تتألم بسببي إلى الصباح فلما أفقت من النوم وجدتها هيأت لي مسلوقة وقدمتها فإذا هي أربعة من طيور الدجاج، وأسقتني قدح شراب فأكلت وشربت وحطيت الكيس وأردت الخروج فقالت: أين تروح؟ فقلت: إلى مكان كذا لأزحزح بعض الهم عن قلبي فقالت: لا تروح بل اجلس فجلست فقالت لي: وهل بلغت محبتك إياي إلى أن صرفت جميع مالك علي وعدمت كفك فأشهدك علي والشاهد الله أني لا أفارقك وسترى صحة قولي ولعل الله استجاب دعوتي بزواجك وأرسلت خلف الشهود فحضروا فقالت لهم: اكتبوا كتابي على هذا الشاب واشهدوا أني قبضت المهر فكتبوا كتابي عليها ثم قالت: اشهدوا أن جميع مالي الذي في هذا الصندوق وجميع ما عندي من المماليك والجواري لهذا الشاب فشهدوا عليها وقبلت أنا التمليك وانصرفوا بعدما أخذوا الأجرة. ثم أخذتني من يدي وأوقفتني على خزانة وفتحت صندوقاً كبيراً وقالت لي: انظر هذا الذي في الصندوق فنظرت فإذا هو ملآن مناديل، فقالت: هذا مالك الذي أخذته منك فكلما أعطيتني منديلاً فيه خمسون ديناراً ألفه وأرميه في هذا الصندوق فخذ مالك فقد رده الله عليك وأنت اليوم عزيز فقد جرى عليك القضاء بسبب حتى عدمت يمينك وأنا لا أقدر على مكافأتك ولو

بذلت روحي لكان ذلك قليلاً ولك الفضل ثم قالت لي: تسلم مالك فتسلمته ثم نقلت ما في صندوقها إلى صندوقي وضمت مالها إلى مالي الذي كنت أعطيتها إياه وفرح قلبي وزال هي فقمت فقبلتها وسكرت معها فقالت: لقد بذلت جميع مالك ويدك في محبتي فكيف أقدر على مكافأتك والله لو بذلت روحي في محبتك لكان ذلك قليل وما أقوم بواجب حقك علي ثم إنها كتبت لي جميع ما تملك من ثياب بدنها وصيغتها وأملاكها، بحجة وما نامت تلك الليلة إلا مهمومة من أجلي حين حكيت لها ما وقع لي وبت معها. ثم أقمنا على ذلك أقل من شهر وقوي بها الضعف، وزاد بها المرض وما مكثت غير خمسين يوماً ثم صارت من أهل الآخرة فجهزتها وواريتها في التراب وعملت لها ختمات وتصدقت عليها بجملة من المال، ثم نزلت من التربة فرأيت لها مالاً جزيلاً وأملاكاً وعقارات، ومن جملة ذلك تلك المخازن السمسم التي بعت لك منها ذلك المخزن وما كان اشتغالي عنك هذه المدة إلا لأني بعت بقية الحواصل وإلى الآن لم أفرغ من قبض الثمن فأرجو منك أنك لا تخالفني فيما أقوله لك لأني أكلت زادك فقد وهبتك ثمن السمسم الذي عندك، فهذا سبب أكلي بيدي الشمال فقلت له: لقد أحسنت إلي وتفضلت علي فقال لي: لا بد أن تسافر معي إلى بلادي فإني اشتريت متجراً مصرياً واسكندرانياً فهل لك في مصاحبتي؟ فقلت: نعم وواعدته على رأس الشهر ثم بعت جميع ما أملك واشتريت به متجراً وسافرت أنا وذلك الشاب إلى هذه البلاد التي هي بلادكم فباع الشاب متجره واشترى متجراً عوضه من بلادكم ومضى إلى الديار المصرية فكان نصيبي من قعودي هذه الليلة حتى حصل من غربتي فهذا يا ملك الزمان ما هو أعجب من حديث الأحدب فقال الملك: لا بد من شنقكم كلكم: وأدرك شهرزاد الصباح فسكتت عن الكلام المباح.

الليلة الثامنة والعشرون قالت: بلغني أيها الملك السعيد أن ملك الصين لما قال: لا بد من شنقكم فعند ذلك تقدم المباشر إلى ملك الصين وقال: إن أذنت لي حكيت لك حكاية وقعت لي في تلك المدة قبل أن أجد هذا الأحدب وإن كانت أحب من حديثه تهب لنا أرواحنا فقال الملك: هات ما عندك فقال: اعلم أني كنت تلك الليلة الماضية عند جماعة عملوا ختمة وجمعوا الفقهاء فلما قرأوا المقرؤون وفرغوا مدوا السماط فمن جملة ما قدموا زرباجة فقدمنا لنأكل الزرباجة فتأخر واحد منا وامتنع عن الأكل منها فحلفنا عليه فأقسم أنه لا يأكل منها فشددنا عليه فقال: لا تشددوا علي فكفاني ما جرى لي من أكلها فأنشدت هذا البيت:

إذا صديق أنكرت جانبـه لم تعيني على فراقه الحيل

فلما فرغنا قلنا له: بالله ما سبب امتناعك عن الأكل من هذه الزرباجة؟ فقال: لأني لا آكل منها غلا إن غسلت يدي أربعين مرة، فعند ذلك أمر صاحب الدعوى غلمانه فأتوا بالماء الذي طلبه فغسل يديه كما ذكر، ثم تقدم وهو متكره وجلس ومد يده وهو مثل الخائف ووضع يده في الزرباجة وصار يأكل وهو متغصب ونحن نتعجب منه غاية التعجب ويده ترتعد فنصب إبهام يده فإذا هو مقطوع وهو يأكل بأربعة أصابع فقلنا له: بالله عليك ما لإبهامك هكذا أهو خلقة الله أم أصابه حادث؟ فقال: يا إخواني أهو هذا الإبهام وحده ولكن إبهام الأخرى وكذلك رجلاي الاثنين ولكن انظروا ثم كشف إبهام يده الأخرى فوجدناها مثل اليمين وكذلك رجلاه بلا إبهامين. فلما رأيناه كذلك ازددنا عجباً وقلنا له: ما بقي لنا صبر على حديثك، والأخبار بسبب قطع إبهامي يديكورجليك وسبب غسل يديك، مائة وعشرين مرة فقال: اعلموا أن والدي كان تاجر من التجار الكبار وكان أكبر تجار مدينة بغداد في أيام الخليفة هارون الرشيد وكان مولعاً بشرب الخمر وسماع العود فلما مات لم يترك شيئاً فجهزته، وقد عملت له ختمات وحزنت عليه أياماً وليالي ثم فتحت دكانه فما وجدته خلف إلا يسيراً ووجدت عليه ديوناً كثيرة فصبرت أصحاب الديون وطيبت خواطرهم وصرت أبيع وأشتري وأعطي من الجمعة أصحاب الديون ولا زلت على هذه الحالة إلى أن وفيت الديون وزدت على رأس مالي. فبينما أنا جالس يوماً من الأيام إذا رأيت صبية لم تر عيني أحسن منها عليها حلي وحلل فاخرة وهي راكبة بغلة وقدامها عبد وورائها عبد فأوقفت البغلة على رأس السوق ودخلت ورائها خادم، وقال: يا سيدتي اخرجي ولا تعلمي أحداً فتطلقي فينا النار ثم حجبها الخادم فلما نظرت إلى دكاكين التجار لم تجد أفخر من دكاني، فلما وصلت إلى جهتي والخادم خلفها وصلت إلى دكاني وسلمت علي فما وجدت أحسن من حديثها ولا أعذب من كلامها، ثم كشفت عن وجهها فنظرتها نظرة أعقبتني ألف حسرة وتعلق قلبي بمحبتها، وجعلت أكرر النظر إلى وجهها وأنشد: جودي علي بزورة أحيا بـهـا ها قد مددت إلى نوالك راحتي فلما سمعت إنشادي أجابتني بهذه الأبيات:

عدمت فؤادي في الهوى أن سلاكم فإن فـؤادي لا يحـب سـواكـم

وإن نظرت عيني إلى غير حسنكم فلا سرها بعد العبـاد لـقـاكـم حلفت يميناً لست أسلـوا هـواكـم وقلبي حزين مغـرم بـهـواكـم سقاني الهوى كأساً من الحب صافياً فيا ليته لما سقـانـي سـقـاكـم خذوا رمقي حيث استقرت بكم نوى وأين حللتم فادفنـونـي حـداكـم وإن تذكروا اسمي عند قبري يجيبكم أنين عظامي

عند رفع نـداكـم فلو قليل لي ماذا على الله تشتهـي لقلت رضا الرحمن ثم رضـاكـم.

فلما فرغت من شعرها قالت: يا فتى أعندك تفاصيل ملاح؟ فقلت: يا سيدتي مملوكك فقير، ولكن اصبري حتى تفتح التجار دكاكينهم وأجيء لك بما تريدينه ثم تحدثت أنا وإياها وأنا غارق في بحر محبتها تائه في عشقها، حتى فتحت التجار دكاكينهم فقمت وأخذت لها جميع ما طلبته، وكان ثمن ذلك خمسة آلاف درهم وناولت الخادم جميع ذلك فأخذه الخادم وذهبا إلى خارج السوق فقدموا لها البغلة فركبت ولم تذكر لي منأين هي واستحيت أن أذكر لها ذلك والتزمت الثمن للتجار،وتكلفت خمسة آلاف درهم وجئت البيت وأنا سكران من محبتها، فقدموا لي العشاء لأكلت لقمة وتذكرت حسنها وجمالها فأشغلني عن الأكل، وأردت أن أنام فلم يجيئني نوم ولم أزل على هذه الحالة أسبوعاً وطالبتني التجار بأموالهم فصبرتهم أسبوعاً آخر، فبعد الأسبوع أقبلت وهي على البغلة ومعها خادم وعبدان: فلما رأيتها زال عني الفكر ونسيت ما كنت فيه وأقبلت تحدثني بحديثها الحسن ثم قالت: هات الميزان وزن مالك فأعطتني ثمن ما أخذته بزيادة، ثم انبسطت معي في الكلام فكدت أن أموت فرحاً وسروراً ثم قالت لي: هل لك أنت زوجة؟ فقلت: لا إني لا أعرف امرأة ثم بكيت فقالت لي: مالك تبكي؟ فقلت: من شيء خطر ببالي ثم أني أخذت بعض دنانير وأعطيتها للخادم وسألتها أن يتوسط في الأمر فضحك وقال: هي عاشقة لك أكثر منك وما لها بالقماش حاجة وإنما هي لأجل محبتها لك فخاطبها بما تريد فإنها لا تخالفك فيما تقول فرأتني وأنا أعطي الخادم الدنانير فرجعت وجلست ثم قلت لها: تصدقي على مملوكك واسمحي له فيما يقول ثم حدثتها بما في خاطري فأعجبها ذلك وأجابتني وقالت: هذا الخادم يأتي برسالتي واعمل أنت بما يقول لك الخادم ثم قامت ومضت وقمت وسلمت التجار أموالهم وحصل لهم الربح، إلا أنا فإنها حين ذهبت حصل لي الندم من انقطاع خبرها عني ولم أنم طول الليل. فما كان إلا أيام قلائل وجاءني خادمها فأكرمته وسألته عنها، فقال: إنها مريضة فقلت للخادم: اشرح لي أمرها قال: إن هذه الصبية ربتها السيدة زبيدة زوجة هارون الرشيد وهي من جواريها، وقد اشتهت على سيدتها الخروج والدخول فأذنت لها في ذلك فصارت تدخل وتخرج حتى صارت قهرمانة، ثم أنها حدثت بك سيدتها وسألتها أن تزوجها بك، فقالت سيدتها: لا أفعل حتى أنظر هذا الشاب فإن كان يشبهك زوجتك به ونحن نريد في هذه الساعة أن ندخل بك الدار فإن دخلت ولم يشعر بك أحد وصلت تزويجك إياها وإن انكشف أمرك ضربت رقبتك فماذا تقول؟ فقلت: نعم أروح

معك وأصبر على الأمر الذي حدثتني به فقال لي الخادم: إذا كانت هذه الليلة فامض إلى المسجد الذي بنته السيدة زبيدة على الدجلة فصل فيه وبت هناك فقلت: حباً وكرامة فلما جاء وقت العشاء مضيت إلى المسجد وصليت وبت هناك. فلما كان وقت السحر رأيت الخادمين قد أقبلا في زورق ومعهما صناديق فارغة فأدخلوها في المسجد وانصرفوا وتأخر واحد منهما فتأملته وإذا هو الذي كان واسطة بيني وبينها فبعد ساعة صعدت غلينا الجارية صاحبتي فلما أقبلت قمت إليها وعانقتها فقبلتني وبكت تحدثنا ساعة فأخذتني ووضعتني في صندوق وأغلقته علي ولم أشعر إلا وأنا في دار الخليفة وجاؤوا إلي بشيء كثير من الأمتعة بحيث يساوي خمسين ألف درهم ثم رأيت عشرين جارية أخرى وهن نهد أبكار وبينهن الست زبيدة وهي لم تقدر على المشي مما عليها من الحلي والحلل فلما أقبلت تفرقت الجواري من حواليها فأتيت إليها وقبلت الأرض بين يديها فأشارت لي بالجلوس فجلست بين يديها ثم شرعت تسألني عن حالي وعن نسبي فأجبتها عن كل ما سألتني عنه ففرحت وقالت: والله ما خابت تربيتنا في هذه الجارية، ثم قالت لي: اعلم أن هذه الجارية عندنا بمنزلة ولد الصلب وهي وديعة الله عندك.

فقبلت الأرض قدامها ورضيت بزواجي إياها ثم أمرتني أن أقيم عندهم عشرة أيام فأقمت عندهم هذه المدة وأنا لا أدري من هي الجارية إلا أن بعض الوصائف تأتيني بالغداء والعشاء لأجل الخدمة، وبعد هذه المدة استأذنت السيدة زبيدة زوجها أمير المؤمنين في زواج جاريتها فأذن لها وأمر لها بعشرة آلاف دينار فأرسلت السيدة زبيدة إلى القاضي والشهود وكتبوا كتابي عليها وبعد ذلك عملوا الحلويات والأطعمة الفاخرة وفرقوا على سائر البيوت ومكثوا على هذا الحال عشرة أيام أخر وبعد العشرين يوماً أدخلوا الجارية الحمام لأجل الدخول بها ثم أنهم قدموا سفرة فيها طعام من جملته خافقية زرباجة محشوة بالسكر وعليها ماء ورد ممسك وفيها أصناف الدجاج المحمرة وغيره من سائر الألوان مما يدهش العقول فوالله حين حضرت المائدة ما أمهلت نفسي حتى نزلت على الزرباجة وأكلت منها بحسب الكفاية ومسحت يدي ونسيت أن أغسلها ومكثت جالساً إلى أن دخل الظلام وأوقدت الشموع، وأقبلت المغنيات بالدفوف ولم يزالوا يجلون العروسة وينقطون بالذهب حتى طافت القصر كله وبعد ذلك أقبلوا علي ونزعوا ما عليها من الملبوس. فلما خارت بها في الفراش وعانقتها وأنا لم أصدق بوصالها شمت في يدي رائحة الزرباجة فلما شمت الرائحة صرخت فنزل لها الجواري من كل جانب فارتجفت ولم أعلم ما الخبر فقالت الجواري: ما لك يا

أختنا؟ فقالت لهن: أخرجوا هذا المجنون فأنا أحسب أنه عاقل، فقلت لها: وما الذي ظهر لك من جنوني؟ فقالت: يا مجنون لأي شيء أكلت من الزرباجة ولم تغسل يدك فوالله لا أقبلك على عدم عقلك وسوء فعلك وأدرك شهرزاد الصباح فسكتت عن الكلام المباح.

الليلة التاسعة والعشرون قالت: بلغني أيها الملك السعيد أن الجارية قالت للشاب: لا أقبلك على عدم عقلك وسوء فعلك، ثم تناولت من جانبها سوطاً ونزلت به على ظهري ثم على مقاعدي حتى غبت عن الوجود من كثرة الضرب ثم إنها قالت للجواري: خذوه وامضوا به إلى متولي ليقطع يده التي أكل بها الزرباجة، ولم يغسلها فلما سمعت ذلك قلت: لا حول ولا قوة إلا بالله أتقطع يدي من أجل أكل الزرباجة وعدم غسلي إياها فدخلن عليها الجواري، وقلن لها: يا أختنا لا تؤاخذيه بفعله هذه المرة، فقالت والله لا بد أن أقطع شيئاً من أطرافه، ثم راحت وغابت عني عشرة أيام ولم أرها إلا بعد عشرة أيام ثم أقبلت علي وقالت لي: يا أسود الوجه أنا لا أصلح لك فكيف تأكل الزرباجة ولم تغسل يدك ثم صاحت على الجواري فكتفوني وأخذت موساً ماضياً وقطعت إبهامي يدي وإبهامي ورجلي كما ترون يا جماعة فغشي علي، ثم ذرت علي بالذرور فانقطع الدم وقلت في نفسي: لا آكل الزرباجة ما بقيت حتى أغسل يدي أربعين مرة بالإشنان وأربعين مرة بالسعد وأربعين مرة بالصابون فأخذت علي ميثاقاً أني لا آكل الزرباجة حتى أغسل يدي كما ذكرت لكم فلما جئتم بهذه الزرباجة تغير لوني وقلت في نفسي: هذا سبب إبهامي يدي ورجلي، فلما غصبتم علي قلب: لا بد أن أوفي بما حلفت. فقالت له والجماعة حاضرون ما حصل لك بعد ذلك؟ قال: فلما حلفت لها طاب قلبها ونمت أنا وإياها وأقمنا مدة على هذا الحال وبعد تلك المدة قالت: إن أهل دار الخلافة لا يعلمون بما حصل بيني وبينك فيها وما دخلها أجنبي غيرك وما دخلت فيها إلا بعناية السيدة زبيدة ثم أعطتني خمسين ألف دينار وقالت: خذ هذه الدنانير واخرج واشتر لنا بها داراً فسيحة فخرجت واشتريت داراً فسيحة مليحة ونقلت جميع ما عندها من النعم وما ادخرته من الأموال والقماش والتحف إلى هذه الدار التي اشتريتها فهذا سبب قطع إبهامي فأكلنا وانصرفنا وبعد ذلك جرى لي مع الأحدب ما جرى وهذا جميع حديثي والسلام، فقال الملك: ما هذا بأعذب من حديث الأحدب بل حديث الأحدب أعذب من ذلك ولا بد صلبكم جميعاً. وهنا أدرك شهرزاد الصباح فسكتت عن الكلام المباح.

وفي الليلة الثلاثين قالت: بلغني أيها الملك السعيد أن الملك قال: لا بد من صلبكم جميعاً فتقدم اليهودي وقبل الأرض وقال: يا ملك الزمان أنا أحدثك بحديث أعذب من حديث الأحدب، فقال له ملك الصين هات ما عندك فقال: أعجب ما جرى في زمن شبابي أني كنت في الشام وتعلمت منه صنعة فعملت فيها، فبينما أنا أعمل في صنعتي يوماً من الأيام، إذا تأتي مملوك من بيت الصاحب بدمشق، فخرجت له وتوجهت معه إلى منزل الصاحب فدخلت فرأيت في صدر الإيوان سريراً من المرمر بصفائح الذهب وعليه مريض راقد وهو شاب لم ير أحسن منه في زمانه فقعدت عند رأسه ووعدت له بالشفاء فأشار إليه بعينيه فقلت له: يا سيدي ناولني يدك فأخرج لي يده اليسرى فتعجبت من ذلك وقلت في نفسي: يا الله العجب أن هذا الشاب مليح ومن بيت كبير وليس عنده أدب إن هذا هو العجب، ثم جسست مفاصله وكتبت له ورقة ومكثت أتردد عليه مدة عشرة أيام وفي اليوم الحادي عشر قال الشاب: هل لك أنت نتفرج في الغرفة؟ فقلت: نعم فأمر العبيد أن يطلعوا الفراش إلى فوق وأمرهم أن يشووا خروفاً وأن يأتوا إلينا بفاكهة ففعل العبيد ما أمرهم به وأتوا بالفاكهة فأكلنا وأكل هو بيده الشمال. فقلت له: حدثني بحديثك فقال لي: يا حكيم الزمان اسمع حكاية ما جرى لي، اعلم أنني من أولاد الموصل وكان لي والد قد توفي أبوه وخلف عشرة أولاد ذكور من جملتهم والدي وكان أكبرهم فكبروا كلهم وتزوجوا ورزق والدي بي وأما إخوته التسعة فلم يرزقوا بأولاد فكبرت أنا وصرت بين أعمامي وهم فرحون بي فرحاً شديداً، فلما كبرت وبلغت مبلغ الرجال وكنت ذات يوم مع والدي في جامع الموصل وكان اليوم ويم جمعة فصلينا الجمعة وخرج الناس جميعاً وأما والدي وأعمامي فإنهم قعدوا يتحدثون في عجائب البلاد وغرائب المدن إلى أن ذكروا مصر فقال بعض أعمامي: إن المسافرين يقولون: ما على وجه الأرض أحسن من مصر ونيلها، ثم أنهم أخذوا يصفون مصر ونيلها، فلما فرغوا من كلامهم وسمعت أنا هذه الأوصاف التي في مصر صار جاري مشغولاً بها ثم انصرفوا وتوجه كل واحد منهم إلى منزله. فبت تلك الليلة لم يأتني نوم من شغفي بها ولم يطب لي أكل ولا شرب فلما كان بعد أيام قلائل تجهز أعمامي إلى مصر فبكيت على والدي لأجل الذهاب معهم حتى جهز لي متجراً ومضيت معهم وقال لهم: لا تدعوه يدخل مصر بل اتركوه في دمشق لبيع متجره فيها ثم سافرنا وودعت والدي وخرجنا من الموصل وما زلنا مسافرين إلى أن وصلنا إلى حلب فأقمنا بها أياماً ثم سافرنا إلى أن وصلنا دمشق فرأيناها مدينة ذات أشجار وأنهار وأثمار وأطيار كأنها جنة فيها كل فاكهة فنزلنا في بعض الخانات واستمر بها أعمامي حتى باعوا

واشتروا وباعوا بضاعتي فربح الدرهم خمسة دراهم ففرحت بالربح ثم تركني أعمامي وتوجهوا إلى مصر. وأدرك شهرزاد الصباح فسكتت عن الكلام المباح.

وفي الليلة الواحدة والثلاثين قالت: بلغني أيها الملك السعيد أن الشاب لما تركوه أعمامه وتوجهوا إلى مصر قال: مكثت بعدهم وسكنت في قاعة مليحة البنيان يعجر عن وصفها اللسان أجرتها كل شهر بدينارين وصرت أتلذذ بالمآكل والمشارب حتى صرفت المال الذي كان معي فبينما أنا قاعِد على باب القاعة يوماً من الأيام وإذا بصبية أقبلت علي وهي لابسة أفخر الملابس وما رأت عيني أفخر منها فعزمت عليها فما قصرت بل صارت داخل الباب فلما دخلت ظفرت بها وفرحت بدخولها فرددت الباب علي وعليها وكشفت عن وجهها وقلعت إزارها فوجدتها بديعة الجمال فتمكن حبها من قلبي فقمت وجئت بسفرة من أطيب المأكول والفاكهة وما يحتاج غليه المقام وأكلنا ولعبنا وبعد اللعب شربنا حتى سكرنا ثم نمت معها في أطيب ليلة إلى الصباح، وبعد ذلك أعطيتها عشرة دنانير فحلفت أنها لا تأخذ الدنانير مني ثم قالت: يا حبيبي انتظرني بعد ثلاثة أيام وقت المغرب أكون عندك وهيء لنا بهذه الدنانير مثل هذا وأعطتني هي عشرة دنانير وودعتني وانصرفت فأخذت عقلي معها.

فلما مضت الأيام الثلاثة أتت وعليها من المزركش أو الحلي والحلل أعظم مما كان عليها أولاً وكنت هيأت لها ما يليق بالمقام قبل أن تحضر فأكلنا وشربنا ونمنا مثل العادة إلى الصباح ثم أعطتني عشرة دنانير وواعدتني بعد ثلاثة أيام أنها تحضر عندي فهيأت لها ما يليق بالمقام وبعد ثلاثة أيام حضرت في قماش أعظم من الأول والثاني ثم قالت لي: يا سيدي هل أنا مليحة؟ فقلت: أي والله فقالت: هل تأذن لي أن أجيء معي بصبية أحسن مني وأصغر سناً مني حتى تلعب معنا ونضحك وإياها فإنها سألتني أن تخرج معي وتبيت معنا لنضحك وإياها ثم أعطتني عشرين ديناراً وقالت لي: زد لنا المقام لأجل الصبية التي تأتي معي، ثم إنها ودعتني وانصرفت، فلما كان اليوم الرابع جهزت لها ما يليق بالمقام على العادة فلما كان بعد المغرب وإذا بها قد أتت ومعها واحدة ملفوفة بإزار فدخلتا وجلستا ففرحت وأوقدت الشموع واستقبلتهما بالفرح والسرور فقامتا ونزعتا ما عليهما من الثياب، وكشفت الصبية الجديدة عن وجهها فرأيتها كالبدر في تمامه فلم أر أحسن منها فقمت وقدمت لهما الأكل والشرب فأكلنا وشربنا وصرت أقبل الصبية الجديدة وأملأ لها القدح وأشرب معها فغارت الصبية الأولى في الباطن ثم قالت: بالله إن هذه الصبية مليحة أما هي أظرف مني؟ فقلت: أي والله قالت:

خاطري أن تنام معها قلت: على رأسي وعيني ثم قامت وفرشت لنا فقمت ونمت مع الصبية الجديدة إلى وقت الصبح فلما أصبحت وجدت يدي ملوثة بدم فتحت عيني فوجدت الشمس قد طلعت فنبهت الصبية فتدحرج رأسها عن بطنها فظننت أنها فعلت ذلك من غيرتها منها ففكرت ساعة ثم قمت قلعت ثيابي وحفرت في القاعة ووضعت الصبية ورددت التراب وأعدت الرخام كما كان ورفعت المخدة فوجدت تحتها العقد الذي كان في عنق تلك الصبية فأخذته وتأملته وبكيت ساعة ثم أقمت يومين وفي اليوم الثالث دخلت الحمام وغيرت أثوابي وأنا ما معي شيء من الدراهم فجئت يوماً إلى السوق فوسوس لي الشيطان لأجل إنفاذ القدر فأخذت عقد الجوهر وتوجهت به إلى السوق وناولته للدلال فقام لي وأجلسني بجانبه وصبر حتى عمر السوق وأخذه الدلال ونادى عليه خفية وأنا لا أعلم وإذا بالعقد مثمن بلغ ثمنه ألفي دينار فجاءني الدلال وقال لي: إن هذا العقد نحاس مصنوع بصنعة الإفرنج وقد وصل ثمنه إلى ألف درهم، فقالت له: نعم كنا صنعناه بصنعة الإفرنج لواحدة نضحك عليها به وورثتها زوجتي فرأينا بيعه، فرح واقبض الألف. وأدرك شهرزاد الصباح فسكتت عن الكلام المباح.

في الليلة الثانية والثلاثين قالت: بلغني أيها الملك السعيد أن الشاب لما قال للدلال اقبض الألف درهم وسمع الدلال ذلك عرف أن قضيته مشكلة فتوجه بالعقد إلى كبير السوق وأعطاه إياه فأخذه وتوجه به إلى الوالي وقال له: إن هذا العقد سرق من عندي ووجدنا الحرامي لابساً لباس أولاد التجار فلم أشعر إلا والظلمة قد أحاطوا بي وأخذوني وذهبوا بي إلى الوالي فسألني الوالي عن ذلك العقد فقلت له ما قلته للدلال فضحك الوالي وقال: ما هذا كلام الحق فلم أدر إلا وحواشيه جردوني من ثيابي وضربوني بالمقارع على جميع بدني فأحرقني الضرب فقلت: أنا سرقته ولا أقول إن صاحبته مقتولة عندي فيقتلوني فيها، فلما قلت أني سرقته قطعوا يدي وقلوها في الزيت فغشي علي فسقوني الشراب حتى أفقت فأخذت يدي وجئت إلى القاعة فقال صاحب القاعة حيثما جرى لك هذا فادخل القاعة وانظر لك موضعاً آخر لأنك متهم بالحرام فقلت له: يا سيدي اصبر علي يومين أو ثلاثة حتى أنظر لي موضعاً، قال: نعم ومضى وتركني. فبقيت قاعد أبكي وأقول: كيف أرجع إلى أهلي وأنا مقطوع اليد والذي قطع يدي لم يعلم أني بريء فلعل الله يحدث بعد ذلك أمراً، وصرت أبكي بكاء شديداً فلما مضى صاحب القاعة عني لحقني غم شديد فتشوشت يومين وفي اليوم الثالث ما أدري غلا وصاحب القاعة جاءني ومعه بعض الظلمة وكبير السوق وادعى علي أني سرقت العقد فخرجت

لهم وقلت: ما الخبر؟ فلم يمهلوني بل كتفوني ووضعوا في رقبتي جنزيراً وقالوا لي: إن العقد الذي كان معك طلع لصاحب دمشق ووزيرها وحاكمها وقالوا: إن هذا العقد قد ضاع من بيت الصاحب من مدة ثلاث سنين ومعه ابنته فلما سمعت هذا الكلام منهم ارتعدت مفاصلي وقلت في نفسي إنهم سيقتلونني ولا محالة، والله لا بد أنني أحكي للصاحب حكايتي فإن شاء قتلني وإن شاء عفى عني، فلما وصلنا إلى الصاحب أوقفني بين يديه فلما رآني قال: أهذا هو الذي سرق العقد ونزل به ليبيعه؟ إنكم قطعتم يده ظلماً ثم أمر بسجن كبير السوق وقال له: أعط هذا دية يده وإلا أشنقك وآخذ جميع مالك، ثم صاح على أتباعه فأخذوه وجردوه وبقيت أنا والصاحب وحدنا بعد أن فكوا الغل من عنقي بإذنه وحلوا وثاقي ثم نظر إلي الصاحب وقال: يا ولدي حدثني واصدقني كيف وصل إليك هذا العقد؟ فقلت: يا مولاي إني أقول لك الحق، ثم حدثته بجميع ما جرى لي مع الصبية الأولى وكيف جاءتني بالثانية وكيف ذبحتها من الغيرة وذكرت له الحديث بتمامه. فلما سمع كلامي هز رأسه وحط منديله على وجهه وبكى ساعة ثم أقبل علي وقال لي: اعلم يا ولدي أن الصبية ابنتي وكنت أحجز عليها فلما بلغت أرسلتها إلى ابن عمها بمصر فجاءتني وقد تعلمت العهر من أولاد مصر وجاءتك أربع مرات، ثم جاءتك بأختها الصغيرة والاثنتان شقيقتان وكانتا محبتين لبعضهما فلما جرى للكبيرة ما جرى أخرجت سرها على أختها فطلبت مني الذهاب معها ثم رجعت وحدها فسألتها عنها فوجدتها تبكي عليها وقالت: لا اعلم لها خبر ثم قالت لأمها سراً جميع ما جرى من ذبحها أختها فأخبرتني أمها سراً ولم تزل تبكي وتقول: والله لا أزال أبكي عليها حتى أموت وكلامك يا ولدي صحيح فإني أعلم بذلك قبل أن تخبرني به فانظر أن أزوجك ابنتي الصغيرة فإنها ليست شقيقة لهما وه يبكر ولا آخذ منك مهراً فأجعل لكما راتباً من عندي وتبقى عندي بمنزلة ولدي فقلت له: الأمر كما تريد يا سيدي ومن أين لي أن أصل إلى هذا فأرسل الصاحب في الحال من عنده بريد وأتاني بمالي الذي خلفه والدي والذي أنا اليوم في أرغد عيش. فتعجبت منه وأقمت عنده ثلاثة أيام وأعطاني مالاً كثيراً، وسافرت من عنده فوصلت إلى بلدكم هذه فطابت لي المعيشة وجرى لي مع الأحدب ما جرى، فقال ملك الصين: ما هذا بأعجب من حديث الأحدب ولا بد لي من شنقكم جميعاً وخصوصاً الخياط الذي هو رأس كل خطيئة قال: يا خياط إن حدثتني بشيء أعجب من حديث الأحدب وهبت لكم أرواحكم.

حكاية مزين بغداد

فعند ذلك تقدم الخياط وقال: اعلم يا ملك الزمان أن الذي جرى لي أعجب مما جرى للجميع لأني كنت قبل أن أجتمع بالأحدب أول النهار في وليمة بعض أصحاب أرباب الصنائع من خياطين وبزازين ونجارين وغير ذلك، فلما طلعت الشمس حضر الطعام لنأكل، وإذا بصاحب الدار قد دخل علينا ومعه شاب وهو أحسن ما يكون من الجمال غير أنه أعرج فدخل علينا وسلم فقمنا، فلما أراد الجلوس رأى فينا إنساناً مزيناً فامتنع عن الجلوس وأراد أن يخرج من عندنا فمنعناه نحن وصاحب المنزل وشددنا عليه وحلف عليه صاحب المنزل وقال له: ما سبب دخولك وخروجك؟ فاقل: بالله يا مولاي لا تتعرض لي بشيء فإن سبب خروجي هذا المزين الذي هو قاعد. فلما سمع منه صاحب الدعوة هذا الكلام تعجب غاية العجب وقال: كيف يكون هذا الشاب من بغداد وتشوش خاطره من هذا المزين ثم التفتنا إليه وقلنا له: إحك لنا ما سبب غيظك من هذا المزين فقال الشاب: يا جماعة إنه جرى لي مع هذا المزين أمر عجيب في بغداد بلدي وكان هو سبب عرجي وكسر رجلي وحلفت أني ما بقيت قاعداً في مكان ولا أسكن في بلد هو ساكن بها وقد سافرت من بغداد ورحلت منها وسكنت في هذه المدينة وأنا الليلة لا أبيت إلا مسافر فقلنا: بالله عليك أن تحكي لنا حكايتك معه فاصفر لون المزين حين سألنا الشاب، ثم قال الشاب: اعلموا يا جماعة الخير أن والدي من أكابر تجار بغداد ولم يرزقها لله تعالى بولد غيري.

فلما كبرت وبلغت مبلغ الرجال توفي والدي إلى رحمة الله تعالى وخلف لي مالاً وخدماً وحشماً فصرت ألبس الملابس وآكل أحسن المآكل، وكان الله سبحانه وتعالى بغضني في النساء إلى أن كنت ماشياً يوماً من الأيام في أزقة بغداد وإذا بجماعة تعرضوا لي في الطريق فهربت ودخلت زقاقاً لا ينفذ وارتكنت في آخره على مصطبة فلم أقعد غير ساعة وإذا بطاقة قبالة المكان الذي أنا فيه فتحت وطلت منها صبية كالبدر في تمامه لم أر في عمري مثلها ولها زرع تسقيه وذلك الزرع تحت الطاقة فالتفتت يميناً وشملاً ثم قفلت الطاقة وغابت عن عيني.

فانطلقت في قلبي النار واشتغل خاطري بهما وانقلب بغضي للنساء محبة فما زلت جالساً في المكان إلى المغرب وأنا غائب عن الدنيا من شدة الغرام وإذا بقاضي المدينة راكب وقدامه عبيد ووراءه خدم فنزل ودخل البيت الذي طلت منه تلك الصبية فعرفت أنه أبوها، ثم إني جئت منزلي وأنا مكروب ووقعت على الفراش مهموماً فدخلن علي جواري وقعدن حولي ولم يعرفن ما بي وأنا لم أبد لهن أمراً ولم

119

أرد لخطابهن جواباً، وعظم مرضي فصارت الناس تعودني فدخلت علي عجوز فلما رأتني لم يخف عليها حالي، فقعدت عند رأسي ولاطفتني وقالت لي: قل لي خبرك؟ فحكيت لها حكايتي وهنا أدرك شهرزاد الصباح فسكتت عن الكلام المباح.

وفي الليلة الثالثه والثلاثين قالت: بلغني أيها الملك السعيد أن الشاب لما حكى للعجوز حكايته قالت له: يا ولدي إن هذه بنت قاضي بغداد وعليها الحجر والموضع الذي رأيتها فيه هو طبقتها وأبوها له هالة في أسفل وهي وحدها وأنا كثيراً ما أدخل عندهم ولا تعرف وصالها إلا مني فشد حيلك فتجلدت وقويت نفسي حين سمعت حديثها وفرح أهلي في ذلك اليوم وأصبحت متماسك الأعضاء مرتجياً تمام الصحة، ثم مضت العجوز ورجعت ووجهها متغيراً فقالت: يا ولدي لا تسأل عما جرى منها، لما قلت لها ذلك فإنها قالت لي: إن لم تسكتي يا عجوز النحس عن هذا الكلام لأفعلن بك ما تستحقينه ولا بد أن أرجع إليها ثاني مرة. فلما سمعت ذلك منها ازددت مرضاً على مرضي، فلما كان بعد أيام أتت العجوز وقالت: يا ولدي أريد منك البشارة. فلما سمعت ذلك منها ردت روحي إلى جسمي وقلت لها: لك عندي كل خير فقالت: إني ذهبت بالأمس إلى تلك الصبية، فلما نظرتني وأنا منكسرة الخاطر باكية العين قالت: يا خالتي أراك ضيقة الصدر، فلما قالت لي ذلك بكيت وقلت لها: يا ابنتي وسيدتي إني أتيتك بالأمس من عند فتى يهواك وهو مشرف على الموت من أجلك فقالت لي وقد رق قلبها: ومن يكون هذا الفتى الذي تذكرينه؟ قلت: هو ولدي وثمرة فؤادي ورآك من الطاقة من أيام مضت وأنت تسقين زرعك ورأى وجهك فهام بك عشقاً وأنا أول مرة أعلمته بما جرى لي معك فزاد مرضه ولزم الوساد وما هو إلا ميت ولا محالة، فقالت وقد اصفر لونها: هل هذا كله من أجلي؟ قلت: إي والله فماذا تأمرين؟ قالت: أمضي إليه وأقرئيه مني السلام وأخبريه أن عندي أضعاف ما عنده فإذا كان يوم الجمعة قبل الصلاة يجيء إلى الدار وأنا أقول افتحوا له الباب وأطلعه عندي وأجتمع أنا وإياه ساعة ويرجع قبل مجيء والدي من الصلاة.

فلما سمعت كلام العجوز زال ما كنت أجده من الألم واستراح قلبي ودفعت إليها ما كان علي من الثياب وانصرفت وقالت لي: طيب قلبك فقلت لها: لم يبق في شيء من الألم وتباشر أهل بيتي وأصحابي بعافيتي، ولم أزل كذلك إلى يوم الجمعة وإذ بعجوز دخلت علي وسألتني عن حالي فأخبرتها أني بخير وعافية ثم لبست ثيابي وتعطرت ومكثت أنظر الناس يذهبون إلى الصلاة حتى أمضي إليها فقالت لي العجوز: إن معك الوقت اتساعاً زائداً فلو مضيت إلى الحمام وأزلت شعرك لا

سيما من أثر المرض لكان في ذلك صلاحك، فقلت لها: إن هذا هو الرأي الصواب لكن أحلق رأسي أولاً، ثم أدخل الحمام فأرسلت إلى المزن ليحلق لي رأسي وقلت للغلام: امض إلى السوق وائتني بمزين يكون عاقلاً قليل الفضول لا يصدع رأسي بكثرة كلامه فمضى الغلام وأتى بهذا الشيخ فلما دخل سلم علي فرددت: عليك السلام فقال: أذهب الله غمك وهمك والبؤس والأحزان عنك. فقلت له: تقبل الله منك، فقال: أبشر يا سيدي فقد جاءتك العافية أتريد تقصير شعرك أو إخراج دم فإني رجل ضعيف فقام ومد يده وأخرج منديلاً وفتحه، وإذا فيه اصطرلاب وهو سبع صفائح فأخذه ومضى إلى وسط الدار ورفع رأسه إلى شعاع الشمس ونظر ملياً وقال لي: اعلم أنه مضى من يومنا هذا وهو يوم الجمعة، وهو عاشر صفر سنة ثلاث وسبعمائة من الهجرة النبوية على صاحبها أفضل الصلاة والسلام وطالعه بمقتضى ما أوجبه علم الحساب المريخ سبع درج وستة دقائق واتفق أنه يدل على أن حلق الشعر جيد جداً، ودل عندي على أنك تريد الإقبال على شخص وهو مسعود لكن بعده كلام يقع وشيء لا أذكره لك فقلت له وقد أضجرتني وأزهقت روحي وفولت علي، وأنا ما طلبتك إلا لتحلق رأسي ولا تطل علي الكلام فقال: لو علمت حقيقة الأمر لطلبت مني زيادة البيان وأنا أشير عليك أنك تعمل اليوم بالذي أمرك به، بمقتضى حساب الكواكب وكان سبيلك أن ولا تخافني، فإني ناصح لك وشفيق عليك وأود أن أكون في خدمتك سنة كاملة وتقوم بحقي ولا أريد منك أجرة على ذلك فلما سمعت ذلك منه قلت له: إنك قاتلي في هذا اليوم، ولا محالة وأدرك شهرزاد الصباح فسكتت عن الكلام المباح.

وفي الليلة الرابعة والثلاثين قالت: بلغني أيها الملك السعيد أن الشاب قال له: إنك قاتلي في هذا اليوم فقال: يا سيدي أنا الذي تسميني الناس الصامت لقلة كلامي دون إخوتي لأن أخي الكبير اسمه البقبوق والثاني الهدار والثالث بقبق والرابع اسمه الكوز الأصوني والخامس اسمعها العشار والسادس اسمه شقالق والسابع اسمه الصامت وهو أنا فلما زاد علي هذا المزين بالكلام رأيت أن مرارتي انفطرت، وقلت للغلام: أعطه ربع دينار وخله ينصرف عني لوجه الله، فلا حاجة إلى حلاقة رأسي، فقال المزين حين سمع كلامي مع الغلام: يا مولاي، ما أظنك تعرف بمنزلتي فإن يدي تقع رأس الملوك والأمراء والوزراء والحكماء والفضلاء، وفي مثلي قال الشاعر: جميع الصنائع مثل العقود وهذا المزين در السلوك فيعلو على كل ذي حكمة وتحت يديه رؤوس الملوك فقلت: دع ما لا يعنيك فقد ضيقت صدري وأشلت خاطري فقال: أظنك مستعجلاً؟ فقلت له: نعم فقال: تمهل على نفسك، فإن العجلة من الشيطان وهي تورث الندامة والحرمان وقد قال عليه الصلاة

والسلام: خير الأمور ما كان فيه تأن وأنا والله رأبني أمرك فأشتهي أن تعرفني ما الذي أنت مستعجل من أجله ولعله خير فإني أخشى أن يكون شيئاً غير ذلك وقد بقي من الوقت ثلاث ساعات ثم غضب ورمى الموس من يده وأخذ الاصطرلاب ومضى إلى الشمس ووقف حصة مديدة وعاد وقال: قد بقي لوقت الصلاة ثلاث ساعات لا تزيد ولا تنقص فقلت له: بالله عليك، اسكت عني فقد فتت كبدي فأخذ الموس وسنه كما فعل أولاً وحلق بعض رأسي وقال: أنا مهموم من عجلتك فلو أطلعتني على سببها لكان خيراً لك لأنك تعلم أن والدك ما كان يفعل شيئاً إلا بمشورتي. فلما علمت أن مالي منه خلاص قلت في نفسي قد جاء وقت الصلاة وأريد أن أمضي قبل أن تخرج الناس من الصلاة فإن تأخرت ساعة لا أدري أين السبيل إلى الدخول إليها فقلت: أوجز ودع عنك هذا الكلام والفضول فإني أريد أن أمضي إلى دعوة عند أصحابي. فلما سمع ذكر الدعوة قال: يومك يوم مبارك علي لقد كنت البارحة حلفت علي جماعة من أصدقائي ونسيت أن أجهز لهم شيئاً يأكلونه وفي هذه الساعة تذكرت ذلك وافضيحتاه منهم فقلت له: لا تهتم بهذا الأمر بعد تعريفك أنني اليوم في دعوة فكل ما في داري من طعام وشراب لك إن أنجزت أمري، وعجلت حلاقة رأسي فقال: جزاك الله خيراً صف لي ما عندك لأضيافي حتى أعرفه؟ فقلت: عندي خمسة أوان من الطعام وعشر دجاجات محمرات وخروف مشوي فقال: أحضرها لي حتى أنظرها فأحضرت له جميع ذلك فلما عاينه، قال: بقي لله درك ما كرم نفسك لكن بقي الشراب فقلت له: عندي قال: أحضره فأحضرته له، قال: لله درك ما أكرم نفسك لكن بقي البخور الطيب فأحضرت له درجاً فيه نداً وعوداً وعنبر ومسك يساوي خمسين ديناراً وكان الوقت قد ضاق حتى صار مثل صدري فقلت له: خذ هذا واحلق لي جميع رأسي بحياة محمد فقال المزين: والله ما آخذه حتى أرى جميع ما فيه. فأمرت الغلام ففتح له الدرج فرمى المزين الصطرلاب من يده وجلس على الأرض يقلب الطيب والبخور والعود الذي في الدرج حتى كادت روحي أن تفارق جسمي ثم تقدم وأخذ الموسى وحلق من رأسه شيئاً يسيراً وقال: والله يا ولدي ما أدري كيف أشكرك وأشكر والدك لن دعوتي اليوم كلها من بعض فضلك وإحسانك وليس عندي من يستحق ذلك وإنما عندي زيتون الحمامي وصليع الفسخاني وعوكل الفوال وعكرشة البقال، وحميد الزبال وعكارش اللبان، ولكل هؤلاء رقصة يرقصها فضحكت عن قلب مشحون بالغيظ وقلت له: أقض شغلي وأسير أنا في أمان الله تعالى وتمضي أنت إلى أصحابك فإنهم منتظرون قدومك، فقال: ما طلبت إلا أن أعاشك بهؤلاء القوام فإنهم من أولاد الناس الذين ما فيهم فضولي ولو رأيتهم مرة واحدة لتركت جميع

أصحابك فقلت نعم الله سرورك بهم ولا بد أن أحضرهم عندي يوماً. وأدرك شهرزاد الصباح فسكتت عن الكلام المباح.

وفي الليلة الخامسة والثلاثين قالت: بلغني أيها الملك السعيد أن الشاب لما قال للمزين لا بد أن أحضر أصحابك عند يوماً فقال له: إذا أردت ذلك وقدمت دعوى أصحابك في هذا اليوم فاصبر حتى أمضي بهذا الإكرام الذي أكرمتني به وأدعه عند أصحابي يأكلون ويشربون ولا ينتظرون، ثم أعود إليك وأمضي معك إلى أصدقائك فليس بيني وبين أصدقائي حشمة تمنعني عن تركهم والعود إليك عاجلاً، وأمضي معك أينما توجهت فقلت: لا حول ولا قوة غلا بالله العلي العظيم امضي أنت إلى أصدقائي وأكون معهم في هذا اليوم فإنهم ينتظرون قدومي فقال المزين لأدعك تمضي وحدك، فقلت له: إن الموضع الذي أمضي إليه لا يقدر أحد أن يدخل فيه غيري، فقال: أظنك اليوم في ميعاد واحد وإلا كنت تأخذني معك وأنا أحق من جميع الناس وأساعدك على ما تريد فإني أخاف أن تدخل على امرأة أجنبية فتروح روحك فإن هذه مدينة بغداد لا يقدم أحد أن يعمل فيها شيئاً من هذه الأشياء لا سيما في مثل هذا اليوم وهذا ولي بغداد صار عظيم فقل: ويلك يا شيخ الشر أي شيء هذا الكلام الذي تقابلني به. فسكت سكوتا طويلاً وأدركنا وقت الصلاة وجاء وقت الخطبة وقد فرغ من حلق رأسي. فقلت له: أمضي إلى أصحابك بهذا الطعام والشراب وأنا أنتظرك حتى تمضي معي. ولم أزل أخادعه لعله يمضي، فقال لي إنك تخادعني وتمضي وحدك وترمي نفسك في مصيبة لا خلاص لك منها، فبالله لا تبرح حتى أعود إليك وأمضي معك حتى أعلم ما يتم من أمرك، فقلت له: نعم لا تبطئ علي فأخذ ما عطيته من الطعام والشراب وغيره وأخرج من عندي فسلمه إلى الحمال ليوصله إلى منزله وأخفى نفسه في بعض الأزقة ثم قمت من ساعتي وقد أعلنوا على المنارات بسلام الجمعة فلبست ثيابي وخرجت وحدي وأتيت إلى الزقاق ووقعت على البيت الذي رأيت فيه تلك الصبية وإذا بالمزين خلفي ولا أعلم به فوجدت الباب مفتوحاً فدخلت وإذا بصاحب الدار عاد إلى منزله من الصلاة ودخل القاعة وغلق الباب، فقلت من أين أعلم هذا الشيطان بي؟ فاتفق في هذه الساعة، لأمر يريده الله من هتك ستري أن صاحب الدار أذنبت جارية عنده فضربها فصاحت فدخل عنده عبد ليخلصها فضربه فصاح الآخر فاعتقد المزين أنه يضربني فصاح ومزق أثوابه وجثا التراب على رأسه وصار يصرخ ويستغيث والناس حوله وهو يقول قتل سيدي في بيت القاضي ثم مضى إلى داري وهو يصيح والناس خلفه وأعلم أهل بيتي وغلماني فما دريت إلا وهم قد أقبلوا يصيحون واسيداه كل هذا والمزين قدامهم وهو يمزق الثياب والناس معهم ولم

يزالوا يصرخون وهو في أوائلهم يصرخ وهم يقولوا واقتيلاه وقد أقبلوا نحو الدار التي أنا فيها فلما سمع القاضي ذلك عظم عليه الأمر وقام وفتح الباب فرأى جمعاً عظيماً فبهت وقال: يا قوم ما القصة؟ فقال له الغلمان إنك قتلت سيدنا، فقال يا قوم وما الذي فعله سيدكم حتى أقتله، وأدرك شهرزاد الصباح فسكتت عن الكلام المباح.

وفي الليلة السادسة والثلاثين قالت: بلغني أيها الملك السعيد أن القاضي قال للغلمان: وما الذي فعله سيدكم حتى أقتله وما لي لا أرى هذا المزين بين أيديكم، فقال له المزين: أنت ضربته في هذه الساعة بالمقارع وأنا أسمع صياحه، فقال القاضي، وما الذي فعله حتى أقتله ومن أدخله داري ومن أين جاء وإلى أين يقصد، فقال له الزين لا تكن شيخاً نحساً فأنا أعلم الحكاية وسبب دخوله دارك وحقيقة الأمر كله وبنتك تعشقه وهو يعشقها، فعلمت أنه قد دخل دارك وأمرت غلمانك فضربوه والله ما بيننا وبينك إلا الخليفة أو تخرج لنا سيدنا ليأخذه أهله ولا تحوجني إلى أن أدخل وأخرجه من عندكم وعجل أنت بإخراجه فالتجم القاضي عن الكلام وصار في غاية الخجل من الناس وقال للمزين: إن كنت صادقاً، فادخل أنت وأخرجه فنهض المزين ودخل الدار، فلما رأيت المزين أردت أن أهرب فلم أجد لي مهرباً غير أني رأيت في الطبقة التي أنا فيها صندوقاً فدخلت فيه ورددت الغطاء عليه وقطعت النفس، فدخل بسرعة ولم يلتفت إلى غير الجهة التي أنا فيها بل قصد الموضع الذي أنا فيه والتفت يميناً وشمالاً فلم يجد إلا الصندوق الذي أنا فيه فحمله على رأسه. فلما رأيته فعل ذلك غاب رشدي ثم مر مسرعاً فلما علمت أنه ما يتركني فتحت الصندوق وخرجت منه بسرعة ورميت نفسي على الأرض فانكسرت رجلي، فلما توجعت إلى الباب وجدت خلقاً كثيراً لم أر في عمري مثل هذا الازدحام الذي حصل في ذلك اليوم فجعلت أنثر الذهب على الناس ليشتغلوا به فاشتغل الناس به وصرت أجري في أزقة بغداد وهذا المزين خلفي وأي مكان دخلت فيه يدخل خلفي وهو يقول أرادوا أن يفجعوني في سيدي الحمد لله الذي نصرني عليهم، وخلص سيدي من أيديهم فما زلت يا سيدي مولعاً بالعجلة لسوء تدبيرك حتى فعلت بنفسك هذه الأفعال فلولا من الله عليك بي ما كنت خلصت من هذه المصيبة التي وقعت فيها وربما كانوا يرمونك في مصيبة لا تخلص منها أبداً فاطلب من الله أن أعيش لك حتى أخلصك، والله لقد أهلكتني بسوء تدبيرك وكنت تريد أن تروح وحدك، ولكن لا نؤاخذك على جهلك لأنك قليل العقل عجول.

فقلت له: أما كفاك ما جرى منك حتى تجري ورائي في الأسواق وصرت أتمنى الموت لأجل خلاصي منه فلا أجد موتاً ينقذني منه، فمن شدة الغيظ، فررت ودخلت دكاناً في وسط السوق واستجرت بصاحبها فمنعه عني، وجلست في مخزن وقلت في نفسي ما بقيت أقدر أن أفترق من هذا المزين، بل يقيم عندي ليلاً ونهاراً ولم يبق في قدرة على النظر إلى وجهه، فأرسلت في الوقت أحضر الشهود وكتبت وصية لأهلي وجعلت ناظراً عليهم وأمرته أن يبيع الدار والعقارات وأوصيته بالكبار والصغار، وخرجت مسافراً من ذلك الوقت حتى أتخلص من ذلك القد ثم جئت إلى بلادكم فسكنتها ولي فيها مدة فلما عزمت علي وجئت إليكم رأيت هذا القبيح القواد عندكم في صدر المكان فكيف يستريح قلبي ويطيب مقامي عندكم مع هذا وقد فعل معي هذه الفعال وانكسرت رجلي بسببه ثم أن الشاب امتنع من الجلوس. فلما سمعنا حكايته مع المزين قلنا للمزين: أحق ما قاله هذا الشاب عنك؟ فقال والله أنا فعلت ذلك بمعرفتي ولولا أني فعلت لهلك وما سبب نجاته إلا أنا ومن فضل الله عليه بسببي أنه أصاب برجله ولم يصب بروحه ولو كنت كثير الكلام ما فعلت معه ذلك الجميل وها أنا أقول لكم حديثاً جرى لي حتى تصدقوا أني قليل الكلام وما عندي فضول من دون إخوتي وذلك أني كنت ببغداد في أيام خلافة أمير المؤمنين المنتصر بالله، وكان يحب الفقراء والمساكين ويجالس العلماء والصالحين، فاتفق له يوماً أنه غضب على عشرة أشخاص فأمر المتولي ببغداد أن يأتيه بهم في زورق فنظرتهم أنا، فقلت: ما اجتمع هؤلاء إلا لعزومة وأظنهم يقطعون يومهم في هذا الزورق في أكل وشرب ولا يكون نديمهم غيري فقمت ونزلت معهم واختلطت بهم فقعدوا في الجانب الآخر فجاء لهم أعوان الوالي بالأغلال ووضعوها في رقابهم وضعوا في رقبتي غلال من جملتهم فهذا يا جماعة ما هو من مروءتي وقلة كلامي لأني ما رضيت أن أتكلم فأخذونا جميعاً في الأغلال وقدمونا بين يدي المنتصر بالله أمير المؤمنين فأمر بضر رقاب العشرة فضرب السياف رقاب العشرة وهنا أدرك شهرزاد الصباح فسكتت عن الكلام المباح.

وفي الليلة السابعة والثلاثين قال: بلغني أيها الملك السعيد أن المزين قال: لما السياف ضرب رقاب العشرة وبقيت أنا فالتفت الخليفة فرآني فقال للسياف: ما بالك لا تضرب رقاب جميع العشرة؟ فقال: ضربت رقاب العشرة كلهم، فقال له الخليفة: ما أظنك ضربت رقاب غير تسعة وهذا الذي بين يدي هو العاشر فقال السياف: وحق نعمتك أنهم عشرة قال: عدوهم فإذا هم عشرة فنظر إلي الخليفة وقال: ما حملك على سكوتك في هذا الوقت وكيف صرت مع أصحاب الدم؟ فلما

سمعت خطاب أمير المؤمنين قلت له: اعلم يا أمير المؤمنين أني أنا الشيخ الصامت وعندي من الحكمة شيء أكثر وأما رزانة عقلي وجودة فهمي وقلة كلامي فإنها لا نهاية لها وصنعتي الزيانة فلما كان أمس بكرة النهار، نظرت هؤلاء العشرة قاصدين الزورق فاختلت بهم ونزلت معهم وظننت أنهم في عزومة فما كان غير ساعة وإذا هم أصحاب جرائم فحضرت إليهم الأعوان ووضعوا في رقابهم الأغلال ووضعوا في رقبتي غلاً من جملتهم، فمن فرط مروءتي سكت ولم أتكلم بين يديك فأمرت بضرب رقاب العشرة وبقيت أنا بين يدي السياف ولم أعرفكم بنفسي، أما هذه مروءة عظيمة وقد أحوجتني إلى أن أشاركهم في القتل لكن طول دهري هكذا أفعل الجميل.

فلما سمع الخليفة كلامي وعلم أني كثيرة المروءة قليل الكلام ما عندي فضول كما يزعم هذا الشاب الذي خلصته من الأهوال قال الخليفة: وأخوتك الستة مثلك فيهم الحكمة والعلم وقلة الكلام؟ قلت: لا عاشوا ولا بقوا إن كانوا مثلي ولكن ذممتني يا أمير المؤمنين ولا ينبغي لك أن تقرن أخوتي بي لأنهم من كثرة كلامهم وقلة مروءتهم كل واحد منهم بعاهة ففيهم واحد أعرج وواحد أعور واحد أفكح وواحد أعمى وواحد مقطوع الأذنين والأنف وواحد مقطوع الشفتين وواحد أحول العينين، ولا تحسب يا أمير المؤمنين أني كثير الكلام ولا بد أن أبين لك أني أعظم مروءة منهم ولكل واحد منهم حكاية اتفقت له حتى صار فيه عاهة، وإن شئت أن أحكي لك فاعلم يا أمير المؤمنين أن الأول وهو الأعرج كان صنعته الخياطة ببغداد، فكان يخيط في دكان استأجرها من رجل كثير المال وكان ذلك الرجل ساكناً في الدكان وكان في أسفل دار الرجل طاحون، فبينما أخي الأعرج جالس في الدكان ذات يوم إذ رفع رأسه فرأى امرأة كالبدر الطالع في روشن الدار وهي تنظر الناس فلما رآها أخي تعلق قلبه بحبها وصار يومه ذلك ينظر إليها وترك اشتغاله بالخياطة إلى وقت المساء، فلما كان وقت الصباح فتح دكانه وقعد يخيط وهو كلما غرز غرزة ينظر إلى الروشن فمكث على ذلك مدة لم يخيط شيئاً يساوي درهماً، فاتفق أن صاحب الدار جاء إلى أخي يوماً من الأيام ومعه قماش وقال له: فصل لي هذا وخيطه أقمصة فقال أخي: سمعاً وطاعة ولم يزل يفصل حتى فصل عشرين قميصاً إلى وقت العشاء وهو لم يذق طعاماً، ثم قال له: كم أجرة ذلك؟ فلم يتكلم أخي فأشارت إليه الصبية بعينها أن لا يأخذ منه شيئاً وكان محتاجاً إلى الفلس واستمر ثلاثة أيام لا يأكل ولا يشرب إلا القليل بسبب اجتهاده في تلك الخياطة، فلما فرغ من الخياطة التي لهم أتى إليهم بالأقمصة وكانت الصبية قد عرفت زوجها بحال أخي وأخي لا يعلم ذلك واتفقت هي وزوجها على استعمال

أخي في الخياطة بلا أجرة بل يضحكون عليه فلما فرغ أخي من جميع أشغالهما عملا عليه حيلة وزوجاه بجاريتهما وليلة أراد أن يدخل عليها قالا له: أبت الليلة في الطاحون وإلى الغد يكون خيراً، فاعتقد أخي أن لهما قصداً بريئاً فبات في الطاحون وحده وراح زوج الصبية يغمز الطحان عليه ليدوره في الطاحون فدخل عليه الطحان في نصف الليل وجعل يقول: أن هذا الثور بطال مع أن القمح كثير وأصحاب الطحين يطلبونه فأنا أعلقه في الطاحون حتى يخلص طحين القمح، فعلقه في الطاحون إلى قرب الصبح. فجاء صاحب الدار، فرأى أخي معلقاً في الطاحون والطحان يضربه بالسوط فتركه ومضى وبعد ذلك جاءت الجارية التي عقد عليها وكان مجيئها في بكرة النهار فحلته من الطاحون وقال قد شق علي أو على سيدتي ما جرى لك وقد حملنا همك فلم يكن له لسان يرد جواباً من شدة الضرب، ثم أن أخي رجع إلى منزله وإذا بالشيخ الذي كتب الكتاب قد جاء وسلم عليه وقال له: حياك الله زواجك مبارك أنت بت الليلة في النعيم والدلال والعناق من العشاء إلى الصباح فقال له أخي لا سلم الله الكاذب يا ألف قواد،والله ما جئت إلا لأطحن في موضع الثور إلى الصباح فقال له: حدثني بحديثك فحدثه أخي بما وقع له فقال له: ما وافق نجمك نجمها ولكن إذا شئت أن أغير لك عقد العقد أغيره لك بأحسن منه لأجل أن يوافق نجمك نجمها فقال له: انظر إن بقي لك حيلة أخرى. وأدرك شهرزاد الصباح فسكتت عن الكلام المباح.

وفي الليلة الثامنة والثلاثين قالت: بلغني أيها الملك السعيد أن الأعرج لما قال للشيخ انظر إن بقي لك حيلة أخرى فتركه وأتى إلى دكانه ينتظر أحداً يأتي إليه بشغل يتقوت من أجرته وإذا هو بالجارية قد أتت إليه وكانت اتفقت مع سيدتها على تلك الحيلة فقال له: إن سيدتي مشتاقة إليك وقد طلعت السطح لترى وجهك من الروشن فلم يشعر أخي إلا وهي قد طلعت له من الروشن وصارت تبكي وتقول: لأي شيء قطعت المعاملة بيننا وبينك فلم يرد عليها جواباً فحلفت له أن جميع ما وقع له في الطاحون لم يكن باختيارها فلما نظر أخي إلى حسنها وجمالها ذهب عنه ما حصل له وقبل عذرها وفرح برؤيتها، ثم سلم عليها وتحدث معها وجلس في خياطتها مدة وبعد ذلك ذهبت إليه الجارية وقالت له: تسلم عليك سيدتي وتقول لك: إن زوجها قد عزم على أن يبيت عند بعض أصدقائه في هذه الليلة، فإذا مضى عندهم تكون أنت عندنا وتبيت مع سيدتي في ألذ عيش إلى الصباح وكان زوجها قد قال لها ما يكون العمل في مجيئه عندك حتى آخذه وأجره إلى الوالي فقالت: دعني أحتال عليه بحيلة وأفضحه فضيحة يشتهر بها في هذه المدينة وأخي لا يعلم شيئاً من كيد النساء. فلما اقبل المساء

جاءت الجارية إلى أخي وأخذته ورجعت به إلى سيدتها فقالت له: والله يا سيدي إني مشتاقة إليك كثيراً فقال: بالله عليك عجل بقبلة قبل كل شيء فلم يتم كلامه إلا وقد حضر زوج الصبية من بيت جاره فقبض على أخي وقال له: لا أفارقك إلا عند صاحب الشرطة فتضرع إليه أخي فلم يسمعه بل حمله إلى دار الوالي فضربه بالسياط وأركبه جملاً ودوره في شوارع المدينة والناس ينادون عليه هذا جزاء من يهيم على حرائم الناس ووقع من فوق الجمل فانكسرت رجله فصار أعرج ثم نفاه الوالي من المدينة فخرج لا يدري أين يقصد فاغتظت أنا فلحقته وأتيت به والتزمت بأكله وشربه إلى الآن فضحك الخليفة من كلامي وقال: أحسنت فقلت: لا أقبل هذا التعظيم منك دون أن تصغي غلي حتى أحكي لك ما وقع لبقية أخوتي ولا تحسب أني كثير الكلام فقال الخليفة: حدثني بما وقع لجميع أخوتك وشنف مسامعي بهذه الرقائق واسلك سبيل الأطناب في ذكر هذه اللطائف. فقلت: اعلم يا أمير المؤمنين أن أخي الثاني كان اسمه بقبق وقد وقع له أنه كان ماشياً يوماً من الأيام متوجهاً إلى حاجة له وإذا بعجوز قد استقبلته وقال له: أيها الرجل قف قليلاً حتى أعرض عليك أمراً فإن أعجبك فاقضه لي فوقف أخي فقال له: أدلك على شيء وأرشدك إليه بشرط أن لا يكون كلامك كثيراً فقال لها أخي: هات كلامك قالت: ما قولك في دار حسنة وماؤها يجري وفاكهة مدام ووجه مليح تشاهده وخد أسيل تقبله وقد رشيق تعانقه ولم تزل كذلك من العشاء إلى الصباح، فإن فعلت ما أشترط عليك رأيت الخير فلما سمع أخي كلامها قال لها: يا سيدتي وكيف قصدتيني بهذا الأمر من دون الخلق أجمعين فأي شيء أعجبك مني؟ فقال لأخي: أما قلت لك لا تكن كثير الكلام واسكت وامض معي ثم ولت العجوز وسار أخي تابعاً لها طمعاً فيما وصفته له حتى دخلا داراً فسيحة وصعدت به من أدنى إلى أعلى فرأى قصراً ظريفاً فنظر أخي فرأى فيه أربع بنات ما رأى الراؤون أحسن منهن وهن يغنين بأصوات تطرب الحجر الأصم، ثم إن بنتاً منهن شربت قدحاً فقال لها أخي: بالصحة والعافية وقام ليخدمها فمنعته من الخدمة ثم سقته قدحاً وصفعته على رقبته.

فلما رأى أخي ذلك خرج مغضباً ومكثراً الكلام فتبعته العجوز وجعلت تغمزه بعينها ارجع فرجع وجلس ولم ينطق فأعادت الصفعة على قفاه إلى أن أغمي عليه ثم قام أخي لقضاء حاجته فلحقته العجوز وقال له: اصبر عليلاً حتى تبلغ ما تريد فقال لها أخي: إلى كم أصبر قليلاً؟ فقالت العجوز إذا سكرت بلغت مرادك فرجع أخي إلى مكانه فقامت البنات كلهن وأمرتهن العجوز أن يجردنه من ثيابه وأن يرششن على وجهه ماء ورد، ففعلن ذلك فقالت الصبية البارعة الجمال

منهن: أعزك الله قد دخلت منزلي فإن صبرت على شرطي بلغت مرادك فقال لها أخي: يا سيدتي أنا عبدك وفي قبضة يدك، فقالت له: اعلم أن الله قد شغفني بحب المطرب فمن أطاعني نال ما يريد، ثم أمرت الجواري أن يغنين فغنين حتى طرب المجلس، ثم قالت الجارية: خذي سيدك واقض حاجته وائتيني به في الحال، فأخذت الجارية أخي ولا يدري ما تصنع به فلحقته العجوز وقالت له: اصبر ما بقي إلا القليل، فأقبل أخي على الصبية والعجوز تقول: اصبر فقد بلغت ما تريد وإنما بقي شيء واحد وهو أن تحلق ذقنك. فقال لها أخي: وكيف أعمل في فضيحتي بين الناس؟ فقالت له العجوز إنها ما أرادت أن تفعل بك ذلك إلا لأجل أن تصير أمرد بلا ذقن ولا يبقى في وجهك شيء يشكها فإنها صار في قلبها لك محبة عظيمة فاصبر فقد بلغت المنى فصبر أخي وطاوع الجارية وحلق ذقنه وجاءت به إلى الصبية وإذا هو محلوق الحاجبين والشاربين والذقن فقام ورقص فلم تدع في البيت مخدة حتى ضربته بها وكذلك جميع الجواري صرن يضربنه بمثل نارنجة وليمونة وأترجة إلى أن سقط مغشياً عليه من الضرب ولم يزل الصفع على قفاه والرجم في وجهه إلى أن قالت له العجوز: الآن بلغت مرادك واعلم أنه ما بقي عليك من الضرب شيء وما بقي إلا شيء واحد وذلك أن من عادتها أنها إذا سكرت لا تمكن أحداً من نفسها حتى تقلع ثيابها وسراويلها وتبقى عريانة من جميع ما عليها من ثيابها وأنت الآخر تقلع ثيابك وتجري ورائها وهي تجري قدامك كأنها هاربة منك، ولم تزل تابعها من مكان إلى مكان حتى يقوم عضوك فتمكنك من نفسها، ثم قالت له: قم اقلع ثيابك فقال وهو غائب عن الوجود وقلع ثيابه جميعاً، وأدرك شهرزاد الصباح فسكتت عن الكلام المباح.

وفي الليلة التاسعة والثلاثون قالت: بلغني أيها الملك السعيد أن أخا المزين قلع ثيابه وصار عرياناً، فقالت الجارية لأخي: قم الآن واجر ورائي وأجري أنا قدامك وإذا أردت شيئاً فاتبعني فجرت قدامه وتبعها ثم جعلت تدخل من محل إلى محل وتخرج من محل إلى محل آخر وأخي وراءها وقد غلب الشنق وعضوه قائم كأنه مجنون ولم تزل تجري قدامه وهو يجري وراءها، حتى سمع منها صوتاً رقيقاً وهي تجري قدامه وهو يجري وراءها، فبينما هو كذلك إذ رأى نفسه في وسط زقاق وذلك الزقاق في وسط الجلادين وهم ينادون على الجلود فرآه الناس على تلك الحالة وهو عريان قائم العضو محلوق الذقن والحواجب والشوارب، محمر الوجه فصاحوا عليه وصاروا يضحكون ويقهقهون، وصار بعضهم يصفعه بالجلود وهو عريان حتى غشي عليه وحملوه على حمار حتى أوصلوه إلى الوالي فقال: ما هذا؟ قالوا: هذا وقع لنا من بيت الوزير وهو على هذه الحالة، فضربه الوالي مائة

سوط وخرجت أنا خلفه وجئت به وأدخلته المدينة سراً ثم رتبت له ما يقتات به فلولا مروءتي ما كنت أحتمل مثله.

وأما أخي الثالث فاسمه فقة ساقه القضاء والقدر إلى دار كبيرة، فدق الباب طمعاً أن يكلمه صاحبها فيسأله شيئاً، فقال صاحب الدار: من بالباب؟ فلم يكلمه أحد فسمعه أخي يقول بصوت عال: من هذا؟ فلم يكلمه أخي وسمع مشيه حتى وصل إلى الباب وفتحه فقال: ماتريد؟ قال له أخي: شيئاً لله تعالى فقال له: هل أنت ضرير؟ قال له أخي: نعم فقال له: ناولني يدك فناوله يده فأدخله الدار ولم يزل يصعد به من سلم إلى سلم حتى وصل إلى أعلى السطوح، وأخي يظن أنه يطعمه شيئاً فلما انتهى إلى أعلى مكان، قال لأخي: ما تريد يا ضرير قال: أريد شيئاً لله تعالى فقال له: يفتح الله عليك فقال له أخي: يا هذا أما كنت تقول لي ذلك وأنا في الأسفل فقال له: يا أسفل السفلة لم تسألني شيئاً لله حين سمعت كلامي أول مرة وأنت تدق الباب فقال أخي: هذه الساعة ما تريد أن تصنع بي؟ فقال له: ما عندي شيء حتى أعطيك إياه قال: انزل بي إلى السلالم، فقال لي: الطريق بين يديك فقام أخي واستقبل السلالم وما زال نازلاً حتى بقي بينه وبين الباب عشرون درجة فزلقت رجله فوقع ولم يزل واقعاً منحدراً من السلالم حتى انشج رأسه فخرج وهو لا يدري أين يذهب فلحقه بعض رفقائه العميان فقال له: أي شيء حصل لك في هذا اليوم؟ فحدثهم بما وقع له قال لهم: يا أخوتي أريد أن آخذ شيئاً من الدراهم التي بقيت معنا وأنفق منه على نفسي وكان صاحب الدار مشى خلفه ليعرف حاله فسمع كلامه وأخي لا يدري بأن الرجل يسعى خلفه إلى أن دخل مكانه، ودخل الرجل خلفه وهو لا يشعر به، وقعد أخي ينتظر رفقاءه فلما دخلوا عليه قال لهم: أغلقوا الباب وفتشوا البيت كيلا يكون أحد غريب تبعنا، فلما سمع الرجل كلام أخي قام وتعلق بحبل كان في السقف، فطافوا البيت جميعه فلم يجدوا أحداً، ثم رجعوا وجلسوا إلى جانب أخي أخرجوا الدراهم التي معهم وعدوها فإذا هي عشرة آلاف درهم فتركوها في زاوية البيت وأخذ كل واحد مما زاد عنها ما يحتاج إليه ودفنوا العشرة آلاف درهم في التراب، ثم قدموا بين أيديهم شيئاً من الأكل وقعدوا يأكلون فأحس أخي بصوت غريب في جهته فقال للأصحاب: هل معنا غريب ثم مد يده فتعلقت بيد الرجل صاحب الدار فصاح على رفقائه وقال: هذا غريب فوقعوا فيه ضرباً، وهنا أدرك شهرزاد الصباح فسكتت عن الكلام المباح.

وفي الليلة الأربعين قالت: بلغني أيها الملك السعيد أن أخي لما صاح على رفقائه وقال: هذا غريب وقعوا فيه ضرباً فلما طال عليهم ذلك صاحوا: يا مسلمين دخل علينا من يريد أن يأخذ مالنا فاجتمع عليهم خلق فتعامى الرجل الغريب صاحب الدار الذي ادعوا عليه أنه لص وأغمض عينيه وأظهر أنه أعمى مثلهم بحيث لا يشك فيه أحد وصاح: يا مسلمين أنا بالله والسلطان أنا بالله والوالي أنا بالله والأمير فإن عندي نصيحة للأمير فلم يشعروا إلا وقد احتاطهم جماعة الوالي فأخذوهم وأخي معهم وأحضروهم بين يديه فقال الوالي: ما خبركم؟ فقال ذلك الرجل: اسمع كلامي أيها الوالي لا يظهر لك حقيقة حالنا إلا بالعقوبة، وإن شئت فابدأ بعقوبتي قبل رفقائي فقال الوالي: اطرحوا هذا الرجل واضربوه بالسياط فطرحوه وضربوه فلما أوجعه الضرب فتح إحدى عينيه فلما ازداد عليه الضرب فتح عينه الأخرى فقال له الوالي: ما هذه الفعال يا فاجر؟ فقال: أعطني الأمان وأنا أخبرك فأعطاه الأمان، فقال: نحن أربعة نعمل حالنا عمياناً ونمر على الناس وندخل البيوت وننظر النساء ونحتال في فسادهن، واكتساب الأموال من طرقهن وقد حصلنا من ذلك مكسباً عظيماً وهو عشرة آلاف درهم فقلت لرفقائي: أعطوني حقي ألفين وخمسمائة فقاموا وضربوني وأخذوا مالي وأنا مستجير بالله وبك وأنت أحق بحصتي من رفقائي، وإن شئت أن تعرف صدق قولي فاضرب كل واحد أكثر مما ضربتني فإنه يفتح عينيه فعند ذلك أمر الوالي بعقوبتهم وأول ما بدأ بأخي وما زالوا يضربونه حتى كاد أن يموت ثم قال لهم الوالي: يا فسقة تجحدون نعمة الله وتدعون أنكم عميان فقال أخي: الله الله الله ما فينا بصير فطرحوه إلى الضرب ثانياً ولم يزالوا يضربونه حتى غشي عليه فقال الوالي: دعوه حتى يفيق وأعيدوا عليه الضرب ثالث مرة، ثم أمر بضرب أصحابه كل واحد أكثر من ثلاثمائة عصا والنصير يقول لهم: افتحوا عيونكم وإلا جددوا عليكم الضرب ثم قال للوالي: ابعث معي من يأتيك بالمال، فإن هؤلاء ما يفتحون أعينهم ويخافون من فضيحتهم بين الناس فبعث الوالي معه من أتاه بالمال، فأخذه وأعطى الرجل منه ألفين وخمسمائة درهم على قدر حصته رغماً عنهم، وبقي أخي وباقي الثلاثة خارج المدينة فخرجت أنا يا أمير المؤمنين ولحقت أخي وسألته عن حاله فأخبرني بما ذكرته لك فأدخلته المدينة سراً ورتبت له ما يأكل وما يشرب طول عمره.

فضحك الخليفة من حكايتي وقال: صلوه بجائزة ودعوه ينصرف فقلت له: والله ما آخذ شيئاً حتى أبين لأمير المؤمنين ما جرى لبقية أخوتي وأوضح له أني قليل الكلام فقال الخليفة: أصدع آذاننا بخرافة خبرك وزدنا من عجرك وبجرك فقلت: وأما أخي الرابع يا أمير المؤمنين وهو الأعور فإنه كان جزاراً ببغداد يبيع اللحم

131

ويربي الخرفان وكانت الكبار وأصحاب الأموال يقصدونه ويشترون منه اللحم فاكتسب من ذلك مالاً عظيماً واقتنى الدواب والدور، ثم أقام على ذلك زمناً طويلاً فبينما هو في دكانه يوماً من الأيام إذ وقف عليه شيخ كبير اللحية فدفع له دراهم، وقال: أعطني بها لحماً فأخذ الدراهم منه وأعطاه اللحم وانصرف، فتأمل أخي في فضة الشيخ فرأى دراهمه بيضاً بياضها ساطع فعزلها وحدها في ناحية وأقام الشيخ يتردد عليه خمسة أشهر وأخي يطرح دراهمه في صندوق وحدها ثم أراد أن يخرجها ويشتري غنماً فلما فتح الصندوق رأى ما فيه ورقاً أبيض مقصوصاً فلطم وجهه وصاح، فاجتمع الناس عليه فحدثه بحديثه فتعجبوا منه ثم رجع أخي إلى الدكان على عادته فذبح كبشاً وعلقه خارج الدكان وصار يقول في نفسه: لعل ذلك الشيخ يجيء فأقبض عليه فما كان إلا ساعة وقد أقبل الشيخ ومعه الفضة فقام أخي وتعلق به وصار يصيح: يا مسلمين ألحقوني واسمعوا قصتي مع هذا الفاجر. فلما سمع الشيخ كلامه قال له: أي شيء أحب إليك أن تعرض عن فضيحتي أو أفضحك بين الناس؟ فقال له: يا أخي بأي شيء تفضحني؟ قال: بأنك تبيع لحم الناس في صورة لحم الغنم فقال له: يا أخي كذبت يا ملعون فقال الشيخ: ما ملعون إلا الذي عنده رجل معلق في الدكان فقال له أخي: إن كان الأمر كما ذكرت مالي ودمي حلال لك فقال الشيخ: يا معاشر الناس، إن هذا الجزار يذبح الآدميين ويبيع لحمهم في صورة لحم الغنم وإن أردتم أن تعلموا صدق قولي فادخلوا دكانه فهجم الناس على دكان أخي فرؤوا ذلك الكبش صار إنساناً معلقاً فلما رأوا ذلك تعلقوا بأخي وصاحوا عليه: يا كافر يا فاجر وصار أعز الناس إليه يضربه ويلطمه الشيخ على عينه، فقلعها وحمل الناس ذلك المذبوح إلى صاحب الشرطة فقال له الشيخ: أيها الأمير إن هذا الرجل يذبح الناس ويبيع لحمهم على أنه لحم غنم وقد أتيناك به فقم واقض حق الله عز وجل فدافع أخي عن نفسه فلم يسمع منه صاحب الشرطة بل أمر بضربه خمسمائة عصا وأخذوا جميع ماله ولولا كثرة ماله لقتلوه ثم نفوا أخي من المدينة فخرج هائماً لا يدري أين يتوجه فدخل مدينة كبيرة واستحسن أن يعمل إسكافياً ففتح دكاناً وقعد يعمل شيئاً يتقوت منه فخرج ذات يوم في حاجة فسمع صهيل خيل فبحث على سبب ذلك فقيل له أن الملك خارج إلى الصيد والقنص فخرج أخي ليتفرج على الموكب وهو يتعجب من خسة رأيه حيث انتقل من صنعة الأساكفة فالتفت الملك وفقعت عينه على عين أخي فأطرق الملك رأسه، وقال: أعوذ بالله من شر هذا اليوم وثنى عنان فرسه، وانصرف راجعاً فرجع جميع العسكر وأمر الملك غلمانه أن يلحقوا أخي ويضربونه فلحقوه وضربوه ضرباً وجيعاً حتى كاد أن

يموت ولم يدر أخي السبب فرجع إلى موضعه وهو في حالة العدم ثم مضى إلى إنسان من حاشية الملك وقص عليه ما وقع له فضحك حتى استلقى على قفاه وقال له: يا أخي اعلم أن الملك لا يطيق أن ينظر إلى أعور لا سيما إن كان الأعور شمالاً فإنه لا يرجع عن قتله فلما سمع أخي ذلك الكلام عزم على الهروب من تلك المدينة وهنا أدرك شهرزاد الصباح فسكتت عن الكلام المباح.

وفي الليلة الحادية والأربعين قالت: بلغني أيها الملك السعيد أن الأعور لما سمع ذلك الكلام عزم على الهروب من تلك المدينة وارتحل منها وتحول إلى مدينة أخرى لم يكن فيها ملك وأقام بها زمناً طويلاً، ثم بعد ذلك تفكر في أمره وخرج يوماً ليتفرج فسمع صهيل خيل خلفه، فقال: جاء أمر الله وفر يطلب موضعاً ليستتر فيه فلم يجد، ثم نظر فرأى باباً منصوباً فدفع ذلك الباب فدخل فرأى دهليزاً طويلاً فاستمر داخلاً فيه فلم يشعر إلا ورجلان قد تعلقا به وقالا: الحمد لله الذي مكننا منك يا عدو الهل هذه ثلاث ليال ما أرحتنا ولا تركتنا ننام ولا يستقر لنا مضجع بل أذقتنا طعم الموت فقال أخي: يا قوم ما أمركم بالله؟ فقالوا: أنت تراقبنا وتريد أن تفضحنا وتفضح صاحب البيت، أما يكفيك أنك أفقرته وأفقرت أصحابك ولكن أخرج لنا السكين التي تهددنا بها كل ليلة وفتشوه فوجدوا في وسطه السكين التي يقطع بها النعال، فقال: يا قوم اتقوا الله في أمري واعلموا أن حديثي عجيب فقالوا: وما حديثك فحدثهم بحديثه طمعاً أن يطلقوه.

فلم يسمعوا منه مقاله ولم يلتفوا إليه بل ضربوه ومزقوا أثوابه، فلما تمزقت أثوابه وانكشف بدنه وجدوا أثر الضرب بالمقارع على جنبيه فقالوا له: يا ملعون هذا أثر الضرب يشهد على جرمك ثم أحضروا أخي بين يدي الوالي فقال في نفسه قد وقعت فأتيت إليه وأخذته وأدخلته المدينة سراً ورتبت له ما يأكل وما يشرب.
وأما أخي الخامس فإنه كان مقطوع الأذنين، يا أمير المؤمنين وكان رجلاً فقيراً يسأل الناس ليلاً وينفق ما يحصله بالسؤال نهاراً، وكان والدنا شيخاً كبيراً طاعناً بالسن فخلف لنا سبعمائة درهم وأما أخي الخامس هذا فإنه لما أخذ حصته تحير ولم يدر ما يصنع بها فبينما هو كذلك إذ وقع في خاطره أنه يأخذ بها زجاجاً من كل نوع ليتجر فيه ويربح فاشترى بالمائة درهم زجاجاً وجعله في قفص كبير وقعد في موضع ليبيع ذلك الزجاج وبجانبه حائط فأسند ظهره إليها وقعد متفكراً في نفسه وقال: إن رأس مالي في هذا الزجاج مائة درهم أنا أبيعه بمائتي درهم ثم أشتري بالمائتي درهم زجاجاً أبيعه بأربعمائة درهم ولا أزال أبيع وأشتري إلى أن يبقى معي مال كثير فأشتري داراً حسنة وأشتري المماليك والخيل والسروج

المذهبة وآكل وأشرب ولا أخلي مغنية في المدينة حتى أجيء بها إلى بيتي وأسمع مغانيها هذا كله، وهو يحسب في نفسه وقفص الزجاج قدامه. ثم قالت وابعث جميع الخاطبات في خطبة بنات الملوك والوزراء واخطب بنت الوزير فقد بلغني أنها كاملة الحسن بديعة الجمال وأمهرها بألف دينار، فإن رضي أبوها حصل المراد وإن لم يرض أخذتها قهراً على رغم أنفه، فإن حصلت في داري اشتري عشرة خدام صغار، ثم اشتري لي كسوة الملوك والسلاطين وأصوغ لي سرجاً من الذهب مرصعاً بالجوهر، ثم اركب ومعي المماليك يمشون حولي وقدامي وخلفي حتى إذا رآني الوزير قام إجلالاً لي وأقعدني مكانه ويقعد هو دوني لأنه صهري ويكون معي خادمان بكيسين في كل كيس ألف دينار فأعطيه ألف دينار مهر بنته وأهدي إليه الألف الثاني إنعاماً حتى أظهر له مروءتي وكرمي وصغر الدنيا في عيني، ثم أنصرف إلى داري فإذا جاء أحد من جهة امرأتي وهبت له دراهم وخلعت عليه خلعة وإن أرسل إلي الوزير هدية رددتها عليه ولو كانت نقيصة ولم أقبل منه حتى يعلموا أني عزيز النفس ولا أخلي نفسي إلا في أعلى مكانة، ثم أقدم إليهم في إصلاح شأني وتعظيمي فإذا فعلوا ذلك أمرتهم بزفافها ثم أصلح داري إصلاحاً بيناً فإذا جاء وقت الجلاء لبست أفخر ثيابي وقعدت على مرتبة من الديباج لا ألتفت يميناً ولا شمالاً لكبر عقلي ورزانة فهمي وتجيء امرأتي وهي كالبدر في حليها وحللها وأنا أنظر إليها عجباً وتيهاً حتى يقول جميع من حضر: يا سيدي امرأتك وجاريتك قائمة بين يديك فأنعم عليها بالنظر فقد أضر بها القيام ثم يقبلون الأرض قدامي مراراً فعند ذلك أرفع رأسي وأنظر إليها نظرة واحدة، ثم أطرق برأسي إلى الأرض فيمضون بها وأقوم أنا وأغير ثيابي وألبس أحسن مما كان علي فإذا جاؤوا بالعروسة المرة الثانية، لا أنظر إليها حتى يسألوني مراراً فأنظر إليها ثم أطرق إلى الأرض ولم أزل كذلك حتى يتم جلاؤها، وأدرك شهرزاد الصباح فسكتت عن الكلام المباح.

وفي الليلة الثانية والأربعين قالت: بلغني أيها الملك السعيد أن أخا المزين الخامس قال: إني آمر بعض الخدامين أن يرمي كيساً فيه خمسمائة دينار للمواشط فإذا أخذته آمرهن أن يدخلنني عليها لا أنظر إليها ولا أكلمها احتقاراً لها لأجل أن يقال أني عزيز النفس حتى تجيء أمها وتقبل رأسي ويدي وتقول لي يا سيدي انظر جاريتك فإنها تشتهي قربك فأجبر خاطرها بكلمة فلم أرد عليها جواباً ولم تزل كذلك تستعطفني حتى تقوم وتقبل يدي ورجلي مراراً، ثم تقول: يا سيدي إن بنتي صبية مليحة ما رأت رجلاً فإذا رأت منك الانقباض انكسر خاطرها فمل إليها وكلمها ثم غنها تقوم وتحضر لي قدحاً وفيه شراباً ثم إن ابنتها تأخذ القدح

134

لتعطيني فإذا جاءتني تركتها قائمة، بين يدي وأنا متكئ على مخدة مزركشة بالذهب لأنظر إليها من كبر نفسي وجلالة قدري حتى تظن في نفسها أني سلطان عظيم الشأن فتقول يا سيدي بحق الله عليك، لا ترد القدح من يد جاريتك فلا أكلمها فتلح علي وتقول: لا بد من شربه وتقدمه إلى فمي فأنفض يدي في وجهها وأرفسها وأعمل هكذا ثم أرفس أخي برجله فجاءت في قفص الزجاج وكان في مكان مرتفع فنزل على الأرض فتكسر كل ما فيه. ثم قال أخي هذا كله من كبر نفسي ولو كان أمره إلى أمير المؤمنين لضربته ألف سوط وشهرته في البلد ثم بعد ذلك صار أخي يلطم على وجهه ومزق ثيابه وجعل يبكي ويلطم على وجهه والناس ينظرون إليه وهم رائحون إلى صلاة الجمعة فمنهم من يرمقه ومنهم من لم يفكر فيه، وهو على تلك الحالة وراح منه رأس المال والربح ولم يزل جالساً يبكي وإذا بامرأة مقبلة إلى صلاة الجمعة وهي بديعة الجمال تفوح منها رائحة المسك، وتحتها بغلة بردعتها من الديباج مزركشة بالذهب ومعها عدد من الخدم فلما نظرت إلى الزجاج وحال أخي وبكائه أخذتها الشفقة عليه ورق قلبها له وسألت عن حاله فقيل لها: إنه كان معه طبق زجاج يتعيش منه فانكسر منه فأصابه ما تنظريه فنادت بعض الخدام وقالت له: ادفع الذي معك إلى هذا المسكين فدفع له صرة، فأخذها فلما فتحها وجد فيها خمسمائة دينار فكاد أن يموت من شدة الفرح، واقبل أخي بالدعاء لها ثم عاد إلى منزله غنياً وقعد متفكراً وإذا بدق يدق الباب فقام وفتح وإذا بعجوز لا يعرفها، فقالت له: يا ولدي اعلم أن الصلاة قد قرب زوال وقتها وأنا بغير وضوء وأطلب منك أن تدخلني منزلك حتى أتوضأ فقال لها: سمعاً وطاعة. ثم دخل أخي وأذن لها بالدخول وهو طائر من الفرح بالدنانير فلما فرغت أقبلت إلى الموضع الذي هو جالس فيه وصلت هناك ركعتين ثم دعت لأخي دعاء حسناً نشرها على ذلك وأعطاها دينارين فلما رأت ذلك قالت: سبحان الله أني أعجب ما أحبك وأنت بسمة الصعاليك فخذ مالك عني وإن كنت غير محتاج إليه فأردده إلى التي أعطتك إياه لما انكسر الزجاج منك فقال لها أخي: يا أمي كيف الحيلة في الوصول إليها؟ قالت: يا ولدي إنها تميل إليك لكنها زوجة رجل موسر فخذ جميع مالك معك فإذا اجتمعت بها فلا تترك شيئاً من الملاطفة والكلام الحسن إلا وتفعله معها فإنك تنال من جمالها ومن مالها، جميع ما تريد فأخذ أخي جميع الذهب وقام ومشى مع العجوز، وهو لا يصدق بذلك فلم تزل تمشي وراءها حتى وصلا إلى باب كبير فدقته فخرجت جارية رومية فتحت الباب، فدخلت العجوز وأمرت أخي بالدخول فدخل دار كبيرة فلما دخلها رأى فيها مجلساً كبيراً مفروشاً وسائد مسبلة. فجلس أخي ووضع الذهب بين يديه ووضع

عمامته على ركبته فلم يشعر إلا وجارية أقبلت ما رأى مثلها الراؤون وهي لابسة أفخر القماش فقام أخي على قدميه فلما رأته ضحكت في وجهه وفرحت به، ثم ذهبت إلى الباب وأغلقته ثم أقبلت على أخي وأخذت يده ومضيا جميعاً إلى أن أتيا إلى حجرة منفردة فدخلاها وإذا هي مفروشة بأنواع الديباج فجلس أخي وجلست بجانبه ولاعبته ساعة زمانية ثم قامت وقالت له: لا تبرح حتى أجيء إليك، وغابت عنه ساعة فبينما هو كذلك إذ دخل عليه عبد أسود عظيم الخلقة ومعه سيف مجرد يأخذ لمعانه بالبصر وقال لأخي: يا ويلك من جاء بك إلى هذا المكان يا أخس الإنس يا ابن الزنا وتربية الخنا فلم يقدر أخي أن يرد عليه جواباً بل انعقد لسانه في تلك الساعة، فأخذه العبد وأعراه ولم يزل يضربه بالسيف صحفاً ضربات متعددة أكثر من ثمانين ضربة إلى أن سقط من طوله على الأرض فرجع العبد عنه واعتقد أنه مات وصاح صيحة عظيمة بحيث ارتجت الأرض من صوته ودوى له المكان وقال: أين الميلحة؟ فأقبلت إليه جارية في يدها طبق مليح فيه ملح أبيض فصارت الجارية تأخذ من ذلك الملح وتحشر الجراحات التي في جلد أخي حتى تهورت وأخي لا يتحرك خيفة أن يعلموا أنه حي فيقتلوه ثم مضت الجارية وصاح العبد صيحة مثل الأولى فجاءت العجوز إلى أخي وجرته من رجليه إلى سرداب طويل مظلم ورمته فيه على جماعة مقتولين فاستقر في مكانه يومين كاملين، وكان الله سبحانه وتعالى جعل الملح سبباً لحياته لأنه قطع سيلان عروق الدم. فلما رأى أخي في نفسه القوة على الحركة قام من السرداب وفتح طاقة في الحائط وخرج من مكان القتلى وأعطاه الله عز وجل الستر فمشى في الظلام واختفى في هذا الدهليز إلى الصبح فلما كان وقت الصبح خرجت العجوز في طلب سيد آخر فخرج أخي في أثرها وهي لا تعلم به حتى أتى منزله ولم يزل يعالج نفسه حتى بريء ولم يزل يتعهد العجوز وينظر إليها كل وقت وهي تأخذ الناس واحد بعد واحد وتوصلهم إلى تلك الدار وأخي لا ينطق بشيء ثم لما رجعت إليه صحته وكملت قوته عمد إلى خرقة وعمل منها كيساً وملأه زجاجاً وشد في وسطه وتنكر حتى لا يعرفه أحد ولبس ثياب العجم وأخذ سيفاً وجله تحت ثيابه فلما رأى العجوز قال لها بكلام العجم: يا عجوز هل عندك ميزان يسع تسعمائة دينار؟ فقالت العجوز: لي ولد صغير صيرفي عنده سائر الموازين فامض معي إليه قبل أن يخرج من مكانه حتى يزن لك ذهبك فقال أخي: امشي قدامي فسارت وسار أخي خلفها حتى أتت الباب فدقته فخرجت الجارية وضحكت في وجهه.
وهنا أدرك شهرزاد الصباح فسكتت عن الكلام المباح.

وفي الليلة الثالثة والأربعين قالت: بلغني أيها الملك السعيد أن المزين قال فخرجت الجارية وضحكت في وجه أخي فقالت العجوز: أتيتكم بلحمة سمينة فأخذت الجارية بيد أخي وأدخلته الدار التي دخلها سابقاً وقعدت عنده ساعة وقامت وقالت لأخي: لا تبرح حتى أرجع إليك وراحت فلم يستقر أخي إلا والعبد قد أقبل ومعه السيف المجرد فقال لأخي: قم يا مشؤوم فقام أخي وتقدم العبد فرمى راسه وسحبه من رجله إلى السرداب ونادى: أين المليحة؟ فجاءت الجارية وبيدها الطبق الذي فيه الملح فلما رأت أخي والسيف بيده ولت هاربة فتبعها أخي وضربها فرمى رأسها ثم نادى: أين العجوز؟ فجاءت فقال لها: أتعرفيني يا عجوز النحس؟ فقالت: لا يا مولاي فقال لها: أنا صاحب الدنانير الذي جئت وتوضأت عندي وصليت ثم تحيلت علي حتى أوقعتني هنا فقالت: اتق الله في أمري فالتفت إليها وضربها بالسيف فصيرها قطعتين ثم خرج في طلب الجارية فلما رأته طار عقلها وطلبت منه الأمان فأمنها ثم قال لها: ما الذي أوقعك عند هذا العبد الأسود؟ فقالت: إني كنت جارية لبعض التجار وكانت هذه العجوز تتردد علي فقالت لي يوماً من الأيام إن عندنا فرحاً ما رأى أحد مثله فأحب أن تنظري إليه، فقلت لها: سمعاً وطاعة ثم قمت ولبست أحسن ثيابي وأخذت معي صرة فيها مائة دينار ومضيت معها حتى أدخلتني هذه الدار. فلما دخلت ما شعرت إلا وهذا الأسود أخذني ولم أزل عنده على هذا الحال ثلاث سنين بحيلة العجوز الكاهنة فقال لها أخي: هل له في الدار شيء؟ فقالت: عنده شيء كثير فإن كنت تقدر على نقله فانقله فقام أخي ومشى معها ففتحت له الصناديق فيها أكياس فبقي أخي متحيراً، فقالت له الجارية: امض الآن ودعني هنا وهات من ينقل المال فخرج واكترى عشرة رجال، وجاء فلما وصل إلى الباب وجده مفتوحاً ولم ير الجارية ولا الأكياس، وإنما رأى شيئاً يسيراً من المال والقماش فعلم أنها خدعته فعند ذلك أخذ المال الذي بقي وفتح الخزائن وأخذ جميع ما فيها من القماش ولم يترك في الجار شيئاً وبات تلك الليلة مسروراً، فلما أصبح الصباح وجد بالباب عشرين جندياً فلما خرج عليهم تعلقوا به وقالوا له: إن الوالي يطلبك فأخذوه وراحوا إلى الوالي، فلما رأى أخي قال له: من أين لك هذا القماش؟ فقال أخي: أعطني الأمان فأعطاه منديل الأمان فحدثه بجميع ما وقع له مع العجوز من الأول إلى الآخر ومن هروب الجارية ثم قال للوالي: والذي أخذته خذ منه ما شئت ودع ماتقوت به فطلب الوالي جميع المال والقماش وخاف أخي أن يعلم به السلطان فأخذ البعض وأعطى أخي البعض وقال له: اخرج من هذه المدينة وإلا أشنقك فقال: السمع والطاعة فخرج إلى بعض البلدان فخرجت عليه

اللصوص فعروه وضربوه وقطعوا أذنيه فسمعت بخبره فخرجت إليه وأخذت إليه ثياباً وجئت به إلى المدينة مسروراً ورتبت له ما يأكله وما يشربه. وأما أخي السادس يا أمير المؤمنين وهو مقطوع الشفتين فإنه كان فقيراً جداً لا يملك شيئاً من حطام الدنيا الفانية فخرج يوماً من الأيام يطلب شيئاً يسد به رمقه فبينما هو في بعض الطرق إذ رأى حسنه ولها دهليز واسع مرتفع وعلى الباب خدم وأمر ونهي فسأل بعض الواقفين هناك فقال: هي لإنسان من اولاد الملوك فتقدم أخي إلى البوابين وسألهم شيئاً فقالوا: ادخل باب الدار تجد ما تحب من صاحبها فدخل الدهليز ومشى فيه ساعة حتى وصل إلى دار في غاية ما يكون من الملاحة والظرف وفي وسطها بستان ما رأى الراؤون أحسن منه وأرضها مفروشة بالرخام وستورها مسبولة فصار أخي لا يعرف أين يقصد فمضى نحو صدر المكان فرأى أنساناً حسن الوجه واللحية فلما رأى أخي قام إليه ورحب به وسأله عن حاله فأخبره أنه محتاج، فلما سمع كلام أخي أظهر غماً شديداً ومد يده إلى ثيابه ومزقها وقال: هل أكون أنا ببلد وأنت بها جائع لأصبر من ذلك ووعده بكل خير ثم قال: لا بد أن تمالحني فقال: يا سيدي ليس لي صبر وإني شديد الجوع فصاح: يا غلام هات الطشت والإبريق ثم قال له: يا ضيفي تقدم واغسل يدك ثم أومأ كأنه يغسل يده ثم صاح على أتباعه أن قدموا المائدة فجعلت أتباعه تغدو وترجع كأنها تهيء السفرة، ثم أخذ أخي وجلس معه على تلك السفرة الموهومة وصار صاحب المنزل يومئ ويحرك شفته كأنه يأكل ويقول لأخي: كل ولا تستحي فإنك جائع وأنا أعلم ما أنت فيه من شدة الجوع، فجعل أخي يومئ كأنه يأكل وهو يقول لأخي: كل وانظر هذا الخبز وانظر بياضه وأخي لا يبدي شيئاً، ثم إن أخي قال في نفسه: إن هذا الرجل يحب أن يهزأ بالناس.

فقال: يا سيدي عمري ما رأيت أحسن من بياض هذا الخبز ولا ألذ من طعمه فقال: هذا خبزته جارية لي كنت اشتريتها بخمسمائة دينار، ثم صاح صاحب الدار: يا غلام قدم لنا الكباب الذي لا يوجد مثله في طعام الملوك، ثم قال لأخي: كل يا ضيفي فإنك شديد الجوع ومحتاج إلى الأكل، فصار أخي يدور حنكه ويمضغ كأنه يأكل وأقبل الرجل يستدعي لوناً ب د لون من الطعام ولا يحضر شيئاً ويأمر أخي بالأكل، ثم قال: يا غلام قدم لنا الفراريج المحشوة بالفستق ثم قال: كل ما لم تأكل مثله قط فقال: يا سيدي إن هذا الأكل لا نظير له في اللذة وأقبل يومئ بيده إلى فم أخي حتى كأنه يلقمه بيده وكان يعدد هذه الألوان ويصفها لأخي بهذه الأوصاف وهو جائع، فاشتد جوعه وصار بشهوة رغيف من شعير. ثم قال له صاحب الدار: هل رأيت أطيب من أبازير هذه الأطعمة فقال له أخي: لا يا

سيدي فقال: كثر الأكل ولا تستح فقال: قد اكتفيت من الطعام فصاح الرجل على
أتباعه أن قدموا الحلويات فحركوا أيديهم في الهواء كأنهم قدموا الحلويات ثم
قال صاحب المنزل لأخي: كل من هذا النوع فإنه جيد وكل من هذه القطائف
بحياتي وخذ هذه القطيفة قبل أن ينزل منها لجلاب فقال له أخي: لا عدمتك يا
سيدي وأقبل أخي يسأله عن كثرة المسك الذي في القطائف فقال له: إن هذه
عادتي في بيتي فدائماً يضعون لي في كل قطيفة مثقالاً من المسك ونصف مثقال من
العنبر. هذا كله وأخي يحرك رأسه وفمه يلعب بين شدقيه كأنه يتلذذ بأكل
الحلويات، ثم صاح صاحب الدار على أصحابه أن أحضروا النقل فحركوا أيديهم في
الهواء كأنهم أحضروا النقل وقال لأخي: كل من هذا اللوز ومن هذا الجوز ومن
هذا الزبيب ونحو ذلك وصار يعد له أنواع النقل ويقول له: كل ولا تستح. فقال
أخي: يا سيدي قد اكتفيت ولم يبق لي قدرة على أكل شيء فقال: يا ضيفي إن
أردت أن تأكل وتتفرج على غرائب المأكولات فالله الله لا تكن جائعاً. ثم فكر
أخي في نفسه وفي استهزاء ذلك الرجل به وقال: لأعملن فيه عملاً يتوب بسببه إلى
الله عن هذه الفعال. ثم قال الرجل لأتباعه: قدموا لنا الشراب فحركوا أيديهم في
الهواء حتى كأنهم قدموا الشراب، ثم أومأ صاحب المنزل كأنه ناول أخي قدحاً
قال: خذ هذا القدح فإنه يعجبك، فقال: يا سيدي هذا من إحسانك وأومأ أخي
بيده كأنه يشرب فقال له: هل أعجبك؟ فقال له: يا سيدي ما رأيت ألذ من هذا
الشراب، فقال له: اشرب هنيئاً وصحة، ثم إن صاحب البيت أومأ وشرب ثم ناول
أخي قدحاً ثانياً فخيل أنه شربه وأظهر انه سطران ثم إن أخي غافله ورفع يده
حتى بان بياض إبطه وصفعه على رقبته صفعة رن لها المكان ثم ثنى عليه
بصفعة ثانية. وهنا أدرك شهرزاد الصباح فسكتت عن الكلام المباح.

وفي الليلة الرابعة والأربعين قالت: بلغني أيها الملك السعيد أن أخا المزين لما
صفع صاحب الدار قال له الرجل: ما هذا يا أسفل العالمين؟ فقال: يا سيدي أنا
عبدك الذي أنعمت عليه وأدخلته منزلك وأطعمته الزاد وأسقيته الخمر العتيق
فسكر وعربد عليك ومقامك أعلى من أن تؤاخذه بجهل فلما سمع صاحب المنزل
كلام أخي ضحك ضحكاً عالياً ثم قال: إن لي زماناً طويلاً أسخر بالناس وأهزأ
بجميع أصحاب المزاح والمجون ما رأيت منهم من له طاقة على أن أفعل به هذه
السخرية ولا من له فطنة يدخل بها في جميع أموري غيرك والآن عفوت عنك،
فكن نديمي على الحقيقة ولا تفارقني ثم أمر بإخراج عدة من أنواع الطعام
المذكورة أولاً فأكل هو وأخي حتى اكتفيا ثم انتقلا إلى مجلس الشراب فإذا فيه
جوار كأن به الأقمار فغنين بجميع الألحان واشتغلن بجميع الملاهي ثم شربا حتى

139

غلب عليهما السكر وأنس الرجل بأخي حتى كأنه أخوه وأحبه محبة عظيمة، وخلع عليه خلعة سنية.

فلما أصبح الصباح عادا لما كانا عليه من الأكل والشرب ولم يزالا كذلك مدة عشرين سنة ثم أن الرجل مات وقبض السلطان على ماله واحتوى عليه فخرج أخي من البلد هارباً فلما وصل إلى نصف الطريق خرج عليه العرب فأسروه وصار الذي أسره يعذبه ويقول له: اشتر روحك مني بالأموال وإلا أقتلك فجعل أخي يبكي ويقول: أنا والله لا أملك شيئاً يا شيخ العرب، ولا أعرف طريق شيء من لمال وأنا أسيرك وصرت في يدك فافعل بي ما شئت فأخرج البدوي الجبار من حزامه سكيناً عريضة لو نزلت على رقبة جمل لقطعتها من الوريد إلى الوريد وأخذها في يده اليمنى وتقدم إلى أخي المسكين وقطع بها شفتيه وشك عليه في المطالبة وكان للبدوي زوجة حسنة وكان إذا أخرج البدوي تتعرض لأخي وتراوده عن نفسه وهو يمتنع حياء من الله تعالى فاتفق أن راودت أخي يوماً من الأيام فقام ولاعبها وأجلسها في حجره فبينما هما كذلك وإذا يزوجها داخل عليهما فلما نظر إلى أخي قال له: ويلك يا خبيث أتريد الآن أن تفسد علي زوجتي وأخرج سكيناً وقطع بها ذكره وحمله على جمل وطرحه فوق جبل وتركه وسار إلى حال سبيله فجاز عليه المسافرون فعرفوه فأطعموه وأسقوه وأعلموني بخبره فذهبت إليه وحملته، ودخلت به المدينة ورتبت له ما يكفيه وها أنا جئت عندك يا أمير المؤمنين وخفت أن أرجع إلى بيتي قبل إخبارك، فيكون ذلك غلطاً وورائي ستة أخوة وأنا أقوم بهم. فلما سمع أمير المؤمنين قصتي وما أخبرته به عن أخوتي، ضحك وقال: صدقت يا صامت أنت قليل الكلام ما عندك فضول ولكن الآن أخرج من هذه المدينة وأسكن غيرها ثم نفاني من بغداد فلم أزل سائراً في البلاد حتى طفت الأقاليم إلى أن سمعت بموته وخلافة غيره فرجعت إلى المدينة فوجدته مات ووقعت عند هذا الشاب وفعلت معه أحسن الفعال ولولاي أنا لقتل وقد اتهمني بشيء ما هو في جميع ما نقله عني من الفضول وكثرة الكلام وكثافة الطبع وعدم الذوق باطل يا جماعة. ثم قال الخياط لملك الصين، فلما سمعنا قصة المزين وتحققنا فضوله وكثرة كلامه وأن الشاب مظلوم معه أخذنا المزين وقبضنا عليه وحبسناه وجلسنا حوله آمنين ثم أكلنا وشربنا وتمت الوليمة على أحسن حالة ولم نزل جالسين إلى أن أذن العصر فخرجت وجئت منزلي وعشيت زوجتي فقالت: إن طول النهار، في حظك وأنا قاعدة في البيت حزينة فإن لم تخرجي وتفرجني بقية النهار كان ذلك سبب فراقي منك فأخذتها وخرجت بها وتفرجنا إلى العشاء ثم رجعنا فلقينا هذا الأحدب والسكر طافح منه وهو ينشد هذين البيتين: رق

الزجاج وراقت الخمر فتشابها وتشاكل الأمر فكأنما خمر ولا قدح وكأنما قدح ولا خمر فعزمت عليه فأجابني وخرجت لأشتري سمكاً مقلياً فاشتريت ورجعت ثم جلسنا نأكل، فأخذت زوجتي لقمة وقطعة سمك وأدخلتهما فمه وسدته فمات فحملته وتحايلت حتى رميته في بيت هذا الطبيب وتحايل الطبيب، حتى رماه في بيت المباشر الذي رماه في طريق السمسار وهذه قصة ما لقيته البارحة أما هي أعجب من قصة الحدب فلما سمع ملك الصين هذه القصة أمر بعض حجابه أن يمضوا مع الخياط ويحضروا المزين وقال لهم: لا بد من حضوره لأسمع كلامه ويكون ذلك سبباً في خلاصكم جميعاً، وندفن هذا الأحدب ونواريه في التراب فإنه ميت من أمس ثم نعمل له ضريحاً لأنه كان سبباً في اطلاعنا على هذه الأخبار العجيبة فما كان إلا ساعة حتى جاءت الحجاب هم والخياط بعد أن مضوا إلى الحبس وأخرجوا منه المزين وساروا به إلى أن أوقفوه بين يدي هذا الملك، فلما رآه تأمله فإذا هو شيخ كبير جاوز التسعين أسود الوجه أبيض اللحية والحواجب مقرطم الأذنين طويل الأنف في نفسه كبر فضحك الملك من رؤيته وقال: يا صامت أريد أن تحكي لي شيئاً من حكاياتك فقال المزين: يا ملك الزمان ما شأن هذا النصراني وهذا بطريق اليهودي وهذا المسلم وهذا الأحدب بينكم ميت وما سبب هذا الجمع فقال له ملك الصين: وما سؤالك عن هؤلاء؟ فقال: سؤالي عنهم حتى يعلم الملك أني غير فضولي ولا أشتغل بما لا يعنيني، وإنني بريء مما اتهموني به من كثرة الكلام. وأن لي نصيباً من اسمي حيث لقبوني بالصامت كما قال الشاعر:

وكلما أبصرت عيناك ذا لقب إلا ومعناه أن فتشت في لقبي

فقال الملك: اشرحوا للمزين حال هذا الأحدب وما جرى له في وقت العشاء واشرحوا له ما حكى النصراني وما حكى اليهودي وما حكى الخياط، فحكوا له حكايات الجميع فحرك المزين رأسه وقال: والله إن هذا الشيء عجيب اكشفوا لي عن هذا الأحدب فكشفوا له عنه فجلس عند رأسه وأخذ رأسه في حجره ونظر في وجهه وضحك ضحكاً عالياً حتى انقلب على قفاه من شدة الضحك وقال: لكل موتة سبب من الأسباب وموتة هذا الأحدب من عجب العجاب يجب أن تؤرخ في المسجلات ليعتبر بما مضى ومن هو آت فتعجب الملك من كلامه وقال: يا صامت إحك لنا سبب كلامك هذا وهنا أدرك شهرزاد الصباح فسكتت عن الكلام المباح.

وفي الليلة الخامسة والأربعين قالت: بلغني أيها الملك السعيد، أن الملك قال: يا صامت احك لنا سبب كلامك هذا فقال: يا ملك وحق نعمتك أن الأحدب فيه

الروح ثم إن المزين أخرج من وسطه مكحلة فيها دهن ودهن رقبة الأحدب وغطاها حتى عرقت ثم أخرج كلبتين من حديد ونزل بهما في حلقة فالتقطتا قطعة السمك بعظمها فلما أخرجها رآها الناس بعيونهم ثم نهض الأحدب واقفاً على قدميه وعطس عطسة واستفاق في نفسه وملس بيديه على وجهه وقال: لا إله إلا الله محمد رسول الله فتعجب الحاضرون من الذي رأوه وعاينوه، فضحك ملك الصين حتى غشي عليه وكذلك الحاضرون وقال السلطان: والله إن هذه القصة عجيبة ما رأيت أغرب منها ثم إن السلطان قال: يا مسلمين يا جماعة العسكر، هل رأيتم في عمركم أحداً يموت ثم يحيا بعد ذلك ولولا رزقه الله بهذا المزين لكان اليوم من أهل الآخرة فإنه كان سبباً لحياته، فقالوا: والله إن هذا من العجب العجاب ثم إن ملك الصين أمر أن تسطر هذه القصة فسطروها ثم جعلوها في خزانة الملك ثم خلع على اليهودي والنصراني والمباشر وخلع على كل واحد خلعة سنية وجعل الخياطة خياطه ورتب له الرواتب، وأصلح بينه وبين الأحدب وخلع على الأحدب خلعة سنية مليحة ورتب له الراتب وجعله نديمه وأنعم على المزين وخلع عليه خلعة سنية ورتب له الرواتب، وجعل له جامكية وجعله مزين المملكة ونديمه ولم يزالوا في ألذ العيش وأهناه إلى أن آتاهم هازم اللذات ومفرق الجماعات وليس هذا بأعجب من قصة الوزيرين، التي فيها ذكر أنيس الجليس قال الملك وما حكاية الوزيرين؟'

حكاية الوزيرين التي فيها ذكر أنيس الجليس

قالت: بلغني أيها الملك السعيد أنه كان بالبصرة ملك من الملوك يحب الفقراء والصعاليك ويرفق بالرعية ويهب من ماله لمن يؤمن بمحمد صلى الله عليه وسلم وكان يقال لهذا الملك محمد بن سليمان الزيني وكان له وزيران أحدهما يقال له المعين ابن سا وي والثاني يقال له الفضل بن خاقان وكان الفضل ابن خاقان أكرم أهل زمانه حسن السيرة أجمعت القلوب على محبته، واتفقت العقلاء على مشورته وكل الناس يدعون له بطول مدته لنه محضر خير مزيل الشر والضير وكان الوزير معين بن ساوي يكره الناس ولا يحب الخير وكان محضر سوء، وكان الناس على قدر محبتهم لفضل الدين ابن خاقان يبغضون المعين بن ساوي بقدرة القادر ثم إن الملك محمد بن سليمان الزيني كان قاعداً يوماً من الأيام على كرسي مملكته وحوله أرباب دولته إذ نادى وزيره الفضل بن خاقان وقال له: إني أريد جارية لا يكون في زمانها أحسن منها بحيث تكون كاملة في الجمال، فائقة في الاعتدال حميدة الخصال فقال أرباب الدولة: هذه لا توجد إلا بعشرة آلاف دينار.

فعند ذلك صاح السلطان على الخازندار وقال: احمل عشرة آلاف دينار، إلى جار الفضل بن خاقان فامتثل الخازندار أمر السلطان ونزل الوزير بعدما أمره السلطان أن يعمد إلى السوق في كل يوم ويوصي السماسرة على ما ذكره وأنه لا تباع جارية ثمنها فوق الألف دينار حتى تعرض على الوزير فلم تبع السماسرة جارية حتى يعرضوها عليه فامتثل الوزير أمره، واستمر على هذا الحال مدة من الزمان ولم تعجبه جارية فاتفق يوماً من الأيام أن بعض السماسرة أقبل على دار الوزير الفضل بن خاقان فوجده راكباً متوجهاً إلى قصر الملك فقبض على ركابه وأنشد هذين البيتين:

يا من أعاد رميم الملك منـشـوراً أنت الوزير الذي لا زال منصوراً أحييت ما مات بين الناس من كرم لا زال سعيك عند الله مشكـورا

ثم قال: يا سيدي إن الجارية التي صدر بطلبها المرسوم الكريم قد حضرت فقال له الوزيرعلي بها فغاب ساعة ثم حضر ومعه جارية رشيقة القد قاعدة النهد بطرف كحيل وخد أسيل وخصر نحيل وردف ثقيل وعليها أحسن ما يكون من الثياب ورضابها أحلى من الجلاب وقامتها تفضح غصون البان وكلامها أرق من النسيم إذا مر على زهر البستان كما قال فيها بعض واصفيها هذه الأبيات: لها بشر مثل الحرير ومنـطـق رخيم الحواشي لا هراء ولا نزر وعينان قال الله كونا فـكـانـتـا فعولان بالألباب ما تفعل الخمر فيا حبها زدني جوى كـل لـيلة ويا سلوة الأيام موعدك الحشـر ذوائبها ليل ولكـن جـبـيـنـهـا إذا أسفرت يوم يلوح به الفجـر فلما رآها الوزير أعجبته غاية الإعجاب فالتفت إلى السمسار وقال له: كم ثمن هذه الجارية؟ فقال: وقف سعرها على عشرة آلاف دينار وحلف صاحبها أن العشرة آلاف دينار لم تجيء ثمن الفراريج التي أكلتها ولا ثمن الخلع التي خلعتها على معلميها فإنها تعلمت الخط والنحو واللغة والتفسير وأصول الفقه والدين والطب والتقويم والضر بالآلات المطربة، فقال الوزير علي بسيدها فأحضره السمسار في الوقت والساعة فإذا هو رجل أعجمي عاش زمناً طويلاً حتى صيره الدهر عظماً في جلد. وأدرك شهرزاد الصباح فسكتت عن الكلام المباح.

في الليلة السادسة والأربعين قالت: بلغني أيها الملك السعيد أن العجمي صاحب الجارية لما حضر بين يدي الوزير الفضل بن خاقان قال له الوزير: رضيت أن تأخذ في هذه الجارية عشرة آلاف دينار من السلطان محمد بن سليمان الزيني؟ فقال العجمي: حيث كانت للسلطان فالواجب علي ان أقدمها إليه هدية بلا ثمن. فعند ذلك أمر بإحضار الأموال فلما حضرت وزن الدنانير للعجمي ثم أقبل النخاس على

الوزير وقال: عن إذن مولانا الوزير أتكلم فقال الوزير: هات ما عندك فقال: عندي من الرأي أن لا تطلع بهذه الجارية إلى السلطان في هذا اليوم، فإنه قادمة من السفر واختلفت عليها الهواء وأتعبها السفر ولكن خلها عندك في القصر عشرة أيام حتى تستريح فيزداد جمالها ثم أدخلها الحمام وألبسها أحسن الثياب وأطلع بها إلى السلطان فيكون لك في ذلك الحظ الأوفر، فتأمل الوزير كلام النخاس فوجده صواباً فأتى بها إلى قصره وأخلى لها مقصورة ورتب لها كل ما تحتاج إليه من طعام وشراب وغيره فمكثت مدة على تلك الرفاهية وكان للوزير الفضل بن خاقان ولد كأنه البدر إذا أشرق بوجه أقمر وخد أحمر وعليه خال كنقطة عنبر وفيه عذار أخضر كما قال الشاعر في مثله هذه الأبيات:

ورد الخدود ودونه شوك القنا فمن المحدث نفسه أن يجتنى لا تمدد الأيدي
إليه فطالما شنوا الحروب لأن مددنا الأعينا يا قلبه القاسي ورقة خصره هلا
نقلت إلى هنا من هنا لو كان رقة خصره في قلبه ما جار قط على المحب ولا
جنى يا عاذلي في حبه كن عاذري من لي بجسم قد تملكه الضنى ما الذنب إلا
للفؤاد وناظري لولاهما ما كنت في هذا العنى

وكان الصبي لم يعرف قضية هذه الجارية وكان والده أوصاها وقال لها: يا بنتي اعلمي أني ما اشتريتك إلا سرية للملك محمد بن سليمان الزيني وإن لي ولداً ما ترك صبية في الحارة إلا فعل بها، فاحفظي نفسك منه وأحذري أن تريه وجهك أو تسمعيه كلامك فقالت الجارية: السمع والطاعة ثم تركها وانصرف. واتفق بالأمر المقدر أن الجارية دخلت يوماً من الأيام الحمام الذي في المنزل وقد حماها بعض الجواري ولبست الثياب الفاخرة فتزايد حسنها وجمالها ودخلت على زوجة الوزير فقبلت يدها فقالت لها: نعيماً يا أنيس الجليس كيف حالك في هذا الحمام؟ فقالت: يا سيدتي ما كنت محتاجة إلا إلى حضورك فيه، فعند ذلك قالت سيدة البيت للجواري: هيا بنا ندخل الحمام فامتثلن أمرها ومضين وسيدتهن بينهن وقد وكلت بباب المقصورة التي فيها أنيس الجليس جاريتين صغيرتين وقالت لهما: لا تمكنا أحد من الدخول على الجارية فقالتا: السمع والطاعة. فبينما أنيس الجليس قاعدة في المقصورة وإذا بابن الوزير الذي اسمه علي نور الدين قد دخل وسأل عن أمه وعن العائلة، فقالت له الجاريتان: دخلوا الحمام،و قد سمعت الجارية أنيس الجليس كلام علي نور الدين بن الوزير وهي من داخل المقصورة. فقالت في نفسها: ياترى ما شأن هذا الصبي الذي قال لي الوزير عنه أنه ما خلا بصبية في الحارة الا وأوقعها والله أني أشتهي أن أنظره.ثم أنها نهضت على

قدميها وهي بأثر الحمام وتقدمت جهة باب المقصورة ونظرت إلى علي نور الدين فإذا هو كالبدر في تمامهفأورثتها النظرة ألف حسرة ولاحت من الصبي التفاتة إليها فنظرها نظرة اورثته ألف حسرة ووقع كل منهما في شرك هوى الآخر، فتقدم الصبي إلى الجاريتين وصاح عليهما فهربتا من بين يديه ووقفا من بعيد ينظرانه وينظران ما يفعل، وإذا به تقدم من باب المقصورة وفتحه ودخل على الجارية وقال لها: أنت التي اشتراك أبي؟ فقالت له: نعم، فعند ذلك تقدم الصبي إليها وكان في حال السكر وأخذ رجليها وجعلها في وسطه وهي شبكت يدها في عنقه واستقبلته بتقبيل وشهيق وغنج ومص لسانها ومصت لسانه فأزال بكارتها فلما رأت الجاريتان سيدهما الصغير داخلاً على الجارية أنيس الجليس صرختا وكان قد قضى الصبي حاجته وفر هارباً للنجاة من الخوف عقب الفعل الذي فعله. فلما سمعت سيدة البيت صراخ الجاريتين مضت من الحمام والعرق يقطر منها وقالت: ما سبب هذا الصراخ الذي في الدار، فلما قربت من الجاريتين اللتين أقعدتهما على باب المقصورة قالت لهما: ويلكما ما الخبر، فلما رأياها قالتا: إن سيدي نور الدين جاء وضربنا فهربنا منه فدخل أنيس الجليس وعانقها ولا ندري أي شيء عمل بعد ذلك، فلما صحا هرب. فعند ذلك تقدمت سيدة البيت إلى أنيس الجليس وقالت لها: ما الخبر؟ فقالت لها: يا سيدتي أنا قاعدة وإذا بصبي جميل الصورة دخل علي وقال لي: أنت التي اشتراك أبي لي؟ فقلت نعم والله يا سيدتي اعتقدت أن كلامه صحيح فعند ذلك أتى إلي وعانقني، فقالت لها: هل فعل بك شيء غير ذلك؟ قالت: نعم، وأخذ مني ثلاث قبلات فقالت: ما تركك من غير افتضاض. ثم بكت ولطمت على وجهها هي والجواري خوفاً على علي نور الدين أن يذبحه أبوه. فبينما هم كذلك وإذا بالوزير دخل وسأل عن الخبر فقالت له زوجته: أحلف أن ما أقوله لك تسمعه قال: نعم فأخبرته بما فعله ولده فحزن ومزق ثيابه ولطم على وجهه ونتف لحيته، فقالت له زوجته: لا تقتل نفسك أنا أعطيك من مالي عشرة آلاف دينار ثمنها، فعند ذلك رفع رأسه إليها وقال لها: ويلك أنا ما لي حاجة بثمنها ولكن خوفي أن تروح روحي ومالي فقالت له: يا سيدي ما سبب ذلك؟ فقال لها: أما تعلمين أن وراءنا هذا العدو الذي يقال له: المعين بن ساوي، ومتى سمع هذا الأمر تقدم إلى السلطان وقال له.. وأدرك شهرزاد الصباح فسكتت عن الكلام المباح.

وفي الليلة السابعة والأربعين قالت: بلغني أيها الملك السعيد أن الوزير قال لزوجته: أما تعلمين أن وراءنا عدواً يقال له المعين بن ساوي ومتى سمع بهذا الأمر تقدم إلى السلطان وقال له: إن وزيرك الذي تزعم أنه يحبك أخذ منك عشرة

آلاف دينار واشترى بها جارية ما رأى أحد مثلها فلما أعجبته قال لابنه: خذها أنت أحق بها من السلطان فأخذها وأزال بكارتها وها هي الجارية عنده فيقول الملك تكذب فيقول للملك عن إذنك أهجم عليه وآتيك بها فيأذن له في ذلك فيهجم على الدار ويأخذ الجارية ويحضرها بين يدي السلطان ثم يسألها فلا تقدر أن تنكر فيقول له يا سيدي أنت تعلم أني ناصح لك ولكن ما لي عندكم حظ فيمثل بي السلطان والناس كلهم يتفرجون علي وتروح روحي. فقالت له زوجته: لا تعلم أحد وسلم أمرك إلى الله في هذه القضية فعند ذلك سكن قلب الوزير وطاب خاطره. هذا ما كان من أمر الوزير، وأما ما كان من أمر علي نور الدين فإنه خاف عاقبة الأمر فكان يقضي نهاره في البساتين ولا يأتي إلا في آخر الليل لأمه فينام عندها ويقوم قبل الصبح ولا يراه أحد، ولم يزل كذلك شهراً وهو لم ير وجه أبيه، فقالت أمه لأبيه: يا سيدي هل تعدم الجارية وتعدم الولد، فإن طال هذا الأمر على الولد هج، قال لها: وكيف العمل؟ قالت: أسهر هذه الليلة فإذا جاء فأمسكه واصطلح أنت وإياه وأعطه الجارية إنها تحبه وهو يحبها وأعطيك ثمنها. فسهر الوزير طول الليل فلما أتى ولده أمسكه وأراد نحره فأدركته أمه وقالت له: أي شيء تريد أن تفعل معه؟ فقال لها: أريد أن أذبحه فقال الولد لأبيه: هل أهون عليك؟ فتغرغرت عيناه بالدموع وقال له: يا ولدي كيف هان عليك ذهاب مالي وروحي؟ فقال الصبي: اسمع يا والدي مقال الشاعر: هبني جنيت فلم تزل أهل النهي يهبون للجاني شماحاً شاملا ماذا عسى يرجو عدوك وهو في درك الحضيض وأنت أعلى منزلا فعند ذلك قام الوزير من على صدر ولده وأشفق عليه وقام الصبي وقبل يد والده فقال: يا ولدي لو علمت أنك تنصف أنيس الجليس كنت وهبتها لك، فقال يا والدي كيف لا أنصفها قال: أوصيك يا ولدي أنك لا تتزوج عليها ولا تضاررها ولا تبعها، قال له: يا والدي أنا أحلف لك أن لا أتزوج عليها، ولا أبيعها ثم حلف له أيماناً على ما ذكر ودخل على الجارية فأقام معها سنة، وأنسى الله تعالى الملك قصة الجارية. وأما المعين بن ساوي فإنه بلغه الخبر ولكنه لم يقدر أن يتكلم لعظم منزلة الوزير عند السلطان فلما مضت السنة دخل الوزير فضل الدين بن خاقان الحمام وخرج وهو عرقان، فأصابه الهواء فلزم الوساد وطال به السهاد وتسلسل به الضعف فعند ذلك نادى ولده علي نور الدين فلما حضر بين يديه قال له: يا ولدي أن الرزق مقسوم والأجل محتوم ولا بد لكل نسمة من شرب كأس المنون وأنشد هذه الأبيات: من فاته الموت لـم يفـته غـدا والكل منا على حوض الردى وردا سوى العظم بمن قد كان محتقـرا ولم يدع هبة بـين الـورى أحدا لم يبق من ملك كـلا ولا مـلـك ولا نبـي يعيـش

146

دائماً أبـدا ثم قال: يا ولدي مالي عندك وصية إلا تقوى الله والنظر في العواقب وأن تستوصي بالجارية أنيس الجليس فقال له: يا أبت ومن مثلك وقد كنت معروفاً بفعل الخير ودعاء الخطباء لك على المنابر فقال: يا ولدي أرجو من الله تعالى القبول ثم نطق الشهادتين وشهق شهقة فكتب من أهل السعادة فعند ذلك امتلأ القصر بالصراخ ووصل الخبر إلى السلطان وسمعت أهل المدينة بوفاة الفضل بن خاقان فبكت عليه الصبيان في مكاتبها ونهض ولده علي نور الدين وجهزه وحضرت الأمراء والوزراء وأرباب الدولة وأهل المدينة مشهده وكان ممن حضروا الجنازة الوزير المعين بن ساوي وأنشد بعضهم عند خروج جنازته من الدار هذه الأبيات:

قد قلت للرجل المولى غسلـه هلا أطعت وكنت من نصائحه جنبه ماءك ثم غسلـه بـما أذرت عيون المجد عند بكـائه وأزل مجاميع الحنوط ونحها عنه وحنطه بطـيب ثـنـائه ومر الملائكة الكرام بحمـلـه شرفاً ألست تراهموا بـإزائه لاتوه أعناق الرجال بحمـلـه يكفي الذي حملوه من نعمـائه

ثم مكث علي نور الدين، شديد الحزن على والده مدة مديدة فبينما هو جالس يوماً من الأيام في بيت والده إذ طرق الباب طارق فنهض علي نور الدين وفتح الباب وإذا برجل من ندماء والده وأصحابه فقبل يد علي نور الدين، وقال: يا سيدي من خلف مثلك ما مات وهذا مصير سيد الأولين والآخرين صلى الله عليه وسلم يا سيدي طب نفساً ودع الحزن فعند ذلك نهض علي نور الدين إلى قاعة الجلوس ونقل إليها ما يحتاج إليه واجتمع عليه أصحابه وأخذ جاريته واجتمع عليه عشرة من أولاد التجار ثم إنه أكل الطعام وشرب الشراب وجدد مقاماً بعد مقام وصار يعطي ويتكرم، فعند ذلك دخل عليه وكيله وقال له: يا سيدي علي نور الدين أما سمعت قول بعضهم من ينفق ولم يحسب افتقر، ولقد أحسن من قال هذه الأبيات: أصون دراهمي وأذب عنـهـا لعلمي أنها سيفـي وتـرسـي أأبذلهـا إلـى أعـدا الأعـادي وأبذل في الورى سعدي بنحسي فيأكلها ويشـربـهـا هـنـيئاً ولا يسخو لي أحـد بـفـلـس وأحفظ درهمي عن كل شخص لئيم الطبع لا يصفو لأنـسـي أحب إلي مـن قـول لـنـذل أنلني درهماً لغـد بـخـمـس فيعرض وجهه ويصـدعـنـي فتبقى مثل نفس الكلب نفسـي فيا ذل الرجـال بـغـير مـال ولو كانت فضائلهم كشـمـس ثم قال: يا سيدي النفقة الجزيلة والمواهب العظيمة تفني المال فلما سمع علي نور الدين من وكيله هذا الكلام نظر إليه وقال له: جميع ما قلته لا أسمع منه كلمة فما أحسن قول الشاعر: أنا ما ملكت

المال يوماً ولـم أجـد فلا بسطت كفي ولا نهضت رجلي فهاتوا بخيلاً نال مجداً بـبـخـلـه وهاتوا أروني باذلاً مات من بـذل ثم قال: اعلم أيها الوكيل أني أريد إذا فضل عندك ما يكفيني لغدائي أن لا تحملني هم عشائي فانصرف الوكيل من عنده إلى حال سبيله وأقبل علي نور الدين ما هو فيه من مكارم الأخلاق وكل من يقول له من ندمائه أن هذا الشيء مليح يقول هو لك هبة أو يقول سيدي أن الدار الفلانية مليحة يقول هي لك هبة ولم يزل علي نور الدين يعقد لندمائه وأصحابه في أول النهار مجلساً وفي آخره مجلساً ومكث على هذا الحال سنة كاملة فبينما هو جالساً يوماً وإذا بالجارية تنشد هذين البيتين: أحسنت ظنك بالأيام إذا حسـنـت ولم تخف سوء ما يأتي به القدر وسالمتك الليالي فاغتررت بهـا عند صفو الليالي يحدث الكـدر فلما فرغت من شعرها إذا بطارق يطرق الباب فقام علي نور الدين فتبعه بعض جلسائه من غير أن يعلم به فلما فتح الباب رآه وكيله فقال له علي نور الدين: ما الخبر؟ فقال له: يا سيدي الذي كنا أخافه عليك منه قد وقع لك قال: وكيف ذلك؟ قال: اعلم أنه ما بقي لك تحت يدي شيء يساوي درهماً ولا أقل من درهم وهذه دفاتر المصروف الذي صرفته ودفاتر أصل مالك، فلما سمع علي نور الدين هذا الكلام أطرق رأسه إلى الأرض وقال: لا حول ولا قوة إلا بالله فلما سمع الرجل الذي تبعها خفية، وخرج ليسأل عليه وماقاله الوكيل رجع إلى أصحابه وقال لهم: انظروا أي شيء تعملون فإن علي نور الدين قد أفلس فلما رجع إليهم علي نور الدين قد أفلس فلما رجع إليهم علي نور الدين ظهر لهم الغم في وجهه فعند ذلك نهض واحد من الندماء على قدميه، ونظر إلى علي نور الدين وقال له: يا سيدي إني أريد أن تأذن لي بالانصراف، فقال علي نور الدين: لماذا الانصراف في هذا اليوم؟ فقال: إن زوجتي تلد في هذه الليلة ولا يمكنني أن أتخلف عنها واريد أن أذهب إليها وأنظرها فأذن له ونهض آخر وقال له: يا سيدي نور الدين أريد اليوم أن أحضر عند أخي فإنه يطاهر ولده وكل واحد يستأذنه إلى حال سبيله حتى انصرفوا كلهم وبقي علي نور الدين وحده فعند ذلك دعا جاريته وقال: يا أنيس الجليس أما تنظرين ما حل بي وحكى لها ما قاله الوكيل فقالت: يا سيدي منذ ليال هممت أن أقول لك على هذا الحال فسمعتك تنشد هذين البيتين:

إذا جادت الدنيا عليك فجد بهـا على الناس طرأ قبل ان تتفلت فلا جود يفنيها إذا هي أقبلـت ولا الشح يبقيها إذا هي ولـت

فلما سمعتك تنشدهما ولم أبد لك خطاباً فقال لها: يا أنيس الجليس أنت تعرفين أني ما صرفت مالي إلا على أصحابي وأظنهم لا يتركونني من غير مؤاساة، فقالت أنيس الجليس: والله ما ينفعونك بنافعة، فقال علي نور الدين: فأنا في هذه الساعة أقوم واروح إليهم وأطرق أبوابهم لعلي أنال منهم شيئاً فأجعله في يدي رأس مال وأتجر فيه وأترك اللهو واللعب. ثم إنه نهض من وقته وساعته وما زال سائراً حتى أقبل على الزقاق الذي فيه أصحابه العشرة وكانوا كلهم ساكنين في ذلك الزقاق، فتقدم إلى أول باب وطرقه فخرجت له جارية وقالت له: من أنت؟ فقال: قولي لسيدك علي نور الدين واقف في الباب ويقول لك مملوكك يقبل أياديك وينتظر فضلك، فدخلت الجارية وأعلمت سيدها فصاح عليها وقال لها: ارجعي وقول له: ما هو هنا، فرجعت الجارية إلى علي نور الدين وقالت له: يا سيدي إن سيدي ما هو هنا، فتوجه علي نور الدين وقال في نفسه: إن كان هذا ولد زنا وأنكر نفسه فغيره ما هو ولد زنا، ثم تقدم إلى الباب الثاني وقال كما قال أولاً فأنكر الآخر نفسه فعند ذلك أنشد هذا البيت: ذهب الذين إذا وقفت ببابهـم منوا عليك بما تريد من الندى فلما فرغ من شعره قال: والله لا بد أن أمتحنهم كلهم عسى أن يكون فيهم واحد يقوم مقام الجميع، فدار على العشرة فلم يجد أحداً منهم فتح له الباب ولا أراه نفسه ولا أمر له برغيف فأنشد هذه الأبيات:

المرء في زمن الإقبال كالشجـرة فالناس من حولها ما دامت الثمرة حتى إذا أسقطت كل الذي حملت تفرقوا وأرادوا غيرها شـجـرة تباً لأبناء هذا الـدهـر كـلـهـم فلم أجد واحداً يصفو من العشرة ثم إنه رجع إلى جاريته وقد تزايد همه فقالت له: يا سيدي أما قلت لكإنهم لا ينفعونك بنافعة؟ فقال: والله ما فيهم من أراني وجهه فقالت له: يا سيدي بع من أثاث البيت شيئاً فشيئاً وأنفق فباع إلى أن باع جميع ما في البيت ولم يبق عنده شيء، فعند ذلك نظر إلى أنيس الجليس وقال لها: ماذا نفعل الآن؟ قالت له: يا سيدي عندي من الرأي أن تقوم في هذه الساعة وتنزل إلى السوق فتبيعني وأنت تعلم أن والدك كان قد اشتراني بعشرة آلاف دينار فلعل الله يفتح عليك ببعض هذا الثمن، وإذا قدر الله باجتماعنا نجتمع، فقال لها: يا أنيس الجليس ما يهون علي فراقك ساعة واحدة، فقالت له: ولا أنا كذلك لكن للضرورة أحكام كما قال الشاعر: تلجئ الضرورات في الأمور إلى سلـوك مـا لا يليـق بـالأدب ما حامل نفسه عـلـى سبـب إلا لأمـر يليـق بـالـسـبـب فعند ذلك أخذت دموع أنيس الجليس تسيل على خديه، ثم أنشد هذين البيتين: قفوا زودوني نظرة قبل فراقكم أعلل قلباً كاد بالبـين يتـلـف فإن كان تزويدي بذلك كـلـفة دعوني في وجدي ولا تتكلفوا ثم مضى وسلمها إلى الدلال وقال له:

أعرف مقدار ما تنادي عليه فقال له الدلال: يا سيدي علي نور الدين الأصول محفوظة، ثم قال له: أها هي أنيس الجليس الذي كان اشتراها والدك مني بعشرة آلاف دينار؟ قال: نعم، فعند ذلك طلع الدلال إلى التجار فوجدهم لم يجتمعوا كلهم فصبر حتى اجتمع سائر التجار وامتلأ السوق بسائر أجناس الجواري من تركية ورومية وشركسية وجرجية وحبشية فلما نظر الدلال إلى ازدحام السوق نهض قائماً وقال: يا تجار يا أرباب الأموال ما كل مدور جوزة ولا كل مستطيلة موزة ولا كل حمراء لحمة ولا كل بيضاء شحمة ولا كل صهباء خمرة ولا كل سمراء تمرة، يا تجار هذه الدرة اليتيمة التي لا تفي الأموال لها بقية بكم تفتحون باب الثمن، فقال واحد بأربعة آلاف دينار وخمسمائة، وإذا بالوزير المعين بن ساوي في السوق فنظر علي نور الدين واقفاً في السوق فقال في نفسه: ما باله واقفاً فإنه ما بقي عنده شيء يشتري به جواري، ثم نظر بعينيه فسمع المنادي وهو واقف ينادي في السوق والتجار حوله. فقال الوزير في نفسه: ما أظنه إلا أفلس ونزل بالجارية ليبيعها، ثم قال في نفسه إن صح ذلك فما أبرده على قلبي، ثم دعا المنادي فأقبل عليه وقبل الأرض بين يديه فقال: إني أريد هذه الجارية التي تنادي عليها فلم يمكنه المخالفة فجاء بالجارية وقدمها بين يديه، فلما نظر إليها وتأمل محاسنها من قامتها الرشيقة وألفاظها الرقيقة أعجبتها فقال له: إلى كم وصل ثمنها فقال: أربعة آلاف وخمسمائة دينار، فلما سمع ذلك التجار ما قدر واحد منهم أن يزيد درهماً ولا ديناراً بل تأخروا لمايعلمون من ظلم ذلك الوزير. ثم نظر الوزير معين بن ساوي إلى الدلال وقال: ما سبب وقوفك، رح والجارية على أربعة آلاف ولك خمسمائة دينار، فراح الدلال إلى علي نور الدين وقال له: راحت الجارية عليك بلا ثمن فقال له: وماسبب ذلك؟ فقال له: نحن فتحنا باب سعرها بأربعة آلاف وخمسمائة دينار فجاء هذا الظالم المعين بن ساوي ودخل السوق فلما نظر الجارية أعجبته وقال لي شاور على أربعة آلاف ولك خمسمائة وما أظنه إلا يعرف أن الجارية لك فإن كان يعطيك ثمنها في هذه الساعة يكون ذلك من فضل الله، لكن أنا أعرف من ظلمه أنه يكتب لك ورقة حوالة على بعض عملائه ثم يرسل إليهم ويقول: لا تعطوه شيئاً فكلما ذهبت إليهم لتطالبهم يقولون: في غد نعطيك ولا يزالون يعدونك ويخلفون يوماً بعد يوم وأنت عزيز النفس، وبعد أن يضجوا من مطالبتك إياهم يقولون أعطنا ورقة الحوالة إذا أخذوا الورقة منك قطعوها وراح عليك ثمن الجارية. فلما سمع علي نور الدين من الدلال هذا الكلام نظر إليه وقال له: كيف يكون العمل؟ فقال له: أنا أشير عليك بمشورة فإن قبلتها مني كان لك الحظ الأوفر قال: تجيء في هذه الساعة

عندي وأنا واقف وسط السوق وتأخذ الجارية من يدي وتلكمها وتقول لها: ويلك قد فديت يميني التي حلفتها ونزلت بك السوق حيث حلفت عليك أنه لا بد من إخراجك إلى السوق ومناداة الدلال عليك فإن فعلت ذلك ربما تدخل عليه الحيلة وعلى الناس ويعتقدون أنك ما نزلت بها إلا لأجل إبراز اليمين، فقال هذا هو الرأي الصائب، ثم إن الدلال فارقه وجاء إلى وسط السوق وأمسك يد الجارية وأشار إلى الوزير المعين بن ساوي وقال: يا مولاي هذا مالكها قد اقبل ثم جاء علي نور الدين إلى الدلال ونزع الجارية من يده ولكمها وقال: ويلك قد نزلت بك إلى السوق لأجل إبرار يميني. روحي إلى البيت وبعد ذلك لا تخالفيني فلست محتاجاً إلى ثمنك حتى أبيعك وأنا لو بعت أثاث البيت وأمثاله مرات عديدة ما بلغ قدر ثمنك. فلما نظر المعين بن ساوي إلى علي نور الدين قال له: ويلك وهل بقي عندك شيء يباع ويشترى، ثم إن المعين بن ساوي أراد أن يبطش به فعند ذلك نظر التجار إلى علي نور الدين وكانوا كلهم يحبونه فقال لهم: ها أنا بين أيديكم وقد عرفتم ظلمه، فقال الوزير: والله لولا أنتم لقتلته، ثم رمزوا كلهم إلى بعضهم بعين الإشارة وقالوا: ما أحد منا يدخل بينك وبينه، فعند ذلك تقدم علي نور الدين إلى الوزير بن ساوي وكان علي نور الدين شجاعاً فجذب الوزير من فوق سرجه فرماه إلى الأرض وكان هناك معجنة طين فوقع الوزير في وسطها وجعل نور الدين يلكمه فجاءت لكمة على أسنانه فاختضبت لحيته بدمه وكان مع الوزير عشرة مماليك فلما رأوا نور الدين يفعل بسيدهم هذه الأفعال وضعوا أيديهم على مقابض سيوفهم وأرادوا أن يهجموا على نور الدين ويقطعونه وإذا بالناس قالوا للمماليك: هذا وزير وهذا ابن وزير وربما اصطلحا مع بعضهما وتكونون مبغوضين عند كل منهما وربما جاءت فيه ضربة فتموتون جميعاً اقبح الموتات ومن الرأي أن لا تدخلوا بينهما، فلما فرغ علي نور الدين من ضرب الوزير أخذ جاريته ومضى إلى داره وأما الوزير ابن ساوي فإنه قام من ساعته وكان قماش ثيابه أبيض فصار ملوناً بثلاثة ألوان الطين ولون الدم ولون الرماد فلما رأى نفسه على هذه الحالة أخذ برشاً وجعله في رقبته وأخذ في يده حزمتين من محلفه وسار إلى أن وقف تحت القصر الذي فيه السلطان وصاح: يا ملك الزمان مظلوم، فأحضروه بين يديه فتأمله فرآه وزيره المعين بن ساوي فقال له: من فعل بك هذه الفعال؟ فبكى وانتحب وأنشد هذين البيتين:

أيظلمني الزمان وأنت فيه وتأكلني الكلاب وأنت ليث ويروى من حياضك
كل حي وأعطش في حماك وأنت غيث

ثم قال: يا سيدي هكذا كل من يحبك ويخدمك تجري له هذه المشاق، قال له: ومن فعل بك هذه الفعال؟ فقال الوزير: اعلم أني خرجت اليوم إلى سوق الجواري لعلي أشتري جارية طباخة فرأيت في السوق جارية ما رأيت طول عمري مثلها فقال الدلال أنها لعلي بن خاقان وكان مولانا السلطان أعطى إياه سابقاً عشرة آلاف دينار ليشتري له بها جارية مليحة فاشترى تلك الجارية فأعجبته فأعطاها لولده فلما مات أبوه سلك طريق الإسراف حتى باع جميع ما عنده من الأملك والبساتين والأواني فلما أفلس ولم يبق عنده شيء نزل بالجارية إلى السوق على أن يبيعها ثم سلمها إلى الدلال فنادى عليها وتزايد فيها التجار حتى بلغ أربعة آلاف دينار، فلما سمع كلامي نظر إلي وقال: يا شيخ النحس أبيعها لليهود والنصارى ولا أبيعها لك، فقلت: أنا ما اشتريتها لنفسي وإنما اشتريتها لمولانا السلطان الذي هو ولي نعمتنا. فلما سمع مني هذا الكلام اغتاظ وجذبني ورماني عن الجواد وأنا شيخ كبير وضربني ولم يزل يضربني حتى تركني كما تراني، وأنا ما أوقعني في هذا كله إلا أني جئت لأشتري هذه الجارية لسعادتك ثم إن الوزير رمى نفسه على الأرض وجعل يبكي ويرتعد، فلما نظر السلطان حالته وسمع مقالته قام عرق الغضب بين عينيه، ثم التفت إلى من بحضرته من أرباب الدولة، وإذا بأربعين من ضاربي السيف وقفوا بين يديه فقال لهم: انزلوا في هذه الساعة إلى دار ابن خاقان وانهبوها واهدموها وآتوني به وبالجارية مكتفين واسحبوهما على وجوههما واتوا بهما بين يدي فقالوا: السمع والطاعة، ثم إنهم قصدوا المسير إلى علي نور الدين وكان عند السلطان حاجب يقال له علم الدين مضجر وكان من مماليك الفضل بن خاقان والد علي نور الدين فلما سمع أمر السلطان ورأى الأعداء تهيئوا إلى قتل ابن سيده لم يهن عليه ذلك، فركب جواده وسار إلى أن أتى بيت علي نور الدين فطرق الباب فخرج له علي نور الدين فلما رآه عرفه وأراد أن يسلم عليه فقال: يا سيدي ما هذا وقت سلام ولا كلام واسمع ما قال الشاعر:

ونفسك فز بها إن خفت ضيماً وخل الدار تنعي من بناهـا فإنك واجد أرضاً بـأرض ونفسك لم تجد نفساً سواهـا فقال علي نور الدين: ما الخبر؟ فقال: انهض وفز بنفسك أنت والجارية فإن المعين بن ساوي نصب لكما شركاً ومتى وقعتما في يده قتلكما وقد أرسل إليكما السلطان أربعين ضارباً بالسيف والرأي عندي أن تهربا قبل أن يحل الضرر بكما، ثم إن سنجر مد يده إلى علي نور الدين بدنانير فعدها فوجدها أربعين ديناراً وقال له: يا سيدي خذ هذه الدنانير ولو كان معي أكثر من ذلك لأعطيتك إياه لكن ما هذا وقت معاتبة، فعند ذلك دخل علي نور الدين على الجارية وأعلمها بذلك فتخبلت، ثم خرج الاثنان في الوقت إلى ظاهر

المدينة وأرسل الله عليهما ستره ومشيا إلى ساحل البحر فوجدا مركباً تجهز للسفر والريس واقف في وسط المركب يقول: من بقي له حاجة من وداع أو زوادة أو نسي حاجته فليأت بها فإننا متوجهون، فقال كلهم: لم يبق لنا حاجة يا ريس، فعندئذ قال الريس لجماعته: هيا حلوا الطرف واقلعوا الأوتاد فقال نور الدين: إلى أين يا ريس؟ فقال: إلى دار السلام بغداد. وأدرك شهرزاد الصباح فسكتت عن الكلام المباح.

وفي الليلة الثامنة والأربعين قالت: بلغني أيها الملك السعيد أن الريس لما قال لعلي نور الدين إلى دار السلام مدينة بغداد نزل علي نور الدين ونزلت معها لجارية وعوموا ونشروا القلوع فساع بهم المركب وطاب لهم الريح. هذا ما جرى لهؤلاء وأما ما جرى للأربعين الذين أرسلهم السلطان فإنهم جاؤوا إلى بيت علي نور الدين فكسروا الأبواب ودخلوا وطافوا جميع الأماكن فلم يقفوا لهما على خبر، فهدموا الدار ورجعوا وأعلموا السلطان فقال: اطلبوهما في أي مكان كانا فيه فقالوا: السمع والطاعة، ثم نزل الوزير معين بن ساوي إلى بيته بعد أن خلع عليه السلطان خلعة وقال: لا يأخذ بثأرك إلا أنا فدعا له بطول البقاء واطمأن قلبه، ثم إن السلطان أمر أن ينادى في المدينة يا معاشر الناس كافة: قد أمر السلطان أن من عثر بعلي نور الدين بن خاقان وجاء به إلى السلطان خلع عليه خلعة وأعطاه ألف دينار ومن أخفاه أو عرف مكانه ولم يخبر به فإنه يستحق ما يجري عليه من النكال، فصار جميع الناس في التفتيش على علي نور الدين فلم يجدوا له أثر. هذا ما كان من هؤلاء. وأما ما كان من أمر علي نور الدين وجاريته فإنهما وصلا بالسلامة إلى بغداد فقال الريس: هذه بغداد وهي مدينة أمينة قد ولى عنها الشتاء ببرده وأقبل عليها فصل الربيع بورده وأزهرت أشجارها وجرت أنهارها، فعند ذلك طلع علي نور الدين هو وجاريته من المركب وأعطى الريس خمسة دنانير ثم سارا قليلاً فرمتهما المقادير بين البساتين فجاءا إلى مكانين فوجداه مكنوساً مرشوشاً بمصاطب مستطيلة وقواديس معلقة ملآنة ماء وفوقه مكعب من القصب بطول الزقاق وفي صدر الزقاق باب بستان إلا أنه مغلق فقال علي نور الدين للجارية: والله إن هذا محل ملتح فقالت: يا سيدي اقعد بنا ساعة على هذه المصاطب فطلعا وجلسا على المصاطب ثم غسلا وجهيهما وأيديهما واستلذا بمرور النسيم فناما وجل من لا ينام، وكان البستان يسمى بستان النزهة وهناك قصر يقال له: قصر الفرجة وهو للخليفة هارون الرشيد وكان الخليفة إذا ضاق صدره يأتي إلى البستان ويدخل ذلك القصر فيقعد فيه وكان القصر له ثمانون شباكاً معلقاً فيه ثمانون قنديلاً وفي وسطه شمعدان كبير من الذهب فإذا دخله

الخليفة أمر الجواري أن تفتح الشبابيك وأمر إسحق النديم والجواري أن يغنوا ما يشرح صدره ويزول همه، وكان للبستان خولي شيخ كبير يقال له الشيخ إبراهيم، واتفق أنه خرج ليقضي حاجة من أشغاله فوجد المتفرجين معهم النساء وأهل الريبة فغضب غضباً شديداً فصبر الشيخ حتى جاء عنده الخليفة في بعض الأيام فأعلمه بذلك فقال الخليفة: كل من وجدته على باب البستان افعل به ما أردت .

فلما كان ذلك اليوم خرج الشيخ إبراهيم الخولي لقضاء حاجة عرضت له فوجد الاثنين نائمين في البستان مغطيين بإزار واحد فقال: أما عرفا أن الخليفة أعطاني إذناً أن كل من لقيته قتلته ولكن هذين ضرباً خفيفاً حتى لا يقترب أحد من البستان ثم قطع جريدة خضراء وخرج إليهما ورفع يده فبان بياض إبطه وأراد ضربهما فتفكر في نفسه وقال: يا إبراهيم كيف تضربهما ولم تعرف حالهما وقد يكونان غريبان أو من أبناء السبيل ورمتهما المقادير هنا. سأكشف عن وجهيهما وأنظر إليهما، فرفع الإزار عن وجهيهما وقال: هذان حسنان لا ينبغي أن أضربهما، ثم غطى وجهيهما وتقدم إلى رجل علي نور الدين وجعل يكبسها ففتح عينيه فوجده شيخاً كبيراً فاستحى علي نور الدين ولم رجليه واستوى قاعداً وأخذ يد الشيخ فقبلها فقال له: يا ولدي من اين أنتم؟ فقال له: يا سيدي نحن غرباء وفرت الدمعة من عينيه فقال الشيخ إبراهيم: يا ولدي اعلم أن النبي صلى الله عليه وسلم أوصى إكرام الغريبن، ثم قال له: ياولدي أما تقوم وتدخل البستان وتتفرج فيه فينشرح صدرك؟ فقال له نور الدين: يا سيدي هذا البستان من يخص؟ فقال: يا ولدي هذا ورثته من أهلي وما كان قصد الشيخ إبراهيم بهذا الكلام إلا أن يطمئنهما ليدخلا البستان. فلما سمع نور الدين كلامه شكره وقام هو وجاريته والشيخ إبراهيم قدامهما فدخلوا البستان فإذا هو بستان بابه مقنطر عليه كروم وأعنابه مختلفة الألوان، الأحمر كأنه ياقوت والأسود كأنه أبنوس، فدخلوا تحت عريشة فوجدوا فيها الأثمار صنوان والأطيار تغرد بالألحان على الأغصان، والهزار يترنم والقمر ملأ بصوته المكان والشحرور كأنه في تغريده إنسان والأثمار قد أينعت أثمارها من كل مأكول ومن فاكهة زوجان والمشمش ما بين كافوري ولوزي ومشمش خراسان والبرقوق كأنه لون الحسان والقراصية تذهل عقل كل إنسان والتين ما بين أحمر وأبيض وأخضر من أحسن الألوان والزهر كأنه اللؤلؤ والمرجان والورد يفضح بحمرته خدود الحسان والبنفسج كأنه الكبريت دنا من النيران والآس والمنتور والخزامى مع شقائق النعمان، وتكاملت تلك الأوراق بمدامع الغمام وضحك ثغر الأقحوان وصار النرجس ناظر إلى ورد بعيون السودان والأترج كأنه أكواب والليمون كبنادق من ذهب وفرشت الأرض بالزهر من سائر الألوان وأقبل

الربيع فأشرق ببهجته المكان والنهر في خرير والطير في هدير والريح في صفير والطقس في اعتدال والنسيم في اعتلال، ثم دخل بهما الشيخ إبراهيم القاعة المغلقة، فابتهجوا بحسن تلك القاعة وما فيها من اللطائف الغريبة. وأدرك شهرزاد الصباح فسكتت عن الكلام المباح.

وفي الليلة التاسعة والأربعين قالت: بلغني أيها الملك السعيد أن الشيخ إبراهيم دخل القاعة ومعه علي نور الدين والجارية وجلسوا بجانب بعض الشبابيك فتذكر علي نور الدين المقاساة التي مضت له فقال: والله إن هذا المكان في غاية الحسن، لقد فكرني بما مضى وأطفأ من كربي جمر الغضى، ثم إن الشيخ إبراهيم قدم لهما الأكل فأكلا كفايتهما ثم غسلا ايديهما وجلس علي نور الدين في شباك من تلك الشبابيك وصاح على جاريته فأتت إليه فصارا ينظران إلى الأشجار وقد حملت سائر الأثمار ثم التفت علي نور الدين إلى الشيخ إبراهيم وقال له: يا شيخ إبراهيم أما عندك شيء من الشراب لأن الناس يشربون بعد أن يأكلوا فجاءه الشيخ إبراهيم بماء حلو بارد فقال له نور الدين ما هذا الشراب الذي تريده؟ فقال له: أتريد خمراً؟ فقال له نور الدين: نعم فقال: أعوذ بالله منها إن لي ثلاثة عشر عاماً ما فعلت ذلك لأن النبي صلى الله عليه وسلم لعن شاربه وعاصره وحامله، فقال له نور الدين: اسمع مني كلمتين. قال: قل ما شئت. قال: إذا لم تكن عاصر الخمر ولا شاربه ولا حامله هل يصيبك من لعنهم شيء؟ قال: لا قال: خذ هذين الدينارين وهذين الدرهمين واركب هذا الحمار وقف بعيداً وأي إنسان وجدته يشتري فصح عليه وقل له: خذ هذين الدرهمين واشتر بهما خمراً واحمله على الحمار وحينئذ لا تكون شارباً ولا حاملاً ولا عاصراً ولا يصيبك شيء مما يصيب الجميع.

فقال الشيخ إبراهيم وقد ضحك من كلامه: والله ما رأيت أظرف منك ولا أمحل من كلامك فقال له نور الدين: نحن صرنا محسوبين عليك وما عليك إلا الموافقة فهات لنا بجميع ما نحتاج إليه فقال له الشيخ إبراهيم: يا ولدي هذا كراري قدامك وهو الحاصل المعد لأمير المؤمنين فادخله وخذ منه ما شئت فإن فيه ما تريد، فدخل علي نور الدين الحاصل فرأى فيه أواني من الذهب والفضة والبلور مرصعة بأصناف الجواهر فأخرج منها ما أراد وسكب الخمر في البواطي والقناني وصار هو وجاريته يتعاطيان واندهشا من حسن ما رأيا. ثم إن الشيخ إبراهيم جاء إليهما بالمشموم وقعد بعيداً عنهما، فلم يزالا يشربان وهما في غاية الفرح حتى تحكم معهما الشراب واحمرت خدودهما وتغازلت عيونهما واسترخت

شعورهما فقال الشيخ إبراهيم ما لي أقعد بعيداً عنهما؟ كيف أقعد عندهما وأي وقت اجتمع في قصرنا مثل هذين الاثنين اللذين كأنهما قمران، ثم إن الشيخ تقدم وقعد في طرف الإيوان فقال له علي نور الدين: يا سيدي بحياتي أن تتقدم عندنا فتقدم الشيخ عندهما فملأ نور الدين قدحاً ونظر إلى الشيخ إبراهيم وقال له: اشرب حتى تعرف لذة طعمه، فقال الشيخ: أعوذ بالله إن لي ثلاث عشرة سنة ما فعلت شيئاً من ذلك، فتغافل عنه نور الدين وشرب القدح ورمى نفسه على الأرض وأظهر أنه غلب عليه السكر. فعند ذلك نظرت إليه أنيس الجليس وقالت له: يا شيخ إبراهيم انظر هذا كيف عمل معي قال لها: يا سيدتي ماله؟ قالت: دائماً يعمل معي هكذا فيشرب ساعة وينام وابقى وحدي لا أجد لي نديماً ينادمني على قدحي فإذا شربت فمن يعاطيني وإذا غنيت فمن يسمعني؟ فقال لها الشيخ إبراهيم وقد حنت أعضاؤه ومالت نفسه إليها من كلامها: لا ينبغي من النديم أن يكون هكذا، ثم إن الجارية ملأت قدحاً ونظرت إلى الشيخ إبراهيم وقالت: بحياتي أن تأخذه وتشربه ولا ترده فاقبله واجبر خاطري، فمد الشيخ إبراهيم يده وأخذ القدح وشربه، وملأت له ثانياً ومدت إليه يدها به وقالت له: يا سيدي بقي لك هذا فقال لها: والله لا أقدر أن أشربه فقد كفاني الذي شربته فقال له: والله لا بد منه فأخذ القدح وشربه، ثم أعطته الثالث فأخذه وأراد أن يشربه وإذا بنور الدين هم قاعداً وأدرك شهرزاد الصباح فسكتت عن الكلام المباح.

وفي الليلة الخمسين قالت: بلغني أيها الملك السعيد أن علي نور الدين هم قاعداً فقال له: يا شيخ إبراهيم أي شيء هذا؟ أما حلفت عليك من ساعة فأبيت وقلت أن لي ثلاثة عشر عاماً ما فعلته؟ فقال الشيخ إبراهيم وقد استحى: ما لي ذنب فإنما هي شددت علي فضحك نور الدين وقعدوا للمنادمة فالتفتت الجارية وقالت لسيدها: سر يا سيدي اشرب ولا تحلف على الشيخ إبراهيم حتى أفرجك عليه فجعلت الجارية تملأ وتسقي سيدها وسيدها يملأ ويسقيها ولم يزالا كذلك مرة بعد مرة، فنظر لهما الشيخ إبراهيم وقال لهما: أي شيء هذا وما هذه المنادمة ولا تسقياني وقد صرت نديمكما فضحكا من كلامه إلى أن أغمي عليهما ثم شربا وسقياه وما زالوا في المنادمة إلى ثلث الليل فعند ذلك قالت الجارية: يا شيخ إبراهيم عن إذنك هل أقوم وأوقد شمعة من هذا الشمع المصفوف؟ فقال لها: قومي ولا توقدي غلا شمعة واحدة فنهضت على قدميها وابتدأت من أول اشمع إلى أن أوقدت ثمانين شمعة ثم قعدت وبعد ذلك قال نور الدين: يا شيخ إبراهيم وأنا أي شيء حظي عندك أما تخليني أوقد قنديلاً من هذه القناديل؟ فقال له

الشيخ إبراهيم: قم وأوقد قنديلاً واحداً ولا تتناقل أنت الآخر، فقام وابتدأ من أولها إلى أن أوقد ثمانين قنديلاً فعند ذلك رقص المكان.

فقال لهما الشيخ إبراهيم وقد غلب عليه السكر: أنتما أخرع مني، ثم إنه نهض على قدميه وفتح الشبابيك جميعاً وجلس معهما يتنادمون ويتناشدون الأشعار وابتهج بهم المكان فقدر الله السميع العليم الذي جعل لكل شيء سبباً حيث أن الخليفة كان في تلك الساعة جالساً في شبابيك مطلة على ناحية الدجلة في ضوء القمر فنظر إلى تلك الجهة فرأى ضوء القناديل والشموع في البحر ساطعاً فلاحت من الخليفة التفاتة إلى القصر الذي في البستان فرآه يلهج من تلك الشموع والقناديل فقال: علي بجعفر البرمكي، فما كان إلا لحظة وقد حضر جعفر البرمكي بين يدي أمير المؤمنين فقال له: يا كلب الوزراء أتخدمين ولا تعلمني بما يحصل في مدينة بغداد؟ فقال له جعفر: وما سبب هذا الكلام؟ فقال: لولا أن مدينة بغداد أخذت مني ما كان قصر الفرجة مبتهجاً بضوء القناديل والشموع وانفتحت شبابيكه ويلك من الذي يكون له القدرة على هذه الفعال غلا إذا كانت الخلافة أخذت مني، فقال جعفر وقد ارتعدت فرائصه: ومن أخبرك أن قصر الفرجة أوقدت فيه القناديل والشموع وفتحت شبابيكه؟ فقال له: تقدم عندي وانظر، فتقدم جعفر عند الخليفة ونظر ناحية البستان فوجد القصر كأنه شعلة من نور غلب على نور القمر، فأراد جعفر أن يعتذر عن الشيخ إبراهيم الخولي ربما هذا الأمر بإذنه لما رأى فيه من المصلحة فقال: يا أمير المؤمنين كان الشيخ إبراهيم في الجمعة التي مضت قال لي يا سيدي جعفر إني أريد أن أفرح أولادي في حياتك وحياة أمير المؤمنين فقلت له: وما مرادك بهذا الكلام؟ فقال لي: مرادي أن آخذ إذناً من الخليفة بأني أظاهر أولادي في القصر فقلت له: افعل ما شئت من فرح أولادك وإن شاء الله أجتمع بالخليفة وأعلمه بذلك فراح من عندي على هذه الحال ونسيت أن أعلمك. فقال الخليفة: يا جعفر كان لك عندي ذنب واحد فصار لك عندي ذنبان لأنك أخطأت من وجهين: الوجه الأول أنك ما أعلمتني بذلك والوجه الثاني أنك بلغت الشيخ إبراهيم مقصوده فإنه ما جاء إليك وقال لك هذا الكلام إلا تعريضاً بطلب شيء من المال يستعين به على مقصوده فلم تعطه شيئاً ولم تعلمني حتى أعطيه. فقال جعفر: يا أمير المؤمنين نسيت فقال الخليفة: وحق آبائي وأجدادي ما أتم بقية ليلتي إلا عنده، فإنه رجل صالح يتردد إليه المشايخ ويساعد الفقراء ويؤاسي المساكين وأظن أن الجميع عنده في هذه الليلة فلا بد من الذهاب إليه لعل واحد منهم يدعو لنا دعوة يحصل لنا بها خيري الدنيا والآخرة وبما يحصل له نفع في هذا الأمر بحضوري ويفرح بذلك هو

وأحبابه، فقال جعفر: يا أمير المؤمنين إن معظم الليل قد مضى وهم في هذه الساعة على وجه الانفضاض فقال الخليفة: لا بد من الرواح عنده. فسكت جعفر وتحير في نفسه وصار لا يدري فنهض الخليفة على قدميه وقام جعفر بين يديه ومعهما مسرور والخادم ومشى الثلاثة متنكرين ونزلوا من القصر وجعلوا يشقون الطريق في الأزقة وهم في زي التجار إلى أن وصلوا إلى البستان المذكور فتقدم الخليفة فرأى البستان مفتوحاً فتعجب وقال: انظر الشيخ إبراهيم كيف ترك الباب مفتوحاً إلى هذا الوقت وما هي عادته، ثم أنهم دخلوا إلى أن انتهوا إلى آخر البستان ووقفوا تحت القصر، فقال الخليفة: يا جعفر أريد أن أتسلل عليهم قبل أن أطلع عندهم حتى أنظر ما عليه المشايخ من النفحات وواردات الكرمات فإن لهم شؤوناً في الخلوات والجلوات لأننا الآن لم نسمع صوتاً ولم نر لهم أثراً، ثم إن الخليفة نظر فرأى شجرة جوز عالية فقال: يا جعفر أريد أن أطلع على هذه الشجرة فإن فروعها قريبة من الشبابيك وأنظر إليهم ثم إن الخليفة طلع فوق الشجرة ولم يزل يتعلق من فرع إلى فرع حتى وصل إلى الفرع الذي يقابل الشباك وقعد فوقه ونظر من شباك القصر فرأى صبية وصبياً كأنهما قمران سبحان من خلقهما ورأى الشيخ إبراهيم قاعداً وفي يده قدح وهو يقول يا سيدة الملاح الشرب بلا طرب غير فلاح، ألم تسمعي قول الشاعر: أدرها بالكبير وبالصغير وخذها من يد القمر المنير ولا تشرب بلا طرب فإني رأيت الخيل تشرب بالصفير

فلما عاين الخليفة من الشيخ إبراهيم هذه الفعال قام عرق الغضب بين عينيه ونزل وقال: يا جعفر أنا ما رأيت شيئاً من كرمات الصالحين مثل ما رأيت في هذه الليلة فاطلع أنت الآخر على هذه الشجرة وانظر لئلا تفوتك بركات الصالحين، فلما سمع جعفر كلام أمير المؤمنين صار متحيراً في أمره وصعد إلى أعلى الشجرة وإذا به ينظر فرأى علي نور الدين والشيخ إبراهيم والجارية وكان الشيخ إبراهيم في يده القدح فلما عاين جعفر تلك الحالة أيقن بالهلاك ثم نزل فوقف بين يدي أمير المؤمنين فقال الخليفة: يا جعفر الحمد لله الذي جعلنا من المتبعين لظاهر الشريعة المطهرة وكفانا شر تلبيات الطريقة المزورة فلم يقدر جعفر أن يتكلم من شدة الخجل ثم نظر الخليفة إلى جعفر وقال: يا هل ترى من أوصل هؤلاء إلى هذا المكان ومن أدخلهم قصري؟ ولكن مثل هذا الصبي وهذه الصبية ما رأت عيني حسناً وجمالاً وقداً واعتدالاً مثلهما. فقال جعفر وقد استرجى رضا الخليفة: صدقت يا أمير المؤمنين. فقال: يا جعفر اطلع بنا على هذا الفرع الذي هو مقابلهم لنتفرج عليهم، فطلع الاثنان على الشجرة ونظراهما فسمع الشيخ إبراهيم يقول: يا سيدتي قد تركت الوقار بشرب العقار ولا يلذ ذلك إلا بنغمات

الأوتار فقالت له أنيس الجليس: يا شيخ إبراهيم والله لو كان عندي شيء من آلات الطرب لكان سرورنا كاملاً، فلما سمع الشيخ إبراهيم كلام الجارية نهض قائماً على قدميه فقال الخليفة لجعفر: يا ترى ماذا يريد أن يعمل؟ فقال جعفر: لا أدري. فغاب الشيخ إبراهيم وعاد ومعه عوداً فتأمله الخليفة فإذا هو عود إسحق النديم، فقال الخليفة: والله إن غنت الجارية ولم تحسن الغناء صلبتكم كلكم وإن غنت وأحسنت الغناء فإني أعفوا عنهم وأصلبك أنت، فقال جعفر: اللهم اجعلها لا تحسن الغناء فقال الخليفة: لأي شيء؟ فقال: لأجل أن تصلبنا كلنا فيؤانس بعضنا بعضاً فضحك الخليفة، وإذا بالجارية أخذت العود وأصلحت أوتاره وضربت ضرباً يذيب الحديد ويفطن البليد وأخذت تنشد هذه الأبيات: أضحى التنائي بديلاً من تدانينا وناب عن طيب لقيانا تجافينا بنتم وبنا فما ابتلت جوانحنا شوقاً إليكم ولا جفت مآقينا غيظ العدا من تساقينا الهوى فدعوا بأن نغص فقال الدهر آمينا ما الخوف أن تقتلونا في منازلنا وإنما خوفنا أن تأثموا فينا فقال الخليفة: والله يا جعفر عمري ما سمعت صوتاً مطرباً مثل هذا فقال جعفر: لعل الخليفة ذهب ما عنده من الغيظ؟ قال: نعم، ثم نزل من الشجرة هو وجعفر ثم التفت إلى جعفر وقال: أريد أن أطلع وأجلس عندهم واسمع الصبية تغني قدامي فقال أمير المؤمنين: إذا طلعت عليهم ربما تكدروا وأما الشيخ إبراهيم فإنه يموت من الخوف، فقال الخليفة: يا جعفر لا بد أن تعرفني حيلة أحتال بها على معرفة حقيقة هذا الأمر من غير أن يشعروا باطلاعنا عليهم ثم إن الخليفة هو وجعفر ذهبا إلى ناحية الدجلة وهما متفكران في هذا الأمر وإذا بصياد واقف يصطاد وكان الصياد تحت شبابيك القصر فرمى شبكته ليصطاد ما يقتات به وكان الخليفة سابقاً صاح على الشيخ إبراهيم وقال له: ما هذا الصوت الذي سمعته تحت شبابيك القصر؟ فقال له الشيخ إبراهيم: صوت الصيادين الذين يصطادون السمك فقال: انزل وامنعهم من ذلك الموضع فامتنع الصيادون من ذلك الموضع فلما كانت تلك الليلة جاء صياد يسمى كريماً ورأى باب البستان مفتوحاً فقال في نفسه: هذا وقت غفلة لعلي أستغنم في هذا الوقت صياداً ثم أخذ شبكته وطرحها في البحر وصار ينشد هذه الأبيات: يا راكب البحر في الأهوال والهلكة أقصر عناك فليس الرزق بالحركة أما ترى البحر والصياد منتصب في ليلة ونجوم الليل محتبكة قد مد أطنابه والموج يلطمه وعينه لم تزل في كلل الشبكة حتى إذا بات مسروراً بها فرحاً والحوت قد حط في فخ الردى حنكه وصاحب القصر أمسى فيه ليلته منعم البال في خير من البركة وصار مستيقظاً من بعد قدرته لكن في ملكه ظبياً وقد ملكه سبحان ربي يعطي ذا ويمنع ذا بعض

يصيد وبعض يأكل السمكة فلما فرغ من شعره وإذا بالخليفة وحده واقف بجانبه فعرفه الخليفة فقال له: يا كريم فالتفت إليه لما سمعه سماه باسمه فلما رأى الخليفة ارتعدت فرائصه وقال: ولله يا أمير المؤمنين ما فعلته استهزاء بالمرسوم ولكن الفقر العيلة قد حملاني على ما ترى فقال الخليفة: اصطاد على بختي فتقدم الصياد وقد فرح فرحاً شديداً وطرح الشبكة وصبر إلى أن أخذت حدها وثبتت في القرار فطلع فيها من أنواع السمك ما لا يحصى ففرح بذلك الخليفة فقال: يا كريم اقلع ثيابك فقلع ثيابه وكانت عليه جبة فيها مائة رقعة من الصوف الخشن وفيها من القمل الذي له أذناب ومن البراغيث ما يكاد أن يسير بها على وجه الأرض وقلع عمامته من فوق رأسه وكان له ثلاث سنين ما حلها وإنما كان إذا رأى خرقة لفها عليها، فلما قلع الجبة والعمامة خلع الخليفة من فوق جسمه ثوبين من الحرير الإسكندراني والبعلبكي وملوطة وفرجية، ثم قال للصياد: خذ هذه والبسها ثم لبس الخليفة جبة الصياد وعمامته ووضع على وجهه لثاماً ثم قال للصياد: رح أنت إلى شغلك فقبل رجل الخليفة وأنشد هذين البيتين: أوليتني ما لا أقوم بـشـكـره وكفيتني كل الأمور بأسرهـا فلأشكرنك ما حييت وإن أمـت شكرتك مني عظمي في قبرها فلما فرغ الصياد من شعره حتى جال القمل على جلد الخليفة فصار يقبض بيده اليمين والشمال من على رقبته ويرمي، ثم قال: يا صياد ويلك ما هذا القمل الكثير في هذه الجبة؟ فقال: يا سيدي أنه في هذه الساعة يؤلمك فإذا مضت عليك جمعة فإنك لا تحس به ولا تفكر فيه، فضحك الخليفة وقال له: ويلك كيف أخلي هذه الجبة على جسدي؟ فقال الصياد: إني أشتهي أن أقول لك كلاماً ولكن أستحي من هيبة الخليفة فقال له: قل ماعندك؟ فقال له: قد خطر ببالي يا أمير المؤمنين أنك إن أردت أن تتعلم الصيد لأجل أن تكون في يدك صنعة تنفعك فإن أردت ذلك يا أمير المؤمنين فإن هذه الجبة تناسبك فضحك الخليفة من كلام الصياد ثم ولى الصياد إلى حال سبيله وأخذ الخليفة مقطف السمك ووضع فوقه قليلاً من الحشيش وأتى به إلى جعفر. ووقف بين يديه فاعتقد جعفر أنه كريم الصياد فخاف عليه وقال: يا كريم ما جاء بك هنا انج بنفسك فإن الخليفة هنا في هذه الساعة، فلما سمع الخليفة كلام جعفر ضحك حتى استلقى على قفاه فقال جعفر: لعل مولانا أمير المؤمنين، فقال الخليفة: نعم يا جعفر وأنت وزيري وجئت أنا وإياك هنا وما عرفتني فكيف يعرفني الشيخ إبراهيم وهو سكران؟ فكن مكانك حتى أرجع إليك. فقال جعفر: سمعاً وطاعة، ثم إن الخليفة تقدم إلى باب القصر ودقه فقام الشيخ إبراهيم وقال: من بالباب؟ فقال له: أنا يا شيخ إبراهيم قال له: من أنت؟ قال له: أنا كريم

الصياد، وسمعت أن عندك أضيافاً فجئت إليك بشيء من السمك فإنه مليح وكان نور الدين هو والجارية يحبان السمك فلما سمعا ذكر السمك فرحا به فرحاً شديداً وقالا: يا سيدي افتح له ودعه يدخل لنا عندك بالسمك الذي معه ففتح الشيخ إبراهيم فدخل الخليفة وهو في صورة الصياد وابتدأ بالسلام، فقال له الشيخ إبراهيم: أهلا باللص السارق المقامر، تعال أرنا السمك الذي معك فأراهم إياه، فلما نظروه فإذا هو حي يتحرك فقالت الجارية: والله يا سيدي إن هذا السمك مليح يا ليته مقلي فقال الشيخ إبراهيم: والله صدقت ثم قال للخليفة: يا صياد ليتك جئت بهذا السمك مقلياً قم فاقله لنا وهاته فقال الخليفة: على الرأس أقليه وأجيء به، فقال له: عجل بقليه والإتيان به فقام الخليفة يجري حتى وصل إلى جعفر، وقال: يا جعفر طلبوا السمك مقلياً فقال: يا أمير المؤمنين هاته وأنا أقليه.

فقال الخليفة: وتربة آبائي وأجدادي ما يقليه إلا أنا بيدي ثم إن الخليفة ذهب إلى خص الخولي وفتش فيه فوجد فيه كل شيء يحتاج إليه من آلة القلي حتى الملح والزعتر وغير ذلك فتقدم للكانون وعلق الطاجن وقلاه قلياً مليحاً فلما استوى جعله على ورق الموز وأخذ من البستان ليموناً،وطلع بالسمك ووضعه بين أيديهم فتقدم الصبي والصبية والشيخ إبراهيم وأكلوا فلما فرغوا غسلوا أيديهم فقال نور الدين: والله يا صياد إنك صنعت معنا معروفاً هذه الليلة ثم وضع يده في جيبه وأخرج له ثلاثة دنانير من الدنانير التي أعطاه إياها سنجر وقت خروجه للسفر، وقال: يا صياد اعذرني فوالله لو عرفتك قبل الذي حصل لي سابقاً لكنت نزعت مرارة الفقر من قلبك، لكن خذ هذا بحسب الحال ثم رمى الدنانير للخليفة فأخذها وقبلها ووضعها في جيبه وماكان مراد الخليفة بذلك إلا السماع من الجارية وهي تغني، فقال الخليفة: أحسنت وتفضلت لكن مرادي من تصدقاتك العميمة أن هذه الجارية تغني لنا صوتاً حتى أسمعها فقال نور الدين: يا أنيس الجليس قالت: نعم قال لهاك وحياتي أن تغني لنا شيئاً من شأن خاطر هذا الصياد لأنه يريد أن يسمعك فلما سمعت كلام سيدها أخذت العود وغمزته بعد أن فركت أذنه وأنشدت هذين البيتين: وغادة لعبت بالعود أنـمـلـهـا فعادت النفس عند الجس تختلس قد أسمعت بالأغاني من به صمم وقال احسنت مغنى من به خرس ثم إنها ضربت ضرباً غريباً إلى أن أذهلت العقول فقال نور الدين للصياد: هل أعجبتك الجارية وتحريكها الأوتار؟ فقال الخليفة: أي والله فقال نور الدين هي هبة مني إليك هبة كريم لا يرجع في عطائه ثم إن نور الدين نهض قائماً على قدميه وأخذ ملوطة ورماها على الخليفة وهو في صورة الصياد وأمره أن

يخرج ويروح بالجارية فنظرت الجارية وقالت: يا سيدي هل أنت رائح بلا وداع إن كان ولا بد فقف حتى أودعك وأنشدت هذين البيتين: لئت غيبتموا عني فإن محلكـم لفي مهجتي بين الجوانح والحشا وأرجو من الرحمن جمعاً لشملنا وذلك فضل الله يؤتيه من يشا فلما فرغت من شعرها أجابها نور الدين وهو يقول: ودعتني يوم الفراق وقالـت وهي تبكي من لوعة وفراق ما الذي أنت صانع بعد بعدي قلت قولي هذا لمن هو باقي ثم إن الخليفة لما سمع ذلك صعب عليه التفريق بينهما والتفت إلى الصبي وقال له: يا سيدي نور الدين اشرح لي أمرك، فأخبره نور الدين بحاله من أوله إلى آخره فلما فهم الخليفة هذا الحال قال له: أين تقصد في هذه الساعة؟ قال له: بلاد الله فسيحة فقال له الخليفة: أنا أكتب لك ورقة توصلها إلى السلطان محمد بن سليمان الزيني فإذا قرأها لا يضرك بشيء، وأدرك شهرزاد الصباح فسكتت عن الكلام المباح.

وفي الليلة الحادية والخمسين قالت: بلغني أيها الملك السعيد ان الخليفة لما قال لعلي نور الدين أنا أكتب لك ورقة توصلها إلى السلطان محمد بن سليمان الزيني، فإذا قرأها لا يضرك بشيء فقال له على نور الدين: وهل في الدنيا صياد يكاتب الملوك؟ إن هذا شيء لا يكون أبداً فقال له الخليفة: صدقت ولكن أنا أخبرك بالسبب اعلم أني أنا قرأت أنا وإياه في مكتب واحد عن فقيه وكنت أنا عريفه ثم أدركته السعادة وصار سلطاناً وجعلني الله صياداً ولكن لم أرسل إليه في حاجة إلا قضاها ولو أدخلت إليه في كل يوم من شأن ألف حاجة لقضاها، فلما سمع نور الدين كلامه قال له: اكتب حتى أنظر فأخذ دواة وقلماً، وكتب: بعد البسملة أما بعد فإن هذا الكتاب من هارون الرشيد بن المهدي إلى حضرة محمد بن سليمان الزيني المشمول بنعمتي الذي جعلته نائباً عني في بعض مملكتي أعرفك أن الموصل إليك هذا الكتاب نور الدين بن خاقان الوزير فساعة وصوله عندكم تنزع نفسك من الملك وتجلسه مكانك فإني قد وليته على ما كنت وليتك عليه سابقاً فلا تخالف أمري والسلام، ثم أعطى علي نور الدين بن خاقان الكتاب فأخذه نور الدين وقبله وحطه في عمامته ونزل في الوقت مسافراً وطلع قصر السلطان ثم صرخ صرخة عظيمة فسمعه السلطان فطلبه فلما حضر بين يديه قبل الأرض قدامه ثم أخرج الورقة وأعطاه إياها فلما رأى عنوان الكتاب بخط أمير المؤمنين قام واقفاً على قدميه وقبلها ثلاث مرات وقال: السمع والطاعة لله تعالى ولأمير المؤمنين ثم أحضر القضاة الأربعة والأمراء وأراد أن يخلع نفسه من الملك وإذا بالوزير المعين بن ساوي قد حضر فأعطاه السلطان ورقة أمير المؤمنين فلما قراها عن آخرها وأخذها في فمه ومضغها ورماها. فقال له السلطان وغضب: ويلك ما

الذي حملك على هذه الفعال؟ قال له: هذا ما اجتمع بالخليفة ولا بوزيره وإنما هو علق شيطان مكار وقع بورقة فيها خط الخليفة فزورها وكتب فيها ما أراد فلأي شيء تعزل نفسك من السلطنة مع أن الخليفة لم يرسل إليك رسولاً بخط شريف ولو كان هذا الأمر صحيحاً لأرسل معه حاجباً أو وزيراً لكنه جاء وحده فقال له: وكيف العمل؟ قال له: أرسل معي هذا الشاب وأنا آخذه وأتسلمه منك وأرسله صحبة حاجب إلى مدينة بغداد فإن كان كلامه صحيحاً يأتينا بخط شريف وتقليد وإن كان غير صحيح ترسلوه إلينا مع الحاجب وأنا آخذ حقي من غريمي، فلما سمع السلطان كلام الوزير ودخل عقله صار على الغلمان فطرحوه وضربوه إلى أن أغمي عليه ثم أمر أن يضعوا في رجليه قيداً وصاح على السجان فلما حضر قبل الأرض بين يديه وكان هذا السجان يقال له قطيط، فقال له: يا قطيط أريد أن تأخذ هذا وترميه في مطمورة من المطامير التي عندك في السجن، وتعاقبه بالليل والنهار فقال له السجان: سمعاً وطاعة ثم أن السجان أدخل نور الدين في السجن وقفل عليه الباب ثم أمر بكنس مصطبة وراء الباب وفرشها بسجادة أو مخدة وأقعد نور الدين عليها وفك قيده وأحسن إليه، وكان كل يوم يرسل إلى السجان ويأمر بضربه والسجان يظهر أنه يعاقبه، وهو يلاطفه ولم يزل كذلك مدة أربعين يوماً. فلما كان اليوم الحادي والأربعون جاءت هدية من عند الخليفة فلما رآها السلطان أعجبته فشاور الوزراء في أمرها فقال: لعل هذه الهدية كانت للسلطان الجديد؟ فقال الوزير المعين بن ساوي: لقد كان المناسب قتله وقت قدومه فقال السلطان: والله لقد ذكرتني به انزل هاته واضرب عنقه، فقال الوزير: سمعاً وطاعة فقام وقال له: إن قصدي أن أنادي في المدينة من أراد أن يتفرج على ضرب رقبة نور الدين علي بن خاقان فليأت إلى القصر فيأتي جميع الناس ليتفرجوا عليه لأشفي فؤادي وأكمد حسامي فقال له السلطان: افعل ما تريد فنزل الوزير وهو فرحان مسرور وأقبل على الوالي وأمره أن ينادي بما ذكرناه فلما سمع الناس المنادي حزنوا وبكوا جميعاً حتى الصغار في المكاتب والسوقة في دكاكينهم وتسابق الناس يأخذون لهم أماكن ليتفرجوا فيها وذهب بعض الناس إلى السجن حتى يأتي معه ونزل الوزير ومعه عشرة مماليك إلى السجن ثم إنهم نادوا على نور الدين هذا أقل جزاء من يزور مكتوباً على الخليفة إلى السلطان ولا زالوا يطوفون به في البصرة إلى أن أوقفوه تحت شباك القصر وجعلوه في منقع الدم وتقدم إليه السياف وقال له: أنا عبد مأمور فإن كان لك حاجة فأخبرني بها حتى أقضيها لك، فإنه ما بقي من عمرك إلا قدر ما يخرج السلطان وجهه من الشباك فعند ذلك نظر يميناً وشمالاً، وانشد هذه الأبيات: فهل فيكم خل شفيق يعينني

سألـتـكـم بـالـلـه رد جـوابـي مضى الوقت من عمري وحانت منيتي فهل راحم لي كـي ينـال ثـوابـي وينظر في حالي ويكشف كـربـتـي بشربة مـاء كـي يهـون عـذابـي فتباكت الناس عليه وقام السياف وأخذ شربة ماء يناوله إياها، فنهض الوزير من مكانه وضرب قلة الماء بيده فكسرها وصاح على السياف وأمره بضرب عنقه فعند ذلك عصب عيني علي نور الدين فصاح الناس على الوزير، وأقاموا عليه الصراخ وكثر بينهم القيل والقال فبينما هم كذلك وإذا بغبار قد علا وعجاج ملأ الجو والفلا فلما نظر إليه السلطان وهو قاعد في القصر قال: انظروا ماالخبر فقال الوزير: حتى نضرب عنق هذا قبل فقال له السلطان: اصبر أنت حتى ننظر الخبر وكان ذلك الغبار غبار جعفر وزير الخليفة ومن معه وكان السبب في مجيئهم أن الخليفة مكث ثلاثين يوماً لم يتذكر قصة علي نور الدين بن خاقان ولم يذكرها له أحد إلى أن جاء ليلة من الليالي إلى مقصورة أنيس الجليس فسمع بكاءها وهي تنشد بصوت رقيق قول الشاعر: خيالك في التباعد والتداني وذكرك لا يفارقه لساني وتزايد بكاؤها وإذا قد فتح الباب ودخل المقصورة فرأى أنيس الجليس وهي تبكي، فلما رأت الخليفة وقعت على قدميه وقبلتهما ثلاث مرات، ثم أنشدت هذين البيتين:

أيا من زكا أصـلاً وطـاب ولادة وأثمر غصناً يانعاً وزكا جنـسـا أذكرك الوعد الذي سـمـت بـه محاسنك الحسنا وحاشاك أن تنسى

فقال الخليفة: من أنت؟ قالت: أنا هدية علي بن خاقان إليك، وأريد إنجاز الوعد الذي وعدتني به من أنك ترسلني إليه مع الشريف، والآن لي هنا ثلاثون يوماً لم أذق طعم النوم فعند ذلك طلب الخليفة جعفر البرمكي، وقال: من مدة ثلاثين يوماً لم أسمع بخبر علي بن خاقان وما أظن إلا أن السلطان قتله ولكن وحياة رأسي وتربة آبائي وأجدادي إن كان جرى له أمر مكروه لأهلكن من كان سبباً فيه ولو كان أعز الناس عندي وأريد أن تسافر أنت في هذه الساعة إلى البصرة وتأتي بأخبار الملك محمد بن سليمان الزيني مع علي بن خاقان فامتثل أمره وسافر، فلما أقبل جعفر نظر ذلك الهرج والمرج والازدحام فقال الوزير جعفر: ما هذا الازدحام؟ فذكروا له ماهم فيه من أمر علي نور الدين بن خاقان. فلما سمع جعفر كلامهم أسرع بالطلوع إلى السلطان وسلم عليه وأعلمه بما جاء فيه وأنه إذا كان وقع لعلي نور الدين أمر مكروه فإن السلطان يهلك ما كان السبب في ذلك ثم إنه قبض على السلطان والوزير المعين بن ساوي وأمر بإطلاق علي نور الدين بن خاقان وأجلسه سلطاناً في مكان السلطان محمد بن سليمان الزيني وقعد

ثلاثة أيام في البصرة مدة الضيافة فلما كان صبح اليوم الرابع التفت علي بن خاقان إلى جعفر وقال: إني اشتقت إلى رؤية أمير المؤمنين فقال جعفر للملك محمد بن سليمان تجهز للسفر فإننا نصلي الصبح وتنوجه إلى بغداد فقال: السمع والطاعة ثم إنهم وصلوا الصبح وركبوا جميعهم ومعهم الوزير المعين بن ساوي وصار يتندم على فعله وأما علي نور الدين بن خاقان فإنه ركب بجانب جعفر، وما زالوا سائرين إلى أن وصلوا إلى بغداد دار السلام، وبعد ذلك دخلوا على الخليفة، فلما دخلوا عليه حكوا له قصة نور الدين فعند ذلك أقبل الخليفة على علي نور الدين بن خاقان وقال له: خذ هذا السيف واضرب به رقبة عدوك فأخذه وتقدم إلى المعين بن ساوي فنظر إليه وقال: أنا عملت بمقتضى طبيعتي فاعمل أنت بمقتضى طبيعتك، فرمى السيف من يده ونظر إلى الخليفة وقال: يا أمير المؤمنين إنه خدعني وأنشد قول الشاعر: فخدعته بخديعة لما أتى والحر يخدعه الكلام الطيب فقال الخليفة: اتركه أنت ثم قال لمسرور: يا مسرور قم أنت واضرب رقبته فقام مسرور ورمى رقبته فعند ذلك قال الخليفة لعلي بن خاقان: تمن علي، فقال له: يا سيدي أنا ما لي حاجة بملك البصرة وما أريد إلا مشاهدة وجه حضرتك فقال الخليفة: حباً وكرامة ثم إن الخليفة دعا بالجارية فحضرت بين يديه فأنعم عليهما وأعطاهما قصراً من قصور بغداد ورتب لهما مرتبات وجعله من ندمائه وما زال مقيماً عنده إلى أن أدركه الممات ليس هذا بأعجب من حكاية التاجر وأولاده؟ قال الملك: وكيف ذلك؟

حكاية التاجر أيوب وابنه غانم وبنته فتنة

قالت: بلغني أيها الملك السعيد أنه كان في قديم الزمان وسالف العصر والأوان تاجر من التجار له مال وله ولد كأنه البدر ليلة تمامه فصيح اللسان اسمه غانم بن أيوب المتيم المسلوب. وله أخت اسمها فتنة من فرط حسنها وجمالها فتوفي والدهما وخلف لهما مالاً جزيلاً وأدرك شهرزاد الصباح فسكتت عن الكلام المباح.

وفي الليلة الثانية والخمسين قالت: بلغني أيها الملك السعيد أن ذلك التاجر خلف لهما مالاً جزيلاً ومن جملة ذلك مائه حمل من الخز والديباج ونوافج المسك، ومكتوب على الأحمال هذا بقصد بغداد وكان مراده أن يسافر إلى بغداد فلما توفاه الله تعالى ومضت مدة أخذ ولده هذه الأحمال وسافر بها إلى بغداد وكان ذلك في زمن هارون الرشيد وودع أمه وأقاربه وأهل بلدته قبل سيره وخرج متوكلاً على الله تعالى وكتب الله له السلامة، حتى وصل إلى بغداد وكان مسافراً بصحبة جماعة من التجار فاستأجر له داراً حسنة وفرشها بالبسط والوسائد وأرخى عليها

165

الستور وأنزل فيها تلك الأحمال والبغال والجمال، وجلس حتى استراح وسلم عليه تجار بغداد وأكابرها ثم أخذ بقجة فيها عشرة تفاصيل من القماش النفيس مكتوب عليها أثمانها ونزل بها إلى سوق التجار فلاقوه وسلموا عليه وأكرموه وتلقوه بالترحيب وأنزلوه على دكان شيخ السوق وباع التفاصيل، فربح في كل دينار دينارين، ففرح غانم وصار يبيع القماش والتفاصيل شيئاً فشيئاً ولم يزل كذلك سنة وفي أول السنة الثانية جاء إلى ذلك السوق فرأى بابه مقفولاً فسأل عن سبب ذلك فقيل له أنه توفي واحد من التجار وذهب التجار كلهم يمشون في جنازته فهل لك أن تكسب أجراً وتمشي معهم؟ فقال: نعم ثم سأل عن محل الجنازة فدلوه على المحل فتوضأ ثم مشى مع التجار إلى أن وصلوا المصلى وصلوا على الميت ثم مشى التجار جميعهم قدام الجنازة إلى المقبرة فتبعهم غانم إلى أن وصلوا بالجنازة خارج المدينة ومشوا بين المقابر حتى وصلوا إلى المدفن فوجدوا أهل الميت نصبوا على القبر خيمة وأحضر الشموع والقناديل، ثم دفنوا الميت وجلس القراء يقرؤون على ذلك القبر فجلس التجار ومعهم غانم بن أيوب وهو غالب عليه الحياء فقال في نفسه: أنا لم أقدر أن أفارقهم حتى أنصرف معهم ثم إنهم جلسوا يسمعون القرآن إلى وقت العشاء فقدموا لهم العشاء والحلوى، فأكلوا حتى اكتفوا وغسلوا أيديهم ثم جلسوا مكانهم فاشتغل خاطر غانم ببضاعته، وخاف من اللصوص وقال في نفسه: أنا رجل غريب ومنهم بالمال، فإن بت الليلة بعيداً عن منزلي سرق اللصوص ما فيه من المال والأحمال وخاف على متاعه فقام وخرج من بين الجماعة واستأذنهم على أنه يقضي حاجة فسار يمشي ويتتبع آثار الطريق حتى جاء إلى باب المدينة وكان ذلك الوقت نصف الليل فوجد باب المدينة مغلقاً ولم ير أحداً غادياً ولا رائحاً ولم يسمع صوتاً سوى نبيح الكلاب، وعوي الذئاب فقال: لا حول ولا قوة إلا بالله كنت خائفاً على مالي وجئت من أجله فوجدت الباب مغلقاً فصرت الآن خائفاً على روحي ثم رجع ينظر له محلاً ينام فيه إلى الصباح فوجد تربة محوطة بأربع حيطان، وفيها نخلة ولها باب من الصوان مفتوح، فدخلها وأراد أن ينام فلم يجئه نوم وأخذته رجفة ووحشة وهو بين القبور، فقام واقفاً على قدميه وفتح باب المكان ونظر فرأى نوراً يلوح على بعد في ناحية المدينة فمشى قليلاً فرأى النور مقبلاً في الطريق التي توصل إلى التربة التي هو فيها فخاف غانم على نفسه، وأسرع برد الباب وتعلق حتى طلع فوق النخلة وتدارى في قلبها فصار النور يتقرب من التربة فتأمل النور فرأى ثلاثة عبيد اثنان حاملان صندوقاً في يده فأس وفانوس فلما قربوا من التربة قال أحد العبدين الحاملين الصندوقك ويلك يا صواب فقال العبد الآخر منها مالك

يا كافور؟ فقال: إنا كنا هنا وقت العشاء وخلينا الباب مفتوحاً فقال: نعم هذا الكلام صحيح فقال: ها هو مغلق، فقال لهما الثالث وهو حامل الفأس والنور وكان اسمه بخيتاً: ما أعقل عقلكما أما تعرفان أن أصحاب الغيطان يخرجون من بغداد ويترددون هنا فيمسي عليهم المساء فيدخلون هنا ويغلقون عليهم الباب خوفاً من السودان الذين هم مثلنا أن يأخذوهم ويشووهم ويأكلوهم فقالوا له: صدقت وما فينا أقل عقلاً منك، فقال لهم: إنكم لم تصدقوني حتى ندخل التربة ونجد فيها أحداً، وأظن أنه كان فيها أحداً ورأى النور وهرب فوق النخلة.

فلما سمع غانم كلام العبيد قال في نفسه: ما أمكر هذا العبد فقبح الله السودان لما فيهم من الخبث واللؤم، ثم قال: لا حول ولا قوة إلا بالله العلي العظيم وما الذي يخلصني من هذه الورطة، ثم إن الاثنين الحاملين للصندوق قالا لمن معه الفأس: تعلق على الحائط وافتح الباب لنا يا صواب لأننا تعبنا من الصندوق على رقابنا فإذا فتحت لنا الباب لك علينا واحد من الذين نمسكهم ونقليه لك قلياً جيداً بحيث لا يضيع من دهنه شيء فقال صواب: أنا خائف من شيء تذكرته من قلة عقل وهو أننا نرمي الصندوق وراء الباب لأنه ذخيرتنا فقالا له: إن رميناه ينكسر فاقل: انا جربت أن يكون في داخل التربة الحرامية الذين يقتلون الناس ويسرقون أموالهم لأنهم إذا أمسى عليهم الوقت يدخلون في هذه الأماكن ويقسمون معهم فقال له الاثنان الحاملان للصندوق: يا قليل العقل هل يقدرون أن يدخلوا هذا المكان فحملا الصندوق وتعلقا على الحائط ونزلا وفتحا الباب والعبد الثالث الذي هو خبيث واقف لهما بالنور والمقطف الذي فيه بعض من الجبس. ثم إنهم جلسوا وقفلوا الباب فقال واحد منهم: يا أخوتي نحن تعبنا من المشي والشيل والحط وفتح الباب وقفله وهذا الوقت نصف الليل، ولم يبق فينا قوة لفتح الباب ودفن الصندوق ولكننا نجلس هنا ثلاث ساعات لنستريح ثم نقوم ونقضي حاجتنا ولكن كل واحد منا يحكي سبب تطويشه وجميع ما وقع له من المبتدأ إلى المنتهى لأجل قوات هذه الليلة. وأدرك شهرزاد الصباح فسكتت عن الكلام المباح.

وفي الليلة الثالثة والخمسون قالت: بلغني أيها الملك السعيد أن العبيد الثلاثة لما قالوا لبعضهم كل واحد يحكي جميع ما وقع له قال الأول وهو الذي كان حامل النور: أنا أحكي لكم حكايتي فقالوا له: تكلم قال لهم: اعلموا يا أخواني أني لما كنت صغيراً جاء بي الجلاب من بلدي وعمري خمس سنين فباعني لواحد جاويش وكان له بنت عمرها ثلاث سنوات فتربيت معها وكانوا يضحكون علي وأنا ألاعب البنت

وأرقص معها إلى أن صار عمري اثنتي عشرة سنة وهي بنت عشر سنين ولا يمنعونني عنها إلى أن دخلت عليها يوماً من الأيام وهي جالسة في البيت لأنها كانت معطرة مبخرة ووجهها مثل القمر في ليلة أربعة عشر فلاعبتني ولاعبتها فنفر أحليلي حتى صار مثل المفتاح الكبير. فدفعتني إلى الأرض فوقعت على ظهري وركبت على صدري وصارت تتمرغ علي فانكشف إحليلي فلما رأته وهو نافر أخذته بيدها وصارت تحك به على أشفار فرجها من فوق لباسها، فهاجت الحرارة عندي وحضنتها فشبكت يديها في عنقي وفرطت علي بجسدها فلم أشعر إلا وإحليلي فتق لباسها ودخل في فرجها وأزال بكارتها، فلما عاينت ذلك هربت عند أصحابي فدخلت عليها أمها فلما رأت حالها غابت عن الدنيا، ثم تداركت أمرها وأخفت حالها عن أبيها وكتمته وصبرت عليها مدة شهرين، كل هذا وهم ينادونني ويلاطفونني حتى أخذوني من المكان الذي كنت فيه ولم يذكروا شيئاً من هذا الأمر لأبيها لأنهم كانوا يحبونني كثيراً. ثم إن أمها خطبت لها شاباً مزين كان يزين أباها وأمهرتها من عندها وجهزتها كل هذا وأبوها لا يعلم بحالها وصاروا يجتهدون في تحصيل جهازها ثم إنهم أمسكوني على غفلة وخصوني ولما زفوها للعريس جعلوني طواشياً لها أمشي قدامها أينما راحت سواء كان رواحها إلى الحمام أو إلى بيت أبيها وقد ستروا أمرها. وليلة الدخلة ذبحوا على قميصها حمامة ومكثت عندها مدة طويلة وأنا أتملى بحسنها وجمالها على قدر ما أمكنني من تقبيل وعناق إلى أن ماتت هي وزوجها وأمها وأبوها، ثم أخذت بيت المال وصرت هذا المكان وقد ارتفعت بكم وهذا سبب قطع إحليلي والسلام. فقال العبد الثاني: اعلموا يا إخواني اني كنت في ابتداء أمري ابن ثمان سنين ولكن كنت أكذب على الجلابة كل سنة كذبة حتى يقعوا في بعضهم، فقلق مني الجلاب وأنزلني في يد الدلال وأمره أن ينادي من يشتري هذا العبد على عيبه فقيل له: وما عيبه؟ قال: يكذب في كل سنة كذبة واحدة فتقدم رجل تاجر إلى الدلال وقال له: كم أعطوا في هذا العبد من الثمن على عيبه؟ قال: أعطوا ستمائة درهم قال: ولك عشرون فجمع بينه وبين الجلاب وقبض منه الدراهم وأوصلني الدلال إلى منزل ذلك التاجر وأخذ دلالته، فكساني التاجر ما يناسبني ومكثت عنده باقي سنتي إلى أن هلت السنة الجديدة بالخير وكانت سنة مباركة مخصبة بالنبات فصار التجار يعملون العزومات وكل يوم على واحد منهم إلى أن جاءت العزومة على سيدي في بستان خارج البلد فراح هو والتجار وأخذ لهم ما يحتاجون إليه من أكل وغيره فجلسوا يأكلون ويشربون ويتنادمون إلى وقت الظهر فاحتاج سيدي إلى مصلحة من البيت فقال: يا عبد اركب البغلة وروح إلى المنزل وهات

168

من سيدتك الحاجة الفلانية وارجع سريعاً فامتثلت أمره ورحت إلى المنزل وأخبرتهم أن سيدي جلس تحت الحائط لقضاء حاجة فوقع الحائط عليه ومات. فلما سمع أولاده وزوجته ذلك الكلام صرخوا وشقوا ثيابهم ولطموا على وجوههم فأتت إليهم الجيران، وأما زوجة سيدي فإنها قلبت متاع البيت بعضه على بعض وخلعت رفوفه وكسرت طبقاته وشبابيكه وسخمت حيطانه بطين ونيلة وقالت: ويلك يا كافور تعال ساعدني واخرب هذه الدواليب وكسر هذه الأواني والصيني. فجئت إليها وأخرجت معها رفوف البيت وأتلفت ما عليها ودواليبه وأتلفت ما فيها ودرت على السقوف وعلى كل محل حتى أخرجت الجميع وأنا أصيح واسيداه ثم خرجت سيدتي مكشوفة الوجه بغطاء رأسها لا غير وخرج معها البنات والأولاد وقالوا: يا كافور امش وأرنا مكان سيدك الذي هو ميت فيه تحت الحائط حتى نخرجه من تحت الردم ونحمله في تابوت ونجيء به إلى البيت فنخرجه خرجة مليحة، فمشيت قدامهم وأنا أصيح واسيداه وهم خلفي مكشوفوا الوجوه والرؤوس يصيحون: وامصيبتاه وانكبتاه فلم يبق أحد من الرجال ولا من النساء ولا من الصبيان ولا صبية ولا عجوزة إلا جاءت معنا وصاروا كلهم يلطمون وهم في شدة البكاء فمشيت بهم في المدينة فسأل الناس عن الخبر فأخبروهم بما سمعوا مني فقال الناس: لا حول ولا قوة إلا بالله العلي العظيم إننا نمضي للوالي ونخبره، فلما وصلوا إلى الوالي أخبروه. وأدرك شهرزاد الصباح فسكتت عن الكلام المباح.

في الليلة الرابعة والخمسين قالت: بلغني أيها الملك السعيد أنهم لما وصلوا إلى الوالي وأخبروه قام الوالي وركب وأخذ معه الفعلة بالمساحي والقفف ومشوا تابعين أثري ومعهم كثير من الناس وأنا أبكي وأصيح وأحثو التراب على رأسي وألطم على وجهي فلما دخلت عليهم ورآني سيدي بهت واصفر لونه وقال: ما لك يا كافور وما هذا الحال وما الخبر؟ فقلت له: إنك لما أرسلتني إلى البيت لأجيء لك بالذي طلبته رحت إلى البيت ودخلته فرأيت الحائط التي في القاعة وقعت فانهدمت القاعة كلها على سيدتي وأولادها فقال لي: وهل سيدتك لم تسلم؟ فقال: لا ما سلم منهم أحد وأول من مات منهم سيدتي الكبيرة فقال: وهل سلمت بنتي الصغيرة؟ فقلت: لا فقال لي: وما حال البغلة التي أركبها هل هي سالمة؟ فقلت له: لا يا سيدي فإن حيطان البيت وحيطان الاصطبل انطبقت على جميع ما في البيت حتى على الغنم والإوز والدجاج وصاروا كلهم كوم لحم وصاروا تحت الردم ولم يبق منهم أحد فقال لي: ولا سيدك الكبير؟ فقلت له: لا فلم يسلم منهم أحد،

وفي هذه الساعة لم يبق دار ولا سكان ولم يبق من ذلك كله أثر وأما الغنم والإوز والدجاج فإن الجميع أكلها القطط والكلاب.

فلما سمع سيدي كلامي صار الضياء في وجهه ظلاماً ولم يقدر أن يتمالك نفسه ولا عقله ولم يقدر أن يقف على قدميه بل جاءه الكساح وانكسر ظهره ومزق أثوابه ونتف لحيته ولطم على وجهه ورمى عمامته من فوق رأسه وما زال يلطم وجهه حتى سال منه الدم وصار يصيح: آه.. وا أولاداه آه وا زوجتاه.. آه وا مصيبتاه من جرى له مثل ما جرى لي فصاح التجار رفقاؤه لصياحه وبكوا معه ورثوا لحاله وشقوا أثوابهم وخرج سيدي من ذلك البستان وهو يلطم من شدة ما جرى له وأكثر اللطم على وجهه وصار كأنه سكران، فبينما الجماعة خارجون من باب البستان وإذا هم نظروا غبرة عظيمة وصياحات بأصوات مزعجة فنظروا إلى تلك الجهة فرأوا الجماعة المقبلين وهم الوالي وجماعته والخلق والعالم الذين يتفرجون وأهل التاجر وراءهم يصرخون ويصيحون وهم في بكاء وحزن زائد فأول من لاقى سيدي زوجته وأولادها فلما رآهم بهت وضحك وقال لهم: ما حالكم أنتم؟ وما حصل في الدار وما جرى لكم؟ فلما رأوه قالوا: الحمد لله على سلامتك أنت ورموا أنفسهم عليه وتعلقت أولاده به وصاحوا: وأبتاه الحمد لله على سلامتك يا أبانا وقالت له زوجته: الحمد لله الذي أرانا وجهك بسلامة وقد اندهشت وطار عقلها لما رأته وقالت له: كيف كانت سلامتك أنت وأصحابك؟ فقال لها: وكيف كان حالكم في الدار؟ فقالوا: نحن طيبون بخير وعافية وما أصاب دارنا شيء من الشر غير أن عبد كافوراً جاء إلينا مكشوف الرأس مزق الأثواب وهو يصيح: وا سيداه واسيداه فقلنا له ما الخبر يا كافور؟ فقال: إن سيدي جلس تحت حائط في البستان ليقضي حاجة فوقعت عليه فمات فقال لهم سيده:والله إنه أتاني في هذه الساعة وهو يصيح: وا سيدتاه وقال أن سيدتي وأولادها ماتوا جميعاً، ثم نظر إلى جانبه فرآني وعمامتي ساقطة في رأسي وأنا أصيح وأبكي بكاء شديداً وأحثو التراب على رأسي فصرخ علي فأقبلت عليه فقال لي: ويلك يا عبد النحس يا ابن الزانية يا ملعون الجنس ما هذه الوقائع التي عملتها ولكن والله لأسلخن جلدك عن لحمك وأقطعن لحمك عن عظمك فقلت: والله ما تقدر أن تعمل معي شيئاً لأنك قد اشتريتني على عيبي وأنت عالم به وهو أني أكذب في كل سنة كذبة واحدة وهذه نصف كذبة فإذا كملت السنة كذبت نصفها الآخر فتبقى كذبة واحدة. فصاح علي: يا ألعن العبيد هل هذا كله نصف كذبة وإنما هو داهية كبيرة، اذهب عني فأنت حر فقلت: والله إن أعتقتني أنت ما أعتقك أنا حتى تكمل السنة وأكذب نصف الكذبة الباقي وبعد أن أتمها فانزل بي السوق وبعني بما اشتريتني به على

عيبي ولا تعتقني فإنني ما لي صنعة أقتات منها وهذه المسألة التي ذكرتها لك شرعية ذكرها الفقهاء في باب العتق. فبينما نحن في الكلام وإذا بالخلايق والناس وأهل الحارة نساء ورجالاً قد جاؤوا يعملون العزاء وجاء الوالي وجماعته فراح سيدي والتجار إلى الوالي وأعلموه بالقضية وإن هذه نصف كذبة، فلما سمع الحاضرون ذلك منه استعظموا تلك الكذبة وتعجبوا غاية العجب فلعنوني وشتموني فبقيت واقفاً أضحك وأقول: كيف يقتلني سيدي وقد اشتراني على هذا العيب؟ فلما مضى سيدي إلى البيت وجده خراباً وأنا الذي أخربت معظمه وكسرت فيه شيئاً يساوي كثيراً من المال. فقالت له زوجته: إن كافور هو الذي كسر الأواني الصيني فازداد غيظه وقال: والله ما رأيت عمري ولد زنا مثل هذا العبد ولأنه يقول نصف كذبة فكيف لو كانت كذبة كاملة فحينئذ كان أخرب مدينة أو مدينتن ثم ذهب من شدة غيظه إلى الوالي فضربني علقة شديدة حتى غبت عن الدنيا وغشي علي فأتاني بالمزين في حال غشيتي فخصاني وكواني، فلما أفقت وجدت نفسي خصياً وقال لي سيدي: مثل ما أحرقت قلبي على أعز الشيء عندي أحرقت قلبك على أعز الشيء عندك، ثم أخذني فباعني بأغلى ثمن لأني صرت طواشياً وما زلت ألقى الفتن في الأماكن التي أباع فيها. وهنا أدرك شهرزاد الصباح فسكتت عن الكلام المباح.

وفي الليلة الخامسة والخمسون قالت: بلغني أن العبد قال: وما زلت ألقى الفتن في الأماكن التي أباع فيها وانتقل من أمير إلى أمير ومن كبير إلى كبير بالبيع والشراء حتى دخلت قصر أمير المؤمنين وقد انكسرت نفسي وضعفت قوتي وأعدمت خصيتي فلما سمع العبدان كلامه ضحكا عليه وقالا له: إنك خبيث ابن خبيث قد كذبت كذباً شنيعاً. ثم قالوا للعبد الثالث: احك لنا حكايتك قال لهم: يا أولاد عمي كل ما حكي هذا بطال فأنا أحكي لكم سبب قطع خصيتي وقد كنت أستحق أكثر من ذلك لأني كنت نكحت سيدتي وابن سيدتي والحكاية معي طويلة وما هذا وقت حكايتها الآن الصباح يا أولاد عمي قريب وربما يطلع علينا الصباح. ومعنا هذا الصندوق فننفضح بين الناس وتروح أرواحنا فدونكم فتح الباب فإذا فتحناه ودخلنا محلنا قلت لكم على سبب قطع خصيتي ثم تعلق ونزل من الحائط وفتح الباب، فدخلوا وحطوا الشمع وحفروا حفرة على قد الصندوق بين أربعة قبور وصار كافور يحفر وصواب ينقل التراب بالقفف إلى أن حفروا نصف قامة ثم حطوا الصندوق في الحفرة وردوا عليه التراب وخرجوا من التربة وردوا الباب وغابوا عن عين غانم بن أيوب. فلما خلا لغانم المكان وعلم أنه وحده اشتغل سره بما في الصندوق، وقال في نفسه: يا ترى أي شيء في الصندوق؟ ثم صبر حتى كشف

الصندوق وخلصه ثم أخذ حجراً وضرب القفل فكسره وكشف الغطاء ونظر فرأى صبية نائمة مبنجة ونفسها طالع ونازل إلا أنها ذات حسن وجمال وعليها حلي ومساغ من الذهب وقلائد من الجوهر تساوي ملك السلطان ما يفي بثمنها مال فلما رآها غانم بن أيوب عرف أنهم تغامزوا عليها، فلما تحقق ذلك الأمر عالج فيها حتى أخرجها من الصندوق وأرقدها على قفاها فلما استنشقت الأرياح ودخل الهواء في مناخرها عطست ثم شرقت وسعلت فوقع من حلقها قرص بنج لو شمه الفيل لرد من الليل إلى الليل ففتحت عينيها وأدارت طرفها، وقالت بكلام فصيح: ويلك يا ريح ما فيك ري للعطشان، ولا أنس للريان أين زهر البستان فلم يجاوبها أحد فالتفتت وقالت صبيحة شجرة الدرنور، الهدى نجمة الصبح أنت في شهر نزهة حلوة ظريفة تكلموا فلم يجبها أحد، فجالت بطرفها وقالت: ويلي عند إنزالي في القبور يا من يعلم ما في الصدور ويجازي يوم البعث والنشور من جاء بي من بين الستور والخدور ووضعني بين أربعة قبور هذا كله وغانم واقف على قدميه. فقال لها: يا سيدتي لا خدور ولا قصور ولا قبور، ما هذا إلا عبدك غانم بن أيوب ساقه إليك الملك وعلام الغيوب حتى ينجيك من هذه الكروب ويحصل لك غاية المطلوب وسكت فلما تحققت الأمر قالت: أشهد أن لا إله إلا الله وأشهد أن محمداً رسول الله، والتفتت إلى غانم وقد وضعت يديها على صدرها وقالت له بكلام عذب: أيها الشاب المبارك من جاء بي إلى هذا المكان فها أنا قد أفقت؟ فقال: يا سيدتي ثلاثة عبيد خصيون أتوا وهم حاملون هذا الصندوق، ثم حكى لها ما جرى وكيف أمسى عليه المساء حتى كان سبب سلامتها وإلا كانت ماتت بغصتها ثم سألها عن حكايتها وخبرها فقالت له: أيها الشاب الحمد لله الذي رماني عند مثلك فقم الآن وحطني في الصندوق واخرج إلى الطريق وأوصلني إلى بيتك، فإذا صرت في دارك يكون خيراً وأحكي لك حكايتي وأخبرك تقصتي ويحصل لك الخير من جهتي ففرح وخرج إلى البرية وقد شعشع النهار وطلعت الشمس بالأنوار وخرجت الناس ومشوا فاكترى رجلاً ببغل وأتى به إلى التربة فحمل الصندوق بعدما حط فيه الصبية، ووقعت محبتها في قلبه وسار بها وهو فرحان لأنها جارية تساوي عشرة آلاف دينار وعليها حلي وحلل يساوي مالاً جزيلاً وما صدق أن يصل إلى داره وأنزل الصندوق وفتحه وأدرك شهرزاد الصباح فسكتت عن الكلام المباح.

وفي الليلة السادسة والخمسين قالت: بلغني أيها الملك السعيد أن غانم بن أيوب وصل إلى داره بالصندوق وفتحه وأخرج الصبية منه ونظرت فرأت هذا المكان محلاً مليحاً مفروشاً بالبسط الملونة والأوان المفرحة وغير ذلك ورأت قماشاً

محزوماً وأحمالاً وغير ذلك فعلمت أنه تاجر كبير صاحب أموال، ثم إنها كشفت وجهها ونظرت إليه فإذا هو شاب مليح، فلما رأته أحبته وقالت له: هات لنا شيئاً نأكله، فقال لها غانم: على الرأس والعين، ثم نزل السوق واشترى خروفاً مشوياً وصحن حلاوة وأخذ معه نقلاً وشمعاً وأخذ معه نبيذاً وما يحتاج إليه الأمر من آلة المشموم وأتى إلى البيت ودخل بالحوائج فلما رأته الجارية ضحكت وقبلته واعتنقته وصارت تلاطفه فازدادت عنده المحبة واحتوت على قلبه ثم أكلا وشربا إلى أن أقبل الليل وقد أحب بعضهما بعضاً لأنهما كانا في سن واحد. فلما أقبل الليل قام المتيم المسلوب غانم بن أيوب وأوقد الشموع والقناديل فأضاء المكان وأحضر آلة المدام ثم نصب الحضرة وجلس هو وإياها. وكان يملأ ويسقيها وهي تملأ وتسقيه وهما يلعبان ويضحكان وينشدان الأشعار وزاد بهما الفرح وتعلقا بحب بعضهما فسبحان مؤلف القلوب، ولم يزالا كذلك إلى قريب الصبح فغلب عليهما النوم فنام كل منهما في موضعه إلى أن أصبح الصباح فقام غانم بن أيوب وخرج إلى السوق، واشترى ما يحتاج إليه من خضرة ولحم وخمر وغيره، وأتى به إلى الدار وجلس هو وإياها يأكلان، فأكلا حتى اكتفيا وبعد ذلك أحضر الشراب وشربا ولعبا مع بعضهما حتى احمرت وجنتاهما واسودت أعينهما واشتاقت نفس غانم بن أيوب إلى تقبيل الجارية والنوم معها فقال لها: يا سيدتي ائذني لي بقبلة في فيك لعلها تبرد نار قلبي؟ فقالت: يا غانم اصبر حتى أسكر وأغيب وأسمح لك سراً بحيث لم أشعر أنك قبلتني ثم إنها قامت على قدميها وخلعت بعض ثيابها وقعدت في قميص رفيع وكوفية فعند ذلك تحركت الشهوة عند غانم وقال: يا سيدتي أما تسمحين لي بما طلبته منك؟ فقالت: والله لا يصح لك ذلك لأنه مكتوب على دكة لباسي قول صعب فانكسر خاطر غانم بن أيوب فأنشدت: سألت من أمر ضنى في قبلة تشفي السقم فقـال لا لا أبـدا قلت له نعم نـعـم فقالت خذها بالرضا من الحلال وابتسـم فقلت غصباً قـال لا ألا على رأس علـم فلا تسل عما جـرى إلا على رأس علـم فلا تسل عما جـرى واستغفر اللـه ونـم فظن ما شئت بـنـا فالحب يحلو بالتهـم ولا أبالي بعد أن باح يوماً أو كتم ثم زادت محبته وانطلقت النيران في مهجته هذا وهي تتمنع منه وتقول: ما لك وصول إلي ولم يزالا في عشقهما ومنادمتهما وغانم بن أيوب غريق في بحر الهيام وأما هي فإنها قد ازداد قسوة وامتناعاً، إلى أن دخل الليل بالظلام وأرخى عليها ذيل المنام فقام غانم وأشعل القناديل وأوقد الشموع، وزاد بهجة المقام وأخذ رجليها وقبلهما فوجدهما مثل الزبد الطري، فمرغ وجهها عليها وقال: يا سيدتي ارحمي أسير هواك ومن قتلت عيناك كنت سليم القلب لولاك ثم بكى قليلاً فقالت: أنا والله

لك عاشقة وبك متعلقة ولكن أنا أعرف أنك لا تصل إلي فقال لها: وما المانع؟ فقالت له: سأحكي لك في هذه الليلة قصتي حتى تقبل عذري ثم إنها ترامت عليه وطوقت على رقبته بيديها وصارت تقبله وتلاطفه ثم وعدته بالوصال ولم يزالا يلعبان ويضحكان حتى تمكن حب بعضهما من بعض ولم يزالا على ذلك الحال وهما في كل ليلة ينامان في فراش واحد وكلما طلب منها الوصال تتعزز عنه مدة شهر كامل وتمكن حب كل واحد منهما من قلب الآخر ولم يبق لهما صبر عن بعضهما إلى أن كانت ليلة من الليالي وهو راقد معها والاثنان سكرانان فمد يده على جسدها وملس ثم مر بيده على بطنها ونزر إلى سرتها فانتبهت وقعدت وتعهدت اللباس فوجدته مربوطاً فنامت ثانياً فملس عليها بيده ونزل بها إلى سراويلها وتكتها وجذبها فانتبهت وقعدت وقعد غانم بجانبها.

فقالت له: ما لذي تريد؟ قال: أريد أن أنام معك وأتصافى أنا وأنت فعند ذلك، قالت له: أنا الآن أوضح لك أمري حتى تعرف قدري وينكشف لك عذري قال: نعم فعند ذلك شقت ذيل قميصها ومدت يدها إلى تكة لباسها وقالت: يا سيدي اقرأ الذي على هذا الطرف، فأخذ طرف التكة في يده ونظره فوجده مرقوماً عليه بالذهب أنا لك وأنت لي يا ابن عم النبي فلما قرأه نثر يده وقال لها: اكشفي لي عن خبرك؟ قالت: نعم أنا محظية أمير المؤمنين واسمي قوت القلوب وإن أمير المؤمنين لما رباني في قصره وكبرت نظر إلى صفائي وما أعطاني ربي من الحسن والجمال فأحبني محبة زائدة وأخذني وأسكنني في مقصورة وأمر لي بعشر جوار يخدمنني ثم إنه أعطاني ذلك المصاغ الذي تراه معي ثم إن الخليفة سافر يوماً من الأيام إلى بعض البلاد فجاءت السيدة زبيدة إلى بعض الجواري التي في خدمتي وقالت: إذا نامت قوت القلوب فحطي هذه القلقة البنج في أنفها أو في شرابها ولك علي من المال ما يكفيك. فقالت لها الجارية: حباً وكرامة، ثم إن الجارية أخذت البنج منها وهي فرحانة لأجل المال ولكونها كانت في الأصل جاريتها فجاءت إلي ووضعت البنج في جوفي فوقعت على الأرض وصارت رأسي عند رجلي ورأيت نفسي في دنيا أخرى ولما تمت حيلتها حطتني في ذلك الصندوق وأحضرت العبيد سراً وأنعمت عليهم وعلى البوابين، وأرسلتني مع العبيد في الليلة التي كنت نائماً فيها فوق النخلة وفعلوا معي ما رأيت، وكانت نجاتي على يديك وأنت أتيت بي إلى هذا المكان وأحسنت إلى غاية الإحسان وهذه قصتي وما أعرف الذي جرى للخليفة في غيبتي فأعرف قدري ولا تشهر أمري فلما سمع غانم بن أيوب كلام قوت القلوب وتحقق أنها محظية الخليفة تأخر إلى ورائه خيفة من هيبة الخليفة وجلس وحده في ناحية من المكان يعاتب نفسه، ويتفكر في أمره وصار متحيراً في

عشق التي ليس له إليها الوصول، فبكى من شدة الغرام ولوعة الوجد والهيام وصار يشكو الزمان وما له من العدوان فسبحان من شغل قلوب الكرام بالمحبة ولم يعط الأنذال منها وزن حبة، وأنشد هذين البيتين: قلب المحب على الأحباب متعوب وعقله مع بديع الحسن منهوب وقائل قال لي ما المحب قلت له الحب عذب ولكن فيه تعذيب فعند ذلك قامت إليه قوت القلوب واحتضنته وقبلته وتمكن حبه في قلبها وباحت له بسرها وما عندها من المحبة وطوقت على رقبته بيديها وقبلته وهو يتمنع عنها خوفاً من الخليفة، ثم تحدثا ساعة من الزمان وهما غريقان في بحر محبة بعضهما إلى أن طلع النهار فقام غانم ولبس أثوابه وخرج إلى السوق على عادته وأخذ ما يحتاج إليه الأمر وجاء إلى البيت فوجد قوت القلوب تبكي فلما رأته سكتت عن البكاء وتبسمت وقالت له: أوحشتني يا محبوب قلبي، والله إن هذه الساعة التي غبتها عني كسنة فإني لا أقدر على فراقك وها أنا قد بينت لك حالي من شدة ولعي بك فقم الآن ودع ما كان واقض أربك مني قال: أعوذ بالله، إن هذا شيء لا يكون كيف يجلس الكلب في موضع السبع والذي لمولاي يحرم علي أن أقربه ثم جذب نفسه منها وجلس في ناحية وزادت هي محبة بامتناعه عنها ثم جلست إلى جانبه ونادمته ولاعبته فسكرا وهامت بالافتضاح به فغنت منشدة هذه الأبيات: قلب المتيم كاد أن يتفتت فإلى متى هذا الصدود إلى متى يا معرضاً عني بغير جناية فعوائد الغزلان أن تتلفتا صد وهجر زائد وصبابة ما كل هذا الأمر يحمله الفتى فبكى غانم بن أيوب، وبكت هي لبكائه ولم يزالا يشربان إلى الليل، ثم قام غانم وفرش فرشين كل فرش في مكان وحده فقالت له قوت القلوب: لمن هذا الفرش الثاني؟ فقال لها: هذا لي والآخر لك ومن الليلة لا ننام إلا على هذا النمط وكل شيء للسيد حرام على العبد فقالت: يا سيدي دعنا من هذا وكل شيء يجري بقضاء وقدر فأبى فانطلقت النار في قلبها وزاد غرامها فيه وقالت: والله ما ننام إلا سوياً فقال: معاذ الله وغلب عليها ونام وحده إلى الصباح فزاد بها العشق والغرام، واشتد بها الوجد والهيام وأقاما على ذلك ثلاثة أشهر طوال وهي كلما تقرب منه يمتنع عنها ويقول: كل ما هو مخصوص بالسيد حرام على العبد فلما طال بها المطال مع غانم بن أيوب المسلوب وزادت بها الشجون والكروب أنشدت هذه الأبيات:

بديع الحسن كما هذا التجني ومن أغراك بالإعراض عني حويت من الرشاقة كل معنى وحوت من الملاحة كل فن وأجريت الغرام لكل قلب وكللت السهاد بكل جفن وأعرف قلبك الأغصان تجني فيا غصن الأراك أراك تجني وعهدي بالظبا صيد فمالي أراك تصيد أرباب المجن وأعجب ما أحدث عنك أني فتنت وأنت

لم تعلـم بـأنـي فلا تسمح بوصلك لي فإنـي أغار عليك منك فكيف مني ولست بقائل ما دمـت حـياً بديع الحسن كما هذا التجني وأقاموا على هذا الحال مدة والخوف يمنعهم عنها فهذا ما كان من أمر المتيم المسلوب غانم بن أيوب، وأما ما كان من أمر زبيدة فإنها في غيبة الخليفة فعلت بقوت القلوب ذلك الأمر، ثم صارت متحيرة تقول في نفسها ما أقول للخليفة إذا جاء وسأل عنها وما يكون جوابي له، فدعت بعجوز كانت عندها وأطلعتها على سرها، وقالت لها: كيف أفعل وقوت القلوب قد فرط فيها الفرط فقالت لها العجوز لما فهمت الحال: اعلمي يا سيدتي أنه قرب مجيء الخليفة ولكن أرسلي إلى النجار وأمريه أن يعمل صورة ميت من خشب ويحفروا له قبراً وتوقد حوله الشموع والقناديل وأمري كل من في القصر أن يلبسوا الأسود وأمري جواريك والخدام إذا علموا أن الخليفة أتى من سفره أن يشيعوا الحزن في الدهليز فإذا دخل وسأل عن الخبر يقول: إن قوت القلوب ماتت ويعظم الله أجرك فيها ومن معزتها عند سيدتنا دفنتها في قصرها فإذا سمع ذلك يبكي ويعز عليه ثم يسهر القراء على قبرها لقراءة الختمان فإن قال في نفسه إن بنت عمي زبيدة من غيرتها سعت في هلاك قوت القلوب أو غلب عليه الهيام فأمر بإخراجها من القبر فلا تفزعي من ذلك ولو حفروا على تلك الصورة التي على هيئة ابن آدم، وأخرجوا وهي مكفنة بالأكفان الفاخرة فإن أراد الخليفة إزالة الأكفان عنها لينظرها فامنعيه أنت من ذلك والأخرى تمنعه وتقول: رؤية عورتها حرام فيصدق حينئذ أنها ماتت ويردها إلى مكانها ويشكرك على فعلك وتخلصين إن شاء الله تعالى من هذه الورطة، فلما سمعت السيدة زبيدة كلامها ورأت أنه صواب خلت عليها وأمرتها أن تفعل ذلك بعدما أعطتها جملة من المال فشرعت العجوز في ذلك الأمر حالاً، وأمرت النجار أن يعمل لها صورة كما ذكرنا وبعد تمام الصورة جاءت بها إلى السيدة زبيدة فكفنتها وأوقدت الشموع والقناديل وفرشت البسط حول القبر، ولبست السواد وأمرت الجواري أن يلبسن السواد واشتهر الأمر في القصر أن قوت القلوب ماتت ثم بعد مدة أقبل الخليفة من غيبته وطلع إلى قصره ولكن ما شغل إلا قوت القلوب فرأى الغلمان والخدام والجواري كلهم لابسين السواد فارتجف فؤاده. فلما دخل القصر على السيدة زبيدة رآها لابسة السواد فسأل عن ذلك فأخبروه بموت قوت القلوب، فوقع مغشياً عليه فلما أفاق سأل عن قبرها،فقالت له السيدة زبيدة: اعلم يا أمير المؤمنين أنني من معزتها عندي دفنتها في قصري فدخل الخليفة بثياب السفر إلى القصر ليزور قوت القلوب فوجد البسط مفروشة والشموع والقناديل موقودة، فلما رأى ذلك شكرها على فعلها، ثم إنه صار حائراً في أمره لم يزل ما بين مصدق

ومكذب فلما غلب عليه الوسواس أمر بحفر القبر وإخراجها منه فلما رأى الكفن وأراد أن يزيله عنها ليراها خاف من الله تعالى فقالت العجوز: ردوها إلى مكانها، ثم إن الخليفة أمر في الحال بإحضار الفقهاء والمقرئين، وقرؤوا الختمات على قبرها وجلس بجانب القبر يبكي إلى أن غشي عليه ولم يزل قاعداً على قبرها شهراً كاملاً فأدرك شهرزاد الصباح فسكتت عن الكلام المباح.

وفي الليلة السابعة والخمسين قالت: بلغني أيها الملك السعيد أن الخليفة دخل الحريم بعد انفضاض الأمراء والوزراء من بين يديه إلى بيوتهم ونام ساعة فجلست عند رأسه جارية وعند رجليه جارية وبعد أن غلب عليه النوم تنبه وفتح عينيه فسمع الجارية التي عند رأسه تقول للتي عند رجليه: ويلك يا خيزران، قالت: لأي شيء يا قضيب؟ قالت لها: إن سيدنا ليس عنده علم بما جرى حتى أنه يسهر على قبر لم يكن فيه إلا خشبة منجرة صنعة النجار، فقالت لها الأخرى: وقوت القلوب أي شيء أصابها؟ فقالت: اعلمي أن السيدة زبيدة أرسلت مع جارية بنجاً وبنجتها فلما تحكم البنج منها وضعتها في صندوق وأرسلتها مع صواب وكافور وأمرتهما أن يرمياها في التربة فقالت خيزران: ويلك يا قضيب هل السيدة قوت القلوب لم تمت؟ فقالت: سلامة شبابها من الموت ولكن أنا سمعت السيدة زبيدة تقول إن قوت القلوب عند شاب تاجر اسمه غانم الدمشقي وأن لها عنده إلى هذا اليوم أربعة أشهر وسيدنا هذا يبكي ويسهر الليالي على قبر لم يكن فيه الميت وصارتا تتحدثان بهذا الحديث والخليفة يسمع كلامهما. فلما سمع فرغ الجاريتان من الحديث وعرف القضية وأن هذا القبر زور وأن قوت القلوب عند غانم بن أيوب مدة أربعة أشهر غضب غضباً شديداً وقام وأحضر أمراء دولته فعند ذلك أقبل الوزير جعفر البرمكي وقبل الأرض بين يديه، فقال له الخليفة بغيظ: انزل يا جعفر بجماعة واسأل عن بيت غانم بن أيوب واهجموا على داره وائتوني بجاريتي قوت القلوب ولا بد لي أن أعدمه فأجابه جعفر بالسمع والطاعة فعند ذلك نزل جعفر وأتباعه والوالي صحبته ولم يزالوا سائرين إلى أن وصلوا إلى دار غانم كان غانم خرج في ذلك الوقت وجاء بقدر لحم واراد أن يمد يده ليأكل منها هو وقوت القلوب فلاحت منه التفاتة فوجد البلاط أحاط بالدار والوزير والوالي والظلمة والمماليك بسيوف مجردة وداروا به كما يدور بالعين السواد فعند ذلك عرفت أن خبرها وصل إلى الخليفة سيدها فأيقنت بالهلاك واصفر لونها وتغيرت محاسنها ثم أنها نظرت إلى غانم وقالت له: يا حبيبي فر بنفسك فقال لها: كيف أعمل وإلى أين أذهب؟ ومالي ورزقي في هذا الدار؟ فقالت له: لا تمكث لئلا تهلك ويذهب مالك، فقال لها: يا حبيبتي ونور عيني: كيف أصنع في الخروج وقد أحاطوا بالدار؟

فقالت له: لا تخف ثم إنها نزعت ما عليه من الثياب وألبسته خلقاناً بالية،وأخذت القدر التي كان فيها اللحم ووضعتها فوق رأسه وحطت فيها بعض خبز وزبدية طعام وقالت له: اخرج بهذه الحيلة ولا عليك مني فأنا أعرف أي شيء في يدي من الخليفة. فلما سمع غانم كلام قوت القلوب وما أشارت عليه به، خرج من بينهم وهو حامل القدر وستر عليه الستار ونجا من المكايد والأضرار ببركة نيته، فلما وصل الوزير جعفر إلى ناحية الدار ترجل عن حصانه ودخل البيت ونظر إلى قوت القلوب وقد تزينت وتبهرجت وملأت صندوقاً من ذهب ومصاغ وجواهر وتحف مما حمله وغلا ثمنه، فلما دخل عليها جعفر قامت على قدميها وقبلت الأرض بين يديه وقالت له: يا سيدي جرى أنكم بما حكم اله، فلما رأى ذلك جعفر قال لها: والله يا سيدتي إنه ما أوصاني إلا بقبض غانم بن أيوب، فقالت: اعلم أنه حزم تجارات وذهب إلى دمشق ولا علم لي بغير ذلك واريد أن تحفظ لي الصندوق وتحمله إلى قصر أمير المؤمنين فقال:جعفر السمع والطاعة، ثم أخذ الصندوق وأمر بحمله وقوت القلوب معهم إلى دار الخلافة وهي مكرمة معززة وكان هذا بعد أن نهبوا دار غانم، ثم توجهوا إلى الخليفة فحكى له جعفر جميع ما جرى فأمر الخليفة لقوت القلوب بمكان مظلم وأسكنها فيه وألزم بها عجوزاً لقضاء حاجتها لنه ظن أن غانماً فحش بها ثم كتب مكتوباً للأمير محمد بن سليمان الزيني وكان نائباً في دمشق ومضمونه: ساعة وصول المكتوب إلى يديك تقبض على غانم بن أيوب وترسله إلي فلما وصل المرسوم إليه قبله ووضعه على رأسه ونادى في الأسواق من أراد أن ينهب فعليه بدار غانم بن أيوب فجاؤوا إلى الدار فوجدوا أم غانم،وأخته قد صنعتا لهما قبراً وقعدتا عنده تبكيان فقبضوا عليهما ونهبوا الدار ولم يعلما ما الخبر، فلما أحضرهما عند السلطان سألهما عن غانم بن أيوب، فقالتا له: من مدة سنة ما وقفنا له على خبر فردوهما إلى مكانهما، هذا ما كان من أمرهما.

وأما ما كان من أمر غانم بن أيوب المتيم المسلوب، فإنه لما سلبت نعمته تحير في أمره وصار يبكي على نفسه حتى انفطر قلبه وسار ولم يزل سائراً إلى آخر النهار وقد ازداد به الجوع وأضر به المشي حتى وصل إلى بلد فدخل المسجد وجلس على برش وأسند ظهره إلى حائط المسجد وارتمى وهو في غاية الجوع والتعب ولم يزل مقيماً هناك إلى الصباح، وقد خفق قلبه من الجوع وركب جلده القمل وصارت رائحته منتنة وتغيرت أحواله، فأتى أهل تلك البلدة يصلون الصبح فوجدوه مطروحاً ضعيفاً من الجوع وعليه آثار النعمة لائحة فلما أقبلوا عليه وجدوه بردان جائعاً، فألبسوه ثوباً عتيقاً قد بليت أكمامه وقالوا له: من اين أنت يا

غريب، وما سبب ضعفك؟ ففتح عينيه ونظر إليهم وبكى ولم يرد عليهم جواباً، ثم إن بعضهم عرف شدة جوعه فذهب وجاء له بكرجة عسل ورغيفين فأكل وقعدوا عنده حتى طلعت الشمس، ثم انصرفوا لأشغالهم ولم يزل على هذه الحالة شهراً وهو عندهم وقد تزايد عليه الضعف والمرض فتعطفوا عليه وتشاوروا مع بعضهم في أمره، ثم اتفقوا على أن يوصلوه إلى المارستان الذي ببغداد. فبينما هم كذلك وإذا بامرأتين سائلتين قد دخلتا عليه وهما أمه وأخته، فلما رآهما أعطاهما الخبز الذي عند رأسه ونامتا عنده تلك الليلة ولم يعرفهما فلما كان ثاني يوم أتاه أهل القرية وأحضروا جملاً وقالوا لصاحبه: احمل هذا الضعيف فوق الجمل فإذا وصلت إلى بغداد فأنزله على باب المارستان لعله يتعافى فيحصل لك الأجر، فقال لهم: السمع والطاعة ثم إنهم أخرجوا غانم بن أيوب من المسجد وحملوه بالبرش الذي هو نائم عليه فوق الجمل وجاءت أمه وأخته يتفرجان عليه من جملة الناس ولم يعلما به ثم نظرتا إليه وتأملتاه وقالتا: إنه يشبه غانماً ابننا فيا ترى هل هو هذا الضعيف أو لا؟ وأما غانم فإنه لم يفق إلا وهو محمول فوق الجمل، فصار يبكي وينوح وأهل القرية ينظرون وأمه وأخته تبكيان عليه ولم يعرفانه ثم سافرت أمه وأخته إلى أن وصلتا إلى بغداد وأما الجمال فإنه لم يزل سائراً به حتى أنزله على باب المارستان وأخذ جمله ورجع فمكث غانم راقداً هناك إلى الصباح. فلما درجت الناس في الطريق نظروا إليه وقد صار رق الحلال ولم يزل الناس يتفرجون عليه حتى جاء شيخ السوق ومنع الناس عنه، وقال: أنا أكتسب الجنة بهذا المسكين لأنهم متى أدخلوه المارستان قتلوه في يوم واحد ثم أمر صبيانه بحمله إلى بيته وفرش له فرشاً جديداً ووضع له مخدة جديدة وقال لزوجته: اخدميه بنصح فقالت: على الرأس ثم تشمرت وسخنت له ماء وغسلت يديه ورجليه وبدنه والبسته ثوباً من لبس جواريها وسقته قدح شراب ورشت عليه ماء ورد فأفاق وتذكر محبوبته قوت القلوب فزادت به الكروب. هذا ما كان من أمره وأما ما كان من أمر قوت القلوب فإنه لما غضب عليها الخليفة وأدرك شهرزاد الصباح فسكتت عن الكلام المباح.

وفي الليلة الثامنة والخمسين قالت: بلغني أيها الملك السعيد أن قوت القلوب لما غضب عليها الخليفة وأسكنها في مكان مظلم استمرت فيه على هذا الحال ثمانين يوماً، فاتفق أن الخليفة مر يوماً من الأيام على ذلك المكان فسمع قوت القلوب تنشد الأشعار فلما فرغت من إنشادها قالت: يا حبيبي يا غانم ما أحسنك وما أعف نفسك قد أحسنت لمن أساءك وحفظت حرمة من انتهك حرمتك وسترت حريمه، وهو سباك وسبى أهلك ولا بد أن تقف أنت وأمير المؤمنين بين يدي حاكم

عادل وتنتصف عليه في يوم يكون القاضي هو الله،والشهود هم الملائكة، فلما سمع الخليفة كلامها وفهم شكواها علم أنها مظلومة فدخل قصره وأرسل الخادم لها فلما حضرت بين يديه أطرقت وهي باكية العين حزينة القلب، فقال: يا قوت القلوب أراك تنظلمين مني وتنسبينني إلى الظلم وتزعمين أني أسأت إلى من أحسن إلي فمن هو الذي حفظ حرمتي وانتهكت حرمته وستر حريمي وسبيت حريمه فقالت له: غانم بن أيوب فإنه لم يقربني بفاحشة وحق نعمتك يا أمير المؤمنين.

فقال الخليفة: لا حول ولا قوة إلا بالله العلي العظيم يا قوت القلوب تمني علي فأنا أبلغك مرادك: قالت: تمنين عليك محبوبي غانم بن أيوب فلما سمع كلامها قال: أحضره إن شاء الله مكرماً فقالت: يا أمير المؤمنين إن أحضرته أتهبني له؟ فقال: إن أحضرته وهبتك هبة كريم لا يرجع في عظائه فقال: يا أمير المؤمنين ائذن لي أن أدور عليه لعل الله يجمعني به؟ فقال لها: افعلي ما بدا لك، ففرحت وخرجت ومعها ألف دينار فزارت المشايخ وتصدقت عنه وطلعت ثاني يوم إلى التجار وأعطت عريف السوق دراهم وقالت له: تصدق بها على الغرباء، ثم طلعت ثاني جمعة ومعها ألف دينار ودخلت سوق الصاغة وسوق الجواهرجية وطلبت عريف السوق فحضر فدفعت له ألف دينار وقالت له: تصدق بها على الغرباء فظهر إليها العريف وهو شيخ السوق وقال لها: هل لك أن تذهبي إلى داري وتنظري إلى هذا الشاب الغريب ما أظرفه وما أكمله؟ وكان هو غانم بن أيوب المتيم المسلوب ولكن العريف ليس له به معرفة وكان يظن أنه رجل مسكين مديون سلبت نعمته أو عاشق فارق أحبته، فلما سمعت كلامه خفق قلبها وتعلقت به أحشاؤها. فقالت له: أرسل معي من يوصلني إلى دارك فأرسل معها صبياً صغيراً، فأوصلها إلى الدار التي فيها الغريب فشكرته على ذلك فلما دخلت تلك الدار وسلمت على زوجة العريف قامت زوجة العريف وقبلت الأرض بين يديها لأنها عرفتها فقالت لها قوت القلوب: أين الضعيف الذي عندكم؟ فبكت وقالت: ها هو يا سيدتي إلا أنه ابن ناس وعليه أثر النعمة فالتفتت إلى الفرش الذي هو راقد عليه وتأملته فرأته كأنه هو بذاته ولكنه قد تغير حاله وزاد نحوله ورق إلى أن صار كالخلال وأنبهم عليها أمره فلم تتحقق أنه هو ولكن أخذتها الشفقة عليه فصارت تبكي وتقول: إن الغرباء مساكين وإن كانوا أمراء في بلادهم ورتبت له الشراب والأدوية، ثم جلست عند رأسه ساعة وركبت وطلعت إلى قصرها وصارت تطلع في كل سوق لأجل التفتيش على غانم ثم أن العريف أتى بأمه وأخته فتنة ودخل بهما على قوت القلوب وقال: يا سيدة المحسنات قد دخل

مدينتنا في هذا اليوم امرأة وبنت، وهما من وجوه الناس وعليهما أثر النعمة لائح لكنهما لابستان ثياباً من الشعر وكل واحدة معلقة في رقبتها مخلاة وعيونهما باكية وقلوبهما حزينة، وها أنا أتيت بهما إليك لتأويهما وتصونيهما من ذل السؤال لأنهما لستا أهلاً لسؤال اللئام وإن شاء الله ندخل بسببهما الجنة. فقالت: والله يا سيدي لقد شوقتني إليهما واين هم؟ فأمرهما بالدخول فعند ذلك دخلت فتنة وأمها على قوت القلوب فلما نظرتهما قوت القلوب وهما ذاتا جمال بكت عليهما، وقالت: والله إنهما أولاد نعمة ويلوح عليهما أثر الغنى، فقال العريف: يا سيدتي إننا نحب الفقراء والمساكين لأجل الثواب وهؤلاء ربما جار عليهم الظلمة وسلبوا نعمتهم وأخربوا ديارهم ثم إن المرأتين بكيتا بكاء شديداً وتفكرتا غانم بن أيوب المتيم المسلوب فزاد نحيبهما فلما بكيتا بكت قوت القلوب لبكائهما ثم إن أمه قالت: نسأل الله أن يجمعنا بمن نريده وهو ولدي غانم بن أيوب، فلما سمعت قوت القلوب هذا الكلام علمت أن هذه المرأة أم معشوقها وأن الأخرى أخته فبكت هي حتى غشي عليها، فلما أفاقت أقبلت عليهما وقالت لهما: لا بأس عليكما فهذا اليوم أو سعادتكما، وآخر شقاوتكما فلا تحزنا وأدرك شهرزاد الصباح فسكتت عن الكلام المباح.

وفي الليلة التاسعة والخمسين قالت: بلغني أيها الملك السعيد أن قوت القلوب قالت لهما: لا تحزنا، ثم أمرت العريف أن يأخذهما إلى بيته ويخلي زوجته تدخلهما الحمام وتلبسهما ثياباً حسنة وتتوصى بهما وتكرمهما غاية الإكرام وأعطته جملة من المال، وفي ثاني يوم ركبت قوت القلوب وذهبت إلى بيت العريف ودخلت عند زوجته فقامت إليها وقبلت يديها وشكرت إحسانها، ورأت أم غانم وأخته وقد أدخلتهما زوجة العريف الحمام ونزعت ما عليهما من الثياب فظهرت عليهما آثار النعمة فجلست تحادثهما ساعة ثم سألت زوجة العريف عن المريض الذي عندها فقالت: هو بحاله فقالت: قوموا بنا نطل عليه ونعود فقامت هي وزوجة العريف وأم غانم وأخته ودخلن عليه وجلسن عنده.

فلما سمعهن غانم بن أيوب المتيم المسلوب يذكرن قوت القلوب وكان قد انتحل جسمه ورق عظمه ردت له روحه ورفع رأسه من فوق المخدة ونادى: يا قوت القلوب فنظرت إليهم وتحققته فعرفته وصاحت بدورها: نعم يا حبيبي فقال لها: اقربي مني فقالت له: لعلك غانم بن أيوب المتيم المسلوب فقال لها: نعم أنا هو فعند ذلك وقعت مغشياً عليها. فلما سمعت أمه وأخته كلامهما صاحتا بقولهما: وافرحتاه ووقعتا مغشياً عليهما وبعد ذلك استفاقتا فقالت له قوت القلوب:

الحمد لله الذي جمع شملنا بك وبأمك وأختك، وتقدمت إليه وحكت له جميع ما جرى لها مع الخليفة وقالت: إني قلت له قد أظهرت لك الحق يا أمير المؤمنين فصدق كلامي ورضي عنك وهو اليوم يتمنى أن يراك، ثم قالت لغانم: إن الخليفة وهبني لك ففرح بذلك غاية الفرح فقالت لهم قوت القلوب: لا تبرحوا حتى أحضر، ثم إنها قامت من وقتها وساعتها وانطلقت إلى قصرها وحملت الصندوق الذي أخذته من داره وأخرجت منه دنانير وأعطت العريف إياها وقالت له: خذ هذه الدنانير واشتر لكل شخص منهم أربع بدلات كوامل من أحسن القماش وعشرين منديلاً وغير ذلك مما يحتاجون إليه ثم إنها دخلت بهما وبغانم الحمام وأمرت بغسلهم وعملت لهم المساليق وماء الخولجان وماء التفاح بعد أن خرجوا من الحمام ولبسوا الثياب وأقامت عندهم ثلاثة أيام وهي تطعمهم لحم الدجاج والمساليق وتسقيهم السكر المكرر وبعد ثلاثة أيام ردت لهم أرواحهم وأدخلتهم الحمام ثانياً وخرجوا وغيرت عليهم الثياب وخلتهم في بيت العريف وذهبت إلى الخليفة وقبلت الأرض بين يديه وأعلمته بالقصة وأنه قد حضر سيدها غانم بن أيوب المتيم المسلوب وأن أمه وأخته قد حضرتا. فلما سمع الخليفة كلام قوت القلوب قال للخدام: علي بغانم، فنزل جعفر إليه وكانت قوت القلوب قد سبقته ودخلت على غانم وقالت له: إن الخليفة قد أرسل إليك ليحضرك بين يديه فعليك بفصاحة اللسان وثبات الجنان وعذوبة الكلام وألبسته حلة فاخرة وأعطته دنانير بكثرة وقالت له: أكثر البذل إلى حاشية الخليفة وأنت داخل عليه وإذا بجعفر أقبل عليه وهو على بغلته فقام غانم وقابله وحياه وقبل الأرض بين يديه وقد ظهر كوكب سعده وارتفع طالع مجده فأخذه جعفر ولم يزالا سائرين حتى دخلا على أمير المؤمنين، فلما حضرا بين يديه نظر إلى الوزراء والأمراء والحجاب والنواب وأرباب الدولة وأصحاب الصولة وكان غانم فصيح اللسان ثابت الجنان رقيق العبارة أنيق الإشارة فأطرق برأسه إلى الأرض، ثم نظر إلى الخليفة وأنشد هذه الأبيات: أفديك من ملك عظيم الـشـان متتابع الحسنـات والإحـسـان متوقد العزمات فياض النـدى حدث عن الطوفان والنـيـران لا يلجون بغيره مـن قيصـر في ذا المقام وصاحب الإيوان تضع الملوك على ثرى أعتابه عند السلام جواهر التـيـجان حتى إذا شخصت له أبصارهـم خروا لهيبته علـى الأذقان ويفيدهم ذاك المقام مع الرضا رتب العلا وجلالة السلطان ضاقت بعسكرك الفيافي والفلا فاضرب خيامك في ذرى كيوان وأقري الكواكب بالمواكب محسناً لشريف ذاك العالم الروحاني وملكت شامخة الصياصي عنوة من حسن تدبير وثبت جنان ونشرت عدلك في البسيطة كلها حتى استوى القاصي بها والداني فلما فرغ من

شعره طرب الخليفة من محاسن رونقه وأعجبه فصاحة لسانه وعذوبة منطقه. وأدرك شهرزاد الصباح فسكتت عن الكلام المباح.

في الليلة الستين قالت: بلغني أيها الملك السعيد أن غانم بن أيوب لما أعجب الخليفة فصاحته ونظمه وعذوبة منطقه قال له: ادن مني فدنا منه ثم قال له: اشرح لي قصتك وأطلعني على حقيقة خبرك فقعد وحدث الخليفة بما جرى له من المبتدأ إلى المنتهى، فلما علم الخليفة أنه صادق خلع عليه وقربه إليه وقال: أبرئ ذمتي فأبرأ ذمته وقال له: يا أمير المؤمنين إن العبد وما ملكت يداه لسيده ففرح الخليفة بذلك ثم أمر أن يفرد له قصر ورتب له من الجوامك والجرايات شيئاً كثيراً فنقل أمه وأخته إليه وسمع الخليفة بأن أخته فتنة في الحسن فخطبها منه وقال له غانم: إنها جاريتك وأنا مملوكك فشكره وأعطاه مائة ألف دينار وأتى بالقاضي والشهود وكتبوا الكتاب ودخل هو وغانم في نهار واحد فدخل الخليفة على فتنة وغانم بن أيوب على قوت القلوب فلما أصبح الصباح أمر الخليفة أن يؤرخ جميع ما جرى لغانم من أوله إلى آخره وأن يدون في السجلات لأجل أن يطلع عليه من يأتي بعده فيتعجب من تصرفات الأقدار ويفوض الأمر إلى خالق الليل والنهار وليس هذا بأعجب من حكاية عمر النعمان وولده ضوء المكان وما جرى لهم من العجائب والغرائب. قال الملك: وما حكايتهم؟

حكاية الملك عمر النعمان وولديه شركان وضوء المكان

قالت: بلغني أيها الملك السعيد أنه كان بمدينة دمشق قبل خلافة عبد الملك بن مروان ملك يقال له: عمر النعمان وكان من الجبابرة الكبار وقد قهر الملوك الأكاسرة والقياصرة وكان لا يصطلى له بنار ولا يجاريه أحد في مضمار وإذا غضب يخرج من منخريه لهيب النار وكان قد ملك جميع الأقطار ونفذ حكمه في سائر القرى والأمصار وأطاع له جميع العباد ووصلت عساكره إلى أقصى البلاد ودخل في حكمه المشرق والمغرب وما بينهما من الهند والسند والصين واليمن والحجاز والسودان والشام والروم وديار بكر وجزائر البحار وما في الأرض من مشاهير الأنهار كسيحون وحجيجون والنيل والفرات وأرسل رسله إلى أقصى البلاد ليأتوا بحقيقة الأخبار فرجعوا وأخبروه بأن سائر الناس أذعنت لطاعته وجميع الجبابرة خضعت لهيبته وقد عمهم بالفضل والامتنان وأشاع بينهم العدل والأمان لأنه كان عظيم الشأن وحملت إليه الهدايا من الكل فكان واجبي إليه خراج الأرض في طولها وعرضها. وكان له ولد وقد سماه شركان لأنه نشأ آفة من آفات الزمان وقهر الشجعان وأباد الأقران فأحبه والده حباً شديداً ما عليه من مزيد وأوصى له بالملك

من بعده. ثم إن شركان هذا حين بلغ مبلغ الرجال وصار له من العمر عشرون سنة أطاع له جميع العباد لما به من شدة البأس والعناد وكان والده عمر النعمان له اربع نساء بالكتاب والسنة لكنه لم يرزق منهن بغير شركان وهو من إحداهن والباقيات عواقر لم يرزق من واحدة منهن بولد ومع ذلك كله كان له ثلاثمائة وستون سرية على عدد أيام السنة القبطية وتلك السراري من سائرا لأجناس وكان قد بنى لكل واحدة منهن مقصورة وكانت المقاصير من داخل القصر، فإنه بنى اثني عشر قصراً على عدد شهور السنة وجعل في كل قصر ثلاثين مقصورة فكانت جملة المقاصير ثلاثمائة وستون مقصورة وأسكن تلك الجواري في هذه المقاصير وفرض لكل سرية منهن ليلة يبيتها عندها ولا يأتيها إلا بعد سنة كاملة، فأقام على ذلك مدة من الزمن، ثم إن ولده شركان اشتهر في سائر الأنحاء ففرح به والده وازداد قوة فطغى وتجبر وفتح الحصون والبلاد واتفق بالأمر المقدر أن جارية من جواري النعمان قد حملت واشتهر حملها وعلم الملك بذلك ففرح فرحاً شديداً وقال: لعل ذريتي ونسلي تكون كلها ذكوراً فأرخ يوم حملها وصار يحسن إليها فعلم شركان بذلك فاغتمم وعظم الأمر وأدرك شهرزاد الصباح فسكتت عن الكلام الصباح.

وفي الليلة الواحدة والستين قالت: بلغني أيها الملك السعيد أن شركان لما علم أن جارية أبيه قد حملت اغتم وعظم عليه ذلك وقال: قد جاءني من ينازعني في المملكة فأضمر ف نفسه أن هذه الجارية إن ولدت ذكر أقتله وكتم ذلك في نفسه، هذا ما كان من أمر شركان. وأما ما كان من أمر الجارية فإنها كانت رومية وكان قد بعثها إليه هدية ملك الروم صاحب قيسارية وأرسل معها تحفاً كثيرة وكان اسمها صفية وكانت أحسن الجواري وأجملهن وجهاً وأصونهن عرضاً وكانت ذات عقل وافر وجمال باهر وكانت تخدم الملك ليلة مبيته عندها وتقول له: أيها الملك كنت أشتهي من إله السماء أن يرزقك مني ولد ذكراً حتى أحسن تربيته لك وأبالغ في أدبه وصيانته فيفرح الملك ويعجبه ذلك الكلام. فما زالت كذلك حتى كملت أشهرها فجلست على كرسي الطلق وكانت على صلاح تحسن العبادة فتصلي وتدعو الله أن يرزقها بولد صالح ويسهل عليها ولادته فتقبل الله منها دعاءها وكان الملك قد وكل بها خادماً يخبره بما تضعه هل هو ذكر أو أنثى وكذلك ولده شركان كان أرسل من يعرفه بذلك، فلما وضعت صفية ذلك المولود تأملته القوابل فوجدنه بنتاً بوجه أبهى من القمر، فأعلمن الحاضرين بذلك فرجع رسول الملك وأخبره بذلك وكذلك رسول شركان أخبره بذلك ففرح فرحاً شديداً. فلما انصرف الخدام قالت صفية للقوابل: أمهلوا علي ساعة فإني أحس بأن أحشائي

فيها شيء آخر، ثم تأوهت وجاءها الطلق ثانياً وسهل الله عليها فوضعت مولوداً ثانياً فنظرت إليه القوابل فوجدته ذكراً يشبه البدر بجبين أزهر وخد أحمر مورد ففرحت به الجارية والخدام والحشم وكل من حضر ورمت صفية الخلاص وقد أطلقوا الزغاريد في القصر فسمع بقية الجواري بذلك فحسدنها. وبلغ عمر النعمان الخبر ففرح واستبشر وقام ودخل عليها وقبل رأسها ونظر إلى المولود ثم انحنى وقبله وضربت الجواري بالدفوف ولعبت بالآلات وأمر الملك أن يسموا المولود ضوء المكان وأخته نزهة الزمان فامتثلوا أمره وأجابوه بالسمع والطاعة، ورتب لهم من يخدمهم من المراضع والخدم والحشم ورتب لهم الرواتب من السكر والأشربة والأدهان وغير ذلك مما يكل عن وصفه اللسان. وسمع أهل دمشق وأقبل الأمراء والوزراء وأرباب الدولة وهنئوا الملك عمر النعمان بولده ضوء المكان وبنته نزهة الزمان فشكرهم الملك على ذلك وخلع عليهم وزاد إكرامهم من الأنعام وأحسن إلى الحاضرين من الخاص والعام، وما زال على تلك الحالة إلى أن مضت أربعة أعوام وهو في كل يوم يسأل عن صفية وأولادها، وبعد الأربعة أعوام أمر أن ينقل غليها من المصاغ والحلي والحمل والأموال شيء كثير وأوصاهم بتربيتهما وحسن أدبهما، كل هذا وابن الملك شركان لا يعلم أن والده عمر النعمان رزق ولداً ذكراً ولم يعلم أنه رزق سوى نزهة الزمان وأخفوا عليه خبر ضوء المكان إلى أن مضت أيام وأعوام وهو مشغول بمقارعة الشجعان ومبارزة الفرسان. فبينما عمر النعمان جالس يوماً من الأيام إذ دخل عليه الحجاب وقبلوا الأرض بين يديه وقالوا: أيها الملك قد وصلت إلينا رسل من ملك الروم صاحب القسطنطينية العظمى وإنهم يريدون الدخول عليك والتمثل بين يديك فإن أذن لهم الملك بذلك ندخلهم وإلا فلا مرد لأمره فعند ذلك أمر لهم بالدخول فلما دخلوا عليه مال إليهم وأقبل عليهم وسألهم عن حالهم وما سبب إقبالهم فقبلوا الأرض بين يديه وقالوا: أيها الملك الجليل صاحب الباع الطويل اعلم أن الذي أرسلنا إليك الملك أفريدون صاحب البلاد اليونانية والعساكر النصرانية المقيم بمملكة القسطنطينية يعلمك أنه اليوم في حرب شديد مع جبار عنيد هو صاحب قيسارية والسبب في ذلك أن بعض ملوك العرب اتفق أنه وجد في بعض الفتوحات كنزاً من قديم الزمان في عهد الإسكندر فنقل منه أموالاً لا تعد ولا تحصى، ومن جملة ما وجد فيه ثلاث خرزات مدورات على قدر بيض النعام، وتلك الخرزات من أغلى الجواهر الأبيض الخالص الذي لا يوجد له نظير وكل خرزة منقوش عليها بالقلم اليوناني أمور من الأسرار ولهن منافع وخواص كثيرة ومن خواصهن أن كل مولود علقت عليه خرزة منهن لم يصبه ألم ما دامت الخرزة

معلقة عليه ولا يحمي ولا يسخن. فلما وضع يده عليها ووقع بها وعرف ما فيها من الأسرار أرسل إلى الملك أفريدون هدية من التحف والمال ومن جملتها الثلاث خرزات وجهز مركبين واحد فيه مال والآخر فيه رجال يحفظون تلك الهدايا ممن يتعرض لها في البحر، وكان يعرف من نفسه أنه لا أحد يقرر أن يتعدى عليه لكونه ملك العرب ولا سيما وطريق المراكب التي فيها الهدايا في البحر الذي في مراكبه مملكة القسطنطينية وهي متوجهة غليه وليس في سواحل ذلك البحر إلا رعاياه، فلما جهز المركبين سافر إلى أن قربا من بلادنا فخرج عليهما بعض قطاع الطرق من تلك الأرض وفيهم عساكر من عند صاحب قيسارية فأخذوا جميع ما في المركبين من التحف والأموال والذخائر والثلاث خرزات وقتلوا الرجال فبلغ ذلك ملكنا فأرسل إليهم عسكراً فهزموه، فأرسل إليهم عسكراً أقوى من الأول فهزموه أيضاً. فعند ذلك اغتاظ الملك وأقسم أنه لا يخرج إليهم إلا بنفسه في جميع عسكره وأنه لا يرجع عنهم حتى يخرب قيسارية ويترك أرضها وجميع البلاد التي يحكم عليها ملكاً والمراد من صاحب القوة والسلطان الملك عمر النعمان أن يمدنا بعسكر من عنده حتى يصير الفجر وقد أرسل إليك ملكنا معنا شيئاً من أنواع الهدايا ويرجو من إنعامك قبولها والتفضل عليه بالإنجاز، ثم أن الرسل قبلوا الأرض بين يدي الملك عمر النعمان. وأدرك شهرزاد الصباح فسكتت عن الكلام المباح.

في الليلة الثانية والستين قالت: بلغني أيها الملك السعيد أن رسل ملك القسطنطينية قبلوا الأرض بين يدي الملك عمر النعمان بعد أن حكوا له ثم أعلموه بالهدية وكانت الهدية خمسين جارية من خواص بلاد الروم وخمسين مملوكاً عليه أقبية من الديباج بمناطق من الذهب والفضة وكل مملوك في أذنه حلقة من الذهب فيها لؤلؤة تساوي ألف مثقال من الذهب والجواري كذلك وعليهم من القماش ما يساوي مالاً جزيلاً، فلما رآهم الملك قبلهم وفرح بهم وأمر بإكرام الرسل وأقبل على وزرائه يشاورهم فيما يغفل فنهض من بينهم وزير وكان شيخاً كبيراً يقال له: دندان فقبل الأرض بين يدي الملك عمر النعمان وقال: أيها الملك ما في الأمر أحسن من أنك تجهز عسكراً جراراً وتجعل قائدهم ولدك شركان ونحن بين يديه غلمان هذا الرأي أحسبن لوجهين: الأول أن ملك الروم قد استجار بك وأرسل إليك هدية فقبلتها، والوجه الثاني أن لعدو لا يجسر على بلادنا فإذا منع عسكرك عن ملك الروم وهزم عدوه ينسب هذا الأمر إليك ويشيع ذلك في سائر الأقطار والبلاد، ولا سيما إذا وصل الخبر إلى جزائر البحر وسمع بذلك أهل المغرب فإنهم يحملون إليك الهدايا والتحف والأموال. فلما سمع لملك هذا الكلام

من وزيره دندان أعجبه واستصوبه وخلع عليه وقال له: مثلك من تستشيره الملوك ينبغي أن تكون أنت في مقدم العسكر وولدي شركان في ساقة العسكر ثم إن الملك أمر بإحضار ولده فلما حضر قص عليه القصة وأخبره بما قاله الرسل وبما قاله الوزير دندان وأوصاه بأخذ الأهبة والتجهيز للسفر وأنه لا يخالف الوزير دندان فيما يشور به عليه وأمره أن ينتخب من عسكره عشرة آلاف فارس كاملين العدة صابرين على الشدة فامتثل شركان ما قاله والده عمر النعمان وقام في الوقت واختار من عسكره عشرة آلاف فارس ثم دخل قصره وأخرج مالاً جزيلاً وأنفق عليهم المال وقال لهم: قد أمهلتكم ثلاثة أيام فقبلوا الارض بين يديه مطيعين لأمره، ثم خرجوا من عنده وأخذوا من الأهبة وإصلاح الشأن ثم إن شركان دخل خزائن السلاح وأخذ ما يحتاج إليه من العدد والسلاح، دخل الإصطبل واختار منه الخيل المسالمة وأخذ غير ذلك وبعد ذلك أقاموا ثلاثة أيام ثم خرجت العساكر إلى ظاهر المدينة وخرج الملك عمر النعمان لوداع ولده شركان فقبل الأرض بين يديه وأهدى له سبع خزائن من المال وأقبل على الوزير دندان وأوصاه بعسكر ولده شركان فقبل الأرض بين يديه وأجابه بالسمع والطاعة وأقبل الملك على ولده شركان وأوصاه بمشاورة الوزير دندان في سائر الأمور، فقبل ذلك ورجع والده إلى أن دخل المدينة، ثم إن شركان أمر كبار العسكر بعرضهم عليه وكانت عدتهم عشرة آلاف فارس غير ما يتبعهم ثم إن القوم حملوا ودقت الطبول وصاح النفير وانتشرت الأعلام تخفق على رؤوسهم ولم يزالوا سائرين والرسل تقدمهم إلى أن ولى النهار وأقبل الليل، فنزلوا واستراحوا وباتوا تلك الليلة.

فلما اصبح الصباح ركبوا وساروا ولم يزالوا سائرين، والرسل يدلونهم على الطريق مدة عشرين يوماً ثم أشرفوا في اليوم الحادي والعشرين على واد واسع الجهات كثير الأشجار والنبات، وكان وصولهم إلى ذات الوادي ليلاً فأمرهم شركان بالنزول والإقامة فيه ثلاثة أيام فنزل العساكر وضربوا الخيام وافترق العسكر يميناً وشمالاً ونزل الوزير دندان وصحبته رسل أفريدون، صاحب القسطنطينية، في وسط ذلك الوادي وأما الملك شركان فإنه كان في وقت وصول العسكر، وقف بعدهم ساعة حتى نزلوا جميعهم وتفرقوا في جوانب الوادي ثم إنه أرخى عنان جواده وأراد أن يكشف ذلك الوادي، ويتولى الحرس بنفسه لأجل وصية والده إياه فإنهم في أول بلاد الروم وأرض العدو فسار وحده بعد أن أمر مماليكه وخواصه بالنزول عند الوزير دندان ثم إنه لم يزل سائراً على ظهر جواده في جوانب الوادي، إلى أن مضى من الليل ربعه فتعب وغلب عليه النوم فصار لا يقدر أن يركض الجواد وكان له عادة أنه ينام على ظهر جواده. فلما هجم عليه النوم نام ولم يزل الجواد سائراً به

إلى نصف الليل فدخل به في بعض الغابات وكانت تلك الغابة كثيرة الأشجار فلم ينتبه شركان حتى دق الجواد بحافره في الأرض فاستيقظ فوجد نفسه بين الأشجار، وقد طلع عليه القمر وأضاء في الخافقين فاندهش شركان لما رأى نفسه في ذلك المكان وقال كلمة لا يخجل قائلها وهي: لا حول ولا قوة إلا بالله، فبينما هو كذلك خائف منا لوحوش متحير لا يدري أين يتوجه فلما رأى القمر أشرف على مرج كأنه من مروج الجنة سمع كلاماً مليحاً وصوتاً علياً وضحكاً يسبي عقول الرجال فنزل الملك شركان عن جواده في الأسحار ومشى حتى أشرف على نهر فرأى فيه الماء يجري وسمع كلام امرأة تتكلم بالعربية وهي تقول: وحق المسيح إن هذا منكن غير مليح ولكن كل من تكلمت بكلمة صرعتها وكتفتها بزنارها كل هذا وشركان يمشي إلى جهة الصوت حتى انتهى إلى طرف المكان ثم نظر فإذا بنهر مسرح وطيور تمرح وغزلان تسنح ووحوش ترتع والطيور بلغاتها لمعاني الحظ تنشرح وذلك المكان مزركش بأنواع النبات، فقال: ماتحسن الأرض إلا عند زهرتـهـا والماء من فوقها يجري بـإرسـال. صنعا الاله العظيم الشأن مـقـتـدرا معطى العطايا ومعطي كل منفضال. فنظر شركان إلى ذكل المكان فرأى فيه ديراً، ومن داخل الدير قلعة شاهقة في الهواء في ضوء القمر وفي وسطها نهر يجري الماء منه إلى تلك الرياض وهناك امرأة بين يديها عشر جوار كأنهن الأقمار وعليهن من أنواع الحلي والحلل ما يدهش الأبصار وكلهن أبكار بديعات كما قيل فيهن هذه الأبيات: يشرق المرج بما فيه من البيض العـوال زاد حسناً وجـمـالاً من بديعات الخلال كل هيفاء قـوامـا ذات غـنـج ودلال راخيات الشـعـور كعناقيد الـدوالـي فاتـنـات بـعـيون راميات بالـنـبـال مائسـات قـاتـلات لصناديد الـرجـال فنظر شركان إلى هؤلاء العشر جوار فوجد بينهن جارية كأنه البدر عند تمامه بحاجب مرجرج وخبير أبلج وطرف أهدب وصدغ معقرب فأنشد: تزهو علي بألحـاظ بـديعـات وقدها مخجل للسـمـهـريات تبدو إلينـا وخـداهـا مـوردة فيها منا لظرف أنواع الملاحات كأن طرتها في نور طلعتـهـا ليل يلوح على صبح المسرات فسمعها شركان وهي تقول للجواري: تقدموا حتى أصارعكم قبل أن يغيب القمر ويأتي الصباح فصارت كل واحدة منهن تتقدم إليها فتصرعها في الحال وتكتفها بزنارها فلم تزل تصارعهن وتصرعهن حتى صرعت الجميع ثم التفتت إليها جارية عجوز كانت بين يديها وقالت لها وهي كالمغضبة عليها: يا فاجرة أتفرحين بصرعك للجواري فها أنا عجوز وقد صرعتهن أربعين مرة فكيف تعجبين بنفسك ولكن إن كان لك قوة على مصارعتي فصارعيني فإن أردت ذلك وقمت لمصارعتي أقوم لك وأجعل رأسك بين رجليك فتبسمت الجارية ظاهراً وقد امتلأت غيظاً منها باطناً

وقامت إليها وقالت لها: يا سيدتي ذات الدواهي بحق المسيح أتصارعينني حقيقة أو تمزحين معي؟ قالت لها: بل اصارعك حقيقة وأدرك شهرزاد الصباح فسكتت عن الكلام المباح.

وفي الليلة الثالثة والستين قالت: بلغني أيها الملك السعيد أن الجارية لما قالت لها: أصارعك حقيقة قالت لها: قومي للصراع إن كان لك قوة، فلما سمعت العجوز منها اغتاظت غيظاً شديداً وقام شعر بدنها كأنه شعر قنفذ وقامت لها الجارية فقالت لها العجوز: وحق المسيح لا أصارعك إلا وأنا عريانة يا فاجرة، ثم إن العجوز أخذت منديل حرير بعد أن فكت لباسها وأدخلت يديها تحت ثيابها ونزعتها من فوق جسدها ولمت المنديل وشدته في وسطها فصارت كأنها عفرية معطاء أو حية رقطاء ثم انحنت على الجارية وقالت لها: افعلي كفعلي كل هذا وشركان ينظر إليهما، ثم إن شركان صار يتأمل في تشويه صورة العجوز ويضحك، ثم إن العجوز لما فعلت ذلك قامت الجارية على مهل وأخذت فوطة يمانية، وتنتها مرتين وشمرت سراويلها فبان لها ساقان من المرمر، وفوقهما كثيب من البلور ناعم مربرب، وبطن يفوح المسك من أعكانه كأنه مصفح بشقائق النعمان وصدر فيه نهدان كفحلي رمان ثم انحنت عليها العجوز وتماسكا ببعضهما فرفع شركان رأسه إلى السماء ودعا الله أن الجارية تغلب العجوز، فدخلت الجارية تحت العجوز ووضعت يدها الشمال في شفتها ويدها اليمين في رقبتها مع حلقها ورفعتها على يديها فانفلتت العجوز من يديها، وارادت الخلاص فوقعت على ظهرها فارتفعت رجلاها إلى فوق فبانت شعرتها في القمر، ثم ضرطت ضرطتين عفرت إحداهما في الأرض ودخنت الأخرى في السماء، فضحك شركان منهما حتى وقع على الأرض، ثم قام وسل حسامه والتفت يميناً وشمالاً فلم ير أحداً غير العجوز مرمية على ظهرها فقال في نفسه: ما كذب من سماك ذات الدواهي ثم تقرب منهما ليسمع ما يجري بينهما. فأقبلت الجارية ورمت على العجوز ملاءة من حرير رفيعة وألبستها ثيابها واعتذرت إليها وقالت لها: يا سيدتي ذات الداواهي ما أردت إلا صرعك لأجل جميع ما حصل لك ولكن أنت انفلت من بين يدي فالحمد لله على السلامة، فلما ترد عليها جواباً وقامت تمشي من خجلها ولم تزل ماشية إلى أن غابت عن البصر وصارت الجواري مكتفات مرميات، والجارية واقفة وحدها فقال شركان في نفسه لكل رزق سبب ما غلب علي النوم وسار بي الجواد إلى هذا المكان إلا لبختي فلعل هذه الجارية وما معها يكون غنيمة لي ثم ركب جواده ولكزه ففر به كالسهم إذا فر من القوس وبيده حسامه، مجرد من غلافه ثم صاح: الله أكبر فلما رأته الجارية نهضت قائمة، وقالت: اذهب إلى

أصحابك قبل الصباح لئلا يأتيك البطارقة فيأخذونك على أسنة الرماح وأنت ما فيك قوة لدفع النسوان فكيف تدافع الرجال الفرسان فتحير شركان في نفسه وقال لها: وقد ولت عنه معرضة لقصد الدير: يا سيدتي أتذهبين وتتركين المتيم الغريب المسكين الكسير القلب؟ فالتفتت إليه وهي تضحك، ثم قالت له: ما حاجتك فإني أجيب دعوتك؟ فقال: كيف أطأ أرضك واتحلى بحلاوة لطفك وأرجع بلا أكل من طعامك وقد صرت من بعض خدامك؟ فقالت: لا يأبى الكرامة إلا لئيم تفضل باسم الله على الرأس والعين واركب جوادك وسر على جانب النهر مقابلي، فأنت في ضيافتي.

ففرح شركان وبادر إلى جواده وركب وما زال ماشياً مقابلها وهي سائرة قبالته إلى أن وصل إلى جسر معمول بأخشاب من الجوز وفيه بكر بسلاسل من البولاد وعليها أقفال في كلاليب فنظر شركان إلى ذلك الجسر وإذا بالجواري اللاتي كن معها في المصارعة قائمات ينظرن إليها فلما أقبلت عليهن كلمت جارية منهن بلسان الرومية وقالت لها: قومي غليه وأمسكي عنان جواده ثم سيري به إلى الدير فسار شركان وهي قدامه إلى أن عدي الجسر وقد اندهش عقله مما رأى، وقال في نفسه: يا ليت الوزير دندان كان معي في هذا المكان وتنظر عيناه إلى تلك الجواري الحسان، ثم التفت إلى تلك الجارية وقال لهاك يا بديعة الجمال قد صار لي عليك الآن حرمتان حرمة الصحبة وحرمة سيري إلى منزلك وقبول ضيافتك وقد صرت تحت حكمك وفي عهدك فلو أنك تنعمين علي بالمسير إلى بلاد الإسلام وتتفرجين على كل أسد ضرغام وتعرفين من أنا فلما سمعت كلامه اغتاظت منه وقالت له: وحق المسيح لقد كنت عندي ذا عقل ورأي ولكني اطلعت الآن على ما في قلبك من الفساد وكيف يجوز لك أن تتكلم بكلمة تنسب بها إلى الخداع كيف أصنع هذا؟ وأنا أعلم متى حصلت عند ملككم عمر النعمان لا أخلص منه لأنه ما في قصوره مثلي ولو كان صاحب بغداد وخراسان، وبنى له اثني عشر قصراً في كل قصر ثلاثمائة وست وستون جارية على عدد أيام السنة والقصور عدد أشهر السنة وحصلت عنده ما تركني لأن اعتقادكم أنه يحل لكم التمتع بمثلي كما في كتبكم حيث قيل فيها أو ما ملكت أيمانكم فكيف تكلمني بهذا الكلام؟ وأما قولك: وتتفرجين على شجعان المسلمين فوحق المسيح إنك قلت قولاً غير صحيح فإني رأيت عسكركم لما استقبلتم أرضنا وبلادنا في هذين اليومين فلما أقبلتم لم أر تربيتكم تربية ملوك وإنما رأيتكم طوائف مجتمعة وأما قولك: تعرفين من أنا فأنا لا أصنع معك جميلاً لأجل إجلالك وإنما افعل ذلك لأجل الفخر ومثلك ما يقول لمثلي ذلك ولو كنت شركان بن الملك عمر النعمان الذي ظهر في هذا المكان فقال

شركان في نفسه: لعلها عرفت قدوم العسكر وعرفت عدتهم وأنهم عشرة آلاف فارس وعرفت أن والدي أرسلهم معي لنصرة ملك القسطنطينية ثم قال شركان: يا سيدتي أقسمت عليك بمن تعتقدين من دينك أن تحدثيني بسبب ذلك حتى يظهر لي الصدق من الكذب ومن يكون عليه وبال ذلك فقالت له: وحق ديني لولا أني خفت أن يشيع خبري أني من بنات الروم لكنت خاطرت بنفسي وبارزت العشرة آلاف فارس وقتلت مقدمهم الوزير دندان وظفرت بفارسهم شركان وما كان علي من ذلك عار ولكني قرأت الكتب وتعلمت الأدب من كلام العرب، ولست أصف لك نفسي بالشجاعة، مع أنك رأيت مني العلامة والصناعة والقوة في الصراع والبراعة ولو حضر شركان مكانك في هذه الليلة وقيل له نط هذا النهر لأذعن واعترف بالعجز وإني أسأل المسيح أن يرميه بين يدي في هذا الدير حتى خرج له في صفة الرجال أو أأسره واجعله في الأغلال. وأدرك شهرزاد الصباح فسكتت عن الكلام المباح.

وفي الليلة الرابعة والستون قالت: بلغني أيها الملك السعيد أن الصبية النصرانية لما قالت هذا الكلام لشركان وهو يسمعه أخذته النخوة والحمية وغيره الأبطال وأراد أن يظهر لها نفسه ويبطش بها ولكن رده عنها فرط جمالها وبديع حسنها فأنشد هذا البيت: وإذا المليح أتى بذنب واحد جاءت محاسنه بألف شفيع ثم صعدت وهو في أثرها فنظر شركان إلى ظهر الجارية، فراى أردافها تتلاطم كالأمواج في البحر الرجراج فأنشد هذه الأبيات: في وجهها شافع يمحو إساءتها من القلوب وجيه حيثما شفعا إذا تأملتها ناديت من عجب البدر في ليلة الإكمال قد طلعا لو أن عفريت بلقيس يصارعها من فرط قوته في ساعة صرعا

ولم يزالا سائرين حتى وصلا إلى باب مقنطر وكانت قنطرته من رخام ففتحت الجارية الباب ودخلت ومعها شركان وسارا إلى دهليز طويل مقبى على عشر قناطر معقودة وعلى كل قنطرة قنديل من البلور يشتعل كاشتعال الشمس، فلقيها الجواري في آخر الدهليز بالشموع المطيبة وعلى رؤوسهن العصائب المزركشة بالفصوص من أصناف الجواهر وسارت وهن أمامها وشركان وراءها إلى أن وصلوا إلى الدير فوجد بداخل ذلك الدير أسرة مقابلة لبعضها وعليها ستور مكللة بالذهب وأرض الدير مفروشة بأنواع الرخام المجزع، وفي وسطه بركة ماء عليها أربع وعشرين قارورة من الذهب والماء يخرج منها كاللجين ورأى في الصدر سريراً مفروشاً بالحرير الملوكي فقالت له الجارية: اصعد يا مولاي على هذا السرير فصعد شركان فوق السرير، وذهبت الجارية وغابت عنه فسأل عنها بعض الخدام

فقالوا له: إنها ذهبت إلى مرقدها ونحن نخدمك كما أمرت، ثم إنها قدمت إليه من غرائب الألوان فأكل حتى اكتفى ثم بعد ذلك قدمت إليه طشتاً وإبريقاً من الذهب فغسل يديه وخاطره مشغول بعسكره لكونه لا يعلم ما جرى لهم بعد ويتذكر أيضاً كيف نسي وصية أبيه فصار متحيراً في أمره نادماً على ما فعل إلى أن طلع الفجر وبان النهار وهو يتحسر على ما فعل وصار مستغرقاً في الفكر وأنشد هذه الأبيات: لم أعدم الحزم ولـكـنـنـي دهيت في الأمر فما حيلتـي لو كان من يكشف عني الهوى برئت من حولي ومن قوتـي وإن قلبي في ضلال الهـوى صب وأرجو الله في شدتـي فلما فرغ من شعره رأى بهجة عظيمة قد أقبلت فنظر فإذا هو بأكثر من عشرين جارية كالأقمار حول تلك الجارية وهي بينهن كالبدر بين الكواكب وعليها ديباج ملوكي وفي وسطها زنار مرصع بأنواع الجواهر وقد ضم خصرها وأبرز ردفها فصارا كأنهما كثيب بلور تحت قضيب من فضة ونهداها كفحلي رمان، فلما نظر شركان ذلك كاد عقله أن يطير من الفرح ونسي عسكره ووزيره وتأمل رأسها فرأى عليها شبكة من اللؤلؤ مفصلة بأنواع الجواهر والجواري عن يمينها ويسارها يرفعن أذيالها وهي تتمايل عجباً فعند ذلك وثب شركان قائماً على قدميه من هيبة حسنها وجمالها فصاح: واحسرتاه من هذا الزنار وأنشد هذه الأبيات: ثقـيلة الأرداف مـائلة خرعوبة ناعمة النـهـد تكتمت ما عندها من جوى ولست أكتم الذي عنـدي خدامها يمشين من خلفهـا كالقبل في حل وفي عقد ثم إن الجارية جعلت تنظر إليه طويلاً وتكرر فيه النظر إلى أن تحققته وعرفته فقالت له بعد أن أقبلت عليه: قد أشرق بك المكان يا شركان كيف كانت ليلتك يا همام بعدما مضينا وتركناك؟ ثم قالت له إن الكذب عند الملوك منقصة وعار ولا سيما عند أكابر الملوك وأنت شركان بن عمر النعمان فلا تنكر نفسك وحسبك ولا تكتم أمرك عني ولا تسمعني بعد ذلك غير الصدق. إن الكذب يورث البغض والعداوة، فقد نفذ فيك سهم القضا فعليك بالتسليم والرضا. فلما سمع كلامها لم يمكنه الإنكار فأخبرها بالصدق وقال لها: أنا شركان بن عمر النعمان الذي عذبني الزمان وأوقعني في هذا المكان، فمهما شئت فافعليه الآن، فأطرقت برأسها إلى الأرض برهة ثم التفتت إلهي وقالت له: طب نفساً وقر عيناً فإنك ضيفي وصار بيننا وبينك خبز وملح وحديث ومؤانسة فأنت في ذمتي وفي عهدي فكن آمناً. وحق المسيح لو أراد أهل الأرض أن يؤذوك لما وصلوا إليك إلا إن خرجت روحي من أجلك، ولو كان خاطري في قتلك لقتلتك في هذا الوقت. ثم تقدمت إلى المائدة وأكلت من كل لون لقمة، فعند ذلك أكل شركان ففرحت الجارية وأكلت معه إلى أن اكتفيا،وبعد أن غسلا أيديهما قامت وأمرت الجارية أن

تأتي بالرياحين وآلات الشراب من أواني الذهب والفضة والبلور وأن يكون الشراب من سائر الألوان المختلفة والأنواع النفيسة فأتتها بجميع ما طلبته، ثم إن الجارية ملأت أولاً القدح وشربته قبله كما فعلت في الطعام، ثم ملأت ثانياً وأعطته إياه فشرب فقالت له: يا مسلم انظر كيف أنت في ألذ عيش ومسرة، ولم تزل تشرب معه إلى أن غاب عن رشده. وأدرك شهرزاد الصباح فسكتت عن الكلام المباح.

في الليلة الخامسة والستين قالت: بلغني أيها الملك السعيد أن الجارية ما زالت تشرب وتسقي شركان إلى أن غاب عن رشده من الشراب ومن سكر محبتها، ثم إنها قالت الجارية: يا مرجانة هات لنا شيئاً من آلات الطرب فقالت: سمعاً وطاعة، ثم غابت لحظة وأتت بعود جلقي وجنك عجمي وناي تتري وقانون مصري، فأخذت الجارية العود وأصلحته وشدت أوتاره وغنت عليه بصوت رخيم أرق من النسيم وأعذ من ماء التنسيم وأنشدت مطربة بهذه الأبيات: عفا الله عن عينينك كم سفكت دما وكم فوقت منك اللواحظ أسهما أجل حبيباً حائراً في حـبـيبـه حراً عـيه أن يرق ويرحـمـا هنيئاً لطرف فيك بات مسـهـداً وطوبى لقلب ظل فيك متـيمـا تحكمت في قتلي فإنك مالـكـي بروحي أفدي الحاكم المتحكمـا ثم قامت واحدة من الجواري ومعها آلتها وأنشدت تقول عليها أبيات بلسان الرومية فطرب شركان، ثم غنت الجارية سيدتهن أيضاً وقالت: يا مسلم أما فهمت ما أقول؟ قال: لا ولكن ما طربت إلا على حسن أناملك، فضحكت وقالت له: إن غنيت لك بالعربية ماذا تصنع؟ فقال: ما كنت أتمالك عقلي، فأخذت آلة الطرب وغيرت الضرب وأنشدت هذه الأبيات: طعم التفريق مـر فهل لذلك صبـر أهوى ظريفاً سباني بالحسن والهجر مر فلما فرغت من شعرها نظرت إلى شركان فوجدته قد غاب عن وجوده ولم يزل مطروحاً بينهن ممدوداً ساعة ثم أفاق وتذكر الغناء فمال طرباً، ثم إن الجارية أقبلت هي وشركان على الشراب ولم يزالا في لعب ولهو إلى أن ولى النهار بالرواح ونشر الليل الجناح فقامت إلى مرقدها فسأل شركان عنها فقالوا له أنها مضت إلى مرقدها فقال: في رعاية الله وحفظه، فلما أصبح أقبلت عليه الجارية وقالت له: إن سيدتي تدعوك إليها فقام معها وسار خلفها فلما قرب من مكانها زفته الجواري بالدفوف والمغاني إلى أن وصل إلى باب كبير من العاج مرصع بالدر والجوهر فلما دخلوا منه وجد داراً كبيرة أيضاً وفي صدرها إيوان كبير مفروش بأنواع الحرير وبدائر ذلك شبابيك مفتحة مطلة على أشجار وأنهار وفي البيت صور مجسمة يدخل فيها الهواء فتتحرك في جوفها آلات فيتخيل للناظر أنها تتكلم والجارية جالسة تنظر إليهم، فلما نظرته الجارية نهضت قائمة غليه وأخذت يده وأجلسته بجانبها وسألته عن مبيته فدعا لها ثم

جلسا يتحدثان فقالت له: أتعرف شيئاً مما يتعلق بالعاشقين والمتيمين؟ فقال: نعم أعرف شيئاً من الأشعار فقالت أسمعني فأنشد هذه الأبيات: لا.. لا أبوح بحب عزة إنهـا أخذت علي مواثقاً وعهـودا وهبان مدين والذين عهدتهـم يبكون من حذر العذاب قعودا لو يسمعون كما سمعت حديثها خروا لعزة ركعاً وسجـودا فلما سمعته قالت: لقد كان باهراً كثيراً في الفصاحة بارع البلاغة لأنه بالغ في وصفه العزة حيث قال، وأنشدت هذين البيتين: لو أن عزة حاكمت شمس الضحى في الحسن عند موفق لقضي لها وسعت إلي بغيب عـزة نـسـوة جعل الإله خدودهن نعـالـهـا ثم قالت: وقيل أن عزة كانت في غاية الحسن والجمال ثم قالت له: يا ابن الملك إن كنت تعرف شيئاً من كلام جميل فأنشدنا منه، ثم قال: إني أعرف به كل واحد، ثم أنشد من شعر جميل هذا البيت: تريدين قتلي لا تريدين غـيره ولست أرى قصداً سواك أريد فلما سمعت ذلك قالت له: أحسنت يا ابن الملك، ما الذي ارادته عزة بجميل حتى قال هذا الشطر؟ أي: تريدين قتلي لا تريدين غيره، فقال لها شركان: يا سيدتي لقد أرادت به ما تريدين مني ولا يرضيك، فضحكت لما قال لها شركان هذا الكلام، ولم يزالا يشربان إلى أن ولى النهار وأقبل الليل بالاعتكار فقامت الجارية وذهبت مرقدها ونامت ونام شركان في مرقده إلى أن أصبح الصبح، فلما أفاق أقبلت عليه الجواري بالدفوف وآلات الطرب كالعادة ومشى الجواري حوله يضربن بالدفوف والآلات إلى أن خرج من تلك الدار ودخل داراً غيره أعظم من الأولى وفيها من التماثيل وصور الوحوش ما لا يوصف فتعجب شركان مما رأى من صنع ذلك المكان فأنشد هذه الأبيات:

أجني رقيبي من ثمار قلائد در النحور منضداً بالعسجد وعيون ماء من سبائك فـضة وخدود ورد في وجوه زبرجد فكأنما لون البنفسج قد حكـى زرق العيون وكحلت بالأثمد فلما رأت الجارية شركان قامت له وأخذت يده وأجلسته إلى جانبها وقالت له: أنت ابن الملك عمر النعمان فهل تحسن لعب الشطرنج؟ فقال: نعم، ولكن لا تكوني كما قال الشاعر: أقول والوجد يكويني وينـشـرنـي ونهلة من رضاب الحب ترويـنـي حضرت شطرنج من أهوى فلاعبني بالبيض والسود ولكن ليس يرضيني كأنما الشاة عند الرخ مـوضـعـه وقد تفقـد دسـتـا بـالـفـرازين فإن نظرت إلى معنى لواحظـهـا فإن ألحاظهـا يا قـوم تـرديـنـي ثم قدم الشطرنج ولعبت معه فصار شركان كلما أراد أن ينظر إلى نقلها نظر إلى وجهها فيضع الفرس موضع الفيل ويضع الفيل موضع الفرس فضحكت وقالت: إن كان لعبك هكذا فأنت لا تعرف شيئاً فقال: هذا أول دست لا تحسبيه، فلما غلبته رجع وصف القطع ولعب معها فغلبته ثانياً وثالثاً ورابعاً وخامساً، ثم التفتت إليه وقالت له:

أنت في كل شيء مغلوب فقال: يا سيدتي مع مثلك يحسن أن أكون مغلوباً، ثم أمرت بإحضار الطعام فأكلا وغسلا أيديهما وأمرت بإحضار الشراب فشربا وبعد ذلك أخذت القانون وكان لها بضرب القانون معرفة جيدة فأنشدت هذه الأبيات: الدهر ما بين مطوي ومبسـوط ومثله مثل محرور ومخـروط فاضرب على إن كنت مقتـدراً أن لا تفارقني في وجه التفريط ثم إنهما لم يزالا على ذلك إلى أن أقبل الليل فكان ذلك اليوم أحسن من اليوم الذي قبله، فلما أقبل الليل مضت الجارية إلى مرقدها وانصرف شركان إلى موضعه فنام إلى الصباح ثم أقبلت عليه الجواري بالدفوف وآلات الطرب وأخذوه كالعادة إلى أن وصلوا إلى الجارية فلما رأته نهضت قائمة وأمسكته من يده وأجلسته بجانبها وسألته عن مبيته فدعا لها بطول البقاء، ثم أخذت العود وأنشدت هذين البيتين: لا تركننن إلى الفراق فإنه مـر الـمـذاق الشمس عند غروبهـا تصفر من ألم الفراق فبينما هما على هذه الحالة وإذا هما بضجة فالتفتا فرأيا رجالاً وشباناً مقبلين وغالبهم بطارقة بأيديهم السيوف مسلولة تلمع وهم يقولون بلسان رومية: وقعت عندنا يا شركان فأيقن الهلاك، فلما سمع شركان هذا الكلام قال في نفسه: لعل هذه الجارية الجميلة خدعتني وأمهلتني إلى أن جاء رجالها وهم البطارقة الذين خوفتني بهم، ولكن أنا الذي جنيت على نفسي وألقيتها في الهلاك. ثم التفت إلى الجارية ليعاتبها فوجد وجهها قد تغير بالاصفرار، ثم وثبت على قدميها وهي تقول لهم: من أنتم؟ فقال لها البطريق المقدم عليهم: أيتها الملكة الكريمة والدرة اليتيمة أما تعرفين الذي عندك من هو؟ قالت له: لا أعرفه فمن هو؟ فقال لها: هذا مخرب البلدان وسيد الفرسان هذا شركان ابن الملك عمر النعمان هذا الذي فتح القلاع وملك كل حصن منيع، وقد وصل خبره إلى الملك حردوب والدك من العجوز ذات الدواهي وتحقق ذلك ملكنا نقلاً عن العجوز وها أنت قد نصرت عسكر الروم بأخذ هذا الأسود المشؤوم. فلما سمعت كلام البطريق نظرت إليه وقالت له: ما اسمك؟ قالت لها: اسمي ماسورة بن عبدك موسورة بن كاشردة بطريق البطارقة قالت له: كيف دخل علي بغير إذني؟ فقال لها: يا مولاتي إني لماوصلت إلى الباب ما منعني حاجب ولا بواب بل قام جميع البوابين ومشوا بين أيدينا كما جرت به العادة إنه إذا جاء غيرنا يتركونه واقفاً على الباب حتى يستأذنوا عليه الدخول وليس هذا وقت إطالة الكلام والملك منتظر رجوعنا إليه بهذا الملك الذي هو شرارة جمرة عسكر الإسلام لأجل أن يقتله ويرحل عسكره إلى المواضع الذي جاؤوا منه من غير أن يحصل لنا تعب في قتالهم. فلما سمعت الجارية هذا الكلامقالت له: إن هذا الكلام غير حسن ولكن قد كذبت العجوز ذات الدواهي ظنها قد تكلمت بكلام باطل لا

تعلم حقيقته. وحق المسيح الذي هتدي ما هو شركان وغلا كنت أسرته ولكن رجل أتى إلينا وقدم علينا فطلب الضيافة فأضفناه، فإذا تحققنا أنه شركان بعينه وثبت عندنا أنه هو من غير شك فلا يليق بمروءتي أن أمكنكم منه لأنه دخل تحت عهدي وذمتي، فلا تخونوني في ضيفي ولا تفضحوني بين الأنام بل ارجع أنت إلى الملك أبي وقبل الأرض بين يديه وأخبره بأن الأمر بخلاف ما قالته العجوز ذات الدواهي. فقال البطريق ماسورة: يا إبريزة أنا ما أقدر أن أعود إلى الملك إلا بغريمه. فلما سمعت هذا الكلام قالت: لا كان هذا الأمر فإنه عنوان السفه لأن هذا الرجل واحد وأنتم مائة، فإذا أردتم مصادمته فابرزوا له واحداً بعد واحد ليظهر عند الملك من هو البطل منكم. وأدرك شهرزاد الصباح فسكتت عن الكلام المباح.

الليلة السادسة والستين قالت: بلغني أيها الملك السعيد أن الملكة أبريزة لما قالت للبطريق ذلك قال: وحق المسيح لقد قلت الحق ولكن ما يخرج له ولا غيري فقالت الجارية: اصبر حتى أذهب إليه وأعرفه بحقيقة الأمر وأنظر ما عنده من الجواب فإن أجاب الأمر كذلك وإن أبى فلا سبيل لكم إليه وأكون أنا ومن في الدير فداءه. ثم أقبلت على شركان وأخبرته بما كان فتبسم وعلم أنها لم تخبر أحداً بأمره وإنما شاع خبره حتى وصل إلى الملك بغير إرادتها فرجع باللوم على نفسه وقال: كيف رميت روحي في بلاد الروم؟ ثم إنه لما سمع كلام الجارية قال لها: إن بروزهم لي واحداً واحد جحاف بهم فهلا يبرزون لي عشرة بعد عشرة؟ وبعد ذلك وثب على قدميه وسار إلى أن أقبل عليهم وكان معه سيفه وآلة حربه، فلما رآه البطريق وثب إليه وحل عليه فقابله شركان كأنه الأسد وضربه بالسيف على عاتقه فخرج السيف يلمع من أمعائه، فلما نظرت الجارية ذلك عظم قدر شركان عندها وعرفت أنها لم تصرعه حين صرعته بقوتها بل بحسنها وجمالها. ثم إن الجارية أقبلت على البطارقة وقالت لهم: خذوا بثأر صاحبكم فخرج له أخو المقتول وكان جباراً عنيداً فحمل على شركان فلم يمهله شركان دون أن ضربه بالسيف على عاتقه فخرج السيف يلمع من أمعائه. فعند ذلك نادت الجارية وقالت: يا عباد المسيح خذوا بثأر صاحبكم، فلم يزالوا يبرزوا إليه واحداً بعد واحد وشركان يلعب فيهم بسيفه حتى قتل منهم خمسين بطريقاً والجارية تنظر غلتهم وقد قذف الله الرعب في قلوب من بقي منهم وقد تأخروا عن البراز ولم يجسروا على البراز إليه واحداً واحداً بل حملوا عليه حملة واحدة بأجمعهم وحمل عليهم بقلب أقوى من الحجر إلى أن طحنهم طحن الدروس وسلب منهم العقول والنفوس فصاحت الجارية على جواريها وقالت لهن: من بقي في الدير؟

فقلن لها: لم يبق إلا البوابين، ثم إن الملكة لاقته وأخذته بالأحضان وطلع شركان معها إلى القصر بعد فراغه من القتال، وكان قد بقي منهم قليل كامن في زوايا الدير فلما نظرت الجارية إلى ذلك لقليل قامت من عند شركان ثم رجعت إليه وعليها زردية ضيقة العيون وبيدها صارم مهند وقالت: وحق المسيح لا أبخل بنفسي على ضيفي ولا أتخلى عنه ولم أبق بسبب ذلك معيرة في بلاد الروم ثم إنها تأملت البطارقة فوجدتهم قد قتل منهم ثمانون وانهزم منهم عشرون، فلما نظرت إلى ما صنع بالقوم قالت له: بمثلك تفتخر الفرسان فلله درك يا شركان، ثم إنه قام بعد ذلك يمسح سيفه من دم القتلى وينشد هذه الأبيات:

وكم من فرقة في الحرب جاءت تركت كماتهم طعم السبـاع سلوا عني إذا شئتم نـزالـي جميع الخلق في يوم القـراع تركت ليوثهم في الحرب صرعى على الرمضاء في تلك البقـاع

فلما فرغ من شعره أقبلت عليه الجارية مبتسمة وقبلت يده وقلعت الدرع الذي كان عليها فقال لها: يا سيدتي لأي شيء لبست الدرع الزرد وشهرت حسامك؟ قالت: حرصاً عليك من هؤلاء اللئام، ثم إن الجارية دعت البوابين وقالت لهم: كيف تركتم أصحاب الملك يدخلون منزلي بغير إذني؟ فقالوا لها: أيتها الملكة ما جرت العادة أن نحتاج إلى استئذان منك على رسل الملك خصوصاً البطريق الكبير، فقالت لهم: أظنكم ما أردتم إلا هتكي وقتل ضيفي ثم أمرت شركان أن يضرب رقابهم وقالت لباقي خدامها أنهم يستحقون أكثر من ذلك، ثم التفتت لشركان وقالت له: الآن ظهر لك ما كان خافياً فها أنا أعلمك بقصتي: اعلم أني بنت ملك الروم حردوب واسمي إبريزة والعجوز التي تسمى ذات الدواهي جدتي أم أبي وهي التي أعلمت أبي بك ولا بد أنها تدبر حيلة في هلاكي خصوصاً وقد قتلت بطارقة أبي وشاع أني قد تحزبت مع المسلمين، فالرأي السديد أنني أترك الإقامة هنا ما دامت ذات الدواهي خلفي، ولكن أريد منك أن تفعل معي مثل ما فعلت معك من الجميل، فإن العداوة قد أوقعت بيني وبين أبي فلا تترك من كلامي شيئاً فإن هذا كله ما وقع إلا من أجلك. فلما سمع شركان هذا الكلام طار عقله من الفرح واتسع صدره وانشرح وقال: والله لا يصل إليك أحداً ما دامت روحي في جسدي ولكن هل لك صبر على فراق والدك وأهلك؟ قالت: نعم فحلفها شركان وتعاهدا على ذلك، فقالت له: إنك ترجع بعسكرك إلى بلادك فقال لها: يا سيدتي إن أبي عمر النعمان أرسلني إلى قتال والدك بسبب المال الذي أخذه ومن جملته الثلاث خرزات الكثيرة البركات فقالت له: طب نفساً وقر عيناً فها أنا أحدثك

بحديثها وأخبرك بسبب معاداتهما لملك القسطيطينية وذلك أن لنا عيداً يقال له عيد الدير كل سنة تجتمع فيه الملوك من جميع الأقطار وبنات الأكابر والتجار ويقعدون فيه سبعة أيام وأنا من جملتهم، فلما وقعت بيننا العداوة منعني أبي من حضور ذلك العيد مدة سبع سنين فاتفق في سنة من السنين أن بنات الأكابر من سائر الجهات قد جاءت من أماكنها إلى الدير في ذلك العيد على العادة ومن جملة من جاء إليه بنت ملك القسطنطينية وكان يقال لها صفية فأقاموا في الدير ستة أيام وفي اليوم السابع انصرف الناس فقالت صفية: أنا ما أرجع إلى القسطنطينية إلا فيال بحر فجهزوا لها مركباً فنزلت فيها هي وخواصها وأحلوا القلوع وساروا، فبينما هم سائرون وإذا بريح قد هبت عليهم فأخرج المركب عن طريقها وكان هناك بالقضاء والقدر مركب نصارى من جزيرة الكافور وفيها خمسمائة إفرنجي ومعهم العدة والسلاح وكان لهم مدة في البحر. فلما لاح لهم قلع المركب التي فيها صفية ومن معها من البنات انقضوا علها مسرعين فما كان غير ساعة حتى وصلوا إلى ذلك المركب ووضعوا فيه الكلاليب وجروها وحلوا قلوعهم وقصدوا جزيرتهم فما بعدوا غير قليل حتى انعكس عليهم الريح فجذبهم إلى شعب بعد أن مزق قلوع مركبهم وقربهم منا فخرجنا فرأيناهم غنيمة قد انساقت إلينا، فأخذناهم وقتلناهم واغتنمنا ما معهم من الأموال والتحف وكان في مركبهم أربعون جارية ومن جملتهم ابنة الملك أفريدون ملك القسطنطينية، فاختار أبي منهن عشر جواري وفيهن ابنة الملك وفرق الباقي على حاشيته ثم عزل خمسة منهن ابنة الملك من العشر جواري وأرسل تلك الخمسة هدية إلى والدك عمر النعمان مع شيء من الجوخ ومن قماش الصوف ومن قماش الحرير الرومي فقبل الهدية أبوك واختار من الخمس جواري صفية ابنة الملك أفريدون. فلما كان أول هذا العام أرسل أبوها إلى والدي مكتوباً فيه كلام لا ينبغي ذكره حيث راح يهدده في ذلك المكتوب ويوبخه ويقول له: إنكم أخذتم مركبنا منذ سنتين وكان في يد جماعة لصوص من الإفرنج وكان من جملة ما فيه ابنتي صفية ومعها من الجواري نحو ستين جارية ولم ترسلوا إلى أحداً يخبرني بذلك وأنا لا أقدر أن أظهر خبرها خوفاً أن يكون في حقي عاراً عند الملوك من أجل هتك ابنتي فكتمت أمري إلى هذا العام والذي بين لي كذلك أني كاتبت هؤلاء اللصوص وسألتهم عن خبر ابنتي وأكدت لهم أن يفتشوا عليها ويخبروني عند أي ملك هي من ملوك الجزائر، فقالوا: والله ما خرجنا بها من بلادك ثم قال في المكتوب الذي كتبته لوالدي إن لم يكن مرادكم معاداتي ولا فضيحتي ولا هتك ابنتي فساعة وصول كتابي إليكم ترسلوا إلي ابنتي من عندكم وإن أهملتم كتابي

وعصيتم أمري فلا بد لي من أن أكافئكم على قبيح أفعالكم وسوء أعمالكم. فلما وصلت هذه المكاتبة إلى أبي وقرأها وفهم ما فيها شق عليه ذلك وندم حيث لا يعرف أن صفية بنت الملك في تلك الجواري ليردها إلى والدها فصار متحيراً في أمره ولم يمكنه بعد هذه المدة الطويلة أن يرسل إلى الملك النعمان ويطلبها منه ولا سيما وقد سمعنا من مدة يسيرة أنه رزق من جاريته التي قال لها صفية بنت الملك أفريدون أولاد، فلما تحققنا ذلك علمنا أن هذه الورطة هي المصيبة العظمى ولم يكن لأبي حيلة، غير أنه كتب جواباً للملك أفريدون يعتذر إليه ويحلف له بالأقسام أنه لا يعلم أن ابنته من جملة الجواري التي كانت في ذلك المركب ثم أظهر له على أنه أرسلها إلى الملك عمر أتنعمان وأنه رزق منها أولاد، فلما وصلت رسالة أبي إلى أفريدون ملك القسطنطينية قام وقعد وأرغى وأزبد وقال: كيف تكون ابنتي مسبية بصفة الجواري وتتداولها أيدي الملوك ويطئونها بلا عقد، ثم قال: وحق المسيح والدين الصحيح أنه لا يمكنني أن أتعاقد مع هذا الأمر دون أخذ الثأر وكشف العار، فلا بد من أن أفعل فعلاً يتحدث به الناس من بعدي، وما زال صابراً إلى أن عمل الحيلة ونصب مكيدة عظيمة وأرسل رسلاً إلى والدك عمر النعمان وذكر له ما سمعت من الأقوال حتى جهزك والدك بالعساكر التي معك من أجلها وسيرك إليه حتى يقبض عليك أنت ومن معك من عساكرك، وأما الثلاث خرزات التي أخبر والدك بها في مكتوبه فليس لذلك صحة وإنما كانت مع صفية ابنته وأخذها أبي حين استولى عليها هي والجواري التي معها ثم وهبها إلي وهي عندي الآن، فاذهب أنت إلى عسكرك وردهم قبل أن يتوغلوا في بلاد الإفرنج والروم فإنكم إذا توغلتم في بلادهم يضيقون عليكم الطرق ولا يكن لكم خلاص من أيديهم إلى يوم الجزاء والقصاص، وأنا اعرف أن الجيوش مقيمون في مكانهم لأنك أمرتهم بالإقامة ثلاثة أيام مع أنهم فقدوك في هذه المدة ولم يعلموا ماذا يفعلون. فلما سمع شركان هذا لكلام صار مشغول الفكر بالأوهام، ثم إنه قبل يد الملكة إبريزة وقال: الحمد لله الذي منّ علي بك وجعلك سبباً لسلامتي ومن معي ولكن يعز علي فراقك ولاأعلم ما يجري عليك من بعدي؟ فقالت له: اذهب أنت الآن إلى عسكرك وردهم وإن كانت الرسل عندهم فاقبض عليهم، حتى يظهر لكم الخبر وأنتم بالقرب من بلادكم، وبعد ثلاثة أيام أنا ألحقكم وماتدخلون بغداد إلا وأنا معكم فندخل كلنا سواء. فلما أراد الانصراف قالت له: لا تنسى العهد الذي بيني وبينك ثم إنها نهضت قائمة معه لأجل التوديع والعناق وإطفاء نار الأشواق وبكت بكاء يذيب الأحجار وأرسلت الدموع كالأمطار فلما رأى منها ذلك البكاء والدموع اشتد به الوجد والولوع ونزع في الوداع دمع العين وأنشد هذين البيتين:

ودعتها ويدي اليمين لأدمعي ويدي اليسار لضمة وعناق قال أما تخشى
الفضيحة قلت لا يوم الوداع فضيحة العشاق

ثم فارقها شركان ونزلا من الدير وقدموا له جواده وخرج متوجهاً إلى الجسر فلما وصل إليه مر من فوقه ودخل بين تلك الأشجار فلما تخلص من الأشجار ومشى في ذلك المرج وإذا هو بثلاثة فوارس فأخذ لنفسه الحذر منهم وشهر سيفه وانحدر فلما قربوا منه ونظر بعضهم بعضاً عرفوه وعرفهم ووجد أحدهم الوزير دندان ومعه أميران وعندما عرفوه ترجلوا له وسلوا عليه وسأله الوزير دندان عن سبب غيابه فأخبره بجميع ماجرى له من الملكة إبريزة من أوله إلى آخره فحمد الله تعالى على ذلك ثم قال شركان: ارحلوا بنا من هذه البلاد لأن الرسل الذين جاؤوا معنا رحلوا من عندنا، ليعلموا ملكهم بقدومنا فربما أسرعوا إلينا وقبضوا علينا ثم نادى شركان في عسكره بالرحيل فرحلوا كلهم ولم يزالوا سائرين مجدين في السير حتى وصلوا إلى سطح الوادي وكانت الرسل قد توجهوا إلى ملكهم، وأخبروه بقدوم شركان فجهز إليه عسكراً ليقبضوا عليه وعلى من معه، هذا ما كان من أمر الرسل وملكهم. وأما ما كان من أمر شركان فإنه سافر بعسكره مدة خمسة وعشرين يوماً حتى أشرفوا على أوائل بلادهم فلما وصلوا هناك أمنوا على أنفسهم ونزلوا لأخذ الراحة فخرج إليهم أهل تلك البلاد بالضيافات وعليق البهائم ثم أقاموا يومين ورحلوا طالبين ديارهم وتأخر شركان بعدهم في مائة فارس وجعل الوزير دندان أميراً على من معه من الجيش فسار الوزير دندان بمن معه مسيرة يوم ثم بعد ذلك ركب شركان هو والمائة فارس الذين معه، وساروا مقدار فرسخين حتى وصلوا إلى محل مضيق بين جبلين وإذا أمامهم غبرة وعجاج فمنعوا خيولهم من السير مقدار ساعة حتى انكشف الغبار وبان من تحته مائة فارس ليوث عوابس وفي الحديد والزرد غواطس فلما قربوا من شركان ومن معه صاحوا عليهم وقالوا: وحق يوحنا ومريم إننا قد بلغنا ما أملناه ونحن خلفكم مجدون السير ليلاً ونهاراً حتى سبقناكم إلى هذا المكان فانزلوا عن خيولكم وأعطونا أسلحتكم، وسلموا لنا أنفسكم حتى نجود عليكم بأرواحكم. فلما سمع شركان ذلك الكلام لاجت عيناه واحمرت وجنتاه وقال لهم: يا كلاب النصارى كيف تجاسرتم علينا وجئتم بلادنا ومشيتم أرضنا وما كفاكم ذلك حتى تخاطبونا بهذا الخطاب أظننتم أنكم تخلصون من أيدينا وتعودون إلى بلادكم؟ ثم صاح على المائة فارس الذين معه وقال لهم: دونكم وهؤلاء الكلاب فإنهم في عددكم ثم سل سيفه وحمل عليهم وحملت معه المائة فارس فاستقبلتهم الإفرنج بقلوب أقوى من الصخر واصطدمت الرجال بالرجال ووقعت الأبطال بالأبطال والتحم القتال واشتد النزال

وعظمت الأهوال وقد بطل القيل والقال ولم يزالوا في الحرب والكفاح والضرب بالصفاح حتى ولى النهار وأقبل الليل بالاعتكار فانفصلوا عن بعضهم واجتمع شركان بأصحابه فلم يجد أحداً منهم مجروحاً غير أربعة أنفس حصل لهم جراحات سليمة. فقال لهم شركان: أنا عمري أخوض بحر الحرب العجاج المتلاطم من السيوف بالأمواج وأقاتل الرجال فوالله ما لقيت أصبر على الجلاد، وملاقاة الرجال مثل هؤلاء الأبطال فقالوا له: اعلم أيها الملك أن فهم فارساً إفرنجياً، وهو المقدم عليهم له شجاعة وطعنات نافذات، غير أن كل من وقع منا بين يديه يتغافل عنه ولا يقتله فوالله لو أراد قتلنا لقتلنا بأجمعنا، فتحير شركان لما سمع ذلك المقال وقال في غد نصطف ونبارزهم فها نحن مائة وهم مائة ونطلب النصر عليهم من رب السماء وباتوا تلك الليلة على ذلك الاتفاق وأما الإفرنج فإنهم اجتمعوا عند مقدمهم وقالوا له: إننا ما بلغنا اليوم في هؤلاء إرباً فقال لهم: في غد نصطف ونبارزهم واحداً بعد واحد فباتوا على ذلك الاتفاق أيضاً فلما أصبح الصباح وأضاء بنوره ولاح وطلعت الشمس على رؤوس الروابي والبطاح وسلمت على محمد زين الملاح ركب الملك شركان وركب معه المائة فارس وأتوا إلى الميدان كلهم فوجدوا الإفرنج قد اصطفوا للقتال فقال شركان لأصحابه: إن أعداءنا قد اصطفوا فدونكم والمبادرة إليهم، فنادى مناد من الإفرنج: لا يكون قتالنا في هذا اليوم إلا مناوبة بأن يبرز بطل منكم إلى بطل منا.

فعند ذلك برز فارس من أصحاب شركان وسار بين الصفين وقال: هل من مبارز؟ هل من مناجز؟ لا يبرز لي اليوم كسلان ولا عاجز، فلم يتم كلامه حتى برز إليه فارس من الإفرنج غريق في سلاحه وقماشه من ذهب، وهو راكب على جواد أشهب وذلك الإفرنجي لا نبات بعارضيه فسار جواده حتى وقف في وسط الميدان وصادمه بالضرب والطعان فلم يكن غير ساعة حتى طعنة الإفرنجي بالرمح فنكسه عن جواده وأخذه أسيراً وقاده حقيراً ففرح به قومه ومنعوه أن يخرج إلى الميدان وأخرجوا غيره، وقد خرج إليه من المسلمين آخر وهو أخو الأسير ووقف معه في الميدان وحمل الاثنان على بعضهما ساعة يسيرة ثم كر الإفرنجي على المسلم وغالطه وطعنه بعقب الرحم فنكسه عن جواده وأخذه أسيراً وما زال يخرج إليهم من المسلمين واحداً بعد واحد والإفرنج يأسرونهم إلى أن ولى النهار وأقبل الليل باعتكار وقد أسروا من المسلمين عشرون فارساً. فلما عاين شركان ذلك عظم عليه الأمر، فجمع أصحابه وقال لهم: ما هذا الأمر الذي حل بنا أنا أخرج في غد إلى الميدان وأطلب براز الإفرنجي المقدم عليهم وأنظر ما الذي حمله على أن يدخل بلادنا وأحذره من قتالنا، فإن أبى قاتلناه وإن صالحناه وباتوا على هذا

الحال إلى أن أصبح الصباح وأضاء بنوره ولاح ثم ركب الطائفتان واصطف الفريقان فلما خرج شركان إلى الميدان رأى الإفرنج قد ترجل منهم أكثر من نصفهم قدام فارس منهم ومشوا قدامه إلى أن صاروا في وسط الميدان فتأمل شركان ذلك الفارس، فرآه الفارس المقدام عليهم وهو لابس قباء من أطلس أزرق وجهه فيه كالبدر إذا أشرق ومن فوقه زردية ضيقة العيون وبيده سيف مهند وهو راكب على جواد أدهم في وجهه غرة كالدرهم وذلك الإفرنجي لا نبات بعارضيه: ثم إنه لكز جواده حتى صار في وسط الميدان، وأشار إلى المسلمين وهو يقول بلسان عربي فصيح: يا شركان يا ابن عمر النعمان الذي ملك الحصون والبلدان دونك والحرب والطعان وأبرز إلى من قد ناصفك في الميدان، فأنت سيد قومك وأنا سيد قومي فمن غلب منا صاحبه أخذه هو وقومه تحت طاعته فما استتم كلامه حتى برز له شركان وقلبه من الغيظ ملآن وساق جواده، حتى دنا من الإفرنجي في الميدان فكر عليه الإفرنجي كالأسد الغضبان، وصدمه صدمة الفرسان وأخذا في الطعن والضرب وصارا إلى حومة الميدان كأنهما جبلان يصطدمان أو بحران يلتطمان ولم يزالا في قتال وحرب ونزال من أول النهار إلى أن اقبل الليل بالاعتكار ثم انفصل كل منهما من صاحبه وعاد إلى قومه. فلما اجتمع شركان بأصحابه قال لهم: ما رأيت مثل هذا الفارس قط إلا أني رأيت منه خصلة لم أرها من أحد غيره وهو أنه إذا لاح في خصمه مضرب قاتل يقلب الرمح ويضرب بعقبه ولكن ما أدري ماذا يكون مني ومنه ومرادي أن يكون عسكرنا مثله ومثل أصحابه وبات شركان، فلما أصبح الصباح خرج له الإفرنجي ونزل في وسط الميدان وأقبل عليه شركان ثم أخذا في القتال وأوسعا في الحرب والمجال وامتدت إليهما الأعناق ولم يزالا في حرب وكفاح وطعن بالرماح إلى أن ولى النهار وأقبل الليل بالاعتكار ثم افترقا ورجعا إلى قومهم وصار كل منهما يحكي لأصحابه ما لاقاه من صاحبه ثم إن الإفرنجي قال لأصحابه: في غد يكون الانفصال وباتوا تلك الليلة إلى الصباح ثم ركب الاثنان وحملا على بعضهما، ولم يزالا في الحرب إلى نصف النهار وبعد ذلك عمل الإفرنجي ولكز جواده ثم جذبه اللجام فعثر به فرماه فانكب عليه شركان، وأراد أن يضربه بالسيف خوفاً أن يطول به المطال فصاح به الإفرنجي وقال: يا شركان ما هكذا تكون الفرسان، إنما هو فعل المغلوب بالنسوان.

فلما سمع شركان من ذلك الفارس هذا الكلام، رفع طرف إليه وأمعن النظر فيه فوجده الملكة إبريزة التي وقع له معها ما وقع في الدير، فلما عرفها رمى السيف من يده وقبل الأرض بين يديها، وقال لها: ما حملك على هذه الأفعال؟ فقالت له: أردت أن أختبرك في الميدان، وأنظر ثباتك في الحرب والطعان وهؤلاء الذين معي

كلهن جواري وكلهن بنات أبكار وقد قهرن فرسانك في حزمة الميدان ولولا أن جوادي قد عثر بي، لكنت ترى قوتي وجلادي فتبسم شركان من قولها وقال: الحمد لله على السلامة وعلى اجتماعي بك يا ملكة الزمان، ثم إن الملكة إبريزة صاحت على جواريها وأمرتهن بالرحيل بعد أن يطلقن العشرين أسيراً الذين كن أسرتهن من قوم شركان، فامتثلت الجواري أمرها ثم قبلن الأرض بين يديها، فقال لهن: مثلكن من يكون عند الملوك مدخراً للشدائد ثم إنه أشار إلى أصحابه أن يسلموا عليها فترجلوا جميعاً وقبلوا الأرض بين يدي الملكة إبريزة ثم ركب المائتا فارس وساروا في الليل والنهار مدة ستة أيام وبعد ذلك أقبلوا على الديار، فأمر شركان الملكة إبريزة وجواريها أن ينزعن ما عليهن من لباس الإفرنج، وأدرك شهرزاد الصباح فسكتت عن الكلام المباح.

وفي الليلة السابعة والستين قالت: بلغني أيها الملك السعيد أن شركان أمر الملكة إبريزة وجواريها أن ينزعن ما عليهن من الثياب وأن يلبسن لباس بنات الروم ففعلن ذلك، ثم إنه أرسل جماعة من أصحابه إلى بغداد ليعلم والده عمر النعمان بقدومه، ويخبره أن الملكة إبريزة بنت ملك الروم جاءت صحبته لأجل أن يرسل مركباً لملاقاتهم ثم إنهم نزلوا من وقتهم وساعتهم في المكان الذي وصلوا إليه وباتوا فيه إلى الصباح فلما أصبح ركب شركان هو ومن معه وركبت أيضاً الملكة إبريزة هي ومن معها واستقبلوا المدينة وإذا بالوزير دندان قد أقبل في ألف فارس من أجل ملاقاة الملكة إبريزة هي وشركان وكان خروجه بإشارة الملك عمر النعمان كما أرسل إليه ولده شركان فلما قربوا منهما توجهوا إليهما وقبلوا الأرض بين أيديهما، ثم ركبا وركبوا معهما وصاروا في خدمتهما حتى وصلا إلى المدينة وطلعا قصر الملك ودخل شركان على والده، فقام إليه واعتنقه وسأل عن الخبر فأخبره بما قالته الملكة إبريزة وما اتفق له معها، وكيف فارقت مملكتها وفارقت أباها، وقال لها إنها اختارت الرحيل معنا والقعود عندنا وأن ملك القسطنطينية أراد أن يعمل لنا حيلة من أجل صفية بنته لأن ملك الروم قد أخبره بحكايتها وبسبب إهدائها إليك وأن ملك الروم ما كان يعرف ذلك ما كان أهداها إليك بل كان يردها إلى والدها ثم قال شركان لوالده: وما يخلصنا من هذه الحيل والمكايد إلا إبريزة بنت ملك القسطنطينية وما رأينا أشجع منها ثم أنه شرع يحكي لأبيه ما وقع له معها من أوله إلى آخره من أمر المصارعة والمبارزة. فلما سمع الملك عمر النعمان من ولده شركان ذلك الكلام عظمت إبريزة عنده وصار يتمنى أن يراها، ثم إنه طلبها لأجل أن يسألها فعند ذلك ذهب شركان إليها وقال لها: إن الملك يدعوك فأجابت بالسمع والطاعة، فأخذها شركان وأتى بها إلى والده

وكان والده قاعداً على كرسيه وأخرج من كان عنده ولم يبق عنده غير الخدم فلما دخلت الملكة إبريزة على الملك عمر النعمان وقبلت الأرض بين يديه وتكلمت بأحسن الكلام فتعجب الملك من فصاحتها وشكرها على ما فعلت مع ولده شركان وأمرها بالجلوس فجلست وكشفت عن وجهها فلما رآها الملك خبل بينه وبين عقله ثم إنه قربها إليه وأدناها منه وأفرد لها قصراً مختصاً بها وبجواريها ورتب ثم أخذ يسألها عن تلك الخرزات الثلاث التي تقدم ذكرها سابقاً فقالت له: إن تلك الخرزات معي يا ملك الزمان ثم إنها قامت ومضت إلى محلها وفتحت صندوقاً وأخرجت منه علبة وأخرجت من العلبة حقاً من الذهب وفتحته وأخرجت منه تلك الخرزات الثلاث ثم قبلته وناولتها للملك وانصرفت فأخذت قلبه معها وبعد انصرافها أرسل إلى ولده شركان فحضر فأعطاه خرزة من الثلاث خرزات فسأله عن الاثنتين الأخريين فقال: يا ولدي قد أعطيت منهما واحد لأخيك ضوء المكان والثانية لأختك نزهة الزمان.

فلما سمع شركان أن له أخاً يسمى ضوء المكان وما كان يعرف إلا أخته نزهة الزمان التفت إلى والده الملك النعمان وقال له: يا والدي ألك ولد غيري؟ قال: نعم وعمره الآن ست سنين ثم أعلمه أن اسمه ضوء المكان وأخته نزهة الزمان وأنهما ولدا في بطن واحد فصعب عليه ذلك ولكنه كتم سره وقال لوالده: على بركة الله تعالى ثم رمى الخرزة من يده ونفض أثوابه فقال له الملك: مالي أراك قد تغيرت لما سمعت هذا الخبر مع أنك صاحب المملكة من بعدي وقد عاهدت امرأة الدولة على ذلك، وهذه خرزة لك من الثلاث خرزات؟ فأطرق شركان برأسه إلى الأرض واستحى أن يكافح والده ثم قام هو لا يعلم كيف يصنع من شدة الغيظ وما زال ماشياً حتى دخل قصر الملكة إبريزة فلما أقبل عليها نهضت إليه قائمة وشكرته على أفعاله ودعت له ولوالده وجلست وأجلسته في جانبها فلما استقر به الجلوس رأت في وجهه الغيظ فسألته عن حاله، وما سبب غيظه فأخبرها أن والده الملك عمر النعمان رزق من صفية ولدين ذكراً وأنثى، وسمى الولد ضوء المكان والأنثى نزهة الزمان وقال لها: إنه أعطاهما خرزتين وأعطاني واحدة فتركتها وأنا إلى الآن لم أعلم بذلك إلا في هذا الوقت فخنقني الغيظ، وقد أخبرتك بسبب غيظي ولم أخف عنك شيئاً وأخشى عليك أن يتزوجك فإني رأيت منه علامة الطمع في أنه يتزوج بك فيما تقولين أنت في ذلك؟ فقالت: اعلم يا شركان أن أباك ما له حكم علي ولا يقدر أن يأخذني بغي بغير رضاي وإن كان يأخذني غصباً قتلت روحي وأما الثلاث خرزات فما كان على بالي أنه ينعم علي أحد من أولاده بشيء منها وما ظننت إلا أنه يجعلها في خزائنه مع ذخائره ولكن أشتهي من إحسانك أن

تهب لي الخرزة التي أعطاها لك والدك إن قبلتها منه فقال سمعاً وطاعة، ثم قالت له: لا تخف وتحدثت معه ساعة وقالت له: إني أخاف أن يسمع أبي أني عندكم فيسعى في طلبي ويتفق هو والملك أفريدون من أجل ابنته صفية فيأتيان إليكم بعساكر وتكون ضجة عظيمة. فلما سمع شركان ذلك قال لها: يا مولاتي إذا كنت راضية بالإقامة عندنا لا تفكري فيهم فلو اجتمع علينا كل من في البر والبحر لغلبناهم فقالت: ما يكون إلا الخير وها أنتم إن أحسنتم إلي إن قعدت عندكم وإن أسأتموني رحلت من عندكم ثم إنها امرت الجواري بإحضار شيء من الأكل فقدمن المائدة فأكل شركان شيئاً يسيراً ومضى إلى داره مهموماً مغموماً، هذا ما كان من أمر شركان. وأما ما كان من أمر أبيه عمر النعمان فإنه بعد انصراف ولده شركان من عنده قام ودخل على جاريته صفية ومعه تلك الخرزات فلما رأته نهضت قائمة على قدميها إلى أن جلس فأقبل عليه ولداه ضوء المكان ونزهة الزمان فلما رآهما قبلهما وعلق على كل واحد منهما خرزة ففرحا بالخرزتين وقبلا يديه وأقبلا على أمهما ففرحت بهما ودعت للملك بطول الدوام فقال لها الملك: يا صفية حيث أنك ابنة الملك أفريدون ملك القسطنطينية لأي شيء لم تعلميني لأجل أن أزيد في إكرامك ورفع منزلتك؟ فلما سمعت صفية ذلك قالت: أيها الملك وماذا أريد أكثر من هذا زيادة على هذه المنزلة التي أنا فيها، فها أنا مغمورة بأنعامك وخيرك وقد رزقني الله منك بولدين ذكر وأنثى، فأعجب الملك عمر النعمان كلامها واستظرف عذوبة ألفاظها ودقة فهمها وظرف أدبها ومعرفتها ثم إنه مضى من عنده من عندها وأفرج لها ولأولادها قصراً عجيباً ورتب لهم الخدم والحشم والفقهاء والحكماء والفلكية والأطباء والجرائحية وأوصاهم بهم وزاد في رواتبهم وأحسن إليهم غاية الإحسان، ثم رجع إلى قصر المملكة والمحاكمة بين الناس هذا ما كان من أمره مع صفية وأولادها.

وأما ما كان من أمره مع الملكة إبريزة فإنه اشتغل بحبها وصار ليلاً ونهاراً مشغوفاً بها وفي كل ليلة يدخل إليها ويتحدث عندها ويلوح لها بالكلام فلم ترد له جواباً بل تقول: يا ملك الزمان أنا في هذا الوقت مالي غرض في الرجال فما رأى تمنعها منه اشتد به الغرام وزاد عليه الوجد والهيام، فلما أعياه ذلك أحضر وزيره دندان وأطلعه على ما في قلبه من محبة الملكة إبريزة ابنة الملك حردوب وأخبره أنها لا تدخل في طاعته وقد قتله حبها ولم ينل منها شيئاً فلما سمع الوزير دندان ذلك قال للملك: إذا جن الليل فخذ معك قطعة بنج مقدار مثقال وادخل عليها واشرب معها شيئاً من الخمر فإذا كان وقت الفراغ من الشرب فأعطها القدح الأخير واجعل فيه ذلك البنج واسقها إياه فإنها ما تصل إلى مرقدها، إلا وقد تحكم

عليها البنج فتبلغ غرضك منها وهذا ما عندي من الرأي، فقال له الملك: نعم ما أشرت به علي ثم إنه عمد إلى غزائنه وأخرج منها قطعة بنج مكرر لو شمه الفيل لرقد من السنة إلى السنة ثم إنه وضعها في جيبه وصبر إلى أن مضى قليل من الليل ودخل على الملكة إبريزة في قصرها، فلما رأته نهضت إليه قائمة فأذن لها بالجلوس وجلس عندها وصار يتحدث معها في أمر الشراب فقدمت سفرة الشراب وصفت له الأواني وصار يشرب معها وينادمها إلى أن دب السكر في رأس الملكة إبريزة.

فلما علم الملك عمر النعمان ذلك أخرج قطعة البنج من يده وجعلها بين أصابعه وملأ كأساً بيده وشربه وملأ ثانياً وأسقط قطعة البنج من جيبه فيه وهي لا تشعر بذلك، ثم قال لها: خذي اشربي فأخذته الملكة إبريزة وشربته فما كان إلا دون ساعة حتى تحكم البنج عليها وسلب إدراكها فقام إليها ملقاة على ظهرها وقد كانت قلعت السراويل من رجليها ورفع الهواء ذيل قميصها عنها فلما دخل عليها الملك ورآها على تلك الحالة ووجد عند رأسها شمعة وعند رجليها شمعة تضيء على ما بين فخذيها خيل بينه وبين عقله ووسوس له الشيطان، فما تمالك نفسه حتى قلع يراويله ووقع عليها وأزال بكارتها وقام من فوقها ودخل إلى جارية من جواريها يقال لها مرجانة وقال لها: ادخلي على سيدتك وكلميها فدخلت الجارية على سيدتها، فوجدت دمها يجري على سيقانها وهي ملقاة على ظهرها فمدت يدها إلى منديل من مناديلها وأصلحت به شأن سيدتها ومسحت عنها ذلك الدم.

فلما أصبح الصباح تقدمت الجارية مرجانة وغسلت وجه سيدتها ويديها ورجليها ثم جاءت بماء الورد وغسلت وجهها وفمها فعند ذلك عطست الملكة إبريزة وتقيأت ذلك البنج لنزلت قطعة البنج من باطنها كالقرص، ثم إنها غسلت فمها ويدها وقالت: أعلميني بما كان من أمري فأخبرتها أنها رأتها ملقاة على ظهرها ودمها سائل على فخذيها فعرفت أن الملك عمر النعمان قد وقع بها وواصلها وتحت حيلته عليها فاغتمت لذلك غماً شديداً وحجبت نفسها وقالت لجواريها: امنعوا كل من أراد أن يدخل علي وقولوا له: إنها ضعيفة حتى أنظر ماذا يفعل الله بي. فعند ذلك وصل الخبر إلى الملك عمر النعمان بأن الملكة إبريزة ضعيفة فصار يرسل إليها الأشربة والسكر والمعاجين وأقامت على ذلك شهوراً وهي محجوبة، ثم إن الملك قد بردت ناره وانطفأ شوقه إليها وصبر عنها وكانت قد علقت به، فلما مرت عليها أشهر وظهر الحمل وكبر بطنها ضاقت بها الدنيا فقالت لجاريتها مرجانة: اعلمي أن القوم ما ظلموني وإنما أنا الجانية على نفسي حيث أبي وأمي ومملكتي وأنا قد كرهت الحياة وضعفت همتي ولم يبق عندي من الهمة ولا من القوة شيء، وكنت إذا ركبت جوادي أقدر عليه وأنا الآن لا أقدر

الركوب ومتى ولدت عندهم صرت معيرة عند الجواري وكل من في القصر يعلم أنه أزال بكارتي سفاحاً وإذا رجعت لأبي بأي وجه ألقاه وبأي وجه أرجع إليه وما أحسن قول الشاعر:

بم التغلل من أهلي ولا وطني ولا نديم ولا كأس ولا سكن

فقالت لها مرجانة: الأمر أمرك وأنا في طوعك فقالت: وأنا اليوم أريد أن أخرج سراً بحيث لا يعلم بي أحد غيرك وأسافر إلى أبي وأمي فإن اللحم إذا أنتن ما له إلا أهله والله يفعل بي ما يريد، فقالت لها: ما تفعلين أيتها الملكة؟ ثم إنها جهزت أحوالها وكتمت سرها وصبرت أياماً حتى خرج الملك للصيد والقنص وخرج ولده شركان إلى القلاع ليقيم بها مدة من الزمان فأقبلت إبريزة على جاريتها مرجانة وقالت لها: أريد أن أسافر في هذه الليلة ولكن كيف أصنع في المقادير وقد قرب؟ وإن قعدت خمسة أيام أو أربعة وضعت هنا ولم أقدر أن أروح بلادي وهذا ما كان مكتوباً على جبيني ومقدراً علي في الغيب. ثم تفكرت برهة وبعد ذلك قالت لمرجانة: انظري لنا رجلاً يسافر معنا ويخدمنا في الطريق فإنه ليس لي قوة على حمل السلاح، فقالت مرجانة: والله يا سيدتي ما أعرف غير عبد أسود اسمه الغضبان وهو من عبيد الملك عمر النعمان وهو شجاع ملازم لباب قصرنا فإن الملك أمره أن يخدمنا وقد غمرناه بإحساننا فها أنا أخرج إليه وأكلمه في شأن هذا الأمر وأعده بشيء من المال وأقول له: إذا أردت المقام عندنا أزوجك بمن تشاء، وكان قد ذكر لي قبل اليوم أنه كان يقطع الطريق فإن هو وافقنا بلغنا مرادنا ووصلنا إلى بلادنا. فقالت لها: هاتيه عندي حتى أحدثه، فخرجت له مرجانة وقالت له: يا غضبان قد أسعدك الله إن قبلت من سيدتك ما تقوله لك من الكلام ثم أخذت بيده واقبلت على سيدتها فلما رآها قبل الأرض بين يديها فحين رأته نفر قلبها منه لكنها قالت في نفسها: إن الضرورة لها أحكام وأقبلت عليه تحدثه وقلبها نافر منه وقالت له: يا غضبان هل فيك مساعدة لنا على غدرات الزمان وإذا أظهرتك على أمري تكون كاتماً له. فلما نظر العبد إليها ورأى حسنها ملكت قلبه وعشقها لوقته وقال لها: يا سيدتي إن أمرتيني بشيء لا أخرج عنه فقالت له: أريد منك في هذه الساعة أن تأخذني وتأخذ جاريتي هذه وتشد لنا راحلتين وفرسين من خيل الملك وتضع على كل فرس خرجاً من المال وشيئاً من الزاد وترحل معنا إلى بلادنا وإن أقمت عندنا زوجناك من تختارها من جواري وإن طلبت الرجوع إلى بلادك أعطيناك ما تحب ثم ترجع إلى بلادك بعد أن تأخذ ما يكفيك من المال. فلما سمع الغضبان ذلك الكلام فرح فرحاً شديداً وقال: يا سيدتي

إني أخدمكما بعيوني وأمضي معكما وأشد لكما الخيل. ثم مضى وهو فرحان وقال في نفسه: قد بلغت ما أريد منهما، وإن لم يطاوعني قتلتهما وأخذت ما معهما من المال وأضمر ذلك في سره، ثم مضى وعاد ومعه راحلتان وثلاث من الخيل وهو راكب إحداهن وأقبل على الملكة إبريزة وقدم إليها فرساً فركبتها وهي متوجعة من الطلق فما قدرت أن تمسك نفسها على الفرس، فقالت للغضبان: أنزلني فقد لحقني الطلق وقالت لمرجانة: انزلي واقعدي تحتي وولديني، فعند ذلك نزلت مرجانة من فوق رأسها ونزل الغضبان من فوق فرسه وشد لجام الفرسين ونزلت الملكة إبريزة من فوق فرسها وهي غائبة عن الدنيا من شدة الطلق، وحين رآها الغضبان نزلت على الأرض وقف الشيطان في وجهه فشهر حسامه في وجها وقال: يا سيدتي ارحميني بوصلك، فلما سمعت مقالته التفتت إليه وقالت له: ما بقي إلا العبيد السود بعد ما كنت لا أرضى بالملوك الصناديد. وأدرك شهرزاد الصباح فسكتت عن الكلام المباح.

وفي الليلة الثامنة والستين قالت: بلغني أيها الملك السعيد أن لملكة إبريزة لما قالت للعبد، العبد هو الغضبان: ما بقي إلا العبيد السود ثم صارت تبكته وأظهرت له الغيظ وقالت له: ويلك ما هذا الكلام الذي تقوله لي؟ فلا تتكلم بشيء من هذا في حضرتي واعلم أنني لا أرضى بشيء مما قلته ولو سقيت كأن الردى ولكن اصبر حتى أصلح الجنين وأصلح شأني وأرمي الخلاص ثم بعد ذلك إن قدرت علي فافعل بي ما تريد وإن لم تترك فاحش الكلام في هذا الوقت فإني أقتل نفسي بيدي وأرتاح من هذا كله، ثم أنشدت هذه الأبيات: أيا غضبان دعني قد كفانـي مكايدة الحوادث والـزمـان عن الفحشاء ري قد نهـانـي وقال النار مثوى من عصاني وإني لا أميل بفـعـل سـوء بعين النقص دعني لا تراني ولم تترك الفحشـاء عـنـي وترعى حرمتي فيمن رعاني

لأسرح طاقتي لرجال قومي وأجلب كل قاصيها ودانـي ولو قطعت بالسيف اليمانـي لما خليت فحـاشـاً يرانـي من الأحرار والكبراء طـرا فكيف العبد من نسل الزواني فلما سمع الغضبان ذلك الشعر غضب عضباً شديداً واحمرت مقلته واغبرت سحنته وانتفخت ناخره وامتدت مشافره وزادت به النفرات وأنشد هذه الأبيات: أيا إبريزة لا تـتـركـيـنـي قتيل هواك باللحظ اليمانـي فقلبي قد تقطع من جـفـاك وجسمي ناحل والصبر فاني ولفظك قد سبى الألباب سحراً فعقلي نازح والشوق دانـي ولو أجلبت ملء الأرض جيشاً لأبلغ مأربي في ذا الرمـان فلما سمعت إبريزة كلامه بكت بكاء شديداً وقالت: ويلك يا غضبان وهل بلغ من

قدرك أن تخاطبني بهذا الخطاب يا ولد الزنا وتربية الخنا، أتحسب أن الناس كلهم سواء؟ فلما سمع ذلك العبد النحس هذا الكلام غضب منها غضباً شديداً وتقدم إليها وضربها بالسيف فقتلها وساق جوادها بعد أن أخذ المال وفر بنفسه هارباً في الجبال. هذا ما كان من أمر الغضبان، وأما ما كان من أمر الملكة إبريزة فإنها صارت طريحة على الأرضوكان الولد الذي ولدته ذكراً فحملته مرجانة في حجرها وصرخت صرخة عظيمة وشقت أثوابها وصارت تحثو التراب على رأسها وتلطم على خدها حتى طلع الدم من وجهها وقالت: واحسرتاه كيف قتل سيدتي عبد أسود لا قيمة له بعد فروسيتها؟ فبينما هي تبكي وإذا بغبار قد ثار حتى سد الأقطار ولما انكشف ذلك الغبار بان من تحته عسكر جرار وكانت العساكرعساكر ملك الروم والد الملكة إبريزة، وسبب ذلك أنه لما سمع أن ابنته هربت هي وجواريها إلى بغداد وأنها عند الملك عمر النعمان خرج بمن معه ليسأل المسافرين من أين أتوا لعله يعلم بخبر ابنته وكان على بعد هؤلاء الثلاثة ابنته والعبد الغضبان وجاريتها مرجانة فقصدهم ليسألهم، فلما قصدهم خاف العبد على نفسه بسبب قتلها فنجا بنفسه فلما أقبلوا عليها رآها أبوها مرمية على الأرض وجاريتها تبكي عليها، فرمى نفسه من فوق جواده ووقع على الأرض مغشياً عليه فترجل كل من كان معه من الفرسان والأرماء والوزراء وضربوا الخيام ونصبوا قبة الملك حردوب ووقف أرباب الدولة خارج تلك القبة، فلما رأت مرجانة سيدها عرفته وزادت في البكاء والنحيبز فلما أفاق الملك من غشيته سألها عن الخبر فأخبرته بالقصة وقالت له: إن الذي قتل ابنتك عبد أسود من عبيد الملك عمر النعمان وأخبرته بما فعله الملك عمر النعمان بابنته. فلما سمع الملك حردوب ذكلك الكلام اسودت الدنيا في وجهه وبكى بكاء شديداً، ثم أمر بإحضار محفة وحمل ابنته فيها ومضى إلى قيسارية وأدخلوها القصر ثم إن الملك حردوب دخل على أمه ذات الدواهي وقال لها: أهكذا يفعلون المسلمون ببنتي؟ فإن الملك عمر النعمان أزال بكارتها قهراً، وبعد ذلك قتلها عبد أسود من عبيده فواحق المسيح لا بد من أخذ ثأر ابنتي أو كشف العار عن عرضي وإلا قتلت نفسي بيدي، ثم بكى بكاء شديداً، فقالت له أمه ذات الدواهي: ما قتل ابنتك إلا مرجانة لأنها كانت تكرهها في الباطن ثم قالت لولدها: لا تحزن من أخذ ثأرها فواحق المسيح، لا أرجع عن الملك النعمان حتى أقتله وأقتل أولاده ولأعملن معه عملاً تعجز عنه الدهاة والأبطال ويتحدث عنه المتحدثون في جميع الأقطار ولكن ينبغي لك أن تمتثل أمري في كل ما أقوله وأنت تبلغ ما تريد فقال: وحق المسيح لا أخالفك أبداً فيما تقولينه.

قالت له: إئتني بجوار نهد أبكار وائتني بحكماء الزمان وأجزل لهم العطايا وامرهم أن يعلموا الجواري الحكمة والأدب وخطاب الملوك ومنادمتهم والأشعار وأن يتعلموا بالحكمة والمواعظ، ويكون الحكماء مسلمين لأجل أن يعلموهن أخبار العرب وتواريخ الخلفاء وأخبار من سلف من ملوك الإسلام ولو أقمنا على ذلك عشرة أعوام وطول روحك واصبر فإن بعض الأعراب يقول: أن أخذ الثأر بعد أربعين عاماً مدته قليلة، ونحن إذا علمنا تلك الجواري بلغنا من عدونا ما نختار لأنه ممن يحب الجواري وعنده ثلثمائة وست وستون جارية وازددن مائة جارية من خواص جواريك اللاتي كن مع المرحومة فإذاتعلم الجواري ما أخبرتك من العلوم فإني آخذهن بعد ذلك وأسافر بهن فلما سمع الملك حردوب كلام أمه ذات الدواهي فرح فرحاً شديداً وقبل رأسها، ثم أرسل من وقته وساعته المسافرين والقصاد إلى أطراف البلاد، ليأتوا إليه بالحكماء من المسلمين فامتثلوا أمره وسافروا إلى بلاد بعيدة، وأتوا بما طلبه من الحكماء والعلماء فلما حضروا بين يديه أكرمهم غاية الإكرام وخلع عليهم الخلع ورتب لهم الرواتب والجرايات ووعدهم بالمال الجزيل إذا فعلوا ما أمرهم به، ثم أحضر لهم الجواري، وأدرك شهرزاد الصباح فسكتت عن الكلام المباح.

وفي الليلة التاسعة والستين قالت: بلغني أيها الملك السعيد أن العلماء والحكماء لما حضروا عند الملك حردوب أكرمهم إكراماً زائداً وأحضروا الجواري بين أيديهم وأوصاهم أن يعلموهن الحكمة والأدب فامتثلوا أمره. هذا ما كان من أمر الملك حردوب وأما ما كان من أمر الملك عمر النعمان فإنه لما عاد من الصيد والقنص وطلع القصر طلب الملكة إبريزة فلم يجدها ولم يخبره أحد عنها فعظم عليه ذلك، وقال: كيف تخرج هذه الجارية من القصر ولم يعلم بها أحد، فإن كانت مملكتي على هذا الأمر فإنها ضائعة المصلحة ولا ضابط بها فما بقيت أخرج إلى الصيد والقنص حتى ارسل إلى الأبواب من يتوكل بها واشتد حزنه وضاق صدره، لفراق الملكة إبريزة فبينما هو كذلك وإذا بولده شركان قد أتى من سفره، فأعلمه والده بذلك وأخبره أنها هربت وهو في الصيد والقنص فاغتم شركان ذلك غماً شديداً ثم إن الملك صار يتفقد أولاده كل يوم ويكرمهم وكان قد أحضر العلماء والحكماء ليعلموهم العلم، ورتب لهم الرواتب فلما رأى شركان ذلك الأمر غضب غضباً شديداً وحسد أخوته على ذلك إلى أن ظهر أثر الغيظ في وجهه ولم يزل متمرضاً حتى هذا الأمر. فقال له والده يوماً من الأيام: مالي أراك تزداد ضعفاً في جسمك واصفرار في لونك؟ فقال له شركان: يا والدي كلما رأيتك تقرب أخواتي وتحسن إليهم يحصل عندي حسد وأخاف أن يزيد بي الحسد فأقتلهم وتقتلني

أنت بسببهم إذا أنا قتلتهم فمرض جسمي وتغير لوني بسبب ذلك، ولكن أنا أشتهي من أحسانك أن تعطيني قلعة من القلاع حتى أقيم بها بقية عمري، فإن صاحب المثل يقول: بعدي عن حبيبي أجمل وأحسن عين لا تنظر وقلب لا يحزن. ثم أطرق برأسه إلى الأرض. فلما سمع الملك عمر النعمان كلامه عرف سبب ما هو فيه من التغير فأخذ بخاطره وقال له: يا ولد إني أجيبك إلى ما تريد، وليس في ملكي أكبر من قلعة دمشق فقد ملكتها من هذا الوقت، ثم أحضر الموقعين في الوقت والساعة وأمرهم بكتابة تقليد ولده شركان ولاية دمشق الشام فكتبوا له ذلك وجهزوه وأخذ الوزير دندان معه وأوصاه بالمملكة والسياسة وقلده أموره، ثم ودعه والده وودعته الأمراء وأكابر الدولة وسار بالعسكر حتى وصل إلى دمشق فلما وصل إليها دق له أهلنا الكاسات، وصاحوا بالبوقات وزينوا المدينة، وقابلوه بموكب عظيم سار فيه أهل الميمنة ميمنة وأهل الميسرة ميسرة فهذا ما كان من أمر شركان.

وأما ما كان من أمر والده عمر النعمان فإنه بعد سفر ولده شركان أقبل عليه الحكماء وقالوا له: يا مولانا إن أولادك تعلموا الحكمة والأدب فعند ذلك فرح عمر النعمان فرحاً شديداً وأنعم على جميع الحكماء حيث رأى ضوء المكان كبر وترعرع وركب الخيل وصار له من العمر أربع عشر سنة وطلع مشتغلاً بالدين والعبادة محباً للفقراء وأهل العلم والقرآن، وصار أهل بغداد يحبونه نساء ورجالاً إلى أن طاف بغداد محمل العراق من أهل الحج، وزيارة قبر النبي صلى الله عليه وسلم فلما رأى ضوء المكان مركب المحمل اشتاق إلى الحج فدخل على والده وقال له: إني أتيت إليك لأستأذنك في أن أحج، فمنعه من ذلك، وقال له: اصبر إلى العام القابل وأنا أتوجه إلى الحج وآخذك معي. فلما رأى الأمر يطول عليه دخل على أخته نزهة الزمان، فوجدها قائمة تصلي فلما قضت الصلاة قال لها: إني قد قتلني الشوق إلى حج بين الله الحرام وزيارة قبر النبي عليه الصلاة والسلام واستأذنت والدي فمنعني من ذلك، فالمقصود أن آخذ شيئاً من المال وأخرج إلى الحج سراً ولا أعلم أبي بذلك، فقالت له أخته: بالله عليك أن تأخذني معك ولا تحرمني من زيارة النبي صلى الله عليه وسلم فقال لها: إذا جن الظلام فاخرجي من هذا المكان ولا تعلمي أحداً بذلك. فلما كان نصف الليل قامت نزهة الزمان وأخذت شيئاً من المال ولبست لباس الرجال وكانت قد بلغت من العمر مثل عمر ضوء المكان ومشت متوجهة إلى باب القصر فوجدت أخاها ضوء المكان قد جهز الجمال فركب وأركبها وسارا ليلاً واختلطا بالحجيج ومشيا إلى أن صارا في وسط الحجاج العراقيين وما زالا سائرين وكتب الله لهما السلامة، حتى دخلا مكة المشرفة ووقفا

بعرفات وقضيا مناسك الحج ثم توجها إلى زيارة النبي صلى الله عليه وسلم فزاراه، وبعد ذلك أرادا الرجوع مع الحجاج إلى بلادهما فقال ضوء المكان لأخته: يا أختي أريد أن أزور بيت المقدس والخليل إبراهيم عليه الصلاة والسلام فقالت له: وأنا كذلك واتفقا على ذلك ثم خرجا واكترى له ولها مع المقادسة وجهزا حالهما وتوجها مع الركب فحصل لأخته في تلك الليلة حمى باردة فتشوشت ثم شفيت وتشوش الآخر فصارت تلاطفه في ضعفه ولم يزالا سائرين إلى أن أدخلا بيت المقدس واشتد المرض على ضوء المكان ثم إنهما نزلا في خان هناك واكتريا لهما فيه حجرة واستقرا فيها ولم يزل المرض يتزايد على ضوء المكان حتى أنحله وغاب عن الدنيا.

فاغتمت لذلك أخته نزهة الزمان وقالت: لا حول ولا قوة إلا بالله هذا حكم الله ثم إنها قعدت هي وأخوها في ذلك المكان وقد زاد به الضعف وهي تخدمه وتتفق عليه وعلى نفسها حتى فرغ ما معها من المال وافتقرت ولم يبق معها دينار ولا درهم فأرسلت صبي الخان إلى السوق بشيء من قماشها فباعه وأنفقته على أخيها ثم باعت شيئاً آخر ولم تزل تبيع من متاعها شيئاً فشيئاً حتى لم يبق لها غير حصير مقطعة فبكت، وقالت: لله الأمر من قبل ومن بعد ثم قال لها أخوها: يا أختي إني قد أحسست بالعافية وفي خاطري شيء من اللحم المشوي فقالت له أخته: إني ما لي وجه للسؤال، ولكن غداً أدخل بيت أحد الأكابر وأخدم وأعمل بشيء نقتات به أنا وأنت ثم تفكرت ساعة وقالت: إني لا يهون علي فراقك وأنت في هذه الحالة ولكن لا بد من طلب المعاش قهراً عني فقال لها أخوها: بعد العز تصبحين ذليلة، فلا حول ولا قوة إلا بالله العلي العظيم، ثم بكى وبكت وقالت له: يا أخي نحن غرباء وقد أقمنا هنا سنة كاملة ما دق علينا الباب أحد فهل نموت من الجوع؟ فليس عندي من الرأي غلا أني أخرج وأخدم وآتيك بشيء تقتات به إلى أن تبرأ منمرضك ثم نسافر إلى بلادنا ومكثت تبكي ساعة، ثم بعد ذلك قامت نزهة الزمان وغطت رأسها بقطعة عباءة من ثياب الجمالين كان صاحبها نسيها عندهما وقبلت راس أخيها وغطته وخرجت من عنده وهي تبكي ولم أين تمضي وما زال أخوها ينتظرها إلى أن قرب وقت العشاء، ولم تأت فمكث بعد ذلك هو ينتظرها إلى أن طلع النهار فلم تعد إليه ولم يزل على هذه الحالة يومين فعظم ذلك عنده وارتجف قلبه عليهاواشتد به الجوع، فخرج من الحجرة وصاح على صبي الخان وقال له: أريد أن تحملني إلى السوق فحمله والقاه في السوق فاجتمع عليه أهل القدس وبكوا عليه لما رأوه على تلك الحالة وأشار إليهم بطلب شيء يأكله فجاؤوا له من التجار الذين في السوق ببعض دراهم واشتروا له شيئاً

وأطعموه إياه، ثم حملوه ووضعوه على دكان وفرشوا له قطعة برش ووضعوا عند رأسه إبريقاً. فلما أقبل الليل انصرف عنه الناس وهم حاملون همه، فلما كان نصف الليل تذكر أخته فازداد به الضعف وامتنع من الأكل والشرب وغاب عن الوجود فقام أهل السوق وأخذوا له من التجار ثلاثين درهماً، واكتروا له له جملاً وقالوا للجمال: احمل هذا وأوصله إلى دمشق وأدخله المارستان لعله أن يبرأ فقال لهم: على الرأس ثم قال في نفسه: كيف أمضي بهذا المريض وهو مشرف على الموت؟ ثم خرج به إلى مكان واختفى به إلى الليل ثم ألقاه على مزبلة مستوقد حمام ثم مضى إلى حال سبيله. فلما أصبح الصباح طلع وقاد الحمام إلى شغله فوجده ملقى على ظهره فقال في نفسه: لأي شيء ما يرمون هذا الميت إلا هنا؟ ورفسه برجله فتحرك فقال الوقاد الواحد منكم يأكل قطعة حشيش ويرمي نفسه في أي موضع كان ثم نظر إلى وجهه فرآه لا نبات بعارضيه، وهو ذو بهاء وجمال فأخذته الرأفة عليه وعرف أنه مريض وغريب فقال: لا حول ولا قوة إلا بالله إني دخلت في خطيئة هذا الصبي وقد أوصاني النبي صلى الله عليه وسلم بإكرام الغريب لا سيما إذا كان الغريب مريضاً ثم حمله وأتى به إلى منزله ودخل به على زوجته وأمرها أن تخدمه وتفرش له بساطاً ففرشت له وجعلت تحت رأسه وسادة وسخنت له ماء وغسلت له يديه ورجليه ووجهه وخرج الوقاد إلى السوق وأتى له بشيء من ماء الورد والسكر، ورش على وجهه وسقاه السكر وأخرج له قميصاً نظيفاً وألبسه إياه فشم نسيم الصحة وتوجهت إليه العافية واتكأ على المخدة ففرح الوقاد بذلك وقال: الحمد لله على عافية هذا الصبي اللهم إني أسألك بسرك المكنون أن تجعل سلامة هذا الشاب على يدي. وأدرك شهرزاد الصباح فسكتت عن الكلام المباح.

وفي الليلة السبعين قالت: بلغني أيها الملك السعيد وما زال الوقاد يتعهده ثلاثة أيام، وهو يسقيه السكر وماء الحلاف وماء الورد ويتعطف عليه ويتلطف به حتى عادت الصحة في جسمه وفتح عينيه فاتفق أن الوقاد دخل عليه فرآه جالساً وعليه آثار العافية فقال له: ما حالك يا ولدي في هذا الوقت؟ فقال ضوء المكان بخير وعافية فحمد الوقاد ربه وشكره ثم نهض إلى السوق واشترى له عشر دجاجات وأتى إلى زوجته، وقال لها: اذبحي له في كل يوم اثنتين واحدة في أول النهار وواحدة في آخر النهار فقامت وذبحت له دجاجة وسلقتها، وأتت بها إليه وأطعمته إياها وسقته مرقتها فلما فرغ من الأكل قدمت له ماء مسخناً فغسل يديه واتكأ على الوسادة وغطته بملاءة فنام إلى العصر ثم قامت وسلقت دجاجة أخرى وأتته بها وفسختها وقالت له: كل يا ولدي فبينما هو يأكل وإذا بزوجها قد

دخل فوجدها تطعمه فجلس عند رأسه وقال له: ما حالك يا ولدي في هذا الوقت؟ فقال: الحمد لله على العافية جزاك الله عني خير. ففرح الوقاد بذلك ثم إنه خرج وأتى بشراب البنفسج وماء الورد وسقاه وكان ذلك الوقاد يعمل في الحمام كل يوم بخمسة دراهم فيشتري له بدرهم فراريج وما زال يلاطفه إلى أن مضى عليه شهر من الزمان حتى زالت عنه آثار المرض وتوجهت إليه العافية ففرح الوقاد هو وزوجته بعافية ضوء المكان وقال: يا ولدي هل لك أن تدخل معي الحمام؟ قال: نعم فمضى إلى السوق وأتى له بمكاري وأركبه حماراً وجعل يسنده إلى أن وصل إلى الحمام ثم دخل معه الحمام وأجلسه في داخله ومضى إلى السوق واشترى له سدراً ودقاقاً وقال لضوء المكان: يا سيدي بسم الله أغسل لك جسدك وأخذ الوقاد يحك لضوء المكان رجليه، وشرع يفسل له جسده بالسدر والدقاق، وغذا ببلان قد أرسله معلم الحمام إلى ضوء المكان فوجد الوقاد يحك رجليه فتقدم إليه البلان، وقال له: هذا نقص في حق المعلم. فقال الوقاد: والله إن المعللم غمرنا بإحسانه فشرع البلان يحلق رأس ضوء المكان ثم اغتسل هو والوقاد وبعد ذلك رجع به الوقاد إلى منزله وألبسه قميصاً رفيقاً وثوباً من ثيابه وعمامة لطيفة وأعطاه حزاماً وكانت زوجة الوقاد قد ذبحت دجاجتين وطبختهما. فلما طلع ضوء المكان وجلس على الفراش قام الوقاد وأذاب له السكر في ماء الورد وسقاه ثم قدم له السفرة وصار الوقاد يفسخ له من ذلك الدجاج ويطعمه ويسقيه من المسلوقة إلى ان اكتفى وغسل يديه وحمد الله تعالى على العافية ثم قال الوقاد: أنت الذي منّ الله بك علي وجعل سلامتي على يديك، فقال الوقاد: دع عنك هذا الكلام وقل لنا ما سبب مجيئك إلى هذه المدينة ومن أنت فإني أرى على وجهك آثار النعمة؟ فقال له ضوء المكان: قل لي أنت كيف وقعت بي حتى أخبرك بحديثي؟ فقال له الوقاد: أما أنا فإني وجدتك مرمياً على القمامة في المستوقد حين لاح الفجر لما توجهت إلى أشغالي ولم أعرف من رماك. وأدرك شهرزاد الصباح فسكتت عن الكلام المباح.

وفي الليلة الحادية والسبعين قالت: بلغني أيها الملك السعيد أن الوقاد قال: لم أعرف من رماك فأخذتك عندي وهذه حكايتي فقال ضوء المكان: سبحان من يحيي العظام، وهي رميم إنك يا أخي ما فعلت الجميل إلا مع أهله وسوف تجني ثمرة ذلك ثم قال للوقاد: وأنا الآن في أي بلاد؟ فقال الوقاد: أنت في مدينة القدس فعند ذلك تذكر ضوء المكان غربته وفراق أخته وبكى حيث باح بسره إلى الوقاد وحكى له حكايته ثم أنشد هذه الأبيات:

لقد حملوني في الهوى غير طاقتي ومن أجلهم قامت علي القيامة ألا فارقوا يا هاجرين بمهجتي فقد رق لي من بعدكم كل شامت ولا تمنعوا أن تسمحوا لي بنظرة تخفف أحوالي فرط سبابتي سألت فؤادي الصبر عنكم فقال لي إليك فإن الصبر من غير عادتي

ثم زاد بكائه فقال له الوقاد: لا تبك واحمد الله على السلامة والعافية. فقال ضوء المكان: كم بيننا وبين دمشق؟ فقال: ستة أيام فقال ضوء المكان: هل لك أن ترسلني إليها؟ فقال له الوقاد: يا سيدي كيف أدعك تروح وأنت شاب صغير فإن شئت السفر إلى دمشق فأنا الذي أروح معك وإن أطاعتني زوجتي وسافرت معي أقمت هناك فإنه لا يهون علي فراقك، ثم قال الوقاد لزوجته: هل لك أن تسافري معي إلى دمشق الشام أو تكوني مقيمة هنا، حتى أوصل سيدي هذا إلى دمشق الشام وأعود إليك فإنه يطلب السفر إليها فإني والله لا يهون علي فراقه وأخاف عليه من قطاع الطرق. فقال له زوجته: أسافر معكما فقال الوقاد: الحمد لله على الموافقة ثم أن الوقاد قام وباع أمتعته وأمتعة زوجته. وأدرك شهرزاد الصباح فسكتت عن الكلام المباح.

وفي الليلة الثانية والسبعون قالت: بلغني أيها الملك السعيد أن الوقاد اتفق هو وزوجته على السفر مع ضوء المكان وعلى أنهما يمضيان معه إلى دمشق ثم إن الوقاد باع أمتعته وأمتعة زوجته ثم اكترى حماراً وأركب ضوء المكان إياه وسافروا ولم يزالوا مسافرين ستة أيام إلى أن دخلوا دمشق فنزلوا هناك في آخر النهار وذهب الوقاد واشترى شيئاً من الأكل والشرب على العادة وما زالوا على ذلك الحال خمسة أيام وبعد ذلك مرضت زوجة الوقاد أياماً قلائل وانتقلت إلى رحمة الله تعالى فعظم ذلك على ضوء المكان لأنه قد اعتاد عليها وكانت تخدمه، وحزن عليها الوقاد حزناً شديداً فالتفت ضوء المكان إلى الوقاد، فوجده حزيناً فقال له: لا تحزن فإننا كلنا داخلون في هذا الباب فالتفت الوقاد إلى ضوء المكان وقال له: جزاك الله خيراً يا ولدي فالله تعالى يعوض علينا بفضله ويزيل عنا الحزن فهل لك يا ولدي أن تخرج بنا ونتفرج في دمشق، لنشرح خاطرك؟ فقال له ضوء المكان: الرأي رأيك فقام الوقاد ووضع يده في يد ضوء المكان وسارا إلى أن أتيا تحت إصطبل والي دمشق فوجدا جمالاً محملة صناديق وفرشاً وقماشاً من الديباج وغيره وجنائب مسرجة ونجاتي وعبيداً ومماليك والناس في هرج فقال ضوء المكان: يا ترى لمن تكون هؤلاء المماليك والجمال والأقمشة وسأل بعض الخدم عن ذلك، فقال له المسؤول: هذه هدية من أمير دمشق يريد إرسالها إلى الملك عمر النعمان

215

مع خراج الشام فلما سمع ضوء المكان هذا الكلام تغرغرت عيناه بالدموع وأنشد يقول: إن شكونا البعاد ماذا تـقـول أو تلفنا الشوق فكيف السبـيل أو رأينا رسلاً تترجـم عـنـا ما يودي شكوى لمحب رسول أو صبرنا فما من الصبر عندي بعد فقد الأحبـاب إلا قـلـيل وقال أيضاً: رحلوا غائبين عن جفن عيني ليس تحلوا والاشتياق يحول غاب عني جمالهم فحيانـي أذكر الوجد في حديث يطول ولما فرغ من شعره بكى، فقال له الوقاد: يا ولدي نحن ما صدقنا أنك جاءتك العافية فطب نفساً ولا تبك فإني أخاف عليك من النكسة، وما زال يلاطفه ويمازحه وضوء المكان يتنهد ويتحسر على غربته وعلى فراقه لأخته ومملكته ويرسل العبرات ثم أنشد هذه الأبيات:

تزود من الدنيا فـإنـك راحـل وأيقن بأن الموت لا شك نـازل نعيمك في الدنيا غرور وحسـرة وعيشك في الدنيا محال وبـال ألا إنما الدنيا كمـنـزل راكـب أناخ عيناً وهو في الصبح راحل

ثم إن ضوء المكان جعل يبكي وينتحب على غربته وكذلك الوقاد صار يبكي على فراق زوجته ولكنه مازال يتلطف بضوء المكان إلى أن أصبح الصباح فلما طلعت الشمس قال له الوقاد: كأنك تذكرت بلادك؟ فقال له ضوء المكان: نعم ولا أستطيع أن أقيم هنا وأستودعك الله فإني مسافر مع هؤلاء القوم وأمشي معهم قليلاً قليلاً حتى أصل بلادي. فقال له الوقاد: وأنا معك فإني لا أقدر أن أفارقك فإني عملت معك حسنة، وأريد أن أتممها بخدمتي لك، فقال له ضوء المكان: جزاك الله عني خيراً وفرح ضوء المكان بسفر الوقاد معه ثم إن الوقاد خرج من ساعته واشترى حماراً وهيأ زاداً، وقال لضوء المكان: اركب هذا الحمار في السفر فإذا تعبت من الركوب فانزل وامش فقال له ضوء المكان: بارك الله فيك وأعانني على مكافأتك فإنك فعلت معي من الخير ما لا يفعله أحد مع أخيه ثم صبرا إلى أن جن الظلام فحملا زادهما وأمتعتهما على ذلك الحمار وسافرا. هذا ما كان من أمر ضوء المكان والوقاد. وأما ما كان من أمر أخته نزهة الزمان فإنها لما فارقت أخاها ضوء المكان خرجت من الخان الذي كانا فيه في القدس بعد أن التفت بالعباءة لأخل أن تخدم أحداً وتشتري لأخيها ما اشتهاه من اللحم المشوي، وصارت تبكي في الطريق وهي لا تعرف أين تتوجه وصار خاطرها مشغولاً بأخيها وقلبها مفتكر في الأهل والأوطان، فصارت تتضرع إلى الله تعالى في دفع هذه البليات وأنشدت هذه الأبيات: جن الظلام وهاج الوجد بالسـقـم والشوق حرك ما عندي من الألم ولوعة البين في الأحشاء قد سكنت والوجد صيرني في حالة العـدم والحزن أقلقني

والشوق أحرقنـي والدمع باح بحب لي مكتـتـم وليس لي حيلة في الوصل أعرفها حتى تزحزح ما عندي من الغمم فنار قلبي بـالأشـواق مـوقـدة ومن لظاها يظل الصب في نقـم يا من يلوم على ما حل بي وجرى إني صبرت على ما خط بالقلـم أقسمت بالحب مالي سلـوة أبـداً يمين أهل الهوى مبرورة القسـم يا ليل بلغ رواة الحب عن خبري واشهد بعلمك أني فيك لـم أنـم ثم إن نزهة الزمان أخت ضوء المكان صارت تمشي وتلتفت يميناً ويساراً وإذا بشيخ مسافر من البدو ومعه خمسة أنفار من العرب قد التفت إلى نزهة الزمان فرآها جميلة وعلى رأسها عباءة مقطعة، فتعجب من حسنها وقال في نفسه: إن هذه جميلة ولكنها ذات قشف فإن كانت من أهل المدينة أو كانت غريبة فلا بد لي منها، ثم إنه تبعها قليلاً قليلاً حتى تعرض لها في الطريق في مكان ضيق وناداها ليسألها عن حالها وقال لها: يا بنية هل انت حرة أم مملوكة؟ فلما سمعت كلامه نظرت إليه وقال له: بحياتك لا تجدد علي الأحزان، فقال لها: إني رزقت ست بنات مات لي منهن خمسة وبقيت واحدة وهي أصغرهن وأتيت إليك لأسألك هل أنت من أهل المدينة أو غريبة لأجل أن آخذك وأجعلك عندها لتؤانسيها فتشتغل بك عن الحزن على أخواتها فإن لم يكن لك أحد جعلتك مثل واحدة منهن وتصيرين مثل أولادي. فلما سمعت نزهة الزمان كلامه قالت في سرها: عسى أن آمن على نفسي عند هذا الشيخ ثم أطرقت برأسها من الحياء وقالت: يا عم أنا بنت غريبة ولي أخ ضعيف فأنا أمضي معك إلى بيتك بشرط أن أكون عندك بالنهار وبالليل أمضي إلى أخي فإن قبلت هذا الشرط مضيت معك لأني غريبة، وكنت عزيزة فأصبحت ذليلة حقيرة وجئت أنا وأخي من بلاد الحجاز وأخاف أن أخي لا يعرف مكاناً لي.

فلما سمع البدوي كلامها قال في نفسه: والله إني فزت بمطلوبي، ثم قال لها: ما أريد إلا لتؤانسي بنتي نهاراً وتمضي إلى أخيك ليلاً وإن شئت فانقليه إلى مكاننا. ولم يزل البدي يطيب قلبها ويلين لها الكلام إلى أن وافقته على الخدمة ومشى قدامها وتبعته ولم يزل سائر إلى جماعته وكانوا قد هيئوا الجمال ووضعوا عليها الأحمال ووضعوا فوقها الماء والزاد وكان البدوي قاطع الطريق وخائن الرفيق وصاحب مكر وحيل ولم يكن عنده بيت ولا ولد وإنما قال ذلك الكلام حيلة على هذه البنت المسكينة لأمر قدره الله. ثم إن البدوي صار يحدثها في الطريق إلى أن خرج من مدينة القدس واجتمع برفاقه فوجدهم قد رحلوا الجمال فركب البدوي وأردفها خلفه وساروا معظم الليل فعرفت نزهة الزمان أن كلام البدوي كان حيلة عليها وأنه مكر بها، فصارت تبكي وتصرخ وهم في الطريق قاصدين الجبال خوفاً من أن يراهم أحد، فلما صاروا قريب الفجر نزلوا عن الجمال وتقدم البدوي إلى

نزهة الزمان وقال لها: يا مدنية ما هذا البكاء، والله إن لم تتركي البكاء ضربتك إلى أن تهلكي يا قطعة حضرية. فلما سمعت نزهة الزمان كلامه كرهت الحياة وتمنت الموت فالتفتت إليه وقالت له: يا شيخ السوء يا شبيهة جهنم كيف استأمنتك وأنت تخونني وتمكر بي؟ فلما سمع البدوي كلامها قال لها: يا قطعة حضرية لك لسان تجاوبينني به وقام إليها ومعه سوط فضربها وقال: إن لم تسكتي قتلتك فسكتت نزهة ثم تفكرت أخاها وما هو فيه من الأمراض فبكت سراً، وفي ثاني يوم التفتت إلى البدوي وقالت له: كيف تعمل على هذه الحيلة حتى أتيت بي إلى هذه الجبال القفرة وما قصدك مني؟ فلما سمع كلامها قسا قلبه وقال لها: يا قطعة حضرية ألك لسان تجاوبينني وأخذ السوط ونزل على ظهرها إلى أن غشي عليها فانكبت على رجليه وقبلتهما فكف عنها الضرب وصار يشتمها ويقول لها: وحق طرطوري إن سمعتك تبكين قطعت لسانك ودسته في فرجك يا قطعة حضرية، فعند ذلك سكتت ولم ترد جواباً وآلمها الضرب فقعدت على قراقيصها وجعلت رأسها في طوقها وصارت تتفكر في حالها وفي حال أخيها وفي ذلها بعد العز وفي مرض أخيها ووحدته واغترابهما وأرسلت دموعها على الوجنات وأنشدت هذه الأبيات: من عادة الدهـر إدبـار وإقـبـال فمايدوم لـه بـين الـورى حـال وكل شيء من الـدنـيا لـه أجـل وتنقضي لجمـيع الـنـاس آجـال كما أحمل الضيم والأهوال يا أسفـي من عيشة كلـهـا ضـيم وأهـوال لا أسعد الله أياماً عـززت بـهـا دهراً وفي طي ذاك الـعـز إذلال قد خاب قصدي وآمالي بها انصرمت وقد تقطع بالـتـغـريب أوصـال يا من يمر على دار بها سـكـنـي بلغه عنـي أن الـدمـع هـطـال فلما سمع البدوي شعرها عطف عليها ورثى لها ورحمها وقام إليها ومسح دموعها وأعطاها قرصاً من شعير وقال لها: أنا لا أحب من يجاوبني في وقت الغيظ وأنت بعد ذلك لا تجاوبينني بشيء من هذا الكلام الفاحش وأنا أبيعك لرجل جيد مثلي يفعل معك الخير مثل ما فعلت معك، قالت: نعم ما تفعل، ثم إنها لما طال عليها الليل وأحرقها الجوع أكلت من ذلك القرص الشعير شيئاً يسيراً، فلما انتصف الليل أمر البدوي جماعته أن يسافروا، وأدرك شهرزاد الصباح فسكتت عن الكلام المباح.

وفي الليلة الثالثة والسبعين قالت: بلغني أيها الملك السعيد أن البدوي لما أعطى نزهة الزمان القرص الشعير ووعدها أن يبيعها لرجل يجيد مثله قالت له: نعم ما تفعل، فلما انتصف الليل وأحرقها الجوع أكلت من القرص الشعير شيئاً يسيراً. ثم إن البدوي العجوز وضع نزهة الزمان خلفه وساروا وما زالوا سائرين مدة ثلاثة أيام ثم دخلوا مدينة دمشق ونزلوا في خان السلطان بجانب باب الملك وقد تغير لون نزهة الزمان من الحزن وتعب السفر فصارت تبكي من أجل ذلك فأقبل عليها

البدوي وقال لها: يا حضرية وحق طرطوري إن لم تتركي هذا البكاء لا أبيعك إلا ليهودي ثم إنه قام وأخذ بيدها وأدخلها في مكان وتمشى إلى السوق ومر على التجار الذين يتجرون في الجواري وصار يكلمهم ثم قال لهم: عندي جارية أتيت بها معي وأخوها ضعيف فأرسلته إلى أهلي في مدينة القدس لأجل أن يداووه حتى يبرأ وقصدي أن أبيعها ومن يوم ضعف أخوها وهي تبكي وصعب عليها فراقه وأريد أن الذي يشتريها مني يلين لها الكلام ويقول لها: إن أخاك عندي في القدس ضعيف وأنا أرخص له ثمنها فنهض رجل من التجار وقال له: كما عمرها؟ فقال: هي بكر بالغة ذات عقل وأدب وفطنة وحسن وجمال، ومن حين أرسلت أخاها إلى القدس اشتغل قلبها وتغيرت محاسنها وانهزل سمنها. فلما سمع التاجر ذلك تمشى مع البدوي وقال له: اعلم يا شيخ العرب أني أروح معك وأشتري منك الجارية التي تمدحها وتشكر عقلها وأدبها وحسنها وجمالها وأعطيك ثمنها وأشترط عليك شروطاً أن قبلها نقدت لها ثمناً وإن لم تقبلها رددتها عليك، فقال له البدوي: إن شئت فاطلع بها إلى السلطان واشترط علي ما شئت من الشروط فإنك إذا أوصلتها إلى الملك شركان ابن الملك عمر النعمان صاحب بغداد وخراسان ربما تليق بعقله فيعطيك ثمنها ويكثر لك الربح فيها. فقال له البدوي: قبلت منك هذا الشرط، ثم مشى الاثنان إلى أن اقبلا على المكان الذي فيه نزهة الزمان ووقف البدوي على باب الحجرة وناداها: يا ناحبة، وكان قد سماها بهذا الاسم فلما سمعته بكت ولم تجبه فالتفت البدوي إلى التاجر وقال له: ها هي قاعدة دونك فأقبل عليها وانظرها ولاطفها مثل ما أوصيتك، فتقدم التاجر إليها فرآها بديعة الحسن والجمال لاسيما وكانت تعرف بلسان العرب. فقال التاجر: إن كانت كما وصفت لي فإني أبلغ بها عند السلطان ما أريد ثم أن التاجر قال لها: السلام عليك يا بنية كيف حالك؟ فالتفتت إليه وقالت: كان ذلك في الكتاب مسطورا، ونظرت إليه فإذا هو رجل ذو وقار ووجه حسن فقالت في نفسها: أظن أن هذا جاء ليشتريني ثم قالت: إن امتنعت عنه صرت عند هذا الظالم فيهلكني من الضرب فعلى كل حال هذا رجل وجهه حسن وهو أرجى للخير من هذا البدوي الجلف، ولعله ما جاء إلا ليسمع منطقي فأنا أجاوبه جواباً حسناً كل ذلك وعينها على الأرض ثم رفعت بصرها إليه وقالت بكلام عذب: وعليك السلام ورحمة الله وبركاته يا سيدي بهذا أمر النبي صلى الله عليه وسلم وأما سؤالك عن حالي فإن شئت أن تعرفه فلا تتمنه إلا لأعدائك ثم سكتت فلما سمع التاجر كلامها طار عقله فرحاً بها والتفت إلى البدوي وقال له: كم ثمنها فإنها جليلة فاغتاظ البدوي

وقال له: أفسدت علي الجارية بهذا الكلام لأي شيء تقول إنها جليلة مع أنها من رعاع الناس فأنا لا أبيعها لك.

فلما سمع التاجر كلامه عرف أنه قليل العقل فقال له: طب نفساً وقر عيناً فأنا أشتريها على هذا العيب الذي ذكرتها فقال له البدوي: وكم تدفع لي فيه؟ فقال له التاجر: ما يسمي الولد إلا أبوه فاطلب فيها مقصودك فقال له البدوي ما يتكلم إلا أنت فقال التاجر في نفسه: إن هذا البدوي جلف يابس الرأس وأنا لا أعرف لها قيمة إلا أنها ملكت قلبي بفصاحتها وحسن منظرها وإن كانت تكتب وتقرأ فهذا من تمام النعمة عليها وعلى من يشتريها. لكن هذا البدوي لا يعرف لها قيمة. ثم التفت إلى البدوي وقال له: يا شيخ العرب أدفع لك فيها مائتي دينار سالمة ليدك غير الضمان وقانون السلطان. فلما سمع البدوي اغتاظ غيظاً شديداً وصرخ في ذلك التاجر وقال له: قم إلى حال سبيلك لو أعطيتني مائة دينار في هذه القطعة العباءة التي علها ما بعتها لك فأنا لا أبيعها بل أخليها عندي ترعى الجمال وتطحن الطحين ثم صاح عليها وقال: تعالي يا منتنة أنا لا أبيعك ثم التفت إلى التاجر وقال له: كنت أحسبك أهل معرفة. وحق طرطوري إن لم تذهب عني لأسمعتك ما لا يرضيك. فقال التاجر في نفسه: إن هذا البدوي مجنون ولا يعرف قيمتها ولا أقول له شيئاً في ثمنها في هذا الوقت فإنه لو كان صاحب عقل ما قال وحق طرطوري والله إنها تساوي خزنة من الجواهر وأنا معي ثمنها ولكن إن طلب مني ما يريد أعطيته إياه ولو أخذ جميع مالي ثم التفت إلى البدوي وقال له: يا شيخ العرب طول بالك وقل لي ما لها من القماش عندك؟ فقال البدوي: وما تعمل قطاعة الجواري هذه القماش الله إن هذه العباءة التي هي ملفوفة فيها كثيرة عليها فقال له التاجر: عن إذنك أكشف عن وجهها وأقلبها كما يقلب الناس الجواري لأجل الاشتراء، فقال له البدوي: دونك ما تريد الله يحفظ شبابك فقلبها ظاهراً وباطناً فإن شئت فعرها من الثياب ثم انظرها وهي عريانة، فقال التاجر: معاذ الله أنا ما أنظر إلا وجهها ثم إن التاجر تقدم إليها وهو خجلان من حسنها وجمالها. وأدرك شهرزاد الصباح فسكتت عن الكلام المباح.

وفي الليلة الرابعة والسبعين قالت: بلغني أيها الملك السعيد أن التاجر تقدم إلى نزهة الزمان وهو خجلان من حسنها وجلس إلى جانبها وقال لها: يا سيدتي ما اسمك؟ فقالت له: تسألني عن اسمي في هذا الزمان أو عن اسمي القديم؟ فقال لها: هل لك اسم جديد واسم قديم؟ قالت: نعم اسمي القديم نزهة الزمان واسمي الجديد غصة الزمان، فلما سمع التاجر منها هذا الكلام تغرغرت عيناه

بالدموع وقال لها: هل لك أخ ضعيف؟ فقالت له: إي والله يا سيدي ولكن فرق الزمان بيني وبينه وهو مريض في بيت المقدس، فتحير عقل التاجر من عذوبة منطقها وقال في نفسه: لقد صدق البدوي في مقالته، ثم إن نزهة الزمان تذكرت أخاها ومرضه وغربته وفراقها عنه وهو ضعيف ولا تعلم ما وقع له وتذكرت ما جرى لها من هذا الأمر مع البدوي ومن بعدها عن أمها وأبيها ومملكتها فجرت دموعها على خدها وأرسلت العبرات وأنشدت هذه الأبيات:

حينما قد وقاك إلهي أيها الراحل المقيم بقلبي ولك الله حيث أمسيت جار حافظ من صروف دهر وخطب غبت فاستوحشت لقربك عيني واستهلت مدامعي أي سكب ليت شعري بأي ربع وأرض أنت مستوطن بدار وشعب إن يكن شارباً لماء حياة حضر الورد فالمدامع شربي أو شهدت الرقاد يوماً فجمر من سهاد بين الفراش وجنبي كل شيء إلا فراقك سهل عند قلبي وغيره غير صعب

فلما سمع التاجر ما قالته من الشعر بكى ومد يده ليمسح دموعها عن خدها فغطت وجهها وقالت له: حاشاك يا سيدي، ثم إن البدوي قعد ينظر إليها وهي تغطي وجهها من التاجر حيث أراد أن يمسح دمعها عن خدها فاعتقد أنها تمنعه من لتقليب فقام إليها يجري وكان معه مقود جمل فرفعه في يده وضربها به على أكتافها فجاءت الضربة قوية فانكبت بوجهها على الأرض فجاءت حصاة من الأرض في حاجبها فشقته فسال دمها على وجهها فصرخت صرخة عظيمة وغشي عليها وبكت وبكى التاجر معها فقال التاجر: لا بد أن أشتري هذه الجارية ولو بثقلها ذهباً وأريحها من هذا الظالم وصار التاجر يشتم البدوي وهي في غشيتها فلما أفاقت مسحت الدموع والدم عن وجهها وعصبت رأسها ورفعت طرفها إلى السماء وطلبت من مولاها بقلب حزين وأنشدت هذين البيتين: وارحمة لعزيزة بالضيم قد صارت ذليلة تبكي بدمع هاطل وتقول ما في الوعد حيلة فلما فرغت من شعرها التفتت إلى التاجر وقالت له بصوت خفي: بالله لا تدعني عند هذا الظالم الذي لا يعرف الله تعالى، فإن بت هذه الليلة عنده قتلت نفسي بيدي فخلصني منه يخلصك الله مما تخاف في الدنيا والآخرة، فقام التاجر وقال للبدوي: يا شيخ العرب هذه ليست غرضك بعني إياها بما تريد. فقال البدوي: خذها وادفع ثمنها وإلا أروح بها إلى النجع وأتركها تلم وترعى الجمال. فقال التاجر: أعطيك خمسين ألف دينار، فقال البدوي: يفتح الله فقال التاجر: سبعين ألف دينار فقال البدوي: يفتح الله هذا ما هو رأس مالها لأنها أكلت عندي

أقراص من الشعير بتسعين ألف دينار شعير ولكن أقول لك كلمة واحدة فإن لم ترض بها غمزت عليك والى دمشق فيأخذها منك قهراً فقال البدوي: تكلم فقال: بألف دينار فقال البدوي: بعتك إياها بهذا الثمن وأقدر أنني اشتريت بها ملحاً، فلما سمعه التاجر ضحك ومضى إلى منزله وأتى بالمال وقيضه إياه فأخذه البدوي وقال في نفسه: لا بد أن أذهب إلى القدس لعلي أجد أخاها فأجيء به وأبيعه، ثم ركب وسافر إلى بيت المقدس فذهب إلى الخان وسأل عن أخيها فلم يجده. هذا ما كان من أمره، وأما ما كان من أمر التاجر ونزهة الزمان فإنه لما أخذها ألقى عليها شيئاً من ثيابه ومضى بها إلى منزله. وأدرك شهرزاد الصباح فسكتت عن الكلام المباح.

في الليلة الخامسة والسبعين قالت: بلغني أيها الملك السعيد أن التاجر لما تسلم الجارية من البدوي وضع عليها شيئاً من ثيابه ومضى بها إلى منزله وألبسها أفخر الملبوس، ثم أخذها ونزل بها إلى السوق وأخذ لها مصاغاً ووضعه في بقجة من الأطلس ووضعها بين يديها وقال لها: هذا كله من أجلك ولا أريد منك إلا إذا طلعت بك إلى السلطان والي دمشق أن تعلميه بالثمن الذي اشتريتك به وإن كان قليلاً في ظفرك وإذا اشتراك مني فاذكري له ما فعلت معك واطلبي لي منه مرقوماً سلطانياً بالوصية علي لأذهب به إلى والده صاحب بغداد الملك عمر النعمان لأجل أن يمنع من يأخذ مني مسكاً على القماش أو غيره من جميع ما أجر فيه. فلما سمعت كلامه بكت وانتحبت فقال لها التاجر: يا سيدتي إني أراك كلما ذكرت لك بغداد تدمع عيناك ألك فيها أحد تحبينه؟ فإن كان تاجراً أو غيره فأخبريني فإني أعرف جميع ما فيها من التجار وغيرهم وإن أردت رسالة أنا أوصلها إليه، فقالت: والله ما لي معرفة تاجر ولا غيره وإنما معرفة بالملك عمر النعمان صاحب بغداد. فلما سمع التاجر كلامها ضحك وفرح فرحاً شديداً وقال في نفسه: والله إني وصلت إلى ما أريد، ثم قال لها: أنت عرضت عليه سابقاً؟ فقالت: لا بل تربيت أنا وبنته فكنت عزيزة عنده، ولي عنده حرمة كبيرة، فإن كان غرضك أن الملك النعمان يبلغك ما تريد فأتني بدواة وقرطاس فإني أكتب لك كتاباً فإذا دخلت مدينة بغداد فسلم الكتاب من يدك إلى يد الملك عمر النعمان وقل له إن جاريتك نزهة الزمان قد طرقتها صروف الليالي والأيام حتى بيعت من مكان إلى مكان وهي تقرئك السلام،وإذا سألك عني فأخبره أني عند نائب دمشق.

فتعجب التاجر من فصاحتها وازدادت عنده محبتها قال: ما أظن إلا أن الرجال لعبوا بعقلك وباعوك بالمال فهل تحفظين القرآن؟ قالت: نعم وأعرف الحكمة

والطب ومقدمة المعرفة وشرح فصول بقراط لجالينوس الحكيم وشرحه أيضاً وقرأت التذكرة، وشرحت البرهان وطالعت مفردات ابن البيطار وتكلمت على القانون لابن سينا وحللت الرموز ووضعت الأشكال وتحدثت في الهندسة وأتقنت حكمة الأبدان وقرأت كتب الشافعية وقرأت الحديث والنحو وناظرت العلماء وتكلمت في سائر العلوم وألفت في علم البيان والمنطق والحساب والجدل والعرف الروحاني والميقات وفهمت هذه العلوم كلها. ثم قالت: ائتني بدواة وقرطاس حتى أكتب كتاباً يسليك في الأسفار ويغنيك عن مجلدات الأسفار. فلم اسمع التاجر منها هذا الكلام صاح: بخ بخ فيا سعد من تكونين في قصره. ثم أتاها بدواة وقرطاس وقلم من نحاس، فلما أحضر التاجر ذلك بين يديها وقبل الأرض تعظيماً أخذت نزهة الزمان الدرج وتناولت القلم وكتبت في الدرج هذه الأبيات: ما بال نومي من عيني قد نـفـرا أأنت علمت طرفي بعدك السهر؟ وما لذكرك يذكي النار في كبـدي أهكذا كل صب للهـوى ذكـرا سقا الأيام مـا كـان أطـيبـهـا مضت ولم أقض من لذاتها وطرا أستعطف الريح إن الريح حامـلـة إلى المتيم من أكتافكـم خـبـرا يشكو إليك محب قـل نـاصـره وللفراق خطوب تصدع الحجـرا ثم إنها لما فرغت من كتابة هذا الشعر كتبت بعده هذا الكلام وهي تقول: ممن استوى عليها الفكر وأنحلها السهر، فظلمتها لا تجد لها من أنوار ولا تعلم الليل من النهار وتتقلب على مراقد البيت وتكتحل بموارد الأرق، ولم تزل للنجوم رقيبة وللظلام نقيبة قد أذابها الفكر والنحول وشرح حالها يطول، لا مساعد لها غير العبرات وأنشدت هذه الأبيات: ما غردت سحراً ورقـاء فـتـن إلا تحرك عندي قاتل الشـجـن ولا تأثر مشـتـاق بـه طـرب إلى الأحبة إلا ازددت في حزني أشكو الغرام إلى من ليس يرحمني كم فرق الوجد بين الروح والبدن ثم أفاضت دموع العين وكتبت أيضاً هذين البيتين: أبلى الهوى أسفاً يوم النوى بدني وفرق المجربين الجفن والوسن كفى بجسمي نحولاً أنني دنـف لولا مخاطبتي إياك لم ترنـي وبعد ذلك كتبت في أسفل الدرج هذا من عند البعيدة عن الأهل والأوطان حزينة القلب والجنان نزهة الزمان، ثم طوت الظرف وناولته للتاجر فأخذه وقبله وعرف ما فيه ففرح وقال: سبحان من صورك. وأدرك شهرزاد الصباح فسكتت عن الكلام المباح.

وفي الليلة السادسة والسبعين قالت: بلغني أيها الملك السعيد أن نزهة الزمان كتبت الكتاب وناولته للتاجر أخذه وقرأه وعلم ما فيه فقال: سبحان من صورك وزاد في إكرامها وصار يلاطفها نهاره كله فلما أقبل الليل خرج إلى السوق وأتى بشيء فأطعمها إياه ثم أدخلها الحمام وأتى لها ببلانة وقال لها: إذا فرغت من غسل رأسها فألبسيها ثيابها ثم أرسلي أعلميني بذلك فقال: سمعاً وطاعة، ثم

أحضر لها طعاماً وفاكهة وشمعاً وجعل ذلك على مصطبة الحمام فلما فرغت البلانة من تنظيفها ألبستها ثيابها، ولما خرجت من الحمام وجلست على مصطبة الحمام وجدت المائدة حاضرة فأكلت هي والبلانة من الطعام والفاكهة وتركت الباقي لحارسة الحمام ثم باتت إلى الصباح وبات التاجر منعزلاً عنها في مكان آخر.

فلما استيقظ من نومه أيقظ نزهة الزمان وأحضر لها قميصاً رفيعاً وكوفية بألف دينار وبدلة تركية مزركشة بالذهب، وخفاً مزركشاً بالذهب الأحمر مرصعاً بالدرر والجوهر وجعل في أذنيها حلقاً من اللؤلؤ بألف دينار وفوق صرتها وتلك القلادة فيها عشر أكر وتسعة أهلة كل هلال في وسطه فص من الياقوت وكل أكرة فيها فص البلخش وثمن تلك القلادة ثلاثة آلاف دينار فصارت الكسوة التي كساها إياها بجملة بليغة من المال، ثم أمرها التاجر بأن تتزين بأحسن الزينة ومشت ومشى التاجر قدامها فلما عاينها الناس بهتوا في حسنها وقالوا: تبارك الله أحسن الخالقين هنيئاً لمن كانت هذه عنده ومازال التاجر يمشي وهي تمشي خلفه حتى دخل على الملك شركان فلما دخل على الملك قبل الأرض بين يديه وقال: أيها الملك السعيد أتيت لك بهدية غريبة الأوصاف، عديمة النظر في هذا الزمان قد جمعت بين الحسن والإحسان، فقال له الملك: قصدي أن أراها عياناً فخرج التاجر وأتى بها حتى أوقفها قدامه فلما رآها الملك شركان حن الدم إلى الدم وكانت قد فارقته وهي صغيرة، ولم ينظرها لنه بعد مدة من ولادتها،سمع أن له أختاً تسمى نزهة الزمان وأخاً يسمى ضوء المكان فاغتاظ من أبيه غيظاً شديداً غيرة على المملكة كما تقدم ولما قدمها إليه التاجر، قال له: يا ملك الزمان إنها مع كونها بديعة الحسن والجمال، بحيث لا نظير لها في عصرها تعرف جميع العلوم الدينية والدنيوية والسياسية والرياضية فقال له الملك: خذ ثمنها مثل ما اشتريتها ودعها وتوجه إلى حال سبيلك. فقال له التاجر: سمعاً وطاعة ولكن اكتب لي مرقوماً لأني لا أدفع عشراً أبداً على تجارتي فقال الملك: إني أفعل لك ذلك ولكن أخبرني كم وزنت ثمنها؟ فقال: وزنت ثمنها ألف دينار وكسوتها بمائة ألف دينار فلما سمع ذلك قال: أنا أعطيك في ثمنها أكثر من ذلك ثم دعا بخازنداره وقال له: أعط هذا التاجر ثلثمائة ألف وعشرين ألف دينار، ثم إن شركان أحضر القضاة الأربعة وقال لهم: أشهدكم أني أعتقت جاريتي هذه وأريد أن أتزوجها فكتب القضاة حجة بأعناقها، ثم اكتبوا كتابي عليها ونثر المسك على رؤوس الحاضرين ذهباً كثيراً وصار الغلمان والخدم يلتقطون ما نثره عليهم الملك من الذهب، ثم إن الملك أمر بكتابة منشور إلى التاجر على طبق مراده من أنه لا يدفع على تجارته عشراً ولا يتعرض

له أحد بسوء في سائر مملكته وبعد ذلك أمر له بخلعة سنية. وأدرك شهرزاد الصباح فسكتت عن الكلام المباح.

وفي الليلة السابعة والسبعين قالت: بلغني أيها الملك السعيد، أن الملك صرف جميع من عنده غير القضاة والتاجر وقال للقضاة: أريد أن تسمعوا من ألفاظ هذه الجارية ما يدل على علمها وأدبها من كل ما ادعاه التاجر لنتحقق صدق كلامه فقالوا: لا بأس من ذلك فأمر بإرخاء ستارة بينه هو ومن معه وبين الجارية ومن معها وصار جميع النساء اللاتي مع الجارية خلف الستارة يقبلن يديها ورجلها لما علموا أنها صارت زوجة الملك، ثم درن حولها وقمن بخدمتها وخففن ما عليها من الثياب وصرن ينظرن حسنها وجمالها وسمعت نساء الأمراء والوزراء أن الملك شركان اشترى جارية لا مثيل لها في الجمال والعلم والأدب وأنها حوت جميع العلوم وقد وزن ثمنها ثلثمائة وعشرين ألف دينار وأعتقها وكتب كتابه عليها وأحضر القضاة الأربعة لأجل امتحانها حتى ينظر كيف تجاوبهم عن أسئلتهم، فطلب النساء الإذن من أزواجهن ومضين إلى القصر الذي فيه نزهة الزمان.

فلما دخلن عليها وجدن الخدم وقوفاً بين يديها وحين رأت نساء الأمراء والوزراء داخلة عليها قامت إليهن وقابلتهن وقامت الجواري خلفها وتلقت النساء بالترحيب وصارت تتبسم في وجوههن فأخذت قلوبهن وأنزلتهن في مراتبهن كأنها تربت معهن فتعجبن من حسنها وجمالها وعقلها وأدبها وقلن لبعضهن، ما هذه جارية بل هي ملكة بنت ملك وصرن يعظمن قدرها وقلن لها: يا سيدتنا أضاءت بك بلدتنا وشرفت بلادنا ومملكتنا فالمملكة مملكتك، والقصر قصرك وكلنا جواريك فبالله لا تخلينا من إحسانك والنظر إلى حسنك فشكرتهن على ذلك هذا كله والستارة مرخاة بين نزهة الزمان ومن عندها من النساء وبين الملك شركان هو والقضاة الأربعة والتاجر ثم بعد ذلك ناداها الملك شركان، وقال لها: أيتها الجارية العزيزة في زمانها إن هذا التاجر قد وصفك بالعلم والأدب وادعى أنك تعرفين في جميع العلوم، حتى علم النحو فأسمعينا من كل باب طرفاً يسير. فلما سمعت كلامه قالت: سمعاً وطاعة أيها الملك الباب الأول في السياسات الملكية وما ينبغي لولاة الأمور الشرعية وما يلزمهم من قبل الأخلاق المرضية اعلم أيها الملك أن مقاصد الخلق منتهية إلى الدين والدنيا لأنه لا يتوصل أحد إلى الدين إلا بالدنيا فإن الدنيا نعم الطريق إلى الآخرة لأن الله تعالى جعل الدنيا للعباد كزاد المسافر إلى تحصيل المراد فينبغي لكل إنسان أن يتناول منها بقدر ما يوصله إلى الله ولا

يتبع في ذلك نفسه وهواه، ولو تتناولها الناس بالعدل لانقطعت الخصومات ولكنهم تناولونها بالجور ومتابعة الهوى فتسبب عن انهماكهم عليها الخصومات فاحتاجوا إلى سلطان لأجل أينصف بينهم ويضبط أمورهم ولولا ردع الملك الناس عن بعضهم لغلب قويهم على ضعيفهم وقد اقل إزدشير: إن الدين والملك توأمان فالدين كنز والملك حارس وقد جلت الشرائع والعقول، على أنه يجب على الناس أن يتخذوا سلطاناً يدفع الظالم عن المظلوم، وينصف الضعيف من القوي ويكف بأس العاتي والباغي واعلم أيها الملك أنه على قدر حسن أخلاق السلطان يكون الزمان فإنه قد قال رسول الله صلى الله عليه وسلم شيئان في الناس: إن صلحا صلح الناس وإن فسدا فسد الناس العلماء والأمراء. وقد قال بعض الحكماء الملوك الثلاثة: ملك ودين وملك محافظة على الحرمات وملك هوى فأما ملك الدين فإنه يلزم رعيته باتباع دينهم وينبغي أن يكون أدينهم لنه هو الذي يقتدي به في أمور الدين ويلزم الناس طاعته فيما أمر به موافقاً للأحكام الشرعية ولكنه ينزل السخط منزلة الراضي بسبب التسليم إلى الأقدار. وأما ملك المحافظة على الحرمات فإنه يقوم بأمور الدين والدنيا يلزم الناس باتباع الشر ع والمحافظة على المروءة ويكون جامعاً بين العلم والسيف فمن ذاع عما سطر القلم زلت به القدم فيقوم اعوجاجه بحد الحسام وينشر العدل في جميع الأنام. وأما ملك الهوى فلا يدين له إلا اتباع هواه ولم يخش سطوة مولاه الذي ولاه فمآل ملكه إلى لدمار ونهاية عنوه إلى دار البوار. وقالت الحكماء: الملك يحتاج إلى كثير من الناس وهم محتاجون إلى واحد ولأجل ذلك وجب أن يكون عارفاً باختلافهم، ليرد اختلافهم إلى أوقاتهم ويعمهم بعدله وبغمرهم بفضله واعلم أيها الملك أن إزدشير وهو الثالث من ملوك الفرس قد ملك الأقاليم جميعاً وقسمها على أربعة أقسام وجعل له من أجل ذلك أربعة خواتم لكل قسم خاتم، الأول خاتم البحر والشرطة والمحاماة وكتب عليه بالنيابات، الثاني خاتم الخراج وجباية الأموال وكتب عليه العمارة الثالث وكتب عليه الرخاء، الرابع خاتم المظالم وكتب عليه العدل واستمرت هذه الرسوم في الفرس إلى أن ظهر الإسلام وكتب كسرى لابنه وهو في جيشه: بل توسعن على جيشك فيستغنوا عنك، وأدرك شهرزاد الصباح فسكتت عن الكلام المباح.

وفي الليلة الثامنة والسبعين قالت: بلغني أيها الملك السعيد، أنها قالت: كسرى كتب لابنه وهو في جيشه: لا توسعن على جيشك فيستغنوا عنك ولا تضيق عليهم فيضجروا منك وأعطهم عطاءاً مقتصداً وامنحهم منحاً جميلاً ووسع عليهم في الرخاء ولا تضيق عليهم في الشدة. وروي أن أعرابياً جاء إلى المنصور وقال له:

ارجع كلبك يتبعك فغضب المنصور من الأعرابي لما سمع منه هذا الكلام فقال له
أبو العباس الطوسي: أخشى أن يلوح له غيرك برغيف فيتبعه ويتركك فسكن غيظ
المنصور وعلم أنها كلمة لا تخطيء وأمر للأعرابي بعطية واعلم أيها الملك أنه كتب
عبد الملك بن مروان لأخيه عبد العزيز بن مروان حين وجهه إلى مصر: تفقد
كتابك وحجابك فإن الثابت يخبرك عنه كتابك والترسيم تعرفك به حجابك والخارج
من عندك يعرفك بجيشك. وكان عمر بن الخطاب إذا استخدم خادماً شرط عليه
أربعة شروط: أن لا يركب البرازين وأن لا يلبس الثياب النفيسة وأن لا يأكل من
القيء وأن لا يؤخر الصلاة عن وقتها وقيل: لا مال أجود من العقل ولا عقل
كالتدبير والحزم ولا حزم كالتقوى ولا قربة كحسن الخلق ولا ميزان كالأدب ولا
فائدة كالتوفيق ولا تجارة كالعمل الصالح ولا ربح كثواب الله ولا ورع كالوقوف
عند حدود السنة ولا علم كالتفكر ولا عبادة كالفرائض ولا إيمان كالحياة ولا
حسب كالتواضع ولا شرف كالعلم فاحفظ الرأس وماحوى والبطن وما وعى واذكر
الموت والبلا. وقال الإمام علي رضي الله عنه: اتقوا أشرار النساء وكونوا منهن على
حذر ولا تشاورهن في أمر ولا تطيعوهن في معروف حتى لا يطمعن في المنكر،
وقال: من ترك الاقتصاد حار عقله. وقال عمر رضي الله عنه: النساء ثلاث: امرأة
مسلمة نقية ودود تعين بعلها على الدهر ولا تعين الدهر على بعلها،وأخرى تراد
للولد لا تزيد على ذلك، وأخرى يجعلها الله غلاً في عنق من يشاء، والرجال أيضاً
ثلاثة: رجل عاقل إذا أقبل على رأيه، وآخر أعقل منه وهو من إذا نزل به أمر لا
يعرف عاقبته فيأتي ذوي الرأي فينزل عن آرائهم، وآخر حائر، لا يعلم رشداً ولا
يطيع مرشداً والعدل لا بد منه في كل الأشياء، حتى أن الجواري يحتجن إلى العدل
وضربوا لذلك مثلاً قطاع الطرق، المقيمين على ظلم الناس فإنهم لو يتناصفوا فيما
بينهم، ويستعملوا الواجب فيما يقسمونه لاختل نظامهم وبالجملة فسيد مكارم
الأخلاق الكرام وحسن الخلق وما أحسن قول الشاعر: ببذل وحلم ساد في قومه
الفتى وكونك إياه عليك يسير وقال آخر: ففي الحلم إتقان وفي العفو هيبة
وفي الصدق منجاة لمن كان صادقاً ومن يلتمس حسن الثناء بماله يكن بالندى
في حلبة المجد سابقا ثم إن نزهة الزمان تكلمت في سياسة الملوك حتى قال
الحاضرون: ما رأينا أحداً تكلم في باب السياسة مثل هذه الجارية فلعلها تسمعنا
شيئاً من غير هذا الباب فسمعت نزهة الزمان ما قالوه وفهمته، فقالت: وأما باب
الأدب فإنه واسع المجال لأنه مجمع الكمال، فقد اتفق أن بني تميم وفدوا على
معاوية ومعهم الأحنف بن قيس فدخل حاجب معاوية عليه ليستأذنه لهم في
الدخول فقال: يا أمير المؤمنين أن أهل العراق يريدون الدخول عليك ليحدثوا

227

معك فاسمع حديثهم، فقال معاوية: انظر من بالباب، فقال: بنو تميم قال: ليدخلوا، فدخلوا ومعهم الأحنف بن قيس، فقال له معاوية: اقرب مني يا أبا بحر بحيث أسمع كلامك ثم قال: يا أبا بحر كيف رأيك لي؟ قال: يا أمير المؤمنين فرق الشعر وقص الشارب وقلم الأظافر ونتف الإبط وحلق العانة وأدم السواك فإن فيه اثنين وسبعين فضيلة وغسل الجمعة كفارة لما بين الجمعتين. وأدرك شهرزاد الصباح فسكتت عن الكلام المباح.

وفي الليلة التاسعة والسبعين قالت: بلغني أيها الملك السعيد أنها قالت: إن الأحنف بن قيس قال لمعاوية لما سأله: وأدم السواك فإن فيه اثنين وسبعين فضيلة وغسل الجمعة كفارة لما بين الجمعتين قال له معاوية: كيف رأيك لنفسك؟ قال: أوطئ قدمي على الأرض وأنقلهم على تمهل وأراعيها بعيني، قال: كيف رأيك إذا دخلت على نفر من قومك دون الأمراء؟ قال: أطرق حياء وأبدأ بالسلام وأدع ما لا يعنيني وأقل الكلام. قال: كيف رأيك إذا دخلت على نظرائك؟ قال: استمع لهم إذا قالوا ولا أجول عليهم إذا جالوا. قال: كيف رأيك إذا دخلت على أمرائك؟ قال: أسلم من غير إشارة وأنتظر الإجابة فإن قربوني قربت وإن بعدوني بعدت قال: كيف رأيك مع زوجتك؟ قال: اعفني من هذا يا أمير المؤمنين قال: أقسمت عليك أن تخبرني قال: أحسن الخلق وأظهر العشرة وأوسع النفقة فإن المرأة خلقت من ضلع أعوج. قال: فما رأيك إذا أردت أن تجامعها؟ قال: أكلمها حتى تطيب نفسها وألثمها حتى تطرب فإن كان الذي تعلم طرحتها على ظهرها وإن استقرت النطفة في قرارها قلت: اللهم اجعلها مباركة ولا تجعلها شقية وصورها أحسن تصوير ثم أقوم عنها إلى الوضوء فأفيض الماء على يدي ثم أصبه على جسدي ثم أحمد الله على ما أعطاني من النعم. فقال معاوية: أحسنت في الجواب فقل حاجتك؟ فقال: حاجتي أن تتق الله في الرعية وتعدل بينهم بالسوية ثم نهض قائماً من مجلس معاوية فلما ولى قال معاوية لو لم يكن بالعراق إلا هذا لكفى ثم إن نزهة الزمان قالت: وهذه النبذة من جملة باب الأدب واعلم أيها الملك أنه كان معيقب عادلاً على بيت المال، في خلافة عمر بن الخطاب رضي الله عنه، وأدرك شهرزاد الصباح فسكتت عن الكلام المباح.

وفي الليلة الثمانين قالت: بلغني أيها الملك السعيد أن نزهة الزمان، قالت: واعلم أيها الملك أنه كان معيقب عاملاً على بيت المال في خلافة عمر بن الخطاب فاتفق أنه رأى بن عمر يوماً فأعطاه درهماً من بيت المال قال معيقب: وبعد أن أعطيته الدرهم انصرفت إلى بيتي فبينما أن أجالس وإذا برسول عمر جاءني فذهبت معه

وتوجهت إليه فإذا الدرهم في يده وقال لي: ويحك يا معيقب أني قد وجدت في نفسك شيئاً قلتك يا أمير المؤمنين، قال: إنك تخاصم أمة محمد صلى الله عليه وسلم في هذا الدرهم يوم القيامة، وكتب عمر إلى أبي موسى الأشعري كتاباً مضمونه: إذا جاءك كتابي هذا فأعط الناس الذي لهم واحمل ما بقي ففعل فلما أعطوا عثمان الخلافة كتب إلى أبي موسى ذلك ففعل، وجاء زياد معه وضع الخراج بين يدي عثمان جاء راشد فأخذ منه درهماً فبكى زياد فقال عثمان: ما يبكيك؟ قال: أتيت عمر بن الخطاب بمثل ذلك أخذ ابنه فأمر بنزعه من يده وابنك أخذ فلم أر أحداً ينزعه منه أو يقول له شيئاً، فقال عثمان: وأين نلقى مثل عمرو. روى زيد بن أسلم عن أبيه أنه قال: خرجت مع عمر ذات ليلة حتى أشرفنا على نار تضرم فقال: يا أسلم إني أحسب هؤلاء ركبا أضربهم البرد، فانطلق بنا إليهم فخرجنا حتى أتينا إليهم فإذا امرأة توقد ناراً تحت قدر ومعها صبيان يتضاغون، فقال عمر: السلام عليكم أصحاب الضوء وكره أن يقول أصحاب النار ما بالكم؟ قالت: اضربنا البرد والليل قال: فما بال هؤلاء يضاغون؟ قالت: من الجوع قال: فما هذا القدر؟ قالت: ماء أسكتهم به وإن عمر بن الخطاب ليسأله الله يوم القيامة قال: وما يدري عمر بحالهم؟ قالت: كيف يتولى أمور الناس ويغفل عنهم؟ وأدرك شهرزاد الصباح فسكتت عن الكلام المباح.

وفي الليلة الحادية والثمانين قالت: بلغني أيها الملك السعيد قال أسلم: فأقبل عمر علي وقال: انطلق بنا فخرجنا نهرول حتى أتينا دار الصرف فأخرج عدلاً فيه دقيق وإناء فيه شحم ثم قال: حملني هذا فقلت: أنا أحمله عنك يا أمير المؤمنين فقال: أتحمل عن وزري يوم القيامة؟ فحملته إياه وخرجنا نهرول حتى ألقينا ذلك العدل عندها ثم أخرج من الدقيق شيئاً وجعل يقول للمرأة: زددي إلي، وكان ينفخ تحت القدر وكان ذا لحية عظيمة فرأيت الدخان يخرج من خلال لحيته حتى طبخ وأخذ مقدار من الشحم فرماه فيه ثم قال: أطعميهم وأنا أبرد لهم ولم يزالوا كذلك حتى أكلوا وشبعوا وترك الباقي عندها ثم أقبل علي وقال: يا أسلم إني رأيت الجوع أبكاهم فأحببت أن لا أنصرف، حتى يتبين لي سب الضوء الذي رأيته. وأدرك شهرزاد الصباح فسكتت عن الكلام المباح.

وفي الليلة الثانية والثمانين قالت: بلغني أيها الملك السعيد أن نزهة الزمان قالت: قيل أن عمر مر براع مملوك فابتاعه شاة فقال له: إنها ليست لي فقال: أنت القصد فاشتراه ثم أعتقه وقال: اللهم كما رزقتني العتق الأصغر ارزقني العتق الأكبر، وقيل أن عمر بن الخطاب يطعم الحليب للخدم، ويأكل اللبن ويكسوهم

الغليظ ويلبس الخشن ويعطي الناس حقوقهم ويزيد في عطائهم وأعطى رجلاً أربعة آلاف درهم وزده ألفاً فقيل: أما تزيد ابنك كما ردت هذا؟ قال: أتيت والده يوم أحد وقال الحسن: أتى عمر بمال كثير فأتته حفصة وقالت له: يا أمير المؤمنين حق قرابتك فقال: يا حفصة إنما أوصى الله بحق قرابتي من مالي وأما مال المسلمين فلا يا حفصة قد أرضيت قومك وأغضبت أباك فقامت تجر ذيلها. وقال ابن عمر: تضرعت إلى ربي سنة من السنين أن يريني أبي حتى رأيته يمسح العرق عن جبينه فقلت له: ماحالك يا والدي؟ فقال: لولا رحمة ربي لهلك أبوك. قالت نزهة الزمان: اسمع ايها الملك السعيد الفصل الثاني من الباب الثاني وهو باب الأدب والفضائل وما ذكر فيه من أخبار التابعين والصالحين. قال الحسن البصري: لا تخرج نفس آدم عن الدنيا إلا وهو يتأسف على ثلاثة أشياء: عدم تمتعه بما سمع، وعدم إدراكه لما أملى، وعدم استعداده بكثرة الزاد لما هو قادم عليه. وقيل لسفيان: هل يكون الرجل زاهد وله مال؟ قال: نعم إذا كان متى صبر ومتى أعطى شكر، وقيل لما حضرت عبد الله بن شداد الوفاة أحضر ولده محمد فأوصاه وقال له: يا بني إني لأرى داعي الموت قد دعاني فاتق ربك في السر والعلانية واشكر الله على ما أنعم واصدق في الحديث، فالشكر يؤذن بازدياد النعم والتقوى خير زاد في الميعاد. وأدرك شهرزاد الصباح فسكتت عن الكلام المباح.

وفي الليلة الثالثة والثمانين قالت: بلغني أيها الملك السعيد أن عبد الله بن شداد يوصي ولده بأن خير زاد في الميعاد كما قال بعضهم: ولست ارى السعادة جمع مال ولكن التقي هو السـعـيد وتقوى الله خـير زاد حـقـاً وعند الله تلقـى مـا تـريد ثم قالت نزهة الزمان: ليسمع الملك هذه النكت من الفصل الثاني من الباب الأول، قيل لها: وما هي؟ قالت: لما ولي عمر بن عبد العزيز الخلافة جاء لأهل بيته فأخذ ما بأيديهم ووضعه في بيت المال ففزعت بنو أميه إلى عمته فاطمة بنت مروان فأرسلت إليه قائلة: إنه لا بد من لقائك، ثم أتته ليلاً فأنزلها عن دابتها فلما أخذت مجلسها قال لها: يا عمة أنت أولى بالكلام لأن الحاجة لك فأخبرني عن مرادك فقالت: يا أمير المؤمنين أنت أولى بالكلام ورأيك يستكشف ما يخفي عن الأفهام فقال عمر ابن عبد العزيز: إن الله تعالى بعث محمدا صلى الله عليه وسلمَ رحمة للعالمين وعذاباً لقوم آخرين ثم اختار له ما عنده فقبضه إليه. وأدرك شهرزاد الصباح فسكتت عن الكلام المباح.

وفي الليلة الرابعة والثمانين قالت: بلغني أيها الملك السعيد أن نزهة الزمان قالت: فقال عمر بن عبد العزيز: إن الله قد بعث محمداً صلى الله عليه وسلم رحمة

للعالمين وعذاباً لقوم آخرين ثم اختار له ما عنده فقبضه إليه وترك للناس نهراً يروي عطاشهم، ثم قال أبو بكر خليفة بعده فأجرى النهر مجراه وعمل ما يرضي الله، ثم قام عمر بعد أبي بكر فعمل خير أعمال الأبرار واجتهد اجتهاداً ما يقدر أحد على مثله، فلما قام عثمان اشتق من النهر نهراً ثم ولى معاوية فاشتق منه يزيد وبنو مروان كعبد الملك والوليد وسليمان حتى آل الأمر إلي فأحببت أن أرد النهر إلى ما كان عليه فقالت: قد أردت كلامك ومذكراتك فقط فإن كانت هذه مقالتك فلست بذاكرة لك شيئاً ورجعت إلى بني أمية فقالت لهم: ذوقوا عاقبة أمركم بتزويجكم إلى عمر بن الخطاب.

وقيل لما حضر عمر بن عبد العزيز الوفاة جمع أولاده حوله فقال له مسلمة بن عبد الملك: يا أمير المؤمنين كيف تترك أولادك فقراء وأنت راعيهم، فما يمنعك أحد في حياتك في أن تعطيهم من بيت المال ما يغنيهم وهذا أولى من أن ترجعه إلى الوالي بعدك؟ فنظر إلى مسلمة نظرة مغضب متعجب ثم قال: يا مسلمة منعتهم أيام حياتي فكيف أشقى بهم في مماتي؟ إن أولادي ما بين رجلين إما مطيع لله تعلى فالله يصلح شأنه وإما عاص فما كنت لأعينه على معصيته، يا مسلمة إني حضرت وإياك حين دفن بعض بني مروان فحملتني عيني فرأيته في المنام أفضى إلي أمر من أمور الله عز وجل فهالني وراعني فعاهدت الله أن لا أعمل عمله إن وليت، وقد اجتهدت في ذلك مدة حياتي وأرجو أن أفضي إلى عفو ربي، قال مسلمة: بقي رجل حضرت دفنه فلما فرغت من دفنه حملتني عيني فرأيته فيما يرى النائم في روضة فيها أنهار جارية وعليه ثياب بيض فأقبل علي وقال: يا مسلمة لمثل هذا فليعمل العاملون ونحو هذا كثير. وقال بعض الثقات: كنت أحلب الغنم في خلافة عمر بن عبد العزيز فمررت براع فرأيت مع غنمه ذئباً أو ذئاباً فظننت أنها كلابه ولم أكن رأيت الذئاب قبل ذلك فقلت له: ماذا تصنع بهذه الكلاب؟ فقال: إنها ليست كلاباً بل هي ذئاب فقلت: هل ذئاب في غنم لم تضرها؟ فقال: إذا أصلح الرأس صلح الجسد. وخطب عمر بن عبد العزيز على منبر من طين فحمد الله وأثنى عليه، ثم تكلم بثلاث كلمات فقال: أيها الناس أصلحوا أسراركم لتصلح علانيتكم لإخوانكم وتكفوا أمر دنياكم واعلموا أن الرجل ليس بينه وبين آدم رجل حي في الموتى، مات عبد الملك ومن قبله ويموت عمر ومن بعده، فقال له مسلمة: يا أمير المؤمنين لو علمنا أنك متكئاً لتقعد عليه قليلاً فقال: أخاف أن يكون في عنقي منه يوم القيامة، ثم شهق شهقة فخر مغشياً. فقالت فاطمة: يا مريم يا مزاحم يا فلان انظروا هذا الرجل فجاءت فاطمة تصب عليه الماء وتبكي حتى أفاق من غشيته فرآها تبكي فقال: ما يبكيك يا فاطمة؟ قالت: يا أمير

المؤمنين رأيت مصرعك بين أيدينا فتذكرت مصرعك بين يدي الله عز وجل للموت وتخليك عن الدنيا وفراقك لنا فذاك الذي أبكانا فقال: حسبك يا فاطمة فلقد أبلغت، ثم أراد القيام فنهض ثم سقط فضمته فاطمة إليها وقالت: بأبي أنت وأمي يا أمير المؤمنين ما نستطيع أن نكلمك كلنا. ثم إن نزهة الزمان قالت لأخيها شركان وللقضاة الأربعة تتمة الفصل الثاني من الباب الأول. وأدرك شهرزاد الصباح فسكتت عن الكلام المباح.

وفي الليلة الخامسة والثمانين قالت: بلغني أيها الملك السعيد أن نزهة الزمان قالت لأخيها شركان وهي لم تعرفه بحضور القضاة الأربعة والتاجر تتمة الفصل الثاني من الباب الأول اتفق أن كتب عمر بن عبد العزيز إلى أهل الموسم: أما بعد فإني أشهد الله في الشهر الحرام ولبلد حرام ويوم الحج الأكبر أني أبرأ في ظلمكم وعدوان من اعتدى عليكم أن أكون أمرت بذلك أو تعمدته أو يكون أمر من أموره بلغني أو أحاط به علمي وأرجو أن يكون لذلك موضع من الغفران إلا أنه لا أذن مني بظلم أحد فإني مسئول عن كل مظلوم إلا وأي عامل من عمالي زاغ عن الحق وعمل بلا كتاب ولا سنة، فلا له طاعة عليكم حتى يرجع إلى الحق.
وقال رضي الله عنه: ما أحب أن يخفف عني الموت لأنه آخرة يجر عليه المؤمن.
وقال بعض الثقات: قدمت على أمير المؤمنين عمر بن عبد العزيز وهو خليفة فرأيت بين يديه اثني عشر درهماً فأمر وضعها في بيت المال. قلت: يا أمير المؤمنين إنك أفقرت أولادك وجعلتهم عيالاً لا شيء لهم فلوا أوصيت إليهم بشيء ولى من هو فقير من أهل بيتك فقال: ادن مني فدنوت منه فقال: أما قولك أفقرت أولادك فأوص إليهم أو إلى من هو فقير من أهل بيتك فغير سديد لأن الله خليفتي على أولادي وعلى من هو فقير من أهل بيتي وهو وكيل عليهم وهم ما بين رجلين إما رجل يتقي الله فسيجعل الله له مخرجاً وإما رجل معتكف على المعاصي فإني لم أكن لأقويه على معصية الله ثم بعث إليهم وأحضرهم بين يديه وكانوا اثني عشر ذكراً، فلما نظر إليهم ذرفت عيناه بالدموع ثم قال: إن أباكم ما بين أمرين: إما أن تستغنوا فيدخل أبوكم النار وإما أن تفتقروا فيدخل أبوكم الجنة ودخول أبيكم الجنة أحب إليه من أن تستغنوا، فدموا قد وكلت أمركم إلى الله.

وقال خالد بن صفوان: صحبني يوسف بن عمر إلى هشام بن عبد الملك فلما قدمت عليه وقد خرج بقرابته وخدمه فنزل في أرض وضرب له خيام، فلما أخذت الناس مجالسهم خرجت من ناحية البساط فنظرت إليه فلما صارت عيني في عينه

قلت له: تمم الله نعمته عليك يا أمير المؤمنين إني أجد لك نصيحة أبلغ من حديث من سلف قبلك من الملوك، فاستوى جالساً وكان متكئاً وقال: هات ما عندك يا ابن صفوان فقلت: يا أمير المؤمنين إن ملكاً من الملوك خرج قبلك في عام قبل عامك هذا إلى هذه الأرض فقال لجلسائه: هل رأيتم مثل ما أنا فيه؟ وهل أعطى أحد مثل ما أعطيته؟ وكان عنده رجل من بقايا حملة الحجة والمعينين على الحق السالكين في منهاجه فقال أيها الملك إنك سألت عن أمر عظيم أتأذن لي في الجواب عنه؟ قال: نعم قال: رأيت الذي أنت فيه لم يزل زائلاً فقال: هو شيء زائل. قال: فما لي أراك قد أعجبت بشيء تكون فيه قليلاً وتسأل عنه طويلاً وتكون عند حسابه مرتهناً؟ قال: فأين المهرب وأين المطلب؟ قال: إن تقيم في ملكك فتعمل بطاعة الله تعالى أو تلبس أطمارك وتعبد ربك حتى يأتيك أجلك فإذا كان السحر فإني قادم عليك. قال خالد بن صفوان: ثم إن الرجل قرع عليه بابه عند السحر فرآه قد وضع تاجه وتهيأ للسياحة من عظم موعظته فبكى هشام بن عبد الملك بكاءاً كثيراً حتى بلل لحيته وأمر بنزع ما عليه ولزم قصره فأتت الموالي والخدم إلى خالد بن صفوان وقالوا: أهكذا فعلت يا أمير المؤمنين أفسدت لذته ونغصت حياته؟ ثم إن نزهة الزمان قالت لشركان: وكم في هذا الباب من النصائح، وإني أعجز عن الاتيان بجميع ما في هذا الباب في مجلس واحد. وأدرك شهرزاد الصباح فسكتت عن الكلام المباح.

الليلة السادسة والثمانين قالت: بلغني أيها الملك السعيد أن نزهة الزمان قالت لشركان: وكم في هذا الباب من النصائح وإني لأعجز عن الإتيان لك بجميع ما قيل في هذا الباب في مجلس واحد ولكن على طول الأيام يا ملك الزمان يكون خيراً، فقال القضاة: أيها الملك إن هذه الجارية أعجوبة الزمان ويتيمة العصر والأوان فإننا ما رأينا ولا سمعنا بمثلها في زمن من الأزمان، ثم إنهم ودعوا الملك وانصرفوا، فعند ذلك التفت شركان إلى خدمه وقال لهم: اشرعوا في عمل العرس وهيئوا الطعام من جميع الألوان فامتثلوا أمره في الحال وهيأوا جميع الأطعمة وأمر نساء الأمراء والوزراء وعظماء الدولة أن لا ينصرفوا حتى يحضروا جلاء العروس، فما جاء وقت العصر حتى مدوا السفرة مما تشتهي الأنفس وتلذ الأعين وأكل جميع الناس حتى اكتفوا، وأمر الملك أن تحضر كل مغنية في دمشق فحضرن وكذلك جواري الملك اللاتي يعرفن الغناء وطلع جميعهن إلى القصر. فلما أتى المساء وأظلم الظلام أوقدوا الشموع في باب القلعة إلى باب القصر يميناً وشمالاً ومشى الأمراء والوزراء والكبراء بين يدي الملك شركان وأخذت المواشط الصبية ليزينها ويلبسنها فرأينها لا تحتاج إلى زينة وكان الملك شركان قد دخل الحمام، فلما خرج جلس

على المنصة وجليت عليه العروس ثم خففوا عنها ثيابها وأوصوها بما توسى به البنات ليلة الزفاف ودخل عليها شركان وأخذ وجهها وعلقت منه في تلك الليلة وأعلمته بذلك ففرح فرحاً شديداً وأمر الحكماء أن يكتبوا تاريخ الحمل، فلما أصبح جلس على الكرسي وطلع له أرباب دولته وهنئوه وأحضر كاتب سره وأمره أن يكتب كتاباً لوالده عمر النعمان بأنه اشترى جارية ذات علم وخلق قد حوت فنون الحكمة وأنه لا بد من إرسالها إلى بغداد لتزور أخاه ضوء المكان وأخته نزهة الزمان وأنه أعتقها وكتب كتابه عليها ودخل بها وحملت منه. ثم ختم الكتاب وأرسله إلى أبيه بصحبة بريد فطال ذلك البريد شهراً كاملاً ثم رجع إليه بجوابه وناوله فأخذه وقرأه فإذا فيه البسملة هذا من عند الحائر الولهان الذي فقد الولدان وهجر الأوطان الملك عمر النعمان إلى ولده شركان، اعلم أنه بعد مسيرك من عندي ضاق علي المكان حتى لا أستطيع صبراً ولا أقدر أن أكتم سراً، وسبب ذلك أنني ذهبت إلى الصيد والقنص وكان ضوء المكان قد طلب مني الذهاب إلى الحجاز فخفت عليه من نوائب الزمان ومنعته من السفر إلى العام الثاني أو الثالث، فلما ذهبت إلى الصيد والقنص غبت شهراً. وأدرك شهرزاد الصباح فسكتت عن الكلام المباح.

قالت: بلغني أيها الملك السعيد أن الملك عمر النعمان قال في مكتوبه: فلما ذهبت إلى الصيد والقنص غبت شهراً فلما أتيت وجدت أخاك وأختك أخذا شيئاً من المال وسافرا مع الحجاج خفية، فلما علمت بذلك ضاق بي الفضاء وقد انتظرت مجيء الحجاج لعلهما يجيئان فلما جاء الحجاج سألت عنهما فلم يخبرني أحد بخبرهما فلبست لأجلهما ثياب الحزن وأنا مرهون الفؤاد عديم الرقاد غريق دمع العي، ثم أنشد هذين البيتين: خيالهما عندي ليس بغائب جعلت له القلب أشرف موضع ولولا رجاء لعود ما عشت ساعة ولولا خيال الطيف لم أتهجع ثم كتب: بعد السلام عليك وعلى من عندك أعرفك أنك لا تتهاون في كشف الأخبار فإن هذا علينا عار، فلما قرأ الرسالة حزن على حزن أبيه وفرح لفقد أخته وأخيه وأخذ الكتاب ودخل به على زوجته نزهة الزمان ولم يعلم أنها أخته وهي لا تعلم أنه أخوها مع أنه يتردد عليها ليلاً ونهاراً إلى أن أكملت أشهرها وجلست على كرسي الطلق فسهل الله عليها الولادة فولدت بنتاً فأرسلت تطلب شركان فلما رأته قالت له: هذه ابنتك فسمها ما تريد فإن عادة الناس أن يسموا أولادهم في سابق يوم ولادتهم، ثم انحنى شركان على ابنتها وقبلها فوجد في عنقها خرزة معلقة من الثلاث خرزات التي جاءت بها الملكة إبريزة من بلاد الروم، فلما عاين الخرزة حتى عرفها حق المعرفة، ثم نظر إلى نزهة الزمان وقال لها: من أين

جاءتك هذه الخرزة يا جارية؟ فلما سمعت من شركان ذلك الكلام قالت له: أنا سيدتك وسيدة كل من في قصرك أما تستحي وأنت تقول: يا جارية؟ وأنا ملكة بنت ملك والآن زال الكتمان واشتهر الأمر وبان أنا نزهة الزمان بنت الملك عمر النعمان فلما سمع منها هذا الكلام لحقه الارتعاش وأطرق برأسه إلى الأرض.
وأدرك شهرزاد الصباح فسكتت عن الكلام المباح.

وفي الليلة الثامنة والثمانين قالت: بلغني أيها الملك السعيد أن شركان لما سمع هذا الكلام ارتجف قلبه واصفر لونه ولحقه الاتعاش وأطرق برأسه إلى الأرض وعرف أنها أخته من أبيه فغشي عليه، فلما أفاق صار يعجب ولكنه لم يعرفها بنفسه وقال لها: يا سيدتي هل أنت بنت الملك عمر النعمان؟ قالت: نعم فقال لها: وما سبب فراقك لأبيك وبيعك؟ فحكت له جميع ما وقع لها من الأول إلى الآخر وأخبرته أنها تركت أخاها مريضاً في بيت المقدس وأخبرته باختطاف البدوي لها وبيعه إياها للتاجر. فلما سمع شركان ذلك الكلام تحقق أنها أخته من أبيه وقال في نفسه: كيف أتزوج بأختي؟ لكن إنما أزوجها لواحد من حجاب وإذا ظهر أمر أدعي أنني طلقتها قبل الدخول وزوجتها بالحاجب الكبير. ثم رفع رأسه وتأسف وقال: يا نزهة الزمان أنت أختي حقيقة واستغفر الله من هذه الذنب الذي وقعنا فيه فإنني أنا شركان ابن الملك عمر النعمان. فنظرت إليه وتأملته فعرفته فلما عرفته غابت عن صوابها وبكت ولطمت وجهها وقالت: قد وقعنا في ذنب عظيم، ماذا يكون العمل وما أقول لأبي وأمي إذا قالا لي من أين جاءتك هذه البنت؟ فقال شركان: الرأي عندي أن أزوجك بالحاجب وأدعك تربي بنتي في بيته بحيث لا يعلم أحد بأنك أختي وهذا الذي قدره الله علينا وأراده، فلا يسترنا إلا زواجك بهذا الحاجب قبل أن يدري أحد. ثم صار يأخذ بخاطرها ويقبل رأسها فقالت له: وما تسمي البنت؟ قال: أسميها قضى فكان.

وفي الليلة السابعة والثمانين ثم زوجها للحاجب الأكبر ونقلها إلى بيته هي وبنتها فربوها على أكتاف الجواري وواظبوا عليها بالأشربة وأنواع السفوف، هذا كله وأخوها ضوء المكان مع الرقاد بدمشق. فاتفق أنه أقبل يوماً من الأيام من عند الملك عمر النعمان إلى الملك شركان ومعه رسالة فأخذها وقرأها فرأى فيها: بعد البسملة اعلم أيها الملك العزيز أني حزين حزناً شديداً على فراق الأولاد وعدمت الرقاد ولازمني السهاد وقد أرسلت هذه الرسالة إليك فحال حصولها بين يديك ترسل إلينا الخراج وترسل صحبته الجارية التي اشتريتها وتزوجت بها فإني أحببت أن أراها وأسمع كلامها لأنه جاءنا من بلاد الروم عجوز من الصالحات وصحبتها

خمس جوار نهد أبكار وقد حازوا من العلم وفنون الحكمة ما يجب على الإنسان معرفته، ويعجز عن وصف هذه العجوز ومن معها اللسان، فإنهن جزن أنواع العلم والفضيلة والحكمة فلما رأيتهن أحببتهن وقد اشتهيت أن يكن في قصري وفي ملك يدي لأنه لا يوجد لهن نظير عند سائر الملوك، فسألت المرأة العجوز عن ثمنهن فقالت: لا أبيعهن إلا بخراج دمشق وأنا أرى خراج دمشق قليلاً في ثمنهن، فإن الواحدة منهن تساوي أكثر من هذا المبلغ، فأجبتها إلى ذلك ودخلت بهن قصري وبقين في حوزتي، فعجل لنا بالخراج لأجل أن تسافر المرأة بلادها وأرسل لنا الجارية لأجل أن تناظرهن. وأدرك شهرزاد الصباح فسكتت عن الكلام المباح.

وفي الليلة التاسعة والثمانين قالت: بلغني أيها الملك السعيد أن الملك عمر النعمان قال في مكتوبه: وأرسل لنا الجارية لأجل أن تناظرهن بين العلماء فإذا غلبتهن أرسلتها إليك وصحبتها خراج بغداد. فلما علم ذلك شركان أقبل على صهره وقال له: هات الجارية التي زوجتك إياها فلما حضرت أوقفها على الرسالة وقال لها: يا أختي ما عندك من الرأي في رد جوابنا عليه؟ فقالت له: الرأي رأيك، ثم قالت له وقد اشتاقت إلى أهلها ووطنها: أرسلني صحبة زوجة الحاجب لأجل أن أحكي لأبي حكايتي وأخبره بما وقع لي مع البدوي الذي باعني للتاجر وأخبره بأن التاجر باعني لك وزوجني للحاجب بعد عتقي، فقال لها شركان: وهو كذلك. ثم أخذ ابنته قضى فكان وسلمها للمراضع والخدم وشرع في تجهيز الخراج وأمر الحاجب أن يأخذ الخراج والجارية صحبته ويتوجه إلى بغداد فأجابه الحاجب بالسمع والطاعة فأمر بمحفة يجلس فيها وللجارية بمحفة أيضاً ثم كتب كتاباً وسلمه للحاجب وودع نزهة الزمان وكان قد أخذ منها الخرزة وجعلها في عنق أبيه في سلسلة من خاص الذهب، ثم سافر الحاجب في تلك الليلة، فاتفق أنه خرج ضوء المكان هو والوقاد في تلك الليلة يتفرجان فرأيا جمالاً وبغالاً ومشاعل وفوانيس مضيئة فسأل ضوء المكان عن هذه الأحمال وعن صاحبها، فقيل له: هذا خراج دمشق مسافر إلى الملك عمر النعمان صاحب مدينة بغداد فقال: ومن رئيس هذه المحافل؟ قيل: هو الحاجب الكبير الذي تزوج الجارية التي تعلمت العلم والحكمة. فعند ذلك بكى بكاء شديداً وتذكر أمه وأباه وأخته ووطنه وقال للوقاد: ما بقي لي قعود هنا بل أسافر مع هذه القافلة وأمشي قليلاً حتى أصل إلى بلادي، فقال له الوقاد: أنا ما آمنت عليك في القدس إلى دمشق فكيف آمن عليك إلى بغداد وأنا أكون معك حتى تصل إلى مقصدك، فقال ضوء المكان: حباً وكرامة فشرع الوقاد في تجهيز حاله ثم شد الحمار وجعل خرجه عليه ووضع فيه شيئاً من الزاد وشد وسطه وما زال على أهبة حتى جازت عليه الأجمال والحاجب

راكب على هجين والمشاة حوله وركب ضوء المكان حمار الوقاد وقال للوقاد: اركب معي فقال: لا أركب ولكن أكون في خدمتك فقال ضوء المكان: لا بد أن تركب ساعة فقال: إذا تعبت اركب ساعة، ثم إن ضوء المكان قال للوقاد: يا أخي سوف تنظر ما أفعل بك إذا وصلت إلى أهلي، وما زالوا مسافرين إلى أن طلعت الشمس فلما اشتد عليهم الحر أمرهم الحاجب بالنزول واستراحوا وسقوا جمالهم ثم أمرهم بالمسير، وبعد خمسة أيام وصلوا إلى مدينة حماه ونزلوا بها وأقاموا بها ثلاثة أيام. وأدرك شهرزاد الصباح فسكتت عن الكلام المباح.

وفي الليلة التسعين قالت: بلغني أيها الملك السعيد أنهم أقاموا في مدينة حماه ثلاثة أيام ثم سافروا وما زالوا مسافرين حتى وصلوا مدينة أخرى فأقاموا بها ثلاثة أيام، ثم سافروا حتى وصلوا إلى ديار بكر وهب عليهم نسيم بغداد فتذكر ضوء المكان أخته نزهة الزمان وأباه وأمه ووطنه وكيف يعود إلى أبيه بغير أخته فبكى وإن اشتكى واشتدت به الحسرات فأنشد هذه الأبيات: خليلي كم هذا التأنـى واصبـر ولم يأتني منكم رسـول يخبـر إلا أن أيام الـوصـال قـصـيرة فيا ليت أيام التفـرق تـقـصـر خذوا بيدي ثم ارحموا لصبابـتـي تلاشى بها جسمي وإن كنت أصبر فإن تطلبوا مني سلوا أقـل لـكـم فوالله ما أسلوا لي حين أحـشـر فقال له الوقاد: اترك هذا البكاء والأنين فإننا قريبون من خيمة الحاجب، فقال ضوء المكان: لا بد من إنشادي شيئاً من الشعر لعل نار قلبي تنطفئ، فقال له الوقاد: بالله عليك أن تترك الحزن حتى تتصل إلى بلادك وافعل بعد ذلك ما شئت وأنا معك حينما كنت، فقال ضوء المكان: والله لا أفتر عن ذلك. ثم التفت إلى ناحية بغداد وكان القمر مضيئاً وكانت نزهة الزمان لم تنم تلك الليلة لأنها تذكرت أخاها ضوء المكان فقلقت وصارت تبكي، فبينما هي تبكي إذ سمعت أخاها ضوء المكان يبكي وينشد هذه الأبيات: لمع البرق اليمـانـي فشجاني ما شجانـي من حبيب كان عنـدي ساقياً كأس التهانـي يا وميض البرق هـل ترجع أيام التـدانـي يا عذولي لا تلمـنـي إن ربي قد بـلانـي بحبيب غاب عـنـي وزمان قد دهـانـي قد تأت نزهة قلبـي عندما ولى زمانـي وحوى لي الهم صرفاً وبكأس قد سقـانـي وأراني يا خـلـيلـي مت من قبل التداني يا زماناً للتـصـابـي عد قريباً بالأمـانـي في سرور مع أمـان من زمان قد رماني من لمسكين غـريـب بات مرعوب الجنان صار في الحزن فريداً بعد نزهات الزمـان حكمت فينا بـرغـم كف أولاد الـزمـان فلما فرغ من شعره صاح وخر مغشياً عليه. هذا ما كان من أمره. وأما ما كان من أمر نزهة الزمان فإنها كانت ساهرة في تلك الليلة لأنها تذكرت أخاها في ذلك المكان، فلما سمعت ذلك الصوت بالليل ارتاح فؤادها وقامت وتنحنحت ودعت الخادم فقال

لها: ما حاجتك؟ فقال له: قم وائتني بالذي ينشد الأشعار. وأدرك شهرزاد الصباح فسكتت عن الكلام المباح سكوتا طويلا.

وفي الليلة الواحدة والتسعين قالت: بلغني أيها الملك السعيد أن نزهة الزمان لما سمعت من أخيها الشعر دعت الخادم الكبير وقالت له اذهب وائتني بمن ينشد هذه الأشعار فقال لها: إني لم أسمعه ولم أعرفه والناس كلهم نائمون، فقالت له: كل من رأيته مستيقظاً فهو الذي ينشد الأشعار ففتش فلم ير مستيقظاً سوى الرجل الوقاد، وأما ضوء المكان فإنه كان في غشيته، فلما رأى الوقد الخادم واقفاً على رأسه خاف منه فقال له الخادم: هل أنت الذي كنت تنشد الأشعار وقد سمعتك سيدتنا؟ فاعتقد الوقاد أن السيدة اغتاظت من الإنشاد فخاف وقال: والله ما هو أنا، فقال له الخادم: ومن الذي كان ينشد الشعر فدلني عليه فإنك تعرفه لأنك يقظان، فخاف الوقاد على ضوء المكان وقال في نفسه: ربما يضره الخادم بشيء فقال له: لم أعرفه فقال له الخادم: والله إنك تكذب فإنه ما هنا قاعدة إلا أنت فأنت تعرفه، فقال له الوقاد: أنا أقول لك الحق، إن الذي كان ينشد الأشعار رجل عابر طريق وهو الذي أزعجني وأقلقني فالله يجازيه فقال له الخادم: فإذا كنت تعرفه فدلني عليه وأنا أمسكه وآخذه إلى باب المحفة التي فيها سيدتنا وأمسكه أنت بيدك، فقال له اذهب أنت حتى آتيك به. فتركه الخادم وانصرف ودخل وأعلم سيدته بذلك وقال: ما أحد يعرفه لأنه عابر سبيل فسكتت.

ثم إن ضوء المكان لما أفاق من غشيته رأى القمر قد وصل إلى وسط السماء وهب عليه نسيم الأسحار فهيج في قلبه البلابل والأشجان فحسس صوته وأراد أن ينشد فقال له الوقاد : ماذا تريد أن تصنع ؟ فقال : أريد أن أنشد شيئاً من الشعر لأطفئ به نيران قلبي . قال له : أما علمت بما جرى لي وما سلمت من القتل إلا بأخذ خاطر الخادم . فقال له ضوء المكان : وماذا جرى فأخبرني بما وقع ؟ فقال : يا سيدي قد أتاني الخادم وأنت مغشي عليك ومعه عصا طويلة من اللوز وجعل يتطلع في وجوه الناس وهم نائمون ويسأل على كل من ينشد الأشعار فلم يجد من هو مستيقظ غيري فسألني فقلت له : إنه عابر سبيل فانصرف وسلمني الله منك وإلا كان قتلني . فقال لي : إذا سمعته ثانياً فإت به عندنا . فلما سمع ضوء المكان ذلك بكى وقال : من يمنعني من الإنشاد فأنا أنشد ويجري علي ما يجري فإني قريب من بلادي ولا أبالي بأحد . فقال له الوقاد : أنت ما مرادك إلا هلاك نفسك . فقال له ضوء المكان : لابد من إنشاد . فقال له الوقاد : قد وقع الفراق بيني وبينك من هنا وكان مرادي أن لا أفارقك حتى تدخل مدينتك وتجتمع بأبيك

وأمك وقد مضى لك عندي سنة ونصف وما حصل لك مني ما يضرك فما سبب إنشادك الشعر ونحن متعبين من المشي والسهر والناس قد هجعوا يستريحون من المشي ومحتاجون إلى النوم . فقال ضوء المكان : لا أعود عما أنا فيه . ثم هزته الأشجان فباح بالكتمان وأخذ ينشد هذه الأبيات : قف بالديار وحي الأربع الدرسا .... ونادها فعساها أن تجيب عسا فإن أجنك ليل من توحشها .... أوقد من الشوق في ظلماتها قبسا إن صل عذاريه فلا عجب .... أن يجن لسعا وأن أجتني لعسا يا جنة فارقتها النفس مكرهة .... لولا التأسي بدار الخلد مت أسى وأنشد أيضاً هذين البيتين : كنا وكانت الأيام خادمة .... والشمل مجتمع في أبهج الوطن من لي بدار أحباب وكان بها .... ضوء المكان وفيها نزهة الزمن فلما فرغ من شعره صاح ثلاث صيحات ثم وقع مغشياً عليه فقام الوقاد وغطاه ، فلما سمعت نزهة الزمان ما أنشده من الأشعار المتضمنة لذكر اسمها واسم أخيها ومعاهدهما بكت وصاحت على الخادم وقالت : ويلك إن الذي أنشد أولاً أنشد ثانياً وسمعته قريباً مني ، والله إن لم تأتني به لأنبهن عليك الحاجب فيضربك ويطردك ، ولكن خذ هذه الألف دينار وائتني به برفق فإن أبي فادفع له هذا الكيس الذي فيه ألف دينار فإن أبي فاتركه واعرف مكانه وصنعته ومن أي بلاد هو وارجع بسرعة .

وهنا أدرك شهرزاد الصباح فسكتت عن الكلام المباح .

الليلة الثانية والتسعين بلغني أيها الملك السعيد أن نزهة المكان أرسلت الخادم يفتش عليه وقالت له : إذا وجدته فلاطفه وائتني به برفق . فخرج الخادم يتأمل في الناس ويدوس بينهم وهم نائمون فلم يجد أحد مستيقظاً ، فجاء إلى الوقاد فوجده قاعداً مكشوف الرأس فدنا منه وقبض على يده وقال له : أنت الذي كنت تنشد الشعر . فخاف على نفسه وقال : لا يا مقدم القوم ما هو أنا . فقال الخادم : لا أتركك حتى تدلني على من كان ينشد الشعر لأني لا أقدر الرجوع إلى سيدتي من دونه . فلما سمع الوقاد كلام الخادم خاف على ضوء المكان وبكى بكاء شديداً وقال للخادم : والله ما هو أنا وإنما سمعت إنساناً عابر سبيل ينشد فلا تدخل في خطيئتي فإني غريب وجئت من بلاد القدس . فقال الخادم للوقاد : قم أنت معي إلى سيدتي وأخبرها بفمك فإني ما رأيت أحداً مستيقظاً غيرك . فقال الوقاد : أما جئت ورأيتني في الموضع الذي أنا قاعد فيه وعرفت مكاني وما أحد يقدر في هذه الساعة ينشد شيئاً من الشعر سواء كان بعيداً أو قريباً لا تعرفه إلا مني . ثم باس رأس الخادم وأخذ بخاطره فتركه الخادم ودار دورة وخاف أن

يرجع إلى سيدته بلا فائدة فاستتر في مكان غير بعيد من الوقاد فقام الوقاد إلى ضوء المكان ونبهه وقال له : اقعد حتى أحكي لك ما جرى . وحكى له ما وقع فقال له : دعني فإني لا أبالي بأحد فإن بلادي قريبة . فقال الوقاد لضوء المكان : لأي شيء أنت مطاوع نفسك وهواك ولا تخاف من أحد وأنا خائف على روحي وروحك ، بالله عليك أنك لا تتكلم بشيء من الشعر حتى ندخل بلدك وأنا ما كنت أظنك على هذه الحالة ، أما علمت أن زوجة الحاجب تريد زجرك لأنك أقلقتها وقد كانت ضعيفة وتعبانة من السفر ، وكم مرة قد أرسلت الخادم يفتش عليك . فلم يلتفت ضوء المكان إلى كلام الوقاد بل صاح ثالثاً وأنشد هذه الأبيات :

تركت كـل لائم .... ملامه أقلـقـني يعذلني وما درى .... بابه حـرضـني
قال الوشاة قد سـلا .... قلت لحب الوطن قالوا فما أحـنه .... قلت فما
أعشقـني قالوا فـما أعـزه .... قلت فمـا أذلـني هيهات أن أتـركـه .... لو
ذقت كأس الشجن وما أطعت لائـمـاً .... في الهوى يعذلني وكان الخادم

يسمعه وهو مستخف فما فرغ من شعره إلا والخادم على رأسه فلما رآه الوقاد فر ووقف بعيداً ينظر ما يقع بينهما ، فقال الخادم : السلام عليكم يا سيدي . فقال ضوء المكان : عليكم السلام ورحمة الله وبركاته . فقال الخادم : يا سيدي .

وهنا أدرك شهرزاد الصباح فسكتت عن الكلام المباح .

الليلة الثالثة والتسعين قالت شهرزاد : بلغني أيها الملك السعيد أن الخادم قال لضوء المكان : يا سيدي إني أتيت إليك في هذه الليلة ثلاث مرات لأن سيدتي تطلبك عندها . قال ضوء المكان : ومن أين هذه الكلبة حتى تطلبني مقتها الله ومقت زوجها معها . ونزل في الخادم شتماً فما قدر الخادم أن يرد عليه لأن سيدته أوصته أن لا يأتي به إلا بمراده هو فإن لم يأت معه يعطيه الألف دينار ، فجعل الخادم يلين له الكلام ويقول له : يا ولد أنا ما أخطأت معك ولا جرنا عليك ، فالقصد أن تصل بخواتك الكريمة إلى سيدتنا وترجع في خير وسلامة ، ولك عندنا بشارة . فلما سمع ذلك الكلام قام ومشى بين الناس والوقاد ماشي خلفه ، ونظر إليه وهو يقول في نفسه : يا خسارة شبابه في الغد يشنقونه . وما زال الوقاد ماشياً حتى قرب من مكانهم وقال : ما أخسه إن كان يقول علي هو الذي قال لي أنشد الأشعار . هذا ما كان من أمر الوقاد . وأما ما كان من أمر ضوء المكان فإنه ما زال ماشياً مع الخادم حتى وصل إلى المكان ودخل الخادم على نزهة الزمان وقال لها : قد جئت بما تطلبينه وهو شاب حسن الصورة وعليه أثر النعمة . فلما سمعت ذلك خفق قلبها وقالت له : أأمره أن ينشد شيئاً من الشعر حتى أسمعه

240

ومن قرب وبعد ذلك أسأله عن اسمه ومن أي البلاد هو . فخرج الخادم إليه وقال له : أنشد شيئاً من الشعر حتى تسمعه سيدتي فإنها حاضرة بالقرب منك وأخبرني عن اسمك وبلدك وحالك . فقال : حباً وكرامة ولكن حيث سألتني عن اسمي فإنه محي ورسمي فني وجسمي بلي ولي حكاية تدون بالإبر على آفاق البصر وها أنا في منزلة السكران الذي أكثر الشراب وحلت به الأوصاب فتاه عن نفسه واحتار في أمره وغرق في بحر الأفكار . فلما سمعت نزهة الزمان هذا الكلام بكت وزادت في البكاء والأنين وقالت للخادم : قل له هل فارقت أحداً ممن تحب مثل أمك وأبيك ؟ فسأله الخادم كما أمرته نزهة الزمان فقال ضوء المكان : نعم فارقت الجميع وأعزهم عندي أختي التي فرق الدهر بيني وبينها . فلما سمعت نزهة الزمان منه هذا الكلام قالت : الله يجمع شمله بمن يحب . وهنا أدرك شهرزاد الصباح فسكتت عن الكلام المباح .

الليلة الرابعة والتسعين قالت شهرزاد : بلغني أيها الملك السعيد أن نزهة الزمان لما سمعت كلامه قالت : الله يجمع شمله بمن يعشق . ثم قالت للخادم : قل له أن يسمعنا شيئاً من الأشعار المتضمنة لشكوى الفراق . فقال له الخادم كما أمرته سيدته فصعد الزفرات وأنشد هذه الأبيات : ليت شعري لو دروا .... أي قلب ملكوا وفؤادي لو درى .... أي شعب سلكوا أتراهم سلموا .... أم تراهم هلكوا حار أرباب الهوى .... في الهوى وارتبكوا وأنشد أيضاً هذه الأبيات : أضحى التنائي بديلاً من تدانينا .... وناب عن طيب لقيانا تجافينا بنتم وبنا فما ابتلت جوانحنا .... شوقاً إليكم ولا جفت مآقينا غيظ العدا من تساقينا الهوى فدعوا .... بأن نغص فقال الدهر آمينا إن الزمان الذي ما زال يضحكنا .... أنا بقربكم قد عاد يبكينا يا جنة الخلد بدلنا بسلسلها .... والكوثر العذاب زقوماً وغسلينا ثم سكب العبرات وأنشد هذه الأبيات : لله نذران أزر مكاني .... وفيه أختي نزهة الزمان لأقضين بالصفا زماني .... ما بين غيدي خرد حسان وصوت عود مطرب الألحان .... مع ارتضاع كأس بنت الحان ورشف اللمى فاتر الأجفان .... بشط نهر سال في بستان فلما فرغ من شعره وسمعته نزهة الزمان كشفت ذيل الستارة عن المحفة ونظرت إليه فلما وقع بصرها على وجهه عرفته غاية المعرفة فصاحت قائلة : يا أخي يا ضوء المكان . فرفع بصره إليها فعرفها وصاح قائلاً : يا أختي يا نزهة الزمان . فألقت نفسها عليه فتلقاها في حضنه ووقع الاثنان مغشياً عليهما فلما رآهما الخادم على تلك الحالة تحير في أمرهما وألقى عليهما شيئاً سترهما به وصبر حتى أفاقا من غشيتهما ، وفرحت نزهة الزمان غاية الفرح وزال عنها الهم والترح

وتوالت عليها المسرات وأنشدت هذه الأبيات : الدهر أقسـم لا يزال مـكـدري .... حنثت يمينك يا زمان فـكـفـر السعد وافى والحبيب مسـاعـدي .... فانهض إلى داعي السرور وشمر ما كنت أعتقد السـوالـف جـنـة .... حتى ظفرت من اللمى بالكوثـر فلما سمع ذلك ضوء المكان ضم أخته إلى صدره وفاضت لفرط سروره من أجفانه العبرات وأنشد هذه الأبيات : ولقد ندمت على تفرق شملنـا .... ندماً أفاض الدمع من أجفاني ونذرت أن عاد الزمان يلمنـا .... لا عدت أذكر فرقة بلسانـي هجم السرور علي حتى أنـه .... من فرط ما قد سرني أبكاني يا عين صار الدمع عندك عادة .... تبكين من فرح ومن أحـزان وجلسا على باب المحفة ساعة ثم قالت : قم ادخل المحفة واحك لي ما وقع لك وأنا أحكي لك ما وقع لي . فقال ضوء المكان : احكي لي أنت أولاً . فحكت له جميع ما وقع لها منذ فارقته من الخان وما وقع لها من البدوي والتاجر وكيف اشتراها منه وكيف أخذها التاجر إلى أخيها شركان وباعها له وأن شركان أعتقها من حين اشتراها وكتب كتابه عليها ودخل بها وأن الملك إباها سمع بخبرها فأرسل إلى شركان يطلبها منه . ثم قالت له : الحمد لله الذي من علي بك ومثل ما خرجنا من عند والدنا سوية نرجع إليه سوية . ثم قالت له : إن أخي شركان زوجني بهذا الحاجب لأجل أن يوصلني إلى والدي وهذا ما وقع لي من الأول إلى الآخر ، فاحك لي أنت ما وقع لك بعد ذهابي من عندك . فحكى لها جميع ما وقع له من الأول إلى الآخر وكيف من الله عليه بالوقاد وكيف سافر معه وأنفق عليه ماله وأنه كان يخدمه في الليل والنهار فشكرته على ذلك ثم قال لها : يا أختي إن هذا الوقاد فعل معي من الإحسان فعلاً لا يفعله أحد مع أحد من أحبابه ولا الوالد مع ولده حتى أنه كان يجوع ويطعمني ويمشي ويركبني وكانت حياتي على يديه . فقالت نزهة الزمان : إن شاء الله تعالى نكافئه بما نقدر عليه . ثم إن نزهة الزمان صاحت على الخادم فحضر وقبل يد ضوء المكان فقالت له نزهة الزمان : خذ بشارتك يا وجه الخير لأن جمع شملي بأخي على يديك ، فالكيس الذي معك وما فيه لك ، فاذهب وائتني بسيدك عاجلاً . ففرح الخادم وتوجه إلى الحاجب ودخل عليه ودعاه إلى سيدته فأتى به ودخل على زوجته نزهة الزمان فوجد عندها أخاها فسأل عنه فحكى له ما وقع لهما من أوله إلى آخره ثم قالت : اعلم أيها الحاجب أنك ما أخذت جارية وإنما أخذت بنت الملك عمر النعمان فأنا نزهة وهذا أخي ضوء المكان . فلما سمع الحاجب القصة منها تحقق ما قالته وبان له الحق الصريح وتيقن أنه صار صهر الملك عمر النعمان فقال في نفسه : مصيري أن آخذ نيابة على قطر من الأقطار . ثم أقبل على ضوء المكان وهنأه بسلامته وجمع

شمله بأخته ، ثم أمر خدمه في الحال أن يهيئوا لضوء المكان خيمة ركوبه من أحسن الخيول فقالت له زوجته : إنا قد قربنا من بلادنا ، فأنا أختلي بأخي ونستريح مع بعضنا ونشبع من بعضنا قبل أن نصل إلى بلادنا ، فإن لنا زمناً طويلاً ونحن متفرقان . فقال الحاجب : الأمر كما تريدان . ثم أرسل إليهما الشموع وأنواع الحلاوة وخرج من عندهما وأرسل إلى ضوء المكان ثلاث بدلات من أفخر الثياب وتمشى إلى أن جاء إلى المحفة وعرف مقدار نفسه ، فقالت له نزهة الزمان : أرسل إلى الخادم وأمره أن يأتي بالوقاد ويهيئ له حصاناً ويركبه ويرتب له سفرة طعام في الغداة والعشي ويأمره أن لا يفارقنا . فعند ذلك أرسل الحاجب إلى الخادم وأمره أن يفعل ذلك فقال : سمعاً وطاعة . ثم إن الخادم أخذ غلمانه وراح يفتش على الوقاد إلى أن وجده في آخر الركب وهو يشد حماره ويريد أن يهرب ودموعه تجري على خده من الخوف على نفسه ومن حزنه على فراق ضوء المكان وصار يقول : نصحته في سبيل الله فلم يسمع مني ، يا ترى كيف حاله . فلم يتم كلامه إلا والخادم واقف فوق رأسه ورأى الغلمان حوله فاصفر لونه وخاف . وهنا أدرك شهرزاد الصباح فسكتت عن الكلام المباح .

الليلة الخامسة والتسعين قالت شهرزاد :بلغني أيها الملك السعيد أن الوقاد لما أراد أن يشد حماره ويهرب وصار يكلم نفسه ويقول : يا ترى كيف حاله . فما أتم كلامه إلا والخادم واقف فوق رأسه والغلمان حوله ، فالتفت الوقاد فرأى الخادم واقفاً على رأسه فارتعدت فرائصه وخاف وقال وقد رفع صوته بالكلام : إنه ما عرف مقدار ما عملته معه من المعروف فأظن أنه غمز الخادم وهؤلاء الغلمان علي وأنه أشركني معه في الذنب . وإذا بالخادم صاح عليه وقال له : من الذي كان ينشد الأشعار ، يا كذاب ؟ كيف تقول لي أنا ما أنشد الأشعار ولا أعرف من أنشدها وهو رفيقك فأنا لا أفارقك من هنا إلى بغداد والذي يجري على رفيقك يجري عليك . فلما سمع الوقاد كلامه قال في نفسه : ما خفت منه وقعت فيه ثم أنشد هذا البيت : كان الذي خفت أن يكونا .... إنا إلى الله راجعونا ثم إن الخادم صاح على الغلمان وقال لهم : أنزلوه عن الحمار . فأنزلوا الوقاد عن حماره وأتوا له بحصان فركبه ومشى صحبة الركب والغلمان حوله محدقون به وقال لهم الخادم : إن عدم منه شعرة كانت بواحد منكم ولكن أكرموه ولا تهينوه . فلما رأى الوقاد الغلمان حوله يئس من الحياة والتفت إلى الخادم وقال له : يا مقدم أنا ما لي أخوة ولا أقارب وهذا الشاب لا يقرب لي ولا أنا اقرب له وإنما أنا رجل وقاد في حمام ووجدته ملقى على المزبلة مريضاً . وصار الوقاد يبكي ويحسب في نفسه ألف حساب والخادم ماش بجانبه ولم يعرفه بشيء بل يقول له : قد أقلقت

243

سيدتنا بإنشادك الشعر أنت وهذا الصبي ولا تخف على نفسك . وصار الخادم يضحك عليه سراً ، وإذا نزلوا أتاهم الطعام فيأكل هو والوقاد في آنية واحدة فإذا أكلوا أمر الخادم الغلمان أن يأتوا بقلة سكر فشرب منها ويعطيها للوقاد فيشرب لكنه لا تنشف له دمعة من الخوف على نفسه والحزن على فراق ضوء المكان وعلى ما وقع لهما في غربتهما وهما سائران والحاجب تارة يكون من باب المحفة لأجل خدمة ضوء المكان ابن الملك عمر النعمان ونزهة الزمان وتارة يلاحظ الوقاد وصارت نزهة الزمان وأخوها ضوء المكان في حديث وشكوى . ولم يزالا على تلك الحالة وهم سائرون حتى قربوا من البلاد ولم يبق بينهم وبين البلاد إلا ثلاثة أيام فنزلوا وقت المساء واستراحوا ولم يزالوا نازلين إلى أن لاح الفجر فاستيقظوا وأرادوا أن يحملوا وإذا بغبار عظيم قد لاح فهم وأظلم الجو منه حتى صار كالليل الداجي ، فصاح الحاجب قائلاً : أمهوا ولا تحملوا . وركب هو ومماليكه وساروا نحو ذلك الغبار ، فلما قربوا منه بان من تحته عسكر جرار كالبحر الزخار وفيه رايات وأعلام وطبول وفرسان وأبطال فتعجب الحاجب من أمرهم ، فلما رآهم العسكر افترقت منه فرقة قدر خمسمائة فارس وأتوا إلى الحاجب هو ومن معه وأحاطوا بهم وأحاط كل خمسة من العسكر بمملوك من مماليك الحاجب فقال لهم الحاجب : أي شيء الخبر ومن أين هذه العساكر حتى تفعل معنا هذه الأفعال ؟ فقالوا له : من أنت ومن أين أتيت وإلى أن تتوجه ؟ فقال لهم : أنا حاجب أمير دمشق الملك شركان ابن الملك عمر النعمان صاحب بغداد وأرض خراسان أتيت من عنده بالخراج والهدية متوجهاً إلى والده ببغداد . فلما سمعوا كلامه أرخوا مناديلهم على وجوههم وبكوا وقالوا : إن الملك عمر النعمان قد مات وما مات إلا مسموماً ، فتوجه وما عليك بأس حتى تجتمع بوزيره الأكبر الوزير دندان . فلما سمع الحاجب ذلك الكلام بكى بكاء شديداً وقال : واخيبتاه في هذه السفرة . وصار يبكي هو ومن معه إلى أن اختلطوا بالعسكر فاستأذنوا له الوزير دندان فأذن له وأمر الوزير بضرب خيامه وجلس على سرير في وسط الخيمة وأمر الحاجب بالجلوس ، فلما جلس سأله عن خبره فأعلمه أنه حاجب أمير دمشق وقد جاء بالهدايا وخراج دمشق . فلما سمع الوزير دندان ذلك بكى عند ذكر الملك عمر النعمان ، ثم قال له الوزير دندان : أن عمر النعمان قد مات مسموماً وبسبب موته اختلف الناس فيمن يولونه بعده حتى أوقعوا القتل في بعضهم ولكن منعهم عن بعضهم الأكابر والأشراف والقضاة الأربعة واتفق جميع الناس على أن ما أشار به القضاة الأربعة لا يخالفهم فيه أحد ، فوقع الاتفاق على أننا نسير إلى دمشق ونقصد ولده الملك شركان ونجيء به ونسلطنه من مملكة أبيه ،

وفيهم جماعة يريدون ولده الثاني وقالوا أنه يسمى ضوء المكان وله أخت تسمى نزهة الزمان وكانا قد توجها إلى أرض الحجاز ومضى لهما خمسن سنين ولم يقع لهما أحد على خبر . فلما سمع الحاجب ذلك علم أن القضية التي وقعت لزوجته صحيحة فاغتم لموت الملك غماً عظيماً ولكنه فرح فرحاً شديداً وخصوصاً بمجيء ضوء المكان لأنه يصير سلطاناً ببغداد مكان أبيه . وهنا أدرك شهرزاد الصباح فسكتت عن الكلام المباح .

الليلة السادسة والتسعين قالت شهرزاد : بلغني أيها الملك السعيد أن حاجب شركان لما سمع من الوزير دندان ما ذكره من خبر الملك عمر النعمان تأسف إلى الوزير دندان وقال : إن قصتكم أعجب من العجائب ، اعلم أيها الوزير الكبير أنكم حيث صادفتموني الآن أراحكما لله من التعب وقد جاء الأمر كما تشتهون على أهون سبب لأن الله رد ضوء المكان هو وأخته نزهة الزمان وانصلح الأمر وهان . فلما سمع الوزير دندان هذا الكلام فرح به فرحاً شديداً ثم قال : أيها الحاجب أخبرني بقصتهما وبما جرى لهما وبسبب غيابهما . فحدثه بحديث نزهة الزمان وأنها صارت زوجته ، وأخبره بحديث ضوء المكان من أوله إلى آخره . فلما فرغ الحاجب من حديثه أرسل الوزير دندان إلى الأمراء والوزراء وأكابر الدولة وأطلعهم على القصة ففرحوا بذلك فرحاً شديداً وتعجبوا من هذا الاتفاق . ثم اجتمعوا كلهم وجاؤوا عند الحاجب ووقفوا في خدمته وقبلوا الأرض بين يديه ، وأقبل الوزير من ذلك الوقت على الحاجب ووقف بين يديه ، ثم إن الحاجب عمل في ذلك اليوم ديواناً عظيماً وجلس هو والوزير دندان على التخت وبين أيديهما جميع الأمراء والكبراء وأرباب المناصب على حسب مراتبهم ثم بلوا السكر في ماء الورد وشربوا ، ثم قعد الأمراء للمشورة وأعطوا بقية الجيش أذناً في أن يركبوا مع بعضهم ويتقدموا قليلاً حتى يتموا المشورة ويلحقوهم فقبلوا الأرض بين يدي الحاجب وركبوا وقدامهم رايات الحرب . فلما فرغ الكبار من مشورتهم ركبوا ولحقوا العساكر ، ثم أرسل الحاجب إلى الوزير دندان وقال له : الرأي عندي أن أتقدم وأسبقكم لأجل أن أهيء للسلطان مكاناً يناسبه وأعلمه بقدومكم وأنكم اخترتموه على أخيه شركان سلطاناً عليكم . فقال الوزير دندان : نعم الرأي الذي رأيته . ثم نهض الوزير دندان تعظيماً له وقدم له التقاديم وأقسم عليه أن يقبلها وكذلك الأمراء والكبار وارباب المناصب قدموا له التقاديم ودعوا له وقالوا له : لعلك تحدث السلطان ضوء المكان في أمرنا ليبقينا مستمرين في مناصبنا . فأجابهم لما سألوه ، ثم أمر غلمانه بالسير فأرسل الوزير دندان الخيام مع الحاجب وأمر الفراشين أن ينصبوها خارج المدينة بمسافة يوم . فامتثلوا لأمره

وركب الحاجب وهو في غاية الفرح وقال في نفسه : ما أبرك هذه السفرة . وعظمت زوجته في عينه وكذلك ضوء المكان ثم جد في السفر إلى أن وصل إلى مكان بينه وبين المدينة مسافة يوم ثم أمر بالنزول فيه لأجل الراحة وتهيئة مكان لجلوس السلطان ضوء المكان ابن الملك عمر النعمان ثم نزل من بعيد هو ومماليكه وأمر الخدام أن يستأذنوا السيدة نزهة الزمان في أن تدخل عليهما فاستأذنوها في شأن ذلك فأذنت له فدخل عليها واجتمع بها وبأخيها وأخبرهما بموت أبيهما وأن ضوء المكان جعله الرؤساء ملكاً عليهم عوضاً عن أبيه عمر النعمان وهنأهما بالملك وفي غد يكون هو والجيش كله في هذا المكان وما بقي في الأمر أيها الملك إلا أن تفعل ما أشاروا به لأنهم كلهم اختاروك سلطاناً وأن لم تفعل سلطنوا غيرك وأنت لا تأمن على نفسكم من الذي يتسلطن غيرك فربما يقتلك أو يقع الفشل بينكما ويخرج الملك من أيديكما فأطرق برأسه ساعة من الزمان ثم قال : قبلت هذا الأمر لأنه لا يمكن التخلي عنه . وتحقق أن الحاجب تكلم بما فيه الرشاد ثم قال للحاجب : يا عم وكيف أعمل مع أخي شركان ؟ فقال : يا ولدي أخوك يكون سلطان دمشق وأنت سلطان بغداد ، فشد عزمك وجهز أمرك . فقبل منه ضوء المكان ذلك ، ثم إن الحاجب قدم إليه البدلة التي كانت مع الوزير دندان من ملابس الملوك وناوله النمشة وخرج من عنده وأمر الفراشين أن يختاروا موضعاً عالياً وينصبوا فيه خيمة واسعة عظيمة للسلطان ليجلس فيها إذا أقدم عليه المراء ، ثم أمر الطباخين أن يطبخوا طعاماً فاخراً ويحضروه ، وأمر السقائين أن ينصبوا حياض الماء ، وبعد ساعة طار الغبار حتى سد الأقطار ، ثم انكشف ذلك الغبار وبان من تحته عسكر جرار مثل البحر الزخار . وهنا أدرك شهرزاد الصباح فسكتت عن الكلام المباح .

الليلة السابعة والتسعين قالت شهرزاد : بلغني أيها الملك السعيد أن الحاجب لما أمر الفراشين أن ينصبوا خيمة واسعة لاجتماع الناس عند الملك نصبوا خيمة عظيمة على عادة الملوك ، فلما فرغوا من أشغالهم وإذا بغبار قد طار ثم محق الهواء ذلك الغبار وبان من تحته عسكر جرار وتبين أن ذلك العسكر عسكر بغداد وخراسان ومقدمه الوزير دندان وكلهم فرحوا بسلطنة ضوء المكان وقابلهم لابساً خلعة الملك متقلداً بسيف الموكب فقدم له الحاجب الفرس فركب وسار هو ومماليكه وجميع من في الخيام مشى في خدمته حتى دخل القبة الكبيرة وجلس ووضع النمشة على فخذيه ووقف الحاجب في خدمته بين يديه ووقفت مماليكه في دهليز الخيمة وشهروا في أيديهم السيوف ثم أقبلت العساكر والجيوش وطلبوا الإذن فدخل الحاجب واستأذن لهم ضوء المكان فأمر أن يدخلوا عليه عشرة عشرة

فأعلمهم الحاجب بذلك فأجابوه بالسمع والطاعة ووقف الجميع على باب الدهليز فدخل عشرة منهم فشق بهم الحاجب في الدهليز ودخل بهم على السلطان ضوء المكان . فما رأوه هابوه فتلقاهم أحسن ملتقى ووعدهم بكل خير فهنئوه بالسلامة ودعوا له وحلفوا له الإيمان الصادقة أنهم لا يخالفون له أمراً ثم قبلوا الأرض بين يديه وانصرفوا ودخل عشرة آخرين ففعل بهم مثل ما فعل بغيرهم ولم يزالوا يدخلون عشرة بعد عشرة حتى لم يبق غير الوزير دندان ، فدخل عليه وقبل الأرض بين يديه فقام إليه ضوء المكان وأقبل عليه وقال له : مرحباً بالوزير والوالد الكبير ، إن فعلك فعل المشير العزيز والتدبير بيد اللطيف الخبير . ثم إن الملك ضوء المكان قال للوزير دندان : أؤمر العسكر بالإقامة عشرة أيام حتى أختلي بك وتخبرني بسبب قتل أبي . فامتثل الوزير قول السلطان وقال : لابد من ذلك . ثم خرج إلى وسط الخيام وأمر العسكر بالإقامة عشرة أيام فامتثلوا أمره ، ثم إن الوزير أعطاها إذناً أنهم يتفرجون ولا يدخل أحد من أرباب الخدمة عند الملك مدة ثلاثة أيام فتضرع جميع الناس ودعوا لضوء المكان بدوام العز . ثم أقبل عليه الوزير وأعلمه بالذي كان فصبر إلى الليل ودخل على أخته نزهة الزمان وقال لها : أعلمت بسبب قتل أبي ولم نعلم بسببه كيف كان ؟ فقالت : لم أعلم سبب قتله . ثم إنها ضربت لها ستارة من حرير وجلس ضوء المكان خارج الستارة وأمر بإحضار الوزير دندان فحضر بين يديه فقال له : أريد أن تخبرني تفصيلاً بسبب قتل أبي الملك عمر النعمان . قال الوزير دندان : لما أتى الملك عمر النعمان من الصيد والقنص وجاء إلى المدينة سأل عنكما فلم يجدكما فعلم أنكما قد قصدتما الحج فاغتم لذلك وازداد به الغيظ وضاق صدره وأقام نصف سنة وهو يستخبر عنكما كل شارد ووارد فلم يخبره أحد عنكما . فبينما نحن بين يديه يوماً من الأيام بعدما مضى لكما سنة كاملة من تاريخ فقدكما وإذا بعجوز عليها آثار العبادة قد وردت علينا ومعها خمس جوار نهد أبكار كأنهن الأقمار وحوين من الحسن والجمال ما يعجز عن وصفه اللسان ، ومع كمال حسنهن يقرأن القرآن ويعرفن الحكمة وأخبار المتقدمين فاستأذنت تلك العجوز في الدخول على الملك فأذن لها فدخلت عليه وقبلت الأرض بين يديه وكنت أنا جالساً بقرب الملك فلما دخلت عليه قربها إليه لما رأى عليها آثار الزهد والعبادة ، فلما استقرت العجوز عنده أقبلت عليه وقالت له : اعلم أيها الملك أن معي خمس جوار ما ملك أحد من الملوك مثلهن لأنهن ذوات عقل وجمال وحسن وكمال يقرأن القرآن والروايات ويعرفن العلوم وأخبار الأمم السالفة وهن بين يديك وواقفات في خدمتك يا ملك الزمان وعند الامتحان يكرم المرء أو يهان . فنظر المرحوم والدك إلى الجواري من

أخبار الناس الماضين والأمم السابقين . وهنا أدرك شهرزاد الصباح فسكتت عن الكلام المباح .

الليلة الثامنة والتسعين قالت شهرزاد : بلغني أيها الملك السعيد أن الوزير دندان قال للملك ضوء المكان : فتقدمت واحدة منهن وقبلت الأرض بين يديه وقالت : اعلم أيها الملك أنه ينبغي لذي الأدب أن يتجنب الفضول ويتحلى بالفضائل وأن يؤدي الفرائض ويبتعد عن الكبائر ويلازم ذلك ملازمة من لو أفرد عنه لهلك وأساس الأدب مكارم الأخلاق واعلم أن أسباب المعيشة طلب الحياة والقصد من الحياة عبادة الله ، فينبغي أن تحسن خلقك مع الناس وأن لا تعدل عن تلك السنة فإن أعظم الناس خطراً أحوجهم إلى التدبير والملوك أحوج إليه من السوقة لأن السوقة قد تفيض في الأمور من غير نظر في العافية ، وأن تبدل في سبيل الله نفسك ومالك واعلم أن العدو خصم تخصيمه بالحجة وتحرز منه ، وأما الصديق فليس بينك وبينه قاض يحكم غير حسن الخلق . فاختر صديقك لنفسك بعد اختياره فإن كان من الإخوان الآخرة فليكن محافظاً على أتباع الظاهر من الشعر عارفاً بباطنه على حسن الإمكان وإن كان من إخوان الدنيا فليكن حراً صادقاً ليس بجاهل ولا شرير فإن الجاهل أهل لأن يبتعد منه أبوانا والمنافق لا يكون صديقاً لأن الصديق مأخوذ من الصدق الذي يكون ناشئاً عن صميم القلب فكيف به إذا أظهر الكذب على اللسان ، واعلم أن أتباع الشرع ينفع صاحبه فتودد لأخيك إذا كان بهذه الصفة ولا تقطعه وإن ظهر لك منه ما تكره فإنه ليس كالمرأة يمكن طلاقها ومراجعتها بل قلبه كالزجاج إذا تصدع لا ينجبر ، ولله در القائل : احرص على صون القلوب من الأذى .... فرجوعها بعد التنافر يعسر إن القلوب إذا تنافر ودها .... مثل الزجاجة كسرها لا يجبر وقالت الجارية في آخر كلامها وهي تشير إلينا : إن أصحاب العقول قالوا : خير الإخوان أشدهم في النصيحة خير الأعمال أجملها عاقبة وخير الثناء ما كان على أفواه الرجال . وقد قيل : لا ينبغي للعبد أن يغفل عن شكر الله خصوصاً على نعمتين العافية والعقل . وقيل : من كرمت عليه نفسه هانت عليه شهرته ، ومن عظم صغائر المصائب ابتلاه الله بكبارها ، ومن أطاع الهوى ضيع الحقوق ومن أطاع الواشي ضيع الصديق ، ومن ظن بك خيراً فصدق ظنه ومن بالغ في الخصومة أثم ومن لم يحذر الحيف لم يأمن السيف . وها أنا أذكر لك شيئاً من آداب القضاة . اعلم أيها الملك أنه لا ينفع حكم بحق إلا بعد التثبيت وينبغي للقاضي أن يجعل الناس في منزلة واحدة حتى لا يطمع شريف في الجور ولا ييأس ضعيف من العدل وينبغي أيضاً أن يجعل البينة على من ادعى واليمين على من أنكر والصلح جائز بين المسلمين إلا صلحاً

أحل حرماً أو حرم حلالاً ، وما شككت فيه اليوم فراجع فيه عقلك وتبين به رشدك لترجع فيه إلى الحق فالحق فرع والرجوع إلى الحق خير من التمادي على الباطل ، ثم اعرف الأمثال وافقه المقال وسو بين الأخصام في الوقوف وليكن نظرك على الحق موقوفاً وفوض أمرك إلى الله عز وجل واجعل البينة على من ادعى فإن حضرت بينته أخذت بحقه وإلا فحلف المدعى عليه وهذا حكم الله ، واقبل شهادة عدو المسلمين بعضهم على بعض ، فإن الله تعالى أمر الحكام أن تحكم بالظاهر وهو يتولى السرائر ، ولزاماً على القاضي أن يتوقى الألم والجوع وأن يقصد بقضائه بين الناس وجه الله تعالى فإن من خلصت نيته وأصلح ما بينه وبين نفسه كفاه الله ما بينه وبين الناس . وقال الزهري : ثلاث إذا كن في قاض : كان منعزلاً إذا أكرم اللئام وأحب المحامد وكره العزل . وقد عزل عمر بن عبد العزيز قاضياً فقال له : لم عزلتني ؟ فقال عمر : قد بلغني عنك أن مقالك أكبر من مقامك . حكي أن الإسكندر قال لقاضيه : إني وليتك منزلة واستودعتك فيها روحي وعرضي ومروءتي فاحفظ هذه المنزلة لنفسك وعقلك . وقال لطباخه : إنك مسلط على جسمي فارفق بنفسك فيه . وقال لكاتبه : إنك متصرف في عقلي فاحفظني فيما تكتبه عني . ثم تأخرت الجارية الأولى وتقدمت الثانية .وهنا أدرك شهرزاد الصباح فسكتت عن الكلام المباح .

الليلة التاسعة والتسعين قالت شهرزاد : بلغني أيها الملك السعيد أن الوزير دندان قال لضوء المكان : ثم تأخرت الجارية الأولى وتقدمت الثانية وقبلت الأرض بين يدي الملك والدك سبع مرات ثم قالت : قال لقمان لابنه : ثلاثة لا تعرف إلا في ثلاثة مواطن لا يعرف الحليم إلا عند الغضب ولا الشجاع إلا عند الحرب ولا أخوك إلا عند حاجتك إليه . وقيل : إن الظالم نادم وإن مدحه الناس والمظلوم سليم وإن ذمه الناس . وقال الله تعالى : ولا تحسبن الذين يفرحون بما أتوا ويحبون أن يحمدوا بما لم يفعلوا فلا تحسبنهم بمفازة من العذاب ولهم عذاب أليم . وقال عليه الصلاة والسلام : إنما الأعمال بالنيات وإنما لكل امرئ ما نوى . واعلم أيها الملك أن أعجب ما في الإنسان قلبه لأن به زمام أمره فإن هاج به الطمع أهلكه الحرص وإن ملكه الأسى قتله الأسف وإن عظم عنده الغضب اشتد به العطب وإن سعد بالرضى أمن من السخط وإن ناله الخوف شغله الحزن وإن أصابته مصيبة ضمنه الجزع وإن استفاد مالاً ربما اشتغل به عن ذكر ربه ، وإن أغصته فاقة أشغله الهم وإن أجهده الجذع أقعده الضعف ، فعلى كل حالة لا صلاح له إلا بذكر الله واشتغاله بما فيه تحصيل معاشه وصلاح معاده . وقيل لبعض العلماء : من أشر الناس حالاً ؟ قال : من غلبت شهوته مروءته وبعدت في

المعالي همته فاتسعت معرفته وضاقت معذرته . وما أحسن ما قاله قيس : وإني لأغني الناس عن متكـلـف .... يرى الناس ضلالاً وما هو مهتدي وما المال والأخلاق إلا مـعـارة .... فكل بما يخفيه في الصدر مرتدي إذا ما أتيت الأمر من غير بـابـه .... ضللت وإذ تدخل من الباب تهتدي ثم إن الجارية قالت : وأما أخبار الزهد فقد قال هشام بن بشر : قلت لعمر بن عبيد : ما حقيقة الزهد ؟ فقال لي : قد بينه رسول الله صلى الله عليه وسلم في قوله : الزاهد من لم ينس القبر والبلا وآثر ما يبقى على ما يفنى ولم يعد غداً من أيامه وعد نفسه في الموتى . وقيل : إن أبا ذر كان يقول : الفقر أحب إلي من الغنى والسقم أحب إلي من الصحة . فقال بعض السامعين : رحم الله أبا ذر أما أنا فأقول : من أتكل على حسن الاختيار من الله تعالى رضي بالحالة التي اختارها الله له . وقال بعض الثقات : صل بنا ابن أبي أو في صلاة الصبح فقرأ يا أيها المدثر حتى بلغ قوله تعالى فإذا نقر في الناقور فخر ميتاً . ويروى أن ثابتاً البناني بكى حتى كادت أن تذهب عيناه فجاؤوا برجل يعالجه قال : أعالجه بشرط أن يطاوعني . قال ثابت : في أي شيء ؟ قال الطبيب : في أن لا تبكي . قال ثابت : فما فضل عيني أن لم تبكيا . وقال رجل لمحمد بن عبد الله : أوصني . وهنا أدرك شهرزاد الصباح فسكتت عن الكلام المباح .

الليلة المئة قالت شهرزاد : بلغني أيها الملك السعيد أن الوزير دندان قال لضوء المكان : وقالت الجارية الثانية لوالدك المرحوم عمر النعمان : وقال رجل لمحمد بن عبد الله : أوصني . فقال : أوصيك أن تكون في الدنيا مالكاً زاهداً وفي الآخرة مملوكاً طامعاً . قال : وكيف ذلك ؟ قال : الزاهد في الدنيا يملك الدنيا والآخرة . وقال غوث بن عبد الله : كان إخوان في بني إسرائيل قال أحدهما للآخر : ما أخوف عمل عملته ؟ قال له : إني مررت ببيت فراخ فأخذت منها واحدة ورميتها في ذلك البيت ولكن بيت الفراخ التي أخذها منه فهذا أخوف عمل عملته . فما أخوف ما عملته أنت ؟ قال : أما أنا فأخوف عمل أعمله أني إذا قمت للصلاة أخاف أن أكون لا أعمل ذلك إلا للجزاء . وكان أبوهما يسمع كلامهما فقال : اللهم إن كانا صادقين فاقبضهما إليك . فقال بعض العقلاء : إن هذين من أفضل الأولاد . وقال سعيد بن صبر : صحبت ابن عبيد فقلت له : أوصني . فقال : احفظ عني هاتين الخصلتين : أن لا تشرك بالله شيئاً وأن لا تؤذي من خلق الله أحداً ، وأنشد هذين البيتين : كن كيف شئت فإن الله ذو كرم .... وأنف الهموم فما في الأمر من بأس إلا اثنتين فما تـقربهـما ابـداً .... الشرك بالله والإضرار بـالـنـاس وما أحسن قول الشاعر : إذا أنت لم يصحبك زاد من التقى .... ولاقيت بعد الموت

من قد تزودا ندمت على أن لا تكون كمثلـه .... وإنك لم ترصد كما كان أرصدا

ثم تقدمت الجارية الثالثة بعد أن تأخرت الثانية وقالت : إن باب الزهد واسع جداً ولكن ذكر بعض ما يحضرني فيه عن السلف الصالح . قال بعض العارفين : أنا أستبشر بالموت ولا أتيقن فيه راحة فيراني علمت أن الموت يحول بين المرء وبين الأعمال فأرجو مضاعفة العمل الصالح وانقطاع العمل السيء ، وكان عطاء السلمي إذا فرغ من وصيته انتفض وارتعد وبكى بكاء شديداً فقيل له : لم ذلك ؟ فقال : إني أتريد أن أقبل على أمر عظيم وهو الانتصاب بين يدي الله تعالى للعمل بمقتضى الوصية . ولذلك كان علي زين العابدين بن الحسين يرتعد إذا قام للصلاة ، فسئل عن ذلك فقال : أتدرون لمن أقوم ولمن أخاطب ؟ وقيل كان بجانب سفيان الثوري رجل ضرير فإذا كان يوم القيامة آتي بأهل القرآن فيميزون بعلامة مزيد الكرامة عمن سواهم . وقال سفيان : لو أن النفس استقرت في القلب كما ينبغي لطار فرحاً وشوقاً إلى الجنة وحزناً وخوفاً من النار . وعن سفيان الثوري أنه قال : النظر إلى وجه الظالم خطيئة . ثم تأخرت الجارية الثالثة وتقدمت الجارية الرابعة وقالت : وها أنا أتكلم ببعض ما يحضرني من أخبار الصالحين : روي أن بشر الحافي قال : سمعت خالداً يقول : إياكم وسرائر الشرك . فقلت له : وما سرائر الشرك ؟ قال : أن يصلي أحدكم فيطيل ركوعه وسجوده حتى يلحقه الحدب . وقال بعض العارفين : فعل الحسنات يكفر السيئات . وقال بعض العارفين : التمست من بشر الحافي شيئاً من سرائر الحقائق فقال : يا بني هذا العلم لا ينبغي أن نعلمه كل أحد فمن كل مائة خمسة مثل زكاة الدرهم . قال إبراهيم بن أدهم : فاستحليت كلامه واستحسنته فبينما أنا أصلي وإذا ببشر يصلي ، فقمت وراءه أركع إلى أن يؤذن المؤذن فقام رجل رث الحالة وقال : يا قوم احذروا الصدق الضار ولا بأس بالكذب النافع وليس مع الاضطرار اختيار ولا ينفع الكلام عند العدم كما لا يضر السكوت عند وجود الوجود . وقال إبراهيم : رأيت بشر سقط منه دانق فقمت إليه وأعطيته درهماً فقال : لا آخذه . فقلت : إنه من خالص الحلال . فقال : أنا لست أستبدل نعم الدنيا بنعم الآخرة . ويروى أن أخت بشر الحافي قصدت أحمد بن حنبل . وهنا أدرك شهرزاد الصباح فسكتت عن الكلام المباح .

الليلة الواحدة بعد المئة قالت شهرزاد : بلغني أيها الملك السعيد أن الوزير دندان قال لضوء المكان : إن الجارية قالت لوالدك : إن أخت بشر الحافي قصدت أحمد بن حنبل فقالت له : يا إمام الدين إنا قوم نغزل بالليل ونشتغل بمعاشنا في النهار وربما تمر بنا مشاعل ولاة بغداد ونحن على السطح نغزل في ضوئها فهل

يحرم علينا ذلك ؟ قال لها : من أنت ؟ قالت : أخت بشر الحافي . فقال : يا أهل بشر لا أزال أستنشق الورع من قلوبكم . وقال بعض العارفين : إذا أراد الله بعبد خيراً فتح عليه باب العمل . وكان ملك بن دينار إذا مر في السوق ورأى ما يشتهيه يقول : يا نفس اصبري فلا أوافقك على ما تريدين . وقال أيضاً : سلامة النفس في مخالفتها وبلاؤها في متابعتها . وقال منصور بن عمار : حججت حجة فقصدت مكة من طريق الكوفة وكانت ليلة مظلمة وإذا بصارخ يصرخ في جوف الليلة ويقول : إلهي وعزتك وجلالك ما أردت بمعصيتك مخالفتك وما أنا جاهل بك ولكن خطيئة قضيتها علي في قديم أزلك فاغفر لي ما فرط مني فإني قد عصيتك بجهلي . فلما فرغ من دعائه تلا هذه الآية : يا أيها الذين آمنوا قوا أنفسكم وأهليكم ناراً وقودها الناس والحجارة . وسمعت سقطة لم أعرف لها حقيقة فمضيت ، فلما كان الغد مشينا إلى مدرجنا وإذا بجنازة خرجت وراءها عجوز ذهبت قوتها فسألتها عن الميت فقالت : هذه جنازة رجل كان مر بنا البارحة وولدي قائم يصلي فتلا آية من كتاب الله تعالى فانفطرت مرارة ذلك الرجل فوقع ميتاً . ثم تأخرت الجارية الرابعة وتقدمت الجارية الخامسة وقالت : ها أنا أذكر بعض ما يحضرني من أخبار السلف الصالح : كان مسلمة بن دينار يقول : عند تصحيح الضمائر نغفر الصغائر والكبائر ، وإذا عزم العبد على ترك الآثام أتاه الفتوح وقال : كل نعمة لا تقرب إلى الله فهي بلية وقليل الدنيا يشغل عن كثير الآخرة وكثيرها ينسيك قليلها . وسئل أبو حازم : من أيسر الناس ؟ فقال : رجل امضى عمره في طاعة الله . قال : فمن أحمق الناس ؟ قال : رجل باع آخرته بدنيا غيره . وروي أن موسى عليه السلام لما ورد ماء مدين قال : رب إني لما أنزلت لي من خير فقير . فسأل موسى ربه ولم يسأل الناس وجاءت الجاريتان فسقى لهما ولم تصدر الرعاء فلما رجعتا أخبرتا أباهما شعيباً فقال لهما : لعله جائع . ثم قال لإحداهن : ارجعي إليه وادعيه . فلما أتته غطت وجهها وقالت : إن أبي يدعوك ليجزيك أجر ما سقيت لنا . فكره موسى ذلك وأراد أن لا يتبعها وكانت امرأة ذات عجز فكانت الريح تضرب ثوبها فيظهر لموسى عجزها فيغض بصره ثم قال : لهاك كوني خلفي . فمشت خلفه حتى دخل على شعيب والعشاء مهيأ . وهنا أدرك شهرزاد الصباح فسكتت عن الكلام المباح

الليلة الثانية بعد المئة قالت شهرزاد : بلغني أيها الملك السعيد أن الوزير دندان قال لضوء المكان : وقالت الجارية الخامسة لوالدك : فدخل موسى على شعيب عليهما السلام والعشاء مهيأ فقال شعيب لموسى : يا موسى إني أريد أن أعطيك أجر ما سقيت لهما . فقال موسى : أنا من أهل بيت لا نبيع شيئاً من عمل الآخرة

بما على الأرض من ذهب وفضة . فقال شعيب : يا شاب ولكن أنت ضيفي وإكرام الضيف عادتي وعادة آبائي بإطعام الطعام . فجلس موسى فأكل ، ثم إن شعيباً استأجر موسى ثماني حجج أي ثماني سنين وجعل أجرته على ذلك تزويجه إحدى ابنتيه وكان عمل موسى لشعيب صداقاً لها كما قال تعالى حكاية عنه : أني أريد أن أنكحك إحدى ابنتي هاتين على أن تؤجرني ثماني حجج فإن أتممت عشراً فمن عندك وما أريد أن أشق عليك . وقال رجل لبعض أصحابه وكان له مدة لم يره : إنك أوحشتني أني ما رأيتك منذ زمان . قال : اشتغلت عنك بابن شهاب أتعرفه ؟ قال : نعم هو جاري منذ ثلاثين سنة إلا أنني لم أكلمه . قال له : إنك نسيت الله فنسيت جارك ولو أحببت الله لأحببت جارك ، أما علمت أن للجار علي حقاً كحق القرابة ؟ وقال حذيفة : دخلنا مكة مع إبراهيم بن أدهم وكان شقيق البلخي قد حج في تلك السنة فاجتمعنا في الطواف فقال إبراهيم لشقيق : ما شأنكم في بلادكم ؟ فقال شقيق : إننا إذا رزقنا أكلنا وإذا جعنا صبرنا . فقال : كذا تفعل كلاب بلخ ولكننا إذا رزقنا آثرنا وإذا جعنا شكرنا . فجلس شقيق بين يدي إبراهيم قال له : أنت أستاذي . وقال محمد بن عمران : سأل رجل حاتماً الأصم فقال له : ما أمرك في التوكل على الله تعالى ؟ قال : على خصلتين ، علمت أن رفاقي لا يأكله غيري فاطمأنت نفسي به وعلمت أني لم أخلق من غير علم الله فاستحييت منه .

ثم تأخرت الجارية الخامسة وتقدمت العجوز وقبلت الأرض بين يدي والدك تسع مرات وقالت : قد سمعت أيها الملك ما تكلم به الجميع في باب الزهد وأنا تابعة لهن فاذكر بعض ما بلغني عن أكابر المتقدمين . قيل : كان الإمام الشافعي رضي الله عنه يقسم الليل ثلاثة أقسام : الثلث الأول للعلم والثاني للنوم والثالث للتهجد . وكان الإمام أبو حنيفة يحيي نصف الليل فأشار إليه إنسان وهو يمشي وقال الآخران : إن هذا يحيي الليل كله . فلما سمع ذلك قال : إني أستحي من الله أن أوصف بما ليس في . فصار بعد ذلك يحيي الليل كله . وقال الربيع : كان الشافعي يختم القرآن في شهر رمضان سبعين مرة كل ذلك في الصلاة . وقال الشافعي رضي الله عنه : ما شبعت من خبز الشعير عشر سنين لأن الشبع يقسي القلب ويزيل الفطنة ويجلب النوم ويضعف صاحبه عن القيام . وروي عن عبد الله ومحمد السكري أنه قال : كنت أنا وعمرة نتحدث فقال لي : ما رأيت أروع ولا أفصح من محمد بن إدريس الشافعي . واتفق أنني خرجت أنا والحرث بن لبيب الصغار وكان الحرث تلميذ المزني وكان صوته حسناً فقرأ قوله تعالى : هذا يوم لا ينطقون ولا يؤذن لهم فيعتذرون . فرأيت الإمام الشافعي تغير لونه واقشعر جلده واضطرب اضطراباً شديداً وخر مغشياً عليه فلما أفاق قال : أعوذ

بالله من مقام الكذابين وأعراض الغافلين اللهم لك خشعت قلوب العارفين ، اللهم هب لي غفران ذنوبي من جودك وجملني بسترك واعف عن تقصيري بكرم وجهك . ثم قمت وانصرفت . وقال بعض الثقات : لما دخلت بغداد كان الشافعي بها فجلست على الشاطئ لأتوضأ للصلاة إذ مر بي إنسان فقال لي : يا غلام أحسن وضوءك يحسن الله إليك في الدنيا والآخرة . فالتفت وإذا برجل يتبعه جماعة فأسرعت في وضوئي وجعلت أقفوا أثره فالتفت إلي وقال : هل لك من حاجة ؟ فقلت : نعم تعلمني مما علمك الله تعالى . فقال : اعلم أن من صدق الله ونجا ومن نجا ومن أشفق على دينه سلم من الردى ومن زهد في الدنيا قرت عيناه غداً أفلا أزيدك ؟ قلت : بلى . قال : كن في الدنيا زاهداً وفي الآخرة راغباً واصدق في جميع أمورك تنج مع الناجين . ثم مضى فسألت عنه فقيل لي : هذا الإمام الشافعي . وكان الإمام الشافعي رضي الله عنه يقول : وددت أن الناس ينتفعون بهذا العلم على أن لا ينسب إلي منه شيء .وهنا أدرك شهرزاد الصباح فسكتت عن الكلام المباح .

الليلة الثالثة بعد المئة قالت شهرزاد : لغني أيها الملك السعيد أن الوزير دندان قال لضوء المكان : قالت العجوز لوالدك : كان الإمام الشافعي يقول : وددت أن الناس ينتفعون بهذا العلم على أن لا ينسب إلي منه شيء . وقال : ما ناظرت أحداً إلا أحببت أن يوفقه الله تعالى للحق ويعينه على إظهاره وما ناظرت أحداً قط إلا لأجل إظهار الحق وما أبالي أن يبين الله الحق على لساني أو على لسانه . وقال رضي الله تعالى عنه : إذا خفت على علمك العجب فاذكر رضا من تطلب وفي أي نعيم ترغب ومن أي عقاب ترهب . وقيل لأبي حنيفة : إن أمير المؤمنين أبا جعفر المنصور قد جعلك قاضياً ورسم لك بعشرة آلاف درهم فما رضي ، فلما كان اليوم الذي توقع أن يؤتى إليه فيه بالمال صلى الصبح ثم تغشى بثوبه فلم يتكلم ثم جاء رسول أمير المؤمنين بالمال فلما دخل عليه وخاطبه لم يكلمه فقال له رسول الخليفة : إن هذا المال حلال . فقال : اعلم أنه حلال لي ولكني أكره أن يقع في قلبي مودة الجبابرة . فقال له : لو دخلت إليهم وتحفظت من ودهم . قال : هل آمن أن ألج البحر ولا تبتل ثيابي . من كلام الشافعي رضي الله عنه : ألا يا نفس إن ترضي بقولي .... فأنت عزيزة أبـداً غـنـية دعي عنك المطامع والأماني .... فكم أمنية جلبـت غـنـية ومن كلام سفيان النوري فيما أوصى به علي بن الحسين السلمي : عليك بالصدق وإياك والكذب والخيانة والرياء فإن العمل الصالح يحيطه الله بخصلة من هذه الخصال ولا تأخذ دينك إلا عمن هو مشفق على دينه وليكن جليسك من يزهدك في الدنيا وأكثر ذكر الموت وأكثر الاستغفار واسأل

الله السلامة فيما بقي من عمرك وانصح كل مؤمن إذا سألك عن أمر دينه وإياك أن تخون مؤمناً فإن من خان مؤمناً فقد خان الله ورسوله ، وإياك الجدال والخصام ودع ما يريبك إلى ما لا يريبك تكن سليماً وأمر بالمعروف وأنه عن المنكر تكن حبيب الله وأحسن سريرتك يحسن الله علانيتك واقبل المعذرة ممن اعتذر إليك ولا تبغض أحداً من المسلمين وصل من قطعك واعف عمن ظلمك تكن رفيق الأنبياء وليكن أمرك مفوضاً إلى الله في السر والعلانية واخش الله من خشية من قد علم أنه ميت ومبعوث وسائر إلى الحشر والوقوف بين يدي الجبار واذكر مصيرك إلى إحدى الدارين أما إلى جنة عالية وأما إلى نار حامية . ثم إن العجوز جلست إلى جانب الجواري فلما سمع والدك المرحوم كلامهن علم أنهن أفضل أهل زمانهن ورأى حسنهن وجمالهن وزيادة أدبهن فأواهن إليه وأقبل على العجوز فأكرمها وأخلى لها هي وجواريها القصر الذي كانت فيه الملكة إبريزة بنت ملك الروم ونقل إليهن ما يحتجن إليه من الخيرات فأقامت عنده عشرة أيام وكلما دخل عليها يجدها معتكفة على صلاتها وقيامها في ليلها وصيامها فوقع في قلبه محبتها وقال لي : يا وزير إن هذه العجوز من الصالحات وقد عظمت في قلبي مهابتها . فلما كان اليوم الحادي عشر اجتمع بها من جهة دفع ثمن الجواري إليها فقالت له : أيها الملك اعلم أن ثمن هذه الجواري فوق ما يتعامل الناس به فإني ما أطلب فيهن ذهباً ولا فضة ولا جواهر قليلاً كان ذلك . فلما سمع والدك كلامها تحير وقال : أيها السيدة وما ثمنهن ؟ قالت : ما أبيعهن لك إلا بصيام شهر كامل تصوم نهاره وتقوم ليله لوجه الله تعالى فإن فعلت ذلك فهن لك في قصرك تصنع بهن ما شئت . فتعجب الملك من كمال صلاحها وزهدها وورعها وعظمت في عينه وقال نفعنا الله بهذه المرأة الصالحة ثم اتفق معها على أن يصوم الشهر كما اشترطته عليه . فقالت : وأنا أعينك بدعوات أدعو بهن لك فائتني بكوز ماء . فأخذته وقرأت عليه وهممت وقعدت ساعة تتكلم بكلام لا تفهمه ولا تعرف منه شيئاً ، ثم غطته بخرقة وختمته وناولته لوالدك وقالت له : إذا صمت العشرة الأولى فأفطر في الليلة الحادية عشرة على ما في هذا الكوز فإنه ينزع حب الدنيا من قلبك ويملأه نوراً وإيماناً وفي غد أخرج إلى أخواني وهم رجال الغيب فإني اشتقت إليهم ثم أجيء إليك إذا مضت العشرة الأولى . فأخذ والدك الكوز ثم نهض وأفرد له خلوة في القصر ووضع الكوز فيها وأخذ مفتاح الخلوة في جيبه فلما كان النهار صام السلطان وخرجت العجوز إلى حال سبيلها . وهنا أدرك شهرزاد الصباح فسكتت عن الكلام المباح .

الليلة الرابعة بعد المئة قالت شهرزاد : بلغني أيها الملك السعيد أن الوزير دندان قال لضوء المكان : فلما كان النهار صام وخرجت العجوز في حال سبيلها وأتم الملك صوم العشرة أيام وفي اليوم الحادي عشر فتح الكوز وشربه فوجد له في فؤاده فعلاً جميلاً وفي العشرة أيام الثانية من الشهر جاءت العجوز ومعها حلاوة في ورق أخضر يشبه ورق الشجر فدخلت على والدك وسلمت عليه فلما رآها قام وقال لها : مرحباً بالسيدة الصالحة . فقالت له : أيها الملك أن رجال الغيب يسلمون عليك لأني أخبرتهم عنك فرحوا بك وأرسلوا معي هذه الحلاوة وهي من حلاوة الآخرة فأفطر عليها في آخر النهار . ففرح والدك فرحاً زائداً وقال : الحمد لله الذي جعل لي إخواناً من رجال الغيب . ثم شكر العجوز وقبل يديها وأكرمها وأكرم الجواري غاية الإكرام ثم مضت مدة عشرين يوماً وأبوك صائم وعند رأس العشرين يوماً أقبلت عليه العجوز وقالت : أيها الملك اعلم أني أخبرت رجال الغيب بما بيني وبينك من المحبة وأعلمتهم بأني تركت الجواري عندك ، ففرحوا حيث كانت الجواري عند ملك مثلك لأنهم إذا رأوهن يبالغون في الدعاء المستجاب فأريد أن أذهب بهن إلى رجال الغيب لتحصيل نفحاتهم لهن وربما أنهن لا يرجعن إليك إلا ومعهن كنز من كنوز الأرض حتى أنك بعد تمام صومك تشتغل بكسوتهن وتستعين بالمال الذي يأتيك به على أغراضك . فلما سمع والدك كلامها شكرها على ذلك وقال لها : لولا أني أخشى مخالفتي لك ما رضيت بالكنز ولا بغيره ولكن متى تخرجن بهن ؟ فقالت له : في الليلة السابعة والعشرين فأرجع بهن إليك في رأس الشهر وتكون أنت قد أوفيت الصوم وحصل استبراؤهن وصرن لك وتحت أمرك ، والله أن كل جارية ثمنها أعظم من ملكك مرات . فقال لها : وأنا أعرف ذلك أيتها السيدة الصالحة . فقالت له : بعد ذلك ولا بد أن ترسل معهن من يعز عليك من القصر حتى تجد الأنس ويلتمس البركة من رجال الغيب . فقال لها : عندي جارية رومية اسمها صفية ورزقت منها بولدين أنثى وذكر ولكنهما فقدا منذ سنتين فخذيها معهن لأجل أن تحصل البركة . وهنا أدرك شهرزاد الصباح فسكتت عن الكلام المباح .

الليلة الخامسة بعد المئة قالت شهرزاد : بلغني أيها الملك السعيد أن الوزير دندان قال لضوء المكان : لعل رجال الغيب يدعون الله لها بأن يرد عليها ولديها ويجمع شملنا بهما . فقالت العجوز : نعم ما قلت وكان ذلك أعظم غرضها . ثم إن والدك أخذ في تمام صيامه ، فقالت له : يا ولدي إني متوجهة إلى رجال الغيب فأحضر لي صفية . فدعا بها في ساعتها فسلمها إلى العجوز فخلطتها بالجواري ، ثم دخلت العجوز مخدعها وخرجت للسلطان بكأس مختوم وناولته له وقالت : إذا

كان يوم الثلاثين فادخل الحمام ثم اخرج منه وادخل خلوة من الخلاوي التي في قصرك واشرب هذا الكأس وثم فقد نلت ما تطلب والسلام مني عليك . فعند ذلك فرح الملك وشكرها وقبل يدها فقالت له : أستودعك الله . ثم قال لها : ومتى أراك أيتها السيدة الصالحة فإني أود أن لا أفارقك ؟ فدعت له وتوجهت ومعها الجواري والملكة صفية وقعد الملك بعدها ثلاثة أيام ثم قام ودخل الحمام وخرج منه إلى الخلوة التي في القصر وأمر أن لا يدخل عليه أحد ورد الباب عليه ثم شرب الكأس ونام ونحن قاعدون في انتظاره إلى آخر النهار فلم يخرج من الخلوة قلنا : لعله تعبان من الحمام ومن سهر الليل وصيام النهار فبسبب ذلك نام . فانتظرناه ثاني يوم فلم يخرج فوقفنا بباب الخلوة وأعلنا برفع الصوت لعله ينتبه ويسأل عن الخبر فلم يحصل منه صوت ، فخلعنا الباب ودخلنا عليه فوجدناه قد تمزق لحمه وتفتت عظمه . فلما رأيناه على هذه الحالة عظم علينا ذلك وأخذنا الكأس فوجدنا في غطائه قطعة من ورق مكتوباً فيها : من أساء لا يستوحش منه وهذا جزاء من يحتال على بنات الملوك ويفسدهن والذي نعلم به كل من وقف على هذه الورقة . إن شركان لما جاء بلادنا أفسد علينا الملكة إبريزة وما كفاه ذلك حتى أخذها من عندنا وجاء بها إليكم ثم أرسلها مع عبد أسود فقتلها ووجدناها مقتولة في الخلاء مطروحة على الأرض ، فهذا ما هو فعل الملوك ، وهذا جزاء من يفعل هذا الفعل إلا ما حل به ، وأنتم لا تتهموا أبداً بقتله ، ما قتله إلا العاهرة الشاطرة التي اسمها ذات الدواهي ، وها أنا أخذت زوجة الملك صفية ومضيت بها إلى والدها أفريدون ملك القسطنطينية ، ولا بد أن نغزوكم ونقتلكم ونأخذ منكم الديار فتهلكون عن آخركم ولا يبقى منكم ديار ولا من ينفخ النار إلا من يعبد الصليب والزنار . فلما قرأنا هذه الورقة علمنا أن العجوز خدعتنا وتمت حيلتها علينا فعند ذلك صرخنا ولطمنا على وجوهنا وبكينا فلما يفدنا البكاء شيئاً ، واختلفت العساكر فيمن يجعلونه سلطاناً عليهم فمنهم من يريدك ومنهم من يريد أخاك شركان ولم نزل في هذا الاختلاف مدة شهر ، ثم جمعنا بعضنا وأردنا أن نمضي إلى أخيك شركان فسافرنا إلى أن وجدناك ، وهذا سبب موت الملك عمر النعمان . فلما فرغ الوزير من كلامه بكى ضوء المكان هو وأخته نزهة الزمان وبكى الحاجب أيضاً . ثم قال الحاجب لضوء المكان : أيها الملك أن البكاء لا يفيدك شيئاً ولا يفيدك إلا أن تشد قلبك وتقوي عزمك وتؤيد مملكتك ومن خلف ذلك .

فعند ذلك سكت عن بكائه وأمر بنصب السرير خارج الدهليز ، ثم أمر أن يعرضوا عليه العساكر ووقف الحاجب بجانبه والسلحدراية من ورائه ووقف الوزير دندان قدامه ووقف كل واحد من الأمراء وأرباب الدولة في مرتبته ، ثم إن

الملك ضوء المكان قال للوزير دندان : أخبرني بخزائن أبي . فقال الوزير دندان : سمعاً وطاعة . وأخبره بخزائن الأموال وبما فيها من الذخائر والجواهر وعرض عليه ما في خزانته من الأموال فأنفق على العساكر وخلع على الوزير دندان خلعة سنية ، وقال له : أنت في مكانك . فقبل الأرض بين يديه ودعا له بالبقاء ثم خلع على الأمراء ثم إنه قال للحاجب : أعرض علي الذي معك من خراج دمشق . فعرض عليه صناديق المال والتحف والجواهر فأخذها وفرقها على العساكر . وهنا أدرك شهرزاد الصباح فسكتت عن الكلام المباح .

الليلة السادسة بعد المئة قالت شهرزاد : بلغني أيها الملك السعيد أن ضوء المكان أمر الحاجب أن يعرض عليه ما أتى به من خراج دمشق فعرض عليه صناديق المال والتحف والجواهر فأخذها وفرقها على العساكر ولم يبق منها شيئاً ، فقبل الأمراء الأرض بين يدي ضوء المكان ودعوا له بطول البقاء وقالوا : ما رأينا ملكاً يعطي مثل هذه العطايا . ثم إنهم مضوا إلى خيامهم فلما أصبحوا أمرهم بالسفر فسافروا ثلاثة أيام وفي اليوم الرابع أشرفوا على بغداد فدخلوا المدينة فوجدوها قد تزينت ، وطلع السلطان ضوء المكان قصر أبيه وجلس على السرير ووقف أمراء العسكر والوزير دندان وحاجب دمشق بين يديه فعند ذلك أمر كاتب السر أن يكتب كتاباً إلى أخيه شركان ويذكر فيه ما جرى من الأول إلى الآخر ويقول في آخره : وساعة وقوفك على هذا المكتوب تجهز أمرك وتحضر بعسكرك حتى تتوجه إلى غزو الكفار ونأخذ منهم الثأر ونكشف العار . ثم طوى الكتاب وختمه وقال للوزير دندان : ما يتوجه بهذا الكتاب إلا أنت ولكن ينبغي أن تتلطف به في الكلام وتقول له : إن أردت ملك أبيك فهو لك وأخوك نائباً عنك في دمشق كما أخبرنا بذلك . فنزل الوزير دندان من عنده وتجهز للسفر ، ثم إن ضوء المكان أمر أن يجعلوا للوقاد مكاناً حسناً ويفرشوه بأحسن الفرش ، وذلك الوقاد له حديث طويل . ثم إن ضوء المكان توجه يوماً إلى الصيد والقنص وعاد إلى بغداد فقدم له بعض الأمراء من الخيول والجياد ومن الجواري الحسان ما يعجز عن وصفه اللسان فأعجبته جارية منهن فاختلى بها ودخل عليها في تلك الليلة فعلقت منه من ساعتها . وبعد مدة عاد الوزير دندان من سفره وأخبره بخبر أخيه شركان وإنه قادم عليه وقال له : ينبغي أن تخرج وتلاقيه . فقال له ضوء المكان : سمعاً وطاعة . فخرج إليه مع كبار دولته من بغداد مسيرة يوم ، ثم نصب خيامه هناك لانتظار أخيه . وعند الصباح أقبل الملك شركان في عساكر الشام ما بين فارس مقدام وأسد ضرغام وبطل مصدام ، فلام أشرفت الكتائب وقدمت النجائب وأقبلت المصائب وخفقت أعلام المراكب توجه ضوء المكان هو ومن معه لملاقاتهم

فلما عاين ضوء المكان أراد أن يترجل إليه فأقسم عليه شركان أن لا يفعل ذلك ، وترجل شركان ومشى نحوه فلما صار بين يدي ضوء المكان رمى ضوء المكان نفسه عليه فاحتضنه شركان إلى صدره وبكيا بكاءاً شديداً وعزى بعضهما بعضاً . ثم ركب الاثنان وسار العسكر معهما إلى أن أشرفوا على بغداد ونزلوا ، ثم تقدم ضوء المكان هو وأخوه شركان إلى قصر الملك وباتا تلك الليلة ، وعند الصباح نهض ضوء المكان وأمر أن يجمعوا العساكر من كل ناحية وينادون بالغزو والجهاد ثم أقاموا ينتظرون مجيء الجيوش من سائر البلدان وكل من حضر يكرمونه ويعدونه بالجميل إلى أن مضى على ذلك الحال مدة شهر كامل والقوم يأتون أفواجاً متتابعة ، ثم قال شركان لأخيه : يا أخي أعلمني بقضيتك . فأعلمه بجميع ما وقع له من الأول إلى الآخر ، وبما صنعه معه الوقاد من المعروف ، فقال له : يا أخي ما كافأته إلى الآن ولكن أكافئه إن شاء الله تعالى لما أرجع من الغزوة . وهنا أدرك شهرزاد الصباح فسكتت عن الكلام المباح

الليلة السابعة بعد المئة قالت شهرزاد : بلغني أيها الملك السعيد أن شركان قال لأخيه ضوء المكان : أما كافأت الوقاد على معروفه ؟ فقال له ضوء المكان : يا أخي ما كافأته إلى الآن ولكن إن شاء الله تعالى لما أرجع من الغزوة وأتفرغ له . فعند ذلك عرف شركان أن أخته نزهة الزمان صادقة في جميع ما أخبرته به ، ثم كتم أمره وأمرها وأرسل إليها السلام مع الحاجب زوجها فبعثت له أيضاً معه السلام ودعت له وسألت عن ابنتها قضى فأخبرها أنها بعافية وأنها في غاية ما يكون من الصحة والسلامة فحمدت الله تعالى وشكرته ، ورجع شركان إلى أخيه يشاوره في أمر الرحيل فقال له : يا أخي لما تتكامل العساكر وتأتي العربان من كل مكان . ثم أمر بتجهيز المسيرة وإحضار الذخيرة ودخل ضوء المكان إلى زوجته وكان مضى لها خمسة أشهر وجعل أرباب الأقلام وأهل الحساب تحت طاعتها ورتب لها الجرايات والجوامك وسافر في ثالث شهر من حين نزول عسكر الشام بعد أن قدمت العربان وجميع العساكر من كل مكان وسارت الجيوش والعساكر وتتابعت الجحافل وكان اسم رئيس عسكر الديلم رستم واسم رئيس عسكر الترك بهرمان . وسار ضوء المكان في وسط الجيوش وعن يمينه أخوه شركان وعن يساره الحاجب صهره ولم يزالوا سائرين مدة شهر وكل جمعة ينزلون في مكان يستريحون فيه ثلاثة أيام لأن الخلق كثيرة ، ولم يزالوا سائرين على هذه الحالة حتى وصلوا إلى بلاد الروم فنفر أهل القرى والضياع والصعاليك وفروا إلى القسطنطينية فلما سمع أفريدون ملكهم بخبرهم قام وتوجه إلى ذات الدواهي فإنها هي التي دبرت الحيل وسافرت إلى بغداد حتى قتلت الملك عمر النعمان ،

ثم أخذت جواريها الملكة صفية ورجعت بالجميع إلى بلادها . فلما رجعت إلى ولدها ملك الروم وأمنت على نفسها قالت لابنها : قر عيناً فقد أخذت لك بثأر ابنتك إبريزة وقتلت الملك النعمان وجئت بصفية ، فقم الآن وتوجه إلى ملك القسطنطينية وأظن أن المسلمين لا يثبتون على قتالنا . فقال : أمهلي أن يقربوا من بلادنا حتى نجهز أحوالنا . ثم أخذوا في جمع رجالهم وتجهز أحوالهم فلما جاءهم الخبر كانوا قد جهزوا حالهم وجمعوا الجيوش وسارت في أوائلهم ذات الدواهي فلما وصلوا إلى القسطنطينية سمع الملك الأكبر ملكها أفريدون بقدوم حردوب ملك الروم فخرج لملاقاته فلما اجتمع أفريدون بملك الروم سأله عن حاله وعن سبب قدومه فأخبره بما عملته أمه ذات الدواهي من الحيل وأنها قتلت ملك المسلمين وأخذت من عنده الملكة صفية وقالوا أن المسلمين جمعوا عساكرهم .وهنا أدرك شهرزاد الصباح فسكتت عن الكلام المباح .

الليلة الثامنة بعد المئة قالت شهرزاد : بلغني أيها الملك السعيد أن أفريدون قال لملك الروم : أن المسلمين جمعوا عساكرهم وجاؤوا ونريد أن نكون جميعاً يداً واحدة ونلقاهم . ففرح الملك أفريدون بقدوم ابنته وقتل عمر النعمان وأرسل إلى سائر الأقاليم طالباً منهم النجدة ويذكر لهم أسباب قتل الملك عمر النعمان فهرعت إليه جيوش النصارى فما مر ثلاثة شهور حتى تكاملت جيوش الروم ، ثم أقبلت الإفرنج من سائر أطرافها كالفرنسيس والنمسا ودوبره وجورنه وبندق وجنوير وسائر عساكر بني الأصفر ، فلما تكاملت العساكر وضاقت بهم الأرض من كثرتهم أمرهم الملك الأكبر أفريدون أن يرحلوا من القسطيطينية فرحلوا واستمر تابع عساكرهم في الرحيل عشرة أيام وساروا حتى نزلوا بواد واسع الأطراف وكان ذلك الوادي قريباً من البحر المالح فأقاموا ثلاثة أيام ، وفي اليوم الرابع أرادوا أن يرحلوا فأتتهم الأخبار بقدوم عساكر الإسلام وحماة ملة خير الأنام عليه أفضل الصلاة والسلام فأقاموا فيه ثلاثة أيام أخرى ، وفي اليوم الرابع رأوا غباراً طار حتى سد الأقطار فلم تمض ساعة من النهار حتى انجلى ذلك الغبار وتمزق إلى الجو وطارت ومحت ظلمته كواكب الأسنة والرماح وبريق بيض الصفاح وبان من تحته رايات إسلامية وأعلام محمدية ، وأقبلت الفرسان كاندفاع البحار في دروع تحسبها سحباً مزررة على أقمار ، فعند ذلك تقابل الجيشان والتطم البحران ووقعت العين في العين فأول من برز للقتال الوزير دندان هو وعساكر الشام وكانوا عشرين ألف عنان . وكان مع الوزير مقدم الترك ومقدم الديلم رستم وبهرام في عشرين ألف فارس وطلع من ورائهم رجال من صوباً لبحر المالح وهم لابسون زرود الحديد وقد صاروا فيه كالبدور السافرة في الليالي

العاكرة وصارت عساكر النصارى ينادون عيسى ومريم والصليب ثم انطبقوا على الوزير دندان ومن معه من عساكر الشام وكان هذا كله تدبير العجوز ذات الدواهي لأن الملك أقبل عليها قبل خروجه وقال لها : كيف العمل والتدبير وأنت السبب في هذا الأمر العسير ؟ فقالت : اعلم أيها الملك الكبير والكاهن الخطير أني أشير عليك بأمر يعجز عن تدبيره إبليس ولو استعان عليه بحزبه المتاعيس . وهنا أدرك شهرزاد الصباح فسكتت عن الكلام المباح .

الليلة التاسعة بعد المئة قالت شهرزاد : بلغني أيها الملك أن هذا كله كان تدبير العجوز لأن الملك كان أقبل عليها قبل خروجها وقال لها : كيف العمل والتدبير وأنت السبب في هذا الأمر العسير ؟ فقالت : اعلم أيها الملك الكبير والكاهن الخطير أني أشير عليك بأمر يعجز عن تدبيره إبليس وهو أن ترسل خمسين ألفاً من الرجال ينزلون في المراكب ويتوجهون في البحر إلى أن يصلوا إلى جبل الدخان فيقيمون هناك ولا يرحلون من ذلك المكان حتى تأتيكم أعلام الإسلام فدونكم وإياهم ، ثم تخرج إليهم العساكر من البحر ويكونون خلفهم ونحن نقابلهم من البر فلا ينجو منهم أحد وقد زال عنا العناء ودام لنا الهناء . فاستصوب الملك أفريدون كلام العجوز وقال : نعم الرأي رأيك يا سيدة العجائز الماكرة ومرجع الكهان في الفتن الثائرة . وحين هجم عليهم عسكر الإسلام في ذلك الوادي لم يشعر إلا والنار تلتهب في الخيام والسيوف تعمل في الأجسام ، ثم أقبلت جيوش بغداد وخراسان وهم في مائة وعشرين ألف فارس وفي أوائلهم ضوء المكان ، فلما رآهم عسكر الكفار الذين كانوا في البحر طلعوا إليهم من البحر وتبعوا أثرهم فلما رآهم ضوء المكان قال : ارجعوا إلى الكفار يا حزب النبي المختار وقاتلوا أهل الكفار والعدوان في طاعة الرحمن الرحيم . وأقبل شركان بطائفة أخرى من عساكر المسلمين نحو مائة ألف وعشرين ألفاً وكانت عساكر الكفار نحو ألف ألف وستمائة ألف ، فلما اختلط المسلمون ببعض قويت قلوبهم ونادوا قائلين : إن الله وعدنا بالنصر وأوعد الكفار بالخذلان . ثم تصادموا بالسيف والسنان واخترق شركان الصفوف وهاج في الألوف وقاتل قتالاً تشيب منه الأطفال ولم يزل يجول في الكفار ويعمل فيهم بالصارم البتار وينادي الله أكبر حتى رد القوم إلى ساحل البحر وكانت منهم الأجسام ونصر دين الإسلام والناس يقاتلون وهم سكارى بغير مدام وقد قتل من القوم في ذلك الوقت خمسة وأربعون ألفاً وقتل من المسلمين ثلاثة آلاف وخمسمائة . ثم إن أسد الدين الملك شركان لم ينم في تلك الليلة لا هو ولا أخوه ضوء المكان بل كانا يباشران الناس وينقذان المرضى ويهنئانهم بالنصر والسلامة والثواب في القيامة . هذا ما كان من أمر المسلمين .

وأما ما كان من أمر الملك أفريدون ملك القسطنطينية وملك الروم وأمه العجوز ذات الدواهي فإنهم جمعوا أمراء العسكر وقالوا لبعضهم : إنا كنا بلغنا المراد وشفينا الفؤاد ولكن إعجابنا بكثرتنا هو الذي خذلنا . فقالت لهم العجوز ذات الدواهي : إنه لا ينفعكم إلا أنكم تتقربون للمسيح وتتمسكون بالاعتقاد الصحيح ، فوحق المسيح ما قوى عسكر المسلمين إلا هذا الشيطان الملك شركان . فقال الملك أفريدون : إني قد عولت في غد على أن أصف لهم الصفوف وأخرج لهم الفارس المعروف لوقابن شملوط فإنه إذا برز إلى الملك شركان قتله وقتل غيره من الأبطال حتى لم يبق منهم أحد ، وقد عولت في هذه الليلة على تقديسكم بالبخور الأكبر . فلما سمعوا كلامه قبلوا الأرض . وكان البخور الذي أراده أخوه البطريق الكبير ذو الإنكار والنكير فإنهم كانوا يتنافسون فيه ويستحسنون مساويه حتى كانت أكابر بطارقة الروم يبعثونه إلى سائر أقاليم بلادهم في خرق من الحرير ويمزجونه بالمسك والعنبر فإذا وصل خراؤه إلى الملوك يأخذون منه كل درهم بألف دينار حتى كان الملوك يرسلون في طلبه من أجل بخور العرائس وكانت البطارقة يخلطونه بخرائهم فإن خره البطريق الكبير لا يكفي عشرة أقاليم وكان خواص ملوكهم يجعلون قليلاً منه في كحل العيون ويداوون به المريض والمبطون ، فلما أصبح الصباح وأشرق بنوره ولاح وتبادرت الفرسان إلى حمل الرماح . وهنا أدرك شهرزاد الصباح فسكتت عن الكلام المباح .

الليلة العاشرة بعد المئة قالت شهرزاد : بلغني أيها الملك السعيد أنه لما اصبح الصباح عاد الملك أفريدون بخواص بطارقته وأرباب دولته وخلع عليهم ونقش الصليب في وجوههم وبخرهم بالبخور المتقدم ذكره الذي هو خره البطريق الأكبر والكاهن الأكبر فلما بخرهم دعا بحضور لوقا بن شملوط الذي يسمونه سيف المسيح وبخره بالرجيع وحنكه به بعد التبخير ونشقه ولطخ به عوارضه ومسح بالفضلة شواربه وكان ذلك الملعون لوقا ما في بلاد الروم أعظم منه ولا أرمى بالنبال ولا أضرب بالسيف ولا أطعن بالرمح والنزال ، وكان بشع المنظر ، كان وجهه وجه حمار وصورته صورة قرد وطلعته طلعة الرقيب وقربه أصعب من فراق الحبيب له من الليل ظلمته ومن البحر الأبخرة نكهته ومن القوس قامته ومن الكفر سميته ، وبعد ذلك أقبل على الملك أفريدون وقبل قدميه ثم وقف بين يديه فقال الملك أفريدون : إني أريد أن تبرز إلى شركان ملك دمشق ابن عمر النعمان وقد انجلى عنا هذا الشر والهوان . فقال : سمعاً وطاعة . ثم أن الملك نقش في وجهه الصليب وزعم أن النصر يحصل له عن قريب ثم انصرف لوقا من عند الملك أفريدون وركب الملعون لوقا جواداً أشقر وعليه ثوب أحمر وزردية من

الذهب المرصع بالجواهر وحمل رمحاً له ثلاث حراب كأنه إبليس الليل يوم الأحزاب وتوجه هو وحزبه كأنهم يساقون إلى النار وبينهم مناد ينادي بالعربي ويقول : يا أمة محمد لا يخرج منكم إلا فارسكم سيف الإسلام شركان صاحب دمشق الشام . فما استتم كلامه إلا وضجة في الفلا سمع صوتها جميع الملا وركضات فرقت الصفي واذكرت يوم حنين ففزع اللئام منها ولفتوا الأعناق نحوها وإذا هو الملك شركان ابن الملك النعمان وكان أخوه ضوء المكان لما رأى ذلك الملعون في الميدان وسمع المنادي التفت لأخيه شركان وقال له : إنهم يريدونك . فقال : إن كان الأمر كذلك فهو أحب إلي . فلما تحققوا الأمر وسمعوا هذا المنادي وهو يقول في الميدان : لا يبرز إلا شركان . علموا أن هذا الملعون فارس بلاد الروم وكان قد حلف أن يخلي الأرض من المسلمين وإلا فهو أخسر الخاسرين لأنه هو الذي حرق الأكباد وفزعت من سره الأجناد من الترك والديلم والأكراد ، فعند ذلك برز إليه شركان كأنه أسد غضبان وكان راكباً على ظهر جواد يشبه شارد الغزلان فساقه نحو لوقا حتى صار عنده وهز الرمح في يده كأنه أفعى من الحيات ، وأنشد هذه الأبيات : لي أشقر سمج العنان مـغـاير .... يعطيك ما يرضيك من مجهوده ومثقف لدن السنـان كـأنـمـا .... أم المنايا ركبـت فـي عـوده ومهند غـضـب إذا جـردتـه .... خلت البروق تموج في تجريده فلم يفهم لوقا معنى هذا الكلام ولا حماسة هذا النظام بل لطم وجهه بيده تعظيماً للصليب المنقوش عليه ثم قبلها وأشرع الرمح نحو شركان وكر عليه ثم طوح الحربة بإحدى يديه حتى خفيت عن أعين الناظرين وتلقاها باليد الأخرى كفعل الساحرين ثم رمى بها شركان فخرجت من يديه كأنها شهاب ثاقب ، فضجت الناس وخافوا على شركان . فلما قربت الحربة منه اختطفها من الهواء فتحيرت عقول الورى ، ثم إن شركان هزها بيده التي أخذها بها النصراني حتى كادان يقصلها ورماها في الجو حتى خفيت عن النظر وتلقاها بيده الثانية في أقرب من لمح البصر وصاح صيحة من صميم قلبه وقال : وحق من خلق السبع الطباق لأجعلن هذا اللعين شهرة في الآفاق . ثم رماه بالحربة فأراد لوقا أن يفعل بالحربة كما فعل شركان ومد يده إلى الحربة ليختطفها من الهواء فعاجله شركان بحربة ثانية فضربه بها فوقعت في وسط الصليب الذي في وجهه وعجل الله بروحه إلى النار وبئس القرار . فلما رأى الكفار لوقا بن سملوط وقع مقتولاً لطموا على وجوههم ونادوا بالويل والثبور واستغاثوا ببطارقة الديور . وهنا أدرك شهرزاد الصباح فسكتت عن الكلام المباح .

الليلة الحادية عشرة بعد المئة قالت شهرزاد : بلغني أيها الملك السعيد أن الكفار لما رأوا لوقا بن شملوط وقع مقتولاً لطموا على وجوههم واستغاثوا ببطارقة

الديور وقالوا : أين الصلبان وتزهد الرهبان ؟ ثم اجتمعوا جميعاً عليه وأعملوا الصوارم والرماح وهجموا للحرب والكفاح والتقت العساكر بالعساكر وصارت الصدور تحت وقع الحوافر وتحكمت الرماح والصوارم وضعفت السواعد والمعاصم وكان الخيل خلقت بلا قوائم ولا زال منادي الحرب ينادي إلى أن كلت الأيادي وذهب النهار وأقبل الليل بالاعتكار وافترق الجيشان وصار كل شجاع كالسكران من شدة الضرب والطعان وقد امتلأت الأرض بالقتلى وعظمت الجراحات وصار لا يعرف الجريح ممن مات . ثم إن شركان اجتمع بأخيه ضوء المكان والحاجب والوزير دندان ، فقال شركان لأخيه ضوء المكان والحاجب : إن الله قد فتح باباً لهلاك الكافرين والحمد لله رب العالمين . فقال ضوء المكان لأخيه : لم نزل نحمد الله لكشف الحرب عن العرب والعجم وسوف تتحدث الناس جيلاً بعد جيل بما صنعت باللعين لوقا محرف الإنجيل وأخذك الحربة من الهواء وضربك لعدو الله بين الورى ويبقى حديثك إلى آخر الزمان . ثم قال شركان : أيها الحاجب الكبير والمقدام الخطير . فأجابه بالتلبية فقال له : خذ معك الوزير دندان وعشرين ألف فارس وسر بهم إلى ناحية البحر مقدار سبعة فراسخ وأسرعوا في السير حتى تكونوا قريباً من الساحل بحيث يبقى بينكم وبين القوم قدر فرسخين واختفوا في وهدات الأرض حتى تسمعوا ضجة الكفار إذا طلعوا من المراكب وتسمعوا الصياح من كل جانب وقد عملت بيننا وبينهم القواضب ، فإذا رأيتم عسكرنا تقهقروا إلى الوراء كأنهم منهزمون وجاءت الكفار زاحفة خلفهم من جميع الجهات حتى من جانب الساحل فكونوا لهم بالمرصاد وإذا رأيت أنت علماً عليه لا إله إلا الله محمد رسول الله صلى الله عليه وسلم فارفع العلم الأخضر وصح قائلاً : الله أكبر . واحمل عليهم من ورائهم واجتهد في أن لا يحول الكفار بين المنهزمين وبين البحر . فقال : السمع والطاعة . واتفقوا على ذلك الأمر في تلك الساعة . ثم تجهزوا وساروا وقد أخذ الحاجب معه الوزير دندان وعشرين ألفاً كما أمر الملك شركان ، فلما أصبح الصباح ركب القوم وهم مجردون الصفاح ومعتلون بالرماح وحاملون السلاح وانتشرت الخلائق في الربا والبطاح وصاحت القسوس وكشفت الرؤوس ورفعت الصلبان على قلوع المراكب وقصدوا الساحل من كل جانب وأنزلوا الخيل في البر وعزموا من الكر والفر ولمعت السيوف وتوجهت الجموع وبرقت شهب الرماح على الدروع ودارت طاحون المنايا على الرجال والفرسان وطارت الرؤوس عن الأبدان وخرست الألسن وتغشت الأعين وانفطرت المرائر وعملت البواتر وطارت الجماجم وقطعت المعاصم وخاضت الخيل في الدماء وتقابضوا باللحى وصاحت عساكر الإسلام بالصلاة والسلام على

سيدنا محمد خير الأنام وبالثناء على الرحمن بما أولى من الإحسان وصاحت عساكر الكفر بالثناء على الصليب والزنار والعصير والعصار والقسوس والرهبان والشعانين والمطران وتأخر ضوء المكان هو وشركان إلى ورائهما وتقهقرت الجيوش وأظهروا الانهزام للأعداء وزحفت عليهم عساكر الكفر لولهم الهزيمة وتهيئوا للطعن والضرب فاستهل أهل الإسلام قراءة أول سورة البقرة وصارت القتلى تحت أرجل الخيل مندثرة وصار منادي الروم يقول : يا عبدة المسيح وذوي الدين الصحيح يا خدام الجاثليق قد لاح لكم التوفيق ، إن عساكر الإسلام قد جنحوا إلى الفرار فلا تولوا عنهم الأدبار فمكنوا السيوف في أقفائهم ولا ترجعوا من ورائهم وإلا برئتم من المسيح بن مريم الذي في المهد تكلم . وظن أفريدون ملك القسطنطينية أن عساكر الكفار منصورة ولم يعلم أن ذلك من تدبير المسلمين صورة فارسل إلى ملك الروم يبشره بالظفر ويقول له : ما نفعنا لا غائط البطريق الأكبر لما لاحت رائحته من اللحى والشوارب بين عباد الصليب حاضر وغائب وأقسم بالمعجزات النصرانية المريمية والمياه المعمودية ، أني لا أترك على الأرض مجاهداً بالكلية وأني مصر على سوء هذه النية . وتوجه الرسول بهذا الخطاب ثم صاح على بعضهم قائلين : خذوا بثأر لوقا . وهنا أدرك شهرزاد الصباح فسكتت عن الكلام المباح .

الليلة الثانية عشرة بعد المئة قالت شهرزاد : بلغني أيها الملك السعيد أن الكفار صاحوا على بعضهم قائلين : خذوا بثأر لوقا . وصار ملك الروم ينادي بالأخذ بثأر إبريزة ، فعند ذلك صاح الملك ضوء المكان وقال : يا عباد الملك الديان اضربوا أهل الكفر والطغيان ببيض الصفاح وسمر الرماح . فرجع المسلمون على الكفار وأعملوا فيهم الصارم البتار وصار ينادي منادي المسلمين ويقول : عليكم بأعداء الدين يا محب النبي المختار هذا وقت إرضاء الكريم الغفار يا راجي النجاة في اليوم المخيف ، إن الجنة تحت ظلال السيوف . وإذا بشركان قد حمل ومن معه على الكفار وقطعوا عليهم طريق الفرار وجال بين الصفوف وطاف وإذا بفارس مليح الانعطاف وقد فتح بين عسكر الكفر ميداناً وجال في الكفرة حرباً وطعاناً وملأ الأرض رؤوساً وأبداناً وقد خافت الكفار من حربه ومالت أعناقهم لطعنه وضربه قد تقلد بسيفين لحظ وحسام واعتقل برمحين قناة وقوام بوفرة تغني عن وافر عدد العساكر كما قال فيه الشاعر : لا تحسن الوفرة إلا وهـي .... منشورة القرعين يوم النزال على فتى معتقل صـعـده .... يعلها من كل وافي السبـال فلما رآه شركان قال : أعيذك بالقرآن وآيات الرحمن من أنت أيها الفارس من الفرسان فلقد أرضيت بفعلك الملك الديان الذي لا يشغله شأن عن شأن حيث

هزمت أهل الكفر والطغيان . فناداه الفارس قائلاً : أنت الذي بالأمس عاهدتني فما أسرع ما نسيتني . ثم كشف اللثام عن وجهه حتى ظهر ما خفي من حسنه فإذا هو ضوء المكان ففرح به شركان إلا أنه خاف عليه من ازدحام الأقران وانطباق الشجعان وذلك لأمرين أحدهما صغر سنه وصيانته عن العين والثاني أن بقاءه للمملكة أعظم الجناحين ، فقال له : يا ملك إنك لقد خاطرت بنفسك فالصق جوادك بجوادي فإني لا آمن عليك من الأعادي والمصلحة في أن لا تخرج من تلك العصائب لأجل أن ترمي الأعداء بسهمك الصائب . فقال ضوء المكان : أني أردت أن أساويك في النزال ولا أبخل بنفسي بين يديك في القتال . ثم انطبقت عساكر الإسلام على الكفار وأحاطوا بهم من جميع الأقطار وجاهدوهم حق الجهاد وكسروا شوكة الكفر والعناد والفساد فتأسف الملك أفريدون لما رأى ما حل بالروم من الأمر المذموم وركنوا إلى الفرار يقصدون المراكب ، وإذا بالعساكر قد خرجت عليهم من ساحل البحر وفي أوائلهم الوزير دندان مجندل الشجعان وضرب فيهم بالسيف والسنان وكذا بالأمير بهرام صاحب دوائر الشام وهو في عشرين ألف ضرغام وأحاطت بهم عساكر الإسلام من خلف ومن أمام ومالت فرقة من المسلمين على من كان في المراكب وأوقعوا فيهم المعاطب فرموا أنفسهم في البحر وقتلوا منهم جمعاً عظيماً يزيد على مائة ألف فارس ولم ينج من أبطالهم صغير ولا كبير وأخذوا مراكبهم بما فيها من الأموال والذخائر والأثقال إلا عشرين مركباً ، وغنم المسلمون في ذلك اليوم غنيمة ما غنم مثلها في سالف الزمان إذن بمثل هذا الحرب والطعان ، ومن جملة ما غنموه خمسون ألفاً من الخيل غير من مزيد بما من الله عليهم من النصر والتأييد . هذا ما كان من أمرهم . وأما ما كان من أمر المنهزمين فإنهم وصلوا إلى القسطنطينية وكان الخبر قد وصل إلى أهاليها أولاً بأن الملك أفريدون هو الظافر بالمسلمين فقالت العجوز ذات الدواهي : أنا أعلم أن ولدي ملك الروم لا يكون من المنهزمين ولا يخاف من الجيوش الإسلامية ويرد أهل الأرض إلى ملة النصرانية . ثم إن العجوز كانت أمرت أفريدون أن يزين البلد فأظهروا السرور وشربوا الخمور وما علموا بالمقدور ، فبينما هم في وسط الأفراح إذ نعق عليهم غراب الحزن والأتراح وأقبلت عليهم العشرون مركباً الهاربة وفيها ملك الروم فقابلهم أفريدون ملك القسطنطينية على الساحل وأخبرهم بما جرى لهم من المسلمين فزاد بكاؤهم وعلا نحيبهم وانقلبت بشارات الخير بالغم والضير أخبروه أن لوقا بن شملوط حلت به النوائب وتمكن منه سهم المنية الصائب فقامت على الملك أفريدون القيامة وعلم أن اعوجاجهم ليس له استقامة وقامت بينهم المآتم وانحلت منهم العزائم وندبت النوادب وعلا النحيب والبكاء

من كل جانب ، ولما دخل ملك الروم أفريدون وأخبره بحقيقة الحال وأن هزيمة المسلمين كانت على وجه الخداع والمحال قال له : لا تنتظر أن يصل من العسكر إلا من وصل إليك . فلما سمع الملك أفريدون ذلك الكلام وقع مغشياً عليه وصار أنفه تحت قدميه . وهنا أدرك شهرزاد الصباح فسكتت عن الكلام المباح .

الليلة الثالثة عشرة بعد المئة قالت شهرزاد : بلغني أيها الملك السعيد أن الملك أفريدون لما أفاق من غشيته نفض خوف جراب معدته فشكا إلى العجوز ذات الدواهي وكانت تلك اللعينة كاهنة من الكهان متقنة للسحر والبهتان عامرة مكارة فاجرة غدارة ولها فم وشعر أشهب وظهر أحدب ولون حائل ومخاط سائل لكنها قرأت كتب الإسلام وسافرت إلى بيت الله الحرام كل ذلك لتطلع على الأدبار وتعرف آيات القرآن ومكثت في بيت المقدس سنتين لتحوز مكر النقلين . فهي آفة من الآفات وبلية من البليات فاسدة الاعتقاد ليست لدين تنقاد وكانت أكثر إقامتها عند ولدها حردوب ملك الروم لأجل الجواري الأبكار لأنها كانت تحب السحاق وإن تأخر عنها تكون في انمحاق وكل جارية أعجبتها تعلمها الحكمة وتسحق عليها الزعفران فيغشى عليها من فرط اللذة مدة من الزمان فمن طاوعتها أحسنت إليها ورعيت ولدها فيها ومن لا تطاوعها تتحايل على هلاكها وبسبب ذلك علمت مرجانة وريحانة وأترجة جواري إبريزة ، وكانت الملكة إبريزة تكره العجوز وتكره أن ترقد معها لأن صنانها يخرج من تحت إبطيها ورائحة فسائها أنتن من الجيفة وجسدها أخشن من الليفة وكانت ترغب من يساحقها بالجواهر والتعليم وكانت إبريزة تبرأ منها إلى الحكيم العليم ، ولله در القائل : يا من تسفل للغـنـي مـذلة .... وعلى الفقير لقد علا تياهـا ويزين شنعته بجمع دراهـم .... عطر القبيحة لا يبقى بفساها ولنرجع إلى حديث مكرها ودواهي أمرها ، ثم إنها سارت وسار معها عظماء النصارى وعساكرهم وتوجهوا إلى عسكر الإسلام وبعدها دخل الملك أفريدون على ملك الروم فقال له ملك الروم : أيها الملك ليس لنا حاجة بأمر البطريق الكبير ولا بدعائه بل نعمل برأي أمي ذات الدواهي وتنظر ما تعمل بخداعها غير المتناهي مع عسكر المسلمين فإنهم بقوتهم واصلون إلينا وعن قريب يكونون لدينا ويحيطون بنا . فلما سمع الملك أفريدون ذلك الكلام عظم في قلبه فكتب من وقته وساعته إلى سائر أقاليم النصارى يقول لهم : ينبغي أن لا يتخلف أحد من أهل الملة النصرانية والعصبة الصليبية خصوصاً أهل الحصون والقلاع بل يأتون إلينا جميعاً رجالاً ونساء وصبياناً ، فإن عسكر المسلمين قد وطئوا أرضنا فالعجل العجل قبل حلول الوجل . هذا ما كان من أمر هؤلاء . وأما ما كان من أمر العجوز ذات الدواهي

فإنها طلعت خارج البلد مع أصحابها وألبستهم زي تجار المسلمين وكانت قد أخذت معها مائة بغل محملة من القماش الأنطاكي ما بين أطلس معدني وديباج ملكي وغير ذلك وأخذت من الملك أفريدون كتاباً مضمونه : أن أهل هؤلاء التجار من أرض الشام وكانوا في ديارنا فلا ينبغي أن يتعرض لهم أحد بسوء عشراً أو غيره حتى يصلوا إلى بلادهم ومحل أمنهم لأن التجار بهم عمار البلاد وليسوا من أهل الحرب والفساد . ثم إن الملعونة ذات الدواهي قالت لمن معها : إني أريد أن أدبر حيلة على هلاك المسلمين . فقالوا لها : أيتها الملكة أؤمرينا بما شئت فنحن تحت طاعتك فلا أحبط المسيح عملك . فلبست ثياباً من الصوف الأبيض الناعم وحكت جبينها حتى صار له وسم ودهنته بدهان دبرته حتى صار له ضوء عظيم ، وكانت الملعونة نحيلة الجسم غائرة العينين فقيدت رجليها من فوق قدميها وسارت حتى وصلت إلى عسكر المسلمين ثم حلت القيد من رجليها وقد أثر القيد في ساقها ثم دهنتهما بدم الأخوين وأمرت من معها أن يضربوها ضرباً عنيفاً وأن يضعوها في صندوق فقالوا لها : كيف نضربك وأنت سيدتنا ذات الدواهي أم الملك الباهي ؟ فقالت : لا لوم ولا تعنيف على من يأتي الكنيف ولأجل الضرورات تباح المحظورات ، وبعد أن تضعوني في الصندوق خذوه في جملة الأموال واحملوه على البغال ومروا بذلك فوق عسكر الإسلام ولا تخشوا شيئاً من الملام وإن تعرض لكم أحد من المسلمين فسلموا له البغال وما عليها من الأموال وانصرفوا إلى ملكهم ضوء المكان واستغيثوا به وقولوا له نحن كنا في بلاد الكفر ولم يأخذوا منا شيئاً بل كتبوا لنا توقيعاً أنه لا يتعرض لنا أحد فكيف تأخذون أنتم أموالنا وهذا كتاب ملك الروم الذي مضمونه أن لا يتعرض لنا أحد بمكروه . فإذا قال : وما الذي ربحتموه من بلاد الروم في تجارتكم ؟ فقولوا له : ربحنا خلاص رجل زاهد وقد كان في سرداب تحت الأرض له فيه خمسة عشر عاماً وهو يستغيث فلا يغاث بل يعذبه الكفار ليلاً ونهاراً ولم يكن عندنا علم بذلك مع أننا أقمنا في القسطنطينية مدة من الزمان وبعنا بضائعنا واشترينا خلافها وجهزنا حالنا وعزمنا على الرحيل إلى بلادنا وبتنا تلك الليلة نتحدث في أمر السفر . فلما أصبحنا رأينا صورة مصورة في الحائط فلما قربنا منها تأملناها فإذا هي تحركت وقالت : يا مسلمين هل فيكم من يعامل رب العالمين ؟ فقلنا : وكيف ذلك ؟ فقالت تلك الصورة : إن الله أنطقني لكم ليقوي يقينكم ويلهمكم دينكم وتخرجوا من بلاد الكافرين وتقصدوا عسكر المسلمين فإن فيهم سيف الرحمن وبطل الزمان الملك شركان وهو الذي يفتح القسطيطينية ويهلك أهل الملة النصرانية ، فإذا قطعتم سفر ثلاثة أيام تجدوا ديراً يعرف بدير مطروحنا وفيه صومعة فاقصدوا بصدق

نيتكم وتحيلوا على الوصول إليها بقوة عزيمتكم لأن فيها رجلاً عابداً من بيت المقدس اسمه عبد الله وهو من أدين الناس وله كرامات تزيح الشك والإلباس قد خدعه بعض الرهبان وسجنه في سرداب له فيه مدة مديدة من الزمان وفي إنقاذه وضارب العباد لأن فكاكه من أفضل الجهاد . ثم إن العجوز لما اتفقت مع من معها على هذا الكلام وقالت لهم : فإذا ألقى إليكم الملك شركان سمعه فقولوا له . وهنا أدرك شهرزاد الصباح فسكتت عن الكلام المباح .

الليلة الرابعة عشرة بعد المئة قالت شهرزاد : بلغني أيها الملك السعيد أن العجوز لما اتفقت مع من معها على الكلام قالت : فإذا ألقى إليكم الملك شركان سمعه فقولوا له : فلما سمعنا هذا الكلام من تلك الصورة علمنا أن ذلك العابد من أكابر الصالحين وعباد الله المخلصين فسافرنا مدة ثلاثة أيام ثم رأينا ذلك الدير فعرجنا عليه وملنا إليه وأقمنا هناك يوماً في البيع والشراء على عادة التجار ، فلما ولى النهار وأقبل الليل بالاعتكار قصدنا تلك الصومعة التي فيها السرداب فسمعناه بعد تلاوة الآيات ينشد هذه الأبيات : كيداً أكـايده وصـدري ضـيق .... وجرى بقلبي بحرهم مغـرق إن لم يكن فرج فموت عاجـل .... إن الحمام من الرزايا أرفـق يا برق إن جئت الديار وأهلهـا .... وعلا عليك من البشائر رونق كيف السبيل إلى اللقاء وبينـنـا .... تلك الحروب وباب رهن مغلق بلغ أحبتنا السلام وقـل لـهـم .... إني بدير الروم قاص موثـق ثم قالت : إذا وصلتم بي إلى عسكر المسلمين وصرت أعرف أدبر حيلة في خديعتهم وقتلهم عن أخرهم . فلما سمع النصارى كلام العجوز قبلوا يديها ووضعوها في الصندوق بعد أن ضربوها أشد الضربات الموجعات تعظيماً لها لأنهم يرون طاعتها من الواجب ثم قصدوا بها عسكر المسلمين كما ذكرنا . هذا ما كان من أمر اللعينة ذات الدواهي ومن معها . وأما ما كان من أمر عسكر المسلمين فإنهم لما نصرهم الله على أعدائهم وغنموا ما كان في المراكب من الأموال والذخائر قعدوا يتحدثون مع بعضهم فقال ضوء المكان لأخيه : إن الله عز وجل قد نصرنا بسبب عذلنا وانقيادنا لبعضنا فكن يا شركان ممتثلاً لأمري في طاعة الله . فقال شركان : حباً وكرامة . ومد يده إلى أخيه وقال : إن جاءك ولد أعطيته ابنتي قضى فكان . ففرح بذلك وصار يهنئ بعضهم بعضاً بالنصر على الأعداء وهنا الوزير دندان شركان وقال لهما : اعلما أيها الملكان أن الله عز وجل نصرنا حيث وهبنا أنفسنا وهجرنا الأهل والأوطان ، والرأي عندي أن نرحل وراءهم ونحاصرهم ونقاتلهم لعل الله أن يبلغنا مرادنا ونستأصل أعداءنا وإن شئتم فانزلوا في هذه المراكب وسيروا في البحر ونحن نسير في البر ونصبر على القتال والطعن والنزال . ثم أن الوزير دندان ما زال يحرضهم على

القتال وأنشد قول من قال : أطيب الطيبات قتل الأعادي .... واحتمال على ظهور الجياد ورسول يأتي بوعد حبيب .... وحبيب يأتي بلا ميعاد وقال آخر : وإن عمرت جعلت الحرب والدة .... والمشرفي أخا والسمهري أبا بكل أشعث يلقي الموت مبتسماً .... حتى كان له في قتله إربا فلما فرغ الوزير دندان من شعره قال : سبحان من أيدنا بنصره العزيز وأظفرنا بغنيمة الفضة والإبريز . ثم أمر ضوء المكان العسكر بالرحيل فسافروا طالبين القسطنطينية وجدوا في سيرهم حتى أشرفوا على مرج فسيح وفيه كل شيء مليح ما بين وحوش تمرح وغزلان تسنح وكانوا قد قطعوا مغاور كثيرة وانقطع عنهم الماء ستة أيام ، فلما أشرفوا على ذلك المرج نظروا تلك العيون النابعة والأثمار اليانعة وتلك الأرض كأنها جنة أخذت زخرفها وازّينت وسكرت أغصانها من رحيق الظل فتمايلت وجمعت بين عذوبة التنسيم فتدهش العقل والناظر كما قال الشاعر : انظر إلى الروض النضير كأنما .... نشرت عليه ملاءة خضراء إن ما سنحت بلحظ عينك لا ترى .... إلا غديراً جال فيه المـاء وترى بنفسك عـزة في دوحـة .... إذ فوق رأسك حيث سرت لواء وما أحسن قول الآخر : النهر خد بـالشـعـاع مـورد .... قد دب فيه عذار ظل البان والماء في سوق الغصون خلاخل .... من فضة والزهر كالتيجان فلما نظر ضوء المكان إلى ذلك المرج الذي التفت أشجاره وزهت أزهاره وترنمت أطياره نادى أخاه شركان وقال له : إن دمشق ما فيها مثل هذا المكان فلا نرحل منه إلا بعد ثلاثة أيام نأخذ راحة لأجل أن تنشط عساكر الإسلام وتقوي نفوسهم على لقاء الكفرة اللئام . فأقاموا فيه . فبينما هم كذلك إذ سمعوا أصواتاً من بعيد فسأل عنهم ضوء المكان فقيل أنها قافلة تجار من بلاد الشام كانوا نازلين في هذا المكان للراحة ولعل العساكر صادفوهم وربما أخذوا شيئاً من بضائعهم التي معهم حيث كانوا في بلاد الكفار وبعد ساعة جاء التجار وهم صارخون يستغيثون بالملك ، فلما رأى ضوء المكان ذلك أمر بإحضارهم فحضروا بين يديه وقالوا : أيها الملك إنا كنا في بلاد الكفار ولم ينهبوا منا شيئاً فكيف تنهب أموالنا أخواننا المسلمون ونحن أخبرناك بما حصل لنا ؟ ثم أخرجوا له كتاب ملك القسطنطينية فأخذه شركان وقرأه ثم قال لهم : سوف نرد عليكم ما أخذ منكم ولكن كان من الواجب أن لا تحملوا تجارة إلى بلاد الكفار . فقالوا : يا مولانا إن الله سيرنا إلى بلادهم لنظفر بما لم يظفر به أحد من الغزاة ولا أنتم في غزوتكم . فقال له شركان : وما الذي ظفرتم به ؟ فقالوا : ما نذكر لك ذلك إلا في خلوة لأن هذا الأمر إذا شاع بين الناس ربما اطلع عليه أحد فيكون ذلك سبباً لهلاكنا وهلاك كل من توجه إلى بلاد الروم من المسلمين . وكانوا قد خبئوا الصندوق الذي فيه

اللعينة ذات الداوهي ، فأخذهم ضوء المكان وأخوه واختليا بهم فشرحوا لهما حديث الزاهد وصاروا يبكون حتى أبكوهما . وهنا أدرك شهرزاد الصباح فسكتت عن الكلام المباح .

الليلة الخامسة عشرة بعد المئة قالت شهرزاد : بلغني أيها الملك السعيد أن النصارى الذين في هيئة التجار لما اختلى بهم ضوء المكان وأخوه شركان شرحوا لهما حديث الزاهد وبكوا حتى أبكوهما وأخبروهما كما أعلمتهم الكاهنة ذات الدواهي فرق قلب شركان للزاهد وأخذته الرأفة عليه وقامت به الحمية لله تعالى وقال لهم : هل خلصتم هذا الزاهد أم هو في الدير إلى الآن ؟ فقالوا : بل خلصناه وقتلنا صاحب الدير من خوفنا على أنفسنا ثم أسرعنا في الهرب خوفاً من العطب ، وقد أخبرنا بعض الثقات أن في هذا الدير قناطير من الذهب والفضة والجواهر . وبعد ذلك أتوا بالصندوق وأخرجوا منه تلك الملعونة كأنها قرن خيار شنبر من شدة السواد والنحول وهي مكبلة بتلك السلاسل والقيود ، فلما نظرها ضوء المكان هو والحاضرون ظنوا أنها رجل من خيار العباد ومن أفضل الزهاد خصوصاً وجبينها يضيء من الدهان الذي دهنت به وجهها ، فبكى ضوء المكان وأخوه شركان بكاء شديداً ثم قاموا إليها وقبلا يديها ورجليها وصارا ينتحبان ، فأشارت إليهما وقالت : اعلما أني قد رضيت بما صنعه بي مولاي لأني أرى أن البلاء الذي حل بي لأجل أن أموت تحت حوافر خيل المجاهدين الذين هم بعد القتل أحياء غير أموات . ثم أنشدت هذه الأبيات : الحصن طور ونار الحرب موقدة .... وأنت موسى وهذا الوقت ميقات ألق العصا تتلقف كل ما صنعوا .... ولا تخف ما حبال القوم حيات فاقرأ سطور العدا يوم الوغى سورا .... فإن سيفك في الأعناق آيات فلما فرغت العجوز من شعرها تناثرت من عينيها المدامع وجبينها بالدهان كالضوء اللامع فقام إليها شركان وقبل يدها وأحضر لها الطعام فامتنعت وقالت : إني لم أفطر من مدة خمسة عشر عاماً فكيف أفطر في هذه الساعة وقد جاد على المولى بالخلاص من أسر الكفار ودفع عني ما هو أشق من عذاب النار فأنا أصبر إلى الغروب . فلما جاء وقت العشاء أقبل شركان هو وضوء المكان وقدما إليها الأكل وقالا لها : كل أيها الزاهد . فقالت : ما هذا وقت الأكل وإنما هذا وقت عبادة الملك الديان . ثم انتصبت في المحراب تصلي إلى أن ذهب الليل ولم تزل على هذه الحالة ثلاثة أيام بلياليها هي لا تقعد إلا وقت التحية ، فلما رآها ضوء المكان على تلك الحالة ملك قلبه حسن الاعتقاد فيها وقال لشركان : اضرب خيمة من الأديم لذلك العابد ووكل فراشاً بخدمته . وفي اليوم الرابع دعت بالطعام فقدموا لها من الألوان ما تشتهي الأنفس وتلذ الأعين فلم

تأكل من ذلك كله إلا رغيفاً واحداً ثم نوت الصوم ، ولما جاء الليل قامت إلى الصلاة فقال شركان لضوء المكان : أما هذا الرجل فقد زهد الدنيا غاية الزهد ولولا هذا الجهاد لكنت لازمته وأعبد الله بخدمته حتى ألقاه ، وقد اشتهيت أن أدخل معه الخيمة وأتحدث معه ساعة . فقال له ضوء المكان : وأنا كذلك ولكن نحن في غد ذاهبون إلى غزو القسطنطينية ولم نجد لنا مثل هذه الساعة . فقال الوزير دندان : وأنا الآخر اشتهي أن أرى ذلك الزاهد لعله يدعو لي بقضاء نحبي في الجهاد ولقاء ربي ، فإني زهدت الدنيا . فلما جن الليل دخلوا على تلك الكاهنة ذات الدواهي في خيمتها فرأوها قائمة تصلي فدنوا منها وصاروا يبكون رحمة لها وهي لا تلتفت إليهم إلى أن انتصف الليل فسلمت من صلاتها ثم أقبلت عليهم وحيتهم وقالت لهم : لماذا جئتم ؟ فقالوا لها : أيها العابد أما سمعت بكاءنا حولك ؟ فقالت : إن الذي يقف بين يدي الله لا يكون له وجود في الكون حتى يسمع صوت أحد أو يراه . ثم قالوا : إننا نشتهي أن تحدثنا بسبب أسرك وتدعو لنا في هذه الليلة فإنها خير لنا من ملك القسطنطينية . فلما سمعت كلامهم قالت : والله لولا أنكم أمراء المسلمين ما أحدثكم بشيء من ذلك أبداً فإني لا أشكو إلا إلى الله وها أنا أخبركم بسبب أسري : اعلموا أنني كنت في القدس مع بعض الأبدال وأرباب الأحوال وكنت لا أتكبر عليهم لأن الله سبحانه وتعالى أنعم علي بالتواضع والزهد فاتفق أنني توجهت إلى البحر ليلة ومشيت على الماء فداخلني العجب من حيث لا أدري وقلت في نفسي : من مثلي يمشي على الماء فقسا قلبي من ذلك الوقت وابتلاني الله تعالى بحب السفر فسافرت إلى بلاد الروم وجلت في أقطارها سنة كاملة حتى لم أترك موضعاً إلا عبدت الله فيه ، فلما وصلت إلى هذا المكان صعدت إلى هذا الجبل وفيه دير راهب يقال له مطروحنا ، فلما رآني خرج إلي وقبل يدي ورجلي وقال : إني رأيتك منذ دخلت بلاد الروم وقد شوقني إلى بلاد الإسلام ثم أخذ بيدي وأدخلني في ذلك الدير ثم دخل بي إلى بيت مظلم فلما دخلت غافلني وأغلق الباب علي وتركني فيه أربعين يوماً من غير طعام ولا شراب وكان قصده بذلك قتلي صبراً ، فاتفق في بعض الأيام أنه دخل ذلك الدير بطريق يقال له دقيانوس ومعه عشرة من الغلمان ومعه ابنة يقال لها تماثيل ولكنها في الحسن ليس لها مثيل . وهنا أدرك شهرزاد الصباح فسكتت عن الكلام المباح .

الليلة السادسة عشرة بعد المئة قالت شهرزاد : بلغني أيها الملك السعيد أن العجوز ذات الدواهي قالت : إن البطريق دخل علي ومعه عشرة من الغلمان ومعه ابنة غاية في الجمال ليس لها مثيل ، فلما دخلوا الدير أخبرهم الراهب

مطروحنا بخبري فقال البطريق : أخرجوه لأنه لم يبق من لحمه ما يأكله الطير . ففتحوا باب ذلك البيت المظلم فوجدوني منتصباً في المحراب أصلي وأقرأ وأسبح وأتضرع إلى الله تعالى فلما سمعوا كلامه قاموا جميعاً ودخلوا علي ، وأقبل علي دقيانوس هو وجماعته وضربوني ضرباً عنيفاً فعند ذلك تمنيت الموت ولمت نفسي وقلت : هذا جزاء من يتكبر ويعجب بما أنعم عليه ربه مما ليس في طاقته ، وأنت يا نفسي قد داخلك العجب والكبر أما علمت أن الكبر يغضب الرب ويقسي القلب ويدخل الإنسان في النار . ثم بعد ذلك قيدوني وردوني إلى مكاني وكان سرداباً في ذلك البيت تحت الأرض وكل ثلاثة أيام يرمون إلي قرص من الشعير وشربة ماء وكل شهر أو شهرين يأتي البطريق ويدخل ذلك الدير وقد كبرت ابنته تماثيل لأنها كانت بنت تسع سنين حين رأيتها ومضى لي في الأسر خمس عشرة سنة فجملة عمرها أربعة وعشرون عاماً ، وليس في بلادنا ولا في بلاد الروم أحسن منها وكان أبوها يخاف عليها من الملك أن يأخذها منه لأنها وهبت نفسها للمسيح غير أنها تركب مع أبيها في زي الرجال الفرسان وليس لها مثيل في الحسن ولم يعلم من رآها أنها جارية وقد خزن أبوها أمواله في هذا الدير لأن كل ما كان عنده شيء من نفائس الذخائر يضعه في ذلك الدير ، وقد رأيت فيه من أنواع الذهب والفضة والجواهر وسائر الألوان والتحف ما لا يحصي عدده إلا الله . فأنتم أولى به من هؤلاء الكفرة ، فخذوا ما في هذا الدير وأنفقوه على المسلمين وخصوصاً المجاهدين . ولما وصل هؤلاء التجار إلى القسطنطينية وباعوا بضاعتهم كلمتهم تلك الصورة التي في الحائط كرامة أكرمني الله بها فجاؤوا إلى ذلك الدير وقتلوا البطريق مطروحنا بعد أن عاقبوه أشد العقاب وشدوه من لحيته فدلهم على موضعي فأخذوني ولم يكن لهم سبيل إلا الهرب خوفاً من العطب . وفي ليلة غد تأتي تماثيل إلى ذلك الدير على عادتها ويلحقها أبوها مع غلمانه لأنه يخاف عليها ، فإن شئتم أن تشاهدوا هذا الأمر فخذوني بين أيديكم وأنا أسلم لكم الأموال وخزانة البطريق دقيانوس التي في ذلك الجبل وقد رأيتهم يخرجون أواني الذهب والفضة يتسربون فيها ورأيت عندهم جارية تغني لهم بالعربي ، فواحسرتاه لو كان الصوت الحسن في قراءة القرآن ، وإن شئتم فادخلوا هذا الدير واكمنوا فيه إلى أن يصل دقيانوس وتماثيل معه ، فخذوها فإنها لا تصلح إلا لملك الزمان شركان وللملك ضوء المكان . ففرحوا بذلك حين سمعوا كلامها إلا الوزير دندان فإنه ما دخل كلامها في عقله وإنما كان يتحدث معها لأجل خاطر الملك وصار باهتاً في كلامها ويلوح على وجهه علامة الإنكار عليها . فقالت ذات الدواهي : إني أخاف أن يقبل البطريق وينظر هذه العساكر في المرج فما يجسر أن يدخل الدير . فأمر

السلطان العسكر أن يرحلوا صوب القسطنطينية ، وقال ضوء المكان : إن قصدي أن نأخذ معنا مائة فارس وبغالاً كثيرة ونتوجه إلى ذلك الجبل ونحملهم المال الذي في الدير . ثم أرسل من وقته وساعته إلى الحاجب الكبير فأحضره بين يديه وأحضر المقدمين والأتراك والديلم وقال : إذا كان وقت الصباح فارحلوا إلى القسطنطينية أنت أيها الحاجب تكون عوضاً عني في الرأي والتدبير ، وأنت يا رستم تكون نائباً عن أخي في القتال ولا تعلموا أحد أننا لسنا معكم وبعد ثلاثة أيام نلحقكم . ثم انتخب مائة فارس من الأبطال وانحاز هو وأخوه الوزير دندان والمائة فارس وأخذوا معهم البغال والصناديق لأجل حمل المال . وهنا أدرك شهرزاد الصباح فسكتت عن الكلام المباح .

الليلة السابعة عشرة بعد المئة قالت شهرزاد : بلغني أيها الملك السعيد أنه لما أصبح الصباح نادى الحاجب بين العسكر بالرحيل فرحلوا وهم يظنون أن شركان وضوء المكان والوزير دندان معهم ولم يعلموا أنهم ذهبوا إلى الدير . هذا ما كان من أمرهم . وأما ما كان من أمر شركان وأخيه ضوء المكان والوزير دندان فإنهم أقاموا إلى آخر النهار ، وكان الكفار أصحاب ذات الدواهي رحلوا خفية بعد أن دخلوا عليها وقبلوا الأرض بين يديها ورجليها واستأذنوها في الرحيل فأذنت لهم وأمرتهم بما شاءت من المكر . فلما جن الظلام قالت العجوز لضوء المكان هو وأصحابه : قوموا معي إلى الجبل وخذوا معكم قليلاً من العسكر . فأطاعوها وتركوها في سفح الجبل مع خمسة فوارس بين يدي ذات الدواهي وصار عندها قوة من شدة فرحها ، وصار ضوء المكان يقول : سبحان من قوى هذا الزاهد الذي ما رأينا مثله . وكانت الكاهنة قد أرسلت كتاباً على أجنحة الطير إلى ملك القسطيطينية تخبره بما جرى ، وقالت في آخر الكتاب : أريد أن تنفذ لي عشرة آلاف فارس من شجعان الروم يكون سيرهم في سفح الجبل خفية لأجل أن لا يراهم عسكر الإسلام ويأتون إلى الدير ويكمنون فيه حتى أحضر إليهم ومعي ملك المسلمين وأخوه فإني خدعتهما وجئت بهما ومعهما الوزير ومائة فارس لا غير وسوف أسلم إليهم الصلبان التي في الدير وقد عزمت على قتل الراهب مطروحنا لأن الحيلة لا تتم إلا بقتله فإن تمت الحيلة فلا يصل من المسلمين إلى بلادهم لا ديار ولا من ينفخ النار ويكون مطروحنا فداء لأهل الملة النصرانية والعصبة الصليبية والشكر للمسيح أولاً وآخراً . فلما وصل الكتاب إلى القسطنطينية جاء براج الحمام إلى الملك أفريدون بالورقة فلما قرأها أنفذ من الجيش وقته وجهز كل واحد بفرس وهجين وبغل وأمرهم أن يصلوا إلى ذلك الدير . هذا ما كان من أمر هؤلاء . وأما ما كان من أمر ضوء المكان وأخيه شركان

والوزير دندان والعسكر ، فإنهم لما وصلوا إلى الدير دخلوه فرأوا الراهب مطروحنا قد أقبل لينظر حالهم فقال الزاهد : اقتلوا هذا اللعين . فضربوه بالسيوف وأسقوه كأس الحتوف ، ثم مضت بهم الملعونة إلى موضع النذور فأخرجوا منه التحف والذخائر أكثر مما وصفته لهم ، وبعد أن جمعوا ذلك وضعوه في الصناديق وحملوه على البغال وأما تماثيل فإنها لم تحضر هي ولا أبوها خوفاً من المسلمين فأقام ضوء المكان في انتظارها ذلك النهار وثاني يوم وثالث يوم ، فقال شركان : والله إن قلبي مشغول بعسكر الإسلام ولا أدري ما حالهم . فقال أخوه : إنا قد أخذنا هذا المال وما أظن أن تماثيل ولا غيرها يأتي إلى هذا الدير بعد أن جرى لعسكر الروم ما جرى فينبغي أننا نقنع بما يسره الله لنا ونتوجه لعل الله يعيننا على فتح القسطنطينية . ثم نزلوا من الجبل فما أمكن ذات الدواهي أن تتعرض لهم خوفاً من التفطن لخداعها ، ثم أنهم ساروا إلى باب الشعب وإذا بالعجوز قد أكمنت لهم عشرة آلاف فارس فلما رأوهم احتاطوا بهم من كل جانب وأسرعوا نحو الرماح وجردوا عليهم بيض السفاح ونادى الكفار بكلمة كفرهم وفرقعوا سهام شرهم . فنظر ضوء المكان وأخوه شركان والوزير دندان إلى هذا الجيش فرأوه جيشاً عظيماً وقالوا : من أعلم هذه العساكر بنا ؟ فقال شركان : يا أخي ما هذا وقت كلام بل هذا وقت الضرب بالسيف والرمي بالسهام . فشدوا عزمكم وقووا نفوسكم فإن هذا الشعب مثل الدرب له بابان ، وحق سيد العرب والعجم لولا أن هذا المكان ضيق لكنت أفنيتهم ولو كانوا مائة ألف فارس . فقال ضوء المكان : لو علمنا لأخذنا معنا خمسة آلاف فارس . فقال الوزير دندان : لو كان معنا عشرة آلاف فارس في هذا المكان لا تفيدنا شيئاً ولكن الله يعيننا عليهم وأنا أعرف هذا الشعب وضيقه وأعرف أن فيها مفاوز كثيرة لأني قد غزوت فيه مع الملك عمر النعمان حين حاصرنا القسطنطينية وكنا نقيم فيه وفيه ماء أبرد من الثلج فانهضوا بنا لنخرج من هذا الشعب قبل أن يكثر عليها عساكر الكفار ويسبقونا إلى رأس الجبل فيرموا علينا الحجارة ولا نملك فيهم إرباً . فأخذوا في الإسراع من ذلك الشعب فنظر إليهم الزاهد وقال لهم : ما هذا الخوف وأنتم قد بعتم أنفسكم لله تعالى في سبيله ، والله إني مكثت مسجوناً تحت الأرض خمسة عشر عاماً ولم أعترض على الله فيما فعل بي ، فقاتلوا في سبيل الله فمن قتل منكم فالجنة مأواه ومن قتل فإلى الشرف مسعاه . فلما سمعوا من الزاهد هذا الكلام زال عنهم الهم والغم وثبتوا حتى هجم عليهم الكفار من كل مكان ولعبت في أعناقهم السيوف ودارت بينهم كأس الحتوف وقاتل المسلمون في طاعة الله أشد قتال وأعملوا في أعدائهم الأسنة والنصال وصار ضوء المكان يضرب

275

الرجال ويجندل الأبطال ويرمي رؤوسهم خمسة خمسة وعشرة عشرة حتى أفنى منهم عدداً لا يحصى ورجالاً يستقصى فبينما هو كذلك إذ نظر الملعونة وهي تشير بالسيف إليهم وتقويهم جانب وكل ما خاف يهرب إليها وصارت تومئ إليهم بقتل شركان فيميلون إلى قتله فرقة بعد فرقة وكل فرقة حملت عليه يحمل عليها ويهزمها وتأتي بعدها فرقة أخرى حاملة عليها فيردها بالسيف على أعقابها ، فظن أن نصره عليهم ببركة العابد وقال في نفسه : إن هذا العابد قد نظر إلي بعين عنايته وقوى عزمي على الكفار بخالص نيته فأراهم يخافونني ولا يستطيعون الإقدام علي بل كلما حملوا علي يولون الأدبار ويركنون إلى الفرار . ثم قاتلوا بقية يومهم إلى آخر النهار ولما أقبل الليل نزلوا في مغارة من ذلك الشعب من كثرة ما حصل لهم من الوبال ورمي الحجارة وقتل منهم في ذلك اليوم خمسة وأربعون رجلاً ولما اجتمعوا مع بعضهم فتشوا على ذلك الزاهد فلم يروا له أثر فعظم عليهم ذلك وقالوا : لعله استشهد . فقال شركان : أنا رأيته يقوي الفرسان بالإشارة الربانية ويعيدهم بالآيات الرحمانية . فبينما هم في الكلام وإذا بالملعونة ذات الدواهي قد أقبلت وفي يدها رأس البطريق الكبير الرئيس على العشرين ألفاً وكان جباراً عنيداً وشيطاناً مريداً وقد قتله رجل من الأتراك بسهم فعجل الله بروحه إلى النار فلما رأى الكفار ما فعل ذلك المسلم بصاحبهم مالوا بكليتهم عليه وأوصلوا الأذية إليه وقطعوه بالسيوف فعجل الله به إلى الجنة . ثم إن الملعونة قطعت رأس ذلك البطريق وأتت به وألقته بين يدي شركان والملك ضوء المكان والوزير دندان ، فلما رآها شركان وثب قائماً على قدميه وقال : الحمد لله على رؤيتك أيها العابد المجاهد الزاهد . فقالت : ولدي إني قد طلبت الشهادة في هذا اليوم فصرت أرمي روحي بين عسكر الكفار يهابونني فلما انفصلتم أخذتني الغيرة عليكم وهجمت على البطريق الكبير رئيسهم وكان يعد بألف فارس فضربته حتى أطحت رأسه عن بدنه ولم يقدر أحد من الكفار أن يدنو مني وأتيت برأسه إليكم . وهنا أدرك شهرزاد الصباح فسكتت عن الكلام المباح .

الليلة الثامنة عشرة بعد المئة قالت شهرزاد : بلغني أيها الملك السعيد أن اللعينة ذات الدوهي قالت : أتيت برأسه إليكم لتقوى نفوسكم على الجهاد وترضوا بسيوفكم رب العباد وأريد أن أشغلكم في الجهاد وأذهب إلى عسكركم ولو كانوا على باب القسطنطينية وآتيكم من عندهم بعشرين ألف فارس يهلكون هؤلاء الكفرة . فقال شركان : وكيف تمضي إليهم أيها الزاهد والوادي مسدود بالكفار من كل جانب ؟ فقالت الملعونة : الله يسترني عن أعينهم فلا يروني ومن رآني لا يجسر أن يقبل علي فإني في ذلك الوقت أكون فانياً في الله وهو يقاتل عني أعداءه .

فقال شركان : صدقت أيها الزاهد لأني شاهدت ذلك وإذا كنت تقدر أن تمضي أول الليل يكون أجود لنا . فقالت الملعونة : أنا أمضي في هذه الساعة وإن كنت تريد أن تجيء معي ولا يراك أحد فقم وإن كان أخوك يذهب معنا أخذناه دون غيره فإن ظل الولي لا يستر غير اثنين . فقال شركان : أما أنا فلا أترك أصحابي ولكن إذا كان أخي يرضى بذلك فلا بأس حيث ذهب معك وخلص من هذا الضيق فإنه هو حصن المسلمين وسيف رب العالمين وإن شاء فليأخذ معه الوزير دندان أو من يختار ، ثم يرسل إلينا عشرة آلاف فارس إعانة على هؤلاء اللئام . واتفقوا على هذا الحال ثم أن العجوز قالت : أمهلوني حتى أذهب قبلكم وأنظر حال الكفرة هل هم نيام أو يقظون . فقالوا : ما نخرج إلا معك ونسلم أمرنا لله . فقالت : إذا طاوعتكم لا تلوموني ولوموا أنفسكم فالرأي عندي أن تمهلوني حتى أكتشف خبرهم . فقام شركان وحدث أخاه بعد خروجهما وقال : إن هذا الزاهد صاحب كرامات ما قتل هذا البطريق الجبار وفي هذا القدر كفاية في كرامة هذا الزاهد وقد انكسرت شوكة الكفار بقتل هذا البطريق لأنه كان جباراً عنيداً وشيطاناً مريداً . فبينما هم يتحدثون في كرامات الزاهد ، وإذا باللعينة ذات الدواهي قد دخلت عليهم ووعدتهم بالنصر على الكفرة فشكروا الزاهد على ذلك ولم يعلموا أن هذا حيلة وخداع ، ثم قالت اللعينة : أين ملك الزمان ضوء المكان ؟ فأجابها بالتلبية فقالت له : خذ معك وزيرك وسر خلفي حتى نذهب إلى القسطنطينية . وكانت ذات الدواهي قد أعلمت الكفار بالحيلة التي عملتها ففرحوا بذلك غاية الفرح وقالوا : ما يجبر خاطرنا إلا قتل ملكهم في نظير قتل البطريق لأنه لم يكن عندنا أفرس منه . وقالوا لعجوز النحس ذات الدواهي حين أخبرتهم بأنها تذهب إليهم بملك المسلمين إذا أتيت به نأخذه إلى الملك أفريدون . ثم إن العجوز ذات الدواهي توجهت وتوجه معها ضوء المكان والوزير دندان وهي سابقة عليهما وتقول لهما : سيروا على بركة الله تعالى . فأجاباها إلى قولها ونفذ فيهما سهم القضاء والقدر ولم تزل سائرة بهما حتى توسطت بهما بين عسكر الروم وصلوا إلى الشعب المذكورة الضيق وعساكر الكفار ينظرون إليهم ولا يتعرضون لهم بسوء لأن الملعونة أوصتهم بذلك فلما نظر ضوء المكان والوزير دندان إلى عساكر الكفار وعرفوا أن الكفار عاينوهم ولم يتعرضوا لهم قال الوزير دندان إلى ضوء المكان : والله إن هذه كرامة من الزاهد ولا شك أنه من الخواص . فقال ضوء المكان : والله ما أظن الكفار إلا عمياناً لأننا نراهم وهم لا يروننا . فبينما هم في الثناء على الزاهد وتعداد كراماته وزهده وعبادته وإذا بالكفار قد هجموا عليهما واحتاطوا بهما وقبضوا عليهما وقالوا : هل معكما أحد غيركما فنقبض عليه ؟ فقال الوزير

دندان : أما ترون هذا الرجل الآخر الذي بين أيدينا ؟ فقال لهم الكفار : وحق المسيح والرهبان والجاثليق والمطران إننا لم نر أحداً غيركما . فقال ضوء المكان : والله إن الذي حل بنا عقوبة لنا من الله تعالى . وهنا أدرك شهرزاد الصباح فسكتت عن الكلام المباح .

الليلة التاسعة عشرة بعد المئة قالت شهرزاد : بلغني أيها الملك السعيد أن الكفار وضعوا القيود في أرجلهما ووكلوا بهما من يحرسهما في المبيت ، فصارا يتأسفان ويقولان لبعضهما : إن الاعتراض على الصالحين يؤدي إلى أكثر من ذلك وجزاؤنا ما حل بنا من الضيق الذي نحن فيه . هذا ما كان من أمر ضوء المكان والوزير دندان . وأما ما كان من أمر الملك شركان فإنه بات تلك الليلة فلما أصبح الصباح قام وصلى صلاة الصبح ثم نهض هو ومن معه من العساكر وتأهبوا إلى قتال الكفار وقوى قلوبهم شركان ووعدهم بكل خير ثم ساروا إلى أن وصلوا إلى الكفار فلما رآهم الكفار من بعيد قالوا لهم : يا مسلمين إنا أسرنا سلطانكم ووزيره الذي به انتظام أمركم وإن لم ترجعوا عن قتالنا قتلناكم عن آخركم وإذا سلمتم لنا أنفسكم فإننا نروح بكم إلى ملكنا فيصالحكم على أن تخرجوا من بلادنا وتذهبوا إلى بلادكم ولا تضرونا بشيء ولا نضركم بشيء فإن طاب خاطركم كان الحظ لكم وإن أبيتم فما يكون إلا قتلكم وقد عرفناكم وهذا آخر كلامنا . فلما سمع شركان كلامهم وتحقق أسر أخيه والوزير دندان عظم عليه وبكى وضعفت قوته وأيقن بالهلاك وقال في نفسه : يا ترى ما سبب أسرهما ؟ هل حصل منهما إساءة أدب في حق الزاهد واعتراض عليه ؟ وما شأنهما ؟ ثم نهضوا إلى قتال الكفار فقتلوا منهم خلقاً كثيراً وتبين في ذلك اليوم الشجاع من الجبان واختضب السيف والسنان وتهافتت عليهم الكفار تهافت الذباب على الشراب من كل مكان وما زال شركان ومن معه يقاتلون قتال من لا يخاف الموت ولا يعتريه في طلب الفرصة قوت حتى سال الوادي بالدماء وامتلأت الأرض بالقتلى . فلما أقبل الليل تفرقت الجيوش وكل من الفريقين ذهب إلى مكانه وعاد المسلمون إلى تلك المغارة ولم يبق منهم إلا القليل ولم يكن منهم إلا على الله والله عليه كل تعويل وقد قتل منهم في هذا النهار خمسة وثلاثون فارساً من الأمراء والأعيان وإن من قتل بسيفهم من الكفار آلاف من الرجال والركبان فلما عاين شركان ذلك ضاق عليه الأمر وقال لأصحابه : كيف العمل ؟ فقال له أصحابه : لا يكون إلا ما يريده الله تعالى . فلما كان ثاني يوم قال شركان لبقية العسكر : إن خرجتم للقتال ما بقي منكم أحد لأنه لم يبق عندنا إلا قليل من الماء والزاد والرأي الذي عندي فيه الرشاد أن تجردوا سيوفكم وتخرجوا وتقفوا على باب تلك المغارة لأجل أن تدفعوا

عن أنفسكم كل من يدخل عليكم فلعل الزاهد أن يكون وصل إلى عسكر المسلمين ويأتينا بعشرة آلاف فارس فيعينون على قتال الكفرة ولعل الكفار لم ينظروه هو ومن معه . فقال له أصحابه : إن هذا الرأي هو الصواب وما في سداده ارتياب . ثم إن العسكر خرجوا وملكوا باب المغارة ووقفوا في طرفيه وكل من أراد أن يدخل عليهم من الكفار يقتلوه وصاروا يدفعون الكفار عن الباب وصبروا على قتال الكفار إلى أن ذهب النهار وأقبل الليل بالاعتكار . وهنا أدرك شهرزاد الصباح فسكتت عن الكلام المباح .

الليلة العشرين بعد المئة قالت شهرزاد : بلغني أيها الملك السعيد أنه عندما أقبل الليل لم يبق عند الملك شركان إلا خمسة وعشرون رجلاً لا غير فقال الكفار لبعضهم : متى تنقضي هذه الأيام فإننا قد تعبنا من قتال المسلمين . فقال بعضهم لبعض : قوموا نهجم عليهم فإنه لم يبق منهم إلا خمسة وعشرون رجلاً فإن لم نقدر عليهم نضرم عليهم النار فإن انقادوا وسلموا أنفسهم إلينا أخذناهم أسرى وإن أبوا تركناهم حطباً للنار حتى يصيروا عبرة لأولي الأبصار فلا رحم المسيح أباهم ولا جعل مستقر النصارى مثواهم . ثم إنهم حطوا الحطب على باب المغارة وأضرموا فيه النار فأيقن شركان ومن معه بالبوار فبينما هم كذلك وإذا بالبطريق الرئيس عليهم التفت إلى المشير بقتلهم وقال له : لا يكون قتلهم إلا عند الملك أفريدون لأجل أن يشفي غليله فينبغي أن نبقيهم عندنا أسارى وفي غد نسافر إلى القسطنطينية ونسلمهم إلى الملك أفريدون فيفعل بهم ما يريد .
فقالوا : هذا هو الرأي الصواب . ثم أمروا بتكتيفهم وجعلوا عليهم حرساً فلما جن الظلام اشتغل الكفار باللهو والطعام ودعوا بالشراب فشربوا حتى انقلب كل منهم على قفاه وكان شركان وضوء المكان مقيدين وكذلك من معهم من الأبطال فعند ذلك نظر شركان إلى أخيه ، وقال له : يا أخي كيف الخلاص ؟ فقال ضوء المكان : والله لا أدري وقد صرنا كالطير في الأقفاص . فاغتاظ شركان وتنهد من شدة غيظه فانقطع الكتاف فلما خلص من الوثاق قام إلى رئيس الحراس وأخذ مفاتيح القيود من جيبه وفك ضوء المكان وفك الوزير دندان وفك بقية العسكر ثم التفت إلى أخيه ضوء المكان والوزير دندان وقال : إني أريد أن أقتل من الحراس ثلاثة ونأخذ ثيابهم ونلبسها نحن الثلاثة حتى نصير في زي الروم ، ونسير بينهم حتى لا يعرفوا أحداً منا ، ثم نتوجه إلى عسكرنا . فقال ضوء المكان : إن هذا الرأي غير صواب لأننا إذا قتلناهم نخاف أن يسمع أحد شخيرهم فتنتبه إلينا الكفار فيقتلوننا والرأي السديد أن نسير إلى خارج الشعب . فأجابوه إلى ذلك فلما صاروا بعيداً عن الشعب بقليل رأوا خيلاً مربوطة وأصحابها نائمون فقال شركان

لأخيه : ينبغي أن يأخذ كل واحد منا جواداً من هذه الخيول . وكانوا خمسة وعشرين رجلاً فأخذوا خمسة وعشرين جواداً ، وقد ألقى الله النوم على الكفار لحكمة يعلمها الله . ثم إن شركان جعل يختلس من الكفار السلاح من السيوف والرماح ، حتى اكتفوا ثم ركبوا الخيل التي أخذوها وساروا ، وكان في ظن الكفار أنه لا يقدر أحد على فكاك ضوء المكان وأخيه ومن معهما من العساكر وأنهم لا يقدرون على الهروب فلما خلصوا جميعاً من الأسر وصاروا في أمن من الكفار التفت إليهم شركان وقال لهم : لا تخافوا حيث سترنا الله ولكن عندي رأي ولعله صواب . فقالوا : وما هو ؟ قال : أريد أن تطلعوا فريق الجبل وتكبروا كلكم تكبيرة واحدة وتقولوا : لقد جاءتكم العساكر الإسلامية . ونصيح كلنا صيحة واحدة ونقول : الله أكبر . فيفترق الجمع من ذلك ولا يجدون لهم في هذا الوقت حيلة فإنهم يسكنون ويظنون أن عسكر المسلمين أحاطوهم من كل جانب ، واختلطوا بهم فيقعون ضرباً بالسيف في بعضهم من دهشة السكر والنوم فنقطعهم بسيوفهم ويدور السيف فيهم إلى الصباح . فقال ضوء المكان : إن هذا الرأي غير صواب علينا أن نسير إلى عسكرنا ولا ننطق بكلمة لأننا إن كبرنا تنبهوا لنا ولحقونا فلم يسلم منا أحد . فقال شركان : والله لو انتبهوا لنا ما علينا بأس وأشتهي أن توافقونني على هذا الرأي وهو لا يكون الأخير . فأجابوه إلى ذلك وطلعوا إلى فوق الجبل وصاحوا بالتكبير ، فكبرت معه الجبال والأشجار والأحجار من خشية الله تعالى فسمع الكفار ذلك التكبير فصاح الكفار صيحة مزعجة .

الليلة الحادية والعشرين بعد المئة قالت شهرزاد : بلغني أيها الملك السعيد أنه عندما صاح الكفار على بعضهم ولبسوا السلاح وقالوا : قد هجمت علينا الأعداء وحق المسيح . ثم قتلوا من بعضهم ما لا يعلم عدده إلا الله تعالى فلما كان الصباح فتشوا على الأسارى فلم يجدوا لهم أثراً . فقال رؤساؤهم : إن الذي فعل بكم هذه الفعال هم الأسارى الذين كانوا عندنا فدونكم والسعي خلفهم حتى تلحقوهم فتسقوهم كأس الوبال ولا يحصل لكم خوف ولا انذهال . ثم إنهم ركبوا خيولهم وسعوا خلفهم فما كان إلا لحظة حتى لحقوهم وأحاطوا بهم فلما رأى ضوء المكان ذلك ازداد به الفزع وقال لأخيه : إن الذي خفت من حصوله قد حصل وما بقي لنا حيلة إلا الجهاد . فلزم شركان السكوت عن المقال ثم انحدر ضوء المكان من أعلى الجبل وكبرت معه الرجال وعولوا على الجهاد وبيع أنفسهم في طاعة رب العباد فبينما هم كذلك وإذا باصوات يصيحون بالتهليل والتكبير والصلاة على البشير النذير فالتفتوا إلى جهة الصوت فرأوا جيوش المسلمين وعساكر الموحدين مقبلين ، فلما رأوهم قويت قلوبهم ، وحمل شركان على

الكافرين وهلل وكبر هو ومن معه من الموحدين فارتجت الأرض كالزلزال وتفرقت عساكر الكفار في عرض الجبال فتبعتهم المسلمين بالضرب والطعان وأطاحوا منهم الرؤوس عن الأبدان ولم يزل ضوء المكان هو ومن معه من المسلمين يضربون في أعناق الكافرين إلى أن ولى النهار وأقبل الليل بالاعتكار . ثم انحاز المسلمون إلى بعضهم وباتوا مستبشرين طول ليلهم ، فلما أصبح الصباح وأشرق بنوره ولاح رأوا بهرام مقدم الديلم ورستم مقدم الأتراك ، ومعهما عشرين ألف فارس مقبلين عليهم كالليوث العوابس ، فلما رأوا ضوء المكان ترجل الفرسان وسلموا عليه وقبلوا الأرض بين يديه فقال لهم ضوء المكان : أبشروا بنصر المسلمين وهلاك الكافرين . ثم هنوا بعضهم بالسلامة وعظيم الأجر في القيامة وكان السبب في مجيئهم إلى هذا المكان أن الأمير بهرام والأمير رستم والحاجب الكبير لما ساروا بجيوش المسلمين والرايات على رؤوسهم منشورة حتى وصلوا إلى القسطنطينية رأوا الكفار قد طلعوا على الأسوار وملكوا الأبراج والقلاع واستعدوا في كل حصن مناع حين علموا بقدوم العساكر الإسلامية والأعلام المحمدية وقد سمعوا قعقعة السلاح وضجة الصياح ونظروا فرأوا المسلمين وسمعوا حوافر خيولهم من تحت الغبار فإذا هم كالجراد المنتشر والسحاب المنهمر وسمعوا أصوات المسلمين بتلاوة القرآن وتسبيح الرحمن وكان السبب في أعلام الكفار بذلك ما دبرته العجوز ذات الدواهي من زورها وعهرها وبهتانها ومكرها حتى قربت العساكر كالبحر الزاخر من كثرة الرجال والفرسان والنساء والصبيان ، فقال أمير الترك لأمير الديلم : يا أمير إننا بقينا على خطر منا للأعداء الذين فوق الأسوار فانظر إلى تلك الأبراج وإلى هذا العالم الذي كالبحر العجاج المتلاطم بالأمواج إن هؤلاء الكفار قدرنا مائة مرة ولا نأمن من جاسوس شر فيخبرهم أننا على خطر من الأعداء الذين لا يحصى عددهم ولا ينقطع مددهم خصوصاً مع غيبة الملك ضوء المكان وأخيه والوزير الأجل دندان فعند ذلك يطمعون فينا لغيبتهم عنا فيمحقوننا بالسيف عن آخرنا ولا ينجو منا ناج ومن الرأي أن نأخذ عشرة آلاف فارس من المواصلة والأتراك ونذهب بهم إلى الدير مطروحنا ومرج ملوخنا في طلب إخواننا وأصحابنا فإن أطعتموني فلا لوم علي وإذا توجهتم ينبغي أن ترجعوا إلينا مسرعين فإن من الحزم سوء الظن . فعندما قبل الأمير المذكور كلامه وانتخب عشرين ألف فارس وساروا يقطعون الطرقات طالبين المرج المذكور والدير المشهور . هذا ما كان سبب مجيئهم . وأما ما كان من أمر العجوز ذات الدواهي فإنها لما أوقعت السلطان ضوء المكان وأخاه شركان والوزير دندان في أيدي الكفار أخذت تلك العاهرة جواداً وركبته وقالت للكفار : إني أريد أن ألحق عسكر المسلمين

وأتحيل على هلاكهم لأنهم في القسطنطينية فأعلمهم أن أصحابهم هلكوا فإذا سمعوا ذلك مني تشتت شملهم وانصرم حبلهم وتفرق جمعهم ، ثم أدخل أنا إلى الملك أفريدون ملك القسطنطينية وولدي الملك حردوب ملك الروم وأخبرهما بهذا الخبر فيخرجان بعساكر إلى المسلمين ويهلكونهم ولا يتركون أحداً منهم . ثم سارت لقطع الأرض على ذلك الجواد طول الليل فلما أصبح الصباح لاح عسكر بهرام ورستم فدخلت بعض الغابات وأخفت جوادها هناك ، ثم خرجت وتمشت قليلاً وهي تقول في نفسها : لعل عساكر المسلمين قد رجعوا منهزمين من حرب القسطنطينية . فلما قربت منهم نظرت إليهم وتحققت أعلامهم فرأتها غير منكسة فعلمت أنهم أتوا غير منهزمين ولا خائفين على ملكهم وأصحابهم . فلما عاينت ذلك أسرعت نحوهم بالجري الشديد مثل الشيطان المريد إلى أن وصلت إليهم وقالت لهم : العجل يا جند الرحمن إلى جهاد حزب الشيطان . فلما رآها بهرام أقبل عليها وترجل وقبل الأرض بين يديها وقال لها : يا ولي الله ما وراءك ؟ فقالت : لا تسأل عن سوء الحال وشديد الأهوال فإن أصحابنا لما أخذوا المال من دير مطروحنا أرادوا أن يتوجهوا إلى القسطنطينية فعند ذلك خرج عليهم عسكر جرار ذو بأس من الكفار . ثم إن الملعونة أعادت عليهم أرجافاً وجلاً وقالت : إن أكثرهم هلك ولم يبق إلا خمسة وعشرون رجلاً . فقال بهرام : أيها الزاهد متى فارقتهم ؟ فقال : في ليلتي هذه . فقال بهرام : سبحان الذي طوى لك الأرض البعيدة وأنت ماشي على قدميك متكئاً على جريدة لكنك من الأولياء الطيارة المهمين وحي الإشارة . ثم ركب على ظهر جواده وهو مدهوش وحيران بما سمعه من ذات الإفك والبهتان ، وقال : لا حول ولا قوة إلا بالله العلي العظيم لقد ضاع تعبنا وضاقت صدرونا وأسر سلطاننا ومن معه . ثم جعلوا يقطعون الأرض طولاً وعرضاً ليلاً ونهاراً ، فلما كان وقت السحر أقبلوا على رأس الشعب فرأوا ضوء المكان وأخاه شركان يناديان بالتهليل والتكبير والصلاة والسلام على البشير النذير ، فحمل هو وأصحابه أحاطوا بالكفار إحاطة السيل بالقفار وصاحوا عليهم صياحاً ضجت منه الأبطال وتصدعت منه الجبال فلما أصبح الصباح وأشرق بنوره ولاح لهم من ضوء المكان طيبه ونشره وتعارفوا ببعضهم كما تقدم ذكره فقبلوا الأرض بين يدي ضوء المكان وأخيه شركان وأخبروهم بما جرى لهم في المغارة فتعجبوا من ذلك . ثم قالوا لبعضهم : أسرعوا بنا إلى القسطنطينية لأننا تركنا أصحابنا هناك وقلوبنا عندهم . فعند ذلك أسرعوا في المسير وتوكلوا على اللطيف الخبير وكان ضوء المكان يقوي المسلمين على الثبات وينشد هذه الأبيات : لك الحمد مستوجب الحمد والشكر .... فما زلت لي بالعون يا رب في أمري ربيت غريباً في

البلاد وكنـت لي .... كفيلاً وقد قدرت يا ربنـا نـصري وأعطيتني مالاً وملكـاً ونعـمة .... وقلدتني سيف الشجاعة والـنصر وخولتني ظل المليك معمـراً وقد .... وجدت لي من فيض وجودك بالغمر بفضلك قد صلنا على الروم صولة .... وقد رجعوا بالضرب في خور وأظهرت أني قد هـزمت هزيمة .... وعدت عليهم عودة الضيغم الغمر تركتهم في القاع صرعى كأنـهم .... نشاوى بكأس الموت لا قهوة الحمر وصارت بأيدينا المراكب كلـها .... وصار لنا السلطان في البر والبحر وجاء إلينا الزاهد العـابد الذي .... كرامته شاعت لذي البدو والحضر أتينا لأخذ الثأر من كل كافر وقد .... شاع عند الناس ما كان من أمري وقد قتلوا منا رجالاً فأصبحـوا .... لهم غرف في الخلد تعلو على نهر فلما فرغ ضوء المكان من شعره هنأه أخوه شركان بالسلامة وشكره على أفعاله ، ثم إنهم توجهوا مجدين المسير . وهنا أدرك شهرزاد الصباح فسكتت عن الكلام المباح .

الليلة الثانية والعشرين بعد المئة قالت شهرزاد : بلغني أيها الملك السعيد أن شركان هنأ أخاه ضوء المكان بالسلامة وشكره على أفعاله ثم إنهم توجهوا مجدين المسير طالبين عساكرهم . هذا ما كان من أمرهم . وأما ما كان من أمر العجوز ذات الدواهي فإنها لما لاقت عسكر بهرام ورستم عادت إلى الغابة وأخذت جوادها وركبته وأسرعت في سيرها حتى أشرفت على عسكر المسلمين والمحاصرين للقسطنطينية ، ثم إنها نزلت وأخذت جوادها وأتت به إلى السرداق الذي فيه الحاجب فلما رآها نهض لها قائماً وأشار إليها بالإيماء وقال : مرحباً بالعابد الزاهد . ثم سألها عما جرى فأخبرته بخبرها المرجف وبهتانها المتلف وقالت له : إني أخاف على الأمير رستم والأمير بهرام لأني قد لاقيتهما مع عسكرهما في الطريق وأرسلتهما إلى الملك ومن معه وكانا في عشرين ألف فارس ، والكفار أكثر منهم وإني أردت في هذه الساعة أن ترسل جملة من عسكرك حتى يلحقوهم بسرعة ، لئلا يهلكوا عن آخرهم . وقالت لهم : العجل العجل . فلما سمع الحاجب والمسلمون منها ذلك الكلام انحلت عزائمهم وبكوا وقالت لهم ذات الدواهي : استعينوا بالله واصبروا على هذه الرزية فلكم أسوة بمن سلف من الأمة المحمدية فالجنة ذات العصور أعدها لمن يموت شهيداً ، ولا بد من الموت لكل أحد ولكنه في الجهاد أحمد . فلما سمع الحاجب كلام اللعينة ذات الدواهي دعا بأخ الأمير بهرام وكان فارساً يقال له تركاش وانتخب له عشرة آلاف فارس أبطال عوابس ، وأمره بالسير فسار في ذلك اليوم وطول الليل حتى قرب من المسلمين فلما أصبح الصباح رأى شركان ذلك الغبار فقال : أن يكونوا المسلمين فهذا هو النصر المبين وإما أن يكونوا من عسكر الكفار فلا اعتراض على الأقدار . ثم إنه أتى إلى أخيه ضوء المكان ، وقال له :

283

لا تخف أبداً فإني أفديك بروحي من الردى فإن هؤلاء من عسكر الإسلام فهذا مزيد الأنعام وإن كان هؤلاء أعداءنا فلا بد من قتالهم لكن أشتهي أن أقابل العابد قبل موتي لأسأله أن يدعو إلى أن لا أموت إلا شهيداً فبينما هم كذلك وإذا بالرايات قد لاحت مكتوباً عليها : لا إله إلا الله محمد رسول الله . فصاح شركان : كيف حال المسلمين ؟ قالوا : بعافية وسلامة وما أتينا إلا خوفاً عليكم . ثم ترجل رئيس العسكر عن جواده وقبل الأرض بين يديه وقال : يا مولانا كيف السلطان والوزير دندان ورستم وأخي بهرام ؟ أما هم الجميع سالمون ؟ فقال : بخير . ثم قال له : ومن الذي أخبركم بخبرنا ؟ قال : الزاهد قد ذكر أنه أتى أخي بهرام ورستم وأرسلهما إليكم وقال لنا : إن الكفار قد أحاطوا بهم وهم كثيرون وما أرى الأمر إلا بخلاف ذلك وأنتم منصورون . فقال لهم : وكيف وصول الزاهد إليكم ؟ فقالوا له : كان سائراً على قدميه وقطع في يوم وليلة مسيرة عشرة أيام للفارس المجد . فقال شركان : لا شك أنه ولي الله ، وأين هو ؟ قالوا له : تركناه عند عسكرنا أهل الإيمان يحرضهم على قتال أهل الكفر والطغيان . ففرح شركان بذلك وحمد الله سلامتهم وسلامة الزاهد ، وترحموا على من قتل منهم وقالوا : كان ذلك في الكتاب المسطور . ثم ساروا مجدين في سيرهم فبينما هم كذلك وإذا بغبار قد سار حتى سد الأقطار وأظلم منه النهار فنظر إليه شركان ، وقال : إني أخاف أن يكون الكفار قد كسروا عسكر الإسلام لأن هذا الغبار سد المشرقين وملأ الخافقين . ثم لاح من تحت ذلك عمود من الظلام أشد سواداً من حالك الأيام وما زالت تقرب منهم تلك الدعامة وهي أشد من هول يوم القيامة فتسارعت إليها الخيل والرجال لينظروا ما سبب سوء هذا الحال فرأوه الزاهد المشار إليه فازدحموا على تقبيل يديه وهو ينادي : يا أمة خير الأنام ومصباح الظلام إن الكفار غدروا بالمسلمين فأدركوا عساكر الموحدين وأنقذوهم من أيدي الكفرة اللئام فإنهم هجموا عليهم في الخيام ونزل بهم العذاب المهين وكانوا في مكانهم آمنين . فلما سمع شركان ذلك الكلام طار قلبه من شدة الخفقان وترجل عن جواده وهو حيران . ثم قبل يد الزاهد ورجليه وكذلك أخوه ضوء المكان وبقية العسكر من الرجال والركبان إلا الوزير دندان فإنه لم يترجل عن جواده وقال : والله إن قلبي نافر من هذا الزاهد لأني ما عرفت للمتنطعين في الدين غير المفاسد فاتركوه وأدركوا أصحابكم المسلمين فإن هذا من المطرودين عن باب رحمة رب العالمين ، فكم غزوت مع الملك عمر النعمان ودست أراضي هذا المكان . فقال له شركان : دع هذا الظن الفاسد أما نظرت إلى هذا العابد وهو يحرض المؤمنين على القتال ولا يبالي بالسيوف والنبال فلا تغتابه لأن الغيبة مذمومة ولحوم الصالحين

مسمومة وانظر إلى تحريضه لنا على قتال أعدائنا ، ولولا أن الله تعالى يحبه ما طوى له العبد بعد أن أوقعه سابقاً في العذاب الشديد . ثم إن شركان أمر أن يقدموا بغلة نوبية إلى الزاهد ليركبها وقال له : اركب أيها الزاهد الناسك العابد . فلم يقبل ذلك وامتنع عن الركوب وأظهر الزهد لينال المطلوب ، وما دروا أن هذا الزاهد الطاهر هو الذي قال في مثله الشاعر : صلى وصام لأمر كان يطلبه .... لما قضي الأمر لا صلى ولا صاما ثم إن ذلك الزاهد ما زال ماشياً بين الخيل والرجال كأنه الثعلب المحتال رافعاً صوته بتلاوة القرآن وتسبيح الرحمن وما زالوا سائرين حتى أشرفوا على عسكر الإسلام فوجدهم شركان في حالة الانكسار والحاجب قد أشرف على الهزيمة والفرار والسيف يعمل بين الأبرار والفجار . وهنا أدرك شهرزاد الصباح فسكتت عن الكلام المباح .

الليلة الثالثة والعشرين بعد المئة قالت شهرزاد : بلغني أيها الملك السعيد أن السبب في خذل المسلمين أن اللعينة ذات الدواهي عدوة الدين لما رأت بهرام ورستم قد سارا بعسكرهما نحو شركاء وأخيه ضوء المكان سارت هي نحو عسكر المسلمين وأرسلت الأمير تركاش كما تقدم ذكره وقصدها بذلك أن تفرق بين عسكر المسلمين لأجل أن يضعفوا ، ثم تركتهم وقصدت القسطنطينية ونادت بطارقة الروم بأعلى صوتها وقالت : أدلوا حبلاً لأربط فيه هذا الكتاب وأوصلوه إلى ملككم أفريدون ليقرأه هو وولدي ملك الروم ويعملان بما فيه من أوامره ونواهيه . فأدلوا لها حبلاً فربطت فيه الكتاب وكان مضمونه : من عند الداهية والطامة الكبرى ذات الدواهي إلى الملك أفريدون ، أما بعد فإني دبرت لكم حيلة على هلاك المسلمين فكونوا مطمئنين وقد أسرتهم وأسرت سلطانهم ووزيرهم ثم توجهت إلى عسكرهم وأخبرتهم بذلك فانكسرت شوكتهم وضعفت قوتهم وقد خدعت العسكر المحاصرين للقسطنطينية حتى أرسلت منهم اثني عشر ألف فارس مع الأمير تركاش خلاف المأسورين وما بقي منهم إلا القليل ، فالمراد أنكم تخرجون إليهم بجميع عسكركم في بقية هذا النهار وتهجمون عليهم في خيامهم ولكنكم لا تخرجون إلا سواء واقتلوهم عن آخرهم ، فإن المسيح قد نظر إليكم والعذراء تعطف عليكم ، وأرجو من المسيح أن لا ينسى فعلي الذي قد فعلته . فلما وصل كتابها إلى الملك أفريدون فرح فرحاً شديداً وأرسل في الحال إلى ملك الروم ابن ذات الدواهي وأحضره وقرأ الكتاب عليه ففرح وقال : انظر إلى مكر أمي فإنه يغني عن السيوف وطلعتها تنوب عن هول اليوم المخوف . فقال الملك أفريدون : لا أعدمك المسيح طلعة أمك ولا أخلاك من مكرك ولؤمك . ثم أمر البطارقة أن ينادوا بالرحيل إلى خارج المدينة وشاع الخبر في القسطنطينية

وخرجت عساكر النصرانية والعصبة الصليبية وجردوا السيوف الحداد وأعلنوا بكلمة الكفر والإلحاد وكفروا برب العباد ، فلما نظر الحاجب إلى ذلك قال : إن سلطاننا غائب فربما هجموا علينا وأكثر عساكرنا قد توجه إلى الملك ضوء المكان . واغتاظ الحاجب ونادى : يا عسكر المسلمين وحماة الدين المتين إن هربتم هلكتم وإن صبرتم نصرتم فاعلموا أن الشجاعة صبر ساعة وما ضاق أمر إلا أوجد الله اتساعه ، بارك الله فيكم ونظر إليكم بعين الرحمة . وهنا أدرك شهرزاد الصباح فسكتت عن الكلام المباح .

الليلة الرابعة والعشرين بعد المئة قالت شهرزاد : بلغني أيها الملك السعيد أن الحاجب قال لجيش المسلمين : بارك الله عليكم ونظر إليكم بعين الرحمة . فعند ذلك كبر المسلمون وصاح الموحدون ودارت رحى الحرب بالطعن والضرب وعملت الصوارم والرماح وملأ الدم الأودية والبطاح وقسست القسوس والرهبان وشدوا الزنانير ورفعوا الصلبان وأعلن المسلمون بالتكبير للملك الديان وصاحوا بتلاوة القرآن واصطدم حزب الرحمن بحزب الشيطان وطارت الرؤوس عن الأبدان وطافت الملائكة الأخيار على أمة النبي المختار ولم يزل السيف يعمل إلى أن ولى النهار وأقبل الليل بالاعتكار وقد أحاط الكفار بالمسلمين وحسبوا أن ينجوا من العذاب المبين وطمع المشركون في أهل الإيمان إلى أن طلع الفجر وبان فركب الحاجب هو وعسكره ورجا الله أن ينصره واختلطت الأمم بالأمم وقامت الحرب على ساق وقدم وطارت القمم وثبت الشجاع وتقدم وولى الجبان وانهزم وقضى قاضي الموت وحكم حتى تطاوحت الأبطال عن السروج وامتلأت بالأموات المروج وتأخرت المسلمون عن أماكنها وملكت بعض خيامها ومساكنها وعزم المسلمون على الانكسار والهزيمة والفرار . فبينما هم كذلك وإذا بقدوم شركان بعساكر المسلمين ورايات الموحدين ، فلما أقبل عليهم شركان حمل على الكفار وتبعه ضوء المكان وحمل بعدهما الوزير دندان وكذلك أمير ديلم بهرام ورستم وأخوه تركاش ، فإنهم لما رأوا ذلك طارت عقولهم وغاب معقولهم وثار الغبار حتى ملأ الأقطار واجتمعت واجتمع المسلمون الأخيار بأصحابهم الأبرار واجتمع شركان بالحاجب فشكره على صبره وهنأه بتأييده ونصره وفرحت المسلمون وقويت قلوبهم وحملوا على أعدائهم وأخلصوا لله في جهادهم ، فلما نظر الكفار إلى الرايات المحمدية وعليها كلمة الإخلاص الإسلامية وصاحوا بالويل والثبور واستغاثوا ببطارقة الدبور ونادوا يوحنا ومريم والصليب وانقبضت أيديهم عن القتال وقد أقبل الملك أفريدون على ملك الروم وصار أحدهما إلى الميمنة والآخر في الميسرة وعندهم فارس مشهور يسمى لاويا فوقف وسطاً واصطفوا للنزال وإن

كانوا في فزع وزلزال ثم صفت المسلمون عساكرهم . فعند ذلك أقبل شركان على أخيه ضوء المكان وقال له : يا ملك الزمان لا شك أنهم يريدون البراز وهذا غاية مرادنا ولكن أحب أن أقدم من العسكر من له عزم ثابت فإن التدبير نصف المعيشة . فقال السلطان : ماذا تريد يا صاحب الرأي السديد ؟ فقال شركان : أريد أن أكون في قلب عسكر الكفار وأن يكون الوزير دندان في الميسرة وأنت في الميمنة والأمير بهرام في الجناح الأيمن والأمير رستم في الجناح الأيسر وأنت أيها الملك العظيم تكون تحت الأعلام والرايات لأنك عمادنا وعليك بعد الله اعتمادنا ونحن كلنا نفديك من كل أمر يؤذيك . فشكره ضوء المكان على ذلك وارتفع الصياح وجردت الصفاح . فبينما هم كذلك وإذا بفارس قد ظهر من عسكر الروم فلما قرب رأوه راكباً على بغلة قطوف تفر بصاحبها من وقع السيوف وبردعتها من أبيض الحرير وعليها سجادة من شغل كشمير وعلى ظهرها شيخ مليح الشيبة ظاهر الهيبة عليه مدرعة من الصوف الأبيض ولم يزل يسرع بها وينهض حتى قرب من عسكر المسلمين وقال : إني رسول إليكم أجمعين وما على الرسول إلا البلاغ فأعطوني الأمان والإقالة حتى أبلغكم الرسالة . فقال له شركان : لك الأمان فلا تخش حرب سيف ولا طعن سنان . فعند ذلك ترجل الشيخ وقلع الصليب من عنقه بين يدي السلطان وخضع له خضوع راجي الإحسان فقال له المسلمون : ما معك من الأخبار ؟ فقال : إني رسول من عند الملك أفريدون فإني نصحته ليمتنع عن تلف هذه الصور والهياكل الرحمانية وبينت له أن الصواب حقن الدماء والاقتصار على فارسين في الهيجاء فأجابني إلى ذلك وهو يقول لكم : إني فديت عسكري بروحي فليفعل ملك المسلمين مثلي ويفدي عسكره بروحه فإن قتلني فلا يبقى لعسكر الكفار ثبات وإن قتله فلا يبقى لعسكر المسلمين ثبات . وهنا أدرك شهرزاد الصباح فسكتت عن الكلام المباح .

الليلة الخامسة والعشرين بعد المئة قالت شهرزاد : بلغني أيها الملك السعيد أن رسول الملك أفريدون لما قال للمسلمين : إن قتل ملك المسلمين فلا يبقى لعسكره ثبات . فلما سمع شركان هذا الكلام قال : يا راهب إنا أجبناه إلى ذلك فإن هذا هو الإنصاف فلا يكون منه خلاف وها أنا أبرز إليه وأحمل عليه فإني فارس المسلمين غير المفر فارجع إليه أيها الراهب وقل له أن البراز في غد لأننا أتينا من سفرنا على تعب في هذا اليوم وبعد الراحة لا عتب ولا لوم . فرجع الراهب وهو مسرور حتى وصل إلى الملك أفريدون وملك الروم وأخبرهما ففرح الملك أفريدون وملك الروم غاية الفرح وزال الهم والترح ، وقال في نفسه : لا شك أن شركان هذا هو أضربهم بالسيف وأطعنهم بالسنان فإذا قتلته انكسرت همتهم وضعفت

قوتهم . وقد كانت ذات الدواهي كاتبت الملك أفريدون بذلك ، وقالت له : إن شركان هو فارس الشجعان وشجاع الفرسان . وحذرت أفريدون من شركان وكان أفريدون فارساً عظيماً لأنه كان يقاتل بأنواع القتال ويرمي بالحجارة والنبال ويضرب بالعمود الحديد ، ولا يخشى من البأس الشديد . فلما سمع قول الراهب من أن شركان أجاب إلى البراز كاد أن يطير من شدة الفرح لأنه واثق بنفسه ويعلم أنه لا طاقة لأحد به ، ثم بات الكفار تلك الليلة في فرح وسرور وشرب خمور فلما كان الصباح أقبلت الفوارس بسمر الرماح وبيض الصفاح وإذا هم بفارس قد برز في الميدان وهو راكب على جواد من الخيل الجياد معد للحرب والجلاد وله قوائم شداد وعلى ذلك الفارس درع من الحديد معد للبأس الشديد وفي صدره مرآة من الجوهر وفي يده صارم أبتر وقنطارته خلنجية من غريب عمل الإفرنج أن الفارس كشف عن وجهه وقال : من عرفني فقد اكتفاني ومن لم يعرفني فسوف يراني ، أنا أفريدون المغمور ببركة شواهي ذات الدواهي . فما تم كلامه حتى خرج في وجهه فارس المسلمين شركان وهو راكب على جواد أشقر يساوي ألفاً من الذهب الأحمر وعليه عدة مزركشة بالدرر والجوهر وهو متقلد بسيف هندي مجوهر يقد الرقاب ويهون الأمور الصعاب . ثم ساق جواده بين الصفين والفرسان تنظره بالعين ثم نادى أفريدون ، وقال له : ويلك يا ملعون أتظنني كمن لاقيت من الفرسان ولا يثبت معك في حومة الميدان . ثم حمل كل منهما على صاحبه فصار الاثنان كأنهما جبلان يصطدمان أو بحران يلتطمان ثم تقاربا وتباعدا والتصقا وافترقا ولم يزالا في كر وفر وهزل وجد وضرب وطعن والجيشان ينظران إليهما وبعضهم يقول : إن شركان غالب . والبعض يقول : إن أفريدون غالب . ولم يزل الفارسان على هذا الحال حتى بطل القيل والقال وعلا الغبار وولى النهار ومالت الشمس إلى الاصفرار وصاح الملك افريدون على شركان وقال : وحق المسيح والاعتقاد الصحيح ما أنت إلا فارس كرار وبطل مغوار غير أنك غدار وطبعك ما هو إلا طبع الأخيار لأني أرى فعالك غير حميدة وقتالك قتال الصناديد ، وقومك ينسبونك إلى العبيد ، وها هم أخرجوا لك غير جوادك وتعود إلى القتال وإني حق ديني قد أعياني قتالك وأتعبني ضربك وضمانك فإن كنت تريد قتالي في هذه الليلة فلا تغير شيئاً من عدتك ولا جودتك ، حتى يظهر الفرسان كرمك وقتالك . فلما سمع شركان هذا الكلام اغتاظ من قول أصحابه في حقه ، حيث ينسبونه إلى العبيد ، فالتفت إليهم شركان وأراد أن يسير إليهم ويأمرهم أن لا يغيروا له جواداً ولا عدة وإذا بأفريدون هز حربته وأرسلها إلى شركان فالتفت وراءه فلم يجد أحداً فعلم أنها حيلة من الملعون فرد وجهه بسرعة

وإذا بالحربة قد أدركته فمال عنها حتى ساوى برأسه قربوس سرجه فجرت الحربة على صدره وكان شركان عالي الصدر فكشطت الحربة جلدة صدره ، فصاح صيحة واحدة وغاب عن الدنيا ففرح الملعون أفريدون بذلك وعرف أنه قد قتل فصاح على الكفار ونادى بالفرح فهاجت أهل الطغيان وبكت أهل الإيمان فلما رأى ضوء المكان أخاه مائلاً على الجواد حتى كاد أن يقع أرسل نحوه الفرسان فتسابقت إليه الأبطال وأتوا به إليه وحملت الكفار على المسلمين والتقى الجيشان واختلط الصفان وعمل اليماني وكان أسبق الناس إلى شركان الوزير دندان . وهنا أدرك شهرزاد الصباح فسكتت عن الكلام المباح .

الليلة السادسة والعشرين بعد المئة قالت شهرزاد : بلغني أيها الملك السعيد أن الملك ضوء المكان لما رأى اللعين قد ضرب أخاه شركان بالحربة ظن أنه مات فأرسل إليه الفرسان وكان أسبق الناس إليه الوزير دندان وأمير الترك بهرام وأمير الديلم فلحقوه وقد مال عن جواده فأسندوه ورجعوا به إلى أخيه ضوء المكان . ثم أوصوا الغلمان وعادوا إلى الحرب والطعان واشتد النزال وتقصفت النصال وبطل القيل والقال فلا يرى إلا دم سائل وعنق مائل ولم يزل السيف يعمل في الأعناق واشتد الشقاق إلى أن أقبل الليل وكلت الطائفتان عن القتال فنادوا بالانفصال ورجعت كل طائفة إلى خيامها وتوجه جميع الكفار إلى ملكهم أفريدون وقبلوا الأرض بين يديه وهنأه القسوس والرهبان بظفره بشركان . ثم إن الملك أفريدون دخل القسطنطينية وجلس على كرسي مملكته وأقبل عليه ملك الروم وقال له : قوى المسيح ساعدك واستجاب من الأم الصالحة ذات الدواهي ما تدعو به لك واعلم أن المسلمين ما بقي لهم إقامة بعد شركان . فقال أفريدون : في غد يكون الانفصال إذا خرجت إلى النزال وطلبت ضوء المكان وقتلته فإن عسكرهم يولون الأدبار ويركنون إلى الفرار . هذا ما كان من أمر الكفار . وأما ما كان من أمر عساكر الإسلام فإن ضوء المكان لما رجع إلى الخيام لم يكن له شغل إلا بأخيه فلما دخل عليه وجده في أسوأ الأحوال وأشد الأهوال فدعا بالوزير دندان ورستم وبهرام للمشورة فلما دخلوا عليه اقتضى رأيهم إحضار الحكماء لعلاج شركان ثم بكوا وقالوا : لم يسمح بمثله الزمان . وسهروا عنده تلك الليلة وفي آخر الليل أقبل عليهم الزاهد وهو يبكي فلما رآه ضوء المكان قام إليه فملس بيده على أخيه وتلى شيئاً من القرآن ، وعوذه بآيات الرحمن وما زال سهراناً عنده إلى الصباح فعند ذلك استفاق شركان وفتح عينيه وأدار لسانه في فمه وتكلم ففرح السلطان ضوء المكان وقال : قد حصلت له بركة الزاهد . فقال شركان : الحمد لله على العافية فإنني بخير في هذه الساعة وقد عمل علي هذا الملعون حيلة ولولا

أني زغت أسرع من البرق لكانت الحربة نفذت في صدري فالحمد لله الذي نجاني وكيف حال المسلمين ؟ فقال ضوء المكان : هم في بكاء من أجلك . فقال : إني بخير وعافية وأين الزاهد ؟ وهو عند رأسه قاعد ، فقال له : عند رأسك . فقام إليه وقبل يديه ، فقال الزاهد : يا ولدي عليك بجميل الصبر يعظم الله لك الأجر فإن الأجر على قدر المشقة . فقال له شركان : ادع لي . فدعا له . فلما أصبح الصباح وبان الفجر ولاح برزت المسلمون إلى ميدان الحرب وتهيأ الكفار للطعن والضرب ، وتقدمت عساكر المسلمين فطلبوا الحرب والكفاح وجردوا السلاح وأراد الملك ضوء المكان وأفريدون أن يحملا على بعضهما وإذا بضوء المكان : نحن فداك . فقال لهم : وحق البيت الحرام وزمزم والمقام لا اقعد عن الخروج إلى هؤلاء العلوج . فلما صار في الميدان لعب بالسيف والسنان حتى أذهل الفرسان وتعجب الفريقان وحمل في الميمنة فقتل منها بطريقين وفي الميسرة فقتل منها بطريقين ونادى في وسط الميدان : أين أفريدون حتى أذيقه عذاب الهوان . فأراد الملعون أن يولي وهو مغبون فأقسم عليه ضوء المكان أن لا يبرح من الميدان وقال له : يا ملك بالأمس كان قتال أخي واليوم قتالي وأنا بشجاعتك لا أبالي . ثم خرج وبيده صارم وتحته حصان كأنه عنتر في حومة الميدان وذلك الحصان أدهم مغاير كما قال فيه الشاعر : قد سابق الطرف بطرف سابـق .... كأنـه يريد إدراك الـقـدر دهمته تبدي سـواداً حـالـكـا .... كأنها ليل إذا الـلـيل عـكـر صهيله يزعج مـن يسـمـعـه .... كأنه الرعد إذا الرعد زجـر لو تسابق الريح جرى من قبلها .... والبرق لا يسبقه إذا ظـهـر ثم حمل كل منهما على صاحبه ، واحترس من مضاربه وأظهر ما في بطنه من عجائبه وأخذا في الكر والفر حتى ضاقت الصدر وقل الصبر للمقدور وصاح ضوء المكان وهجم على ملك القسطنطينية أفريدون وضربه ضربة أطاح بها رأسه وقطع أنفاسه ، فلما نظرت الكفار إلى ذلك حملوا جميعاً عليه وتوجهوا بكليتهم إليه فقابلهم في حومة الميدان واستمر الضرب والطعان حتى سال الدم بالجريان وضج المسلمون بالتكبير والتهليل والصلاة على البشير النذير وقاتلوا قتالاً شديداً وأنزل الله النصر على المؤمنين والخزي على الكافرين ، وصاح الوزير دندان : خذوا بثأر الملك عمر النعمان وثار ولده شركان . وكشف برأسه وصاح : يا للأتراك . وكان بجانبه أكثر من عشرين ألف فارس فحملوا معه حملة واحدة فلم يجد الكفار لأنفسهم غير الفرار وتولي الأدبار وعمل فيهم الصارم البتار فقتل منهم نحو خمسين ألف فارس وأسروا ما يزيد على ذلك ، وقتل عند دخول الباب خلق كثير من شدة الزحام ، ثم أغلقوا الباب وطلعوا فوق الأسوار وخافوا خوف العذاب وعادت طوائف المسلمين مؤيدين منصورين وأتوا

خيامهم ودخل ضوء المكان على أخيه فوجده في أسر الأحوال فسجد وشكر الكريم المتعال ثم أقبل عليه وهنأه بالسلامة . فقال شركان : إننا كلنا في بركة هذا الزاهد الأواب ما انتصرنا إلا بدعائه المستجاب ، فإنه لم يزل قاعداً يدعو للمسلمين بالنصر . وهنا أدرك شهرزاد الصباح فسكتت عن الكلام المباح .

الليلة السابعة والعشرين بعد المئة قالت شهرزاد : بلغني أيها الملك السعيد أن الملك ضوء المكان لما دخل علي أخيه شركان وجده جالساً والعابد عنده ففرح وأقبل عليه وهنأه بالسلامة ثم إن شركان قال : إننا كلنا في بركة هذا الزاهد وما انتصرتم إلا بدعائه لكم فإنه ما برح اليوم يدعو للمسلمين وكنت قد وجدت في نفسي قوة حين سمعت تكبيركم فعلمت أنكم منصورون على أعدائكم فاحك لي يا أخي ما وقع لك . فحكى له جميع ما وقع له مع الملك الملعون أفريدون وأخبره أنه قتله وراح إلى لعنة الله فأثنى عليه وشكر مسعاه فلما سمعت ذات الدواهي وهي في صفة الزاهد بقتل ولدها أفريدون انقلب لونها بالاصفرار وتغرغرت عيناها بالدموع الغزار ولكنها أخفت ذلك وأظهرت للمسلمين أنها فرحت وأنها تبكي من شدة الفرح ثم إنها قالت في نفسها : وحق المسيح ما بقي في حياتي فائدة إن لم أحرق قلبه على أخيه شركان ، كما أحرق قلبي على عماد الملة النصرانية والعبادة الصليبية الملك أفريدون . ولكنها كفت ما بها . ثم إن الوزير دندان والملك ضوء المكان والحاجب استمروا جالسين عند الملك شركان حتى عملوا له اللزق وأعطوه الدواء فتوجهت إليه العافية وفرحوا بذلك فرحاً شديداً وأعلموا به العساكر فتباشر المسلمون وقالوا في غد يركب معنا ويباشر الحصار ، ثم إن شركان قال لهم : إنكم قاتلتم اليوم وتعبتم من القتال فينبغي أن تتوجهوا إلى أماكنكم وتناموا ولا تسهروا . فأجابوه إلى ذلك وتوجه كل منهم إلى صرادقه وما بقي عند شركان سوى قليل من الغلمان والعجوز ذات الدواهي فتحدث معها قليلاً من الليل ، ثم اضطجع لينام وكذلك الغلمان ، فلما غلب عليهم النوم صاروا مثل الأموات . هذا ما كان من أمر شركان وغلمانه . وأما ما كان من أمر العجوز ذات الدواهي فإنها بعد نومهم صارت يقظانة وحدها في الخيمة نظرت إلى شركان فوجدته مستغرقاً في النوم ، فوثبت على قدميها كأنها دبة معطاء أو آفة نقطاء وأخرجت من وسطها خنجراً مسموماً لو وضع على صخرة لأذابها ثم جردته من غمده وأتت عند رأس شركان وجردته على رقبته فذبحته وأزالت رأسه عن جسده ثم وثبت على قدميها وأتت إلى الغلمان النيام وقطعت رؤوسهم لئلا ينتبهوا ثم خرجت من الخيمة وأتت إلى خيام السلطان ، فوجدت الحراس غير نائمين فمالت إلى خيمة الوزير دندان فوجدته يقرأ القرآن فوقعت عينه عليها

فقال : مرحباً بالزاهد العابد . فلما سمعت ذلك من الوزير ارتجف قلبها وقالت له : إن سبب مجيئي إلى هنا في هذا الوقت أني سمعت صوت ولي من أولياء الله وأنا ذاهب إليه . ثم ولت . فقال الوزير دندان في نفسه : والله لأتبع هذا الزاهد في هذه الليلة . فقام ومشى خلفها ، فلما أحست الملعونة بمشيه عرفت أنه وراءها فخشيت أن تفتضح وقالت في نفسها : إن لم أخدعه بحيلة فإني أفتضح . فأقبلت إليه وقالت : أيها الوزير إني سائر خلف هذا الولي لأعرفه وبعد أن أعرفه أستأذنه في مجيئك إليه وأقبل عليك وأخبرك لأني أخاف أن تذهب معي بغير استئذان للولي فيحصل له نفرة مني إذا رآك معي . فلما سمع الوزير كلامها استحى أن يرد عليها جواباً فتركها ورجع إلى خيمته وأراد أن ينام فما طاب له منام وكادت الدنيا أن تنطبق عليه فقام وخرج من خيمته وقال في نفسه : أنا أمضي إلى شركان وأتحدث معه إلى الصباح فسار إلى أن دخل خيمة شركان فوجد الدم سائلاً منه كالقناة ونظر الغلمان مذبوحين فصاح صيحة أزعجت كل من كان نائماً ، فتسارعت الخلق إليه فرأوا الدم سائلاً فضجوا بالبكاء والنحيب . فعند ذلك استيقظ السلطان ضوء المكان وسأل عن الخبر فقيل له : إن شركان أخاك والغلمان مقتولون . فقام مسرعاً إلى أن دخل الخيمة ، فوجد الوزير دندان يصيح ووجد جثة أخيه بلا رأس فغاب عن الدنيا وصاحت كل العساكر وبكوا وداروا حول ضوء المكان ساعة حتى استفاق ثم نظر إلى شركان وبكى بكاء شديداً وفعل مثله الوزير ورستم وبهرام ، وأما الحاجب فإنه صاح وأكثر من النواح ، ثم طلب الارتحال لما به من الأوجال فقال الملك : أما علمتم بالذي فعل بأخي هذه الأفعال ومالي لا أرى الزاهد الذي عن متاع الدنيا متباعد ؟ فقال الوزير : ومن جلب هذه الأحزان إلا هذا الزاهد الشيطان فوالله إن قلبي نفر منه في الأول والآخر لأنني أعرف أن كل متنطح في الدين خبيث ماكر . ثم إن الناس ضبوا بالبكاء والنحيب ، وتضرعوا إلى القريب المجيب أن يوقع في أيديهم ذلك الزاهد الذي هو لآيات الله جاحد ، ثم جهزوا شركان ودفنوه في الجبل المذكور وحزنوا على فضله المشهور . وهنا أدرك شهرزاد الصباح فسكتت عن الكلام المباح .

الليلة الثامنة والعشرين بعد المئة قالت شهرزاد : بلغني أيها الملك السعيد أن الملعونة لما فرغت عن الداهية التي عملتها والمخازي التي لنفسها أبدتها ، أخذت دواة وقرطاساً وكتبت فيه : من عند شواهي ذات الدواهي إلى حضرة المسلمين أعلموا أني دخلت بلادكم وغششت بلؤمي كرامكم وقتلت سابقاً ملككم عمر النعمان في وسط قصره وقتلت أيضاً في واقعة الشعب والمغارة رجالاً كثيرة وآخر من قتلته بمكري ودهائي وغدري شركان وغلمانه ، ولو ساعدني الزمان وطاوعني

الشيطان كنت قتلت السلطان والوزير دندان وأنا الذي أتيت إليكم في زي الزاهد ، وانطلت عليكم من الحيل والمكايد فإن شئتم سلامتكم بعد ذلك فارحلوا وإن شئتم هلاك أنفسكم فعن الإقامة لا تعدلوا فلو أقمتم سنين وأعواماً ، لا تبلغون منا مراماً . وبعد أن كتبت الكتاب أقامت في حزنها على الملك أفريدون ثلاثة أيام وفي اليوم الرابع دعت بطريقاً وأمرته أن يأخذ الورقة ويضعها في سهم ويرميها إلى المسلمين . ثم دخلت الكنيسة وصارت تندب وتبكي على فقد أفريدون وقالت : لمن تسلطن بعده لا بد أن أقتل ضوء المكان وجميع أمراء الإسلام . هذا ما كان من أمرها . وأما ما كان من أمر المسلمين فإنهم أقاموا ثلاثة أيام في هم واغتمام وفي اليوم الرابع نظروا إلى ناحية السور وإذا ببطريق معه سهم نشاب ، وفي عرفه كتاب فصبروا عليه حتى رماه إليهم فأمر السلطان الوزير دندان أن يقرأه ، فلما قرأه وسمع ما فيه وعرف معناه هملت بالدموع عيناه ، وصاح وتضجر من مكرها وقال الوزير : والله لقد كان قلبي نافراً منها . فقال السلطان : وهذه العاهرة كيف عملت علينا الحيلة مرتين والله لا أحول من هنا حتى أملأ فرجها بمسيح الرصاص وأسجنها سجن الطير في الأقفاص وبعد ذلك أصلبها من شعرها على باب القسطنطينية . ثم تذكر أخاه فبكى بكاء شديداً . ثم إن الكفار لما توجهت لهم ذات الدواهي وأخبرتهم بما حصل فرحوا بقتل شركان وسلامة ذات الدواهي . ثم إن المسلمين رجعوا على باب القسطنطينية . ووعدهم السلطان أنه إذا فتح المدينة يفرق أموالها عليهم بالسوية . هذا والسلطان لم تجف دموعه حزناً على أخيه واعترى جسمه الهزال حتى صار كالخلال فدخل عليه الوزير دندان وقال له : طب نفساً وقر عيناً فإن أخاك ما مات إلا بأجله وليس في هذا الحزن فائدة وما أحسن قول الشاعر : ما لا يكون فلا يكون بحيلة .... أبداً وما هو كائن سيكون سيكون ما هو كائن في وقته .... وأخو الجهالة دائماً مغبون فدع البكاء والنواح وقو قلبك لحمل السلاح . فقال : يا وزير إن قلبي مهموم من أجل موت أبي وأخي ومن أجل غيابنا عن بلادنا فإن خاطري مشغول برعيتي . فبكى الوزير هو والحاضرون وما زالوا مقيمين على حصار القسطنطينية مدة من الزمان فبينما هم كذلك وإذا بالأخبار وردت عليهم من بغداد صحبة أمير من أمرائه مضمونها ، إن زوجة الملك ضوء المكان رزقت ولداً وسمته نزهة الزمان أخت الملك كان ما كان ولكن هذا الغلام سيكون له شأن بسبب ما رأوه من العجائب والغرائب وقد أمرت العلماء والخطباء أن يدعوا لكم على المنابر ودبر كل صلاة ، وإننا طيبون بخير والأمطار كثيرة إن صاحبك الوقاد في غاية النعمة الجزيلة وعنده الخدم والغلمان ولكنه إلى الآن لم يعلم بما جرى لك والسلام .

فقال له ضوء المكان : اشتد ظهري حيث رزقت ولداً اسمه كان ما كان . وهنا أدرك شهرزاد الصباح فسكتت عن الكلام المباح .

الليلة التاسعة والعشرين بعد المئة قالت شهرزاد : بلغني أيها الملك السعيد أن الملك قال للوزير دندان : إني أريد أن أترك هذا الحزن وأعمل لأخي ختمات وأموراً من الخيرات . فقال الوزير : نعم ما أردت . ثم أمر بنصب الخيام على قبر أخيه ، فنصبوها وجمعوا من العسكر من يقرأ القرآن فصار بعضهم يذكر الله إلى الصباح ، ثم إنهم انصرفوا إلى الخيام وأقبل السلطان على الوزير دندان وأخذا يتشاورون في أمر القتال واستمرا على ذلك أياماً وليالي وضوء المكان يتضجر من الهم والأحزان ثم قال : إني أشتهي سماع أخبار الناس وأحاديث الملوك ، وحكايات المتيمين لعل الله يفرج ما بقلبي من الهم الشديد ويذهب عني البكاء والمديد . فقال الوزير : إن كان ما يفرج همك أسماع قصص الملوك من نوادر الأخبار وحكايات المتقدمين من المتيمين وغيرهم فإن هذا الأمر سهل لأنني لم يكن لي شغل في حياة المرحوم والدك إلا الحكايات والأشعار وفي هذه الليلة أحدثك بخبر العاشق والمعشوق لأجل أن ينشرح صدرك . فلما سمع ضوء المكان كلام الوزير دندان تعلق قلبه بما وعده به ولم يبق له اشتغال إلا بانتظار مجيء الليل لأجل أن يسمع ما يحكيه الوزير دندان ، من أخبار المتقدمين من الملوك والمتيمين فما صدق أن الليل أقبل ، حتى أمر بإيقاد الشموع والقناديل وإحضار ما يحتاجون إليه من الأكل والشرب وآلات البخور فأحضروا له جميع ذلك ، ثم أرسل إلى الوزير دندان فحضر وأرسل إلى بهرام رستم وتركاش والحاجب الكبير فحضروا . فلما حضروا جميعهم بين يديه التفت إلى الوزير دندان وقال له : اعلم أيها الوزير أن الليل قد أقبل وسدل جلابيته علينا وأسبل ، ونريد أن تحكي لنا ما وعدتنا من الحكايات . فقال الوزير : حباً وكرامة . وهنا أدرك شهرزاد الصباح فسكتت عن الكلام المباح .

الليلة الثلاثين بعد المئة قالت شهرزاد : بلغني أيها الملك السعيد أن الملك ضوء المكان ، لما حضر الوزير والحاجب ورستم وبهرام التفت إلى الوزير دندان وقال للوزير : اعلم أيها الوزير أن الليل قد أقبل وأسدل جلابيبه علينا وأسبل ونريد أن تحكي لنا ما وعدتنا به من الحكايات . فقال الوزير : حباً وكرامة . ثم قال الوزير دندان : اعلم أيها الملك السعيد أنه كان في سالف الزمان مدينة وراء جبال أصبهان يقال لها المدينة الخضراء وكان بها ملك يقال له الملك سليمان وكان صاحب جود وإحسان وعدل وأمان وفضل وامتنان وسارت إليه الركبان من كل

مكان وشاع ذكره في سائر الأقطار والبلدان وأقام في المملكة مدة مديدة من الزمان وهو في عز وأمان إلا أنه كان خالياً من الأولاد والزوجات وكان له وزير يقاربه في الصفات من الجود والهبات فاتفق أنه أرسل إلى وزيره يوماً من الأيام وأحضره بين يديه وقال له : يا وزير إنه ضاق صدري وعيل صبري وضعف مني الجلد لكوني بلا زوجة ولا ولد وما هذا سبيل الملوك الحكام على كل أمير وصعلوك فإنهم يفرحون بخلفة الأولاد وتتضاعف لهم بهم العدد والأعداد وقد قال النبي صلى الله عليه وسلم تناكحوا وتناسلوا فإني مباه بكم الأمم يوم القيامة فما عندك من الرأي يا وزير فأشر علي بما فيه النصح من التدبير . فلما سمع الوزير ذلك الكلام فاضت الدموع من عينيه بالانسجام وقال : هيهات يا ملك الزمان أن أتكلم فيما هو خصائص الرحمن أتريد أن أدخل النار بسخط الملك الجبار ؟ فقال له الملك : اعلم أيها الوزير أن الملك إذا اشترى جارية لا يعلم حسبها ولا يعرف نسبها فهو لا يدري خساسة أصلها ، حتى يجتنبها ولا شرف عنصرها حتى يتسرى بها أفضى إليها ربما حملت منه فيجيء الولد منافقاً ظالماً سفاكاً للدماء ويكون مثلها مثل الأرض السخية إذا زرع فإنه يخبث نباته ولا يحسن نباته وقد يكون ذلك الولد متعرضاً لسخط مولاه ولا يفعل ما أمره به ولا يجتنب ما عنه نهاه فأنا لا أسبب في هذا بشراء جارية أبداً وإنما مرادي أن تخطب لي بنتاً من بنات الملوك يكون نسبها معروفاً وجمالها موصوفاً فإن دلتني على ذات النسب والدين من بنات ملوك المسلمين فإني أخطبها وأتزوج بها على رؤوس الأشهاد ليحصل لي بذلك رضا رب العباد . فقال له الوزير : إن الله قضى حاجتك وبلغك أمنيتك . فقال له : وكيف ذلك ؟ فقال له : اعلم أيها الملك أنه بلغني أن الملك زهر شاه صاحب الأرض البيضاء له بنت بارعة في الجمال يعجز عن وصفها القيل والقال ولم يوجد لها في هذا الزمان مثيل لأنها في غاية الكمال قويمة الاعتدال ذات طرف كحيل وشعر طويل وخصر نحيل وردف ثقيل إن أقبلت فتنت وإن أدبرت قتلت تأخذ القلب والناظر إليها كما قال الشاعر : هيفاء يخجل غصن البان قامتـها .... لم يحك طلعتها شمـس ولا قمـر كأنما ريقـها شهـد وقـد مـزجت .... به المدامة ولكن ثـغـرهـا درر ممشوقة القد من حور الجنان لـها .... وجه جميل وفي ألحاظـهـا حور وكم لها من قتيل مات كيد من كمـد .... وفي طريق هواها الخوف والخطر إن عشت فهي المنى ما شئت أذكرها .... أو مت من دونها لم يجدني العمر فلما فرغ الوزير من وصف تلك الجارية قال للملك سليمان شاه : الرأي عندي أيها الملك أن ترسل إلى أبيها رسولاً فطناً خبيراً بالأمور مجرباً لتصاريف الدهور ليتلطف في خطبتها لك من أبيها فإنها لا نظير لها في قاصي

الأرض ودانيها وتحظى منها بالوجه الجميل ويرضى عليك الرب الجليل ، فقد ورد عن النبي صلى الله عليه وسلم أنه قال : لا رهبانية في الإسلام . فعند ذلك توجه إلى الملك كمال الفرح واتسع صدره وانشرح وزال عنه الهم والغم ، ثم أقبل على الوزير وقال : اعلم أيها الوزير أنه لا يتوجه لهذا الأمر إلا أنت لكمال عقلك وأدبك ، فقم إلى منزلك واقض أشغالك وتجهز في غد واخطب لي هذه البنت التي أشغلت بها خاطري ولا تعد لي إلا بها . فقال : سمعاً وطاعة . ثم إن الوزير توجه إلى منزله واستدعى بالهدايا التي تصلح للملوك من ثمين الجواهر ونفيس الذخائر وغير ذلك مما هو خفيف في الحمل وثقيل في الثمن ومن الخيل العربية والدروع الداودية وصناديق المال التي يعجز عن وصفها المقال ، ثم حملوها على البغال والجمال وتوجه الوزير ومعه مائة مملوك ومائة جارية وانتشرت على رأسه الرايات والأعلام وأوصاه الملك أن يأتي إليه في مدة قليلة من الأيام . وبعد توجهه صار الملك سليمان شاه على مقالي النار مشغولاً بحبها في الليل والنهار وسار الوزير ليلاً نهاراً يطوي برار وأقفار حتى بقي بينه وبين المدينة التي هو متوجه إليها يوم واحد ، ثم نزل شاطئ نهر واحضر بعض خواصه وأمره أن يتوجه إلى الملك زهر شاه بسرعة ويخبره بقدومه عليه فقال : سمعاً وطاعة . ثم توجه بسرعة إلى تلك المدينة فلما قدم عليها وافق قدومه أن الملك زهر شاه كان جالساً في بعض المنتزهات قدام باب المدينة فرآه وهو داخل وعرف أنه غريب فأمر بإحضاره بين يديه ، فلما حضر الرسول وأخبره بقدوم وزير الملك الأعظم سليمان شاه صاحب الأرض الخضراء وجبال أصفهان ففرح الملك زهر شاه ورحب بالرسول وأخذه وتوجه إلى قصره وقال : أين فارقت الوزير ؟ فقال : فارقته على شاطئ النهر الفلاني وفي غد يكون واصلاً إليك وقادماً عليك أدام الله نعمته عليك ورحم والديك . فأمر زهر شاه بعض وزرائه أن يأخذ معظم خواصه وحجابه ونوابه وأرباب دولته ويخرج بهم إلى مقابلته تعظيماً للملك سليمان شاه لأن حكمه نافذ في الأرض . هذا ما كان من أمر الملك زهر شاه . وأما ما كان من أمر الوزير فإنه استقر في مكان إلى نصف الليل ثم رحل متوجهاً إلى المدينة فلما لاح الصباح وأشرقت الشمس على الروابي والبطاح لم يشعر إلا ووزير الملك زهر شاه وحجابه وأرباب دولته وخواص مملكته قدموا عليه واجتمعوا به على فراسخ من المدينة فأيقن الوزير بقضاء حاجته وسلم على الذين قابلوه ولم يزالوا سائرين قدامه حتى وصلوا إلى قصر الملك ودخلوا بين يديه في باب القصر إلى سابع دهليز وهو المكان الذي لا يدخله الراكب لأنه قريب من الملك فترجل الوزير وسعى على قدميه حتى وصل إلى إيوان عال وفي صدر ذلك الإيوان سرير من المرمر مرصع

بالدر والجوهر وله أربعة قوائم من أنياب الفيل وعلى ذلك السرير مرتبة من الأطلس الأخضر مطرزة بالذهب لأحمر ومن فوقها سرادق بالدر والجوهر والملك زهر شاه جالس على ذلك السرير وأرباب دولته واقفون في خدمته . فلما دخل الوزير عليه وصار بين يديه ثبت جنانه وأطلق لسانه وأبدى فصاحة الوزراء وتكلم بكلام البلغاء . وهنا أدرك شهرزاد الصباح فسكتت عن الكلام المباح .

حكاية معروف ألإسكافي

ومما يحكى أيها الملك السعيد أنه كان في مدينة مصر المحروسة رجل إسكافي يرقع الزرابين القديمة وكان اسمه معزة وكان له زوجةً اسمها فاطمة ولقبها العرة وما لقبوها بذلك إلا لأنها كانت فاجرةً شرانيةً قليلة الحياء كثيرة الفتن وكانت حاكمةً على زوجها وفي كل يومٍ تسبه وتلعنه ألف مرة وكان يخشى شرها ويخاف من أذاها لأنه كان رجلاً عاقلاً يستحي على عرضه ولكنه كان فقير الحال فإذا اشتغل بكثيرٍ صرفه عليها وإذا اشتغل بقليلٍ انتقمت من بدنه من تلك الليلة وأعدمته العافية وتجعل ليلته مثل صحيفتها. ومن جملة ما اتفق لهذا الرجل مع زوجته أنها قالت له ذات يومٍ: يا معروف أريد منك من هذه الليلة أن تجيء لي معك بكنافةٍ عليها عسل نحلٍ فقال لها: الله تعالى يسهل لي حقها وأنا أجيء بها لك في هذه الليلة والله ليس معي دراهمٌ في هذا اليوم ولكن ربنا يسهل فقالت له: أنا ما أعرف هذا الكلام. وأدرك شهرزاد الصباح فسكتت عن الكلام المباح.

وفي الليلة الثالثة والثمانين بعد التسعمائة قالت: بلغني أيها الملك السعيد أن معروفاً الإسكافي قال لزوجته: الله يسهله بكلفها وأنا أجيء بها في هذه الليلة والله ليس معي دراهمٌ في هذا اليوم لكن ربنا يسهل فقالت له: ما أعرف هذا الكلام إن سهل أو لم يسهل لا تجئني إلا بالكنافة التي بعسل نحلٍ وأن جئت من غير كنافةٍ جعلت ليلتك مثل بختك حين تزوجتني ووقعت في يدي فقال لها: الله كريمٌ ثم خرج ذلك الرجل والغم يتناثر من بدنه فصلى الصبح وفتح الدكان وقال: أسألك يا رب أن ترزقني بحق هذه الكنافة وتكفيني شر هذه الفاجرة في هذه الليلة وقعد في الدكان إلى نصف النهار فلم يأته شغلٌ فاشتد خوفه من زوجته فقام وقفل الدكان وصار متحيراً في أمره من شأن الكنافة مع أنه لم يكن معه من حق الخبز شيءٌ ثم أنه مر على دكان الكنفاني ووقف باهتاً وغرغرت عيناه بالدموع فلحظ عليه الكنفاني وقال: يا معلم معروف ما لك تبكي فأخبرني بما أصابك فأخبره بقصته وقال له: أن زوجتي جبارةٌ وطلبت مني كنافةً وقد قعدت في الدكان حتى مضى نصف النهار فلم يجئني ولا ثمن الخبز وأنا خائفٌ منها

فضحك الكنفاني وقال: لا بأس عليك كم رطلاً تريد فقال له: خمسة أرطالٍ وقال له: السمن عندي ولكن ما عندي عسل نحلٍ وإنما عندي عسل قصبٍ أحسن من عسل النحل وماذا يضر إذا كانت بعسل قصب فاستحى منه لكونه يصبر عليه بثمنها فقال له: هاتها بعسل قصبٍ فقلى له الكنافة بالسمن وغرقها بعسل قصب فصارت ثم أنه قال له: أتحتاج عيشاً وجبناً قال: نعم فأخذ له بأربعة أنصافٍ عيشاً وبنصفٍ جبناً والكنافة بعشرة أنصاف وقال له: اعلم يا معروف أنه قد صار عندك خمسة عشر نصفاً رح إلى زوجتك واعمل حظاً وخذ هذا النصف حق الحمام وعليك مهل يومٍ أو يومان أو ثلاثة حتى يرزقك الله ولا تضيق على زوجتك فأنا أصبر عليك متى يأتي عندك دراهم فاضلةٌ عن مصروفك فأخذ الكنافة والعيش والجبن وانصرف داعياً له وراح إلى البيت مجبور الخاطر وهو يقول: سبحانك يا ربي ما أكرمك ثم أنه دخل على زوجته فقالت له: هل جئت بالكنافة قال: نعم ثم وضعها قدامها فنظرت إليها فرأتها بعسل قصبٍ فقالت له: أما قلت لك هاتها بعسل نحل تعمل على خلاف مرادي وتعملها بعسل قصبٍ فاعتذر إليها وقال لها: أنا ما اشتريتها إلا مؤجلاً ثمنها فقالت له: هذا كلامٌ باطلٌ أنا ما آكل الكنافة إلا بعسل نحلٍ وغضبت عليه وضربته بها في وجهه وقالت له: قم يا معرص هات لي غيرها ولكمته في صدغه فقلعت سنةً من أسنانه ونزل الدم على صدره ومن شدة الغيظ ضربها ضربةً واحدةً لطيفةً على رأسها فقبضت على لحيته وصارت تصيح وتقول: يا مسلمين فدخل الجيران وخلصوا لحيته من يدها فأموا عليها اللوم وعيبوها وقالوا: نحن كلنا نأكل الكنافة التي بعسل القصب ما هذا التجبر على هذا الرجل الفقير أن هذا عيبٌ عليك وما زالوا يلاطفونها حتى أصلحوا بينها وبينه ولكنها بعد ذهاب الناس حلفت ما تأكل من الكنافة شيئاً فأحرقه الجوع فقال في نفسه هي حلفت ما تأكل فأنا آكل ثم أكل. فلما رأته يأكل صارت تقول له: أن شاء الله يكون أكلها سماً يهري بدن البعيد فقال لها: ما هو بكلامك وصار يأكل ويضحك ويقول: أنت حلفت ما تأكلين من هذه فالله كريم فأن شاء الله في ليلة الغد أجيء لك بكنافةٍ تكون بعسل نحلٍ وتأكلينها وحدك وصار يأخذ بخاطرها وهي تدعوا عليه ولم تزل تسبه وتشتمه إلى الصبح فلما أصبح الصباح شمرت عن ساعدها لضربه فقال لها: أمهليني وأنا أجيء إليك بغيرها. ثم خرج إلى المسجد وصلى وتوجه إلى الدكان وفتحها وجلس فلم يستقر به الجلوس حتى جاءه اثنان من طرف القاضي وقالا له: قم كلم القاضي فأن امرأتك شكتك إليه وصفتها كذا وكذا فعرفها وقال: الله تعالى ينكد عليها ثم قام ومشى معهما إلى أن دخل على القاضي فرأى زوجته رابطةً ذراعها وبرقعها ملوثٌ بالدم وهي واقفةٌ

تبكي وتمسح دموعها فقال له القاضي: يا رجل ألم تخف من الله كيف تضرب هذه الحرمة وتكسر ذراعها وتقلع سنها وتفعل بها هذه الفعال فقال له: أن كنت ضربتها أو قلعت سنها فأحكم في بما تختار وإنما القصة كذا وكذا والجيران أصلحوا بيني وبينها وأخبره بالقصة من الأول إلى الأخر وكان ذلك القاضي من أهل الخير فأخرج له ربع دينارٍ وقال له: يا رجل خذ هذا وأعمل لها به كنافة بعسل نحل واصطلح أنت وإياها فقال له: أعطه لها فأخذته وأصلح بينهما وقال: يا حرمة أطيعي زوجك وأنت يا رجل ترفق بها وخرجا مصطلحين على يد القاضي وذهبت المرأة من طريق وزوجها من طريقٍ آخرٍ إلى دكانه وجلس وإذا بالرسل أتوا له وقالوا: هات خدمتنا فقال لهم: أن القاضي لم يأخذ مني شيئاً بل أعطاني ربع دينار فقالوا: لا علاقة لنا بكون القاضي أعطاك أو أخذ منك فأن لم تعطنا خدمتنا أخذناها قهرا عنك وصاروا يجرونه في السوق فباع عدته وأعطاهم نصف دينارٍ ورجعوا عنه ووضع يده على خده وقعد حزينا حيث لم يكن عنده عدة يشتغل بها. فبينما هو قاعدٌ وإذا برجلين قبيحي المنظر أقبلا عليه وقالا له: قم يا رجل كلم القاضي فأن زوجتك شكتك إليه فقال لهما: قد أصلح بيني وبينهما فقالا له: نحن من عند قاض آخر فأن زوجتك اشتكتك إلى قاضينا فقام معهما وهو يحسب عليها فلما رآها قال لها: ما اصطلحنا يا بنت الحلال فقالت: ما بقي بيني وبينك صلح فتقدم وحكى للقاضي حكايته وقال: أن القاضي فلانا أصلح بيننا في هذه الساعة فقال لها القاضي: يا عاهرة حيث اصطلحتما لماذا جئت تشتكين إلي قالت: أنه ضربني بعد ذلك فقال لهما القاضي: اصطلحا ولا تعد إلى ضربها وهي لا تعود إلى مخالفتك وتوجه إلى الدكان وفتحها وقعد فيها وهو مثل السكران من الهم الذي أصابه فبينما هو قاعدٌ وإذا برجلٍ أقبل عليه وقال له: يا معروف قم واستخف فأن زوجتك اشتكتك إلى الباب العالي ونازلٌ عليك أبو طبق فقام وقفل الدكان وهرب في وجهة باب النصر وكن قد بقي معه خمسة أنصاف فضة من حق القوالب والعدة فاشتري بأربعة أنصافٍ عيشاً وبنصفٍ جبناً وهرب منها وكان ذلك في فصل الشتاء وقت العصر فلما خرج بين الكيمان نزل عليه المطر مثل أفواه القرب فابتلت ثيابه فدخل العادلية فرأى موضعاً خرباً فيه حاصلٌ مهجورٌ من غير بابٍ فدخل يستكن فيه من المطر وحوائجه مبتلةٌ بالماء فنزلت الدموع من أجفانه وصار يتضجر مما به ويقول: أين أهرب من هذه العاهرة أسألك يا رب أن تقيض لي من يوصلني إلى بلادٍ بعيدةٍ لا تعرف طريقي فيها. فبينما هو جالس يبكي وإذا بالحائط قد انشقت وخرج منها شخصٌ طويل القامة رؤيته تقشعر منها الأبدان وقال له: يا رجل ما لك أقلقتني في هذا الليل أنا ساكنٌ في

هذا المكان منذ مائتي عامٍ فما رأيت أحداً دخل هذا المكان وعمل مثل ما عملت أنت أخبرني بمقصودك وأنا أقضي حاجتك فأن قلبي أخذته الشفقة عليك فقال له: من أنت وما تكون فقال له: أنا عامر هذا المكان فأخبره بجميع ما جرى له مع زوجته فقال له: أتريد أن أوصلك إلى بلادٍ لا تعرف لك زوجتك فيها طريقاً قال: نعم قال له: أركب فوق ظهري فركب وحمله وطار به من بعد وأدرك شهرزاد الصباح فسكتت عن الكلام المباح. وفي الليلة الرابعة والثمانين بعد التسعمائة قالت: بلغني أيها الملك السعيد أن معروفاً الإسكافي لما حمله المارد وطار به وأنزله على جبلٍ عالٍ وقال: يا انسي انحدر من فوق هذا الجبل ترى عتبة مدينة فأدخلها فأن زوجتك لا تعرف لك طريقاً ولا يمكنها أن تصل إليك ثم تركه وذهب فصار معروف باهتاً متحيراً في نفسه إلى أن طلعت الشمس فقال في نفسه: أقوم وأنزل من أعلى هذا الجبل إلى المدينة فأن قعودي هنا ليس فيه فائدةٌ فنزل إلى أسفل الجبل فرأى مدينةً بأسوارٍ عاليةٍ وقصورٍ مشيدةٍ وأبنيةٍ مزخرفةٍ وهي نزهةٌ للناظرين فدخل من باب المدينة فرآها تشرح القلب الحزين فلما مشى في السوق صار أهل المدينة ينظرون إليه ويتفرجون عليه واجتمعوا عليه وصاروا يتعجبون من ملبسه لأن ملبسه لا يشبه ملابسهم فقال له رجلٌ من أهل المدينة: أنت غريبٌ قال: نعم قال له: من أي مدينةٍ قال: من مدينة مصر السعيدة قال: ألك زمان مفارقها قال له: البارحة العصر فضحك عليه وقال: يا ناس تعالوا انظروا هذا الرجل واسمعوا ما يقول: فقالوا: ما يقول قال: أنه يزعم أنه من مصر وخرج منها البارحة العصر فضحكوا كلهم واجتمع عليه الناس وقالوا: يا رجل أأنت مجنون حتى تقول هذا الكلام كيف تزعم أنك فارقت مصر بالأمس في وقت العصر وأصبحت هنا والحال أن بين مدينتنا وبين مصر مسافة سنةٍ كاملةٍ فقال لهم: ما مجنونٌ إلا أنتم وأما أنا فأني صادقٌ في قولي وهذا عيش مصر لم يزل معي طرياً وأراهم العيش فصاروا يتفرجون عليه ويتعجبون منه لأنه لا يشبه عيش بلادهم وكثرت الخلائق عليه وصاروا يقولون لبعضهم: هذا عيش مصر تفرجوا عليه وصارت له شهرةٌ في تلك المدينة ومنهم ناسٌ يصدقون وناس يكذبون ويهزأون به. فبينما هم في تلك الحالة وإذا بتاجرٍ أقبل عليهم وهو راكبٌ بغلةٌ وخلفه عبدان ففرق الناس وقال: يا ناس أما تستحون وأنتم ملتمون على هذا الرجل الغريب وتسخرون منه وتضحكون عليه ما علاقتكم به ولم يزل يسبهم حتى طردهم منه ولم يقدر أحدٌ أن يرد عليه جواباً وقال له: تعال يا أخي ما عليك بأسٌ من هؤلاء الناس أنهم لا حياء عندهم ثم أخذه وسار به إلى أن أدخله داراً واسعةً مزخرفةً وأجلسه في مقعد ملوكي وأمر العبيد ففتحوا له صندوقاً وأخرجوا له بدلة تاجرٍ

ألفي وألبسه إياها وكان معروف وجيهاً فصار كأنه شاه بندر التجار ثم أن ذلك التاجر طلب السفرة فوضعوا قدامهما سفرة فيها جميع الأطعمة الفاخرة من سائر الألوان فأكلا وشربا وبعد ذلك قال له: يا أخي ما اسمك قال: اسمي معروف وصنعتي إسكافي أرقع الزرابين القديمة قال له: من أي البلاد أنت قال: من مصر قال: من أي الحارات قال له: هل أنت تعرف مصر قال له: أنا من أولادها فقال له: أنا من الدرب الأحمر قال: من تعرف من الدرب الأحمر وأدرك شهرزاد الصباح فسكتت عن الكلام المباح.

وفي الليلة الخامسة والثمانين بعد التسعمائة قالت: بلغني أيها الملك السعيد أن الرجل سأل معروف الإسكافي وقال له: من الدرب الأحمر قال له: فلاناً وفلاناً وعد له ناساً كثيرين قال له: هل تعرف الشيخ أحمد العطار قال: هو جاري الحيط في الحيط قال له: هل هو طيبٌ قال: نعم. قال: كم له من الأولاد قال: ثلاثةٌ: مصطفى ومحمد وعلي قال له: ما فعل الله بأولاده قال: أما مصطفى فأنه طيبٌ وهو عالمٌ مدرسٌ وأما محمد فأنه عطارٌ وقد فتح له دكانا بجنب دكان أبيه بعد أن تزوج وولدت زوجته ولداً اسمه حسن قال: بشرك الله بالخير. قال: وأما علي فأنه كان رفيقي ونحن صغار وكنت دائماً ألعب أنا وإياه وبقينا نروح بصفة أولاد النصارى وندخل الكنيسة ونسرق كتب النصارى ونبيعها ونشتري بثمنها نفقة فاتفق في بعض المرات أن النصارى رأونا وأمسكونا بكتاب فاشتكونا إلى أهلنا وقالوا لأبيه: إذا لم تمنع ولدك من آذانا شكوناك إلى الملك فأخذ بخاطرهم وضربه علقة فلهذا السبب هرب من ذلك الوقت ولم يعرف له طريقاً وهو غائبٌ له عشرون سنةً ولم يخبر عنه أحدٌ بخبر فقال له: هو أنا علي ابن الشيخ أحمد العطار وأنت رفيقي يا معروف وسلما على بعضهما وبعد السلام قال: يا معروف أخبرني بسبب مجيئك من مصر إلى هذه المدينة فأخبره بخبر زوجته فاطمة العرة وما فعلت معه وقال له: أنه لما اشتد علي أذاها هربت منها في جهة باب النصر ونزل علي المطر فدخلت في حاصل خراب في العادلية وقعدت أبكي فخرج لي عامر المكان وهو عفريتٌ من الجن وسألني فأخبرته بحالي فأركبني على ظهره وطار بي طول الليل بين السماء والأرض ثم حطني على الجبل وأخبرني بالمدينة فنزلت من الجبل ودخلت المدينة والتم علي الناس وسألوني فقلت لهم أني طلعت البارحة من مصر فلم يصدقوني فجئت أنت ومنعت عني الناس وجئت بي إلى هذا الدار وهذا سبب خروجي من مصر وأنت ما سبب مجيئك هنا قال له: غلب علي الطيش وعمري سبع سنين فمن ذلك الوقت وأنا دائر من بلدٍ إلى بلدٍ ومن مدينةٍ إلى مدينةٍ حتى دخلت هذه المدينة واسمها اختيان الختن فرأيت أهلها ناساً كراماً

301

وعندهم الشفقة ورأيتهم يأتمنون الفقير ويداينونه وكل ما قاله يصدقونه فقلت لهم: أنا تاجر وقد سبقت الحملة ومرادي ثم أني قلت لهم: هل فيكم من يداينني ألف دينارٍ حتى تجيء حملتي أرد له ما آخذه منه فأني محتاجٌ إلى بعض مصالح قبل دخول الحملة فأعطوني ما أردت وتوجهت إلى سوق التجار فرأيت شيئاً من البضاعة فاشتريته وفي ثاني يوم بعته فربحت فيه خمسين ديناراً واشتريت غيره وصرت أعاشر الناس وأكرمهم فأحبوني وصرت أبيع واشتري فكثر مالي وأعلم يا أخي أن صاحب المثل يقول: الدنيا فشر وحيلة والبلاد التي لا يعرفك فيها أحدٌ مهما شئت فافعل فيها وأنت إذا قلت لكل من سألك أنا صنعتي إسكافي وفقير وهربت من زوجتي والبارحة طلعت من مصر فلا يصدقونك وتصير عندهم مسخرةً مدة أقامتك في هذه المدينة وأن قلت: حملني عفريت نفروا منك ولا يقرب منك أحدٌ ويقولون: هذا رجلٌ معفرتٌ وكل من يقرب منه يحصل له ضربٌ وتبقى هذه الإشاعة قبيحةٌ في حقي وحقك لكونهم يعرفون أني من مصر. قال: وكيف أصنع قال: أنا أعلمك كيف تصنع أن شاء الله تعالى أعطيك في الغد ألف دينارٍ وبغلةً تركبها وعبداً يمشي قدامك حتى يوصلك إلى باب سوق التجار فأدخل عليهم وأكون أنا قاعداً بين التجار فمتى رأيتك أقوم لك وأسلم عليك وأقبل يدك وأعظم قدرك وكلما سألتك عن صنع من القماش وقلت لك: هل جئت معك بشيء من الصنف الفلاني فقل: كثيرٌ وأن سألوني عنك أشكرك وأعظمك في أعينهم ثم أني أقول لهم: خذوا له حاصلاً ودكاناً وأصفك بكثرة المال والكرم وإذا أتاك سائلٌ فأعطه ما تيسر فيثقون بكلامي ويعتقدون عظمتك وكرمك ويحبونك وبعد ذلك أعزمك وأعزم جميع التجار من شأنك وأجمع بينك وبينهم حتى يعرفك جميعهم وتعرفهم. وأدرك شهرزاد الصباح فسكتت عن الكلام المباح.

وفي الليلة السادسة والثمانين بعد التسعمائة قالت: بلغني أيها الملك السعيد أن التاجر علياً قال لمعروفٍ: أعزمك وأعزم جميع التجار من شأنك وأجمع بينك وبينهم حتى يعرفك جميعهم وتعرفهم لأجل أن تبيع وتشتري وتأخذ وتعطي معهم فما تمضي عليك مدةً حتى تصير صاحب مالٍ فلما أصبح الصباح أعطاه ألف دينارٍ وألبسه بدلةً وأركبه بغلةً وأعطاه عبداً وقال: أجابرأ الله ذمتك من الجميع لأنك رفيقي فواجبٌ علي إكرامك ولا تحمل هماً ودع عنك سيرة زوجتك ولا تذكرها لأحدٍ فقال له: جزاك الله خيرا. ثم أنه ركب البغلة ومشى قدامه العبد إلى أن أوصله إلى باب سوق التجار وكانوا جميعاً قاعدين والتاجر كان قاعداً بينهم فلما رآه قام ورمى روحه عليه وقال له: نهارك مبارك يا تاجر معروف فسلموا عليه وصار يشير لهم بتعظيمه فعظم في أعينهم ثم أنزله من فوق ظهر البغلة

وسلموا عليه وصار يختلي بواحدٍ بعد واحدٍ منهم ويشكره عنده فقالوا له: هل هذا تاجرٌ فقال لهم: نعم بل هو أكبر التجار ولا يوجد واحدٌ أكثر مالاً منه لأن أمواله وأموال أبيه وأجداده مشهورةٌ عند تجار مصر وله شركاءٌ في الهند والسند واليمن وهو في الكرم على قدرٍ عظيمٍ فأعرفوا قدره وارفعوا مقامه واخدموه واعلموا أن مجيئة إلى هذه المدينة ليس من أجل التجارة وما مقصده إلا الفرجة على بلاد الناس لأنه محتاجٌ إلى التغريب من أجل الربح والمكاسب لأن عنده أموالاً لا تأكلها النيران وأنا من بعض خدمه ولم يزل يشكره حتى جعلوه فوق رؤوسهم وصاروا يخبرون بعضهم بصفاته ثم اجتمعوا عنده وصاروا يهادونه بالفطورات والشربات حتى شاه بندر التجار أتى له وسلم عليه وصار يقول له التاجر علي بحضرة التجار: يا سيدي لعلك جئت معك بشيء من القماش الفلاني فيقول له: كثير وكان في ذلك اليوم فرجة على أصناف القماش المثمنة وعرفه أسامي الأقمشة الغالي والرخيص فقال له تاجرٌ من التجار: يا سيدي هل جئت معك بجوخٍ أصفرٍ قال: كثيرٌ قال: وأحمر دم غزال قال: كثيرٌ وصار كلما سأله عن شيءٍ يقول له: كثيرٌ. فعند ذلك قال: يا تاجر علي أن ابن بلدك لو أراد أن يحمل ألف حمل من القماشات المثمنة يحملها فقال له يحملها من حاصلٍ من جملة حواصله ولا ينقص منه شيءٌ فبينما هما قاعدون وإذا برجلٍ سائلٍ دارٍ على التجار فمنهم من أعطاه نصف فضة ومنهم من أعطاه جديد وغالبهم لم يعطه شيئاً حتى وصل إلى معروف فكبش له كبشة ذهبٍ وأعطاه إياها فدعا له وذهب فتعجب التجار منه وقالوا: أن هذه عطايا ملوكٍ فأنه أعطى السائل ذهباً من غير عددٍ ولولا أنه من أصحاب النعم الجزيلة وعنده شيءٌ كثيرٌ ما كان أعطى السائل كبشة ذهبٍ وبعد حصةٍ أتته امرأة فقيرةٌ فكبش وأعطاها وذهبت تدعو له وحكت للفقراء فأقبلوا عليه وصار كل من أتى له يكبش له ويعطيه حتى أنفق الألف دينارٍ وبعد ذلك ضرب كفاً على كف وقال: حسبنا الله ونعم الوكيل فقال له شاه بندر التجار: ما لك يا تاجر معروف قال: كأن أهل هذه المدينة فقراءٌ ومساكينٌ ولو كنت أعرف أنهم كذلك كنت جئت معي في الخراج بجانب من المال وأحسن به إلى الفقراء وأنا خائفٌ أن تطول غربتي ومن طبعي أني لا أرد السائل وما بقي معي ذهباً فإذا أتاني فقيرٌ ماذا أقول له قال له: الله يرزقك قال: ما هي عادتي وقد ركبني الهم بهذا السبب وكان مرادي ألف دينارٍ أتصدق بها حتى تجيء حملتي. فقال: لا بأس وأرسل بعض أتباعه فجاء له بألف دينارٍ فأعطاه إياها فصار يعطي كل من مر به من الفقراء حتى أذن الظهر فدخلوا الجامع وصلوا الظهر والذي بقي معه من الألف دينارٍ نثره على رؤوس المصلين فانتبه له

الناس ثم أنه مال على تاجر آخر وأخذ منه ألف دينار وفرقها فما قفلوا باب السوق حتى أخذ خمسة آلاف دينارٍ وفرقها وكل من أخذ منه شيئاً يقول له: حتى تجيء الحملة وعند المساء عزموه التجار وعزم معه التجار جميعاً وأجلسوه في الصدر وصار لا يتكلم إلا بالقماشات والجواهر وكلما ذكروا له شيئاً يقول: عندي منه كثيرٌ وثاني يومٍ توجه إلى السوق وصار يميل على التجار ويأخذ منهم النقود ويفرقها على الفقراء ولم يزل على هذه الحالة مدة عشرين يوماً حتى أخذ من الناس ستين ألف ولم تأته حملةً ولا كبةً حاميةً فضجت الناس على أموالهم وقالوا: ما أتت حملة التاجر معروف وإلى متى وهو يأخذ أموال الناس ويعطيها للفقراء. فقال واحدٌ منهم: الرأي أن نتكلم مع ابن بلديته التاجر علي فأتوه وقالوا له: يا تاجر علي أن حملة التاجر معروف لم تأت فقال لهم: اصبروا فأنها لا بد أن تأتي عن قريبٍ ثم أنه اختلى به وقال له: يا معروف ما هذي الفعال هل أنا قلت لك قمر الخبز أو أحرقه أن التجار ضجوا على أموالهم وأخبروني أنه صار عليك ستون ألف دينار أخذتها وفرقتها على الفقراء ومن أين تسدد دين الناس وأنت لا تبيع ولا تشتري فقال له: أي شيء يجري وما مقدار الستين ألف دينارٍ لما تجيء الحملة أعطيهم أن شاؤوا قماشاً وأن شاؤوا ذهباً وفضةً فقال له التاجر علي: وأدرك شهرزاد الصباح فسكتت عن الكلام المباح.

وفي الليلة السابعة والثمانين بعد التسعمائة قالت: بلغني أيها الملك السعيد أن التاجر علي قال: الله أكبر وهل أنت لك حملةٌ قال: كثير قال له: الله عليك وعلى سماجتك أهل أنا علمتك هذا الكلام حتى تقوله لي فأنا أخبر الناس بك قال: رح بلا كثرة كلامٍ هل أنا فقيرٌ أن حملتي فيها شيءٌ فإذا جاءت يأخذون متاعهم المثل مثلين أنا غير محتاجٍ إليهم فعند ذلك اغتاظ التاجر علي وقال له: يا قليل الأدب لا بد أن أريك كيف تكذب علي ولا تستحي فقال له: الذي يخرج من يدك أفعله ويصبرون حتى تجيء حملتي ويأخذون متاعهم بزيادة فتركه ومضى وقال في نفسه: أنا شكرته سابقاً وأن دعمته الآن صرت كاذباً وأخل في قول من قال: من شكر وذم كذب مرتين وصار متحيراً في أمره ثم أن التجار أتوه وقالوا: يا تاجر علي هل كلمته قال لهم: يا ناس أنا استحي منه ولي عنده ألف دينارٍ ولم أقدر أن أكلمه عليها وأنتم لما أعطيتموه ما شاورتموني وليس لكم علي كلامٌ فطالبوه منكم له وأن لم يعطكم فاشكوه إلى ملك المدينة وقولوا له: أنه نصاب نصب علينا فأن الملك يخلصكم منه فتوجهوا للملك وأخبروه بما وقع وقالوا: يا ملك الزمان أننا تحيرنا في أمرنا مع هذا التاجر الذي كرمه زائدٌ فأنه يفعل كذا وكذا وكل شيءٍ أخذه يفرقه على الفقراء بالكمشة فلو كان مقلا ما كانت تسمح نفسه أن يكبش

الذهب ويعطيه للفقراء ولو كان من أصحاب النعم كان صدقه ظهر لنا بمجيء حملته ونحن لا نرى له حملةً مع أنه يدعي أن له حملةً وقد سبقها وكلما ذكرنا له صنفا من أصناف القماش يقول: عندي منه كثير وقد مضت مدةً ولم يبن عن حملته خبرٌ وقد صار لنا عنده ستون ألف دينارٍ وكل ذلك فرقه على الفقراء وصاروا يشكرونه ويمدحون كرمه. وكان ذلك الملك طماعاً أطمع من الشعب فلما سمع بكرمه وسخائه غلب عليه الطمع وقال لوزيره: لو لم يكن هذا التاجر عنده أموالٌ كثيرةٌ ما كان يقع منه هذا الكلام كله ولا بد أن تأتي حملته ويجتمع هؤلاء التجار عنده ويفرق عليهم أموالاً كثيرةً فأنا أحق منهم بهذا المال فمرادي أن أعاشره وأتودد إليه حتى تأتي حملته والذي يأخذه منه هؤلاء التجار آخذه أنا وأزوجه ابنتي وأضم ماله إلى مالي فقال له الوزير: يا ملك الزمان ما أظنه إلا نصاباً والنصاب قد أخرب بيت الطماع. وأدرك شهرزاد الصباح فسكتت عن الكلام المباح.

وفي الليلة الثامنة والثمانين بعد التسعمائة قالت: بلغني أيها الملك السعيد أن الوزير لما قال للملك: ما أظنه إلا نصاباً والنصاب قد أخرب بيت الطماع قال له الملك: يا وزير أنا أمتحنه وأعرف هل هو نصابٌ أو صادقٌ فأنا أبعث إليه وأحضره عندي وإذا جلس أكرمه وأعطيه الجوهرة فأن عرفها أو عرف ثمنها يكون صاحب خيرٍ ونعمٍ وأن لم يعرفها فهو نصاب محدث فاقتله أقبح قتلةٍ. ثم أن الملك أرسل إليه وأحضره فلما دخل عليه سلم عليه فرد عليه السلام وأجلسه إلى جانبه وقال له: هل أنت التاجر معروف قال: نعم قال له: أن التجار يزعمون أن لهم عندك ستين ألف دينارٍ فهل ما يقولونه حق قال: نعم قال له: لم تعطهم أموالهم قال: يصبرون حتى تجيء حملتي وأعطيهم المثل مثلين وأن أرادوا ذهباً أعطيهم وأن أرادوا فضةً أعطيهم وأن أرادوا بضاعةً أعطيهم والذي له ألفٌ أعطيه ألفين في نظير ما استر به وجهي مع الفقراء عندي شيئاً كثيراً ثم أن الملك قال: يا تاجر خذ هذه وانظر ما جنسها وما قيمتها وأعطاه جوهرةً قدر البندقية كان الملك اشتراها بألف دينارٍ ولم يكن عنده غيرها وكان مستعزاً بها فأخذها معروف بيده وفرك عليها بالإبهام والشاهد فكسرها لأن الجوهرة رقيقةٌ لا تتحمل فقال له الملك: لأي شيء كسرت الجوهرة فضحك وقال: يا ملك الزمان ما هذه جوهرةٌ هذه قطعة معدن تساوي ألف دينار كيف تقول عليها أنها جوهرة إن الجوهرة يكون ثمنها سبعين ألف دينارٍ وإنما يقال على هذه قطعة معدن والجوهرة ما لم تكن قدر الجوزة لا قيمة لها عندي ولا أعتني بها كيف تكون ملكاً وتقول على هذه جوهرةٌ وهي قطعة معدنٍ قيمتها ألف دينارٍ ولكن أنتم معذورون لكونكم فقراء وليس

عندكم ذخائر لها قيمتها فقال له الملك: يا تاجر هل عندك جواهرٌ من الذي تخبرني به قال: كثيرٌ فغلب الطمع على الملك فقال له: هل تعطيني جواهر صحاحاً قال له: حتى تجيء الحملة أعطيك كثيراً ومهما طلبته فعندي منه كثيرٌ وأعطيك من غير ثمن فخرج الملك وقال للتجار: اذهبوا إلى حال سبيلكم واصبروا عليه حتى تجيء الحملة ثم تعالوا خذوا مالكم مني وراحوا. هذا ما كان من أمر معروف والتجار. وأما ما كان من أمر الملك فأنه أقبل على الوزير وقال له: لاطف التاجر معروفاً وخذ وأعط معه في الكلام وأذكر له ابنتي حتى يتزوج بها ونغتنم هذه الخيرات التي عنده فقال الوزير: يا ملك الزمان أن حال هذا الرجل لم يعجبني وأظن أنه نصابٌ وكذابٌ فأترك هذا الكلام لئلا تضيع ابنتك بلا شيء وكان الوزير سابقاً سبق على الملك أن يزوجه البنت وأراد زواجها له فلما بلغها ذلك لم ترض ثم أن الملك قال له: يا خائن أنت لا تريد لي خير لكونك خطبت بنتي سابقاً ولم ترض أن تتزوج بك فصرت الآن تقطع طريق زواجها ومرادك أن بنتي تبور حتى تأخذها أنت فأسمع مني هذه الكلمة ليس لك علاقة بهذا الكلام كيف يكون نصاباً أو كذاباً مع أنه عرف ثمن الجوهرة مثل ما اشتريتها به وكسرها لكونها لم تعجبه وعنده جواهر كثيرةً فمتى دخل على ابنتي يراها جميلة فتأخذ عقله ويحبها ويعطيها جواهر وذخائر وأنت مرادك أن تحرم ابنتي وتحرمني من هذه الخيرات فسكت الوزير وخاف من غضب الملك عليه وقال في نفسه: أغر الكلام على البقر ثم ميل على التاجر معروف وقال له: أن حضرة الملك أحبك وله بنت ذات حسن وجمال يريد أن يزوجها لك فما تقول فقال: لا بأس ولكن يصبر حتى تجيء حملتي فأن مهر بنات الملوك واسعٌ ومقامهن أن لا يمهرن إلا بمهر يناسب حالهن وفي هذه الساعة ما عندي مال فليصبر علي حتى تجيء حملتي فالخير عندي كثير ولا بد أن ادفع صداقها خمسة آلاف كيسٍ وأحتاج إلى ألف كيسٍ أفرقها على الفقراء والمساكين ليلة الدخلة وألف كيسٍ أعطيها للذين يمشون في الزفة وألف كيسٍ أعمل بها الأطعمة للعساكر وغيرهم وأحتاج إلى مائة جوهرة فأعطيها للملكة صبيحة العرس ومائة جوهرة أفرقها على الجواري والخدم فأعطي كل واحدةٍ جوهرةً تعظيماً لمقام العروسة وأحتاج إلى أن أكسوا ألف عريانٍ من الفقراء ولا بد من صدقاتٍ وهذا شيء لا يمكن إلا إذا جاءت الحملة فأن عندي شيئاً كثيراً وإذا جاءت الحملة لا أبالي بهذا المصروف كله. فراح الوزير وأخبر الملك بما قاله فقال الملك: حيث كان مراده ذلك كيف تقول عنه أنه نصابٌ كذابٌ قال الوزير: ولم أزل أقول ذلك ففزع فيه الملك ووبخه وقال له: وحياة رأسي أن لم تترك هذا الكلام لقتلتك فأرجع إليه وهاته عندي وأنا مني له أصطفي فذهب إليه

الوزير وقال له: تعال كلم الملك فقال سمعاً وطاعةً ثم جاء إليه فقال له الملك: لا تعتذر بهذه الأعذار فأن خزنتي ملآنةً فخذ المفاتيح عندك وانفق جميع ما تحتاج إليه وأعط ما تشاء واكس الفقراء وافعل ما تريد وما عليك من البنت والجواري وإذا جاءت حملتك فأعمل مع زوجتك ما تشاء من الإكرام ونحن نصبر عليك بصداقها حتى تجيء الحملة وليس بيني وبينك فرقٌ أبداً ثم أمر شيخ الإسلام أن يكتب الكتاب فكتب كتاب البنت على التاجر معروف وشرع في عمل الفرح وأمر بزينة البلد ودقت الطبول ومدت الأطعمة من سائر الألوان وأقبلت أرباب الملاعب وصار التاجر معروف يجلس على كرسي في مقعدٍ وتأتي قدامه أرباب الملاعب والشطار والجنك وأرباب الحركات الغريبة والملاهي العجيبة وصار يأمر الخازندار ويقول له: هات الذهب والفضة فيأتيه بالذهب والفضة وصار يدور على المتفرجين ويعطي كل من لعب بالكبشة ويحسن للفقراء والمساكين ويكسوا العريانين وصار فرحاً عجاجاً وما بقي الخازندار يلحق أن يجيء بالأموال من الخزنة وكاد قلب الوزير أن ينفقع من الغيظ ولم يقدر أن يتكلم وصار التاجر علي يتعجب من بذل هذه الأموال ويقول للتاجر معروف: الله والرجال على صدغك أما كفاك أن أضعت مال التجار حتى تضيع مال الملك فقال التاجر معروف: لا علاقة لك وإذا جاءت الحملة أعوض ذلك على الملك بأضعافه وصار يبذر الأموال ويقول في نفسه: كبةٌ حاميةٌ الذي يجري علي يجري والمقدر ما منه مفر. ولم يزل الفرح مدة أربعين يوماً وفي ليلة الحادي والأربعين عملوا الزفة للعروسة ومشى قدامها جميع الأمراء والعساكر ولما دخلوا بها صار ينثر الذهب على رؤوس الخلائق وعملوا لها زفةً عظيمةً وصرف أموالاً لها مقدر عظيم وأدخلوه على الملكة فقعد على المرتبة العالية وأرخوا الستائر وقفلوا الأبواب وخرجوا وتركوه عند العروسة فخبط يداً على يدٍ وقعد حزيناً مدةً وهو يضرب كفاً على كفٍ ويقول: لا حول ولا قوة إلا بالله العلي العظيم فقالت له الملكة: يا سيدي سلامتك ما لك مغموماً فقال: كيف لا أكون مغموماً وأبوك قد شوش علي وعمل معي عملةً مثل حرق الزرع الأخضر قالت: وما عمل معك أبي قل لي قال: أدخلني عليك قبل أن تأتي حملتي وكان مرادي أقل ما يكون مائة جوهرةٍ أفرقها على جواريك لكل واحدةٍ منهن جوهرةٌ تفرح بها وتقول: أن سيدي أعطاني جوهرة في ليلة دخلته على سيدتي وهذه الخصلة كانت تعظيماً لمقامٍ وزيادةٍ في شرفك فأني لا أقصر في بذل الجواهر لأن عندي منها كثيراً فقالت: لا تهتم بذلك ولا تغم نفسك بهذا السبب أما أنا فما عليك مني إلا أني أصبر عليك حتى تجيء الحملة وأما الجواري فما عليك منهن قم أقلع ثيابك وأعمل انبساطا ومتى جاءت

الحملة فأننا فقام وقلع ما كان عليه من الثياب وجلس على الفراش وطلب النغاش ووقع الهراش وحط يده على ركبتها فجلست هي في حجرةٍ وألقمته شفتها في فمه وصارت هذه الساعة تنسي الإنسان أبوه وأمه فحضنها وضمها إليه وعصرها في حضنه وضمها إلى صدره ومص شفتيها حتى سأل العسل من فمها ووضع يده تحت إبطها الشمال فحنت أعضاؤه وأعضاءها للوصال ولكزها بين النهدين فراحت يده بين الفخدين وتحزم بالساقين ومارس العملين ونادى يا أبا اللثامين وحط الدخير وأشعل الفتيل وحرر على بيت الإبرة وأشعل النار فخسف البرج من الأربعة أركان وحصلت النكتة التي لا يسأل عنها إنسان وزعقت الزعقة التي لا بد منها. وأدرك شهرزاد الصباح فسكتت عن الكلام المباح.

وفي الليلة التسعين بعد التسعمائة قالت: بلغني أيها الملك السعيد أن بنت الملك لما زعقت الزعقة التي لا بد منها أزال التاجر معروف بكارتها وصارت تلك الليلة لا تعد من الأعمار لاشتمالها على وصل الملاح من عناقٍ وهراشٍ ومصٍ ورضعٍ إلى الصباح ثم دخل الحمام ولبس بدلةً من ملابس الملوك وطلع من الحمام ودخل ديوان الملك فقام له من فيه على الأقدام وقابلوه بإعزازٍ وإكرامٍ وهنأوه وباركوا له وجلس بجانب الملك وقال: أين الخازندار فقالوا: ها هو حاضرٌ بين يديك فقال: هات الخلع وألبس جميع الوزراء والأمراء وأرباب المناصب فجاء له بجميع ما طلب وجلس يعطي كل من أتى له ويهب لكل إنسانٍ على قدر مقامه واستمر على هذه الحالة مدة عشرين يوماً ولم يظهر له حملةً ولا غيرها. ثم أن الخازندار تضايق منه غاية الضيق ودخل على الملك في غياب معروفٍ وكان الملك جالساً هو والوزير لا غير وقبل الأرض بين يديه وقال: يا ملك الزمان أنا أعلمك شيءٌ ربما تلومني على عدم الأخبار به: أعلم أن الخزنة فرغت ولم يبق فيها شيء من المال إلا القليل وبعد عشرة أيامٍ نقفلها على الفارغ. فقال الملك: يا وزير أن حملة نسيبي تأخرت ولم يبن عنها علمٌ فضحك الوزير وقال له: الله يلطف بك يا ملك الزمان ما أنت إلا مغفلٌ عن فعل هذا النصاب الكذاب وحياة رأسك أنه لا حملةً له ولا كبةً تريحنا منه وإنما هو ما زال ينصب عليك حتى أتلف أموالك وتزوج بنتك بلا شيء وإلى متى وأنت غافل عن هذا الكذاب فقال له الملك: يا وزير كيف العمل حتى نعرف حقيقة حاله فقال له: يا ملك الزمان لا يطلع على سر الرجل إلا زوجته فأرسل إلي بنتك لتأتي خلف الستارة حتى أسألها عن حقيقة ثم أنه أخذ الوزير ودخل إلى قاعة الجلوس وأرسل إلى ابنته فأتت وراء الستارة وكان ذلك في غياب زوجها فلما أتت قالت: يا أبي ماذا تريد قال: كلمي الوزير قالت: أيها الوزير ما بالك قال: يا سيدي أعلمي أن زوجك أتلف مال أبيك وقد تزوج بك بلا مهرٍ

وهو لم يزل يعدنا ويخلف الميعاد ولم يبن لحملته علم بالجملة نريد أن تخبرينا عنه فقالت: أن كلامه كثير وهو في كل وقتٍ يجيء ويعدني بالجواهر والحلي والذخائر والقماشات المثمنة ولم أر شيئاً فقال: يا سيدتي هل تقدرين في هذه الليلة أن تأخذي وتعطي معه في الكلام وتقولي له: أفيدني بالصحيح ولا تخف من شيءٍ فأنك صرت زوجي ولا أفرط فيك بحقيقة الأمر وأنا أدبر لك تدبيراً ترتاح به ثم قربي وبعدي له في الكلام وأريه المحبة وقرريه ثم بعد ذلك أفيدينا بحقيقة أمره فقالت: يا أبت أنا أعرف كيف أختبره. ثم أنها دخلت وبعد العشاء حضر عليها زوجها معروف على جري عادته فقامت له وتناولته من تحت إبطه وخادعته خداعاً زائداً وناهيك بمخادعة النساء إذا كان لهن عند الرجال حاجةٌ يردن قضاءها وما زالت تخادعه وتلاطفه بكلامٍ أحلى من العسل حتى سرقت عقله. فلما رأته مال إليها بكليته قالت له: يا حبيبي يا قرة عيني ويا ثمرة فؤادي لا أوحشني الله منك ولا فرق الزمان بيني وبينك فأن محبتك سكنت فؤادي ونار غرامك أحرقت كبدي وليس فيك تفريطٌ أبداً ولكن مرادي أن تخبرني بالصحيح لأن حبل الكذب غير نافعة ولا تنطلي في كل الأوقات وإلى متى وأنت تنصب وتكذب على أبي وأنا خائفةٌ أن يفتضح أمرك عنده قبل أن تدبر له حيلةً فيبطش بك فأفدني بالصحيح وما بك إلا ما يسرك ومتى أعلمتني بحقيقة الأمر لا تخشى من شيء يضرك فكم تدعي أنك تاجرٌ وصاحب أموالٍ ولك حملةٌ وقد مضت لك مدةً طويلةً وأنت تقول حملتي حملتي ولم يبن عن حملتك علمٌ ويلوح على وجهك الهم بهذا السبب فأن كان كلامك ليس له صحةٌ فقل لي وأنا أدبر لك تدبيراً تخلص به أن شاء الله. فقال لها: يا سيدتي سأخبرك بالصحيح ومهما أردت فافعلي فقالت له: قل وعليك بالصدق فأن الصدق سفينة النجاة وإياك والكذب فأنه يفضح صاحبه ولله در من قال: عليك بالصدق ولو أنهأحرقك الصدق بنار الوعيد وأبغ رضا الله فأغبى الوريمن أسخط المولى وأرضى العبيد فقال: يا سيدتي أعلمي أني لست تاجراً ولا لي حملةً ولا حاميةً وإنما كنت في بلادي رجلاً إسكافياً ولي زوجة اسمها فاطمة العره وجرى لي معها كذا وكذا وأخبرها بالحكاية من أولها إلى نهايتها فضحكت وقالت: أنك ماهرٌ في صناعة الكذب والنصب فقال لها: يا سيدتي الله تعالى يبقيك لستر العيوب وفك الكروب فقالت: أعلم أنك نصبت على أبي وغررته بكثرة فشرك حتى زوجني بك من طمعه ثم أتلفت ماله والوزير منكر ذلك عليك وكم مرة يتكلم فيك عند أبي ويقول له: أنه نصابٌ كذابٌ ولكن أبي لم يطعه فيما يقول. وأدرك شهرزاد الصباح فسكتت عن الكلام المباح.

وفي الليلة الواحدة والتسعين بعد التسعمائة قالت: بلغني أيها الملك السعيد أن زوجة معروف قالت له: أن الوزير تكلم فيك عند أبي ويقول له أنه نصاب كذاب وأبي لم يطعه بسبب أنه كان خطبني لأن يكون لي بعلاً وأكون له أهلاً ثم أن المدة طالت وقد تضايق أبي وقال لي: قرريه قد قررتك وانكشف المغطى وأبي مصرٌ لك على الضرر بهذا السبب ولكنك صرت زوجي وأنا لا أفرط فيك فأن أعلمت أبي بهذا الخبر ثبت عنده أنك نصابٌ وكذابٌ وقد نصبت على بنات الملوك وذهبت بأموالهم فذنبك عنده لا يغفر ويقتلك بلا محالةٍ ويشيع بين الناس أني تزوجت برجلٍ نصابٍ كذابٍ وتكون فضيحةٌ في حقي وإذا قتلك أبي ربما يحتاج أن يزوجني إلى آخر وهذا شيءٍ لا أقبله ولو مت. ولكن قم الآن وألبس بدلةً مملوكٍ وأحمل معك خمسين ألف دينارٍ من مالي وأركب على جوادٍ وسافر إلى بلاد يكون حكم أبي لا ينفذ فيها وأعمل تاجراً هناك وأكتب لي كتاباً وأرسله مع ساعٍ يأتيني به لأعلم في أي البلاد أنت حتى أرسل لك كل ما طالته يدي فأن مات أبي أرسلت إليك فتجيء بإعزازٍ وإكرامٍ وإذا مت أنت أو أنا إلى رحمة الله تعالى فالقيامة تجمعنا وهذا هو الصواب وما دمت طيبةً وأنت طيبٌ لا أقطع عنك المراسلة ولا أموال قم قبل أن يطلع النهار عليك وينزل بك الدمار. فقال لها: يا سيدتي أنا في عرضك أن تودعيني بوصالك فقالت: ولبس بدلة مملوكٍ وأمر السياس أن يشدوا له جواد من الخيل فشدوا له جواداً ثم ودعها وخرج من المدينة في آخر الليل فصار كل من رآه يظن أنه مملوكٌ من مماليك السلطان مسافرٌ في قضاء حاجةٍ. فلما أصبح الصباح جاء أبوها هو والوزير إلى قاعة الجلوس وأرسل إليها فأتت وراء الستارة فقال لها: يا بنيتي ما تقولين قالت: أقول: سود الله وجه وزيرك فأنه كان مراده أن يسود وجهي من زوجي قال: وكيف ذلك قالت: أنه دخل علي أمس قبل أن أذكر له هذا الكلام وإذا بفرج الطواشي جاء إلي وبيده كتابٌ وقال: أن عشرة مماليك واقفون تحت شباك القصر وأعطوني هذا الكتاب وقالوا لي: قبل لنا أيادي سيدي معروف وأعطه هذا الكتاب فأننا من مماليكه الذين مع الحملة وقد بلغنا أنه تزوج بنت الملك فأتينا إليه لنخبره بما حل بنا في الطريق. فأخذت الكتاب وقرأته فرأيت فيه: من المماليك الخمسمائة إلى حضرة سيدنا التاجر معروف وبعد فالذي نعلمك به أنك بعدما تركتنا خرج العرب علينا وحاربونا وهم قدر ألفين من الفرسان ونحن خمسمائة مملوك ووقع بيننا وبين العرب حربٌ عظيمٌ ومنعونا عن الطريق ومضى لنا ثلاثون يوماً ونحن نحاربهم وهذا سبب تأخيرنا عنك. وأدرك شهرزاد الصباح فسكتت عن الكلام المباح.

وفي الليلة الثانية والتسعين بعد التسعمائة قالت: بلغني أيها الملك السعيد أن بنت الملك قالت لأبيها أن زوجي جاءه مكتوبٌ من أتباعه مضمونه: أن العرب منعونا عن الطريق وهذا سبب تأخيرنا عنك وقد أخذوا منا مائتي حمل وقتلوا منا خمسين مملوكاً فما بلغه الخبر قال: خيبهم الله كيف يتحاربون لأجل مائتي حمل بضاعة وما مقدار مائتي حمل فما كان ينبغي لهم أن يتأخروا من أجل ذلك فأن قيمة المائتي حمل سبعة آلاف دينارٍ ولكن ينبغي أن أروح إليهم وأستعجلهم والذي أخذه العرب لا تنقص به الحملة ولا يؤثر عندي شيئاً وأقدر أني تصدقت به عليهم ثم نزل من عندي ضاحكاً ولم يغتم على ما ضاع من ماله ولا على قتل مماليكه ولم نزل نظرت من شباك القصر فرأيت العشرة مماليك الذين أتوا له بالكتاب كأنهم الأقمار كل واحدٍ منهم لابس بدلة تساوي ألف دينارٍ وليس عند أبي مملوك يشبه واحداً منهم. ثم توجه مع المماليك الذين جاؤوا له بالمكتوب ليجيء بحملته والحمد لله الذي منعني أن أذكر له شيئاً من هذا الكلام الذي أمرتني به فأنه كان يستهزئ بي وبك وربما كان يراني بعين النقص ويبغضني ولكن العيب كله من وزيرك الذي يتكلم في حق زوجي كلاماً لا يليق به فقال الملك: يا بنتي أن مال زوجك كثير ولا يفكر في ذلك ومن يوم دخل بلادنا وهو يتصدق على الفقراء وأن شاء الله عن قريبٍ يأتي بالحملة ويحصل لنا منه خيرٌ كثيرٌ وصار يأخذ بخاطرها ويوبخ الوزير وانطلت عليه الخيانة هذا ما كان من أمر الملك. وأما ما كان من أمر التاجر معروف فأنه ركب الجواد وسار في البر الأقفر وهو متحير لا يدري إلى أي البلاد يروح وصار من ألم الفراق ينوح وقاسى الوجد واللوعات. فلما فرغ من كلامه بكى بكاءً شديداً وقد انسدت الطرقات في وجهه وأختار الممات على الحياة ثم أنه مشى كالسكران من شدة حيرته ولم يزل سائراً إلى وقت الظهر حتى أقبل على بلدةٍ صغيرةٍ فرأى رجلاً حراثاً قريباً منه يحرث على ثورين وكان قد اشتد به الجوع فقصد الحراث وقال له: السلام عليكم فرد عليه السلام وقال: مرحباً بك يا سيدي هل أنت من مماليك السلطان قال: نعم قال: انزل عندي للضيافة فعرف أنه من الأجاويد فقال له: يا أخي ما أنا ناظرٌ عندك شيئاً حتى تطعمني إياه فكيف تعزم علي فقال الحراث: يا سيدي الخير موجودٌ أنزل أنت وها هي البلدة قريبةٌ وأنا ذاهب وآتي لك بغداءٍ وعليق لحصانك قال: حيث كانت البلدة قريبةٌ فأنا أصل إليها في مقدار ما تصل أنت إليها واشتري مرادي من السوق وآكل فقال له: يا سيدي أن البلدة صغيرةً وليس فيها سوق ولا بيع ولا شراء سألتك بالله أن تنزل عندي وتجبر بخاطري وأنا ذاهب إليها وأرجع إليك بسرعةٍ فنزل ثم أن الفلاح تركه وراح البلد ليجيء له بالغداء فقعد معروف

ينتظره ثم قال في نفسه: أنا شغلنا هذا الرجل المسكين عن شغله ولكن أنا أقوم وأحرث عوضاً عنه حتى يأتي في نظير عوقته عن شغله ثم أخذ المحراث وساق الثيران فحرث قليلاً وعثر المحراث في شيءٍ فوقعت البهائم فساقها فلم تقدر على المشي فنظر إلى المحراث فرآه مشبوكاً في حلقةٍ من الذهب فكشف عنها التراب فوجد تلك الحلقة في وسط حجرٍ من المرمر قدر قاعدة الطاحون فعالج فيه حتى قلعه من مكانه فبان من تحته طبق بسلالم أفنزل في تلك السلالم فرأى مكاناً مثل الحمام بأربعة لواوين الليوان الأول ملآن من الأرض إلى السقف بالذهب والليوان الثاني ملآن زمرداً ولؤلؤاً ومرجاناً من الأرض إلى السقف والليوان الثالث ملآن ياقوتاً وبلخشاً وفيروزاً والليوان الرابع ملآن بالماس ونفيس المعادن من سائر أصناف الجواهر وفي صدر ذلك المكان صندوقاً من البلور الصافي ملآن بالجواهر اليتيمة التي كل جوهرةٍ منها قدر الجوزة وفوق ذلك الصندوق علبةً صغيرةً قدر الليمونة وهي من الذهب. فلما رأى ذلك تعجب وفرح فرحاً شديداً وقال: يا هل ترى أي شيءٍ في هذه العلبة ثم أنه فتحها فرأى فيها خاتماً من الذهب مكتوباً عليه أسماء وطلاسم مثل دبيب النمل فدعك الخاتم وإذا بقائلٍ يقول: لبيك لبيك يا سيدي فأطلب تعط هل تريد أن تعمر بلداً وتخرب مدينةً أو تقتل ملكاً أو تحفر نهراً أو نحو ذلك فمهما طلبته فأنه قد صار بأذن الملك الجبار خالق الليل والنهار فقال له: يا مخلوق ربي من أنت ومن تكون قال: أنا خادم هذا الخاتم القائم بخدمة مالكه فمهما طلبه من الأغراض قضيته له ولا عذرٌ لي فيه يأمرني به فأني سلطانٌ على أعوانٍ من الجان وعدة عسكري اثنتان وسبعون قبيلةً كل قبيلةٍ عدتها اثنتان وسبعون ألفاً وكل واحدٍ من الألف يحكم ألف ماردٍ وكل ماردٍ يحكم على ألف عونٍ ولك عون يحكم على ألف شيطان وكل شيطان يحكم على ألف جني وكلهم من تحت طاعتي ولا يقدرون على مخالفتي وأنا مرصوداً لهذا الخاتم لا أقدر على مخالفة من ملكه وه أنت من ملكته وصرت أنا خادمك فأطلب ما شئت فأني سميعٌ لقولك مطيعٌ لأمرك وإذا احتجت إلي في أي وقتٍ في البر والبحر فادعك الخاتم تجدني عندك وإياك أن تدعكه مارتين متواليتين فتحرقني بنار الأسماء وتعدمني وتندم علي بعد وأدرك شهرزاد الصباح فسكتت عن الكلام المباح.

وفي الليلة الثالثة والتسعين بعد التسعمائة قالت: بلغني أيها الملك السعيد أن خادم هذا الخاتم لما أخبر معروفاً بأحواله قال معروف: ما اسمك قال: اسمي أبو السعادات فقال له: يا أبا السعادات ما هذا المكان ومن أرصد في هذه العلبة قال له: يا سيدي هذا المكان كنزٌ يقال له كنز شداد بن عاد الذي عمر أرم ذات العماد

التي لم يخلق مثلها في البلاد وأنا كنت خادمه في حياته وهذا خاتمه وقد وضعه في كنزه ولكنه نصيبك فقال له معروف: هل تقدر أن تخرج ما في هذا الكنز على وجه الأرض قال: نعم أسهل ما يكون قال: أخرج جميع ما فيه ولا تبق منه شيئاً فأشار بيده إلى الأرض فانشقت ثم نزل وغاب مدةً لطيفةً وإذا بغلمانٍ صغارٍ زرافٍ بوجوهٍ حسانٍ قد خرجوا وهم حاملون مشناتٍ من الذهب وتلك المشنات ممتلئةٌ ذهباً وفرغوها ثم راحوا وجاؤوا بغيرها وما زالوا ينقلون من الذهب والجواهر فلم تمض ساعةً حتى قالوا: ما بقي في الكنز شيءٌ ثم طلع له أبو السعادات وقال له: يا سيدي قد رأيت أن جميع ما في الكنز قد نقلناه فقال له: ما هذه الأولاد الحسان قال: هؤلاء أولادي لأن هذه الشغلة لا تستحق أن أجمع لها الأعوان وأولادي قضوا حاجتك وتشرفوا بخدمتك فاطلب ما تريد غير هذا قال له: هل تقدر أن تجيء لي ببغالٍ وصناديقٍ وتحط هذه الأموال في الصناديق وتحمل الصناديق على البغال قال: هذا أسهل ما يكون. ثم أنه زعق زعقةً عظيمةً فحضر أولاده بين يديه وكانوا ثمانمائة فقال لهم: لينقلب بعضكم في صورة البغال وبعضكم في صورة المماليك الحسان الذين أقل من فيهم لا يوجد مثله عند ملك الملوك وبعضكم في صورة المكارية وبعضكم في صورة الخدامين ففعلوا كما أمرهم ثم صاح على الأعوان فحضروا بين يديه فأمرهم أن ينقلب بعضهم في صورة الخيل المسرجة بسروج الذهب المرصع بالجواهر. فلما رأى معروف ذلك قال: أين الصناديق فأحضروها بين يديه قال: عبوا الذهب والمعادن كل صنفٍ وحده فعبوها وحملوها على ثلثمائة بغلٍ فقال معروف: يا أبا السعادات هل تقدر أن تجيء لي بأحمالٍ من نفيس القماش قال: أتريد قماشاً مصرياً أو شامياً أو عجمياً أو هندياً قال: هات لي من قماش كل بلدةٍ مائة حملٍ على مائة بغلٍ قال: يا سيدي أعطني مهلةً حتى أرتب أعواني بذلك أو آمر كل طائفةٍ أن تروح إلى بلدٍ لتجيء بمائة حملٍ من قماشها وينقلب الأعوان في صورة البغال ويأتون حاملين البضائع قال: ما قدر زمن المهلة قال: مدة سواد الليل فلا يطلع النهار إلا وعندك جميع ما تريد قال: أمهلك هذه المدة ثم أمرهم أن ينصبوا له خيمةً فنصبوها وجلس وجاؤوا له بسماطٍ وقال له أبو السعادات: يا سيدي اجلس في الخيمة وهؤلاء أولادي بين يديك يحرسونك ولا تخشى من شيء وأنا ذاهب أجمع أعواني وأرسلهم ليقضوا حاجتك. ثم ذهب أبو السعادت إلى حال سبيله وجلس معروف في الخيمة والسماط قدامه وأولاد أبي السعادات بين يديه في صورة المماليك والخدم والحشم فبينما هو جالسٌ على تلك الحالة وإذا بالرجل الفلاح قد أقبل وهو حاملٌ قصعة عدسٍ كبيرةٍ ومخلاةٍ ممتلئةٍ شعيراً فرأى الخيمة منصوبة

والمماليك واقفةٌ وأيديهم على صدورهم فظن أنه السلطان أتى ونزل في ذلك المكان فوقف باهتا وقال في نفسه: يا ليتني كنت ذبحت فرختين وحمرتهما بالسمن البقري من شأن السلطان. وأراد أن يرجع ليذبح فرختين يضيف بهما السلطان فرآه معروف فزعق عليه وقال للمماليك: أحضروه فحملوه هو وقصعة العدس وأثوابهما قدامه فقال له: ما هذا قال: هذا غذاؤك وعليق حصانك فلا تؤاخذني فأني ما كنت أظن أن السلطان يأتي إلى هذا المكان ولو علمت بذلك كنت ذبحت له فرختين وضيفته ضيافةً مليحةً فقال له معروف: أن السلطان لم يجيء وإنما أنا نسيبه وكنت مغبوناً منه وقد أرسل إلى مماليكه فصالحوني وأنا الآن أريد أن أرجع إلى المدينة وأنت قد عملت لي هذه الضيافة على غير معرفةٍ وضيافتك مقبولة ولو كانت عدساً فأنا ما آكل إلا من ضيافتك. ثم أمره بوضع القصعة في وسط السماط وأكل منها حتى أكتفي وأما الفلاح فأنه ملآ بطنه من تلك الألوان الطيبة ثم أن معروفاً غسل يديه وأذن للمماليك في أكل فنزلوا على بقية السماط وأكلوا ولما فرغت القصعة ملآها ذهبا وقال له: أوصلها إلى منزلك وتعال عندي في المدينة وأنا أكرمك فتناول القصعة ملآنةً ذهباً وساق الثيران وذهب إلى بلده وهو يظن أنه نسيب الملك. وبات معروفاً تلك الليلة في أنسٍ وصفاءٍ وجاؤوا له ببناتٍ من عرائس الكنوز فدقوا آلات الطرب ورقصوا قدامه وقضى ليلته وكانت تعد من الأعمار. فلما أصبح الصباح لم يشعرا إلا والغبار قد علا وطار وانكشف عن بغالٍ حاملةٍ أحمالاً وهي سبعمائة بغلٍ حاملةً أقمشةً وحولها غلمانٌ مكاريةٌ وعكامةٌ وضويةٌ وأبو السعادات راكبٌ على بغلةٍ وهو في صورة مقدم الحملة وقدامه تختروان له أربع عساكر من الذهب الوهاج مرصعةً بالجواهر. فلما وصل إلى الخيمة نزل من فوق ظهر البغلة وقبل الأرض وقال: يا سيدي أن الحاجة قضيت بالتمام والكمال وهذا التختروان فيه بدلةً كنوزيةً لا مثيل لها من ملابس الملوك فألبسها وأركب في التختروان وأأمرنا بما تريد. فقال له أبو السعادات: مرادي أن أكتب لك كتاباً تروح به إلى مدينة خيتان أختن وتدخل على عمي الملك ولا تدخل عليه إلا في صورة ساعٍ أنيسٍ فقال له سمعاً وطاعةً. فكتب كتاباً وختمه فتناوله أبو السعادات وذهب به حتى وصل إلى الملك فرآه يقول: يا وزيري أن قلبي على نسيبي وأخاف أن يقتله العرب يا ليتني كنت أعرف أين ذهب حتى كنت أتبعه بالعسكر ويا ليته كان قد أعلمني بذلك قبل الذهاب. فقال له الوزير: الله تعالى يلطف بك على هذه الغفلة التي أنت فيها وحياة رأسك أن الرجل عرف أننا انتبهنا له فخاف من الفضيحة وهرب وما هو إلا كذابٌ نصابٌ وإذا بالساعي داخلٌ فقبل الأرض بين يدي الملك ودعا له بدوام العز والنعم والبقاء فقال له

الملك: من أنت وما حاجتك فقال له: أنا ساعٍ أرسلني إليك نسيبك وهو مقبل بالحملة وقد أرسل معي كتاباً وها هو فأخذه وقرأه فرأى فيه: وأدرك شهرزاد الصباح فسكتت عن الكلام المباح.

وفي الليلة الرابعة والتسعين بعد التسعمائة قالت: بلغني أيها الملك السعيد أن الملك أخذ الكتاب وقرأه وفهم رموزه ومعناه فرأى فيه: من بعد مزيد السلام على عمنا الملك العزيز فأني جئت بالحملة فأطلع وقابلني بالعسكر فقال الملك: سود الله وجهك يا وزير كم تقدح في عرض نسيبي وتجعله كذاباً نصاباً وقد أتى بالحملة فما أنت إلا خائنٌ. فأطرق الوزير رأسه على الأرض حياءً وخجلاً وقال: يا ملك الزمان أنا ما قلت هذا الكلام إلا لطول غياب الحملة وكنت خائفاً على ضياع المال الذي صرفه فقال له الملك: يا خائن أي شيءٍ أموالي حيثما أتت الحملة فأنه يعطيني عوضا عنها شيئاً كثيراً. ثم أمر الملك بزينة المدينة وذهب إلى ابنته وقال لها: لك البشارة أن زوجك عن قريبٍ يجيء بحملته وقد أرسل مكتوباً بذلك وها أنا طالعٌ لملاقاته. فتعجبت البنت من هذه الحالة وقالت في نفسها: إن هذا شيءٌ عجيبٌ هل كان يهزأ بي ويتمسخر علي أو كان يختبرني حين أفادني بأنه فقيرٌ ولكن الحمد لله حيث لم يقع في حقة تقصيراً. وأما ما كان من أمر التاجر المصري فأنه لما رأى الزينة سأل عن سبب ذلك فقالوا له: أن التاجر معروف نسيب الملك قد أتت حملته فقال: الله أكبر ما هذه الداهية أنه قد أتاني هارباً من زوجته وكان فقيراً فمن أين جاءت له حملة ولكن لعل بنت الملك دبرت له حيلةً خوفاً من الفضيحة والملوك لا يعجزون عن شيء فالله وأدرك شهرزاد الصباح فسكتت عن الكلام المباح.

وفي الليلة الخامسة والتسعين بعد التسعمائة قالت: بلغني أيها الملك السعيد أن التاجر علياً لما سأل عن الزينة أخبروه بحقيقة الحال فدعا له وقال: الله يستره ولا يفضحه وسائر التجار فرحوا وانسروا لأجل أخذ أموالهم ثم أن الملك أمر بجمع العسكر وطلع وكان أبو السعادات قد رجع إلى معروفٍ وأعلمه بأنه بلغ الرسالة فقال له معروف: حملوا فحملوا ولبس البدلة الكنوزية وركب التختروان وصار أعظم وأهيب من الملك بألف مرةٍ ومشى إلى نصف الطريق وإذا بالملك قابله بالعسكر فلما وصل إليه رآه لابساً تلك البدلة وراكباً في التختروان حياه بالسلام وجميع أكابر الدولة سلموا عليه وبأن معروفاً صادق ولا ثم أن التاجر علياً قال له: قد عملت هذه العملة وطلعت يا شيخ النصابين ولكن يستاهل فالله تعالى يزيدك من فضله فضحك معروف ولما دخل السرايا قعد على الكرسي وقال: ادخلوا

حمال الذهب في خزانة عمي الملك وهاتوا أحمال الأقمشة فقدموها وصار يفتحونها حملاً بعد حملٍ ويخرجون ما فيها حتى فتحوا السبعمائة حمل فنقى أطيبها وقال: أدخلوه للملكة لتعرفه على جواريها وخذوا هذا الصندوق والجواهر وأدخلوه لها لتفرقه على الجواري والخدم وصار يعطي التجار الذين لهم عليه دينٌ من الأقمشة في نظير ديونهم والذي له ألف يعطيه قماشاً يساوي ألفين أو أكثر وبعد ذلك صار يفرق على الفقراء والمساكين والملك ينظر بعينيه ولا يقدر أن يعترض عليه ولم يزل يعطي ويهب حتى فرق السبعمائة حمل ثم التفت إلى العسكر وجعل يفرق عليهم معادن وزمردا ويواقيت ولؤلؤاً ومرجاناً وصار لا يعطي الجواهر إلا بالكبشة من غير عددٍ. فقال له الملك: يا ولدي يكفي هذا العطاء لأنه لم يبق من الحملة إلا القليل فقال له: عندي كثيرٌ وأشتهر صدقه وما بقي يقدر أن يكذبه وصار لا يبالي بالعطاء لأن الخادم يحضر له مهما طلب ثم أن الخازندار أتى للملك وقال له: يا ملك أن الخزينة امتلأت وصارت لا تسع بقية الأحمال وما بقي من الذهب والمعادن أين نضعه فأشار له إلى مكانٍ آخر: ولما رأت زوجته هذه الحالة ازداد فرحها وصارت متعجبةً وتقول في نفسها: يا هل ترى من أين جاء له كل هذا الخير وكذلك التجار فرحوا بما أعطاهم ودعوا له: وأما التاجر علي فأنه صار متعجباً ويقول في نفسه: يا ترى كيف نصب وكذب حتى ملك هذه الخزائن كلها فأنها لو كانت من عند بنت الملك ما كان يفرقها على الفقراء. هذا ما كان من أمره. وأما ما كان من أمر الملك فأنه تعجب غاية العجب مما رأى من معروف ومن كرمه وسخائه ببذل المال ثم بعد ذلك دخل على زوجته فقابلته وهي مبتسمةٌ ضاحكةٌ فرحانةٌ وقبلت يده وقالت: هل كنت تتمسخر علي أو كنت تجربني بقولك أنا فقيرٌ وهاربٌ من زوجتي والحمد لله حيث لم يقع مني في حقك تقصيرٌ وأنت يا حبيبي وما عندي أعز منك سواءٌ كنت غنياً أو فقيراً وأريد أن تخبرني ما قصدت بهذا الكلام قال: أردت تجريبك حتى أنظر هل محبتك خالصةٌ أو على شأن المال وطمع الدنيا فظهر لي أن محبتك خالصةٌ وحيث أنك صادقةٌ في المحبة فمرحباً بك وقد عرفت قيمتك ثم أنه اختلى في مكان وحده ودعك الخاتم فحضر له أبو السعادات وقال له: لبيك فأطلب ما تريد قال: أريد منك بدلةً كنوزية لزوجتي وحلياً كنوزياً مشتملاً على عقد فيه أربعون جوهرةً يتيمةً قال: سمعاً وطاعةً ثم أحضر له ما أمره به فحمل البدلة والحلي بعد أن صرف الخادم ثم دخل على زوجته ووضعهما بين يديها وقال لها: خذي وألبسي فمرحباً بك. وأدرك شهرزاد الصباح فسكتت عن الكلام المباح.

وفي الليلة السادسة والتسعين بعد التسعمائة قالت: بلغني أيها الملك السعيد أن التاجر معروف قال لزوجته: مرحباً بك فلما نظرت إلى ذلك طار عقلها من فرحتها ورأت من جملة الحلي خلخالين من الذهب مرصعين بالجواهر صنعة الكهنة وأساور وحلقاً وحزاماً لا يتقدم بثمنها أموال فلبست البدلة والحلي ثم قالت: يا سيدي مرادي أن أدخرها للمواسم والأعياد قال: ألبسيها دائماً فأن عندي غيرها كثيراً فلما لبستها ونظرانها الجواري فرحن وقبلن يديه فتركهن واختلى بنفسه ثم دعك الخاتم فحضر له الخادم فقال له: هات لي مائة بدلةٍ بمصاغها فقال سمعاً وطاعةً ثم أحضر البدلات وكل بدلةٍ مصاغها في قلبها وأخذها وزعق على الجواري فأتين إليه فأعطى ثم أن بعض الجواري أخبر الملك بذلك فدخل على ابنته فرآها هي وجواريها فتعجب من ذلك غاية العجب ثم خرج وأحضر وزيره وقال له: يا وزير أيه حصل كذا وكذا فما تقول في هذا الأمر قال: يا ملك الزمان إن هذه الحالة لا تقع من التجارة لأن التاجر تقعد عنده القطع الكتان سنين ولا يبيعها إلا بمكسب فمن أين للتجار قوم كرمٌ مثل هذا الكرم ومن أين لهم أن يحوزوا مثل هذه الأموال والجواهر التي لا يوجد منها عند الملوك إلا قليل فكيف يوجد عند التجار منها أجمل فهذا لا بد له من سبب ولكن إن طاوعتني أبين لك حقيقة الأمر فقال له: أطاوعك يا وزير فقال له: اجتمع عليه وواده وتحدث معه وقل له: يا نسيبي في خاطري أن أروح أنا وأنت والوزير من غير زيادة بستاناً لأجل النزهة فإذا خرجنا إلى البستان نحط سفرة المدام وأغصب عليه واسقه ومتى شرب المدام ضاع عقله وغاب رشده فنسأله عن حقيقة أمره فأنه يخبرنا بأسراره والمدام فضاح. ومتى أخبرنا بحقيقة الأمر فأننا نطلع على حاله ونفعل به ما نحب ونختار منك فقال له الملك: صدقت. وأدرك شهرزاد الصباح فسكتت عن الكلام المباح.

وفي الليلة السابعة والتسعين بعد التسعمائة قالت: بلغني أيها الملك السعيد أن الوزير لما دبر للملك هذا التدبير قال له: صدقت وباتا متفقين على هذا الأمر. فلما أصبح الصباح خرج الملك إلى المقعد وجلس وإذا بالخدامين والسياس دخلوا عليه مكروبين فقال لهم: ما الذي أصابكم قالوا: يا ملك الزمان أن السياس غروا الخيل وعلقوا عليها وعلى البغال وفتشنا الإصطبلات فما رأينا خيلاً ولا بغالاً ودخلنا محل المماليك فلم نر فيه أحدٌ ولم نعرف كيف هربوا فتعجب الملك من ذلك لأنه ظن أن الأعوان كانوا خيلاً وبغالاً ومماليك ولم يعلم أنهم كانوا أعوان خادم الرصد فقال لهم: يا ملاعين ألف دابة وخمسمائة مملوك وغيرهم من الخدام كيف هربوا ولم تشعروا بهم فقالوا: ما عرفنا كيف جرى لنا حتى هربوا

فقالوا: انصرفوا حتى يخرج سيدكم من الحريم وأخبروه بذلك. وقد خرجوا من قدام الملك وجلسوا متحيرين. فبينما هم جالسون على تلك الحالة وإذا بمعروف قد خرج من الحريم فرآهم مغتمين فقال لهم: ما الخبر فأخبروه بما حصل فقال: وما قيمتهم حتى تغتموا عليهم امضوا إلى حال سبيلكم وقعد يضحك ولم يغتظ ولم يغتم من هذا الأمر. فنظر الملك في وجه الوزير وقال له: أي شيءٍ هذا الرجل الذي ليس للمال عنده قيمة فلا بد يا نسيبي خاطري أروح أنا وأنت والوزير بستاناً لأجل النزهة فما تقول قال: لا بأس ثم أنهم ذهبوا وتوجهوا إلى بستان فيه من كل فاكهةٍ زوجان أنهاره دافقةٌ وأشجاره باسقةٌ وأطياره ناطقةٌ ودخلوا في قصرٍ يزيل عن القلوب الحزن وجلسوا يتحدثون والوزير يحكي غريب الحكايات ويأتي بالنكت المضحكات والألفاظ المطربات ومعروف مصغٍ إلى الحديث حتى طلع الغداء وحطوا سفرة الطعام وباطية المدام وبعد أن أكلوا وغسلوا أيديهم ملأ الوزير الكأس وأعطاه للملك فشربه وملأ الثاني وقال لمعروف: هاك كأس الشرب الذي تخضع لهيبته أعناق ذوي الألباب فقال معروف: ما لهذا يا وزير قال الوزير: هذه البكر الشمطاء والعانس العذراء ومهدية السرور إلى السرائر وما زال يرغبه في الشراب ويذكر له محاسنه ما استطاب وينشده ما ورد فيه من الأشعار ولطائف حتى مال إلى ارتشاف ثغر القدح ولم يبق غيرها مقترح. وما زال يملأ له وهو يشرب ويستلذ ويطرب حتى غاب عن صوابه ولم يميز خطأه من صوابه فلما علم أن السكر بلغ به الغاية وتجاوز النهاية قال له: يا تاجر معروف والله إني متعجبٌ من أين وصلت إليك هذه الجوهرة التي لا يوجد مثلها عند الملوك الأكاسرة إلا وعمرنا ما رأينا تاجراً حاز أموالاً كثيرة مثلك ولا أكرم منك فإن فعالك أفعال ملوك وليست أفعال تجار فبالله عليك فقال له معروف: أنا لم أكن تاجراً ولا من أولاد الملوك. وأخبره بحكايته من أولها إلى آخرها. فقال له: بالله عليك يا سيدي معروف أن تفرجني على هذا الخاتم حتى ننظر كيف صنعته فقلع الخاتم وهو في حال سكره وقال خذوا تفرجوا عليه. فأخذه الوزير وقلبه وقال: هل إذا دعكته يحضر الخادم قال: نعم ادعكه يحضر لك وتفرج عليه فدعكه وإذا بقائلٍ يقول: لبيك يا سيدي اطلب تعط هل تخرب مدينة أو تعمر مدينة أو تقتل ملكاً فمهما طلبته فأني أفعله لك من غير خلاف. فأشار الوزير إلى معروف وقال للخادم احمل هذا الخادم ثم أرمه في أوحش الأراضي الخراب حتى لا يجد فيها ما يأكل ولا ماء يشرب فيهلك من الجوع كمداً ولا يدر به أحداً. فخطفه الخادم وطار به بين السماء والأرض. فلما رأى معروف ذلك أيقن بالهلاك وسوء الإرتباك فبكى وقال: يا أبا السعادات إلى أين أنت رائح بي فقال له: أنا رائح أرميك في الربع

الخراب يا قليل الأدب من يملك رصداً مثل هذا ويعطيه للناس يتفرجون عليه لكن تستاهل ما حل بك ولولا أني أخاف الله لرميتك من مسافة ألف قامة فلا تصل إلى الأرض حتى تمزقك الرياح. فسكت وصار لا يخاطبه حتى وصل به إلى الربع الخراب ورماه هناك ورجع وخلاه في الأرض الموحشة. هذا ما كان من أمره. وأما ما كان من أمر الوزير فأنه لما ملك الخاتم قال للملك: كيف رأيت أما قلت لك إن هذا كذابٌ نصابٌ ما كنت تصدقني فقال له: الحق معك يا وزير الله يعطيك العافية هات الخاتم حتى أتفرج عليه. فالتفت الوزير بالغضب وبصق في وجهه وقال له: يا قليل العقل كيف أعطيه لك وأبقى خدامك بعد أن صرت سيدك ولكن أنا ما بقيت أبقيك ثم دعك الخاتم فحضر الخادم فقال له: احمل هذا القليل الأدب وارمه في المكان الذي رميت فيه نسيبه النصاب. فحمله وطار به فقال له الملك يا مخلوق ربي أي شيءٍ ذنبي فقال له الخادم: لا أدري وإنما أمرني سيدي بذلك وأنا لا أقدر أن أخالف من ملك الخاتم هذا الرصد ولم يزل طائراً به حتى رماه في المكان الذي فيه معروف ثم رجع وتركه هناك. فسمع معروفاً يبكي فأتى له وأخبره بحاله وقعدا يبكيان على ما أصابهما ولم يجدا أكلاً ولا شرباً هذا ما كان من أمرهما. وأما ما كان من أمر الوزير فأنه بعدما شتت معروفاً والملك قام وخرج من البستان وأرسل إلى جميع العسكر وعمل ديواناً وأخبرهم بما فعل مع معروف والملك وأخبرهم بقصة الخاتم وقال لهم: إن لم تجعلوني سلطاناً عليكم أمرت خادم الخاتم أن يحملكم جميعاً ويرميكم في الربع الخراب فتموتوا جوعاً وعطشاً. فقالوا له لا تفعل معنا ضرراً فأننا قد رضينا بك سلطاناً علينا ولا نعصي لك أمراً. ثم أنهم اتفقوا على سلطنته عليهم قهراً عنهم وخلع عليهم الخلع وصار يطلب من أبي السعادات كل ما أراده فيحضر بين يديه في الحال ثم أنه جلس على الكرسي وأطاعه العسكر وأرسل إلى بنت الملك يقول لها حضري روحك فأني داخلٌ عليك في هذه الليلة لأني مشتاقٌ إليك فبكت وصعب عليها أبوها وزوجها ثم أنها أرسلت تقول أمهلني حتى تنقضي العدة ثم اكتب كتابي وادخل علي في الحلال فأرسل يقول لها: أنا لا أعرف عدة ولا طول مدة ولا أحتاج إلى كتاب ولا أعرف حلالاً من حرام ولا بد من دخولي عليك في هذه الليلة فأرسلت تقول له مرحباً بك ولا بأس بذلك وكان ذلك مكر منها فلما رجع له الجواب فرح وانشرح صدره لأنه كان مغرماً بحبها ثم أمر بوضع الأطعمة بين جميع الناس وقال كلوا هذا الطعام فإنه وليمة الفرح فأني أريد الدخول على الملكة في هذه الليلة فقال شيخ الإسلام لا يحل لك الدخول عليها حتى تنقضي عدتها وتكتب كتابك عليها فقال له: أنا لا أعرف عدةً ولا مدةً فلا تكثر علي كلاماً فسكت شيخ الإسلام وخاف من شره وقال

للعسكر: إن هذا كافرٌ لا دينٌ له ولا مذهب. فلما جاء المساء دخل عليها فرأها لابسةً آخر ما عندها من الثياب وهي ضاحكة وقالت له ليلة مباركة. وأدرك شهرزاد الصباح فسكتت عن الكلام المباح.

وفي الليلة الثامنة والتسعين بعد التسعمائة قالت: بلغني أيها الملك السعيد أن بنت الملك قابلت الوزير وقالت له مرحباً بك ولو كنت قتلت أبي وزوجي لكان أحسن عندي فقال لها لا بد أن أقتلهما فأجلسته وصارت تمازحه حتى تظفر بالخاتم وتبدل فرحه بالنكد على ما ناصبته وما فعلت معه هذه الفعال. فلما رأى الملاطفة والإبتسام هاج عليه الغرام وطلب منها الوصال فلما دنا منها تباعدت عنه وبكت وقالت يا سيدي أما ترى الرجل الناظر إلينا بالله عليك أن تسترني عن عينه فكيف تواصلني وهو ينظر إلينا فاغتاظ وقال: أين الرجل قالت ها هو في فص الخاتم يطلع رأسه وينظر إلينا فظن أن خادم الخاتم ينظر إليهما فضحك وقال لا تخافي إن هذا خادم وهو تحت طاعتي قالت أنا أخاف من العفاريت فاقلعه وارمه بعيداً عني فقلعه ووضعه على المخدة ودنا منها فرفسته برجلها في قلبه فانقلب على قفاه مغشياً عليه وزعقت على أتباعها فأتوها بسرعةٍ فقالت امسكوه فقبض عليه أربعون جارية وعجلت بأخذها الخاتم من فوق المخدة ودعكته وإذا بأبي السعادات أقبل يقول لبيك يا سيدتي فقالت احمل هذا الكافر وضعه في السجن وثقل قيوده فأخذه وسجنه في سجن الغضب ورجع وقال لها: لقد سجنته فقالت له: أين أبي وزوجي قال رميتهما في الربع الخراب قالت: أمرتك أن تأتيني بهما في هذه الساعة فقال: سمعاً وطاعةً ثم طار من أمامها ولم يزل طائراً إلى أن وصل إلى الربع الخراب ونزل عليهما فرآهما قاعدين يبكيان ويشكوان لبعضهما فقال لهما لا تخافا قد أتاكما الفرج وأخبرهما بما فعل الوزير وقال لهما أني قد سجنته بيدي طاعةً لها ثم أمرتني بإرجاعكما ففرحا بخبره ثم حملهما وطار بهما فما كان غير ساعة حتى دخل بهما على بنت الملك فقامت وسلمت على أبيها وزوجها وأجلستهما وقدمت لهما الطعام والحلوى وباتا بقية الليلة. وفي ثاني يوم ألبست أباها بدلةً فاخرةً وألبست زوجها بدلةً فاخرةً وقالت يا أبت أقعد أنت على كرسيك ملكاً على ما كنت عليه أولاً واجعل زوجي وزير ميمنة عندك وأخبر عسكرك بما جرى وهات الوزير من السجن واقتله ثم احرقه فأنه كافرٌ وأراد أن يدخل علي سفاحاً من غير نكاح وشهد على نفسه أنه كافر وليس له دين يتدين به واستوص بنسيبك الذي جعلته وزير ميمنة عندك فقال سمعاً وطاعةً يا بنتي ولكن أعطيني الخاتم أو أعطيه لزوجك فقالت أنه لا يصلح لك ولا له وإنما الخاتم يكون عندي وربما أحميه أكثر منكما ومهما أردتما فاطلباه

مني وأنا أطلب لكما من خادم هذا الخاتم ولا تخشيا بأساً ما دمت أنا طيبة وبعد موتي فشأنكما والخاتم فقال أبوها هذا هو الرأي الصواب يا بنتي. ثم أخذ نسيبه وطلع إلى الديوان وكان العسكر قد باتوا في كربٍ عظيمٍ بسبب بنت الملك وما فعل معها الوزير من أنه دخل عليها سفاحاً من غير نكاح وأساء الملك ونسيبه وخافوا أن تنتهك شريعة الإسلام لأنه ظهر لهم أنه كافرٌ ثم اجتمعوا في الديوان وصاروا يعنفون شيخ الإسلام ويقولون له لماذا لم تمنعه من الدخول على الملكة سفاحاً فقال لهم: يا ناس أن الرجل كافرٌ وصار ملكاً للخاتم وأنا وأنتم لا يخرج من أيدينا في حقة شيء فالله تعالى يجازيه بفعله فاسكتوا أنتم لئلا يقتلكم. فبينما العساكر مجتمعون يتحدثون في هذا الكلام وإذ بالملك دخل عليهم في الديوان ومعه نسيبه معروف. وأدرك شهرزاد الصباح فسكتت عن الكلام المباح.

وفي الليلة التاسعة والتسعين بعد التسعمائة قالت: بلغني أيها الملك السعيد أن العساكر من شدة غيظهم جلسوا في الديوان يتحدثون بشأن الوزير وما فعل بالملك ونسيبه وبنته وإذا بالملك قدم إليهم في الديوان ومعه نسيبه معروف فلما رآته العساكر فرحوا بقدومه وقاموا له على الأقدام وقبلوا الأرض بين يديه ثم جلس على الكرسي وأفادهم بالقصة فزالت عنهم الغصة وأمر بزينة المدينة وأحضر الوزير من الحبس فلما مر العساكر صاروا يلعنونه ويوبخونه حتى وصل إلى الملك فلما تمثل بين يديه أمر بقتله أشنع قتلة ثم حرقوه وراح إلى سقر في أسوا الحالات. ثم أن الملك جعل معروفاً وزير ميمنة عنده وطابت لهم الأوقات وصفت لهم المسرات واستمروا على ذلك خمس سنوات وفي السنة السادسة مات الملك فجعلت بنت الملك زوجها سلطاناً مكان أبيها ولم تعطه الخاتم وكانت في هذه المدة حملت منه ووضعت غلاماً بديع الجمال بارع الحسن والكمال ولم يزل في حجر الدادات حتى بلغ من العمر خمس سنوات فمرضت أمه مرض الموت فأحضرت معروفاً وقالت له أنا مريضة قال لها: سلامتك يا حبيبة قلبي قالت له ربما أموت فلا تحتاج إلى أن أوصيك على ولدك إنما أوصيك بحفظ الخاتم خوفاً عليك وعلى هذا الغلام فقال: ما على من يحفظه بأس فقلعت الخاتم وأعطته له وفي ثاني يومٍ توفيت إلى رحمة الله تعالى وأقام معروف ملكاً وصار يتعاطى الأحكام. فاتفق له في بعض الأيام أنه نفض المنديل فانفضت العساكر من قدامه إلى أماكنهم ووصل هو إلى قاعة الجلوس وجلس فيها إلى أن مضى النهار وأقبل الليل بالإعتكار فجاء إليه أرباب منادمته من الأكابر على عادتهم وسهروا عنده من أجل البسط والإنشرح إلى نصف الليل ثم طلبوا الإجازة بالإنصراف فأذن لهم وبعد ذلك جاءت إليه جاريةٌ كانت مقيدة بخدمة فراشه ففرشت له المرتبة

وقلعته البدلة وألبسته بدلة النوم واضطجع فصارت تكبس قدميه حتى غلب عليه النوم فذهبت من عنده وراحت إلى مرقدها ونامت هذا ما كان من أمرها. وأما ما كان من أمر الملك معروف فأنه بينما كان نائماً لم يشعر إلا وشيءٍ بجانبه في الفراش فانتبه مرعوباً وقال أعوذ بالله من الشيطان الرجيم ثم فتح عينيه فرأى بجانبه امرأة قبيحة المنظر فقال لها من أنت قالت لا تخف أنا زوجتك فاطمة العرة فنظر في وجهها فعرفها بمسخة صورتها وطول أنيابها وقال: من أين وصلت علي ومن جاء بك إلى هذه البلاد فقالت له: في أي بلاد أنت في هذه الساعة قال: في مدينة خيتان أختن وأنت متى فارقت مصر قالت: في هذه الساعة: قال: وكيف ذلك قالت: لما تشاجرت معك وأغواني الشيطان على ضررك واشتكيتك إلى الحكام ففتشوا عليك فما وجدوك وسأل القضاة عنك فما رأوك بعد أن مضى يومان لحقتني الندامة وعلمت أن العيب عندي وصار الندم لا ينفعني وقعدت مدة أيامٍ وأنا أبكي على فراقك وقل ما في يدي واحتجت إلى السؤال فصرت أسأل كل مغبونٍ وممقوتٍ ومن حين فارقتني وأنا آكل من ذل السؤال وصرت في أسوأ الأحوال وكل ليلةٍ أقعد أبكي على فراقك وعلى ما قاسيت بعد غيابك من الذل والهوان والتعاسة والخسران وصارت تحدثه بما جرى لها وهو باهت فيها إلى أن قالت: وفي الأمس درت طول النهار أسأل فلم يعطني أحد شيئاً وصرت كلما أقبل على أحد واسأله كسرة يشتمني ولا يعطيني شيئاً فلما أقبل الليل بت من غير عشاء فأحرقني الجوع وصعب علي ما قاسيت وقعدت أبكي وإذا بشخصٍ تصور قدامي وقال لي: يا امرأة لأي شيءٍ تبكين فقلت: أنه كان لي زوجٌ يصرف علي ويقضي أغراضي وقد فقد مني ولم أعرف أين راح وقد قاسيت الغلب من بعده فقال: ما اسم زوجك قلت: اسمه معروف قال: أنا أعرفه اعلمي أن زوجك الآن سلطاناً على مدينة وإن شئت أن أوصلك إليه أفعل ذلك فقلت له: أنا في عرضك أن توصلني إليه فحملني وطار بي بين السماء والأرض حتى أوصلني إلى هذا القصر. وأدرك شهرزاد الصباح فسكتت عن الكلام المباح.

وفي الليلة الألف قالت: بلغني أيها الملك السعيد أن فاطمة العرة قالت لمعروف: أن ذلك المارد أتى بي إلى هذا القصر وقال لي: ادخلي في هذه الحجرة تري زوجك نائماً على السرير فدخلت فرأيتك في هذه السيادة وأنا ما كان أملي أنك تفوتني وأنا رفيقتك والحمد لله الذي جمعني عليك فقال لها: هل أنا فتك أو أنت التي فتنيني وأنت تشكيني من قاضٍ إلى قاضٍ وختمت ذلك بشكايتي إلى الباب العالي حتى نزلت على أبا طبق من القلعة فهربت قهراً عني وصار يحكي لها على ما جرى له إلى أن صار سلطاناً وتزوج بنت الملك وأخبرها بأنها ماتت وخلف منها

ولداً وصار فقالت: والذي جرى مقدر من الله تعالى وقد تبت وأنا في عرضك أنك لا تفوتني ودعني آكل عندك العيش على سبيل الصدقة ولم تزل تتواضع له حتى رق قلبه لها وقال: توبي عن الشر واقعدي عندي وليس لك إلا ما يسرك فأن عملت شيئاً من الشر أقتلك ولا أخاف من أحدٍ فلا يخطر ببالك أنك تشكيني إلى الباب العالي وينزل لي أبا طبق من القلعة فأني صرت سلطاناً والناس تخاف مني وأنا لا أخاف إلا من الله تعالى فإن معي خاتم استخدام متى دعكته يظهر لي خادم الخاتم واسمه أبو السعادات ومهما طلبته منه يأتيني به فإن كنت تريدين الذهاب إلى بلدك أعطيك ما يكفيك طول عمرك وأرسلك إلى مكانك بسرعة وأن كنت تريدين القعود عندي فإني أخلي لك قصراً وأفرشه لك من خاص الحرير وأجعل لك عشرين جاريةً تخدمك وأرتب لك المآكل الطيبة والملابس وتصيرين ملكة وتقيمين في نعيمٍ زائدٍ حتى تموتي أو أموت أنا فما تقولين في هذا الكلام قالت: أنا أريد الإقامة عندك ثم قبلت يده وتابت عن الشر فرد لها قصراً وحدها وأنعم عليها بجوارٍ وطواشيةٍ وصارت ملكة ثم أن الولد صار يروح عندها وعند أبيه فكرهت الولد لكونه ليس ابنها فلما رأى الولد منها عين الغضب والكراهية نفر منها وكرهها ثم أن معروفاً اشتغل بحب الجواري الحسان ولم يفكر في زوجته فاطمة العرة لأنها صارت عجوزاً شمطاء بصورةٍ شوهاء وسحنة معطاء أقبح من الحية الرقطاء خصوصاً وقد أساءته إساءة لا مزيد عليها وصاحب المثل يقول: الإساءة تقطع أصل المطلوب وتزرع البغضاء في أرض القلوب. ثم أن معروفاً لم يأوها الخصلة الحميدة فيها وإنما عمل معها هذا الإكرام ابتغاء مرضاة الله تعالى ثم أن دنيازاد قالت لأختها شهرزاد: ما أطيب هذه الألفاظ التي هي أشد أخذاً للقلوب من سواحر الإلحاظ وما أحسن هذه النكت الغريبة والنوادر العجيبة فقالت شهرزاد: وأين هذا مما أحدثكم به الليلة المقبلة إن عشت وأبقاني الملك. فلما أصبح الصباح وأضاء بنوره ولاح أصبح الملك منشرح الصدر ومنتظراً لبقية الحكاية وقال في نفسه: والله لا أقتلها حتى أسمع بقية حديثها ثم خرج إلى محل حكمه وطلع الوزير على عادته بالكفن تحت إبطه فمكث الملك في الحكم بين الناس طول نهاره وبعد ذلك ذهب إلى حريمه ودخل على زوجته شهرزاد بنت الوزير على جري عادته. وأدرك شهرزاد الصباح فسكتت عن الكلام المباح.

وفي الليلة الواحدة بعد الألف ذهب الملك إلى حريمه ودخل على زوجته شهرزاد بنت الوزير فقالت لها أختها دنيازاد: تممي قالت: بلغني أيها الملك السعيد أن الملك معروفاً صار لا يعتني بزوجته من أجل النكاح وإنما كان يطعمها احتساباً لوجه الله تعالى فلما رأته ممتنعاً عن وصالها ومشتغلاً بغيرها بغضته وغلبت

عليها الغيرة ووسوس لها إبليس أنها تأخذ الخاتم منه وتقتله وتعمل ملكة مكانه ثم أنها خرجت ذات ليلة من الليالي ومضت من قصرها متوجهةً إلى القصر الذي فيه زوجها الملك معروف واتفق بالأمر المقدر والقضاء المسطر أن معروفاً كان راقداً مع محظية من محاظيه ذات حسنٍ وجمالٍ وقدٍ واعتدالٍ ومن حسن تقواه كان يقلع الخاتم من إصبعه إذا أراد أن يجامع احتراماً للأسماء الشريفة التي هي مكتوباً عليها فلا يلبسه إلا على طهارة وكانت زوجته فاطمة العرة لم تخرج موضعها إلا بعد أن أحاطت علماً بأنه إذا جامع يقلع الخاتم ويجعله على المخدة حتى يطهر وكان من عادته أنه متى جامع يأمر المحظية أن تذهب من عنده خوفاً على الخاتم وإذا دخل الحمام يقفل باب القصر حتى يرجع من الحمام ويأخذ الخاتم ويلبسه وبعد ذلك كل من دخل القصر لا حرج عليه وكانت تعرف هذا الأمر كله فخرجت بالليل لأجل أن تدخل عليه في القصر وهو مستغرقٌ في النوم وتسرق هذا الخاتم بحيث لا يراها. فلما خرجت كان ابن الملك في هذه الساعة قد دخل بيت الراحة ليقضي حاجة من غير نور فقعد في الظلام على ملاقي بيت الراحة وترك الباب مفتوحاً عليه فلما خرجت من قصرها يا هل ترى لأي شيءٍ خرجت هذه الكاهنة من قصرها في جنح الظلام وأراها متوجهةٍ إلى قصر أبي فهذا الأمر لا بد له من سبب ثم أنه خرج وراءها وتبع أثرها من حيث لا تراه وكان له سيف قصير من الجوهر وكان لا يخرج إلى ديوان أبيه إلا متقلداً بذلك السيف لكونه مستعزاً به فإذا رآه أبوه يضحك عليه ويقول: ما شاء الله إن سيفك عظيمٌ يا ولدي ولكن ما نزلت به حرباً ولا قطعت به رأساً فيقول له: لا بد أن أقطع به عنقاً يكون مستحقاً للقطع فيضحك من كلامه. ولما مشى وراء زوجة أبيه سحب السيف من غلافه وتبعها حتى دخلت قصر أبيه فوقف لها على باب القصر وصار ينظر إليها فرآها وهي تفتش وتقول: أين وضع الخاتم ففهم أنها دائرةٌ على الخاتم فلم يزل صابراً عليها حتى لقيته فقالت: ها هو والتقطته وأرادت أن تخرج فاختفى خلف الباب فلما خرجت من الباب نظرت إلى الخاتم وقلبته في يدها وأرادت أن تدعكه فرفع يده بالسيف وضربها على عنقها فزعقت زعقةً واحدةً ثم وقعت مقتولة فانتبه معروف فرأى زوجته مرميةٌ ودمها سائل وابنه شاهراً سيفه في يده. فقال له: ما هذا يا ولدي قال: يا أبي كم مرة وأنت تقول لي: إن سيفك عظيمٌ ولكنك ما نزلت به حرباً ولا قطعت به رأساً وأنا أقول لك: لا بد أن أقطع به عنقاً مستحقاً للقطع وأعلمه بخبرها ثم أنه فتش على الخاتم فلم يره ولم يزل يفتش في أعضائها حتى رأى يدها منطبقة عليه فتناوله ثم قال له: أنت ولدي بلا شك أراحك الله في الدنيا والآخرة كما أرحتني من هذه

الخبيثة. ثم أن الملك معروفاً زعق على أتباعه فأتوه مسرعين فأعلمهم بما فعلت زوجته فاطمة العرة وأمرهم أن يأخذوها ويحطوها في مكانٍ إلى الصباح ففعلوا كما أمرهم ثم وكل بها جماعة من الخدام فغسلوها وكفنوها وعملوا لها مشهداً ودفنوها وما كان مجيئها من مصر إلا لترابها. ثم أن الملك معروفاً أرسل بطلب الرجل الحراث الذي كان ضيفه وهو هاربٌ فلما حضر جعله وزير ميمنته وصاحب مشورته ثم علم أن له بنتاً بديعة الحسن والجمال كريمة الخصال شريفة النسب رفيعة الحسب فتزوج بها وبعد مدة من الزمان زوج ابنه وأقاموا مدةً في أرغد عيش وصفت لهم الأوقات وطابت لهم المسرات إلى أن أتاهم هازم اللذات ومفرق الجماعات ومخرب الديار العامرات وميتم البنين والبنات.

فسبحان الحي الذي لا يموت وبيده مقاليد الملك والملكوت.

وكانت شهرزاد في هذه المدة قد أنجبت من الملك ثلاثة ذكور فلما فرغت من هذه الحكاية قامت على قدميها وقبلت الأرض بين يدي الملك وقالت له: يا ملك الزمان وفريد العصر والأوان أني جاريتك ولي ألف ليلة وليلة وأنا أحدثك بحديث تمني يا شهرزاد فصاحت على الدادات والطواشية وقالت لهم: هاتوا أولادي فجاؤوا لها بهم مسرعين وهم ثلاثة أولاد ذكور واحدٌ منهم يمشي وواحدٌ يحبي وواحدٌ يرضع فلما جاؤوا بهم وضعتهم قدام الملك وقبلت الأرض وقالت: يا ملك الزمان أن هؤلاء أولادك وقد تمنيت عليك أن تعتقني من القتل إكراماً لهؤلاء الأطفال فأنك أن قتلتني يصير هؤلاء الأطفال من غير أم ولا يجدون من يحسن تربيتهم من النساء. فعند ذلك بكى الملك وضم أولاده إلى صدره وقال: يا شهرزاد والله أني قد عفوت عنك من قبل مجيء هؤلاء الأولاد لكوني رأيتك عفيفة نقية وحرة نقية بارك الله فيك وفي أبيك وأمك وأصلك وفرعك وأشهد الله أني قد عفوت عنك من كل شيءٍ يضرك. فقبلت يديه وقدميه وفرحت فرحاً زائداً وقالت: أطال الله عمرك وزادك هيبة ووقاراً. وشاع السرور في سرايا الملك حتى انتشر في المدينة وكانت ليلة لا تعد من الأعمار ولونها أبيض من وجه النهار وأصبح الملك مسروراً وبالخير مغموراً فأرسل إلى جميع العسكر فحضروا وخلع على وزيره أبي شهرزاد خلعةً سنيةً جليلةً وقال له: سترك الله حيث زوجتني ابنتك الكريمة التي كانت سبباً لتوبتي عن قتل بنات الناس وقد رأيتها حرة نقية عفيفة ذكية ورزقني الله منها ثلاثة ذكور والحمد لله على هذه النعمة الجزيلة. ثم خلع على كافة الوزراء والأمراء وأرباب الدولة الخلع السنية وأمر بزينة المدينة ثلاثين يوماً ولم يكلف أحداً من أهل المدينة شيئاً من ماله بل جعل جميع الكلفة والمصاريف من

خزانة الملك فزينوا المدينة زينة عظيمة لم يسبق مثلها ودقت الطبول وزمرت الزمور ولعب سائر أرباب الملاعب وأجزل لهم الملك العطايا والمواهب وتصدق على الفقراء والمساكين وعم بإكرامه سائر رعيته وأهل مملكته وأقام هو ودولته في نعمة وسرور ولذة وحبور حتى أتاهم هاذم اللذات ومفرق الجماعات فسبحان من لا يفنيه تداول الأوقات ولا يعتريه شيءٌ من التغيرات ولا يشغله حال عن حال وتفرد بصفات الكمال والصلاة والسلام على إمام حضرته وخيرته من خليقته سيدنا محمد سيد الأنام ونضرع به إليه في حسن الختام

السندباد البحري

حكاية السندباد

قالت: بلغني أنه كان في زمن الخليفة أمير المؤمنين هارون الرشيد بمدينة بغداد رجل يقال له السندباد الحمال، وكان رجلاً فقير الحال يحمل تجارته على رأسه فاتفق له أنه حمل في يوم من الأيام حملة ثقيلة، وكان ذلك اليوم شديد الحر فتعب من تلك الحملة وعرق واشتد عليه الحر، فمر على باب رجل تاجر قدامه كنس ورش وهناك هواء معتدل، وكان بجانب الباب مصطبة عريضة فحط الحمال حملته على تلك المصطبة ليستريح ويشم الهواء. وأدرك شهرزاد الصباح فسكتت عن الكلام المباح.

وفي الليلة الواحدة والثلاثين بعد الخمسمائةقالت: بلغني أيها الملك السعيد أن الحمال لما ترك حملته على تلك المصطبة ليستريح ويشم الهواء خرج عليه من ذلك الباب نسيم عليل ورائحة زكية فاستلذ الحمال لذلك وجلس على جانب المصطبة فسمع في ذلك المكان نغم العود وأصوات مطربة وأنواع إنشاد معربة وسمع أيضاً أصوات طيور تناغي فتسبح الله تعالى باختلاف الأصوات وسائر اللغات من قماري وهزار وشحارير وبلابل وفاخت وكروان. فعند ذلك تعجب من نفسه وطرب طرباً شديداً فتقدم إلى ذلك فوجد داخل البيت بستاناً عظيماً. ونظر فيه غلمانا وعبيدا وخدامة وشيئاً لا يوجد إلا عند الملوك والسلاطين وبعد ذلك هبت عليه رائحة أطعمة طيبة زكية من جميع الألوان المختلفة والشراب الطيب فرفع طرفه إلى السماء وقال: سبحانك يا رب يا خالق يا رزاق ترزق من تشاء بغير حساب اللهم إني أستغفرك من جميع الذنوب وأتوب إليك من العيوب يا رب لا أعترض عليك في حكمك وقدرتك فإنك لا تسأل عما تفعل وأنت على كل شيء قدير سبحانك تغني من تشاء وتعز من تشاء وتذل من تشاء لا إله إلا أنت ما أعظم شأنك وما أقوى سلطانك وما أحسن تدبيرك قد أنعمت على من تشاء من

عبادك فهذا المكان صاحبه في غاية النعمة وهو متلذذ بالروائح اللطيفة والمآكل اللذيذه والمشارب الفاخرة في سائر الصفات وقد حكمت في خلقك بما تريد وما قدرته عليهم فمنهم تعبان ومنهم مستريح ومنهم سعيد ومنهم من هو مثلي في غاية التعب والذل وأنشد يقول: فكم من شقي بلا راحةينعم في خير فيء وظل وأصبحت في تعب زائدوأمري عجيب وقد زاد حملي وغيري سعيد بلا شقوةوما حمل الدهر يوماً كحملي وكل الخلائق من نطفةأنا مثل هذا وهذا كمثلي ولكن شتان ما بينناوشتان بين خمر وخل ولست أقول عليك افتراءفأنت حكيم حكمت بعدل فلما فرغ السندباد الحمال من شعره ونظمه أراد أن يحمل حملته ويسير إذ قد طلع عليه من ذلك الباب غلام صغير السن جميل الوجه مليح القد فاخر الملابس فقبض يد الحمال وقال له: ادخل لتكلم سيدي فإنه يدعوك فلم يرد الحمال الدخول مع الغلام فلم يقدر على ذلك فترك حملته عند الباب في وسط المكان ودخل مع الغلام داخل الدار فوجد داراً واسعة وعليها أنس ووقار ونظر إلى مجلس عظيم فنظر فيه من السادات الكرام فرأى من جميع أصناف الزهر وجميع أصناف المشموم ومن أنواع النقل والفواكه و كثير من أصناف الأطعمة النفيسة وفيه مشروب من خواص دوالي الكروم وفيه آلات الطرب من أصناف الجواري الحسان كل منهن في مرتبته على حسب الترتيب. وفي صدر ذلك المجلس رجل عظيم محترم قد بدأه الشيب في عوارضه وهو مليح الصورة حسن المنظر وعليه هيبة ووقار وعز وافتخار فعند ذلك بهت السندباد الحمال وقال في نفسه: والله إن هذا المكان من بقع الجنان أو أنه يكون قصر ملك أو سلطان ثم تأدب وسلم عليهم .... وأدرك شهرزاد الصباح فسكتت عن الكلام المباح.

وفي الليلة الثانية والثلاثين بعد الخمسمائةقالت : بلغني أيها الملك السعيد أن السندباد الحمال لما قبل الأرض بين أيديهم وقف منكس الرأس متخشع فأذن له صاحب المكان بالجلوس فجلس وقد قربه إليه وصار يؤانسه بالكلام ويرحب به ثم إنه قدم له شيئاً من أنواع الطعام المفتخر الطيب النفيس فتقدم السندباد الحمال وسمى وأكل حتى اكتفى وشبع وقال: الحمد لله على كل حال ثم إنه غسل يديه وشكرهم على ذلك. فقال صاحب المكان: مرحبا بك ونهارك مبارك فما يكون اسمك وما تعاني من الصنائع فقال له: يا سيدي اسمي السندباد الحمال وأنا أحمل على رأسي أسباب الناس بالأجرة فتبسم صاحب المكان وقال له: اعلم يا حمال أن اسمك مثل اسمي فأنا السندباد البحري ولكن يا حمال قصدي أن تسمعني الأبيات التي كنت تنشدها وأنت على الباب فاستحى الحمال وقال له: بالله عليك لا تؤاخذني فإن التعب والمشقة وقلة ما في اليد تعلم الإنسان قلة

الأدب والسفه. فقال له: لا تستحي فأنت صرت أخي فانشد هذه الأبيات فإنها أعجبتني لما سمعتها منك وأنت تنشدها على الباب فعند ذلك أنشده الحمال تلك الأبيات فأعجبته وطرب لسماعها وقال له: اعلم أن لي قصة عجيبة وسوف أخبرك بجميع ما صار لي وما جرى لي من قبل أن أصير في هذه السعادة واجلس في هذا المكان الذي تراني فيه فإني ما وصلت إلى هذه السعادة وهذا المكان إلا بعد تعب شديد ومشقة عظيمة وأهوال كثيرة وكم قاسيت في الزمن الأول من التعب والنصب وقد سافرت سبع سفرات وكل سفرة لها حكاية تحير الفكر وكل ذلك بالقضاء والقدر وليس من المكتوب مفر ولا مهروب. الحكاية الأولى من حكايات السندباد البحري وهي أول السفرات اعلموا يا سادة يا كرام أنه كان لي أب تاجر وكان من أكابر الناس والتجار وكان عنده مال كثير ونوال جزيل وقد مات وأنا ولد صغير وخلف لي مالاً وعقاراً وضياعاً فلما كبرت وضعت يدي على الجميع وقد أكلت أكلاً مليحاً وشربت شرباً مليحاً وعاشرت الشباب وتجملت بلبس الثياب ومشيت مع الخلان والأصحاب واعتقدت أن ذلك يدوم لي وينفعني ولم أزل على هذه الحالة مدة من الزمان ثم إني رجعت إلى عقلي وأفقت من غفلتي فوجدت مالي قد مال وحالي قد حال وقد ذهب جميع ما كان عندي ولم أستفق لنفسي إلا وأنا مرعوب مدهوش وقد تفكرت حكاية كنت أسمعها سابقاً وهي حكاية سيدنا سليمان بن داود عليه السلام في قوله: ثلاثة خير من ثلاثة يوم الممات خير من يوم الولادة وكلب حي خير من سبع ميت والقبر خير من القصر. ثم إني قمت وجمع ما كان عندي من أثاث وملبوس وبعته ثم بعت عقاري وجميع ما تملك يدي فجمعت ثلاثة آلاف درهم وقد خطر ببالي السفر إلى بلاد الناس وتذكرت كلام بعض الشعراء حيث قال:

بقدر الكد تكتسب المعالي ومن طلب العلا سهر الليالي يغوص

البحر من طلب اللآلئ ويحظى بالسعادة والنوال

ومن طلب العلا من غير كد أضاع العمر في طلب المحال

فعند ذلك هممت فقمت واشتريت لي بضاعة ومتاعاً وأسباباً وشيئاً من أغراض السفر وقد سمحت لي نفسي بالسفر في البحر فنزلت المركب وانحدرت إلى مدينة البصرة مع جماعة من التجار وسرنا في البحر أياماً وليالي وقد مررنا بجزيرة بعد جزيرة ومن بحر إلى بحر ومن بر إلى بر وفي كل مكان مررنا به نبيع ونشتري ونقايض بالبضائع فيه وقد انطلقنا في سير البحر إلى أن وصلنا إلى جزيرة كأنها روضة من رياض الجنة فأرسى بنا صاحب المركب على تلك الجزيرة ورمى مراسيها

328

وشد السقالة فنزل جميع من كان في المركب في تلك الجزيرة وعملوا لهم كوانين وأوقدوا فيها النار واختلفت أشغالهم فمنهم من صار يطبخ ومنهم من صار يغسل ومنهم من صار يتفرج وكنت أنا من جملة المتفرجين في جوانب الجزيرة. وقد اجتمع الركاب على أكل وشرب ولهو ولعب فبينما نحن على تلك الحالة وإذا بصاحب المركب واقف على جانبه وصاح بأعلى صوته: يا ركاب السلامة أسرعوا واطلعوا إلى المركب وبادروا إلى الطلوع واتركوا أسبابكم واهربوا بأرواحكم وفوزوا بسلامة أنفسكم من الهلاك فإن هذه الجزيرة التي أنتم عليها ما هي جزيرة وإنما هي سمكة كبيرة رست في وسط البحر فبنى عليها الرمل فصارت مثل الجزيرة وقد نبتت عليها الأشجار من قديم الزمان فلما وقدتم عليها النار أحست بالسخونة فتحركت وفي هذا الوقت تنزل بكم في البحر فتغرقون جميعاً فاطلبوا النجاة لأنفسكم قبل الهلاك. وأدرك شهرزاد الصباح فسكتت عن الكلام المباح.

وفي الليلة الثالثة والثلاثين بعد الخمسمائةقالت شهرزاد : بلغني أيها الملك السعيد أن ريس المركب لما صاح على الركاب وقال لهم: اطلبوا النجاة لأنفسكم واتركوا الأسباب ولما سمع الركاب كلام ذلك الريس أسرعوا وبادروا بالطلوع إلى المركب وتركوا الأسباب وحوائجهم ودسوتهم وكوانينهم فمنهم من لحق المركب ومنهم من لم يلحقه وقد تحركت تلك الجزيرة ونزلت إلى قرار البحر بجميع ما كان عليها وانطبق عليها البحر العجاج المتلاطم بالأمواج وكنت من جملة من تخلف في الجزيرة فغرقت في البحر مع جملة من غرق ولكن الله تعالى أنقذني ونجاني من الغرق ورزقني بقطعة خشب كبيرة من القطع التي كانوا يغسلون فيها فمسكتها بيدي وركبتها من حلاوة الروح ورفست في الماء برجلي مثل المجاذيف والأمواج تلعب بي يميناً وشمالاً. وقد نشر الريس قلاع المركب وسافربالذين طلع بهم في المركب ولم يلتفت لمن غرق منهم ومازلت أنظر إلى ذلكالمركب حتى خفي عن عيني وأيقنت بالهلاك ودخل علي الليل وأنا على هذه الحالة فمكثت على ما أنا فيه يوماً وليلة وقد ساعدني الريح والأمواج إلى أن رست بي تحت جزيرة عالية وفيها أشجار مطلة على البحر فمسكت فرعاً من شجرة عالية وتعلقت به بعدما أشرفت على الهلاك وتمسكت به إلى أن طلعت إلى الجزيرة فوجدت في قدمي خدلاً وأثر أكل السمك في بطونهما ولم أشعر بذلك من شدة ما كنت فيهمن الكرب والتعب , وقد ارتميت في الجزيرة وأنا مثل الميت وغبت عن وجودي وغرقت في دهشتي ولم أزل على هذه الحالة إلى ثاني يوم . وقد طلعت الشمس علي وانتبهت في الجزيرة فوجدت رجلي قد ورمتا , فسرت حزيناً على ما أنا فيه فتارة أزحف وتارة أحبو على ركبي وكان في الجزيرة فواكه

كثيرة وعيون ماء عذب , فصرت آكل من تلك الفواكه ولم أزل على هذه الحالة مدة أيام وليال فانتعشت نفسي وردت لي روحي وقويت حركتي وصرت أتفكر وأمشي في جانب الجزيرة وأتفرج بين الأشجار مما خلق الله تعالى وقد عملت لي عكازاً من تلك الأشجار أتوكأ عليه , ولم أزل على هذه الحالة إلى أن تمشيت يوماً من الأيام في جانب الجزيرة فلاح لي شبح من بعيد فظننت أنه وحش أو أنه دابة من دواب البحر فتمشيت إلى نحوه ولم أزل أتفرج عليه وإذا هو فرس عظيم المنظر مربوط في جانب الجزيرة على شاطئ البحر , فدنوت منه فصرخ علي صرخة عظيمة فارتعبت منه وأردت أن أرجع , وإذا برجل خرج من تحت الأرض وصاح علي واتبعني وقال لي : من أنت ومن أين جئت وما سبب وصولك إلى هذا المكان ؟ فقلت له : يا سيدي اعلم أني رجل غريب وكنت في مركب وغرقت أنا وبعض من كان فيها فرزقني الله بقطعة خشب فركبتها وعامت بي إلى أن رمتني الأمواج في هذه الجزيرة . فلما سمع كلامي أمسكني من يدي وقال لي : امش معي فنزل بي في سرداب تحت الأرض ودخل بي إلى قاعة كبيرة تحت الأرض وأجلسني في صدر تلك القاعة وجاء لي بشيء من الطعام وأنا كنت جائعاً فأكلت حتى شبعت واكتفيت وارتاحت نفسي , ثم إنه سألني عن حالي وما جرى لي , فأخبرته بجميع ما كان من أمري من المبتدأ إلى المنتهى , فتعجب من قصتي . فلما فرغت من حكايتي قلت : بالله عليك ياسيدي لا تؤاخذني فأنا قد أخبرتك بحقيقة حالي وما جرى لي وأنا أشتهي منك أن تخبرني من أنت وما سبب جلوسك في هذه القاعة التي تحت ؟ فقال لي : اعلم أننا جماعة متفرقون في هذه الجزيرة على جوانبها ونحن سياس الملك المهرجان وتحت أيدينا جميع خيوله وفي كل شهر عند القمر نأتي بالخيل الجياد ونربطها في هذه الجزيرة من كل بكر ونختفي في هذه القاعة تحت الأرض حتى لا يرانا أحد فيجيء حصان من خيول البحر على رائحة تلك الخيل ويطلع على البر فلم ير أحداً فيثب عليها ويقضي منها حاجته وينزل عنها ويريد أخذها معه فلا تقدر أن تسير معه من الرباط فيصيح عليه ويضربها برأسه ورجليه ويصيح فنسمع صوته فنعلم أنه نزل عنها فنطلع صارخين عليه فيخاف وينزل البحر والفرس تحمل وتلد مهراً أو مهرة تساوي خزنة مال ولا يوجد لها نظير على وجه الأرض وهذا وقت طلوع الحصان وإن شاء الله تعالى آخذك معي إلى الملك المهرجان . وأدرك شهرزاد الصباح فسكتت عن الكلام المباح.

وفي الليلة الرابعة والثلاثين بعد الخمسمائة قالت: بلغني أيها الملك السعيد أن السايس قال للسندباد البحري آخذك معي إلى الملك المهرجان وأفرجك على بلادنا واعلم أنه لولا اجتماعك علينا ما كنت ترى أحداً في هذا المكان غيرنا وكنت تموت

كمداً ولا يدري بك أحد ولكن أنا أكون سبب حياتك ورجوعك إلى بلادك فدعوت له وشكرته على فضله وإحسانه فبينما نحن في هذا الكلام وإذا بالحصان قد طلع من البحر وصرخ صرخة عظيمة ثم وثب على الفرس فلما فرغ منها نزل عنها وأراد أخذها معه فلم يقدر ورفست وصاحت عليه فأخذ الرجل السايس سيفاً بيده ودرقة وطلع من باب تلك القاعة وهو يصيح على رفقته ويقول اطلعوا إلى الحصان ويضرب بالسيف على الدرقة فجاء جماعة بالرماح صارخين فجفل منهم الحصان وراح إلى حال سبيله ونزل في البحر مثل الجاموس وغاب تحت الماء.

فعند ذلك جلس الرجل قليلاً وإذا هو بأصحابه قد جاؤه ومع كل واحد فرس يقودها فنظروني عنده فسألوني عن أمري فأخبرتهم بما حكيته لو وقربوا مني ومدوا السماط وأكلوا وعزموني فأكلت معهم ثم إنهم قاموا وركبوا الخيول وأخذوني إلى مدينة الملك المهرجان وقد دخلوا عليه وأعلموه بقصتي فطلبني فأدخلوني عليه وأوقفوني بين يديه فسلمت عليه فرد علي السلام ورحب بي وحياني بإكرام وسألني عن حالي فأخبرته بجيع ما حصل لي وبكل ما رأيته من المبتدأ إلى المنتهى. فعند ذلك تعجب مما وقع لي ومما جرى لي فعند ذلك قال لي يا ولدي والله لقد حصل لك مزيد السلامة ولولا طول عمرك ما نجوت من هذه الشدائد ولكن الحمد لله على السلامة ثم إنه أحسن إلي وأكرمني وقربني إليه وصار يؤانسني بالكلام والملاطفة وجعلني عنده عاملاً في ميناء البحر وكاتباً على كل مركب عبر إلى البر وصرت واقفاً عنده لأقضي له مصالحه وهو يحسن إلي وينفعني من كل جانب وقد كساني كسوة مليحة فاخرة وصرت مقدماً عنده في الشفاعات وقضاء مصالح الناس ولم أزل عنده مدة طويلة. وأنا كلما اشق على جانب البحر اسأل التجار والمسافرين والبحريين عن ناحية مدينة بغداد لعل أحداً يخبرني عنها فأروح معه إليها وأعود إلى بلادي فلم يعرفها أحد ولم يعرف من يروح إليها وقد تحيرت في ذلك وسئمت من طول الغربة ولم أزل على هذه الحالة مدة من الزمان إلى أن جئت يوماً من الأيام ودخلت على الملك المهرجان فوجدت عنده جماعة من الهنود فسلمت عليهم فردوا علي السلام ورحبوا بي وقد سألوني عن بلادي فذكرتها لهم وسألتهم عن بلادهم ذكروا لي أنهم أجناس مختلفة فمنهم الشاركية وهم أشرف أجناسهم لا يظلمون أحداً ولا يقهرونه. ومنهم جماعة تسمى البراهمة وهم قوم لا يشربون الخمر أبداً وإنما هم أصحاب حظ وصفاء ولهو وطرب وجمال وخيول ومواشي وأعلموني أن صنف الهنود يفترق على اثنين وسبعين فرقة فتعجبت من ذلك غاية العجب. ورأيت في مملكة المهرجان جزيرة من جملة الجزائر يقال لها كابل يسمع فيها ضرب الدفوف والطبول طول الليل

وقد أخبرنا أصحاب الجزائر والمسافرين أنهم أصحاب الجد والرأي. ورأيت في البحر سمكة طولها مائتا ذراع ورأيت أيضاً سمكاً وجهه مثل وجه البوم ورأيت في تلك السفرة كثيراً من العجائب والغرائب مما لو حكيته لكم لطال شرحه ولم أزل أتفرج على تلك.

الجزائر وما فيها إلى أن وقفت يوماً من الأيام على جانب البحر وفي يدي عكاز حسب عاداتي وإذا بمركب قد أقبل وفيه تجار كثيرون. فلما وصل إلى ميناء المدينة وفرضته وطوى الريس قلوعه وأرسله على البر ومد السقالة واطلع البحرية جميع ما كان في ذلك المركب إلى البر وأبطأوا في تطليعه وأنا واقف أكتب عليهم فقلت لصاحب المركب هل بقي في مركبك شيء فقال نعم يا سيدي معي بضائع في بطن المركب ولكن صاحبها غرق معنا في البحر في بعض الجزائر ونحن قادمون في البحر وأدرك شهرزاد الصباح فسكتت عن الكلام المباح.

وفي الليلة الخامسة والثلاثين بعد الخمسمائة قالت: بلغني أيها الملك السعيد أن الريس قال للسندباد البحري أن صاحب هذه البضائع غرق وصارت بضائعه معنا فغرضنا أننا نبيعها ونأخذ ثمنها لأجل أن نوصله إلى أهله في مدينة بغداد دار السلام فقلت للريس ما يكون اسم ذلك الرجل صاحب البضائع فقال اسمه السندباد البحري وقد غرق معنا في البحر. فلما سمعت كلامه حققت النظر فيه فعرفته وصرخت عليه صرخة عظيمة وقلت يا ريس اعلم أني أنا صاحب البضائع التي ذكرتها وأنا السندباد البحري الذي نزلت من المركب في الجزيرة مع جملة من نزل من التجار ولما تحركت السمكة التي كنا عليها وصحت أتت علينا طلع من طلع وغرق الباقي وكنت أنا من جملة من غرق ولكن الله تعالى سلمني ونجاني من الغرق بقطعة كبيرة من القطع التي كان الركاب يغسلون فيها. فركبتها وصرت أرفس برجلي وساعدني الريح والموج إلى أن وصلت إلى هذه الجزيرة فطلعت فيها وأعانني الله تعالى بسياس الملك المهرجان فأخبرته بقصتي فأنعم علي وجعلني كاتباً على ميناء هذه المدينة فصرت أنتفع بخدمته وصار لي عنده قبول وهذه البضائع التي معك بضائعي ورزقي قال الريس لا حول ولا قوة إلا بالله العلي العظيم ما بقي لأحد أمانة ولا ذمة فقلت له يا ريس ما سبب ذلك وأنك سمعتني أخبرتك بقصتي فقال الريس لأنك سمعتني أقول أن معي بضائع صاحبها غرق فتريد أن تأخذها بلا حق وهذا حرام عليك فإننا رأيناه لما غرق وكان معه جماعة من الركاب كثيرون وما نجا فقلت له يا ريس اسمع قصتي وافهم كلامي يظهر لك صدقي فإن الكذب سيمة المنافقين ثم إني حكيت للريس جميع

ما كان مني من حين خرجت معه من مدينة بغداد إلى أن وصلنا تلك

الجزيرة التي غرقنا فيها وأخبرته ببعض أحوال جرت بيني وبينه فعند ذلك تحقق الريس والتجار من صدقي فعرفوني وهنوني بالسلامة وقالوا جميعاً والله ما كنا نصدق بأنك نجوت من الغرق ولكن رزقك الله عمراً جديداً ثم إنهم أعطوني البضائع فوجدت اسمي مكتوباً عليها ولم ينقص منها شيء ففتحتها وأخرجت منها شيئاً نفيساً غالي الثمن وحملته معي بحرية المركب وطلعت به إلى الملك على سبيل الهدية وأعلمت الملك بأن هذا المركب الذي كنت فيه وأخبرته أن بضائعي وصلت إلي بالتمام والكمال وأن هذه الهدية منها. فتعجب الملك من ذلك الأمر غاية العجب وظهر له صدقي في جميع ما قلته وقد أحبني محبة شديدة وأكرمني إكراماً زائداً ووهب لي شيئاً كثيراً في نظير هديتي ثم بعت حمولتي وما كان معي من البضائع وكسبت فيها شيئاً كثيراً واشتريت بضاعة وأسباباً ومتاعاً من تلك المدينة. ولما أراد تجار المركب السفر شحنت جميع ما كان معي في المركب ودخلت عند الملك وشكرته على فضله وإحسانه ثم استأذنته في السفر إلى بلادي وأهلي فودعني وأعطاني شيئاً كثيراً عند سفري من متاع تلك المدينة فودعته ونزلت المركب وسافرنا بإذن الله تعالى وخدمنا السعد وساعدتنا المقادير ولم نزل مسافرين ليلاً ونهاراً إلى أن وصلنا بالسلامة إلى مدينة البصرة وطلعنا إليها وأقمنا فيها زمناً قليلاً وقد فرحت بسلامتي وعودتي إلى بلادي. وبعد ذلك توجهت إلى مدينة بغداد دار السلام ومعي الحمول والمتاع والأسباب شيء كثير له قيمة عظيمة ثم جئت إلى حارتي ودخلت بيتي وقد جاء جميع أهلي وأصحابي ثم إني اشتريت لي خدماً وحشماً ومماليك وسراري وعبيداً حتى صار عندي شيء كثير واشتريت لي دوراً وأماكن وعقاراً أكثر من الأول ثم إني عاشرت الأصحاب ورافقت الخلان وصرت أكثر مما كنت عليه في الزمن الأول ونسيت جميع ما كنت قاسيت من التعب والغربة والمشقة وأهوال السفر واشتغلت باللذات والمسرات والمآكل الطيبة والمشارب النفيسة ولم أزل على هذه الحالة. وهذا ما كان في أول سفراتي وفي غد إن شاء الله تعالى أحكي لكم الثانية من السبع سفرات. ثم إن السندباد البحري عشى السندباد البري عنده وأمر له بمائة مثقال ذهباً وقال له آنستنا في هذا النهار فشكره الحمال وأخذ معه ما وهبه له وانصرف إلى حال سبيله وهو متفكر فيما يقع وما يجري للناس ويتعجب غاية العجب ونام تلك الليلة في منزله. ولما أصبح الصباح جاء إلى بيت السندباد البحري ودخل عنده فرحب به وأكرمه وأجلسه.

عنده ولما حضر بقية أصحابه قدم لهم الطعام والشراب وقد صفا لهم الوقت وحصل لهم الطرب فبدأ السندباد البحري بالكلام وقال اعلموا يا إخواني أنني كنت في ألذ عيش وأصفى سرور على ما تقدم ذكره لكم بالأمس. وأدرك شهرزاد الصباح فسكتت عن الكلام المباح.

الحكاية الثانية من حكايات السندباد البحري وهي السفرة الثانية

وفي الليلة السادسة والثلاثين بعد الخمسمائة قالت: بلغني أيها الملك السعيد أن السندباد البحري لما اجتمع عنده أصحابه قال لهم إني كنت في ألذ عيش إلى أن خطر ببالي يوماً من الأيام السفر إلى بلاد الناس واشتاقت نفسي إلى التجارة والتفرج في البلدان والجزر واكتساب المعاش فهممت في ذلك الأمر وأخرجت من مالي شيئاً كثيراً اشتريت به بضائع وأسباباً تصلح للسفر وحزمتها وجئت إلى الاسحل فوجدت مركباً مليحاً جديداً وله قلع قماش مليح وهو كثير الرجال زائد العدة وأنزلت حمولتي فيه أنا وجماعة من التجار وقد سافرنا في ذلك النهار وطاب لنا السفر ولم نزل من بحر إلى بحر ومن جزيرة إلى جزيرة وكل محل رسونا عليه نقابل التجار وأرباب الدولة والبائعين والمشترين ونبيع ونشتري ونقايض بالبضائع فيه. ولم نزل على هذه الحالة إلى أن ألقتنا المقادير على جزيرة كثيرة الأشجار يانعة الأثمار فائحة الأزهار مترنمة الأطيار صافية الأنهار ولكن ليس بها ديار ولا نافخ نار فأرسى بنا الريس على تلك الجزيرة وقد طلع التجار والركاب إلى تلك الجزيرة يتفرجون على ما بها من الأشجار والأطيار ويسبحون الله الواحد القهار ويتعجبون من قدرة الملك الجبار فعند ذلك طلعت إلى الجزيرة مع جملة من طلع وجلست على عين ماء صاف بين الأشجار وكان معي شيء من المأكل فجلست في هذا المكان آكل ما قسم الله تعالى لي وقد طاب النسيم بذلك المكان وصفا لي الوقت فأخذتني سنة من النوم فارتحت في ذلك المكان وقد استغرقت في النوم وتلذذت بذلك النسيم الطيب والروائح الزكية ثم إني قمت فلم أجد أحداً لا من التجار ولا من البحرية فتركوني في الجزيرة وقد التفت فيها يميناً وشمالاً فلم أجد بها أحد غيري فحصل عندي قهر شديد ما عليه من مزيد وكادت مرارتي تنفقع من شدة ما أنا فيه من الغم والحزن والتعب ولم يكن معي شيء من حطام الدنيا ولا من المأكل ولا من المشرب وصرت وحيداً وقد تعبت في نفسي ويئست من الحياة وبعد ذلك قمت على حيلي وتمشيت في الجزيرة يميناً وشمالاً وصرت لا أستطيع الجلوس في محل واحد ثم إني صعدت على شجرة عالية وصرت أنظر من فوقها يميناً وشمالاً فلم أر غير سماء وماء وأشجار وأطيار وجزر ورمال ثم حققت

النظر فلاح لي في الجزيرة شيء أبيض عظيم الخلقة فنزلت من فوق الشجرة وقصدته وصرت أمشي إلى ناحيته ولم أزل سائراً إلى أن وصلت غليه وإذا به قبة كبيرة بيضاء شاهقة فيالعلو كبيرة الدائرة فدنوت منها ودرت حولها فلم أجد لها باباً ولم أجد لي قوة ولا حركة في الصعود عليها من شدة النعومة فعلمت مكان وقوفي ودرت حول القبة أقيس دائرتها فإذا هي خمسون خطوة وافية فصرت متفكراً في الحيلة الموصلة إلى دخولها وقد قرب زوال النهار وغروب الشمس وإذا بالشمس قد خفيت والجو قد أظلم واحتجبت الشمس عني ظننت أنه جاء على الشمس غمامة وكان ذلك في زمن الصيف فتعجبت ورفعت رأسي وتأملت في ذلك فرأيت طيراً عظيم الخلقة كبير الجثة عريض الأجنحة طائراً في الجو وهو الذي غطى عين الشمس وحجبها عن الجزيرة فازددت من ذلك عجباً ثم إني تذكرت حكاية. وأدرك شهرزاد الصباح فسكتت عن الكلام المباح.

وفي الليلة السابعة والثلاثين بعد الخمسمائة قالت: بلغني أيها الملك السعيد أن السندباد البحري لما زاد تعجبه من الطائر الذي رآه في الجزيرة تذكر حكاية أخبره بها قديماً أهل السياحة والمسافرون وهي أن في بعض الجزائر طيراً عظيماً يقال له الرخ يزق أولاده بالأفيال فتحققت أن القبة التي رأيتها إنما هي بيضة من بيض الرخ ثم إني تعجبت من خلق الله تعالى فبينما أنا على هذه الحالة وإذا بذلك الطير نزل على تلك القبة وحضنها بجناحيه وقد مد رجليه من خلفه على الأرض ونام عليها فسبحان من لا ينام فعند ذلك فككت عمامتي من فوق رأسي وثنيتها وفتلتها حتى صارت مثل الحبل وتحزمت بها وشددت وسطي وربطت نفسي في رجلي ذلك الطير وشددتها شداً وثيقاً وقلت في نفسي لعل هذا يوصلني إلى بلاد المدن والعمار ويكون ذلك أحسن من جلوسي في هذه الجزيرة وبت تلك الليلة ساهراً خوفاً من أن أنام فيطير بي على حين غفلة. فلما طلع الفجر وبان الصباح قام الطائر من على بيضته وصاح صيحة عظيمة وارتفع بي إلى الجو حتى ظننت أنه وصل إلى عنان السماء وبعد ذلك تنازل بي حتى نزل إلى الأرض وحط على مكان مرتفع عال فلما وصلت إلى الأرض أسرعت وفككت الرباط من رجليه وأنا أنتفض مشيت في ذلك المكان ثم إنه أخذ شيئاً من على وجه الأرض في مخالبه وطار إلى عنان.

السماء فتأملته فإذا هو حية عظيمة الخلقة كبيرة الجسم قد أخذها وذهب بها إلى البحر فتعجبت من ذلك ثم إني تمشيت في ذلك المكان فوجدت نفسي في مكان عال وتحته واد كبير واسع عميق وبجانبه جبل عظيم شاهق في العلو لا يقدر

أحد أن يرى أعلاه من فرط علوه وليس لأحد قدرة على الطلوع فوقه فلمت نفسي على ما فعلته وقلت يا ليتني مكثت في الجزيرة فإنها أحسن من هذا المكان القفر لأن الجزيرة كان يوجد فيها شيء آكله من أصناف الفواكه وأشرب من أنهارها وهذا المكان ليس فيه أشجار ولا أثمار ولا أنهار فلا حول ولا قوة إلا بالله العلي العظيم أنا كل ما أخلص من مصيبة أقع فيما هو أعظم منها وأشد. ثم إني قمت وقويت نفسي ومشيت في ذلك الوادي فرأيت أرضه من حجر الألماس الذي يثقبون به المعادن والجواهر ويثقبون به الصيني والجزع منه شيئاً ولا أن يكسره إلا بحجر الرصاص وكل تلك الوادي حيات وأفاع وكل واحدة مثل النخلة ومن أعظم خلقتها لو جاءها فيل لابتلعته وتلك الحيات يظهرن في الليل ويختفين في النهار خوفاً من طير الرخ والنسر أن يختطفها ويقطعها ولا أدري ما سبب ذلك. فأقمت بتلك الوادي وأنا متندم على ما فعلته وقلت في نفسي والله إني قد عجلت بالهلاك على نفسي وقد ولى النهار علي فصرت أمشي في تلك الوادي والتفت على محل أبيت فيه وأنا خائف من تلك الحيات ونسيت أكلي وشربي ومعاشي واشتغلت بنفسي فلاح لي مغارة بالقرب مني فمشيت فوجدت بابها ضيقاً فدخلتها ونظرت إلى حجر كبير عند بابها فدفعته وسددت به باب تلك المغارة وأنا داخلها وقلت في نفسي قد أمنت لما دخلت في هذا المكان وإن طلع النهار اطلع وأنظر ما تفعل القدرة. ثم التفت في داخل المغارة فرأيت حية عظيمة نائمة في صدر المغارة على بيضها فاقشعر بدني وأقمت رأسي وسلمت أمري للقضاء والقدر وبت ساهراً طوال الليل إلى أن طلع الفجر ولاح فأزحت الحجر الذي سددت به باب المغارة وخرجت منه وأنا مثل السكران دائخ من شدة السهر والجوع والخوف وتمشيت في الوادي. وبينما أنا على هذه الحالة وإذا بذبيحة قد سقطت من قدامي ولم أجد أحداً فتعجبت من ذلك أشد العجب وتفكرت حكاية أسمعها من قديم الزمان من بعض التجار والمسافرين وأهل السياحة أن في جبال حجر الألماس الأهوال العظيمة ولا يقدر أحد أن يسلك إليه ولكن التجار.

الذين يجلبونه يعملون حيلة في الوصول إليه ويأخذون الشاة من الغنم ويذبحونها ويسلخونها ويرشون لحمها ويرمونه من أعلى ذلك الجبل إلى أرض الوادي فتنزل وهي طرية فيلتصق بها شيء من هذه الحجارة ثم تتركها التجار إلى نصف النهار فتنزل الطيور من النسور والريخ إلى ذلك اللحم وتأخذه في مخالبها وتصعد إلى أعلى الجبل فيأتيها التجار وتصيح عليها وتصير من عند ذلك اللحم وتخلص منه الحجارة اللاصقة به ويتركون اللحم للطيور والوحوش ويحملون الحجارة إلى بلادهم ولا أحد يقدر أن يتوصل إلى مجيء حجر الألماس إلا بهذه

الحيلة. وأدرك شهرزاد الصباح فسكتت عن الكلام المباح.

وفي الليلة الثامنة والثلاثين بعد الخمسمائةقالت: بلغني أيها الملك السعيد أن السندباد البحري صار يحكي لأصحابه جميع ما حصل له في جبل الماس ويخبرهم أن التجار لا يقدرون على مجيء شيء منه إلا بحيلة مثل الذي ذكره ثم قال فلما نظرت إلى تلك الذبيحة تذكرت هذه الحكاية قمت وجئت عند الذبيحة فنقيت من هذه الحجارة شيئاً كثيراً وأدخلته في جيبي وبين ثيابي وصرت أنقي وأدخل في جيوبي وحزامي وعمامتي وبين حوائجي فبينما أنا على هذه الحالة وإذا بذبيحة كبيرة فربطت نفسي عليها ونمت على ظهري وجعلتها على صدري وأنا قابض عليها فصارت عالية على الأرض وإذا بنسر نزل على تلك الذبيحة وقبض عليها بمخالبه وأقلع بها إلى الجو وأنا معلق بها ولم يزل طائراً بها إلى أن صعد بها إلى أعلى الجبل وحطها وأراد أن ينهش منها وإذا بصيحة عظيمة عالية من خلف ذلك النسر وشيء يخبط بالخشب على ذلك الجبل فجفل النسر وطار إلى الجو ففككت نفسي من الذبيحة وقد تلوثت ثيابي من دمها ووقفت بجانبها وإذا بذلك التاجر الذي صاح على النسر تقدم إلى الذبيحة فرآني واقفاً فلم يكلمني وقد فزع مني وارتعب وأتى الذبيحة وقلبها فلم يجد فيها شيئاً فصاح صيحة عظيمة وقال واخيبتاه لا حول ولا قوة إلا بالله نعوذ بالله من الشيطان الرجيم وهو يتندم ويخبط كفاً على كف ويقول واحسرتاه أي شيء هذا الحال.. فتقدمت إليه فقال لي: من أنت وما سبب مجيئك إلى هذا المكان فقلت له: لا تخف ولا تخش فإني إنسي من خيار الإنس وكنت تاجراً ولي حكاية عظيمة وقصة غريبة وسبب وصولي إلى هذا الجبل وهذا الوادي حكاية عجيبة فلا تخف فلك ما يسرك مني وأنا معي شيء كثير من حجر الألماس فأعطيك منه شيئاً يكفيك وكل قطعة معي أحسن من كل شيء يأتيك فلا تجزع ولا تخف.

فعند ذلك شكرني الرجل ودعا لي وتحدث معي وإذا بالتجار سمعوا كلامي مع رفيقهم فجاؤوا إلي وكان كل تاجر رمى ذبيحته فلما قدموا علينا سلموا علينا وهنؤوني بالسلامة وأخذوني معهم وأعلمتهم بجميع قصتي وما قاسيته في سفرتي وأخبرتهم بسبب وصولي إلى هذه الوادي ثم إني أعطيت لصاحب الذبيحة التي تعلقت فيها شيئاً كثيراً مما كان معي ففرح بي جداً فما أحد وصل إلى هذا المكان قبلك ونجا منه ولكن الحمد لله على بسلامتي ونجاتي من وادي الحيات ووصولي إلى بلاد العمار. ولما طلع النهار قمنا وسرنا على ذلك الجبل العظيم وصرنا ننظر في ذلك الجبل حيات كثيرة ولم نزل سائرين إلى أن أتينا بستاناً في جزيرة عظيمة

مليحة وفيها شجر الكافور وكل شجرة منها يستظل تحتها إنسان وإذا أراد أن يأخذ منه أحد يثقب من أعلى الشجرة ثقباً بشيء طويل ويتلقى ما ينزل منه فيسيل منه ماء الكافور ويعقد مثل الشمع وهو عسل ذلك الشجر وبعد وفي تلك الجزيرة صنف من الوحوش يقال له الكركدن يرعى فيها رعياً مثل ما يرعى البقر والجاموس في بلادنا ولكن جسم ذلك الوحش أكبر من جسم الجمل ويأكل العلق وهو دابة عظيمة لها قرن واحد غليظ في وسط رأسها طوله قدر عشرة أذرع وفيه صورة إنسان وفي تلك الجزيرة شيء من صنف البقر. وقد قال لنا البحريون المسافرون وأهل السياحة في الجبال والأراضي أن هذا الوحش المسمى بالكركدن يحمل الفيل الكبيرعلى قرنه ويرعى به في الجزيرة والسواحل ولا يشعر به ويموت الفيل على قرنه ويسيح دهنه من حر الشمس على رأسه ويدخل في عينيه فيعمى فيرقد في جانب السواحل فيجيء له طير الريخ فيحمله في مخالبه ويروح به عند أولاده ويزقهم به وبما على قرنه وقد رأيت في تلك الجزيرة شيئاً كثيراً من صنف الجاموس ليس له عندنا نظير وفي تلك الوادي شيء كثير من حجر الماس الذي حملته معي وخبأته في جيبي وقايضوني عليه ببضائع ومتاع من عندهم وحملوها لي عهم وأعطوني دراهم ودنانير ولم أزل سائراً معهم وأنا أتفرج على بلاد الناس وعلى ما خلق الله من واد إلى واد ومن مدينة إلى مدينة ونحن نبيع ونشتري إلى أن وصلنا إلى مدينة البصرة وأقمنا بها أياماً قلائل ثم جئت إلى مدينة بغداد. وأدرك شهرزاد الصباح فسكتت عن الكلام المباح.

وفي الليلة التاسعة والثلاثين بعد الخمسمائة قالت: بلغني أيها الملك السعيد أن السندباد البحري لما رجع من غيبته ودخل مدينة بغداد.

دار السلام وجاء إلى حارته ودخل داره ومعه من صنف حجر الألماس شيء كثير ومعه مال ومتاع وبضائع لها صورة وقد اجتمع بأهله وأقاربه ثم تصدق ووهب وأعطى وهادى جميع أهله وأصحابه وصار يأكل طيباً ويشرب طيباً ويلبس ملبساً طيباً ويعاشر ويرافق ونسي جميع ما قاساه ولم يزل في عيش هني وصفاء خاطر وانشراح صدر ولعب وطرب وصار كل من سمع بقدومه يجيء إليه ويسأله عن حال السفر وأحوال البلاد فيخبره ويحكي له ما لقيه وما قاساه فيتعجب من شدة ما قاساه ويهنئه بالسلامة وهذا آخر ما جرى لي وما اتفق لي في السفرة الثانية ثم قال لهم وفي الغد إن شاء الله تعالى أحكي لكم حال السفرة الثالثة. فلما فرغ السندباد البحري من حكايته للسندباد البري تعجبوا من ذلك وتشعوا عنده وأمر للسندباد بمائة مثقال ذهباً فأخذها وتوجه إلى حال سبيله وهو يتعجب مما

قاساه السندباد البحري وشكره ودعا له في بيته ولما أصبح الصباح وأضاء بنوره ولاح قام السندباد البري كما أمره ودخل إليه وصبح عليه فرحب به وجلس معه حتى أتاه باقي أصحابه وجماعته فأكلوا وشربوا وتلذذوا وطربوا وانشرحوا ثم ابتدأ السندباد البحري بالكلام وقال:

الحكاية الثالثة من حكايات السندباد البحري وهي السفرة الثالثة اعلموا يا إخواني واسمعوا مني حكاية فإنها أعجب من الحكايات المتقدمة قبل تاريخه والله أعلم بغيبة واحكم أني فيما مضى وتقدم لما جئت من السفرة الثانية وأنا في غاية البسط والانشراح فرحان بالسلامة وقد كسبت مالاً كثيراً كما حكيت لكم أمس تاريخه وقد عوض الله علي ما راح مني أقمت بمدينة بغداد مدة من الزمان وأنا في غاية الحظ والصفاء والبسط والانشراح فاشتاقت نفسي إلى السفر والفرجة وتشوقت إلى المتجر والكسب والفوائد والنفس أمارة بالسوء فهممت واشتريت شيئاً كثيراً من البضائع المناسبة لسفر البحر وحزمتها للسفر وسافرت بها من مدينة بغداد إلى مدينة البصرة وجئت إلى ساحل البحر فرأيت مركباً عظيماً وفيه تجار وركاب كثيرة أهل خير وناس ملاح طيبون أهل دين ومعروف وصلاح فنزلت معهم في ذلك المركب وسافرنا على بركة الله تعالى بعونه وتوفيقه وقد استبشرنا بالخير والسلامة. ولم نزل سائرين من بحر إلى بحر ومن جزيرة إلى جزيرة ومن مدينة إلى مدينة وفي كل مكان مررنا عليه نتفرج ونبيع ونشتري ونحن في غاية الفرح والسرور إلى أن كنا يوماً من الأيام سائرين في وسط البحر العجاج المتلاطم بالأمواج فإذا بالريس وهو جانب المركب ينظر إلى نواحي البحر ثم إنه لطم وجهه وطوى قلوع المركب ورمى مراسيه ونتف لحيته ومزق ثيابه وصاح صيحة عظيمة فقلنا له يا ريس ما الخبر فقال اعلموا يا ركاب السلامة أن الريح غلب علينا وعسف بنا في وسط البحر ورمتنا المقادير لسوء بختنا إلى جبل القرود وما وصل إلى هذا المكان أحد ولم يسلم منه قط وقد أحس قلبي بهلاكنا أجمعين. فما استتم قول الريس حتى جاءنا القرود وأحاطوا المركب من كل جانب وهم شيء كثير مثل الجراد المنتشر في المركب وعلى البر فخفنا إن قتلنا منهم أحداً أو طردناه أن يقتلونا لفرط كثرتهم والكثرة تغلب الشجاعة وبقينا خائفين منهم أن ينهبوا رزقنا ومتاعنا وهم أقبح الوحوش وعليهم شعور مثل لبد الأسود ورؤيتهم تفزع ولا يفهم لهم أحد كلاماً ولا خبراً وهم مستوحشون من الناس صفر العيون وسود الوجوه صغار الخلقة طول كل واحد منهم أربعة أشبار وقد طلعوا على حبال المرساة وقطعوها بأسنانهم وقطعوا جميع حبال المركب من كل جانب فمال المركب من الريح ورسى على جبلهم وصار المركب في برهم وقبضوا على جميع

التجار والركاب وطلعوا إلى الجزيرة وأخذوا المركب بجميع ما كان فيه وراحوا به. فبينما نحن في تلك الجزيرة نأكل من أثمارها وبقولها وفواكهها ونشرب من الأنهار التي فيها إذ لاح لنا بيت عامر في وسط تلك الجزيرة فقصدناه ومشينا إليه فإذا هو قصر مشيد الأركان عالي الأسوار له باب بدرفتين مفتوح وهو من خشب الأبانوس فدخلنا باب ذلك القصر فوجدنا له حظيراً واسعاً مثل الحوش الواسع الكبير وفي دائره أبواب كثيرة وفي صدره مصطبة عالية كبيرة وفيها أواني طبيخ معلقة على الكوانين وحواليها عظام كثيرة ولم نر فيها أحد فتعجبنا من ذلك غاية العجب وجلسنا في حضير ذلك القصر. قليلاً ثم بعد ذلك نمنا ولم نزل نائمين من ضحوة النهار إلى غروب الشمس وإذ بالأرض قد ارتجت من تحتنا وسمعنا دوياً من الجو وقد نزل علينا من أعلى القصر شخص عظيم الخلقة في صفة إنسان وهو أسود اللون طويل القامة كأنه نحلة عظيمة وله عينان كأنهما شعلتان من نار وله أنياب مثل أنياب الخنازير وله فم عظيم الخلقة مثل البئر وله مشافر مثل مشافر الجمل مرخية على صدره وله أذنان مثل الحرامين مرخيتان على أكتافه وأظافر يديه مثل مخالب السبع فلما نظرناه على هذه الحالة غبنا عن وجودنا وقوي خوفنا واشتد فزعنا وصرنا مثل الموتى من شدة الخوف والجزع والفزع. وأدرك شهرزاد الصباح فسكتت عن الكلام المباح.

وفي الليلة الأربعون بعد الخمسمائةقالت: بلغني أيها الملك السعيد أن السندباد البحري ورفقته لما رأوا هذا الشخص الهائل الصورة وحصل لهم غاية الخوف والفزع فلما نزل على الأرض جلس قليلاً على المصطبة ثم إنه قام وجاء عندنا ثم قبض على يدي من بين أصحابي التجار ورفعني بيده عن الأرض وحبسني وقلبني فصرت في يده مثل اللقمة الصغيرة وصار يحبسني مثل ما يحبس الجزار ذبيحة الغنم فوجدني ضعيفاً من كثرة القهر هزيلاً من كثرة التعب والسفر وليس في شيء من اللحم فأطلقني من يده وأخذ واحداً غيري من رفاقي وقلبه كما قلبني وحبسه كما حبسني وأطلقه ولم يزل يحبسنا ويقلبنا واحداً بعد واحد إلى أن وصل إلى ريس المركب الذي كنا فيه وكان رجلاً سميناً غليظاً عريض الأكتاف صاحب قوة وشدة فأعجبه وقبض عليه مثل ما يقبض الجزار على ذبيحته ورماه على الأرض ووضع رجله على رقبته وجاء بسيخ طويل فأدخله في حلقه حتى خرجه من دبره وأوقد ناراً شديدة وركب عليها ذلك السيخ المشكوك فيه الريس ولم يزل يقلبه على الجمر حتى استوى لحمه وأطلعه من النار وحطه أمامه وفسخه كما يفسخ الرجل الفرخة. وصار يقطع لحمه بأظافره ويأكل منه ولم يزل على هذه الحالة حتى أكل لحمه ونهش عظمه. ولم يبق منه شيئاً ورمى باقي العظام في

جنب القصر. ثم إنه جلس قليلاً وانطرح ونام على تلك المصطبة وصار يشخر مثل شخير الخروف أو البهيمة المذبوحة ولم يزل نائماً إلى الصباح ثم قام وخرج إلى حال سبيله. فلما تحققنا بعده تحدثنا مع بعضنا وبكينا على أرواحنا وقلنا ليتنا غرقنا في البحر وأكلتنا القرود خير من شوي الإنسان على الجمر والله إن هذا الموت رديء ولكن ما شاء الله كان ولا حول ولا قوة إلا بالله العلي ثم إننا قمنا وخرجنا إلى الجزيرة لننظر لنا مكان نختفي فيه أو نهرب وقد هان علينا أن نموت ولا يشوى لحمنا بالنار فلم نجد مكان نختفي فيه وقد أدركنا المساء فعدنا إلى القصر من شدة خوفنا وجلسنا قليلاً وإذا بالأرض قد ارتجفت من تحتنا وأقبل ذلك الشخص الأسود وجاء عندنا وصار يقلبنا واحداً بعد الآخر مثل المرة الأولى ويحبسنا حتى أعجبه واحد. فقبض عليه وفعل به مثل ما فعل بالريس في أول يوم فشواه وأكله على تلك المصطبة ولم يزل نائماً في تلك الليلة وهو يشخر مثل الذبيحة فلما طلع النهار قام وراح إلى حال سبيله وتركنا على جري عادته فاجتمعنا وتحدثنا وقلنا لبعضنا والله لأن نلقي أنفسنا في البحر ونموت غرقاً خير من أن نموت حرقاً لأن هذه قتلة شنيعة فقال واحد منا اسمعوا كلامي أننا نحتال عليه ونرتاح من همه ونريح المسلمين من عدوانه وظلمه. فقلت لهم اسمعوا يا إخواني إن كان لابد من قتله فإننا نحول هذا الخشب وننقل شيئاً من هذا الحطب ونعمل لنا فلكاً مثل المركب وبعد ذلك نحتال في قتله وننزل في الفلك ونروح في البحر إلى أي محل يريده الله. وإننا نقعد في هذا المكان حتى يمر علينا مركب فننزل فيه وإن لم نقدر على قتله ننزل ونروح في البحر ولو كنا نغرق نرتاح من شوينا على النار ومن الذبح وإن سلمنا سلمنا وإن غرقنا متنا شهداء. فقالوا جميعاً والله هذا رأي سديد وفعل رشيد واتفقنا على هذا الأمر وشرعنا في فعله فنقلنا الأخشاب إلى خارج القصر وصنعنا فلكاً وربطناه على جانب البحر ونزلنا فيه شيئاً من الزاد وعدنا إلى القصر. فلما كان وقت المساء إذا بالأرض قد ارتجفت بنا ودخل علينا الأسود وهو كأنه الكلب العقور ثم قلبنا وحبسنا واحداً بعد واحد ثم أخذ واحداً وفعل به مثل ما فعل بسابقيه وأدرك شهرزاد الصباح فسكتت عن الكلام المباح.

وفي الليلة الواحدة والأربعين بعد الخمسمائة قالت: بلغني أيها الملك السعيد أن السندباد البحري قال إن الأسود أخذ واحداً منا وفعل به مثل ما فعل بسابقيه وأكله ونام على المصطبة وصار شخيره مثل الرعد فنهضنا وقمنا وأخذنا سيخين من حديد من الأسياخ المنصوبة ووضعناهما في النار القوية حتى احمرا وصارا مثل الجمر وقبضنا عليهما قبضاً شديداً وجئنا بهما إلى ذلك الأسود وهو نائم يشخر

ووضعناهما في عينيه واتكأنا عليهما جميعاً بقوتنا وعزمنا فأدخلناهما في عينيه وهو نائم فانطمستا وصاح صيحة عظيمة فارتعبت قلوبنا منه. ثم قام من فوق تلك المصطبة بعزمه وصار يفتش علينا ونحن نهرب منه يميناً وشمالاً فلم ينظرنا وقد عمي بصره فخفنا منه مخافة شديدة وأيسنا في تلك الساعة بالهلاك ويأسنا من النجاة فعند ذلك قصد الباب وهو يتحسس وخرج منه وهو يصيح ونحن في غاية الرعب منه وإذا بالأرض ترتج من تحتنا من شدة صوته. فلما خرج من القصر وراح إلى حال سبيله وهو يدور علينا ثم إنه رجع ومعه أنثى أكبر وأوحش منه خلقة فلما رأيناه والذي معه أفظع حالة منه خفنا غاية الخوف فلما رأونا أسرعنا ونهضنا ففككنا الفلك الذي صنعناه ونزلنا فيه ودفعناه في البحر وكان مع كل واحد منهم صخرة عظيمة وصارا يرجماننا بها إلى أن مات أكثرنا من الرجم وبقي منا ثلاثة أشخاص أنا واثنان وأدرك شهرزاد الصباح فسكتت عن الكلام المباح.

وفي الليلة الثانية والأربعين بعد الخمسمائة قالت: بلغني أيها الملك السعيد أن السندباد البحري لما نزل في الفلك هو وأصحابه وصار يرجمهم السود ورفيقته فمات أكثرهم ولم يبق منهم إلا ثلاثة أشخاص فطلع بهم الفلك إلى جزيرة قال فمشينا إلى آخر النهار فدخل علينا ونحن على هذه الحالة فنمنا قليلاً واستيقظنا من نومنا وإذا بثعبان عظيم الخلقة كبير الجثة واسع الجوف قد أحاط بنا وقصد واحداً فبلعه إلى أكتافه ثم بلع باقيه فسمعنا أضلاعه تتكسر في بطنه وراح في حال سبيله فتعجبنا من ذلك غاية العجب وحزنا على رفيقنا وصرنا في غاية الخوف على أنفسنا وقلنا والله هذا أمر عجيب وكل موتة أشنع من السابقة وكنا فرحنا بسلامتنا من الأسود فما تمت الفرحة ولا حول ولا قوة إلا بالله والله قد نجونا من الأسود ومن الغرق فكيف تكون نجاتنا من هذه الآفة المشؤومة ثم إننا قمنا فمشينا في الجزيرة وأكلنا من ثمرها وشربنا من أنهارها ولم نزل فيها إلى وقت المساء فوجدنا صخرة عظيمة عالية فطلعناها ونمنا فوقها وقد طلعت أنا على فروعها. فلما دخل الليل وأظلم الوقت جاء الثعبان وتلفت يميناً وشمالاً ثم إنه قصد تلك الشجرة التي نحن عليها ومشى حتى وصل إلى رفيقي وبلعه حتى أكتافه والتف به على الشجرة فسمعت عظامه تتكسر في بطنه ثم بلعه بتمامه وأنا أنظر بعيني ثم إن الثعبان نزل من فوق الشجرة وراح إلى حال سبيله ولم أزل على تلك الشجرة في تلك الليلة. فلما طلع النهار وبان النور ونزلت من فوق الشجرة وأنا مثل الميت من كثرة الخوف والفزع وأردت أن ألقي بنفسي في البحر وأستريح من الدنيا فلم تهن علي روحي لأن الروح عزيزة فربطت خشبة عريضة

على أقدامي بالعرض وربطت واحدة مثلها على جنبي الشمال ومثلها على جنبي اليمين ومثلها على بطني وربطت واحدة طويلة عريضة من فوق رأسي بالعرض مثل التي تحت أقدامي وصرت أنا في وسط هذا الخشب وهو محتاط بي من كل جانب وقد شددت ذلك شداً وثيقاً وألقيت نفسي بالجميع على الأرض فصرت نائماً بين تلك الأخشاب وهي محيطة بي كالمقصورة. فلما أمسى الليل أقبل الثعبان على جري عادته ونظر إلي وقصدني فلم يقدر أن يبلغني وأنا على تلك الحالة والأخشاب حولي من كل جانب فدار الثعبان حولي فلم يستطع الوصول إلي وأنا أنظر بعيني وقد صرت كالميت من شدة الخوف والفزع وصار الثعبان يبعد عني ويعود إلي ولم يزل على هذه الحالة وكلما أراد الوصول إلي ليبتلعني تمنعه تلك الأخشاب المشدودة علي من كل جانب ولم يزل كذلك من غروب الشمس إلى أن طلع الفجر وبان النور وأشرقت الشمس فمضى الثعبان إلى حال سبيله وهو في غاية من القهر والغيظ. فعند ذلك مددت يدي وفككت نفسي من تلك الأخشاب وأنا في حكم الأموات من شدة ماقاسيت من ذلك الثعبان ثم إني قمت ومشيت في الجزيرة حتى انتهيت إلى آخرها فلاحت لي مني التفاتة إلى ناحية البحر فرأيت مركباً على بعد في وسط اللجة فأخذت فرعاً كبيراً من شجرة ولوحت به إلى ناحيتهم وأنا أصيح عليهم. فلما رأوني قالوا لابد أننا ننظر ما يكون هذا لعله إنسان إنهم قربوا مني وسمعوا صياحي عليهم فجاءوا إلي وأخذوني معهم في المركب وسألوني عن حالي فأخبرتهم بجميع ما جرى لي من أوله إلى آخره وماقاسيته من الشدائد فتعجبوا من ذلك غاية العجب ثم إنهم ألبسوني من عندهم ثياباً وستروا عورتي. وبعد ذلك قدموا لي شيئاً من الزاد حتى اكتفيت وسقوني ماء بارداً عذباً فانتعش قلبي وارتاحت نفسي وحصل لي راحة عظيمة وأحياني الله تعالى بعد موتي فحمدت الله تعالى على نعمه الوافرة وشكرته وقويت همتي بعدما كنت أيقنت بالهلاك حتى تخيل لي أن جميع ما أنا فيه منام ولم نزل سائرين وقد طاب لنا الريح بإذن الله تعالى إلى أن أشرفنا على جزيرة يقال لها جزيرة السلاهطة فأوقف الريس المركب عليها. وأدرك شهرزاد الصباح فسكتت عن الكلام المباح.

وفي الليلة الثالثة والأربعين بعد الخمسمائة قالت: بلغني أيها الملك السعيد أن المركب الذي نزل فيه السندباد البحري رسى على جزيرة فنزل منه جميع التجار فالتفت إلي صاحب المركب وقال لي اسمع كلامي أنت رجل غريب فقير وقد أخبرتنا أنك قاسيت أهوالاً كثيرة ومرادي أنفعك بشيء يعينك على الوصول إلى بلادك وتبقى تدعو لي فقلت له نعم ولك مني الدعاء. فقال اعلم أنه كان معنا

رجل مسافر فقدناه ولم نعلم هل بالحياة أم مات ولم نسمع عنه خبراً ومرادي أن أدفع لك حمولة لتبيعها في هذه الجزيرة وتحفظها وأعطيك شيئاً في نظير تعبك وخدمتك وما بقي منها نأخذه إلى أن تعود إلى مدينة بغداد فنسأل عن أهله وندفع إليهم بقيتها وثمن ما بيع منها فهل لك أن تتسلمها وتنزل بها هذه الجزيرة فتبيعها مثل التجار فقلت سمعاً وطاعة لك يا سيدي ولك الفضل والجميل ودعوت له وشكرته على ذلك فعند ذلك أمر الحالين والبحرية بإخراج تلك البضائع إلى الجزيرة وأن يسلموها إلي. فقال كاتب المركب يا ريس ما هذه الحمول التي أخرجها البحرية والحمالون واكتبها باسم من من التجار. فقال اكتب عليها اسم السندباد البحري الذي كان معنا وغرق في الجزيرة ولم يأتنا عنه خبر فنريد أن يبيعها هذا الغريب ونحمل ثمنها ونعطيه شيئاً منه نظير تعبه وبيعه والباقي نحمله معنا حتى نرجع إلى مدينة بغداد فإن وجدناه أعطيناه إياه وإن لم نجده ندفعه إلى أهله في مدينة بغداد فقال الكاتب كلامك مليح ورأيك رجيح. فلما سمعت كلام الريس وهو يذكر أن الحمول باسمي قلت في نفسي والله أنا السندباد البحري وأنا غرقت في الجزيرة مع جملة من غرق ثم إني تجلدت وصبرت إلى أن طلع التجار من المركب واجتمعوا يتحدثون ويتذاكرون في أمور البيع والشراء فتقدمت إلى صاحب المركب وقلت له يا سيدي هل تعرف كيف كان صاحب الحمول التي سلمتها إلي لأبيعها فقال لي لا أعلم له حالاً ولكنه كان رجلاً من مدينة بغداد يقال له السندباد البحري وقد أرسينا على جزيرة من الجزائر فغرق منا فيها خلق كثير وفقد بجملتهم ولم نعلم له خبراً إلى هذا الوقت. فعند ذلك صرخت صرخة عظيمة وقلت له يا ريس السلامة اعلم أني أنا السندباد البحري لم أغرق ولكن لما أرسيت على الجزيرة وطلع التجار والركاب طلعت أنا مع جملة الناس ومعي شيء آكله بجانب الجزيرة ثم إني تلذذت بالجلوس في ذلك المكان فأخذتني سنة من النوم فنمت وغرقت في النوم ثم إني قمت فلم أجد المركب ولم أجد أحداً عندي وهذا المال مالي وهذه البضائع بضائعي وجميع التجار الذين يجلبون حجر الألماس رأوني وأنا في جبل الألماس ويشهدون لي بأني أنا السندباد البحري كما أخبرتهم بقصتي وما جرى لي معكم في المركب وأخبرتكم بأنكم نسيتموني في الجزيرة نائماً وقمت فلم أجد أحداً وجرى لي ما جرى.

فلما سمع التجار والركاب كلامي اجتمعوا علي فمنهم من صدقني ومنهم من كذبني فبينما نحن كذلك وإذا بتاجر من التجار حين سمعني أذكر وادي الألماس نهض وتقدم عندي وقال لهم اسمعوا يا جماعة كلامي إني لما كنت ذكرت لكم أعجب ما رأيت في أسفاري لما ألقينا الذبائح في وادي الألماس وألقيت ذبيحتي

معهم على جري عادتي طلع على ذبيحتي رجل متعلق بها ولم تصدقوني بل كذبتموني فقالوا له نعم حكيت لنا على هذا الأمر ولم نصدقك فقال لهم التاجر هذا الذي تعلق في ذبيحتي وقد أعطاني شيء من حجر الألماس الغالي الثمن الذي لا يوجد نظيره وعوضني أكثر ما كان يطلع لي في ذبيحتي وقد استصحبه معي إلى أن وصلنا إلى مدينة البصرة وبعد ذلك توجه إلى بلاده وودعنا ورجعنا إلى بلادنا وهو هذا وأعلمنا أن اسمه السندباد البحري وقد أخبرنا بذهاب المركب وجلوسه في هذه الجزيرة واعلموا أن هذا الرجل ما جاءنا هنا إلا لتصدقوا كلامي مما قلته لكم وهذه البضائع كلها رزقه فإنه أخبر بها في وقت اجتماعه علينا وقد ظهر صدقه في قوله. فلما سمع الريس كلام ذلك التاجر قام على حيله وجاء عندي وحقق في النظر ساعة وقال ما علامة بضائعك فقلت له اعلم أن علامة بضائعي ما هو كذا وكذا وقد أخبرته بأمر السندباد البحري فعانقني وسلم علي وهنأني بالسلامة وقال لي يا سيدي إن قصتك عجيبة وأمرك غريب ولكن الحمد لله الذي جمع بيننا وبينك ورد بضائعك ومالك عليك. وأدرك شهرزاد الصباح فسكتت عن الكلام المباح.

وفي الليلة الرابعة والأربعين بعد الخمسمائةقالت: بلغني أيها الملك السعيد أن السندباد البحري لما تبين للريس والتجار أنه هو بعينه وقال له الريس الحمد لله الذي رد بضائعك ومالك عليك قال فعند ذلك تصرفت في بضائعي بمعرفتي وربحت بضائعي في تلك السفرة شيئاً كثيراً وفرحت بذلك فرحاً عظيماً وهنأت بالسلامة وعاد مالي إلي ولم نزل نبيع ونشتري في الجزائر إلى أن وصلنا إلى بلاد السندباد وبعنا فيها واشترينا ورأيت في ذلك البحر شيئاً كثيراً من العجائب والغرائب لا تعد ولا تحصى ومن جملة ما رأيت في ذلك البحر سمكة على صفة البقرة وشيئاً على صفة الحمير ورأيت طيراً يخرج من صدف البحر. ويبيض ويفرخ على وجه الماء ولا يطلع من البحر على وجه الأرض أبداً. وبعد ذلك لم نزل مسافرين بإذن الله تعالى وقد طاب لنا الريح والسفر إلى أن وصلنا إلى اببصرة وقد أقمت فيها أياماً قلائل وبعد ذلك جئت إلى مدينة بغداد فتوجهت إلى حارتي ودخلت بيتي وسلمت على أهلي وأصحابي وأصدقائي وقد فرحت بسلامتي وعودتي إلى بلادي وأهلي ومدينتي ودياري وتصدقت ووهبت وكسوت الأرامل والأيتام. وجمعت أصحابي وأحبابي ولم أزل على هذه الحالة في أكل وشرب ولهو وضرب وأنا آكل وأشر طيباً وأعاشر وأخالط وقد نسيت جميع ما جرى لي وما قاسيت من الشدائد والأهوال وكسبت شيئاً في هذه السفرة لا يعد ولا يحصى وهذا أعجب ما رأيت في هذه السفرة وفي غد إن شاء الله تعالى تجيء إلي وأحكي

لك حكاية السفرة الرابعة فإنها أعجب من هذه السفرات ثم إن السندباد البحري أمر بأن يدفعوا إليه مائة مثقال من الذهب على جري عادته وأمر بمد السماط فمدوه وتعشى الجماعة وهم يتعجبون من تلك الحكاية وما جرى فيها ثم إنهم بعد العشاء انصرفوا إلى حال سبيلهم وقد أخذ السندباد الحمال ما أمر له من الذهب وانصرف إلى حال سبيله وهو متعجب مما سمعه من السندباد البحري وبات في بيته. ولما أصبح الصباح وأضاء بنوره ولاح قام السندباد الحمال وصلى الصبح وتمشى إلى السندباد البحري وقد دخل عليه وتلقاه بالفرح والانشراح وأجلسه عنده إلى أن حضر بقية أصحابه وقدموا الطعام فأكلوا وشربوا وانبسطوا فبدأهم بالكلام وحكى لهم الحكاية الرابعة.

الحكاية الرابعة من حكايات السندباد البحري وهي السفرة الرابعة قال السندباد البحري: اعلموا يا إخواني أني لما عدت إلى مدينة بغداد واجتمعت على أصحابي وأحبابي وصرت في أعظم ما يكون من الهناء والسرور والراحة وقد نسيت ما كنت فيه لكثرة الفوائد وغرقت في اللهو والطرب ومجالسة الأحباب والأصحاب وأنا في ألذ ما يكون من العيش فحدثتني نفسي الخبيثة بالسفر إلى بلاد الناس وقد اشتقت إلى مصاحبة الأجناس والبيع والمكاسب فهممت في ذلك الأمر واشتريت بضاعة نفيسة تناسب البحر وحزمت حمولاً كثيرة زيادة عن العادة وسافرت من مدينة بغداد إلى مدينة البصرة ونزلت حمولتي في المركب واصطحبت بجماعة من أكابر البصرة وقد توجهنا إلى السفر وسافر بنا المركب على بركة الله تعالى في البحر العجاج المتلاطم بالأمواج وطاب لنا السفر ولم نزل على هذه الحالة مدة ليالي وأيام من جزيرة إلى جزيرة ومن بحر إلى بحر. إلى أن خرجت علينا ريح مختلفة يوماً من الأيام فرمى الريس مراسي المركب وأوقفه في وسط البحر خوفاً عليه من الغرق. فبينما نحن على هذه الحالة ندعو ونتضرع إلى الله تعالى إذ خرج علينا ريح عاصف شديد مزق القلع وقطعه قطعاً وغرق الناس وجميع حمولهم وما معهم من المتاع والأموال وغرقت أنا بجملة من غرق. وعمت في البحر نصف نهار وقد تخليت عن نفسي فيسر الله تعالى لي قطعة لوح خشب من ألواح المركب فركبتها أنا وجماعة من التجار. وأدرك شهرزاد الصباح فسكتت عن الكلام المباح.

وفي الليلة الخامسة والأربعين بعد الخمسمائةقالت: بلغني أيها الملك السعيد أن السندباد البحري بعد أن غرق المركب وطلع على لوح خشب هو وجماعة من التجار قال اجتمعنا على بعضنا ولم نزل راكبين على ذلك اللوح ونرفس فلما كان ثاني يوم ضحوة نهار ثار علينا ريح وهاج البحر وقوي الموج والريح فرمانا الماء

على جزيرة ونحن مثل الموتى من شدة السهر والتعب والبرد والجوع والخوف والعطش وقد مشينا في جوانب تلك الجزيرة فوجدنا فيها نباتاً كثيراً. فأكلنا منه شيئاً يسد رمقنا ويقيتنا. وبتنا تلك الليلة على جانب الجزيرة. فلما أصبح الصباح وأضاء بنوره ولاح قمنا ومشينا في الجزيرة يميناً وشمالاً فلاح لنا عمارة على بعد فسرنا في تلك الجزيرة قاصدين تلك العمارة التي رأيناها من بعد ولم نزل سائرين إلى أن وقفنا على بابها. فبينما نحن واقفون هناك إذ خرج علينا من ذلك الباب جماعة عراة ولم يكلمونا وقد قبضوا علينا وأخذونا عند ملكهم فأمرنا بالجلوس فجلسنا وقد أحضروا لنا طعاماً لم نعرفه ولا في عمرنا رأينا مثله فلم تقبله نفسي ولم آكل منه شيئاً دون رفقتي وكان قلة أكلي منه لطفاً من الله تعالى حتى عشت إلى الآن. فلما أكل أصحابي من ذلك الطعام ذهلت عقولهم وصاروا يأكلون مثل المجانين وتغيرت أحوالهم وبعد ذلك أحضروا لهم دهن النارجيل فسقوهم منه ودهنوهم منه فلما شرب أصحابي من ذلك الدهن زاغت أعينهم من وجوههم وصاروا يأكلون من ذلك الطعام بخلاف أكلهم المعتاد فعند ذلك احترت في أمرهم وصرت أتأسف عليهم وقد صار عندي هم عظيم من شدة الخوف على نفسي من هؤلاء العرايا وقد تأملتهم فإذا هم قوم مجوس وملك مدينتهم غول وكل من وصل إلى بلادهم أو رأوه في الوادي أو الطرقات يجيئون به إلى ملكهم ويطعمونه من ذلك الطعام ويدهنونه بذلك الدهن فيتسع جوفه لأجل أن يأكل كثيراً ويذهل عقله وتنطمس فكرته ويصير مثل الإبل فيزيدون له الأكل والشرب من ذلك الطعام والدهن حتى يسمن ويغلظ فيذبحونه ويشوونه ويطعمونه لملكهم. وأما أصحاب الملك فيأكلون من لحم الإنسان بلا شوي ولا طبخ. فلما نظرت منهم ذلك الأمر صرت في غاية الكرب على نفسي وعلى أصحابي وقد صار أصحابي من فرط ما دهشت عقولهم لا يعلمون ما يفعل بهم وقد سلموهم إلى شخص فصار يأخذهم كل يوم ويخرج يرعاهم في تلك الجزيرة مثل البهائم وأما أنا فقد صرت من شدة الخوف والجوع ضعيفاً سقيم الجسم وصار لحمي يابساً على عظمي. فلما رأوني على هذه الحالة تركوني ونسوني ولم يتذكرني منهم أحد ولا خطرت لهم على بال إلى أن تحيلت يوماً من الأيام وخرجت من ذلك المكان ومشيت في تلك الجزيرة ولم أزل سائراً حتى طلع النهار وأصبح الصباح وأضاء بنوره ولاح وطلعت الشمس على رؤوس الروابي والبطاح وقد تعبت وجعت وعطشت فصرت آكل من الحشيش والنبات الذي في الجزيرة ولم أزل آكل من ذلك النبات حتى شبعت وانسد رمقي وبعد ذلك قمت ومشيت في الجزيرة ولم أزل على هذه الحالة طول النهار والليل وكلما أجوع آكل من النبات ولم أزل على هذه الحالة مدة سبعة أيام

بلياليها. فلما كانت صبيحة اليوم الثامن لاحت مني نظرة فرأيت شبحاً من بعيد فسرت إليه ولم أزل سائراً إلى أن حصلته بعد غروب الشمس فحققت النظر فيه بعد وأنا بعيد عنه وقلبي خائف من الذي قاسيته أولاً وثانياً وإذا هم جماعة يجمعون حب الفلفل فلما قربت منهم ونظروني تسارعوا إلي وجاءوا عندي وقد أحاطوني من كل جانب وقالوا لي من أنت ومن أين أقبلت فقلت لهم اعلموا يا جماعة أني رجل غريب مسكين وأخبرتهم بجميع ما كان من أمري وما جرى لي من الأهوال والشدائد وما قاسيته. وأدرك شهرزاد الصباح فسكتت عن الكلام المباح.

وفي الليلة السادسة والأربعين بعد الخمسمائةقالت: بلغني أيها الملك السعيد أن السندباد البحري لما رأى الجماعة الذين يجمعون حب الفلفل في الجزيرة وسألوه عن حاله حكى لهم جميع ما جرى له وما قاساه من الشدائد فقالوا والله هذا أمر عجيب ولكن كيف خلاصتك من السودان وكيف مرورك عليهم في هذه الجزيرة وهم خلق كثيرون ويأكلون الناس ولا يسلم منهم أحد ولا يقدر أن يجوز عليهم أحد. فأخبرتهم بما جرى لي معهم وكيف أخذوا أصحابي وأطعموهم الطعام ولم آكل منه فهنوني بالسلامة وصاروا يتعجبون مما جرى لي ثم أجلسوني عندهم حتى فرغوا من شغلهم وأتوني بشيء من الطعام فأكلت منه وكنت جائعاً وارتحت عندهم ساعة من الزمان. وبعد ذلك أخذوني ونزلوا بي في مركب وجاؤوا إلى جزيرتهم ومساكنهم وقد عرضوني على ملكهم فسلمت عليه ورحب بي وأكرمني وسألني عن حالي فأخبرته بما كان من أمري. وما جرى لي وما اتفق لي من يوم خروجي من مدينة بغداد إلى حين وصلت إليه فتعجب ملكهم من قصتي غاية العجب هو ومن كان حاضراً في مجلسه ثم إنه أمرني بالجلوس عنده فجلست وأمر بإحضار الطعام فأحضروه فأكلت منه على قدر كفايتي وغسلت يدي وشكرت فضل الله تعالى وحمدته وأثنيت عليه. ثم إني قمت من عند ملكهم وتفرجت في مدينته فإذا هي مدينة عامرة كثيرة الأهل والمال. كثيرة الطعام والأسواق والبضائع والبائعين والمشترين ففرحت بوصولي إلى تلك المدينة وارتاح خاطري واستأنست بأهلها وصرت عندهم وعند ملكهم معززاً مكرماً زيادة عن أهل مملكته من عظماء مدينته ورأيت جميع أكابرها وأصاغرها يركبون الخيل الجياد الملاح من غير سروج فتعجبت من ذلك. ثم إني قلت للملك لأي شيء يا مولاي لم تركب على سرج فإن فيه راحة للراكب وزيادة قوة فقال لي: كيف يكون السرج هذا شيء عمرنا ما رأيناه ولا ركبنا عليه فقلت له: هل لك أن تأذي أن أصنع لك سرجاً تركب عليه وتنظر حظه فقال لي افعل فقلت له أحضر لي شيئاً من الخشب فأمر لي بإحضار جميع ما طلبته. فعند ذلك طلبت نجاراً شاطراً

وجلست عنده وعلمته صنعة السرج وكيف يعمله ثم إني أخذت صوفاً ونقشته وصنعت منه لبداً وأحضرت جلداً وألبسته السرج وصقلته ثم إني ركبت سيوره وشددت شريحته وبعد ذلك أحضرت الحداد ووصفت له كيفية الركاب فدق ركاباً عظيماً وبردته وبيضته بالقصدير ثم إني شددت له أهداباً من الحرير وبعد ذلك قمت وجئت بحصان من خيار خيول الملك وشددت عليه السرج وعلقت فيه الركاب وألجمته بلجام وقدمته إلى الملك فأعجبه ولاق بخاطره وشكرني وركب عليه وقد حصل له فرح شديد بذلك السرج وأعطاني شيئاً كثيراً في نظير عملي له. فلما نظرني وزيره عملت ذلك السرج طلب مني واحداً مثله فعملت له سرجاً مثله وقد صار أكابر الدولة وأصحاب المناصب يطلبون مني السروج فأفعل لهم وعلمت النجار صنعة السرج والحداد صنعة الركاب وصرنا نعمل السروج والركابات ونبيعها للأكابر والمخاديم وقد جمعت من ذلك مالاً كثيراً وصار لي عندهم مقاماً كبيراً وأحبوني محبة زائدة وبقيت صاحب منزلة عالية عند الملك وجماعته وعند أكابر البلد وأرباب الدولة إلى أن جلست يوماً من الأيام عند الملك وأنا في غاية السرور والعز. فبينما أنا جالس قال لي الملك اعلم يا هذا أنك صرت معزوزاً مكرماً عندنا وواحداً منا ولا نقدر على مفارقتك ولا نستطيع خروجك من مدينتنا ومقصودي منك شيء تطيعني فيه ولا ترد قولي فقلت له: وما الذي تريد أيها الملك فإني لا أرد قولك لأنه صار لك فضل وجميل وإحسان علي والحمد لله أنا صرت من بعض خدامك فقال أريد أن أزوجك عندنا زوجة حسنة مليحة ظريفة صاحبة مال وجمال وتصير مستوطناً عندنا وأسكنك عندي في قصري فلا تخالفني ولا ترد كلامي. فلما سمعت كلام الملك استحييت منه وسكت ولم أرد عليه جواباً من كثرة الحياء فقال لي لما لا ترد علي يا ولدي! فقلت يا سيدي الأمر أمرك يا ملك الزمان فأرسل من وقته وساعته وأحضر القاضي والشهود وزوجني في ذلك الوقت بامرأة شريفة القدر عالية النسب كثيرة المال والنوال عظيمة الأصل بديعة الجمال والحسن صاحبة أماكن وأملاك وعقارات. وأدرك شهرزاد الصباح فسكتت عن الكلام المباح.

وفي الليلة السابعة والأربعين بعد الخمسمائة قالت: بلغني أيها الملك السعيد أن السندباد البحري بعد أن زوجه الملك وعقد له على امرأة عظيمة قال: ثم إنه أعطاني بيتاً عظيماً مليحاً بمفرده وأعطاني خداماً وحشماً ورتب له جرايات وجوامك وصرت في غاية الراحة والبسط والانشراح ونسيت جميع ما حصل لي من التعب والمشقة والشدة وقلت في نفسي إذا سافرت إلى بلادي آخذها معي وكل شيء مقدر على الإنسان لابد منه ولم يعلم بما يجري له وقد أحببتها وأحبتني

محبة عظيمة ووقع الوفاق بيني وبينها وقد أقمنا في ألذ عيش وأرغد مورد ولم نزل على هذه الحالة مدة من الزمن فأفقد الله زوجة جاري وكان صاحباً لي فدخلت إليه لأعزيه في زوجته فرأيته في أسوأ حال وهو مهموم تعبان السر والخاطر فعند ذلك عزيته وسليته وقلت له لا تحزن على زوجتك الله يعوضك خيراً منها ويكون عمرك طويلاً إن شاء الله تعالى فبكى بكاء شديداً وقال يا صاحبي: كيف أتزوج بغيرها أو كيف يعوضني الله خيراً منها وأنا بقي من عمري يوم واحد فقلت له يا أخي ارجع لعقلك ولا تبشر على روحك بالموت فإنك طيب بخير وعافية فقال لي يا صاحبي وحياتك في غد تعدمني وما بقيت عمرك تنظرني فقلت له وكيف ذلك فقال لي في هذا النهار يدفنون زوجتي ويدفنوني معها في القبر فإنها عادتنا في بلادنا إذا ماتت المرأة يدفنون معها زوجها بالحياة وإن مات الرجل يدفنون معه زوجته بالحياة حتى لا يتلذذ فقلت له بالله إن هذه العادة رديئة جداً وما يقدر عليها أحد فبينما نحن في ذلك الحديث وإذا بغالب أهل المدينة قد حضروا وصاروا يعزون صاحبي في زوجته وفي نفسه وقد شرعوا في تجهيزها على جري عادتهم فأحضروا تابوتاً وحملوا فيه المرأة وذلك الرجل معهم وخرجوا بهما إلى خارج المدينة وأتوا إلى مكان في جانب الجبل على البحر وتقدموا إلى مكان ورفعوا عنه حجراً كبيراً فبان من تحت ذلك الحجر خرزة من الحجر مثل خرزة البئر فرموا تلك المرأة فيها وإذا هو جب كبير تحت الجبل ثم إنهم جاؤوا بذلك الرجل وربطوه تحت صدره في سلبة وأنزلوه في ذلك الجب وأنزلوا عنده كوز ماء عذب كبير وسبعة أرغفة من الزاد ولما أنزلوه فك نفسه من السلبة فسحبوا السلبة وغطوا فم البئر بذلك الحجر الكبير مثل ما كان وانصرفوا إلى حال سبيلهم وتركوا صاحبي عند زوجته فقلت في نفسي والله إن هذا الموت أصعب منالموت الأول ثم إني جئت عند ملكهم وقلت له يا سيدي كيف تدفنون الحي مع الميت في بلادكم. فقال لي اعلم أن هذه عادتنا في بلادنا إذا مات الرجل ندفن معه زوجته وإذا ماتت المرأة ندفن معها زوجها بالحياة حتى لا نفرق بينهما في الحياة ولا في الممات وهذه العادة عن أجدادنا فقلت يا ملك الزمان وكذا الرجل الغريب مثلي إذا ماتت زوجته عندكم تفعلون به مثل ما فعلتم بهذا فقال لي نعم ندفنه معها ونفعل به كما رأيت. فلما سمعت ذلك الكلام منه انشقت مرارتي من شدة الغم والحزن على نفسي وذهل عقلي وصرت خائفاً أن تموت زوجتي قبلي فيدفنوني معها وأنا بالحياة ثم إني سليت نفسي لعلي أموت أنا قبلها ولم يعلم أحد السابق من اللاحق وصرت أتلاهى في بعض الأمور. فما مضت مدة يسيرة بعد ذلك حتى مرضت زوجتي وقد مكثت أياماً قلائل وماتت. فاجتمع

غالب الناس يعزونني ويعزون أهلها فيها وقد جاءني الملك يعزيني فيها على جري عادتهم ثم إنهم جاؤوا لها بغاسلة فغسلوها وألبسوها أفخر ما عندها من الثياب والمصاغ والقلائد والجواهر من المعادن. فلما ألبسوا زوجتي وحطوها في التابوت وحملوها وراحوا بها إلى ذلك الجبل ورفعوا الحجر عن فم الجب وألقوها فيه وأقبل جميع أصحابي وأهل زوجتي يودعونني في روحي وأنا أصيح بينهم أنا رجل غريب وليس لي صبر على عادتكم وهم لا يسمعون قولي ولا يلتفتون إلى كلامي. ثم إنهم أمسكوني وربطوني بالغصب وربطوا معي سبعة أقراص من الخبز وماء عذب على جري عادتهم وأنزلوني في ذلك البئر فإذا هو مغارة كبيرة تحت ذلك الجبل وقالوا لي فك نفسك من الحبال فلم أرض أن أفك نفسي فرموا علي الحبال ثم غطوا فم المغارة بذلك الحجر الكبير الذي كان عليها وراحوا إلى حال سبيلهم. وأدرك شهرزاد الصباح فسكتت عن الكلام المباح.

وفي الليلة الثامنة والأربعين بعد الخمسمائةقالت: بلغني أيها الملك السعيد أن السندباد البحري لما حطوه في المغارة مع زوجته التي ماتت وردوا باب المغارة وراحوا إلى حال سبيلهم قال وأما أنا فإني رأيت في تلك المغارة أمواتاً كثيرة ورائحتها منتنة كريهة فلمت نفسي على فعلتي وقلت: والله إني أستحق جميع ما يجري لي وما يقع لي ثم إني صرت لا أعرف الليل من النهار وصرت أتقوت باليسير ولا آكل حتى يكاد أن يقطعني الجوع ولا أشرب حتى يشتد بي العطش وأنا خائف أن يفرغ ما عندي من الزاد والماء وقلت لا حول ولا قوة إلا بالله العلي العظيم أي شيء بلاني بالزواج في هذه المدينة وكلما أقول خرجت من مصيبة أقع في مصيبة أقوى منها والله إن هذا الموت موت مشؤوم يا ليتني غرقت في البحر أو مت في الجبال كان أحسن لي من هذا الموت الرديء ولم أزل على هذه الحالة ألوم نفسي ونمت على عظام الأموات واستعنت بالله حتى أحرق قلبي الجوع وألهبني العطش فقعدت وحسست على الخبز وأكلت منه شيئاً قليلاً وتجرعت عليه شيئاً قليلاً من الماء. ثم إني قمت ووقفت على حيلي وصرت أمشي في جانب تلك المغارة فرأيتها متسعة الجوانب خالية البطون ولكن في أرضها أموات كثيرة وعظام رميمة من قديم الزمان فعند ذلك عملت لي مكاناً في جانب المغارة بعيداً عن الموتى الطريين وصرت أنام فيه وقد قل زادي وما بقي معي إلا شيء يسير وقد كنت آكل في كل يوم أو أكثر أكلة وأشرب شربة خوفاً من فراغ الماء والزاد من عندي قبل موتي ولم أزل على هذه الحالة إلى أن جلست يوماً من الأيام فبينما أنا جالس متفكر في نفسي كيف أفعل إذا فرغ زادي والماء من عندي وإذا بالصرة قد تزحزحت من مكانها ونزل منه النور عندي فقلت يا ترى ما الخبر وإذا بالقوم

واقفون على رأس البئر وقد أنزلوا رجلاً ميتاً وامرأة معه بالحياة وهي تبكي وتصيح على نفسها وقد أنزلوا عندها شيئاً كثيراً من الزاد والماء فصرت انظر المرأة وهي لم تنظرني وقد غطوا فم البئر بالحجر وانصرفوا إلى حال سبيلهم. فقمت أنا وأخذت في يدي قصبة رجل ميت وجئت إلى المرأة وضربتها في وسط رأسها فوقعت على الأرض مغشياً عليها فضربتها ثانياً وثالثاً فماتت فأخذت خبزها وما معها ورأيت عليها شيئاً كثيراً من الحلي والحلل والقلائد والجواهر والمعادن ثم إني أخذت الماء والزاد الذي مع المرأة وقعدت في الموضع الذي كنت عملته في جانب المغارة لأنام فيه وصرت آكل من ذلك الزاد شيئاً قليلاً على قدر ما يقوتني حتى لا يفرغ بسرعة فأموت من الجوع والعطش وأقمت في تلك المغارة مدة من الزمان وأنا كل من دفنوه أقتل من دفن معه بالحياة وآخذ أكله وشربه أتقوت به إلى أن كنت نائماً يوماً من الأيام فاستيقظت من منامي وسمعت شيئاً يكركب في جانب المغارة فقلت ما يكون هذا ثم إني قمت ومشيت نحوه ومعي قصبة رجل ميت فلما أحس بي فر وهرب مني فإذا هو وحش فتبعته إلى صدر المغارة فبان لي نور من مكان صغير مثل النجمة تارة يبين لي وتارة يخفى عني. فلما نظرته قصدت نحوه وبقيت كلما أتقرب منه يظهر لي نور منه ويتسع فعند ذلك تحققت أنه خرق في تلك المغارة ينفذ للخلاء فقلت في نفسي لابد أن يكون لهذا المكان حركة إما أن يكون مدفناً ثانياً مثل الذي نزلوني منه وإما أن يكون تخريق من هذا المكان ثم إني تفكرت في نفسي ساعة من الزمان ومشيت إلى ناحية النور وإذا به ثقب في ظهر الجبل من الوحوش ثقبوه وصاروا يدخلون منه إلى هذا المكان ويأكلون الموتى حتى يشبعون ويطلعون من ذلك الثقب فلما رأيته هدأت واطمأنت نفسي وارتاح قلبي وأيقنت بالحياة بعد الممات وصرت كأني في المنام ثم إني عالجت حتى طلعت من ذلك الثقب فرأيت نفسي على جانب البحر المالح فوق جبل عظيم وهو قاطع بين البحرين وبين الجزيرة والمدينة ولا يستطيع أحد الوصول إليه فحمدت الله تعالى وشكرته وفرحت فرحاً عظيماً وقوي قلبي. ثم إني بعد ذلك رجعت من الثقب إلى المغارة ونقلت جميع ما فليها من الزاد والماء الذي كنت وفرته ثم إني أخذت من ثياب الأموات ولبست شيئاً منها غير الذي كان علي وأخذت مما عليهم شيئاً كثيراً من أنواع العقود والجواهر وقلائد اللؤلؤ والمصاغ من الفضة والذهب المرصع بأنواع المعادن والتحف وربطته في ثياب الموتى وطلعتها من الثقب إلى ظهر الجبل ووقفت على جانب البحر وبقيت في كل يوم أنزل المغارة وأطلع وكل من دفنوه آخذ زاده وماؤه وأقتله سواء كان ذكراً أو أنثى وأطلع من ذلك الثقب فأجلس على جانب البحر لأنتظر الفرج من الله تعالى

وإذا بمركب يجوز علي وصرت أنقل من تلك المغارة كل شيء رأيته من المصاغ وأربطه في ثياب الموتى ولم أزل على هذه الحالة مدة من الزمان. وأدرك شهرزاد الصباح فسكتت عن الكلام المباح.

وفي الليلة التاسعة والأربعين بعد الخمسمائة قالت: بلغني أيها الملك السعيد أن السندباد البحري سار ينقل من تلك المغارة ما يلقاه فيها من مصاغ وغيره ويجلس على جانب البحر مدة من الزمان قال فبينما أنا جالس يوماً من الأيام على جانب البحر وأنا متفكر في أمري وإذا بمركب سائر في وسط البحر العجاج المتلاطم بالأمواج فأخذت في يدي ثوباً أبيض من ثياب الموتى وربطته في عكاز وجريت به على شاطئ البحر وصرت أشير إليهم بذلك الثوب حتى لاحت منهم التفاتة فرأوني وأنا في رأس الجبل فجاؤوا إلي وسمعوا صوتي وأرسلوا إلي زورقاً من عندهم وفيه جماعة من المركب ولم نزل مسافرين من جزيرة إلى جزيرة ومن بحر إلى بحر وأنا أرجو النجاة وصرت فرحاناً بسلامتي وكلما أتفكر قعودي في المغارة مع زوجتي يغيب عقلي. وقد وصلنا بقدرة الله تعالى مع السلامة إلى مدينة البصرة فطلعت إليها وأقمت فيها أياماً قلائل وبعدها جئت إلى مدينة بغداد فجئت إلى حارتي ودخلت داري وقابلت أهلي وأصحابي وسألت عنهم ففرحوا بسلامتي وهنوني وقد خزنت جميع ما كان معي من الأمتعة في حواصلي وتصدقت ووهبت وكسوت الأيتام والأرامل وصرت في غاية البسط والسرور وقد عدت لما كنت عليه من المعاشرة والمرافقة ومصاحبة الإخوان واللهو والطرب وهذا أعجب ما صار لي في السفرة الرابعة ولكن يا أخي تعش عندي وخذ عادتك وفي غد تجيء عندي فأخبرك بما كان لي وما جرى لي في السفرة الخامسة فإنها أعجب وأغرب مما سبق ثم أمر له بمائة مثقال ذهب ومد السماط وتعشى الجماعة وانصرفوا إلى حال سبيلهم وهم متعجبون غاية العجب وكل حكاية أعظم من التي قبلها. وقد راح السندباد الحمال إلى منزله وبات في غاية البسط والانشراح وهو متعجب ولما أصبح الصباح وأضاء نوره ولاح قام السندباد البري وصلى الصبح وتمشى إلى أن دخل دار السندباد البحري وصبح عليه. فرحب به وأمره بالجلوس عنده حتى جاءه بقية أصحابه فأكلوا وشربوا وتلذذوا وطربوا ودارت بينهم المحادثات فابتدأ السندباد البحري بالكلام. وأدرك شهرزاد الصباح فسكتت عن الكلام المباح.

الحكاية الخامسة من حكايات السندباد البحري وهي السفرة الخامسة

وفي الليلة الخمسين بعد الخمسمائة قالت: بلغني أيها الملك السعيد أن السندباد البحري ابتدأ بالكلام فيما جرى وما وقع له في الحكاية الخامسة فقال اعلموا يا

إخواني أني لما رجعت من السفرة الرابعة وقد غرقت في اللهو والطرب والانشراح وقد نسيت جميع ما كنت لقيته وما جرى لي وما قاسيته من شدة فرحي بالمكسب والربح والفوائد فحدثتني نفسي بالسفر والتفرج في بلاد الناس وفي الجزائر فقمت وهممت في ذلك الوقت واشتريت بضاعة تناسب البحر وحزمت الحمول وسرت من مدينة بغداد وتوجهت إلى مدينة البصرة ومشيت على جانب الساحل فرأيت مركباً كبيراً مليحاً فأعجبني فاشتريته وكانت عدته جديدة واكتريت له ريساً وبحرية ونظرت عليه عبيدي وغلماني وأنزلت فيه حمولي وجاءني جماعة من التجار فنزلوا حمولهم فيه ودفعوا لي الأجرة وسرنا ونحن في غاية الفرح والسرور وقد استبشرنا بالسلامة والكسب ولم نزل مسافرين من جزيرة إلى جزيرة ومن بحر إلى بحر ونحن نتفرج في الجزر والبلدان ونطلع إليها نبيع فيها ونشتري ولم نزل على هذه الحالة إلى أن وصلنا يوماً من الأيام إلى جزيرة خالية من السكان. وليس فيها أحد وهي خراب وفيها قبة عظيمة بيضاء كبيرة الحجم فطلعنا نتفرج عليها وإذا هي بيضة رخ كبيرة. فلما طلع التجار إليها وتفرجوا عليها ولم يعلموا أنها بيضة رخ فضربوها بالحجارة فكسرت ونزل منها ماء كثير وقد بان منها فرخ الرخ فسحبوه منها وطلعوه من تلك البيضة وذبحوه وأخذوا منه لحماً كثيراً وأنا في المركب ولم أعلم ولم يطلعوني على ما فعلوه فعند ذلك قال لي واحد من الركاب يا سيدي قم تفرج على هذه البيضة التي تحسبنها قبة فقمت لاتفرج عليها فوجدت التجار يضربون البيضة فصحت عليهم لا تفعلوا هذا الفعل فيطلع طير الرخ ويكسر مركبنا ويهلكنا فلم يسمعوا كلامي. فبينما هم على هذه الحالة وإذا بالشمس قد غابت عنا والنهار أظلم وصار فوقنا غمامة أظلم الجو منها فرفعنا رؤوسنا لننظر ما الذي حال بيننا وبين الشمس فرأينا أجنحة الرخ هي التي حجبت عنا ضوء الشمس حتى أظلم الجو وذلك أنه لما جاء الرخ رأى بيضه انكسرت تبعنا وصاح علينا فجاءت رفيقته وصارا حائمين على المركب يصرخان علينا بصوت أشد من الرعد فصحت أنا على الريس والبحرية وقلت لهم: ادفعوا المركب واطلبو السلامة قبل أن فلما رآنا الرخ سرنا في البحر غاب عنا ساعة من الزمان وقد سرنا وأسرعنا في السير بالمركب نريد الخلاص منهما والخروج من أرضهما وإذا بهما قد تبعانا وأقبلا علينا وفي رجل كل واحد منهما صخرة عظيمة من الجبل فألقى الصخرة التي كان معه علينا فجذب الريس المركب وقد أخطأها نزول الصخرة بشيء قليل فنزلت في البحر تحت المركب فقام بنا المركب وقعد من عظم وقوعها في البحر وقد رأينا قعر البحر من شدة عزمها. ثم إن رفيقة الرخ ألقت علينا الصخرة التي معها وهي أصغر من الأولى فنزلت

بالأمر المقدر على مؤخر المركب فكسرته وطيرت الدفة عشرين قطعة وقد غرق جميع ما كان في المركب بالبحر فصرت أحاول النجاة من حلاوة الروح فقدر الله تعالى لي لوحاً من ألواح المركب فتعلقت فيه وركبته وصرت أقذف عليه برجلي والريح والموج يساعداني على السير وكان المركب قد غرق بالقرب من جزيرة في وسط البحر فرمتني المقادير بإذن الله تعالى إلى تلك الجزيرة فطلعت عليها وأنا على آخر نفس وفي حالة الموت من شدة ما قاسيته من التعب والمشقة والجوع والعطش. ثم إني انطرحت على شاطئ البحر ساعة من الزمان حتى ارتاحت نفسي واطمأن قلبي ثم مشيت في تلك الجزيرة فرأيتها كأنها روضة من رياض الجنة أشجارها يانعة وأنهارها دافقة وطيورها مغردة تسبح من له العزة والبقاء وفي تلك الجزيرة شيء كثير من الأشجار والفواكه وأنواع الأزهار فعند ذلك أكلت من الفواكه حتى شبعت وشربت من تلك الأنهار حتى رويت وحمدت الله تعالى على ذلك واثنيت عليه. وأدرك شهرزاد الصباح فسكتت عن الكلام المباح.

وفي الليلة الواحدة والخمسين بعد الخمسمائةقالت: بلغني أيها الملك السعيد أن السندباد البحري حمد الله وأثنى عليه وقال ولم أزل على هذه الحالة قاعداً في الجزيرة إلى أن أمسى المساء وأقبل الليل وأنا مثل القتيل مما حصل لي من التعب والخوف ولم أسمع في تلك الجزيرة صوتاً ولم أر فيها أحداً ولم أزل راقداً فيها إلى الصباح ثم قمت على حيلي ومشيت بين تلك الأشجار ساقية على عين ماء جارية وعند تلك الساقية شيخ جالس مليح وذلك الشيخ مؤتزر بإزار من ورق الأشجار فقلت في نفسي لعل هذا الشيخ طلع إلى هذه الجزيرة وهو من الغرقى الذين كسر بهم المركب ثم دنوت منه وسلمت عليه فرد الشيخ علي السلام بالإشارة ولم يتكلم فقلت له يا شيخ ما سبب جلوسك في هذا المكان فحرك رأسه وتأسف وأشار لي بيده يعني احملني على رقبتك وانقلني من هذا المكان إلى جانب الساقية الثانية فقلت في نفسي اعمل مع هذا معروفاً وأنقله إلى المكان الذي يريده لعل ثوابه يحصل لي فتقدمت إليه وحملته على أكتافي وجئت إلى المكان الذي أشار لي إليه وقلت له انزل على مهلك فلم ينزل عن أكتافي وقد لف رجليه على رقبتي فنظرت إلى رجليه فرأيتهما مثل جلد الجاموس في السواد والخشونة ففزعت منه وأردت أن أرميه من فوق أكتافي فقرط على رقبتي برجليه وخنقني بهما حتى اسودت الدنيا في وجهي وغبت عن وجودي ووقعت على الأرض مغشياً علي مثل الميت فرفع ساقيه وضربني على ظهري وعلى أكتافي فحصل لي ألم شديد فنهضت قائماً به وهو راكب فوق أكتافي وقد تعبت منه فأشار لي بيده أن ادخل بين الأشجار فدخلت إلى أطيب الفواكه وكنت إذا خالفته يضربني برجليه ضرباً

أشد من ضرب الأسواط. ولم يزل يشير إلي بيده إلى كل مكان أراده وأنا أمشي به إليه وإن توانيت أو تمهلت يضربني وأنا معه شبه الأسير وقد دخلنا في وسط الجزيرة بين الأشجار وصار يبول ويغوط على أكتافي ولا ينزل ليلاً ولا نهاراً وإذا أراد النوم يلف رجليه على رقبتي وينام قليلاً ثم يقوم ويضربني فأقوم مسرعاً به ولا أستطيع مخالفته من شدة ما أقاسي منه وقد لمت نفسي على ما كان مني من حمله والشفقة عليه. ولم أزل معه على هذه الحالة وأنا في أشد ما يكون من التعب وقلت في نفسي أنا فعلت مع هذا خيراً فانقلب علي شراً والله ما بقيت أفعل مع أحد خيراً طول عمري وقد صرت أتمنى الموت من الله تعالى في كل وقت وكل ساعة من كثرة ما أنا فيه من التعب والمشقة. ولم أزل على هذه الحالة مدة من الزمان إلى أن جئت به يوماً من الأيام إلى مكان في الجزيرة فوجدت فيه يقطيناً كثيراً ومنه شيء يابس فأخذت منه واحدة كبيرة يابسة وفتحت رأسها وصفيتها إلى شجرة العنب فملأتها منها وسددت رأسها ووضعتها في الشمس وتركتها مدة أيام حتى صارت خمراً صافياً وصرت كل يوم أشرب منه لأستعين به على تعبي مع ذلك الشيطان المريد وكلما سكرت منها تقوى همتي فنظرني يوماً من الأيام وأنا أشرب فأشار لي بيده ما هذا فقلت له هذا شيء مليح يقوي القلب ويشرح الخاطر. ثم إني جريت به ورقصت بين الأشجار وحصل لي نشوة من السكر فصفقت وغنيت وانشرحت فلما رآني على هذه الحالة أشار لي أن أناوله اليقطينة ليشرب منها فخفت منه وأعطيتها له فشرب ما كان باقياً فيها ورماها على الأرض وقد حصل له طرب فصار يهتز على أ: تافي ثم إنه سكر وغرق في السكر وقد ارتخت جميع أعضائه وفرائصه وصار يتمايل من فوق أكتافي فلما علمت بسكره وأنه غاب عن الوجود مددت يدي إلى رجليه وفككتهما من وأدرك شهرزاد الصباح فسكتت عن الكلام المباح.

وفي الليلة الثانية والخمسين بعد الخمسمائة قالت: بلغني أيها الملك السعيد أن السندباد البحري لما ألقى الشيطان عن أكتافه على الأرض قال فما صدقت أن خلصت نفسي ونجوت من الأمر الذي كنت فيه ثم إني خفت منه أي يقوم من سكره ويؤذيني وأخذت صخرة عظيمة من بين الأشجار وجئت إليه فضربته على رأسه وهو نائم فاختلط لحمه بدمه وقد قتل فلا رحمة الله عليه وبعد ذلك مشيت في الجزيرة وقد ارتاح خاطري وجئت إلى المكان الذي كنت فيه على ساحل البحر ولم أزل في تلك الجزيرة آكل من أثمارها وأشرب من أنهارها مدة من الزمان وأنا أترقب مركباً يمر علي إلى أن كنت جالساً يوماً من الأيام متفكراً فيما جرى لي وما كان من أمري وأقول في نفسي يا ترى هل يبقيني الله سالماً ثم أعود

إلى بلادي وأجتمع بأهلي وأصحابي وإذا بمركب قد أقبل من وسط البحر العجاج المتلاطم بالأمواج ولم يزل سائراً حتى رسى على تلك الجزيرة وطلع منه الركاب إلى الجزيرة فمشيت إليهم فلما نظروني أقبلوا علي كلهم مسرعين واجتمعوا حولي وقد سألوني عن حالي وما سبب وصولي إلى تلك الجزيرة فأخبرتهم بأمري وما جرى لي فتعجبوا من ذلك غاية العجب وقالوا إن هذا الرجل الذي ركب على أكتافك يسمى شيخ البحر وما أحد دخل تحت أغضائه وخلص منه إلا أنت والحمد لله على سلامتك ثم إنهم جاؤوا إلي بشيء من الطعام فأكلت حتى اكتفيت وأعطوني شيئاً من الملبوس لبسته وسترت به عورتي. ثم أخذوني معهم في المركب وقد سرنا أياماً وليالي فرمتنا المقادير على مدينة عالية البناء جميع بيوتها مطلة على البحر وتلك المدينة يقال لها مدينة القرود وإذا دخل الليل يأتي الناس الذين هم ساكنون في تلك المدينة فيخرجون من هذه الأبواب التي على البحر ثم ينزلون في زوارق ومراكب ويبيتون في البحر خوفاً من القرود أن ينزلوا عليهم في الليل من الجبال فطلعت أتفرج في تلك المدينة فسافر المركب ولم أعلم فندمت على طلوعي إلى تلك المدينة وتذكرت رفقتي وما جرى لي مع القرود أولاً وثانياً فقعدت أبكي وأنا حزين. فتقدم إلي رجل من أصحاب هذه البلد. وقال يا سيدي كأنك غريب في هذه الديار فقلت نعم أنا غريب ومسكين وكنت في مركب قد رسى على تلك المدينة فطلعت منه لأتفرج في المدينة وعدت إليه فلم أره. فقال قم وسر معنا انزل الزورق فإنك إن قعدت في المدينة ليلاً أهلكتك القرود فقلت له سمعاً وطاعة وقمت من وقتي وساعتي ونزلت معهم في الزورق فلما أصبح الصباح رجعوا بالزورق إلى المدينة وطلعوا وراح كل واحد منهم إلى شغله ولم تزل هذه عادتهم كل ليلة وكل مت تخلف منهم في المدينة بالليل جاء إليه القرود وأهلكوه وفي النهار تطلع القرود إلى خارج المدينة فيأكلون من أثمار البساتين ويرقدون في الجبال إلى وقت المساء ثم يعودون إلى المدينة وهذه المدينة في أقصى بلاد السودان ومن أعجب ما وقع لي من أهل هذه المدينة أن شخصاً من الجماعة الذين بت معهم في الزورق قال لي يا سيدي أنت غريب في هذه الديار فهل لك صنعة تشتغل فيها فقلت لا والله يا أخي ليس لي صنعة ولست أعرف عمل شيء وأنا رجل تاجر صاحب مال ونوال وكان لي مركب ملكي مشحوناً بأموال كثيرة وبضائع فكسر في البحر وغرق جميع ما كان فيه وما نجوت من الغرق إلا بإذن الله فرزقني الله بقطعة لوح ركبتها فكانت السبب في نجاتي من الغرق فعند ذلك قام الرجل وأحضر لي مخلاة من قطن وقال لي خذ هذه المخلاة واملأها حجارة زلط من هذه المدينة واخرج مع جماعة من أهل المدينة وأنا أرافقك به وأوصيهم

عليك وافعل كما يفعلون فلعلك أن تعمل بشيء تستعين به على سفرك وعودتك إلى بلادك. ثم إن ذلك الرجل أخذني وأخرجني إلى خارج المدينة فنقيت حجارة صغيرة من الزلط وملأت تلك المخلاة وإذا بجماعة خارجين من المدينة فأرفقني بهم وأوصاهم علي وقال لهم هذا رجل غريب فخذوه معكم وعلموه اللقط فلعله يعمل بشيء يتقوت به ويبقى لكم الأجر والثواب فقالوا سمعاً وطاعة ورحبوا بي وأخذوني معهم وساروا وكل واحد منهم معه مخلاة مثل المخلاة التي معي مملوءة زلطاً ولم نزل سائرين إلى أن وصلنا إلى واد واسع فيه أشجار كثيرة عالية لا يقدر أحد على أن يطلع عليها وفي تلك الوادي قرود كثيرة. فلما رأتنا هذه القرود نفرت منا وطلعت تلك الأشجار فصاروا يرجمون القرود بالحجارة التي معهم في المخالي والقرود تقطع من ثمار تلك الأشجار وترمي بها هؤلاء الرجال فنظرت تلك الثمار التي ترميها القرود وإذا هي جوز هندي فلما رأيت ذلك العمل من القوم اخترت شجرة عظيمة عليها قرود كثيرة وجئت إليها وصرت أرجم هذه القرود فتقطع ذلك الجوز وترميني به فأجمعه كما يفعل القوم فما فرغت الحجارة من مخلاتي حتى جمعت شيئاً كثيراً. فلما فرغ القوم من هذا العمل لموا جميع ما كان معهم وحمل كل واحد منهم ما أطاقه ثم عدنا إلى المدينة في باقي يومنا فجئت إلى الرجل صاحبي الذي أرفقني بالجماعة وأعطيته جميع ما جمعت وشكرت فضله فقال لي خذ هذا بعه وانتفع بثمنه ثم أعطاني مفتاح مكان في داره وقال لي ضع في هذا المكان هذا الذي بقي معك من الجوز واطلع في كل يوم مع الجماعة مثل ما طلعت هذا اليوم والذي تجيء به ميز منه الرديء وبعه وانتفع بثمنه واحفظه عندك في هذا المكان فلعلك تجمع منه شيئاً يعينك على سفرك فقلت له أجرك على الله تعالى وفعلت مثل ما قال لي ولم أزل في كل يوم أملأ المخلاة من الحجارة وأطلع مع القوم وأعمل مثل ما يعملون وقد صاروا يتواصون بي ويدلونني على الشجرة التي فيها الثمر الكثير ولم أزل على هذا الحال مدة من الزمان وقد اجتمع عندي شيء كثير من الجوز الهندي الطيب وبعت شيئاً كثيراً وكثر عندي ثمنه وصرت أشتري كل شيء رأيته ولاق بخاطري وقد صفا وقتي وزاد في المدينة حظي ولم أزل على هذه الحالة مدة من الزمان. فبينما أنا واقف على جانب البحر وإذا بمركب قد ورد إلى تلك المدينة ورسى على الساحل وفيها تجار معهم بضائع فصاروا يبيعون ويشترون ويقايضون على شيء من الجوز الهندي وغيره فجئت عند صاحبي وأعلمته بالمركب الذي جاء وأخبرته بأني أريد السفر إلى بلادي فقال الرأي لك فودعته وشكرته على إحسانه لي ثم إني جئت عند المركب وقابلت الريس واكتريت معه وأنزلت ما كان معي من الجوز وغيره في ذلك

المركب وقد ساروا بالمركب. وأدرك شهرزاد الصباح فسكتت عن الكلام المباح. وفي الليلة الثالثة والخمسين بعد الخمسمائة قالت: بلغني أيها الملك السعيد أن السندباد البحري لما نزل من مدينة القرود في المركب وأخذ ما كان معه من الجوز الهندي وغيره واكترى مع الريس قال وقد ساروا بالمركب في ذلك اليوم ولم نزل سائرين من جزيرة إلى جزيرة ومن بحرإلى بحر إلى أن وصلنا البصرة فطلعت فيها وأقمت بها مدة يسيرة ثم توجهت إلى مدينة بغداد ودخلت حارتي وجئت إلى بيتي وسلمت على أهلي وأصحابي فهنوني بالسلامة وخزنت جميع ما كان معي من البضائع والأمتعة وكسوت الأيتام والأرامل وتصدقت ووهبت وهاديت أهلي وأصحابي وأحبابي وقد عوض الله علي بأكثر مما راح مني أربع مرات وقد نسيت ما جرى لي وما قاسيته من التعب بكثرة الربح والفوائد وعدت لما كنت عليه في الزمن الأول من المعاشر والصحبة وهذا أعجب ما كان من أمري في السفرة الخامسة ولكن تعشوا وفي غد تعالوا أخبركم بما كان في السفرة السادسة فإنها أعجب من هذه فعند ذلك مدوا السماط وتعشوا. فلما فرغوا من العشاء أمر السندباد للحمال بمائة مثقال من الذهب فأخذها وانصرف وهو متعجب من ذلك الأمر وبات السندباد الحمال في بيته ولما أصبح الصباح قام وصلى الصبح ومشى إلى أن وصل إلى دار السندباد البحري فدخل عليه وأمره بالجلوس فجلس عنده ولم يزل يتحدث معه حتى جاء بقية أصحابه فتحدثوا ومدوا السماط وشربوا وتلذذوا وطربوا. وابتدأ السندباد البحري يحدثهم بحكاية السفرة السادسة فقال لهم اعلموا يا إخواني وأحبائي وأصحابي أني لما جئت من تلك السفرة الخامسة ونسيت ما كنت قاسيته بسبب اللهو والطرب والبسط والانشراح وأنا في غاية الفرح والسرور ولم أزل على هذه الحالة إلى أن جلست يوماً من الأيام في حظ وسرور وانشراح زائد. فبينما أنا جالس إذا بجماعة من التجار وردوا علي وعليهم آثار السفر فعند ذلك تذكرت أيام قدومي من السفر وفرحي بدخولي بلقاء أهلي وأصحابي وأحبائي وفرحي ببلادي فاشتاقت نفسي إلى السفر والتجارة فعزمت على السفر واشتريت لي بضائع نفيسة فاخرة تصلح للبحر وحملت حمولي وسافرت من مدينة بغداد إلى مدينة البصرة فرأيت سفينة عظيمة فيها تجار وأكابر ومعهم بضائع نفيسة فنزلت حمولي معهم في هذه السفينة وسرنا بالسلامة من مدينة البصرة. وأدرك شهرزاد الصباح فسكتت عن الكلام المباح.

وفي الليلة الرابعة والخمسين بعد الخمسمائة قالت: بلغني أيها الملك السعيد أن السندباد البحري لما جهز حموله ونزلها في المركب من مدينة البصرة وسافر قال ولم نزل مسافرين من مكان إلى مكان ومن مدينة إلى مدينة ونحن نبيع ونشتري

ونتفرج على بلاد الناس وقد طاب لنا السعد والسفر واغتنمنا المعاش إلى أن كنا سائرين يوماً من الأيام وإذا بريس المركب صرخ وصاح ورمى عمامته ولطم على وجهه ونتف لحيته ووقع في بطن المركب من شدة الغم والقهر. فاجتمع عليه جميع التجار والركاب وقالوا له يا ريس ما الخبر فقال لهم الريس اعلموا يا جماعة أننا قد تهنا بمركبنا وخرجنا من البحر الذي كنا فيه ودخلنا بحر لم نعرف طرقه وإذا لم يقيض الله لنا شيئاً يخلصنا من هذا البحر هلكنا جميعاً فادعوا الله تعالى أن ينجينا من هذا الأمر ثم إن الريس قام وصعد على الصاري وأراد أن يحل القلوع فقوي الريح على المركب فرده على مؤخره فانكسرت دفته قرب جبل عال فنزل الريس من الصاري وقال لا حول ولا قوة إلا بالله العلي العظيم لا يقدر أحد أن يمنع المقدور واعلموا أننا قد وقعنا في مهلكة عظيمة ولم يبق لنا منها خلاص ولا نجاة فبكى جميع الركاب على أنفسهم وودع بعضهم بعضاً لفراغ أعمارهم وانقطع رجاؤهم ومال المركب على ذلك الجبل فانكسر وتفرقت الواحة فغرق جميع ما فيه ووقع التجار في البحر فمنهم من غرق ومنهم من تمسك بذلك الجبل وطلع عليه وكنت أنا من جملة من طلع على ذلك الجبل وإذا فيه جزيرة كبيرة عندها كثير من المراكب المكسرة وفيها أرزاق كثيرة على شاطئ البحر من الذي يطرحه البحر من المراكب التي كسرت وغرق ركابها وفيها شيء كثير يحير العقل والفكر من المتاع والأموال التي يلقيها البحر على جوانبها. فعند ذلك طلعت على تلك الجزيرة ومشيت فيها. فرأيت في وسطها عين ماء عذب حار خارج من تحت أول ذلك الجبل وداخل في آخره من الجانب الثاني فعند ذلك طلع جميع الركاب على ذلك الجبل إلى الجزيرة وانتشروا فيها وقد ذهلت عقولهم من ذلك وصاروا مثل المجانين من كثرة ما أروا في الجزيرة من الأمتعة والأموال على ساحل البحر. وقد رأيت في وسط تلك العين شيئاً كثيراً من أصناف الجواهر والمعادن واليواقيت اللآلئ الكبار الملوكية وهي مثل الحصى في مجاري الماء في تلك الغيطان وجميع أرض تلك العين تبرق من كثرة ما فيها من المعادن وغيرها. ورأينا كثيراً في تلك الجزيرة من أعلى العود العود الصيني والعود القماري وفي تلك الجزيرة عين نابعة من صنف العنبر الخام وهو يسيل مثل الشمع على جانب تلك من شدة حر الشمس ويمتد على ساحل البحر فتطلع الهوايش من البحر وتبتلعه وتنزل في البحر فيحمي في بطونها فتقذفه من أفواهها في البحر فيجمد على وجه الماء فعند ذلك يتغير لونه وأحواله فتقذفه الأمواج إلى جانب البحر فيأخذه السواحون والتجار الذين يعرفونه فيبيعونه. وأما العنبر الخالص من الابتلاع فإنه يسيل على جانب تلك العين ويتجمد بأرضه وإذا طلعت عليه الشمس يسيح

وتبقى منه رائحة ذلك الوادي كله مثل المسك وإذا زالت عنه الشمس يجمد وذلك المكان الذي هو فيه هذا العنبر الخام لا يقدر أحد على دخوله ولا يستطيع سلوكه فإن الجبل محاط بتلك الجزيرة ولا يقدر أحد على صعود الجبل ولم نزل دائرين في تلك الجزيرة نتفرج على ما خلق الله تعالى فيها من الأرزاق ونحن متحيرون من أمرنا وفيما نراه وعندنا خوف شديد. وقد جمعنا على جانب الجزيرة شيئاً قليلاً من الزاد فصرنا نوفره ونأكل منه في كل يوم أو يومين أكلة واحدة ونحن خائفون أن يفرغ الزاد منا فنموت كمداً من شدة الجوع والخوف وكل من مات منا نغسله ونكفنه في ثياب وقماش من الذي يطرحه البحر على جانب الجزيرة حتى مات منا خلق كثير ولم يبق منا إلا جماعة قليلة فضعفنا بوجع البطن من البحر وأقمنا مدة قليلة فمات جميع أصحابي ورفقائي واحداً بعد واحد وكل من مات منهم ندفنه وبقيت في تلك الجزيرة وحدي وبقي معي زاد قليل بعد أن كان كثيراً فبكيت على نفسي وقلت يا ليتني مت قبل رفقائي وكانوا غسلوني ودفنوني فلا حول ولا قوة إلا بالله العلي العظيم. وأدرك شهرزاد الصباح فسكتت عن الكلام المباح.

وفي الليلة الخامسة والخمسين بعد الخمسمائة قالت: بلغني أيها الملك السعيد أن السندباد البحري لما دفن رفقاءه جميعاً وصار في الجزيرة وحده قال: ثم إني أقمت مدة يسيرة ثم قمت حفرت لنفسي حفرة عميقة في جانب تلك الجزيرة وقلت في نفسي إذا ضعفت وعلمت أن الموت قد أتاني أرقد في هذا القبر فأموت فيه ويبقى الريح يسف الرمل علي فيغطيني وأصير مدفوناً فيه وصرت ألوم نفسي على قلة عقلي وخروجي من بلادي ومدينتي وسفري إلى البلاد بعد الذي قاسيته أولاً وثانياً وثالثاً ورابعاً وخامساً ولا سفرة من الأسفار إلا وأقاسي فيها أهوالاً وشدائداً أشق وأصعب من الأهوال التي قبلها وما أصدق بالنجاة والسلامة وأتوب عن السفر في البحر وعن عودي إليه ولست محتاجاً لمال وعندي شيء كثير والذي عندي لا أقدر أن أفنيه ولا أضيع نصفه في باقي عمري وعندي ما يكفيني وزيادة ثم إني تفكرت في نفسي وقلت والله لابد أن هذا النهر له أول وآخر ولابد له من مكان يخرج منه إلى العمار والرأي السديد عندي أن أعمل لي فلكاً صغيراً على قدر ما أجلس فيه وأنزل وألقيه في هذا النهر وأسير به فإن وجدت خلاصاً أخلص وأنجو بإذن الله تعالى وإن لم أجد لي خلاصاً أموت داخل هذا النهر أحسن من هذا المكان وصرت أتحسر على نفسي. ثم إني قمت وسعيت فجمعت أخشاباً من تلك الجزيرة من خشب العود الصيني والقماري وشددتها على جانب البحر بحبال المراكب التي كسرت وجئت بألواح مساوية من ألواح المراكب ووضعتها في

ذلك الخشب وجعلت ذلك الفلك في عرض ذلك النهر أو أقل من عرضه وشددته طيباً مكيناً وقد أخذت معي من تلك المعادن والجواهر والأموال واللؤلؤ الكبير الذي مثل الحصى وغير ذلك من الذي في تلك الجزيرة وشيئاً من العنبر الخام الخالص الطيب ووضعته في ذلك الفلك ووضعت فيه جميع ما جمعته من الجزيرة وأخذت معي جميع ما كان باقياً من الزاد ثم إني ألقيت ذلك الفلك في هذا النهر وجعلت له خشبتين على جنبيه مثل المجاديف وعملت بقول بعض الشعراء: ترحل عن مكان فيه ضيموخل الدار تنعي من بناها فإنك واجد أرضاً بأرضونفسك لم تجد نفساً سواها ولا تجزع لحادثة اللياليفكل مصيبة يأتي انتهاها ومن كانت منيته بأرضفليس يموت في أرض سواها ولا تبعث رسولك في مهمفما لنفس ناصحة سواها وسرت بذلك الفلك في النهر وأنا متفكر فيما يصير إليه أمري ولم أزل سائراً إلى المكان الذي يدخل فيه النهر تحت ذلك الجبل وأدخلت الفلك في هذا المكان وقد صرت في ظلمة شديدة فأخذتني سنة من النوم من شدة القهر فنمت على وجهي في الفلك ولم يزل سائراً بي وأنا نائم لا أدري بكثير ولا قليل حتى استيقظت فوجدت نفسي في النور ففتحت عيني فرأيت مكاناً واسعاً وذلك الفلك مربوط على جزيرة وحولي جماعة من الهنود والحبشة فلما رأوني قمت نهضوا إلي وكلموني بلسانهم فلم أعرف ما يقولون وبقيت أظن أنه حلم وأن هذا في المنام من شدة ما كنت فيه من الضيق والقهر. فلما كلموني ولم أعرف حديثهم ولم أرد عليهم جواباً تقدم إلي رجل منهم وقال لي بلسان عربي السلام عليك يا أخانا من أنت ومن أين جئت وما سبب مجيئك إلى هذا المكان ونحن أصحاب الزرع والغيطان وجئنا لنسقي غيطاننا وزرعنا فوجدناك نائماً في الفلك فأمسكناه وربطناه عندنا حتى تقوم على مهلك فأخبرنا ما سبب وصولك إلى هذا المكان فقلت له بالله عليك يا سيدي ائتني بشيء من الطعام فإني جائع وبعد ذلك اسألني عما تريد فأسرع وأتاني بالطعام فأكلت حتى شبعت واسترحت وسكن روعي وازداد شبعي وردت لي روحي فحمدت الله تعالى على كل حال وفرحت بخروجي من ذلك النهر ووصولي إليهم وأخبرتهم بجميع ما جرى لي من أوله إلى آخره وما لقيته في ذلك النهار وضيقه. وأدرك شهرزاد الصباح فسكتت عن الكلام المباح.

وفي الليلة السادسة والخمسين بعد الخمسمائةقالت: بلغني أيها الملك السعيد أن السندباد البحري لما طلع من الفلك على جانب الجزيرة ورأى فيها جماعة من الهنود والحبشة واستراح من تعبه سألوه عن خبره فأخبرهم بقصته. ثم إنهم تكلموا مع بعضهم وقالوا لابد أن نأخذه معنا ونعرضه على ملكنا ليخبره بما جرى

له. قال: فأخذوني معهم وحملوه معي الفلك بجميع ما فيه من المال والنوال والجواهر والمعادن والمصاغ وأدخلوني على ملكهم وأخبروه بما جرى فسلم علي ورحب بي وسألني عن حالي وما اتفق لي من الأمور فأخبرته بجميع ما كان من أمري وما لاقيته من أوله إلى آخره فتعجب الملك من هذه الحكاية غاية العجب وهنأني بالسلامة. فعند ذلك قمت واطلعت من ذلك الفلك شيئاً كثيراً من المعادن والجواهر والعود والعنبر الخام وأهديته إلى الملك. فقبله مني وأكرمني إكراماً زائداً وأنزلني في مكان عنده وقد صاحبت أخيارهم وأكابرهم وأعزوني معزة عظيمة وصرت لا أفارق دار الملك وصار الواردون إلى تلك الجزيرة يسألونني عن أمور بلادي فأخبرهم بها. وكذلك أسألهم عن أمور بلادهم فيخبروني بها إلى أن سألني ملكهم يوماً من الأيام عن أحوال بلادي. وعن أحوال حكم الخليفة في بلاد مدينة بغداد فأخبرته بعدله في أحكامه فتعجب من أموره وقال لي والله إن هذا الخليفة له أمور عقلية وأحوال مرضية وأنت قد حببتني فيه ومرادي أن أجهز له هدية وأرسلها معك إليه فقلت سمعاً وطاعة يا مولانا أوصلها إليه وأخبره أنك محب صادق ولم أزل مقيماً عند ذلك الملك وأنا في غاية العز والإكرام وحسن المعيشة مدة من الزمان إلى أن كنت جالساً يوماً من الأيام في دار الملك فسمعت بخبر جماعة من تلك المدينة أنهم جهزوا لهم مركباً يريدون السفر فيه إلى نواحي مدينة البصرة فقلت في نفسي ليس لي أوفق من السفر مع هؤلاء الجماعة.

فأسرعت من وقتي وساعتي وقبلت يد ذلك الملك وأعلمته بأن مرادي السفر مع الجماعة في المركب الذي جهزوه لأني اشتقت إلى أهلي وبلادي فقال لي الملك الرأي لك وإن شئت الإقامة عندنا فعلى الرأس والعين وقد حصل لنا أنسك فقلت والله يا سيدي لقد غمرتني بجميلك وإحسانك ولكن قد اشتقت إلى أهلي وبلادي وعيالي. فلما سمع كلامي أحضر التجار الذين جهزوا المركب وأوصاهم علي ووهب لي شيئاً كثيراً من عنده ودفع عني أجرة المركب وأرسل معي هدية عظيمة إلى الخليفة هارون الرشيد بمدينة بغداد. ثم إني ودعت الملك وودعت جميع أصحابي الذين كنت أتردد عليهم ثم نزلت المركب مع التجار وسرنا وقد طاب لنا الريح والسفر ونحن متوكلون على الله سبحانه وتعالى ولم نزل مسافرين من بحر إلى بحر ومن جزيرة إلى جزيرة إلى أن وصلنا بالسلامة بإذن الله إلى مدينة البصرة فطلعت من المركب ولم أزل مقيماً بأرض البصرة أياماً وليالي حتى جهزت نفسي وحملت حمولي وتوجهت إلى مدينة بغداد دار السلام فدخلت على الخليفة هارون الرشيد وقدمت إليه تلك الهدية وأخبرته بجميع ما جرى لي. ثم خزنت جميع أموالي وأمتعتي ودخلت حارتي وجاءني أهلي وأصحابي وفرقت الهدايا على

جميع أهلي وتصدقت ووهبت وبعد مدة من الزمان أرسل إلي الخليفة فسألني عن سبب تلك الهدية ومن أين هي فقلت: يا أمير المؤمنين والله لا أعرف المدينة التي هي منها اسماً ولا طريقاً ولكن لما غرق المركب الذي كنت فيه طلعت على جزيرة وصنعت لي فلكاً ونزلت فيه في نهر كان في وسط الجزيرة وأخبرته بما جرى لي فيها وكيف كان خلاصي من ذلك النهر إلى تلك المدينة وبما جرى لي فيها وبسبب إرسال الهدية فتعجب من ذلك غاية العجب وأمر المؤرخون أن يكتبوا حكايتي ويجعلوها في خزائنه ليعتبر بها كل من رآها ثم إنه أكرمني إكراماً زائداً. أقمت بمدينة بغداد على ما كنت عليه في الزمن الأول ونسيت جميع ما جرى لي وما قاسيته من أوله إلى آخره ولم أزل في لذة عيش ولهو وطرب فهذا ما كان من أمري في السفرة السادسة يا إخواني وإن شاء الله تعالى في غد أحكي لكم حكاية السفر السابعة فإنها أعجب وأغرب من هذه السفرات ثم إنه أمر بمد السماط وتعشوا عنده وأمر السندباد البحري للسندباد الحمال بمائة مثقال من الذهب فأخذها وانصرف الجماعة وهم متعجبون من ذلك غاية العجب. وأدرك شهرزاد الصباح فسكتت عن الكلام المباح.

الحكاية السابعة من حكايات السندباد البحري وهي السفرة السابعة **وفي الليلة السابعة والخمسين بعد الخمسمائة** قالت: بلغني أيها الملك السعيد أن السندباد البحري لما حكى حكاية سفرته السادسة وراح كل واحد إلى حال سبيله بات السندباد الحمال في منزله ثم صلى الصبح وجاء إلى منزل السندباد البحري وأقبل الجماعة. فلما تكلموا ابتدأ السندباد البحري بالكلام في حكاية السفرة السابعة وقال اعلموا يا جماعة أني لما رجعت من السفرة السادسة وعدت لما كنت عليه في الزمن الأول وأنا متواصل الهناء والسرور ليلاً ونهاراً وقد حصل لي مكاسب كثيرة وفوائد عظيمة فاشتاقت نفسي إلى الفرجة في البلاد وإلى ركوب البحر وعشرة التجار وسماع الأخبار فهممت بذلك الأمر وحزمت أحمالاً بحرية من الأمتعة الفاخرة وحملتها من مدينة بغداد إلى مدينة البصرة فرأيت مركباً محضراً للسفر وفيه جماعة من التجار العظام فنزلت معهم واستأنست بهم وسرنا بسلامة وعافية قاصدين السفر وقد طاب لنا الريح حتى وصلنا إلى مدينة الصين ونحن في غاية الفرح والسرور نتحدث مع بعضنا في أمر السفر والمتجر. فبينما نحن على هذه الحالة وإذا بريح عاصف هب من مقدم المركب ونزل علينا مطر شديد حتى ابتلينا وابتلت حمولنا فغطينا الحمول باللباد والخيش خوفاً على البضاعة من التلف بالمطر وصرنا ندعوا الله تعالى ونتضرع إليه في كشف ما نزل بنا مما نحن فيه فعند ذلك قام ريس المركب وشد حزامه وتشمر وطلع على الصاري

وصار يلتفت يميناً وشمالاً وبعد ذلك نظر إلى أهل المركب ولطم على وجهه ونتف لحيته فقلنا يا ريس ما الخبر فقال لنا اطلبوا من الله تعالى النجاة مما وقعنا وابكوا على أنفسكم وودعوا بعضكم واعلموا أن الريح قد غلب علينا ورمانا في آخر بحار الدنيا. ثم إن الريس نزل من فوق الصاري وفتح صندوقه وأخرج منه كيساً قطناً وفكه وأخرج منه تراباً مثل الرماد وبله بالماء وصبر عليه قليلاً وشمه ثم إنه أخرج من ذلك الصندوق كتاباً صغيراً وقرأ فيه وقال لنا اعلموا يا ركاب أن في هذا الكتاب أمراً عجيباً يدل على أن كل من وصل إلى هذه الأرض لم ينج منها بل يهلك فإن هذه الأرض تسمى إقليم الملوك وفيها قبر سيدنا سليمان بن داود عليهما السلام وفيه حيات عظام الخلقة هائلة المنظر فكل مركب وصل إلى هذا الإقليم يطلع له حوت من البحر فيبتلعه بجميع ما فيه. فلما سمعنا هذا الكلام من الريس تعجبنا غاية العجب من حكايته فلم يتم الريس كلامه لنا حتى صار المركب يترفع بنا عن الماء ثم ينزل وسمعنا صرخة عظيمة مثل الرعد القاصف فارتعبنا منها وصرنا كالأموات وأيقنا بالهلاك في ذلك الوقت وإذا بحوت قد أقبل على المركب كالجبل العالي ففزعنا منه وقد بكينا على أنفسنا بكاء شديداً وتجهزنا للموت وصرنا ننظر إلى ذلك الحوت ونتعجب من خلقته الهائلة وإذا بحوت ثان قد أقبل علينا فما رأينا أعظم خلقة منه ولا أكبر. فعند ذلك ودعنا بعضنا ونحن نبكي على أرواحنا وإذا بحوت ثالث قد أقبل وهو أكبر من الاثنين اللذين جاءا قبله وصرنا لا نعي ولا نعقل وقد اندهشت عقولنا من شدة الخوف والفزع ثم إن هذه الحيتان الثلاثة صاروا يدورون حول المركب وقد أهوى الحوت الثالث ليبتلع المركب بكل ما فيه وإذا بريح عظيم ثار فقام المركب ونزل على شعب عظيم فانكسر وتفرقت جميع الألواح وغرقت جميع الحمول والتجار والركاب في البحر. فخلعت أنا جميع ما علي من الثياب ولم يبق علي غير ثوب واحد ثم عمت قليلاً فلحقت لوحاً من ألواح المركب وتعلقت به ثم إني طلعت عليه وركبته وقد صارت الأمواج والأرياح تلعب بي على وجه الماء وأنا قابض على ذلك اللوح والموج يرفعني ويحطني وأنا في أشد ما يكون من المشقة والخوف والجوع والعطش وصرت ألوم نفسي على ما فعلته وقد تعبت نفسي بعد الراحة وقلت لروحي يا سندباد يا بحري أنت لم تتب كل مرة تقاسي فيها الشدائد والتعب ولم تتب عن سفر البحر وإن تبت تكذب في التوبة فقاس كل ما تلقاه فإنك تستحق جميع ما يحصل لك. وأدرك شهرزاد الصباح فسكتت عن الكلام المباح.

وفي الليلة الثامنة والخمسين بعد الخمسمائة قالت: بلغني أيها الملك السعيد أن السندباد البحري لما غرق في البحر ركب لوحاً من الخشب وقال في نفسه أستحق

جميع ما يجري لي وكل هذا مقدر علي من الله تعالى حتى أرجع عما أنا فيه من الطمع وهذا الذي أقاسيه من طمعي فإن عندي مالاً كثيراً ثم إنه قال وقد رجعت لعقلي وقلت إني في هذه السفرة قد تبت إلى الله تعالى توبة نصوحاً عن السفر وما بقيت عمري أذكره على لساني ولا على بالي ولم أزل أتضرع إلى الله تعالى وأبكي ثم إني تذكرت في نفسي ما كنت فيه من الراحة والسرور واللهو والطرب والانشراح ولم أزل على هذه الحالة أول وثاني يوم إلى أن طلعت على جزيرة عظيمة فيها شيء كثير من الأشجار والأنهار فصرت آكل من ثمر تلك الأشجار وأشرب من ماء تلك الأنهار حتى انتعشت وردت لي روحي وقويت همتي وانشرح صدري ثم مشيت في الجزيرة فرأيت في جانبها الثاني نهراً عظيماً من الماء العذب ولكن ذلك النهر يجري جرياً قوياً: فتذكرت أمر الفلك الذي كنت فيه سابقاً وقلت في نفسي لابد أن أعمل لي فلكاً مثله لعلي أنجو من هذا الأمر فإن نجوت به حصل المراد وتبت إلى الله تعالى من السفر وإن هلكت ارتاح قلبي من التعب والمشقة ثم إني قمت فجعلت أخشاباً من تلك الأشجار من خشب الصندل العال الذي لا يوجد مثله وأنا لا أدري أي شيء هو ولما جمعت تلك الأخشاب تخليت بأغصان ونبات من هذه الجزيرة وفتلتها مثل الحبال وشددت بها الفلك وقلت إن سلمت فمن الله ثم إني أنزلت في ذلك الفلك وسرت به في ذلك النهر حتى خرجت من آخر الجزيرة ثم بعدت عنها ولم أزل سائراً أول يوم وثاني يوم وثالث يوم بعد مفارقة الجزيرة وأنا نائم ولم آكل في هذه المدة شيئاً ولكن إذا عطشت شربت من ذلك النهر وصرت مثل الفرخ الدايخ من شدة التعب والجوع حتى انتهى بي الفلك إلى جبل عال والنهر داخل من تحته. فلما رأيت ذلك خفت على نفسي من الضيق الذي كنت أنا فيه أول مرة في النهر السابق وأردت أن أوقف الفلك وأطلع منه إلى جانب الجبل فغلبني الماء فجذب الفلك وأنا فيه ونزل به حت الجبل فلما رأيت ذلك أيقنت بالهلاك وقلت لا حول ولا قوة إلا بالله العلي العظيم ولم يزل الفلك سائراً مسافة يسيرة ثم طلع إلى مكان واسع وإذا هو واد كبير والماء يهدر فيه وله دوي مثل دوي الرعد وجريان مثل جريان الريح فصرت قابضاً على ذلك الفلك بيدي وأنا خائف أن أقع فوقه والأمواج تلعب يميناً وشمالاً في وسط ذلك المكان ولم يزل الفلك منحدراً مع الماء الجاري في ذلك الوادي وأنا لا أقدر على منعه ولا أستطيع الدخول به في جهة البر إلى أن رسى بي على جانب مدينة عظيمة المنظر مليحة البناء فيها خلق كثير. فلما رأوني وأنا في ذلك الفلك منحدر في وسط النهر مع التيار رموا علي الشبكة والحبال في ذلك الفلك ثم أطلعوا الفلك من ذلك النهر إلى البر فسقطت بينهم وأنا مثل لميت من

شدة الجوع والسهر والخوف فتلقاني من بين هؤلاء الجماعة رجل كبير في السن وهو شيخ عظيم ورحب بي ورمى لي ثياباً كثيرة جميلة فسترت بها عورتي ثم إنه أخذني وسار بي وأدخلني الحمام وجاء لي بالأشربة والروائح الذكية ثم بعد خروجنا من الحمام أخذني إلى بيته وأدخلني فيه ففرح بي أهل بيته ثم أجلسني في مكان ظريف وهيأ لي شيئاً من الطعام الفاخر فأكلت حتى شبعت وحمدت وبعد ذلك قدم لي غلمانه ماء ساخناً فغسلت يدي وجاءني حواريه بمناشف من الحرير فنشفت يدي ومسحت فمي ثم إن ذلك الشيخ قام من وقته وأخلى لي مكاناً منفرداً وحده في جانب داره وألزم غلمانه وجواريه بخدمتي وقضاء حاجتي وجميع مصالحي فصاروا يتعهدونني ولم أزل على هذه الحالة عنده في دار الضيافة ثلاثة أيام وأنا على أكل طيب وشرب طيب ورائحة طيبة حتى ردت لي روحي وسكن روعي وهدأ قلبي وارتاحت نفسي. فلما كان اليوم الرابع تقدم إلي الشيخ وقال لي آنستنا يا ولدي والحمد لله على سلامتك فهل لك أن تقوم مع إلى ساحل البحر وتنزل السوق فتبيع البضاعة وتقبض ثمنها لعلك تشتري بها شيئاً تتجر فيه. فسكت قليلاً وقلت في نفسي ليس معي بضاعة وما سبب هذا الكلام قال الشيخ يا ولدي لا تهتم ولا تفكر فقم بنا إلى السوق فإن رأينا من يعطيك في بضاعتك ثمناً يرضيك أقبضه لك وإن لم يجيء فيها شيء يرضيك أحفظها لك عندي في حواصلي حتى تجيء أيام البيع والشراء فتفكرت في أمري وقلت لعقلي طاوعه حتى تنظر أي شيء تكون هذه البضاعة ثم إني قلت له سمعاً وطاعة يا عم الشيخ والذي تفعله فيه البركة ولا يمكنني مخالفتك في شيء ثم إني جئت معه إلى السوق فوجدته قد فك الفلك الذي جئت فيه وهو من خشب الصندل وأطلق المنادي وأدرك شهرزاد الصباح فسكتت عن الكلام المباح.

وفي الليلة التاسعة والخمسين بعد الخمسمائة قالت: بلغني أيها الملك السعيد أن السندباد البحري لما ذهب مع الشيخ إلى شاطئ البحر ورأى الفلك الذي جاء فيه من خشب الصندل مفكوكاً وراء الدلال يدلل عليه التجار وفتحوا باب سعره وتزايدوا فيه إلى أن بلغ ثمنه ألف دينار وبعد ذلك توقف التجار عن الزيادة فالتفت لي الشيخ وقال اسمع يا ولدي هذا سعر بضاعتك في مثل هذه الأيام فهل تبيعها بهذا السعر أو تصبر وأنا احفظها لك عندي في حواصلي حتى يجيء أوان زيادتها في الثمن فنبيعها لك فقلت له يا سيدي الأمر أمرك فافعل ما تريد فقال يا ولدي أتبيعني هذا الخشب بزيادة مائة دينار ذهباً فوق ما أعطى فيه التجار فقلت له بعتك وقبضت الثمن. فعند ذلك أمر غلمانه بنقل الخشب إلى حواصله ثم إني رجعت معه إلى بيته فجلسنا وعد لي جميع ثمن ذلك الخشب وأحضر لي

367

أكياساً ووضع المال فيها وقفل عليها بقفل حديد وأعطاني مفتاحه وبعد مدة أيام وليالي قال الشيخ يا ولدي إني أعرض عليك شيئاً وأشتهي أن تطاوعني فيه فقلت له وما ذاك الأمر فقال لي اعلم أني بقيت رجلاً كبير السن وليس لي ولد ذكر وعندي بنت صغيرة السن ظريفة الشكل لها مال كثير وجمال فأريد أن أزوجها لك وتقعد معها في بلادنا ثم إني أملكك جميع ما هو عندي وما تمسكه يدي فإني بقيت رجلاً كبيراً وأنت تقوم مقامي فسكت ولم أتكلم فقال لي أطعني يا ولدي في الذي أقوله لك فإن مرادي لك الخير فإن أطعتني زوجتك ابنتي وتبقى مثل ولدي وجميع ما في يدي وما هو ملكي يصير لك وإن أردت التجارة والسفر إلى بلادك لا يمنعك أحد وهذا مالك تحت يدك فافعل به ما تريد وما تختاره. فقلت له والله يا عم الشيخ أنت أمرت مثل والدي وأنا قاسيت أهوالاً كثيرة ولم يبق لي رأي ولا معرفة فالأمر أمرك في جميع ما تريد. فعند ذلك أمر الشيخ غلمانه بإحضار القاضي والشهود فأحضرهم وزوجني ابنته وعمل لنا وليمة عظيمة وفرحاً كبيراً وأدخلني عليها فرأيتها في غاية الحسن والجمال بقد واعتدال وعليها شيء كثير من أنواع الحلي والحلل والمعادن والمصاغ والعقود والجواهر الثمينة التي قيمتها ألوف الألوف من الذهب ولا يقدر أحد على ثمنها. فلما دخلت عليها أعجبتني ووقعت المحبة بيننا وأقمت معها مدة من الزمان وأنا في غاية الأنس والانشراح وقد توفي والدها إلى رحمة الله تعالى فجهزناه ودفناه ووضعت يدي على ما كان معه وصار جميع غلمانه غلماني وتحت يدي في خدمتي وولاني التجار مرتبته لأنه كان كبيرهم فلما خالطت أهل تلك المدينة وجدتهم تنقلب حالتهم في كل شهر فتظهر لهم أجنحة يطيرون بها إلى عنان السماء ولا يبقى متخلفاً في ذلك المدينة غير الأطفال والنساء فقلت في نفسي إذا جاء رأس الشهر أسأل أحداً منهم فلعلهم يحملوني معهم إلى أين يروحون فلما جاء رأس ذلك الشهر تغيرت ألوانهم وانقلبت صورهم فدخلت على واحد منهم وقلت له بالله عليك أن تحملني معك حتى أتفرج وأعود معكم فقال لي هذا شيء لا يمكن فلم أزل أتداخل عليه حتى أنعم علي بذلك وقد رافقتهم وتعلقت به فطار بي في الهواء ولم أعلم أحداً من أهل بيتي ولا من غلماني ولا من أصحابي ولم يزل طائراً بي ذلك الرجل وأنا على أكتافه حتى علا بي في الجو فسمعت تسبيح الأملاك في قبة الأفلاك فتعجبت من ذلك وقلت سبحان الله فلم أستتم التسبيح حتى خرجت نار من السماء كادت تحرقهم فنزلوا جميعاً وألقوني على جبل عال وقد صاروا في غلبة الغيظ مني وراحوا وخلوني فصرت وحدي في ذلك الجبل فلمت نفسي على ما فعلت وقلت لا حول ولا قوة إلا بالله العلي العظيم إني كلما أخلص من مصيبة أقع في مصيبة

أقوى منها ولم أزل في ذلك ولا أعلم أين أذهب وإذا بغلامين سائرين كأنهما قمران وفي يد كل واحد منهما قضيب من ذهب يتعكز عليه. فتقدمت إليهما وسلمت عليهما فردا علي السلام فقلت لهما بالله عليكما من أنتما وما شأنكما فقالا لي نحن من عباد الله تعالى ثم إنهما أعطياني قضيباً من الذهب الأحمر الذي كان معهما وانصرفا في حال سبيلهما وخلياني فصرت أسير على رأس الجبل وأنا أتعكز بالعكاز وأتفكر في أمر هذين الغلامين وإذا بحية قد خرجت من تحت ذلك الجبل وفي فمها رجل بلعته إلى تحت صرته وهو يصيح ويقول من يخلصني يخلصه الله من كل شدة فتقدمت إلى تلك الحية وضربتها بالقضيب الذهبي على رأسها فرمت .الرجل من ـ فمها. وأدرك شهرزاد الصباح فسكتت عن الكلام المباح.

وفي الليلة الستين بعد الخمسمائة قالت: بلغني أيها الملك السعيد أن السندباد البحري لما ضرب الحية بالقضيب الذهب الذي كان بيده وألقت الرجل من فمها قال فتقدم إلي الرجل وقال حيث كان خلاصي على يديك من هذه الحية فما بقيت أفارقك وأنت صرت رفيقي في هذا الجبل فقلت له مرحباً وسرنا في ذلك الجبل وإذا بقوم أقبلوا علينا فنظرت إليهم فإذا فيهم الرجل الذي كان حملني على أكتافه وطار بي فتقدمت إليه واعتذرت له وتلطفت به وقلت له يا صاحبي ما هكذا تفعل الأصحاب بأصحابهم فقال لي الرجل أنت الذي أهلكتنا بتسبيحك على ظهري فقلت له لا تؤاخذني فإني لم أكن أعلم بهذا الأمر ولكنني لا أتكلم بعد ذلك أبداً فسمح بأخذي معه ولكن اشترط علي أن لا أذكر الله ولا أسبحه على ظهره ثم إنه حملني وطار بي مثل الأول حتى أوصلني إلى منزلي فتلقتني زوجتي وسلمت علي وهنتني بالسلامة وقالت لي احترس من خروجك بعد ذلك مع هؤلاء الأقوام ولا تعاشرهم فإنهم إخوان الشياطين ولا يعلمون ذكر الله تعالى فقلت لها كيف حال أبيك معهم فقالت لي إن أبي ليس منهم ولا يعمل مثلهم والرأي عندي حيث مات أبي أنك تبيع جميع ما عندنا وتأخذ بثمنه بضائع ثم تسافر إلى بلادك وأهلك وأنا أسير معك وليس لي حاجة بالقعود هنا في هذه المدينة بعد أمي وأبي. فعند ذلك صرت أبيع من متاع ذلك الشيخ شيئاً بعد شيء وأنا أترقب أحداً يسافر من تلك المدينة وأسير معه فبينما أنا كذلك وإذا بجماعة في المدينة أرادوا السفر ولم يجدوا لهم مركباً فاشتروا خشباً وصنعوا لهم مركباً كبيراً فاكتريت معهم ودفعت إليهم الأجرة بتمامها.

ثم نزلت زوجتي وجميع ما كان معنا في المركب وتركنا الأملاك والعقارات فسرنا ولم نزل سائرين في البحر من جزية إلى جزيرة ومن بحر إلى بحر وقد طاب لنا

ريح السفر حتى وصلنا بالسلامة إلى مدينة البصرة فلم أقم بها بل اكتريت مركباً
آخر ونقلت إليه جميع ما كان معي وتوجهت إلى مدينة بغداد ثم دخلت حارتي
وجئت داري وقابلت أهلي وأصحابي وأحبابي وخزنت جميع ما كان معي من
البضائع في حواصلي وقد حسب أهلي مدة غيابي عنهم في السفرة السابعة
فوجدوها سبعاً وعشرين سنة حتى قطعوا الرجاء مني.

فلما جئت وأخبرتهم بجميع ما كان من أمري وما جرى لي صاروا كلهم يتعجبون
من ذلك الأمر عجباً كبيراً وقد هنوني بالسلامة ثم إني تبت إلى الله تعالى عن
السفر في البر والبحر بعد هذه السفرة السابعة التي هي غاية السفرات وقاطعة
الشهوات وشكرت الله سبحانه وتعالى وحمدته وأثنيت عليه حيث أعادني إلى
أهلي وبلادي وأوطاني فانظر يا سندباد يا بري ما جرى لي وما وقع لي وما كان من
أمري فقال السندباد البري للسندباد البحري بالله عليك لاتؤاخذني بما كان مني في
حقك ولم يزالوا في مودة مع بسط زائد وفرح وانشراح إلى أن أتاهم هادم اللذات
ومفرق الجماعات ومخرب القصور ومعمر القبور وهو كأس الموت فسبحان الحي
الذي لا يموت.

Also available from JiaHu Books

لقرآن الكريم – 9781909669246
كتاب ألف ليلة وليلة - 9781909669338

MW00461633